10년간 9회 전체 수석 **합격자 배출**

법무사시험 I

이천교
민사서류작성
2차 I 종합정리

이천교 편저

박문각 법무사

박문각

이 번 민사서류작성 개정판은 종전 교재 출간 후 추가로 발견된 일부 오타 등을 바로 잡고, 채권자대위편 이론정리 부분을 새로 추가하였으며, 작년 제29회 기출문제를 추가하였습니다. 그 밖에는 바뀐 것이 없습니다. 그리고 종전 교재로 수험준비 중이신 분들을 위하여 본 교재의 개정 내용을 별도로 서울법학원 홈페이지(www.seoulsla.com) 2차 자료실에 올려 두었습니다.

본 교재는 기본적으로는 오랫동안 축적해온 종전의 사법연수원 자료를 최대한 활용해서 법무사 수험용 교재로 편집한 내용입니다. 아울러 추가되는 판례 등 수시로 변동되는 내용에 대하여는 수업시간에 보충자료 등을 통해서 대처해 나가고 기본서는 가능하면 자주 변동되지 않도록 할 예정입니다.

늘 반갑고 변치 않는 모습으로 배려하여 주시고 도움을 주신 유석주 법무사님과 김경태 법무사님 그리고 서울법학원 관계자 여러분에게 감사를 드리고, 아울러 바쁘신 중에도 출간을 해주시고 정성스럽게 편집은 물론 교정까지 도와주신 박문각 관계자 여러분께도 감사드립니다. 그리고 특히 지난 번에 교재의 구석구석 바로 잡히지 않고 있던 오타 등을 바로 잡는데 많은 도움을 주신 오인식 수험생님께도 다시 한번 감사드리며, 좋은 결과 있으시기를 기원합니다.

이 교재와 관련하여 문의하실 내용이 있으시면 서울법학원 홈페이지(www.seoulsla.com) 혹은 저의 홈페이지(www.alaw.kr)를 이용하여 주시기 바랍니다.

여러분의 수험준비에 조금이라도 도움이 되었으면 합니다.

편저자 이천교 법무사

CONTENTS

이 책의 차례

PREFACE

CONTENTS
이 책의 차례

PREFACE

CONTENTS
이 책의 차례

PREFACE

PART 06 채권자 대위

CONTENTS
이 책의 차례

PREFACE

PART

01

서설

chapter

01 소장의 기본형식

소 장

원 고 : 전희정 (전화번호 : 031 - -)
(이메일 주소 :)
피 고 : 임주경 외1

소유권이전등기 등 청구의 소

소 가 : 185,000,000원
인지대 : 795,000원
송달료 : 000,000원

소가산정 내역[1]

1) 금전청구 소가 135,000,000원
2) 소유권이전등기 소가 100㎡×100,000원×50/100 = 50,000,000원
합계 : 185,000,000원

서울중앙지방법원 귀중

▶ 법률상 필수적인 요구사항은 아니지만 실무관행상으로는 소장의 앞부분에 소장이라는 표제를 중앙상단에 기재한 소장 "표지"를 별도로 작성하여 사용하고 있다. 그리고 이 소장표지 부분에 원고와 피고의 성명 및 전화번호(팩스번호, 전자우편주소 포함)를 기재하고, 소가(소송물 가액)와 첩용인지대 그리고 송달료 및 관할 등을 기재하고 있다.[2]

1) 실무에서는 이 소가산정 내역이 복잡한 경우 별지를 사용하기도 한다.
2) 실무와는 달리 법무사 시험에서는 "소장의 왼쪽 혹은 오른쪽 윗부분에 소가와 첨부인지대를 기재하시오(소가와 인지를 계산한 내역도 기재할 것)"라고 출제되는 경향이며, 이렇게 출제되는 경우에는 별도로 소장의 표지를 작성할 필요 없이 바로 소장 본문을 작성하고, 지시에 따라 그 부분에 소가와 인지대 등을 기재하면 될 것이다.

소 장

원 고 : 전희정 (590624-2030403)
서울 서초구 신반포로 28, 109동 807호(반포동, 한양아파트)
전화번호/휴대폰번호 : 전자우편주소:
피 고 : 1. 임주경 (620803-2131425)
서울 서초구 반포로대로 155(잠원동)
2. 홍양수 (600214-1213423)
서울 강남구 역삼로 7길 17(역삼동)

소유권이전등기 등 청구의 소

청 구 취 지

1. 피고들은 연대하여 원고에게 135,000,000원 및 이에 대하여 2014.10.1.부터 다 갚는 날까지 월 1%의 비율로 계산한 돈을 지급하라.
2. 피고 임주경은 원고에게 경기 양평군 서종면 문호리 대 330㎡에 관하여 2014.5.12. 매매를 원인으로 한 소유권이전등기절차를 이행하라.
3. 소송비용은 피고들이 부담한다.
4. 제1항은 가집행할 수 있다.

라는 판결을 구합니다.

청 구 원 인

1. 대여금 청구

원고는 2014.7.1. 피고 임주경에게 135,000,000원을 이자 월 1%, 변제기 2014.9.30.로 정하여 대여하였고, 피고 홍양수가 위 대여 당시 원고에 대하여 피고 임주경의 위 차용금채무를 연대보증하였습니다. 그 후 원고는 피고 임주경으로부터 위 대여금에 대한 2014.9.30.까지의 약정이자를 변제받은 바 있습니다. 그러므로 피고들은 연대하여 원고에게 위 차용금 135,000,000원 및 이에 대하여 변제기 다음 날인 2014.10.1.부터 다 갚을 때까지 월 1% 약정이율로 계산한 지연손해금을 지급할 의무가 있습니다.

2. 소유권이전등기 청구

원고는 2014.5.12. 피고 임주경으로부터 청구취지 제2항 기재 부동산을 대금 100,000,000원에 매수하였습니다. 그러므로 피고는 원고에게 위 부동산에 관하여 2014.5.12. 매매를 원인으로 한 소유권이전등기절차를 이행할 의무가 있습니다.

3. 결어

이상과 같은 이유로 원고는 청구취지와 같은 판결을 구하기 위하여 본 소를 제기하기에 이르렀습니다.

증 명 방 법

1. 갑 제1호증 차용증
2. 갑 제2호증 부동산등기사항증명서
3. 갑 제3호증 매매계약서

첨 부 서 류

1. 위 증명방법 각 3통
2. 영수필확인서 1통
3. 토지대장 등본 1통
4. 송달료납부서 1통
5. 서류작성 및 제출위임장 1통
6. 소장부본 2통

20○○.○.○.

원고 ◎◎◎ (서명 또는 날인)

서울중앙지방법원 귀중

chapter

02 용어 등

1. 용어

1) 실무에서는 10,000,000,000원과 같이 숫자가 너무 길어서 재빨리 파악하기가 어려운 경우에는 100억 원이라고 쓰기도 한다.

2) "㎡", "%" 등 각종 단위부호는 부호 그대로 표기한다.

2. 일시 및 장소의 표시

1) 날짜의 표기는 숫자로 하되, '연'・'월'・'일'의 글자는 생략하고 그 자리에 온점을 찍어 표시하며, 시・분의 표기는 그 사이에 쌍점을 찍어 구분한다(예 2003.3.30. 14:00). 다만, 일(日)만 쓰는 경우에는 명확하게 "일"을 적는 것이 바람직하다(예 "같은 달 8일").

2) 주소, 등록기준지 등의 표시는 다음의 원칙에 의한다.

① 특별시, 광역시, 도는 '서울', '부산', '경기', '강원' 등으로 표시하고, 시를 표시할 때는 앞에 도의 표시를 하지 아니한다.

② 읍, 면에는 소속 시, 군을 기재한다.

③ 2014.1.1. 이후에는 원칙적으로 도로명주소만 적는 방식에 의하여야 하고 예외적인 경우에만 도로명주소와 지번주소를 병기하거나 지번주소만 기재한다.[3)]

*** 기재례

3. 등기관련 사건의 경우

등기국이나 등기소가 아니고 법원 내의 등기과(계)에서 등기업무를 취급할 때에는 관할 등기소의 표시를 "ㅇㅇ지방법원"이라고만 한다.

---

3) 도로명주소 도입에 따른 재판서의 주소와 건물표기에 관한 업무처리지침(재일 2011-2).

*** 기재례

등기소가 아니고 법원 내의 등기과에서 등기업무를 취급할 때에는 관할등기소의 표시를 '00지방법원'이라고만 한다.

00지방법원 등X과 00 접수

피고는 원고에게 별지목록 기재 부동산에 관하여 청주지방법원 음성등기소 2014. 5. 7. 접수 제16352호로 마친 소유권이전등기의 말소등기절차를 이행하라.

피고는 원고에게 별지목록 기재 토지에 관하여 청주지방법원 2014. 5. 15. 접수 제321호로 마친 소유권이전등기의 말소등기절차를 이행하라.

피고는 원고에게 별지목록 기재 부동산에 관하여 서울중앙지방법원 등기국 2012. 2. 2. 접수 제 12313호로 마친 근저당권설정등기의 말소등기절차를 이행하라.

4. 항목의 구분

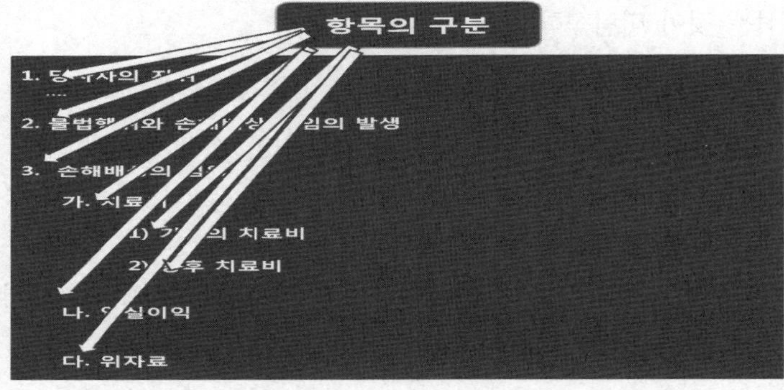

1. 첫째 항목의 구분은 1., 2., 3., 4. …로 나누어 표시한다.
2. 둘째 항목의 구분은 가., 나., 다., 라. …로 나누어 표시한다.
3. 셋째 항목의 구분은 1), 2), 3), 4) …로 나누어 표시한다.
4. 넷째 항목의 구분은 가), 나), 다), 라), …로 나누어 표시한다.
5. 다섯째 항목의 구분은 (1), (2), (3), (4) …로 나누어 표시한다.
6. 여섯째 항목의 구분은 (가), (나), (다), (라) …로 나누어 표시한다.
7. 일곱째 항목의 구분은 ①, ②, ③, ④ …로 나누어 표시한다.
8. 여덟째 항목의 구분은 ㉮, ㉯, ㉰, ㉱ …로 나누어 표시한다.

5. 문자의 정정방법

문자를 삽입, 삭제, 수정한 경우 해당 글자의 중앙에 가로로 한 선을 그어 삭제 또는 수정을 하고, 그곳에 서명 또는 날인하여야 하며, 형사판결의 경우와는 달리 난 외에 자수를 기재하지 않는 것이 실무례이다. 2장 이상으로 이루어지는 문서에는 간인하여야 한다.

chapter
03 원고와 피고 등 당사자의 표시

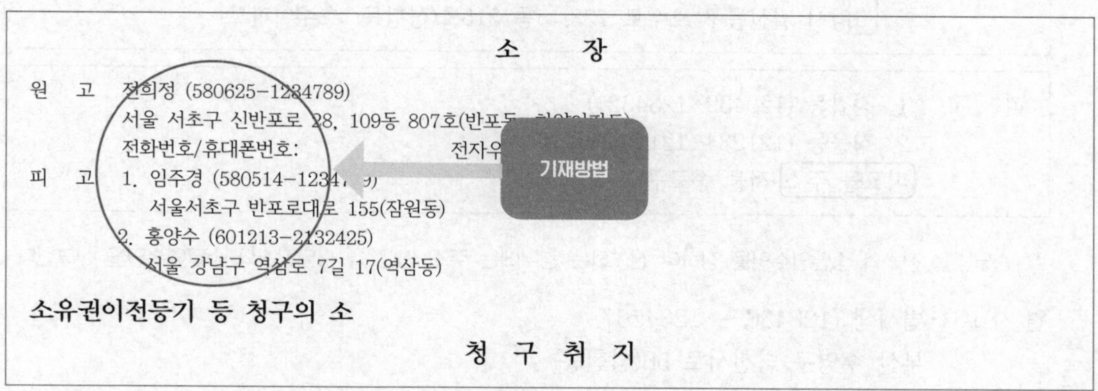
소 장

원 고 전희정 (580625-1234789)
서울 서초구 신반포로 28, 109동 807호(반포동
전화번호/휴대폰번호: 전자우
피 고 1. 임주경 (580514-1234
서울서초구 반포로대로 155(잠원동)
2. 홍양수 (601213-2132425)
서울 강남구 역삼로 7길 17(역삼동)

소유권이전등기 등 청구의 소

청 구 취 지

제1절 기본사항 정리

1) 당사자는 원고, 피고라고 표시한다. 동일한 지위에 있는 당사자가 여러 명일 때는 각 성명 앞에 일일이 당사자 지위를 중복하여 기재하는 방법(원고 …, 원고 …)도 있으나, 맨 앞사람 성명 앞에 원고라고 한 번만 적고 각 성명 앞에 일련번호(1, 2, 3 …등)를 붙이는 방식을 주로 사용한다. 성명은 각 띄어쓰기 없이 표시하고, 성명으로부터 한 칸 띄어 괄호하고 그 안에 주민등록번호를 기재한다.

원 고	1. 법시생 (123456-1234567) 부산 … 2. 사시생 (123454-1234565) 고양시 …

피 고	1. 김갑동 (123432-1234321) 2. 김을동 (121234-1212345) 피고들 주소 서울 …

2) 주소의 기재는 당사자의 성명이나 명칭의 다음 줄에 기재를 하되("주소" 등의 제목은 붙이지 아니한다), 성명의 첫째 자 아래에서 쓰기 시작한다. 주소가 동일한 당사자가 여러 명일 때에는 그들의 성명만을 먼저 열기(列記)한 후 「원고들 주소 서울 종로구 …」의 방식으로 제목을 붙여서 한꺼번에 기재한다.

*** 기재례

원 고 주 소	1. 법시생 (123456-1234567) 부산 수영구 남천서로 56(남천동) 2. 사시생 (123454-1234565) 고양시 일산동구 호수로 123, 5동 315호(장항동, 호수아파트)

피 고	1. 김갑동 (123432-1234321) 2. 김을동 (121234-1212345) 피고들 주소 서울 종로구 …

** 송달받을 장소와 송달영수인을 정하여 신고하는 경우에는 주소 외에 그 송달장소와 송달영수인을 신고한다.

원 고 : 법시생 (123456 - 1234567)
부산 수영구 남천서로 56(남천동)
송달장소 : 서울 강남구 언주로 146길 18(개포동)
(송달영수인 김을수)

3) 법인이 당사자인 경우에는 법인등기부등본상의 명칭을 기재한다. 통상 법인등기부에 기재된 대로 표시하면 되므로, 순서를 바꾸어 "주식회사 대성무역"이라고 표시하여서는 안 된다. 주식회사를 약칭하여 "대성무역 (주)"라고 기재하는 방법은 실무상 사용하지 않는다.

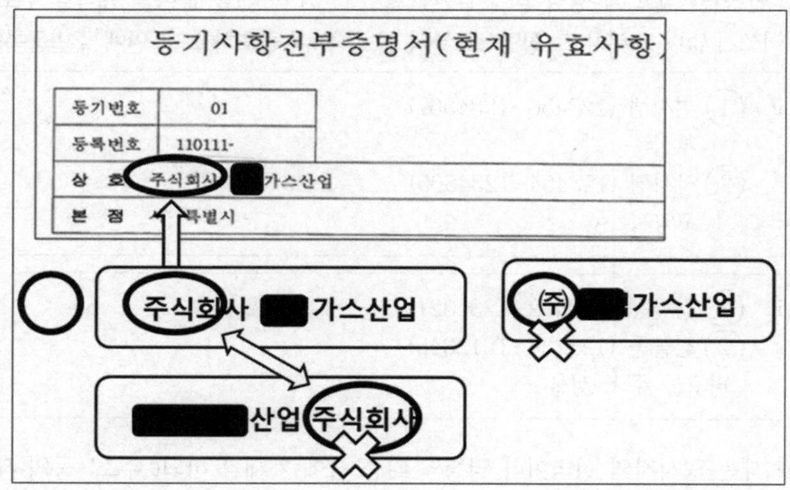

법인등기부에 "대표"라는 문언이 포함된 대표기관의 경우에는 따로 "대표자"라는 표시를 하지 아니한 채 그 직명("대표이사" 등)만을 기재하고, 그 밖의 경우에는 두 가지 표시를 병기하는 것이 관례이다.

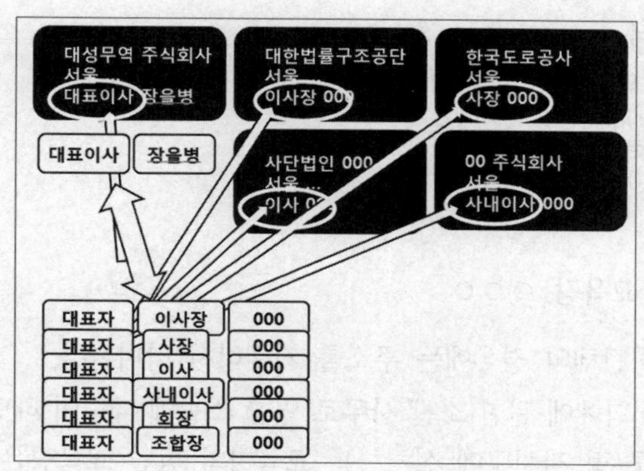

*** 기재례

원　고 : 1. 대성무역 주식회사
서울 중구 …
대표이사 장을병

2. 학교법인 영한학원
서울 강동구 …
대표자 이사장 최삼식

제2절 법정대리인의 표시

원　고 : 김갑동
서울 종로구 삼청로9길 26(삼청동)
미성년자이므로 법정대리인 친권자 부 김일선, 모 이순이

원　고 : 김갑동
서울 종로구 삼청로9길 26(삼청동)
피성년후견인이므로 법정대리인 성년후견인 김갑수
서울 송파구 잠실로 245(잠실동)

▶ 법정대리인의 주소지가 당사자 본인의 주소와 같은 경우에는 법정대리인의 주소지를 따로 기재하지 않으나, 다른 경우에는 법정대리인의 주소지를 기재하여야 한다.

제3절 국가나 지방자치단체의 표시

피　고 : 대한민국
　　　　법률상 대표자 법무부장관 ○○○
피　고 : 서울특별시
　　　　대표자 시장 ○○○
피　고 : 경기도
　　　　대표자 교육감 ○○○

▶ 국가나 지방자치단체의 경우에는 주소를 기재하지 아니한다.

▶ 교육감은 교육·학예에 관한 소관 사무로 인한 소송에 대하여 해당 시·도를 대표한다. 교육위원회나 시·군 및 자치구에 설치하는 교육청의 장인 교육장은 대표권이 없다.

제4절 제3자의 법정소송담당의 경우

1. 제3자의 법정소송담당을 표시하는 경우

*** 기재례

① 선정당사자의 경우
　원　고(선정당사자) 합격생

② 파산관재인의 경우
　원　고 : 파산자 이을수의 파산관재인 김갑동

③ 회생절차의 관리인인 경우
　원　고 : 회생채무자 대성무역주식회사의 관리인 김갑동

2. 제3자의 법정소송담당을 표시하지 않는 경우

채권자대위권을 행사하는 채권자나 추심권을 행사하는 추심채권자의 경우 제3자의 법정소송담당관계를 당사자의 표시란에 기재하지 아니하고 그 제3자인 당사자(채권자나 추심채권자)의 성명, 주소만을 기재하는 것이 실무례이다.

PART

02

금전청구 사건

chapter

01 총설

제1절 소장 작성례

소 장

원 고 : 전희정 (590624-2030403)
서울 서초구 신반포로 28, 109동 807호(반포동, 한양아파트)
전화번호/휴대폰번호 : 전자우편주소 :

피 고 : 1. 임주경 (620803-2131425)
서울 서초구 반포로대로 155(잠원동)
2. 홍양수 (600214-1213423)
서울 강남구 역삼로 7길 17(역삼동)

대여금 청구의 소

청 구 취 지

1. 피고들은 연대하여 원고에게 200,000,000원 및 이에 대하여 2016.10.1.부터 다 갚는 날까지 월 1%의 비율로 계산한 돈을 지급하라.
2. 소송비용은 피고들이 부담한다.
3. 제1항은 가집행할 수 있다.

라는 판결을 구합니다.

청 구 원 인

1. 원고는 2014.7.1. 피고 임주경에게 200,000,000원을 이자 월 1%, 변제기 2016.9.30.로 정하여 대여하였고, 피고 홍양수가 위 대여 당시 원고에 대하여 피고 임주경의 위 차용금채무를 연대보증하였습니다.
2. 그 후 원고는 피고 임주경으로부터 위 대여금에 대한 2016.9.30.까지의 약정이자를 변제받은 바 있습니다.

3. 그러므로 피고들은 연대하여 원고에게 위 차용금 200,000,000원 및 이에 대하여 변제기 다음 날인 2016.10.1.부터 다 갚을 때까지 월 1% 약정이율로 계산한 지연손해금을 지급할 의무가 있습니다.
4. 이상과 같은 이유로 원고는 청구취지와 같은 판결을 구하기 위하여 본 소를 제기하기에 이르렀습니다.

증 명 방 법

1. 갑 제1호증 차용증

첨 부 서 류

1. 위 증명방법 3통
2. 영수필확인서 1통
3. 송달료납부서 1통
4. 서류작성 및 제출위임장 1통
5. 소장부본 2통

20○○.○.○.

원고 ◎◎◎ (서명 또는 날인)

서울중앙지방법원 귀중

제2절 소송물 가액과 인지대 등

소 장

원 고 전희정 (580625-1234789)
서울 서초구 신반포로 28, 109동 807호(반포동, 하양아파트)
전화번호/휴대폰번호 : 전자우편주소 :

피 고 1. 임주경 (580514-1234789)
서울서초구 반포로대로 155(잠원동)
2. 홍양수 (601213-2132425)
서울 강남구 역삼로 7길 17(역삼동)

대여금 청구의 소

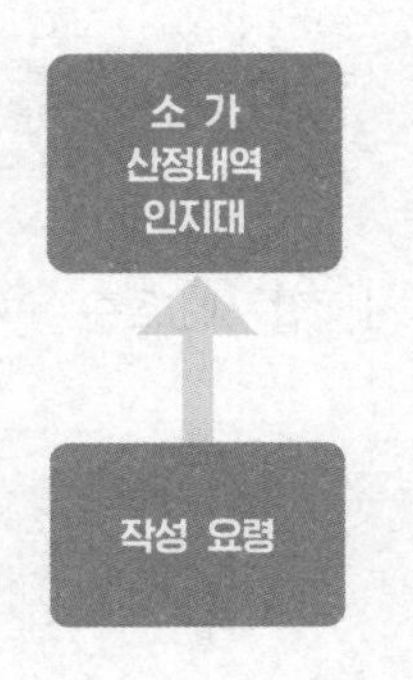

1. 원칙

금전청구 사건의 경우 청구금액(청구취지로 구하는 금액)이 소송목적의 값이 된다. 청구금액에 이자 등 부대청구가 포함되었다면 이를 공제한 금액을 소송목적의 값으로 한다.

2. 병합청구

1) 합산의 원칙

수 개의 청구의 경제적 이익이 독립한 별개의 것인 때에는 합산하여 소송목적의 값을 산정한다(예 피고 갑, 을에게 "각" 1억 원의 금전지급청구를 병합하여 청구하는 경우 소송목적의 값은 2억 원이다).

2) 흡수법칙

① **경제적 이익이 동일 또는 중복되는 청구**

1개의 소로써 주장하는 수 개의 청구의 경제적 이익이 동일하거나 중복되는 때에는 중복되는 범위 내에서 흡수되고, 그중 가장 다액인 청구의 가액을 소송목적의 값으로 한다.

② **부대청구의 불산입법칙**

주된 청구와 그 과실 등 부대청구를 1개의 소로써 병합청구하는 때에는 소송목적의 값은 주된 청구에 의하여 산정하고, 부대청구의 가액은 그 금액의 다과(多寡)와 상관없이 소송목적의 값에 산정하지 아니한다(금전사용대가인 이자 등).

사례 1 피고가 복수인 경우

피고가 복수인 경우 청구취지의 기재형식에 따라 다르다. 예컨대, "피고 갑, 을은 원고에게 ① 각 ② 연대하여 ③ 합동하여 ④ 공동하여 1억 원을 지급하라"는 소가 제기된 경우 두 개의 청구가 주관적으로 병합된 것인데, ①은 각 청구의 경제적 이익이 독립한 별개의 것이므로 합산법칙이 적용되어 소송목적의 값은 2억 원이다. 이에 비하여 ②, ③, ④의 경우는 각 청구의 경제적 이익이 동일 또는 중복되므로 흡수법칙이 적용되어 소송목적의 값은 1억 원이다.

피고 김갑동 피고 이을서
피고들은 원고에게 100,000,000원을 지급하라. 피고들은 연대하여 원고에게 100,000,000원을 지급하라. 피고들은 합동하여 원고에게 100,000,000원을 지급하라. 피고들은 공동하여 원고에게 100,000,000원을 지급하라. 피고들은 각 원고에게 100,000,000원을 지급하라.

3. 정기금 청구

① **기간이 확정되지 아니한 정기금청구의 소**

기간이 확정되지 아니한 정기금청구의 소에 있어서는 기발생분 및 장래1년분의 정기금 합산액을 소송목적의 값으로 한다.

② **기간이 확정된 정기금청구의 소**

이행의 종기가 명확한 경우와 같이 기간이 확정된 정기금 청구의 소, 예컨대, "피고는 원고에게 2011.11.11.부터 2015.11.11.까지 매년 11.11.에 2,000만 원 및 이에 대하여 그 각 지급기일 다음 날부터 다 갚는 날까지 연 5%의 비율로 계산한 금원을 지급하라"는 청구에서는 소송목적의 값은 1억 원(2,000만 원×5년)이다.

4. 첨부할 인지대의 계산

소송목적의 값	인지대 계산법
1,000만 원 미만	소송목적의 값×10,000분의 50 = 인지대
1,000만 원 이상 ~ 1억 원 미만	소송목적의 값×10,000분의 45 + 5,000원 = 인지대
1억 원 이상 ~ 10억 원 미만	소송목적의 값×10,000분의 40 + 55,000원 = 인지대
10억 원 이상	소송목적의 값×10,000분의 35 + 555,000원 = 인지대

* 위와 같이 계산된 인지대가 1,000원 미만인 때에는 이를 1,000원으로 하고, 1,000원 이상인 경우에 100원 미만의 단수가 있는 때에는 그 단수는 계산하지 않는다.

5. 송달료

사건	송달료
민사 제1심 단독사건	당사자 수×15회분 = 송달료
민사 제1심 합의사건	당사자 수×15회분 = 송달료
민사 제1심 소액사건	당사자 수×10회분 = 송달료

* 당사자 수는 원고와 피고를 합한 수를 말한다.

제3절 사건의 표시

소 장

소 가 산정내역 인지대

원 고 전희정 (580625-1234789)
서울 서초구 신반포로 28, 109동 807호(반포동, 하양아파트)
전화번호/휴대폰번호 : 전자우편주소 :

피 고 1. 임주경 (580514-1234789)
서울서초구 반포로대로 155(잠원동)
2. 홍양수 (601213-2132425)
서울 강남구 역삼로 7길 17(역삼동)

★ 대여금 청구의 소

청 구 취 지

1. 각종 금전지급 청구의 소에서의 사건명 기재례

매매대금 청구의 소, 물품대금 청구의 소(상품대금·유류대금 등의 청구는 "물품대금"으로 통일하는 것이 좋다), 계약금반환 청구의 소, 대여금 청구의 소[대금(貸金)·차용금·대부금 등의 청구는 "대여금"으로 통일하는 것이 좋다], 보증채무금 청구의 소, 구상금 청구의 소, 임대차보증금반환 청구의 소, 양수금 청구의 소, 부당이득금반환 청구의 소, 전부금 청구의 소, 추심금 청구의 소, 약속어음금 청구의 소, 수표금 청구의 소, 손해배상금 청구의 소 등

2. 병합청구에서의 사건명 기재례

사건명은 간결하고 정확하게 표시하여야 하며, 수 개의 청구가 병합되어 있는 때에는 주된 청구 또는 대표적인 청구 한 개만을 골라 그것을 사건명으로 하여 "등"자를 붙이고 그 뒤에 "청구의 소"라고 기재한다(대여금 등 청구의 소, 매매대금 등 청구의 소, 약속어음금 등 청구의 소).

제4절 청구취지

1. 의의[1)]

1) 청구취지는 원고가 소장에서 소송의 목적인 권리 또는 법률관계에 관하여 어떠한 내용과 범위의 판결을 구하는 것인가를 표시하는 핵심적인 부분으로서, 소송의 결론인 판결의 주문에 대응하는 필요적 기재사항이다.

2) 청구취지는 청구의 형태와 범위를 확정할 수 있도록 결론에 해당하는 부분을 단순 명료하게 기재한다. 내용이 복잡하거나 다수의 목적물을 표시하여야 할 사건에서는 별지목록 또는 별표를 작성하여 첨부하고 그것을 청구취지에서 인용하는 방법을 사용한다. 이 경우 별지목록 또는 별표는 청구취지의 일부분이 되는 것이므로 전부나 일부의 누락 또는 오기가 없도록 정확하게 기재하여야 한다.

3) 소를 제기함에 있어서 수 개의 청구를 단순 병합하거나, 선택적 또는 예비적으로 병합하여 제기할 수 있음은 물론이고, 공동소송의 요건을 갖춘 경우에는 1개의 소로써 다수인을 상대로 소를 제기할 수 있다.

4) 일반적으로 소장의 청구취지 난에는 이 밖에 소송비용에 관한 재판과 가집행선고의 신청도 기재하고 있다.

01. 소송비용의 부담에 관한 신청
① 소송비용은 피고가 부담한다. ② 소송비용은 피고들이 부담한다.

☞ 소송비용은 "피고의 부담으로 한다", 소송비용은 "피고들의 부담으로 한다"라는 기재가 잘못된 것은 아니지만, 소송비용은 "피고가 부담한다", 소송비용은 "피고들이 부담한다"라는 기재방식이 보다 적절하다.

02. 가집행의 선고
① 제1항은 가집행할 수 있다. ② 제1항 중 건물인도 부분은 가집행할 수 있다.

☞ 재산권상의 청구 중 금전지급 청구나 인도・철거 청구의 경우에는 가집행선고가 가능하나, 의사의 진술을 명하는 청구(등기 이행청구 등)나 형성 청구(사해행위 취소청구나 공유물분할 청구)와 같이 판결이 확정되어야 집행력이 생기는 소에는 가집행선고가 허용되지 않는다.

☞ "위 제1항은 가집행할 수 있다"라는 기재가 잘못된 것은 아니지만, "위"자를 빼고 "제1항은 가집행할 수 있다"라는 기재방식이 보다 적절하다.

---

1) 사법연수원교재 2014년, 민사실무(Ⅰ) 58-59면

2. 금전청구와 청구취지

금전청구의 청구취지는 이행할 채무의 종류, 법적 성질, 발생원인 등을 나타내지 않고 「○○○원」이라는 무색투명한 단어를 사용하여야 한다(다만, 가사소송에서는 "위자료로서", "재산분할로서" 등과 같이 이행할 채무의 종류를 표시하고 있다).

가. 기본형

*** 기재례 1

1. 피고는 원고에게 10,000,000원 및 이에 대한 2015.7.15.부터 다 갚는 날까지 연 12%의 비율로 계산한 돈을 지급하라. 2. 소송비용은 피고가 부담한다. 3. 제1항은 가집행할 수 있다.

▶ "완제일까지"라는 기재가 틀린 표현이라고 하기는 어려우나, "다 갚는 날까지"라 표현하는 것이 보다 적절하다.[2]

*** 기재례 2

1. 피고는 원고에게 1,000,000원 및 이에 대한 2015.10.17.부터 이 사건 소장부본 송달일까지는 연 5%의, 그 다음 날부터 다 갚는 날까지는 연 12%의 각 비율로 계산한 돈을 지급하라. 2. 소송비용은 피고가 부담한다. 3. 제1항은 가집행할 수 있다.

2) 사법연수원 하급심판례모음집에 대한 강평자료 74면 주석부분 등 다수 참조

나. 응용형

1) 이율의 기산일이 다른 경우

> 1. 피고는 원고에게 80,000,000원 및 그중 50,000,000원에 대하여는 2015.4.2.부터, 30,000,000원에 대하여는 2015.5.5.부터 각 이 사건 소장부본 송달일까지는 연 5%의, 그 다음 날부터 다 갚는 날까지는 연 12%의 각 비율로 계산한 돈을 지급하라.
> 2. 소송비용은 피고가 부담한다.
> 3. 제1항은 가집행할 수 있다.

※ **참고** : 상대방에게 여러 개의 채권(대여금, 물품대금, 정산금, 양수금 등)을 청구하고 각 채권 별로 이자 등의 기산일이 다른 경우 혹은 계약금과 중도금 지급 후 상대방 채무불이행으로 계약이 해제되어 그 대금의 반환을 구하는 경우 등에 활용이 가능하다.

2) 1인의 피고로 하여금 여러 사람의 원고에게 동일 또는 상이한 금액을 지급하도록 청구하는 때

> 1. 피고는 원고 갑에게 7,000,000원, 원고 을에게 3,000,000원, 원고 병, 정, 무에게 각 1,000,000원 및 위 각 돈에 대한 2003.7.15.부터 이 사건 소장부본 송달일까지는 연 5%, 그 다음 날부터 다 갚는 날까지는 연 12%의 각 비율로 계산한 돈을 각 지급하라.
> 2. 소송비용은 피고가 부담한다.
> 3 제1항은 가집행할 수 있다.
>
> * 원고나 피고 측 한 쪽은 1인이고 다른 한쪽은 여러 명이며 그 금액이 다른 경우에는 한사람인 원고나 피고를 앞에 쓰는 것이 효율적이다.
>
> * "각"자는 통상 중복 기재를 생략하기 위하여 사용한다.

사례 1 원고가 사망한 경우

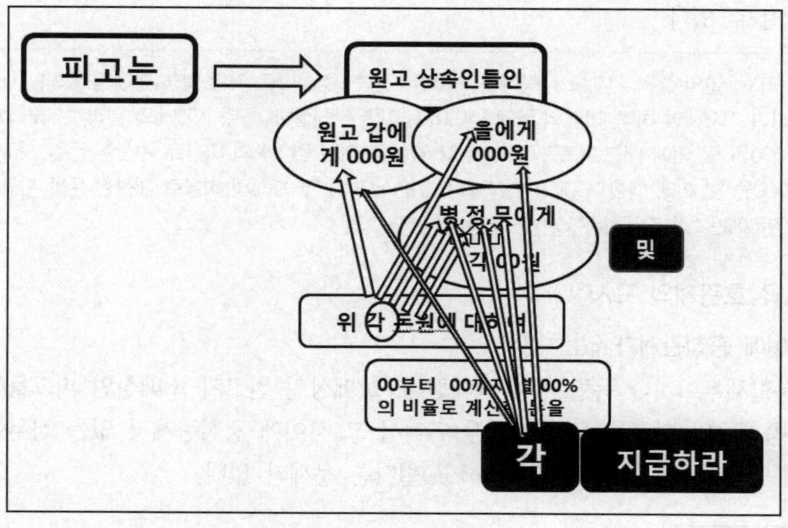

사례 2 피고가 사망한 경우

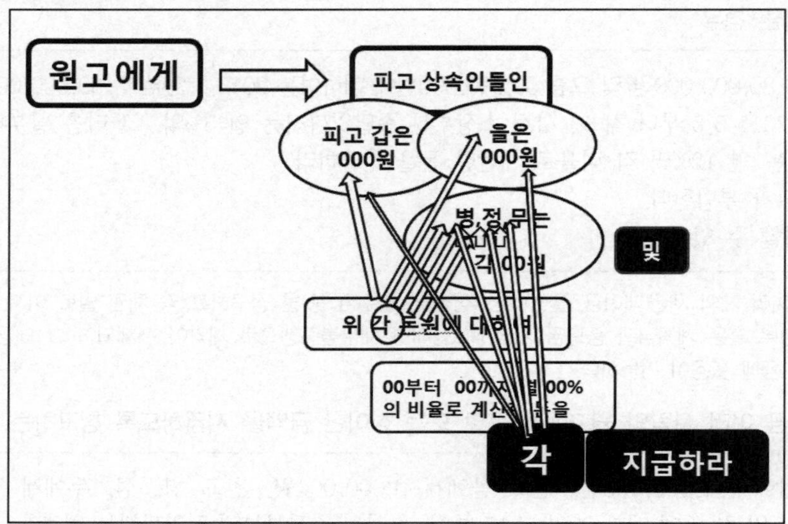

3) 여러 피고별로 금액 및 이율과 기간이 다른 경우

> 1. 원고에게,
>   가. 피고 갑은 5,000,000원 및 이에 대한 2007.7.1.부터 다 갚는 날까지 연 5%의 비율로 계산한 돈을,
>   나. 피고 을은 8,700,000원 및 이에 대한 2007.8.1.부터 다 갚는 날까지 연 12%의 비율로 계산한 돈을
>   각 지급하라.
> 2. 소송비용은 피고들이 부담한다.
> 3. 제1항은 가집행할 수 있다.

※ **참고** : "각"은 "지급하라"는 말의 중복 기재를 생략하기 위하여 사용한 것이므로 가항 및 나항에 공통되는 내용이므로 이와 줄을 달리하여 기재해야 하며, 나항의 끝에 연이어 붙이면 부적절하다. 위 기재례와 달리, "1. 원고에게, 가. 피고 갑은 5,000,000원 및 이에 대한 2007.7.1.부터 다 갚는 날까지 연 5%의 비율로 계산한 돈을 지급하고, 나. 피고 을은 8,700,000원 및 이에 대한 2007.8.1.부터 다 갚는 날까지 연 12%의 비율로 계산한 돈을 지급하라"고 중복하여 기재할 경우에는 "각 지급하라"고 하지 않아도 된다.

다. 여러 피고 사이의 상호관계의 표시[3)]

1) 각 피고의 의무 사이에 중첩관계가 없는 경우

각 피고의 채무가 분할채무이거나 독립한 채무(예컨대, 도매상인 원고가 소매상인 피고들에게 따로따로 판매한 물품대금의 지급을 구하는 경우)이어서 그 사이에 중첩관계가 없는 경우에는 각 피고별로 각각의 이행의무액을 명시하면 족하고 별다른 문제가 없다.

---

3) 사법연수원교재 2014년, 민사실무(Ⅱ) 78-82면

1. 원고에게, 피고 갑은 5,000,000원, 피고 을은 8,700,000원, 피고 병, 정은 각 9,300,000원 및 위 각 돈에 대한 …의 비율로 계산한 돈을 각 지급하라.
2. 소송비용은 피고들이 부담한다.
3. 제1항은 가집행할 수 있다.

2) 각 피고의 의무 사이에 중첩관계가 있는 경우

가) 중첩관계의 예

① 불가분채무
여러 사람이 공동으로 타인의 소유물을 점유・사용함으로써 얻은 부당이득의 반환채무, 건물의 공유자가 공동으로 건물을 임대하고 보증금을 수령한 경우 그 보증금의 반환채무 등

② 연대채무
연대채무자의 채무, 주채무자와 연대보증인의 채무, 사용대차・임대차에 있어서 공동차주의 채무, 일상가사로 인한 부부의 채무 등

③ 부진정연대채무
공동불법행위자의 채무, 피용자와 사용자의 각 손해배상채무 등

④ 합동채무
여러 사람의 어음・수표채무자의 채무

⑤ 기타 여러 사람이 각자 전액의 책임을 지는 경우
주채무자와 단순보증인 1인의 각 채무

나) 중첩관계의 표시

위 ②의 연대채무 등에 있어서는 「연대하여」, ④의 합동채무에 있어서는 「합동하여」, 그 밖에 ①, ③, ⑤의 경우에는 「공동하여」라는 표현을 사용하여야 하여야 할 것이다.4)

1. 피고들은 연대하여(합동하여, 공동하여) 원고에게 10,000,000원을 지급하라.
2. 소송비용은 피고들이 부담한다.
3. 제1항은 가집행할 수 있다.

※ **참고** : 중첩관계가 있는 여러 사람의 채무임에도 불구하고 아무런 부가어 없이 「피고들은 원고에게 10,000,000원을 지급하라」는 청구를 한다면 이는 분할채무의 원칙에 따라 피고별로 균분액의 지급을 청구하는 표현이 된다.

4) 원고가 "연대하여" 또는 "합동하여"로 청구하였는데 법원이 "공동하여"의 주문을 내는 경우, 또는 그 반대의 경우 모두 위법이 아니고, 이 경우 "나머지 청구기각"의 주문을 덧붙일 필요도 없다.

다) 구체적인 여러 경우의 기재례

(1) 주채무자 1인과 연대보증인 여러 사람에 대하여 같은 금액의 지급을 명하는 경우

① 피고 전원을 통틀어 「연대하여」로 묶는 것이 보통이다.

> 1. 피고들은 연대하여 원고에게 10,000,000원을 지급하라.
> 2. 소송비용은 피고들이 부담한다.
> 3. 제1항은 가집행할 수 있다.
>
> * 이렇게 여러 사람 전원을 통틀어 같은 금액의 지급을 구하는 경우에는 끝 부분에 "각 지급하라"가 아니라 "지급하라"고만 기재한다.

② 여러 피고별로 기산일이 다른 경우

> 1. 피고들은 연대하여 원고에게 20,000,000원 및 이에 대하여 피고 갑은 2015.1.9.부터, 피고 을은 2015.2.16.부터, 피고 병은 2015.3.6.부터 각 다 갚는 날까지 연 12%의 비율로 계산한 돈을 지급하라.
> 2. 소송비용은 피고들이 부담한다.
> 3. 제1항은 가집행할 수 있다.
>
> * "각"자는 "다 갚는 날까지"를 중복 기재하지 않기 위하여 사용한 것이다.

(2) 중첩되는 피고들의 집합이 복수인 경우

피고들의 집합별로 따로 금액을 표시하여야 함은 물론이다.

① 예컨대, 피고 갑과 을이 A라는 공동불법행위로 5,000,000원의 배상책임을, 피고 갑과 병은 B라는 공동불법행위로 2,000,000원의 배상책임을 각 지게 된 경우에는 다음과 같이 기재한다.

> 1. 원고에게, 피고 갑, 을은 공동하여 5,000,000원을, 피고 갑, 병은 공동하여 2,000,000원을 각 지급하라.
>
> * 원고나 피고 측 한 쪽은 1인이고 다른 한 쪽은 여러 명이며 그 금액이 다른 경우에는 한사람인 원고나 피고를 앞에 쓰는 것이 효율적이다.
>
> * "각"은 "지급하라"는 말의 중복 기재를 생략하기 위하여 사용한 것이다.

② 10,000,000원의 채무에 대하여 주채무자와 2인의 단순보증인이 있는 경우에는 이른바 분별의 이익이 있어 보증인 사이에는 분할채무가 되는데, 다음과 같이 기재한다.

> 1. 원고에게, 피고 갑, 을은 공동하여 5,000,000원을, 피고 갑, 병은 공동하여 5,000,000원을 각 지급하라.

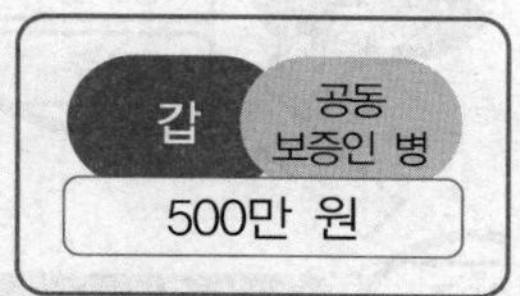

* 연대보증과 달리 공동보증인 사이에는 분별의 이익이 있어서 공동보증인들 사이에서는 분할된 금액의 보증채무가 됨.

(3) 피고별로 달라 중첩부분과 중첩되지 아니하는 부분이 있는 경우

① 예컨대, 피고 갑이 차용금채무 8,000,000원과 물품대금채무 2,000,000원을 부담하고 피고 을은 차용금채무의 연대보증인인 경우 다음과 같이 기재한다.

> 1. 원고에게, 피고 갑은 10,000,000원을, 피고 을은 피고 갑과 연대하여(또는 공동하여) 위 돈 중 8,000,000원을 각 지급하라.
>
> * 원고가 1인이고 피고가 다수이며 금액이 다르므로 원고를 앞으로 끌어내고, 또한 큰 금액의 주채무자를 먼저 기재한 후, 피고 주채무자와 연대하여(또는 공동하여) 위 돈 중 000원을 각 지급하라는 형식으로 기재한다.

② 망인이 원고에 대하여 24,000,000원의 차용금채무를 부담하고 있었고, 피고 갑, 을이 연대보증을 하였는데, 망인의 사망으로 피고 갑(위 연대보증인의 1인), 병, 정, 무가 각각 12,000,000원, 8,000,000원, 2,000,000원, 2,000,000원씩 상속을 한 경우에는 각 피고의 채무액은 갑, 을이 각 24,000,000원, 병이 8,000,000원, 정, 무가 각 2,000,000원으로 된다(망인이 1990.12.31. 이전에 사망하였고, 그 상속인으로 갑(장남), 병(차남), 정(출가녀), 무(출가녀)를 둔 경우임). 이 경우의 청구취지는 다음과 같이 기재한다.

> 1. 원고에게, 피고 갑, 을은 연대하여 24,000,000원을, 위 피고들과 연대하여 위 돈 중 피고 병은 8,000,000원을, 피고 정, 무는 각 2,000,000원을 각 지급하라.

PART 02

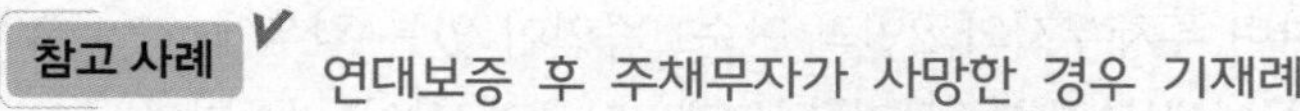

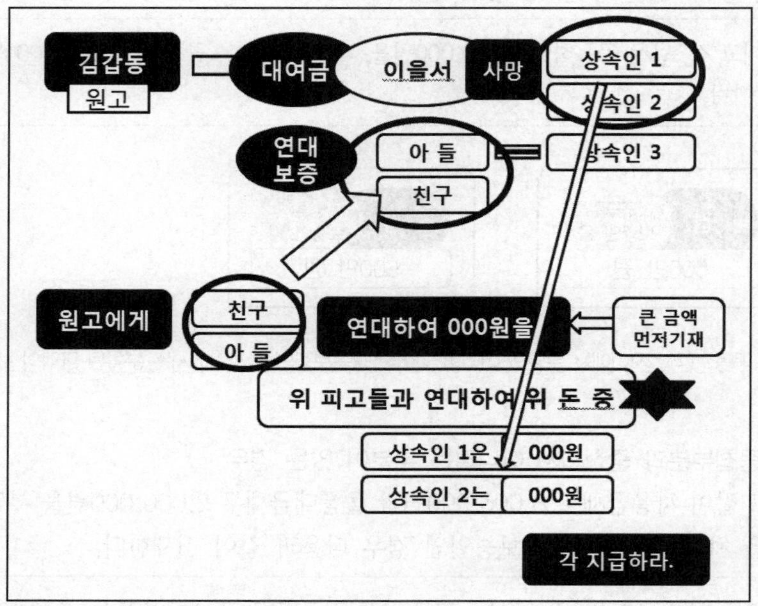

피고 측이 한정승인 심판을 받은 경우 청구취지 기재례

1. 피고는 망 소외 이을남(650210-1017542)으로부터 상속받은 재산의 범위 내에서 원고에게 70,000,000원 및 이에 대하여 2015.1.1.부터 이 사건 소장부본 송달일까지는 연 5%, 다음 날부터 다 갚는 날까지는 연 12%의 각 비율로 계산한 돈을 지급하라.
2. 소송비용은 피고가 부담한다.
3. 제1항은 가집행할 수 있다.

라. 동시이행으로 구하는 경우

사례 1 건물인도와 동시에 임대차보증금 반환(월차임 공제가 없는 경우)

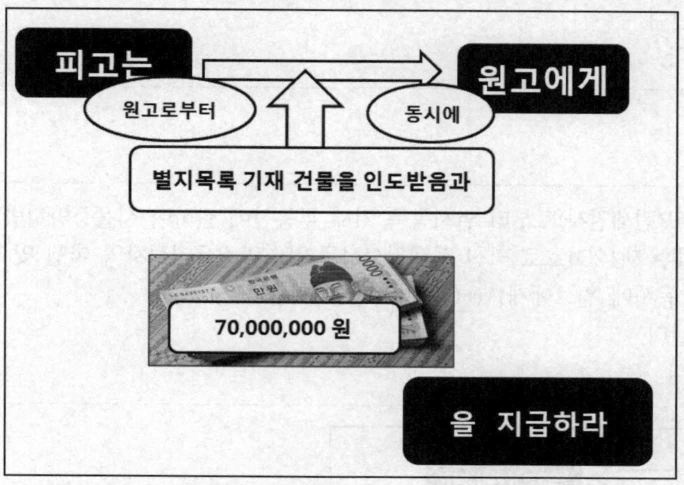

1. 피고는 원고로부터 별지목록 기재 건물을 인도받음과 동시에 원고에게 60,000,000원을 지급하라.
2. 소송비용은 피고가 부담한다.
3. 제1항은 가집행할 수 있다(※ 6,000만 원에 대한 지연이자를 구하면 안됨).

사례 2 건물인도와 동시에 임대차보증금 반환(월차임 연체한 날부터 건물 인도 시까지 보증금에서 월차임을 공제한 잔액을 구하는 경우)

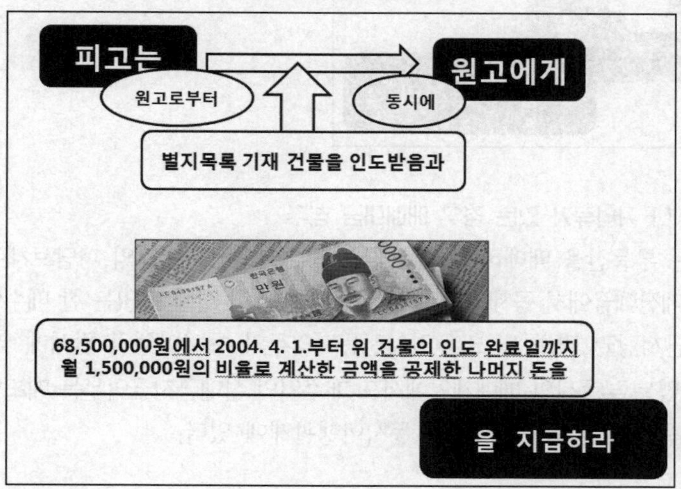

1. 피고는 원고로부터 별지목록 기재 건물을 인도받음과 동시에 원고에게 68,500,000원에서 2004.4.1.부터 위 건물의 인도 완료일까지 월 1,500,000원의 비율로 계산한 금액을 공제한 나머지 돈을 지급하라.
2. 소송비용은 피고가 부담한다.
3. 제1항은 가집행할 수 있다.

사례 3 전세금 반환

1. 피고(전세권설정자)는 원고(전세권자)로부터 별지목록 기재 부동산에 관하여 서울중앙지방법원 등기국 2013.3.27. 접수 제1234호로 마친 전세권설정등기의 말소등기절차의 이행 및 위 부동산의 인도를 받음과 동시에 원고에게 70,000,000원을 지급하라.
2. 소송비용은 피고가 부담한다.
3. 제1항은 가집행할 수 있다.

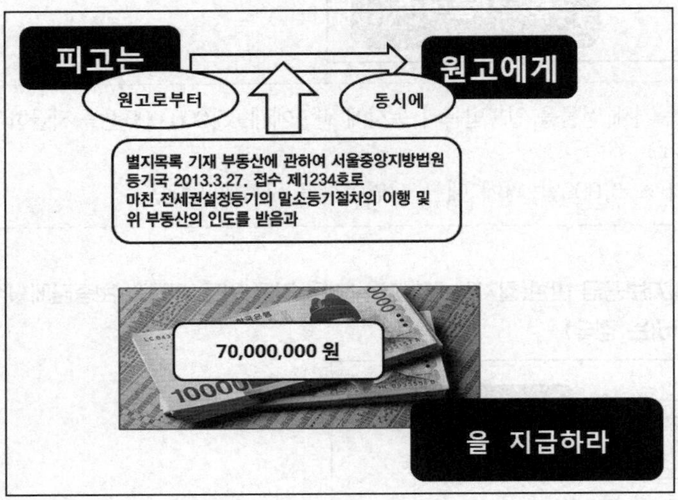

사례 4 매매부동산에 근저당이나 가압류가 있는 경우 매매대금 청구

근저당권설정등기가 되어 있는 부동산을 매매하는 경우에는 매수인이 근저당권의 피담보채무를 인수하여 그 채무액 상당을 매매잔대금에서 공제하기로 하는 등의 특별한 사정이 없는 한 매수인의 잔대금지급의무는 매도인의 근저당권 말소 및 소유권이전등기의무와 동시이행의 관계에 있다.

▶ 마찬가지로, 가압류등기가 있는 부동산의 매매계약에서도 매수인의 잔대금지급의무는 매도인의 소유권이전등기 및 가압류등기의 말소등기의무와 동시이행관계에 있다.

마. 장래 이행(선이행)으로 구하는 경우 – 도로점용 사용으로 인한 장래의 부당이득 청구

도로점용으로 인한 부당이득을 구함에 있어 이미 발생한 부당이득 외에 장래 발생할 부당이득까지 미리 청구할 경우 청구취지는 "~부터 피고의 도로폐쇄에 의한 점유종료일까지 월 금 00원의 비율에 의한 금원을 지급하라"로 기재한다.

Check Point

❖ 기발생분과 장래발생분을 나누어 청구하는 경우

1. 피고는 원고에게 40,000,000원 및 이에 대한 이 사건 소장부본 송달일 다음 날부터 다 갚는 날까지 연 12%의 비율로 계산한 돈 및, 2007.10.8.부터 별지목록 기재 토지상의 도로폐쇄에 의한 피고의 점유종료일까지 월 700,000원의 비율로 계산한 돈을 지급하라.
2. 소송비용은 피고가 부담한다.
3. 제1항은 가집행할 수 있다.

** 소가 : 기발생분 + 장래1년분

참고판례

대법원 2019.2.14, 2015다244432 판결

사실심의 재판실무에서 장래의 부당이득금의 계속적·반복적 지급을 명하는 판결의 주문에 '원고의 소유권 상실일까지'라는 표시가 광범위하게 사용되고 있다. 그러나 '원고의 소유권 상실일까지'라는 기재는 이행판결의 주문 표시로서 바람직하지 않다. 그 이유는 다음과 같다.

1. '원고의 소유권 상실일까지'라는 기재는 집행문 부여기관, 집행문 부여 명령권자, 집행기관의 조사·판단에 맡길 수 없고, 수소법원이 판단해야 할 사항인 소유권 변동 여부를 수소법원이 아닌 다른 기관의 판단에 맡기는 형태의 주문이다.
2. '원고의 소유권 상실일까지'라는 기재는 확정된 이행판결의 집행력에 영향을 미칠 수 없는 무의미한 기재이다.
3. '원고의 소유권 상실일'은 장래의 부당이득반환의무의 '임의이행' 여부와는 직접적인 관련이 없으므로, 이를 기재하지 않더라도 장래의 이행을 명하는 판결에 관한 법리에 어긋나지 않는다.

바. 이자와 지연손해의 구별

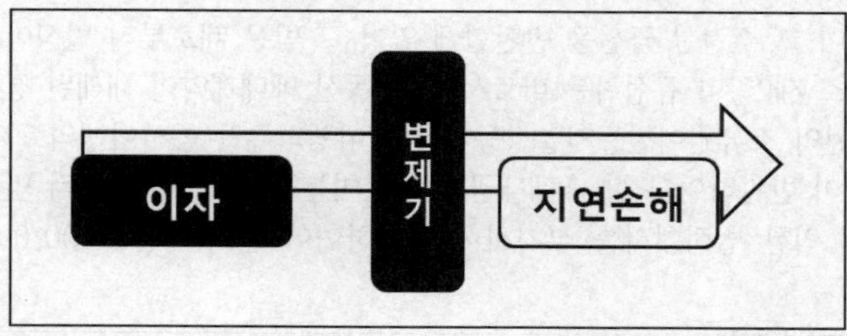

이자는 당일부터 변제기까지만 발생하지만 지연손해금은 변제기 다음 날부터 발생한다. 변제기 이후의 지연손해금은 이자채권이 아니라 손해배상채권으로서 본래 원본채권과 소멸시효 완성의 기간이 같다.

사례 1

◎ 갑은 2013.10.11. 을에게 금 9천만 원을 이자 연 20% 변제기는 대여일로부터 2년 후인 2015.10.10.로 정하여 대여하였는데, 당시 을의 아들 병과 친구 정이 위 대여원리금 반환채무를 연대보증하였고, 위 대여금의 이자는 매월 10일에 정기적으로 지급하기로 하였다.

◎ 그 후 을, 병, 정은 위 대여금의 이자 및 지연손해금은 3년의 소멸시효에 걸리는 채권이므로 변제할 필요가 없다고 다투고 있는 경우, 을은 2015.5.10. 이후 전혀 원리금을 지급한 적이 없고, 다른 소멸시효 사유도 부존재한다고 가정하며, 2018.12.1. 기준으로 판단할 것

변제기까지의 이자는 3년의 소멸시효에 걸리지만, 변제기 이후의 지연이자는 금전채무의 이행을 지체함으로 인한 손해배상금이지 이자가 아니므로 3년의 단기소멸시효에 걸리지 않는다(따라서 2015.10.10.까지의 이자는 소멸시효에 걸리지만, 2015.10.11.부터의 지연이자는 소멸시효에 걸리지 않는다).

사. 약정이율이 있는 경우와 소송촉진 등에 관한 특례법 적용 여부 – 대법원 2002.10.11, 2002다39807 판결

당사자 간에 약정이자 또는 약정 지연이자의 정함이 있는 경우라 할지라도 소송상 청구하는 경우 당사자의 일방은 소송촉진 등에 관한 특례법 제3조 제1항의 규정에 따라 소장 등이 송달된 날 다음 날부터는 대통령령으로 정하는 이율인 연 2할 5푼의 비율에 의한 지연손해금의 지급을 구할 수 있다(위 판결 당시는 25%였으나, 현재는 2019.6.1. 이후 연 12%임).

아. 이자나 지연이자 청구 시 당일이 포함되는 경우 정리

1) 계약해제의 경우

계약해제로 인해 당사자 일방이 수령한 금전(예 계약금 등)을 반환함에 있어서 지연손해금의 기산일은 계약해제일이 아니고 금원을 지급받은 날(당일 포함)이다(민법 제548조 제2항).

참고판례

법정해제권 행사의 경우 당사자 일방이 그 수령한 금전을 반환함에 있어 그 받은 때로부터 법정이자를 부가함을 요하는 것은 민법 제548조 제2항이 규정하는 바로서 … 부동산 매매계약이 해제된 경우 매도인의 매매대금 반환의무와 매수인의 소유권이전등기말소등기절차 이행의무가 동시이행의 관계에 있는지 여부와는 관계없이 매도인이 반환하여야 할 매매대금에 대하여는 그 받은 날로부터 민법 소정의 법정이율인 연 5푼의 비율에 의한 법정이자를 부가하여 지급하여야 한다(대판 2000.6.9, 2000다9123).

2) (소비대차) 대여금 "이자" 청구(지연손해의 청구가 아니라 이자청구의 경우임)

이자는 차주가 목적물의 인도를 받은 때부터 계산한다. 이자는 대여목적물의 이용대가이므로 이자의 기산일이 목적물의 인도일 대주의 이행제공일이 되는 것은 당연하다.[5] 소비대차계약에서 이자의 약정이 반드시 수반되는 것은 아니므로 이자의 지급을 구하기 위해서는 이자에 관한 약정사실을 따로 입증하여야 한다. 이자의 약정이 없더라도 상인 간의 소비대차에서는 법정이자를 청구할 수 있으므로(상법 제55조 제1항), 그러한 경우에는 대주 또는 차주가 당시 상인인 사실을 주장・입증하여 상사법정이율인 연 6%에 의한 이자를 청구할 수 있다(상법 제54조).

3) 구상금 청구의 경우

구상금에 대한 지연손해금을 청구하는 경우에 기산일은 변제일(공동면책일) 당일이다(민법 제425조 제2항, 성질은 법정이자).

4) 약속어음금 청구사건의 경우

지급제시기간 내에 적법한 지급제시가 있었던 경우에는 비록 만기 후에 제시되었어도 발행인 및 배서인은 어음금액 외에 만기일부터 어음법 소정 6%의 법정이자를 지급하여야 한다. 어음소지인은 만기 전이라도 장래 이행의 소의 요건을 갖춘 경우에는 만기에 어음금 및 만기 이후의 법정이자나 지연손해금을 지급하라는 판결을 미리 청구할 수 있다.[6]

5) 부당이득 반환청구의 경우

이익을 취득한 날부터의 법정이자(민법 제748조 제2항)를 구하는 경우에는 피고가 악의의 취득자(법률상 원인 없음을 아는 취득자)임을 원고가 주장・입증하여야 한다.

6) 불법행위로 인한 손해배상 청구의 경우

불법행위로 인한 손해배상채무는 성립과 동시 즉, 불법행위 당시부터 지체에 빠지게 되며, 최고가 필요 없다(통설・판례).

---

5) 사법연수원교재 요건사실론, 2006년 53면 주석
6) 사법연수원교재 2005년, 민사실무(Ⅱ) 85-87면

제5절 청구원인

1. 총설[7)]

가. 의의

1) 청구원인은 청구취지 기재와 같은 판결을 할 수 있도록 하는 권리 또는 법률관계를 발생시키는 구체적인 사실관계를 말한다. 이는 청구취지와 함께 소송물인 권리 또는 법률관계를 특정하여 주어 해당 소송에서 원고가 주장·입증하고 법원이 판단하여야 할 사항을 제시하는 것으로서 소장의 필요적 기재사항이다.

2) 청구원인은 확인의 소에 있어서는 청구취지를 보충하고, 이행의 소나 형성의 소에 있어서는 전적으로 소송물을 특정하는 역할을 한다. 예컨대 같은 물건의 인도청구라 하더라도 소유권, 점유권 또는 매매 기타의 계약 중 어느 것을 원인으로 하는가에 따라, 이혼을 구하는 경우에도 배우자의 부정행위 또는 악의의 유기 중 어느 것을 원인으로 하는가에 따라 각각 별개의 소송이 된다. 소송물은 처분권주의, 청구의 병합 또는 변경의 유무, 중복제소금지, 기판력의 객관적 범위, 재소금지 등을 판정하는 데 중요한 의미를 가진다.

나. 기재내용

1) 소송물인 권리의 발생요건에 해당하는 요건사실을 주장·입증할 책임은 변론주의 원칙상 원고에게 있는 것이므로 청구원인에서 빠짐없이 이를 기재하여야 하고 이로써 충분하다. 원고가 주장·입증하여야 할 요건사실이 무엇인가는 권리마다 그 발생규범인 실체법의 내용에 따라 정하여진다.

2) 요건사실인 법률행위 등은 주체, 일시 및 내용을 기재하면 되고, 그 행위가 이루어지게 된 동기, 연유, 경위 등은 간접적 사실에 불과한 것으로 통상 기재할 필요가 없다.

3) 소장의 청구원인에는 나아가 공격 및 방어방법까지 기재하는 경우도 많다. 이는 청구원인이 소송물을 특정하여 소송의 기초를 제공하는 것인 점에 비추어 상대방의 항변이 명백히 예측되는 경우 이를 기다리지 아니하고 항변에 대한 재항변을 미리 기재하거나, 다툼이 예상되는 사실을 인정할 간접사실, 증거의 증명력에 대한 기재를 함으로써 쟁점을 부각시켜 소송진행을 촉진하고 충실한 심리를 가능하게 한다.

다. 기재방식

1) 청구원인의 기재방식에 정형이 있는 것은 아니나, 청구원인은 재판 및 판결의 기초가 되는 점에서 일반적으로 사용되는 방식에 따르는 것이 좋다.

2) 일반적으로 ① 누가, ② 언제, ③ 누구와 사이에, ④ 무엇에 관하여, ⑤ 어떠한 행위를 하였다는 순서로 기재하되, 기재할 사실이 많은 경우 가능한 한 주어를 변경하지 않고, 시간적 순서에 따라 기재하며, 언어는 법원에 대하여 판결을 구하는 것인 점에서 경어체를 사용하는 것이 상당하다.

---

7) 사법연수원교재 2014년, 민사실무(Ⅰ) 98-112면 참조.

3) 법률행위의 장소는 섭외사건에서 준거법의 결정 등에 특별한 의미를 갖는 경우가 아니면 이를 기재할 필요가 없다.

4) 통상 피고를 주어로 하여 결론을 맺는다.

2. 금전청구와 청구원인 기재례

금전청구의 청구취지는 이행할 채무의 종류, 법적 성질, 발생원인 등을 나타내지 않고 「○○○원」이라는 무색투명한 단어를 사용하여야 하지만, 청구취지와 달리 청구원인에서는 의무의 내용에 대한 구체적인 결론의 이유를 밝힘에 있어서는 지급할 금원의 성질(차용금, 물품대금 등, 이자, 지연손해금 등)을 밝혀야 한다.

가. 물품대금 청구사건

1) 사례(1)

> 1. 원고는 시계 도매업을, 피고는 시계 소매업을 각 경영하고 있습니다.
> 2. 원고는 2017.2.1. 피고에게 오리엔트 손목시계(품명 SUN LIGHT) 100개를 대금 1,000만 원에 대금지급기일은 2017.3.31.로 정하여 매도하고 같은 날 위 시계 100개를 인도하여 주었습니다.
> 3. 그렇다면 피고는 원고에게 매매대금 1,000만 원 및 이에 대한 대금지급기일 다음 날인 2017.4.1.부터 이 사건 소장부본 송달일까지는 상법 소정의 연 6%의, 그 다음 날부터 다 갚는 날까지는 소송촉진 등에 관한 특례법 소정 연 12%의 각 비율로 계산한 지연손해금을 지급할 의무가 있습니다.
>
> * 상법 소정 연 6%의 이율로 청구하기 위하여는 당사자가 상인이거나 매매가 상행위임을 표시하는 기재를 하여야 하나, 민법 소정 연 5%의 비율로 구하는 데는 당사자의 직업을 기재할 필요가 없다. 소송촉진 등에 관한 특례법 소정의 지연손해금을 구하는 경우 그 기산일과 종료일을 명시하고 지연손해금의 발생근거가 되는 법률을 표시하여 준다.
>
> * 지연이자로 상법 소정 연 6%의 이율을 청구하는 것이 아니라 약정 지연손해금을 구하고 있고 그 금액이 상법 소정의 연 6%를 초과하는 경우에는 당사자가 상인이거나 매매가 상행위임을 표시하는 기재를 할 필요가 없다.
>
> * 그리고 약정이율이나 지연손해금이 소송촉진 등에 관한 특례법 소정의 지연손해금 연 12%보다 큰 경우에는 소송촉진 등에 관한 특례법 소정의 지연손해금을 구할 필요도 없다.

2) 사례(2)

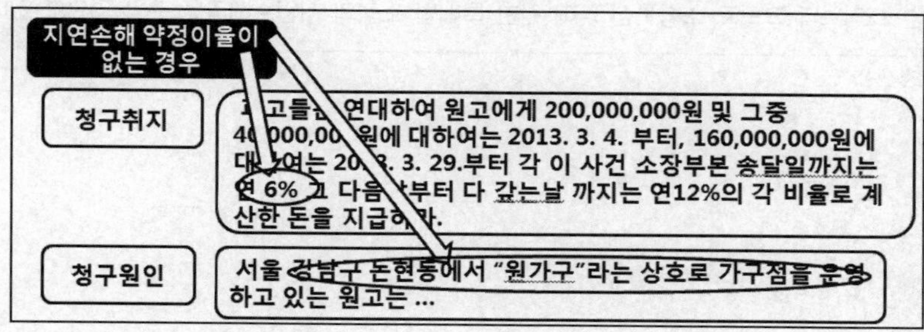

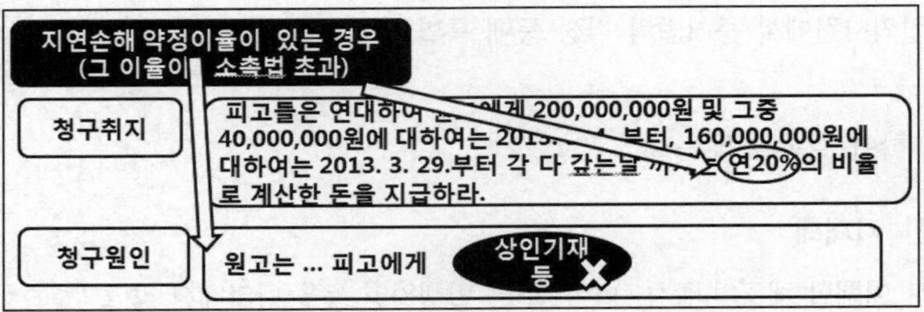

3) 표준 연습사례

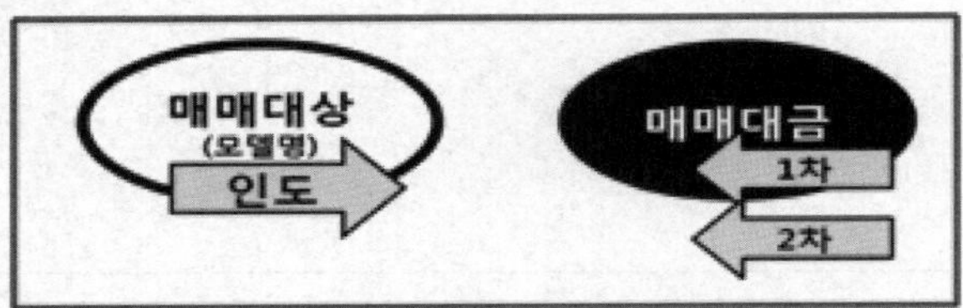

1. 원고는 2013.11.10. 피고 이공방에게 소냐 디지털카메라(모델명 DSN-1000) 300대를 대금 1억 5천만 원에 매도하면서, 그중 50대는 계약 당일에, 100대는 2013.12.10.에, 150대는 2014.1.10.에 각 인도하고, 그 대금 중 50,000,000원(이하 "제1차 대금"이라 칭합니다)은 2013.12.20.에, 100,000,000원(이하 "제2차 대금")은 2014.1.20.에 각 지급받으며, 제1, 2차 대금 지급지체 시에는 월 2%의 비율에 의한 지연손해금을 덧붙여 지급하기로 약정하고, 피고 고시원은 위 계약 당시 원고에게 피고 이공방의 위 물품대금채무를 연대보증한 바 있습니다.
2. 그 후 원고는 피고 이공방에게 위 약정대로 위 카메라 300대를 인도하였고, 위 약정에 따라 2013.12.20. 피고 이공방로부터 제1차 매매대금 중 금 2,000만 원을 지급받았으나, 나머지 제1차 매매대금 30,000,000원의 지급기일은 2013.12.20.에서 2013.12.27.로 연기하여 준 바 있습니다. 그런데 피고 이공방은 그 후 원고에게 나머지 물품대금을 지급하지 않고 있습니다.
3. 그러므로 피고들은 연대하여 원고에게 제1, 2차 대금 130,000,000원 및 그중 나머지 제1차 대금 30,000,000원에 대하여는 그 지급기일 다음 날인 2013.12.28.부터, 제2차 대금 100,000,000원에 대하여는 그 지급기일 다음 날인 2014.1.21.부터 각 다 갚는 날까지 월 2%의 비율로 계산한 약정 지연손해금을 지급할 의무가 있습니다.

* 지연이자로 상법 소정 연 6%의 이율을 청구하는 것이 아니라 약정 지연손해금 월 2%를 구하고 있으므로 당사자가 상인이거나 매매가 상행위임을 표시하는 기재를 할 필요가 없다. 그리고 소송촉진 등에 관한 특례법 소정의 지연손해금 연 12%보다 크므로 소송촉진 등에 관한 특례법 소정의 지연손해금을 구할 필요도 없다.

4) 위 사례에서 주채무자 이공방이 사망한 경우 기재례 추가

… 앞 부분은 위와 동일 …

그러나 그 후 주채무자인 망 이공방은 나머지 대금을 지급하지 않고 있던 중, 2014.11.26.에 사망하였으며 상속인으로는 직계비속인 피고 이태원과 이차원이 있습니다.
그러므로 피고 고시원은 망인의 연대보증인으로서 나머지 제1, 2차 대금 130,000,000원 및 그 중 나머지 제1차 대금 30,000,000원에 대하여는 그 지급기일 다음 날인 2013.12.28.부터, 제2차 대금 100,000,000원에 대하여는 그 지급기일 다음 날인 2014.1.21.부터 각 다 갚는 날까지 월 2%의 비율에 의한 약정 지연손해금을, 피고 이태원, 이차원은 망인의 상속인들로서 피고 고시원과 연대하여 위 금원 중 각 상속분에 해당하는 돈 즉, 각 65,000,000원 및 그중 각 금 15,000,000원에 대하여는 2013.12.28.부터 각 50,0000,000원에 대하여는 2014.1.21.부터 다 갚는 날까지 월 2%의 비율로 계산한 각 돈을 각 지급할 의무가 있습니다.

나. 계약금반환 청구사건

1) 기본사례[8]

【기본사례】 원고(매수인) → 피고(매도인)
원고는 피고로부터 2003.10.1. 중고 피아노 1대를 5,000,000원에 매수하기로 하고 계약금으로 500,000원을 지급하였는데, 피고의 불이행으로 계약을 해제하여 지급한 위 계약금의 반환을 구함

2) 청구원인

【청구원인】 – 매매계약을 체결한 사실
– 계약금을 지급한 사실
– 매매계약이 취소, 해제 등으로 소멸한 사실

원고는 2003.10.1. 피고와 중고 피아노 1대를 매매대금 5,000,000원, 인도일 2003.10.10.로 정하여 매수하기로 하는 매매계약을 체결하고, 그 자리에서 피고에게 계약금 500,000원을 지급하였는데, 피고가 위 인도일에 인도하지 아니하고, 이에 잔금 4,500,000원을 준비하고 피고에게 2003.10.20.까지 위 피아노의 인도를 최고하였음에도 이를 이행하지 아니하여 2003.10.21. 피고에게 위 매매계약 해제의 의사표시를 하였습니다.
그러므로 피고는 원고에게 위 계약금 500,000원 및 이에 대하여 계약금 지급일 2015.10.1.부터 이 사건 소장부본 송달일까지는 민법 소정의 5%의, 그 다음 날부터 다 갚는 날까지는 소송촉진 등에 관한 특례법 소정 연 12%의 각 비율로 계산한 이자 및 지연손해금을 지급할 의무가 있습니다.

8) 민사참여 업무편람 신모델과 요건사실 193-195면.

※ 주의사항

① 이행지체를 이유로 한 계약해제의 경우에는 특정한 채무를 이행하지 아니한 사실만으로는 부족하고, 원고가 상당한 기간을 정하여 피고에게 이행을 최고하였는데도 이행하지 아니하여 해제의사표시를 한 사실까지가 요건사실임.

② 지연손해금의 기산일은 매매계약 해제일이 아니고 계약금을 지급받은 날임(당일 포함, 민법 제548조 제2항, 성질은 법정이자).

다. 정산금 청구사건(청구원인 기재례)

1. 2014.8.1. 원고는 피고와 사이에 그간의 자전거 부품외상 미수금을 70,000,000원으로 정산하면서, 이을남이 2014.12.31.까지 위 정산금을 지급하되, 연체할 경우 다 갚는 날까지 월 1% 비율의 지연손해금을 가산하여 지급하기로 약정하였습니다. 2. 그러므로 피고는 원고에게 위 정산금 70,000,000원 및 이에 대하여 2015.1.1.부터 다 갚는 날까지 약정이율인 월 1%의 비율로 계산한 지연손해금을 지급할 의무가 있습니다.

라. 대여금

1) 전혀 변제하지 않고 있는 경우

원고는 2014.7.1. 피고에게 135,000,000원을 이자 월 1%, 변제기 2014.9.30.로 정하여 대여하였습니다. 그러므로 피고는 원고에게 위 차용금 135,000,000원 및 이에 대하여 대여일인 2014.7.1.부터 다 갚을 때까지 월 1%의 약정이율로 계산한 지연손해금을 지급할 의무가 있습니다.

* 권리발생요건에 아무런 영향이 없는 행위의 동기, 연혁, 경위 등을 기재하거나 계약내용 중 권리발생요건과 무관하여 쟁점이 되지 아니하는 사실을 장황하게 기재할 필요는 없다.

2) 일부 변제한 경우

원고는 2014.7.1. 피고에게 135,000,000원을 이자 월 1%, 변제기 2014.9.30.로 정하여 대여하였습니다. 그 후 원고는 피고로부터 위 대여금에 대한 2014.9.30.까지의 약정이자를 변제받은 바 있습니다. 그러므로 피고는 원고에게 위 차용금 135,000,000원 및 이에 대하여 변제기 다음 날인 2014.10.1.부터 다 갚을 때까지 월 1% 약정이율로 계산한 지연손해금을 지급할 의무가 있습니다.

3) 연대보증인이 있는 경우

1. 원고는 2014.7.1. 피고 임주경에게 135,000,000원을 이자 월 1%, 변제기 2014.9.30.로 정하여 대여하였고, 피고 홍양수가 위 대여 당시 원고에 대하여 피고 임주경의 위 차용금채무를 연대보증하였습니다.
2. 그 후 원고는 피고 임주경으로부터 위 대여금에 대한 2014.9.30.까지의 약정이자를 변제받은 바 있습니다.
3. 그러므로 피고들은 연대하여 원고에게 차용금 135,000,000원 및 이에 대하여 변제기 다음 날인 2014.10.1.부터 다 갚을 때까지 월 1% 약정이율로 계산한 지연손해금을 지급할 의무가 있습니다.

마. 보증채무금

1) 청구원인 기재례 – 보증채무금만 청구하는 경우

【청구원인】 – 주채무가 발생한 사실
– 보증계약을 체결한 사실

원고는 2018.1.1.(대여일자) 소외 ○○○에게 10,000,000원(대여금액)을 이자 연 5%(약정이자), 변제기 2018.2.28.(변제기)로 정하여 대여(금전의 지급)하였고, 피고는 같은 날 소외 ○○○의 차용금채무를 연대보증(보증의 종류)하였다.

** 요건사실
– 주채무가 발생한 사실
– 보증계약 체결사실

2) 대법원 2000.4.11, 99다12123 판결

1. 보증한도액을 정한 근보증에 있어 보증채무는 특별한 사정이 없는 한 보증한도 범위 안에서 확정된 주채무 및 그 이자, 위약금, 손해배상 기타 주채무에 종속한 채무를 모두 포함한다.
2. 보증채무는 주채무와는 별개의 채무이기 때문에 보증채무 자체의 이행지체로 인한 지연손해금은 보증한도액과는 별도로 부담하고 이 경우 보증채무의 연체이율에 관하여 특별한 약정이 없는 경우라면 그 거래행위의 성질에 따라 상법 또는 민법에서 정한 법정이율에 따라야 하며, 주채무에 관하여 약정된 연체이율이 당연히 여기에 적용되는 것은 아니지만, 특별한 약정이 있다면 이에 따라야 한다.

바. 구상금

1) 청구원인 기재례

【청구원인】 - 보증관계 등이 성립한 사실
- 대위변제한 사실

1. 원고는 2017.1.2. 피고가 병으로부터 3,000만 원을 이자 월 1.5%, 변제기 2018.1.2.로 하여 차용하는 데 연대보증을 서준 바 있습니다.
2. 그 후 병의 청구로 갑이 2018.2.2. 원금 3,000만 원과 이자 360만 원을 대위변제하였습니다. 그러므로 피고는 원고에게 구상금 33,600,000원(30,000,000원 + 3,600,000원) 및 이에 대하여 변제일(공동면책일) 당일인 2018.2.2.부터(민법 제425조 제2항 참조) 이 사건 소장부분 송달일까지는 민법 소정의 법정이자인 연 5%의, 그 다음 날부터 다 갚는 날까지는 소송촉진 등에 관한 특례법이 정한 연 12%의 각 비율로 계산한 법정이자 및 지연손해금을 지급할 의무가 있습니다.

2) 요건사실

① 보증관계 등이 성립한 사실
- 다른 연대채무자에게 구상하는 경우 : 연대하여 금전을 차용한 사실
- 주채무자에게 금전을 구상하는 경우 : 피고의 금전차용사실과 원고의 연대보증사실
- 다른 연대보증인에게 구상하는 경우 : 주채무자의 금전차용사실과 원·피고의 연대보증사실
- 다른 공동불법행위자에게 구상하는 경우 : 원·피고의 공동불법행위사실

② 원고가 채권자나 피해자 또는 은행에 채무의 전부 또는 일부를 (대위)변제한 사실

3) 주의사항

① 구상금청구와 구상권의 범위 내에서 변제자대위(민법 제480조, 제481조)나 보험자대위(상법 제682조)에 의하여 채권자의 채권을 대위하는 것과는 구분함.

② 지연손해금을 청구하는 경우에 기산일은 변제일(공동면책일) 당일(민법 제425조 제2항, 성질은 법정이자).

사. 임대차보증금

사례 1

원고는 2002.1.1.(계약일자) 피고로부터 서울 서초구 서초동 현대아파트 ○동 ○호(임차목적물)를 임대보증금 5천만 원(임대보증금액), 임대기간 2년간(임대기간)으로 정하여 임차하고 그 임대보증금을 지급하였는데, 그 기간이 만료되었다(종료사유).

* 임대차 종료를 원인으로 한 임대보증금 반환을 구하는 경우에는 기간만료 또는 해지원인 등을 밝혀야 함
* 주요서증 : 임대차계약서, 영수증, 내용증명(해지통지서)

사례 2

1. 원고는 2013.11.9. 피고로부터 이 사건 점포를 임대차보증금 240,000,000원, 차임 월 5,000,000원, 기간 2013.11.9.부터 2015.11.8.까지로 정하여 임차하고, 같은 날 이 사건 점포를 인도받으면서 피고에게 위 임대차보증금을 지급하였습니다.
2. 그 후 위 임대차는 2015.11.8. 기간만료로 종료되었으므로 피고는 원고로부터 이 사건 점포를 인도받음과 동시에 원고에게 위 임대차보증금반환채권을 반환할 의무가 있습니다.

* 만일 임차인이 그 후 임차부동산을 임대인에게 인도하여 주었다면 인도일 다음 날부터 다 갚는 날까지의 지연손해도 구할 수 있다.

제6절 증명방법

증거부호의 표시는 원고가 제출하는 것은 갑 제○호증, 피고가 제출하는 것은 을 제○호증, 독립당사자 참가인이 제출하는 것은 병 제○호증과 같이 적고, 서증을 제출하는 때에는 상대방의 수에 1을 더한 수의 사본을 함께 제출하여야 한다.

*** 기재례

1. 갑 제1호증(차용증)
2. 갑 제2호증의 1(최고서)
   2(특수우편물수령증)

제7절 첨부서류

1. 기본적인 서증 및 그 사본 등

친족・상속관계 사건은 가족관계증명서, 어음 또는 수표사건은 그 어음 또는 수표의 사본을 소장에 붙여야 하고, 그 외에도 소장에는 증거로 될 문서 가운데 중요한 것의 사본을 붙여야 한다(민사소송규칙 제63조 제2항).

2. 서류(소장)부본 등

소송서류를 제출하는 때에는 송달에 필요한 수의 부본을 함께 제출해야 한다.

3. 대표자 또는 관리인의 자격을 증명하는 서면

당사자가 소송능력이 없는 때에는 법정대리인, 법인인 때에는 대표자, 법인이 아닌 사단이나 재단인 때에는 대표자 또는 관리인의 자격을 증명하는 서면(예를 들면 가족관계증명서, 법인등기부등본이나 초본, 대표자증명서 등)과 당사자능력을 판단할 자료(정관, 규약 등)를 첨부하여야 하고, 소송대리권을 증명하기 위하여 소송위임장을 첨부하여야 한다.

4. 첨부서류의 기재요령 등

*** 기재례

1. 위 증명방법　　각 3통(= 피고 수 + 1)
2. 영수필확인서　　1통
3. 송달료납부서　　1통
4. 서류작성 및 제출위임장　　1통
5. 법인등기사항증명서　　1통
6. 소장부본　　2통(= 피고 수)

제8절 기타

1. 작성연월일
2. 작성자의 기명날인 또는 서명
3. 법원

제9절 기본적인 주의사항 연습

1. 다음의 소장 내용 중 부적절한 부분을 발견하여 수정하시오

원 고 김일남 (580625-1234789)
서울특별시 서초구 신반포로 28, 201동 117호(반포동, 청구아파트)
전화번호/휴대폰번호 :
팩시밀리번호 :
전자우편주소 :

피 고 1. 이민준 (580514-1234567)
경기도 고양시 일산서구 후곡로 60, 302동 1701호(주엽동, 태양아파트)
2. 박서연 (561213-1010145)
서울시 서초구 반포대로 155(잠원동)

차용금 청구의 소

청 구 취 지

1. 피고 이민준 및 피고 박서연은 원고에게 연대하여 135,000,000원과 이에 대하여 2014.5.20.부터 다 갚는 날까지 월 1%의 이율로 계산한 돈을 지급하라.
2. 소송비용은 피고들의 부담으로 한다.
3. 위 제1항은 가집행할 수 있다.

라는 판결을 구합니다.

청 구 원 인

1. 원고 김일남은 2014년 5월 20일 피고 1. 이민준에게 150,000,000원을 이자 월 1%(매월 19일 지급) 변제기 2015.5.19.자로 정하여 대여하였고, 피고 2. 박서연은 위 대여 당시 원고 김일남에 대하여 피고 1. 이민준의 위 차용금채무를 연대보증하였습니다.

2. 그러므로 피고 1. 이민준 및 피고 2. 박서연은 원고 김일남에게 위 대여금 150,000,000원 및 이에 대하여 2014.5.20.부터 다 갚을 때까지 월 1% 약정이율로 계산한 지연손해금을 지급할 의무가 있습니다.

… 이하 생략 …

» 답안례 - 적절하게 수정한 예

원 고 김일남 (580625-1234789)
서울 서초구 신반포로 28, 201동 117호(반포동, 청구아파트)
전화번호/휴대폰번호 :
팩시밀리번호 :
전자우편주소 :
피 고 1. 이민준 (580514-1234567)
고양시 일산서구 후곡로 60, 302동 1701호(주엽동, 태양아파트)
2. 박서연 (561213-1010145)
서울 서초구 반포대로 155(잠원동)

대여금 청구의 소

청 구 취 지

1. 피고들은 연대하여 원고에게 135,000,000원 및 이에 대하여 2014.5.20.부터 다 갚는 날까지 월 1%의 이율로 계산한 돈을 지급하라.
2. 소송비용은 피고들이 부담한다.
3. 제1항은 가집행할 수 있다.

라는 판결을 구합니다.

청 구 원 인

1. 원고는 2014.5.20. 피고 이민준에게 150,000,000원을 이자 월 1%(매월 19일 지급) 변제기 2015.5.19.자로 정하여 대여하였고, 피고 박서연은 위 대여 당시 원고에 대하여 피고 이민중의 위 차용금채무를 연대보증하였습니다.
2. 그러므로 피고들은 연대하여 원고에게 위 차용금 150,000,000원 및 이에 대하여 2014.5.20.부터 다 갚을 때까지 월 1% 약정이율로 계산한 지연손해금을 지급할 의무가 있습니다.

… 이하 생략 …

chapter
02 소장작성 연습

1. 사례

아래 내용을 읽고 김을동의 권리행사에 가장 유리한 소장을 작성하시오.

김을동[600212-1213145, 서울특별시 서초구 신반포로 28, 109동 807호(반포동, 한양아파트), 전화번호 : 02-872-9079, 전자우편 : kkd@lala.net]은 송일남[611221-1231234, 경기도 고양시 일산동구 호수로 123, 5동 315호(장항동, 호수아파트)]에게 2015년 1월 25일 2,000만 원을 월 1.5푼의 이자로 변제기 2015년 9월 29일로 하여 대여하여 주었다. 그런데 송일남은 그 후 운영하는 사업이 부진함에 의하여 김갑동의 수 차례에 걸친 독촉에도 불구하고 약정된 원금과 이자를 전혀 변제하지 않고 있다.

응시자는 2015.10.28. 자로 김갑동에게 유리한 소장을 작성하되, 소가 및 인지는 표지 상단 우측에 그 내역과 함께 표시하시오.

※ 날인이 필요한 부분은 (인)으로 표시할 것

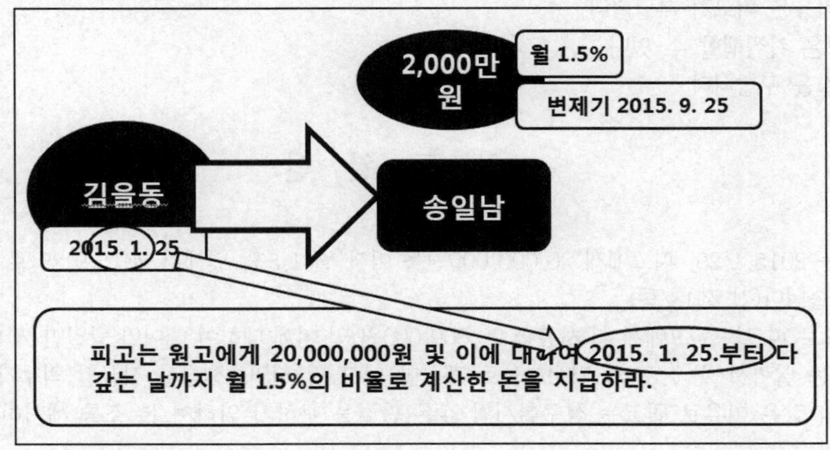

» 답안례

소 장

*** 소 가 20,000,000원
*** 인지대 95,000원
− 20,000,000원×45/10,000 + 5,000원

원 고 김을동
서울 서초구 신반포로 28, 109동 807호(반포동, 한양아파트)
(전화번호 : 02-872-9079)
(전자우편 : kkd@lala.net)

피 고 송일남
고양시 일산동구 호수로 123, 5동 315호(장항동, 호수아파트)

대여금청구의 소

청 구 취 지

1. 피고는 원고에게 20,000,000원 및 이에 대하여 2015.1.25.부터 다 갚는 날까지 월 1.5%의 비율로 계산한 돈을 지급하라.
2. 소송비용은 피고가 부담한다.
3. 제1항은 가집행할 수 있다.

라는 판결을 구합니다.

청 구 원 인

1. 원고는 2015.1.25. 피고에게 20,000,000원을 이자 월 1.5%, 변제기 2015.9.29.로 하여 대여한 바 있습니다(갑 제1호증).
2. 그러므로 피고는 원고에게 위 차용금 20,000,000원 및 이에 대하여 대여일 당일인 2015.1.25.부터 다 갚는 날까지 월 1.5%의 약정이율로 계산한 이자 및 지연손해금을 지급할 의무가 있습니다.
3. 이상과 같은 이유로 원고는 청구취지와 같은 판결을 구하기 위하여 본 소를 제기하기에 이르렀습니다.

증 명 방 법

1. 갑 제1호증 차용증

첨 부 서 류

1. 위 증명방법 2통
2. 영수필확인서 1통
3. 송달료납부서 1통
4. 서류작성 및 제출위임장 1통
5. 소장부본 1통

2015.9.28.

원고 김갑동 (인)

서울중앙지방법원 귀중

▶ "대여하였다"는 표현은 대여약정과 금원의 인도를 모두 포함하는 의미임.

2. 사례 – 제25회 법무사 시험 기출문제

김상훈[주민등록번호 : 701104-1122333, 주소 : 서울 서초구 서초중앙로 123, 전화번호 : 010-1234-7777, 전자우편 : ksh@kmail.com]은 2019.9.10. 법무사 사무실에 찾아와 다음과 같은 내용을 설명하고 자신이 가져온 별첨 서류를 제시하면서 소장 작성을 의뢰하였다. 이에 적합한 소장을 작성하시오. 30점

〈 다음 〉

◉ 저는 평소 잘 알고 지내던 하용주의 부탁을 받고 2017.1.1. 하용주에게 2억 원을 빌려주었습니다. 저와 하용주는 오랜 기간 함께 조기축구회 활동을 하였던 터라 서로에 대한 신뢰가 매우 높았습니다. 따라서 저는 하용주에게 다른 담보는 요구하지 않고 차용증 한 장만 작성해 줄 것을 요청했습니다.

◉ 저와 하용주가 2017.1.1. 대여 당시 합의한 내용은 차용증에 그대로 기재되어 있습니다. ① 변제기를 2018.12.31.로 하고, ② 이자는 월 0.5%로 하되 매월 1일부터 말일까지의 이자를 그 달 말일에 후납한다는 내용이 그것입니다.

◉ 저는 2017.1.1. 제 명의의 진민은행 계좌에서 하용주 명의의 유상은행 계좌로 2억 원을 송금하여 주었습니다. 그리고 같은 날 하용주도 저에게 차용증을 교부하였습니다.

◉ 하용주는 2017.1월부터 매달 말일에 꼬박꼬박 2억 원에 대한 이자 100만 원을 입금하였습니다. 하용주는 2017.12.31.에도 12월분 이자 100만 원을 입금한 후 저에게 전화를 걸어 1억 원을 추가로 빌려줄 수 있는지 문의하였습니다. 그동안 이자가 밀린 적도 없고, 하용주가 새로 빌리는 돈에 대해서는 이자를 월 1.5%로 지급하겠다고 하여 저는 하용주의 제안을 수락하였습니다.

◉ 이에 저는 2018.1.1. 하용주에게 추가로 1억 원을 송금하였고, 하용주도 저에게 차용증을 교부하였습니다. 위 차용증에는 ① 변제기를 2018.12.31.로 하고, ② 이자는 월 1.5%로 하되 매월 1일부터 말일까지의 이자를 그 달 말일에 후납한다는 내용이 기재되어 있었으며, 이는 저와 하용주가 합의한 내용과 동일합니다.

◉ 그런데 하용주는 기존 2억 원 외에 위와 같이 1억 원을 추가로 빌려간 후에 저에게 이자를 전혀 지급하지 않았습니다. 즉 위 각 대여금에 대한 2018년 1월분부터의 이자를 입금하지 않은 것입니다.

◉ 이에 불안해진 저는 2018.3.20. 하용주에게 위 각 대여금의 이자를 조속히 지급할 것을 요구하였고, 하용주는 2018.3.27. 자신의 경제 사정이 어려우니 조금만 참고 기다려 달라는 내용의 답변을 하였습니다.

◉ 그러나 하용주는 그 이후로도 저에게 한 푼도 지급을 하지 못하다가 2018.12.31.에 이르러서야 비로소 9,000만 원을 입금하였습니다. 위 9,000만 원을 입금하면서 이를 어느 채무의 변제에 충당할 것인지에 대해 저와 하용주 사이에 합의가 있었다거나, 저나 하용주가 이를 지정한 사실은 없습니다.

◉ 이후 현재까지 하용주가 저에게 지급한 돈은 없습니다. 이제는 더 이상 참을 수 없어 법적으로 해결하려고 합니다. 앞서 말씀드렸듯이 하용주는 2018.12.31. 저에게 9,000만 원을 갚았는데, 위 날짜를 기준으로 제가 하용주에게 가지고 있던 채권액은 모두 3억 3,000만 원입니다. 구체적으로는 ① 2017.1.1.자 대여금 원금 2억 원, ② 위 억 원에 대하여 2018.1.1.부터 2018.12.31.까지 월 0.5%의 비율로 계산한 약정이자 1,200만 원, ③ 2018.1.1.자 대여금 원금 1억 원, ④ 위 1억 원에 대하여 2018.1.1.부터 2018.12.31.까지 월 1.5%의 비율로 계산한 약정이자 1,800만 원의 합계액입니다.

◉ 따라서 2018.12.31.을 기준으로 위 3억 3,000만 원에서 하용주가 변제한 9,000만 원을 공제한 나머지 돈과 이에 대한 2019.1.1.부터의 지연손해금을 지급받고 싶습니다. 다만 제가 어디서 들었는데 이러한 경우 변제충당이라는 것을 해야 한다고 하니 그 취지에 맞게 소장을 작성해 주십시오.

◉ 한편, 2017.1.1자 대여금 2억 원의 지연손해금율은 월 0.5%이고, 2018.1.1.자 대여금 1억 원의 지연손해금율은 월 1.5%로 서로 차이가 나니, 제가 이해하기 쉽도록 청구취지 제1항은 위 2017.

1.1.자 대여금에 대한 내용으로, 청구취지 제2항은 위 2018.1.1.자 대여금에 대한 내용으로 각각 나누어 작성해 주시면 좋겠습니다.

◉ 그리고 지연손해금과 관련하여 제가 받을 수 있는 최대한의 액수를 받을 수 있도록 지연손해금율의 산정에도 신경을 써 주십시오.

〈 유의사항 〉

1. 2017.1.1.자 대여금에 관한 청구는 청구취지 제1항에 2018.1.1.자 대여금에 관한 청구는 청구취지 제2항에 반드시 나누어 기재하십시오.
2. 하용주가 9,000만 원을 변제한 날인 2018.12.31.을 기준으로 변제충당을 하고, 남은 잔액에 대하여는 그 다음 날인 2019.1.1.을 지연손해금 기산일로 하십시오(즉 청구취지 제1, 2항은 '피고는 원고에게 ○○○원 및 이에 대하여 2019.1.1.부터 …'의 형식을 취하십시오).
3. 소송촉진 등에 관한 특례법 제3조 제1항 본문의 법정이율을 적용하는 것이 원고에게 유리할 경우 이를 적용하십시오. 2019.6.1. 이후에 제기된 금전지급청구소송의 경우 위 법정 이율은 연 12%입니다.
4. 약정이자 및 지연손해금 자체에 대한 지연손해금은 가산하지 않는 것으로 전제하고 소장을 작성하십시오.
5. 별첨 서류들과 김상훈의 진술 내용은 모두 진실한 것으로 보고, 그 의사를 존중하여 김상훈에게 가장 유리하고 적법하며, 대법원 판례에 따를 때 원고가 전부 승소할 가능성이 있는 내용으로 소장을 작성하시기 바랍니다(소장 작성일은 2019.9.20.로 할 것).
6. 김상훈이 언급한 사항 외에 다른 쟁점은 없는 것으로 보고 소장을 작성하십시오.
7. 소장에는 당사자, 청구취지, 청구원인을 갖추어 기재하되, 청구원인은 요건사실 위주로 기재하고, 불필요한 사실관계를 장황하게 기재하지 않도록 하며, 별첨 서류들을 참조하여 증명방법과 첨부서류도 소장에 함께 적시하시기 바랍니다.
8. 소장의 오른쪽 윗부분에 '소가'와 납부할 '인지대'를 그 각 계산내역과 함께 기재하십시오.
9. 사례에 등장하는 사람 이름, 주민등록번호, 주소, 지번 등은 모두 가공의 것이고, 별첨 서류들은 모두 시험용으로 만든 것이므로 실제와 다를 수 있습니다(차용증 등에 날인된 부분은 모두 명의자의 진정한 인영이 날인된 것으로 봄).

차 용 증

一. 금 이억 원(₩200,000,000) 정

채무자는 금일 귀하로부터 위 돈을 아래와 같은 조건으로 정히 차용하고 약정대로 변제하겠습니다.

1. 변제기 : 2018. 12. 31.
1. 이자 : 월 0.5%(매월 1일부터 말일까지의 이자를 그달 말일에 후납)

2017. 1. 1.

채무자 하용주 (770201-1987654) (하용주 인)

서울 강남구 자곡로 337

전화번호 : 010-4321-9876

김상훈 귀하

이체확인증

처리일시	2017. 1. 1. 14:02:56
이체결과	정상
출금/입금내역	
출금계좌번호	123-456-7890
내 통장 표시내용	하용주 차용금
수수료	0원
입금은행	유상은행
입금계좌번호	098-765-4321
받는 분	하용주
이체금액	200,000,000원
받는 분 통장 표시내용	김상훈 대여금

* 이상의 내용이 정상적으로 처리되었음을 확인합니다.
* 이체확인증은 고객 편의를 위하여 제공되는 것으로 거래의 참고용으로만 사용될 수 있습니다.

2019년 9월 1일 ㈜ 진민은행

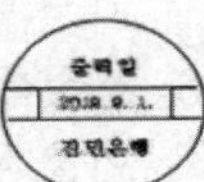

차 용 증

一. 금 일억 원(₩100,000,000) 정

채무자는 금일 귀하로부터 위 돈을 아래와 같은 조건으로 정히 차용하고 약정대로 변제하겠습니다.

1. 변제기 : 2018. 12. 31.
1. 이자 : 월 1.5%(매월 1일부터 말일까지의 이자를 그달 말일에 후납)

2018. 1. 1.

채무자 하용주 (770201-1987654) (하용주 인)

서울 강남구 자곡로 337

전화번호 : 010-4321-9876

김상훈 귀하

이체확인증

처리일시	2018. 1. 1. 15:07:16
이체결과	정상
출금/입금내역	
출금계좌번호	123-456-7890
내 통장 표시내용	하용주 2차 차용금
수수료	0원
입금은행	유상은행
입금계좌번호	098-765-4321
받는 분	하용주
이체금액	100,000,000원
받는 분 통장 표시내용	김상훈 2차 대여금

* 이상의 내용이 정상적으로 처리되었음을 확인합니다.
* 이체확인증은 고객 편의를 위하여 제공되는 것으로 거래의 참고용으로만 사용될 수 있습니다.

2019년 9월 1일 ㈜ 진민은행

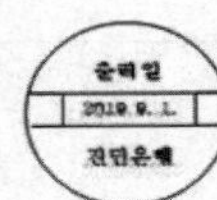

변제 요청서

수신 : 하용주 (770201-1987654)
　　서울 강남구 자곡로 337
발신 : 김상훈 (701104-1122333)
　　서울 서초구 서초중앙로 123

1. 본인은 2017년 1월 1일 귀하에게 2억 원을 변제기 2018년 12월 31일, 이자 월 0.5%로 정하여 빌려주었습니다. 귀하는 위 2억 원에 대하여 2017년까지는 매월 말일에 꼬박꼬박 약속한 이자를 입금해 주었으나, 2018년 1월부터는 이자를 전혀 입금하지 않고 있습니다.

2. 한편, 본인은 2018년 1월 1일에도 귀하에게 1억 원을 변제기 2018년 12월 31일, 이자 월 1.5%로 정하여 빌려주었습니다. 그런데 귀하는 위 1억 원에 대하여는 2018년 1월부터 단 한 번의 이자도 입금하지 않고 있습니다.

3. 저는 귀하와의 친분관계 때문에 귀하에게 합계 3억 원이라는 큰 돈을 담보도 없이 빌려주었습니다. 그런데 두 달이 넘도록 이자가 입금되지 않으니 불안해서 밤에 잠도 제대로 자지 못하고 있습니다.

4. 부디 밀린 이자를 신속하게 입금하시고, 원금의 변제기인 올해 연말에 원금도 이상 없이 반환될 수 있도록 신경 써 주실 것을 간곡히 부탁합니다.

2018년 3월 20일

발신인 김 상 훈 (훈김 인상)

이 우편물은 2018-03-20
제50332호에 의하여
내용증명우편물로 발송하였음을 증명함
서울서초우체국장

변제 요청서에 대한 답변

수신 : 김상훈 (701104-1122333)
　　서울 서초구 서초중앙로 123
발신 : 하용주 (770201-1987654)
　　서울 강남구 자곡로 337

1. 김상훈 사장님의 건승을 기원합니다.

2. 2017년 1월 1일과 2018년 1월 1일 등 2차례에 걸쳐 저에게 합계 3억 원을 빌려주신 것에 대해 진심으로 감사하게 생각하고 있습니다. 2017년까지는 그럭저럭 버텨 오던 저의 경제사정이 2018년에 들어서면서부터 급격히 악화되었습니다. 어떻게든 돈을 마련하여 이자를 입금하려 하였으나 예상치 못한 돌발 상황이 연이어 발생하면서 2018년부터는 이자를 전혀 입금해 드리지 못한 점 정말 죄송하게 생각하고 있습니다.

3. 말씀하신 것처럼 밀린 이자를 최대한 신속하게 드릴 수 있도록 노력하겠습니다. 그리고 당연한 이야기지만 연말까지는 약속한 대로 빌린 원금 3억 원도 모두 변제하겠습니다. 다만 현재 저의 경제 사정이 너무 어려우니, 밀린 이자의 지급과 관련하여 조금만 더 시간을 주실 것을 간곡히 부탁드립니다.

2018년 3월 27일

발신인 하 용 주 (주하 인용)

이 우편물은 2018-03-27
제53278호에 의하여
내용증명우편물로 발송하였음을 증명함
서울강남우체국장

입·출금 거래내역

조회기간 : 2018/12/31 – 2018/12/31
입출금 계좌번호 : 123-456-7890
계좌명의인 : 김상훈

거래일자	거래시각	거래종류	거래내역	거래금액	거래후잔액	상대은행	상대계좌 (의뢰인)
2018/12/31	11:54	입금	타행입금	90,000,000	207,865,430	유상은행	하용주

» 답안례

소 장

*** 소가 240,000,000원
산출내역 1) 1차 차용금 2억 원
2) 2차 차용금 4,000만 원
*** 인지대 1,015,000원
계산내역) 240,000,000원×40/10,000 + 55,000

원 고 김상훈 (701104-1122333)
서울 서초구 서초중앙로 123
전화번호 : 010-1234-7777, 전자우편 : ksh@kmail.com

피 고 하용주 (770201-1987654)
서울 강남구 자곡로 337
전화번호 : 010-4321-9876

대여금 청구의 소

청 구 취 지

1. 피고는 원고에게 200,000,000원 및 이에 대하여 2019.1.1.부터 이 사건 소장부분 송달일까지는 월 0.5%의, 그 다음 날부터 다 갚는 날까지는 연 12%의 각 비율로 계산한 돈을 지급하라.
2. 피고는 원고에게 40,000,000원 및 이에 대하여 2019.1.1.부터 다 갚는 날까지 월 1.5%의 비율로 계산한 돈을 지급하라.
3. 소송비용은 피고가 부담한다.
4. 제1, 2항은 가집행할 수 있다.

라는 판결을 구합니다.

청 구 원 인

1. 원고는 피고에게 2017.1.1. 2억 원을 변제기 2018.12.31. 이자 월 0.5%로 정하여 대여하였고(이하 “1차 차용금”), 2018.1.1. 1억 원을 변제기 2018.12.31. 이자 월 1.5%로 정하여 대여(이하 “2차 차용금”)하였습니다.

2. 피고는 이 중 1차 차용금에 대한 2017.12.31.까지의 이자만 지급하고 나머지는 전혀 지급하지 아니한 채 지내오던 중, 2018.12.31. 위 1, 2차 차용금 중 어느 차용금에 변제충당한다는 합의나 변제충당의 지정 없이 9,000만 원을 입금(이하 "이 사건 지급금")하였습니다.

3. 그러므로 2018.12.31. 기준으로 이 사건 지급금을 법정 변제충당하면 아래와 같습니다.

〈 아래 〉

가. 1차 차용금 2억 원 및 이에 대하여 2018.1.1.부터 2018.12.31.까지 월 0.5%의 비율로 계산한 약정이자 1,200만 원과 2차 차용금 1억 원 및 이에 대하여 2018.1.1.부터 2018.12.31.까지 월 1.5%의 비율로 계산한 약정이자 1,800만 원이 존재합니다.

나. 그런데 위 1, 2차 차용금의 이행기가 모두 도래하였고, 1차 차용금의 이율은 월 0.5%인 반면 2차 차용금의 이율은 월 1.5%이므로 2차 대여금 채무가 채무자인 피고에게 변제이익이 더 많은 채무에 해당하므로, 민법 제477조 제2호에 따라 이 사건 지급금은 2차 차용금 채무의 변제에 우선충당되어야 할 것입니다. 다만, 위와 같이 충당하는 경우에도 이자 채무 등 부수적 채무가 딸린 복수 채무의 법정충당의 경우, 변제충당에 관한 규정인 민법 제479조 제1항이 우선 적용되는 것이므로, 이 사건 지급금은 위 조항에 따라 1차 차용금에 대한 위 약정이자 1,200만 원 및 2차 차용금에 대한 위 약정이자 1,800만 원의 변제에 먼저 충당되고 잔액 6,000만 원(=9,000만 원-1,200만 원-1,800만 원)을 2차 차용금의 원금채무 변제에 충당하면 잔액은 4,000만 원(=1억 원-6,000만 원)이 됩니다.

4. 따라서 피고는 원고에게 1차 차용금 2억 원 및 이에 대하여 2019.1.1.부터 이 사건 소장부분 송달일까지는 약정이율 월 0.5%의, 그 다음 날부터 다 갚는 날까지는 소송촉진 등에 관한 특례법 소정의 연 12%의 각 비율로 계산한 지연손해금을, 2차 차용금 잔액 4,000만 원 및 이에 대하여 2019.1.1.부터 다 갚는 날까지 월 1.5%의 약정이율로 계산한 지연손해금을 각 지급할 의무가 있습니다.

5. 이상과 같은 이유로 청구취지 기재와 같은 판결을 구하기 위하여 본 소를 제기하기에 이르렀습니다.

증 명 방 법

1. 갑 제1호증의 1 내지 2 차용증 및 이체확인증
2. 갑 제2호증의 1 내지 2 차용증 및 이체확인증
3. 갑 제3호증의 1 내지 2 변제요청서 및 변제요청에 대한 답변서
4. 갑 제4호증 입·출금 거래내역

첨 부 서 류

1. 위 증명방법 각 2통
2. 영수필확인서 1통
3. 송달료 납부서 1통
4. 서류작성 및 제출위임장 1통
5. 소장부본 1통

2019.9.21.

원고 김상훈 (인)

서울중앙지방법원 귀중

3. 사례 - 제4회 법무사 시험 기출문제(날짜 등 수정)

아래 내용을 읽고 적합한 소장을 작성하시오.

갑[701112-1134141, 서울 강남구 역삼로 7길 17(역삼동), 전화번호 02-513-9079, 전자우편 : kkd@lala.net]은 2010년 1월 2일 친구 을[700304-131212, 서울 강남구 언주로 146길 18(개포동)]이 병으로부터 3,000만 원을 이자는 월 1.5%, 상환기일은 2013년 1월 2일로 하여 차용하는 데 연대보증을 서주게 되었다.

을이 그동안 원금은 변제를 못하고 이자만 계속 지급해 오다가 경제여건이 나빠지면서 이자마저도 지급치 못하자 병은 연대보증인 갑에게 2013년 2월 2일 원금 3,000만 원과 이자 360만 원을 청구하여 원리금을 즉일 변제받으면서 을이 병에게 써준 차용증서를 갑에게 반환했고 또한 위 변제받은 사실을 적은 영수증을 갑에게 교부하였다. 갑은 2013년 3월 2일 을에게 위 변제사실을 내용증명으로 통지하였고 을이 차일피일 미룬 사이에 갑은 2013년 7월 30일 교통사고로 사망하게 되었다.

갑의 가족으로는 처인 정(691112-2143113, 부산 수영구 남천서로 56(남천동), 자(미성년자)인 술 990801-1231632, 주소 : 상동)이 있었고 을은 시가 5,000만 원 상당의 부동산을 소유하고 있었다.

2013년 9월 28일 정이 차용증서, 영수증, 가족관계증명서 등을 가지고 법무사 사무실을 찾아와 위 사실에 대한 상담을 하면서 이에 대한 소장 작성을 의뢰하게 되었다.

(2013.9.28. 기준으로 소장을 작성하되 소가와 첨부인지대를 계산하여 소장 상단 우측여백에 표기하고 날인은 (인)으로, 소장을 제출할 법원을 ㅇㅇ지방법원으로 표기하시기 바랍니다.)

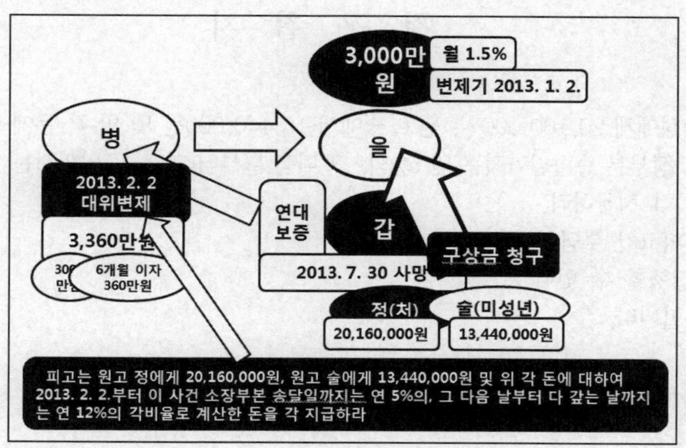

» 답안례

소 장

*** 소 가 33,600,000원
*** 인지대 156,200원
(33,600,000원×45/10,000+5,000원)

원 고 1. 정 (691112-2143113)
2. 술 (990801-1231632)
원고들의 주소 : 부산 수영구 남천서로 56(남천동)
원고 술은 미성년자이므로 법정대리인 친권자 모 정
전화번호 02-513-9079,
전자우편 : kkd@lala.net

피 고 을 (700304-131212)
서울 강남구 언주로 146길 18(개포동)

구상금청구의 소

청 구 취 지

1. 피고는 원고 정에게 20,160,000원, 원고 술에게 13,440,000원 및 위 각 돈에 대하여 2013.2.2.부터 이 사건 소장부본 송달일까지는 연 5%의, 그 다음 날부터 다 갚는 날까지는 연 12%의 각 비율로 계산한 돈을 각 지급하라.
2. 소송비용은 피고가 부담한다.
3. 제1항은 가집행할 수 있다.

라는 판결을 구합니다.

청 구 원 인

1. 소외 망 갑의 연대보증

소외 망 갑은 2010.1.2. 피고가 소외 병으로부터 3,000만 원을 이자 월 1.5%, 상환기일 2013.1.2.로 하여 차용하는 데 연대보증을 서준 바 있습니다.

2. 대위변제 등

그 후 병의 청구로 갑이 2013.2.2. 원금 3,000만 원과 이자 360만 원을 대위변제하였습니다. 그러므로 피고는 갑에게 구상금 33,600,000원(30,000,000원 + 3,600,000원) 및 이에 대하여 변제일(공동면책일) 당일인 2013.2.2.부터(민법 제425조 제2항 참조) 민법 소정의 법정이자인 연 5%의 비율로 계산한 지연손해금을 지급할 의무가 있습니다.

3. 원고들의 재산상속

그 후 2013.7.30. 위 갑이 사망하여 유족으로 배우자인 원고 정 및 직계비속인 원고 술이 있습니다. 그러므로 피고 을은 원고 정에게 20,160,000원(33,600,000원×3/5), 원고 술에게 13,440,000원(33,600,000원×2/5) 및 위 각 금원에 대하여 2013.2.2.부터 이 사건 소장부본 송달일까지는 민법 소정의 연 5%, 그 다음 날부터 다 갚는 날까지는 소송촉진 등에 관한 특례법 소정의 연 12%의 각 비율로 계산한 지연손해금을 지급할 의무가 있습니다.

4. 결언

이상과 같은 이유로 원고들은 청구취지와 같은 판결을 구하기 위하여 본 소를 제기하기에 이르렀습니다.

증 명 방 법

1. 갑 제1호증 차용증서
2. 갑 제2호증 영수증
3. 갑 제3호증 가족관계증명서

첨 부 서 류

1. 위 증명방법	각 2통
2. 영수필확인서	1통
3. 송달료납부서	1통
4. 서류작성 및 제출위임장	1통
5. 소장부본	1통

2013.9.28.

원고 1. 정 (인)
2. 술
술은 미성년자이므로
법정대리인 친권자 모 정 (인)

부산지방법원 귀중

참고사항

- ▶ 구상금 사건에서 지연손해금을 청구하는 경우에 기산일은 변제일(공동면책일) 당일임(민법 제425조 제2항, 성질은 법정이자)을 주의하고, 이 부분에 대하여는 아무 언급 없이 청구취지에서만 청구를 하는 것보다 위와 같이 청구원인에서도 그 근거를 별도로 밝혀서 주장하는 것이 좋을 것으로 사료된다.
- ▶ 원고들의 상속지분을 정확하게 하여 청구하여야 함.

4. 사례 - 사법연수원 38기 - 2007년 1학기 민사실무수습기록 수정

【문】 다음은 김갑동[450109-1213145, 서울특별시 서초구 신반포로 28, 109동 807호(반포동, 한양아파트), 전화번호 02-872-9079, 전자우편 : kkd@lala.net]이 법무사 사무실에 찾아와 소장 작성을 의뢰하며 진술한 내용이다.

〈 다음 〉

◎ 이을서[450125-1047325, 서울 서초구 반포로대로 155(잠원동)]는 김갑동과 고등학교 동창생으로서 같은 직장의 동료이기도 합니다. 그런 이유로 김갑동과 이을서는 평소 부부동반으로 자주 만나 외식을 하거나 가족여행도 함께 가는 등 남달리 친하게 지내왔음.

◎ 이을서는 그의 처인 박순남[480304-2113112, 서울 강남구 언주로 146길 18(개포동)]과 함께 2015.3.17. 김갑동의 집으로 찾아와 "현재 살고 있는 아파트보다 좀 더 넓은 평수의 아파트로 옮기려고 하는데 잔금을 치를 현금이 좀 모자란다, 평소 은행에 불입해 오던 적금이 세달 후면 만기가 되는데 지금 해약하기는 너무 아깝다, 세달 후 그 돈을 찾아 갚을테니 돈 2억 원만 빌려달라고 요청을 하였음.

◎ 당시 김갑동은 선친으로부터 상속받은 고향의 토지를 매각하여 생긴 금 3억 원 정도의 여유돈을 일단 은행에 예금하여 놓고 마땅한 재테크 방법을 궁리 중에 있었는데, 이을서는 용케 그런 사정을 알고 찾아와서 월 1%의 이자를 주겠다고 하면서 위와 같이 2억 원을 빌려줄 것을 간청하므로, 김갑동은 평소 친분관계상 이를 냉정하게 거절하기가 어려워 그 다음 날인 2015.3.18. 은행예금 중 금 2억 원을 인출하여 김갑동의 집에서 이을서에게 전날 이야기된 조건으로 금 2억 원을 빌려주었음. 그리고 함께 온 이을서의 처인 박순남은 김갑동에게 위 이을서의 위 채무를 연대보증하였음.

◎ 이을서는 적금을 찾아서 갚겠다던 2015.6.17.이 도달하자 그때까지의 3달치 이자와 원금 5천만 원을 김갑동에게 지급한 뒤 나머지 1억 5천만 원과 그 이후의 이자를 현재까지도 한푼도 지급하지 않으면서, 나중에 형편이 좋아지면 갚겠다고 미루기만 하고 있음. 그리고 박순남은 이을서는 부부불화가 심화되어 현재 주소를 다른 곳으로 이전하여 별거 중이며 이혼소송까지 준비하고 있다면서 자신은 위 차용금을 변제할 생각이 전혀 없다고 하고 있음.

김갑동의 위 진술 내용을 진실한 것으로 보고, 2015.10.7.자로 김갑동에게 가장 적절한 내용의 소장을 작성하시오.
소장에는 당사자, 청구취지, 청구원인을 갖추어 기재하고, 청구원인은 요건사실 위주로 기재하되 그 밖에 자연적 사실관계를 불필요하고 장황하게 기재하지 말며, 날인은 ㉑으로 표시하시오. 또한 소장의 오른쪽 윗부분에 소가와 첩부인지대 및 송달료를 기재하시오(소가와 인지를 계산한 내역도 기재할 것).

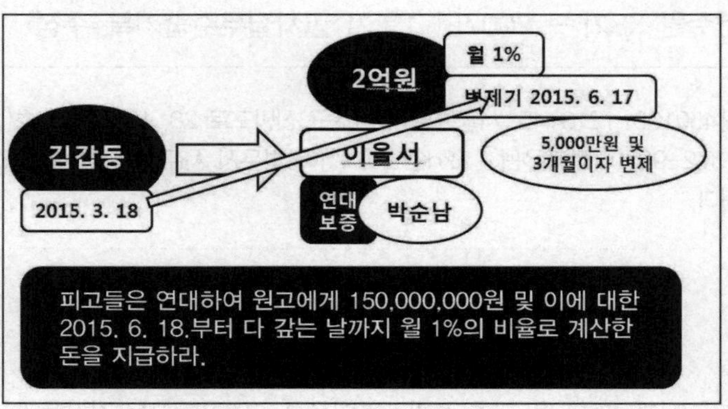

≫ 답안례

소 장

*** 소 가 150,000,000원
*** 인지대 655,000원
내역) 150,000,000원×40/10,000＋55,000원

원 고 김갑동 (450109-1213145)
서울 서초구 신반포로 28, 109동 807호(반포동, 한양아파트)
전화번호 02-872-9079
전자우편 kkd@lala.net

피 고 1. 이을서 (450125-1047325)
서울 서초구 반포로대로 155(잠원동)
2. 박순남 (480304-2113112)
서울 강남구 언주로 146길 18(개포동)

대여금 청구의 소

청 구 취 지

1. 피고들은 연대하여 원고에게 150,000,000원 및 이에 대한 2015.6.18.부터 다 갚는 날까지 월 1%의 비율로 계산한 돈을 지급하라.
2. 소송비용은 피고들이 부담한다.

3. 제1항은 가집행할 수 있다.
라는 판결을 구합니다.

청 구 원 인

1. 원고는 2015.3.18. 피고 이을서에게 200,000,000원을 이자 월 1% 변제기 2015.6.17.로 정하여 대여하였으며, 피고 박순남은 위 대여 당시 원고에 대하여 피고 이을서의 위 차용금채무를 연대보증하였습니다.
2. 그러나 그 후 피고 이을서는 2015.6.17. 위 차용금 중 50,000,000원과 위 대여금에 대한 그때까지의 약정이자만 변제하고 나머지 150,000,000원과 그 이후의 이자를 지급하지 않고 있습니다.
3. 그러므로 피고들은 연대하여 원고에게 위 차용금 150,000,000원 및 이에 대하여 위 변제기 다음날인 2005.6.18.부터 다 갚을 때까지 월 1% 약정이율로 계산한 지연손해금을 지급할 의무가 있습니다.
4. 이상과 같은 이유로 원고는 청구취지와 같은 판결을 구하기 위하여 본 소를 제기하기에 이르렀습니다.

증 명 방 법

1. 갑 제1호증 차용증

첨 부 서 류

1. 위 증명방법 3통
2. 영수필확인서 1통
3. 송달료납부서 1통
4. 서류작성 및 제출위임장 1통
5. 소장부본 2통

2015.10.7.

원고 김갑동 (인)

서울중앙지방법원 귀중

추가문제

이 사건에서 소외 한석율이 2015.8.14. 원고를 채무자로, 피고들을 제3채무자로 하여 이 사건 대여금 150,000,000원의 채권에 대한 가압류신청을 하고 같은 날 서울중앙지방법원 2015카합23699호로 위 채권에 대한 채권가압류결정을 받아 그 가압류결정이 2015.8.26. 피고들에게 송달되었다. 피고들이 위 가압류집행이 해제되지 않는 한 원고는 피고들을 상대로 이 사건 청구를 할 수 없다고 다툴 경우 판결에서 설시할 피고들의 주장에 대한 판단(소장과 판결문 사례는 다소 다르지만 결론과 이유는 참조할 필요가 있음).

▶ 판단

채권가압류집행이 있다고 하더라도 이는 가압류채무자가 제3채무자로부터 현실로 급부를 추심하는 것만을 금지하는 것이므로, 가압류채무자는 제3채무자를 상대로 그 이행을 구하는 소를 제기할 수 있고 법원은 가압류가 되어 있음을 이유로 이를 배척할 수 없는 것이어서(대판 99다23888, 2001다59033), 피고들의 위 주장은 이유 없다.

5. 사례 – 2014년(제20회) 법무사 시험 기출문제

【문 1】 김선해[주민등록번호 700301-1234737, 주소 서울 구로구 개봉로 17길 223, 101동 202호(개봉동, 미선아파트), 전화 010-1333-5848, 전자우편 ksh@hmail.net]는 2014.9.22. 법무사 사무실에 찾아와, 다음과 같은 내용을 설명하고 별첨 서류를 제시하면서 소장 작성을 의뢰하였다. 이에 적합한 소장을 작성하시오.

○ 저는 서울 구로구 구로동 공구상가에서 작은 가게를 운영하고 있고, 박대철[주민등록번호 : 690411-1335311, 주소 : 서울 서초구 서초중앙로 123(서초동), 전화 010-9133-0347]은 고향 친구이며 홍숙자[주민등록번호 : 710922-2345312, 주소 : 서울 송파구 석촌호수로 342, 3동 101호(잠실동, 석촌아파트), 전화 010-2244-3578]는 박대철의 부인입니다.

○ 박대철은 2013년 8월경 저를 찾아와 3,000만 원을 빌려달라고 하였습니다. 무엇 때문에 돈이 필요하냐고 물어보니, 박대철은 2013년 2월에 잠실 쪽으로 이사하면서 주거지 임대차보증금을 마련하기 위해 남한테서 3,000만 원을 빌렸는데, 이를 갚아야 한다고 했습니다. 그러면서 박대철은 저에게 임대차계약서를 보여주었는데 임차인 명의는 박대철이 아닌 홍숙자였습니다.

○ 저는 예전에 박대철에게 신세진 일도 있어서 3,000만 원을 빌려주고 싶었지만, 박대철에게는 별다른 재산이 없고 주거지의 임차인 명의도 홍숙자로 되어 있어서, 나중에 돈을 못 받을 경우 임대차보증금에서라도 회수해야겠기에, 홍숙자에게 돈을 빌려주겠다고 하였습니다. 그랬더니 박대철은 자기를 못 믿겠냐는 식으로 기분 나빠하면서 그러면 홍숙자가 보증을 하면 되지 않겠냐고 하였습니다.

○ 결국 저는 2013년 9월 1일 박대철에게 3,000만 원을 빌려주고 그에 대한 차용증을 받았습니다. 그런데 박대철은 홍숙자가 일이 있어 같이 못 왔다면서 홍숙자의 인감증명서, 주민등록등본, 신분증 사본을 저에게 준 뒤 자신을 홍숙자의 대리인으로 하여 차용증의 채무자와 연대보증인의 인적

사항을 작성한 뒤 자신과 홍숙자의 인감도장을 날인하였습니다. 저는 조금 이상하긴 했지만, 지난 번 박대철이 불쾌해 한 일도 있고 홍숙자가 박대철의 부인이니 별 일이야 있겠냐고 생각하면서 홍숙자에게 따로 연락을 하진 않았습니다. 다만 혹시라도 도움이 될까 싶어 박대철로부터 주거지 임대차 계약서의 사본을 받아두었습니다. 그리고 저는 박대철이 부탁하는 대로 박대철이 돈을 빌렸다는 신형모에게 3,000만 원을 송금하였습니다.

○ 홍숙자도 박대철이 저에게서 돈을 빌린 사실을 알았는지, 2013년 12월 31일까지는 3,000만 원에 대한 이자를 홍숙자가 저에게 송금하였습니다. 그런데 2014년에 들어 이자가 지급되지 않아 박대철과 홍숙자에게 연락해 보니, 박대철은 연신 미안하다는 얘기만 할 뿐이고, 홍숙자는 주거지의 임대차보증금은 전부 자신이 마련한 것이고 박대철이 저에게서 빌렸다는 3,000만 원에 대해 자기가 보증한 일도 없으므로, 자기는 아무런 책임이 없다고 하였습니다.

○ 저는 깜짝 놀라 박대철로부터 자초지종을 확인하였습니다. 그랬더니 박대철은 주거지의 임대차보증금을 마련하기 위해 신형모로부터 3,000만 원을 빌렸다가 저로부터 3,000만 원을 빌려 그에게 갚은 것은 맞다고 합니다. 현재로서는 박대철과 홍숙자 중 누구의 말이 맞는지 알 수 없고, 필요하다면 신형모나 임대인 이병찬의 말을 들어보아야 알 수 있겠지만 일단 저는 박대철의 말을 믿고 싶습니다. 한편, 박대철은 저로부터 돈을 빌릴 때 홍숙자와 상의를 한 것은 아니라고 시인하였습니다. 박대철은 신형모에게 돈을 갚아야 하는 상황에서 급한 대로 홍숙자의 허락 없이 홍숙자의 인감증명서, 주민등록등본, 신분증 사본 등을 저에게 주면서 홍숙자를 대리하여 차용증의 연대보증인란에 홍숙자의 인감도장을 날인한 것입니다. 홍숙자의 인감증명서와 주민등록등본은 박대철이 어딘가에 취직하는 데 필요한 신원보증을 위해 홍숙자가 2013.9.1. 직접 발급받은 것이었습니다.

○ 저는 박대철과 홍숙자가 부부인 이상 홍숙자가 박대철의 채무를 같이 부담하거나 박대철이 홍숙자를 대리할 수 있다는 말을 어디선가 들은 적이 있고, 그렇지 않더라도 홍숙자의 인감도장을 소지하면서 홍숙자가 직접 발급받은 인감증명서 등을 제시한 박대철을 믿을 수밖에 없었습니다. 한편으로는 아무런 이의 없이 넉 달 동안 이자를 꼬박꼬박 지급하다가 돌연 태도를 바꾼 홍숙자도 이해하기 어렵습니다. 최근 무슨 일 때문인지 박대철이 집에서 나와 별거를 한다고 합니다만 박대철도, 홍숙자도 자녀들을 생각해 이혼할 생각은 없다고 합니다.

○ 이상이 저와 박대철, 홍숙자 사이에 있었던 대략적인 일입니다. 저로서는 박대철은 물론 임대차보증금 반환채권을 갖고 있는 홍숙자를 상대로도 대여금을 청구해야 합니다. 저는 대여금 3,000만 원과 그에 대한 이자나 지연손해금을 받으면 만족합니다. 누구의 책임을 추궁해 손해를 배상받거나 법에서 허용하고 있는 것 이상으로 받을 생각은 없습니다. 무리한 주장을 할 생각은 없지만, 법에 근거가 있는 것이라면 여러 가지 주장을 해서라도 제가 꼭 돈을 받을 수 있도록 해주시기 바랍니다.

〈유의사항〉

1. 김선해의 진술 내용은 모두 진실한 것으로 보고 그 의사를 존중하여 김선해에게 가장 유리하고 적법하며 승소가능성이 있는 내용으로 서울중앙지방법원에 접수할 소장을 작성하시기 바랍니다(소장 작성일은 2014년 9월 27일로 할 것).

2. 여러 명에 대해 소를 제기할 필요가 있는 경우, 병합요건을 고려하지 말고 하나의 소장으로 작성하십시오.
3. 소장에는 당사자, 청구취지, 청구원인을 갖추어 기재하되, 청구원인은 요건사실 위주로 작성하고 불필요한 사실관계를 장황하게 나열하지 않도록 하며, 별첨 서류('인'표시는 필요한 날인이 있는 것으로 봄)를 참조하여 증명방법과 첨부서류도 소장에 함께 적시하시기 바랍니다.
4. 소장의 오른쪽 윗부분에 소송목적의 값과 첩부인지대를 계산내역과 함께 기재하십시오.
5. 사례에 등장하는 사람 이름, 주민등록번호, 주소 등은 모두 가공의 것입니다.

차 용 증

1. 一金 : 삼천만 원정(₩30,000,000)
   위 금액을 차용하고 다음과 같은 조항을 이행한다.
2. 이자율 : 연 10%로 한다(다만 연체이자는 연 20%로 한다).
3. 이자지급방법 : 매월 말일 채권자에게 지급한다.
4. 변제기 : 2014년 8월 31일
5. 기타 : 연대보증인은 이 채무를 보증하고 채무자와 연대채무 이행을 책임진다.

2013년 9월 1일

채권자 성명 : 김선해 ㊞
주소 : 서울 구로구 개봉로 17길 223, 101동 202호
연락처 : 010-1333-5848

채무자 성명 : 박대철 ㊞
주소 : 서울 송파구 석촌호수로 342, 3동 101호
연락처 : 010-9133-0347

연대보증인 성명 : 홍숙자 ㊞
주소 : 서울 송파구 석촌호수로 342, 3동 101호
연락처 : 010-2244-3578
대리인 : 박대철

주택임대차계약서

☐ 월세 ☑ 전세

임대인(이병찬)과 임차인(홍숙자)은 아래와 같이 임대차 계약을 체결한다.

[임차주택의 표시]

소재지	서울 송파구 석촌호수로 342		☑ 등기사항증명서 교부 받음		
건물명	석촌아파트	유형	공동주택(☑아파트 ☐다세대 ☐연립) 단독주택(☐다가구 ☐원룸 ☐단독 ☐기타)		
임차할부분	3동 101호	임차면적	99㎡	용도	주거용

[계약내용]

제1조(목적) 위 부동산의 임대차에 관하여 임대인과 임차인은 합의에 의하여 임대차보증금 및 차임을 아래와 같이 지불하기로 한다.

보증금	金 2억 원
계약금	金(2,000만 원)은 계약 시에 지불하고 영수함. 영수자(이병찬 ㊞)
중도금	金(1억 원)은 2013년 2월 1일에 지불하며
잔 금	金(8,000만 원)은 2013년 2월 15일에 지불한다.
차임(월세)	金(50만 원)은 매월 15일에 지불한다.
임대차기간	임차주택의 인도일인 2013년 2월 15일 ~ 2015년 2월 14일

제2조(용도변경 및 전대) 임차인은 임대인의 동의 없이 부동산의 용도나 구조를 변경하거나 전대, 임차권 양도 또는 담보제공을 하지 못하며 임대차 목적 이외의 용도로 사용할 수 없다.

제3조(계약의 해지) ① 임차인은 본인의 과실 없이 임차주택의 일부가 멸실 기타 사유로 인하여 임대차의 목적대로 사용할 수 없는 경우에는 계약을 해지할 수 있다.
② 임대인은 임차인이 2기의 차임액에 달하도록 연체하거나, 제2조를 위반한 경우 계약을 해지할 수 있다.

제4조(계약의 해제) 임차인이 임대인에게 중도금을 지급하기 전까지, 임대인은 계약금의 배액을 상환하고, 임차인은 계약금을 포기하고 이 계약을 해제할 수 있다.

제5조(채무불이행과 손해배상) 당사자 일방이 채무를 이행하지 아니하는 때에는 상대방은 상당한 기간을 정하여 그 이행을 최고하고 계약을 해제할 수 있으며, 그로 인한 손해배상을 청구할 수 있다. 다만, 채무자가 미리 이행하지 아니할 의사를 표시한 경우의 계약해제는 최고를 요하지 아니한다.

제6조(계약의 종료) 임대차계약이 종료된 경우에 임차인은 임차주택을 원래의 상태로 복구하여 임대인에게 반환하고, 이와 동시에 임대인은 보증금을 임차인에게 반환한다.

[특약사항]

관리비와 공과금은 임차인이 부담한다.

본 계약을 증명하기 위하여 계약 당사자가 이의 없음을 확인하고 각각 서명·날인한 후 임대인, 임차인은 각각 1통씩 보관한다.

2013년 1월 5일

임대인	주 소	서울 송파구 석촌호수로 342, 3동 101호(잠실동, 석촌아파트)					㊞
	주민등록번호	570617-1267312	전 화	010-7899-0546	성 명	이병찬	
임차인	주 소	서울 동작구 노량진로6길 29, 18동 303호(노량진동, 미성아파트)					㊞
	주민등록번호	710922-2345312	전 화	010-2244-3578	성 명	홍숙자	

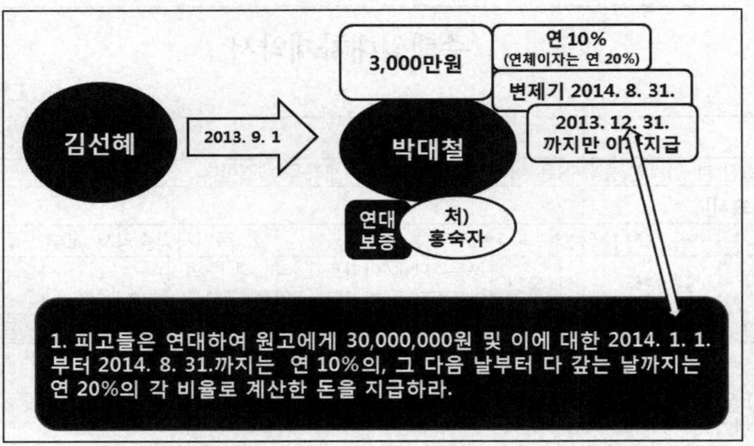

» 답안례

소 장

*** 소 가 30,000,000원
*** 인지대 140,000원
내역) 30,000,000원×45/10,000 + 5,000원

원 고 김선해 (700301-1234737)
서울 구로구 개봉로 17길 223, 101동 202호(개봉동, 미선아파트)
전화 010-1333-5848, 전자우편 ksh@hmail.net

피 고 1. 박대철 (690411-1335311)
서울 서초구 서초중앙로 123(서초동)
전화 010-9133-0347

2. 홍숙자 (710922-2345312)
서울 송파구 석촌호수로 342, 3동 101호(잠실동, 석촌아파트)
전화 010-2244-3578

대여금 청구의 소

청 구 취 지

1. 피고들은 연대하여 원고에게 30,000,000원 및 이에 대한 2014.1.1.부터 2014.8.31.까지는 연 10%의, 그 다음 날부터 다 갚는 날까지는 연 20%의 각 비율로 계산한 돈을 지급하라.
2. 소송비용은 피고들이 부담한다.

3. 제1항은 가집행할 수 있다.
라는 판결을 구합니다.

청 구 원 인

1. 원고는 2013.9.1. 피고 박대철에게 3,000만 원을 이자 연 10%(연체이자는 연 20%), 변제기 2014.8.31.로 정하여 대여하였으며, 피고 홍숙자는 위 대여 당시 원고에 대하여 피고 박대철의 위 차용금 채무를 연대보증하였습니다.
그러므로 피고들은 연대하여 원고에게 위 차용금 30,000,000원 및 이에 대한 2014.1.1.부터 2014.8.31.까지는 연 10%의, 그 다음 날부터 다 갚는 날까지는 연 20%의 약정이율에 의한 이자 및 지연손해금을 지급할 의무가 있습니다.

2. 이에 대하여 피고 홍숙자는 피고 박대철이 원고에게서 빌렸다는 3,000만 원에 대해 자기가 보증한 일도 없으므로 자기는 아무런 책임이 없다고 주장하고 있으나, 피고들이 부부 사이이고, 2013. 2월에 잠실 쪽으로 이사하면서 주거지 임대차보증금을 마련하기 위해 남한테 빌렸던 3,000만 원을 갚아야 한다면서 피고 홍숙자 명의의 임대차계약서를 보여주었고, 당시 피고 박대철은 피고 홍숙자 본인이 발급받은 인감증명서, 주민등록등본, 신분증 사본을 원고에게 준 뒤 자신을 홍숙자의 대리인으로 하여 차용증의 채무자와 연대보증인의 인적 사항을 작성한 뒤 자신과 홍숙자의 인감도장을 날인하였는데 그 인감증명은 홍숙자 본인이 대여 당일인 2013.9.1. 직접 발급받은 것이었고 그 후 2013.12.31.까지는 위 3,000만 원에 대한 이자를 피고 홍숙자가 원고에게 송금한 점 등에 비추어 보면, 피고 홍숙자가 피고 박대철에게 이 사건 연대보증에 관한 대리권을 수여하였다고 봄이 상당하고, 가사 그렇지 않다 하더라도 피고 박대철은 피고 홍숙자의 남편으로서 일상가사대리권이 있고, 피고들 부부가 2013. 2월에 잠실 쪽으로 이사하면서 부부공동체를 유지하기 위하여 필수적인 주거공간을 마련하기 위한 것으로서 일상의 가사에 속한다고 볼 수 있으며, 원고가 피고 박대철에게 피고 홍숙자의 연대보증에 관한 대리권이 있음을 믿을만한 정당한 이유가 있었다고 인정되므로 피고 홍숙자는 이 사건 연대보증에 대하여 민법 제126조에 따른 표현대리의 책임을 진다 할 것이며, 나아가 피고 박대철의 대리행위가 무권대리였다 하여도 그 후 피고 홍숙자가 그 후 2013.12.31.까지 위 3,000만 원에 대한 이자를 지급한 행위는 그 행위를 추인한 것이라 할 것이므로, 어느 모로 보나 피고 홍숙자 역시 연대보증인으로서 책임이 있습니다.

3. 이상과 같은 이유로 원고는 청구취지와 같은 판결을 구하기 위하여 본 소를 제기하기에 이르렀습니다.

증 명 방 법

1. 갑 제1호증 차용증
2. 갑 제2호증 임대차계약서

첨 부 서 류

1. 위 증명방법 각 3통
2. 영수필확인서 1통
3. 송달료납부서 1통
4. 서류작성 및 제출위임장 1통
5. 소장부본 2통

2014.9.27.

원고 김선해 (인)

서울중앙지방법원 귀중

참고의견

위 문제의 경우 시험문제에 … 임대차보증금 반환채권을 갖고 있는 홍숙자를 상대로도 대여금을 청구해야 하며… 무리한 주장을 할 생각은 없지만, 법에 근거가 있는 것이라면 여러 가지 주장을 해서라도 제가 꼭 돈을 받을 수 있도록 해주시기 바랍니다…라는 부분을 고려해서 청구원인 2항 내용도 기재하여 보았으나, 위 문제처럼 주어진 시간에 비하여 사례가 매우 길고, 시험문제에 상대방이 주장하는 내용을 염두에 두고 이를 반박하는 내용도 포함하여 작성하라고 하지 않았다면, 실제 시험에서는 시간배분을 고려할 때 위 청구원인 사실 2항의 기재내용은 기재하지 않아도 무방해 보인다.

6. 사례 – 2022년(제28회) 법무사 시험 기출문제

【문1】 고갑동(주민등록번호: 700101-1234567, 주소: 서울 서초구 서초중앙로 123, 전화번호: 010-1234-1111, 전자우편: kkdong@blue.com)은 법무사 사무실에 찾아와 다음과 같은 내용을 설명하고, 자신이 가져온 서류들을 제시하면서 소장 작성을 의뢰하였다. 이에 의뢰인을 위한 본안의 소를 제기하기 위한 소장을 작성하시오. 30점

〈 다음 〉

◎ 저는 의약품 및 의약외품 도소매업 등을 사업목적으로 하는 회사인 주식회사 블루헬스케어(서울 서초구 양재대로 234)의 이사입니다(별첨서류 1).

◎ 2020.3.경 코로나 전염병으로 인하여 시장에서 마스크를 구하기 어려워지자 사업차 알고 지내던 여을동에게 마스크 공급처를 소개해 줄 수 있냐고 물었습니다. 여을동은 2020.4.경 마스크를 공급할 수 있는 자가 있다고 하면서 저에게 정병동의 연락처를 전달해 주었습니다.

◎ 저는 2020.4.26. 정병동에게 전화하였고, 다음 날인 4.27. 서울 서초구 양재동 소재 카페에서 정병동을 만났는데, 정병동은 본인이 직접 마스크를 생산하는 것은 아니지만 경기도 안산시 소재의 마스크 생산 공장에서 마스크 10만 장을 구해올 수 있다고 장담하였고, 정병동이 제시하는 단가가 매우 저렴하기에 이 사건 마스크 공급 계약을 체결하게 되었습니다(별첨서류 2).

◎ 계약 체결 당일인 2020.4.27. 정병동 명의의 통장으로 계약금 3,000만 원을 이체하였는데(별첨서류 3), 물품을 공급받기로 한 2020.5.7.에 마스크를 전혀 공급받지 못하였고, 정병동의 요청에 따라 인도기일을 1주일 뒤인 2020.5.14.로 연기하여 주었는데, 그 날에도 마스크를 공급받지 못했습니다.

◎ 이를 따지기 위하여 즉시 정병동에게 전화하였는데 전화를 받지 않자, 카카오톡 메시지로 계약 해제의 취지를 밝히고 계약금을 반환해 달라고 요청하였습니다. 그러나 정병동은 2020.5.18. '알겠다'고 짧게 답장을 보내온 후 오늘까지도 전혀 계약금을 반환하지 않았으며 이제는 연락조차 받지 않고 있습니다.

◎ 저는 2020.4.28. 정병동으로부터 공급받는 마스크를 '해오름 약국'에 판매하기로 마음 먹고 '해오름 약국'과 마스크 공급 계약을 체결하였는데, 정병동의 계약 불이행으로 인하여 '해오름 약국'과의 계약을 해지당하였고 위약금 1,000만 원을 배상하였으며 이로 인해 '해오름 약국'으로부터 받은 독촉과 모멸감은 말로 표현 못할 정도로 극심하였습니다. 이 사건 계약의 불이행으로 초래된 정신적 · 금전적 손해를 모두 보상받고 싶습니다.

〈 소장 작성 시 유의사항 〉

◎ 고갑동의 위 진술 내용은 모두 진실한 것으로 보고, 승소 가능한 범위에서 고갑동에게 가장 유리한 내용으로 서울중앙지방법원에 접수할 소장을 작성할 것. 다만, 지연손해금에 대한 지연손해금은

구할 필요 없음

◎ 소장 작성일은 2022.11.10.로 하여 당사자, 청구취지, 청구원인을 갖추어 기재하고, 청구원인의 경우 요건사실 위주로 기재하되 필요한 범위 내에서 별첨 서류를 제시하도록 하고, 입증방법과 첨부서류도 함께 적시할 것

◎ 소장의 오른쪽 윗부분에 '소가'와 납부할 '인지액'을 그 각 계산내역과 함께 기재할 것. 다만, 전자소송이 아닌 종이소송임을 가정함

◎ 기록상의 날짜가 공휴일인지 여부, 별첨 서류가 진정하게 성립된 것인지 여부, 별첨 서류의 서식이 실제와 부합하는지 여부는 고려할 필요 없음

[별첨서류 1] 등기사항전부증명서

등기사항전부증명서(현재 유효사항)

등기번호	123456
등록번호	110111-5123456

상 호 주식회사 블루헬스케어	2013.12.30. 변경 2013.12.31. 등기
본 점 서울특별시 서초구 양재대로 234	2014.11.17. 변경 2014.11.24. 등기

공고방법 서울특별시내에서 발행하는 일간 매일경제신문에 게재한다.	. .

1주의 금액 금 5,000 원	. .

발행할 주식의 총수 40,000 주	. .

발행주식의 총수와 그 종류 및 각각의 수	자본금의 액	변경연월일 등기연월일
발행주식의 총수 20,000 주 보통주식 20,000 주	금 100,000,000원	2013.12.31. 변경 2013.12.31. 등기

목적

1. 의약품 및 의약외품 도소매업, 무역업
1. 공산품 도소매업, 무역업
1. 위 각호에 관련된 부대사업 일체

임원에 관한 사항
사내이사 고갑동 700101-1234567 서울 서초구 서초중앙로 123 2015년 12월 4일 취임 2015년 12월 8일 등기 2018년 12월 4일 중임 2018년 12월 7일 등기 2021년 12월 4일 중임 2021년 12월 6일 등기

회사성립연월일	2013년 3월 11일

등기기록의 개설사유 및 연월일
설립 2013년 3월 11일 등기

----- 이 하 여 백 -----

수수료 1,000원 영수함

관할등기소 서울중앙지방법원 등기국 / 발행등기소 : 법원행정처 등기정보중앙관리소

이 증명서는 등기기록의 내용과 틀림없음을 증명합니다.

법원행정처 등기정보중앙관리소 전산운영책임관

[별첨서류 2] 물품공급계약서

물품공급계약서

매도인 제이컴퍼니(이하 "갑"이라 한다)와 매수인 ㈜ 블루헬스케어(이하 "을"이라 한다)는 갑의 물품공급을 위해 아래와 같이 거래계약을 체결한다.

제1조(물품)

품목	규격	공급단가	수량	금액	비고
KF94 MASK	해당 제품의 표준 규격에 따름	900원	일십만장	90,000,000원	부가세별도 세금계산서발행

제2조(매매대금)

매매대금은 총액 구천만 원(90,000,000원)으로 하고, 을은 갑에게 다음과 같이 지급하도록 한다.

1) 계약 당일 계약금으로 삼천만 원(30,000,000원)을 지급하기로 한다.
2) 2020.5.7.(이하 '인도일'이라 함)까지 위 매매 목적물을 을이 지정하는 곳에 인도함과 동시에 육천만 원(60,000,000원)을 지급하기로 한다.
3) 갑과 을의 협의 하에 을이 위 매매 목적물을 분할하여 인도받을 경우 을은 인도된 수량에 대한 매매대금을 지체 없이 지급하기로 한다.

제3조(인도기일)

1) 물품의 인도는 2020.5.7.까지 완료하기로 한다.
2) 갑과 을은 상호 협의하에 인도 일정을 변동할 수 있다.

제4조(계약의 해지)

1) 갑 또는 을 양 당사자 중 어느 일방이 계약을 위반하여 상대방으로부터 시정요구를 받고도 3일 이내에 이를 시정하지 않는 경우 상대방은 이 계약의 전부 또는 일부를 해제 또는 해지할 수 있다.
2) 전항에 의한 계약의 해지는 기 발생한 권리 의무 및 손해배상의 청구에 영향을 미치지 아니한다.

제5조(위약금)

양 당사자는 제2조, 제3조를 위반 시 상대방에게 금 삼천만 원(30,000,000원)을 현금으로 배상한다.

제6조(분쟁의 해결)

이 계약과 관련하여 분쟁이 발생하여 원만히 해결되지 않는 경우 서울중앙지방법원을 합의 관할로 하여 소송으로 해결하기로 한다.

이상의 사항을 증명하기 위하여 이 계약서 2통을 작성하여 갑과 을 상호 기명날인한 후 각각 1통씩 보관한다.

"갑"
상호 : 제이컴퍼니
등록번호 : 123-45-67890
주소 : 충북 청주시 오송로 1
대표 : 정병동(671230-1234567) (인)
사업자등록증 첨부

"을"
상호 : ㈜ 블루헬스케어
등록번호 : 110111-5123456
주소 : 서울 서초구 양재대로 234
대표 : 고갑동(700101-1234567) (인)

사업자등록증

(일반과세자)
등록번호 : 234-56-12345

상호 : 제이컴퍼니
성명 : 정병동 생년월일 : 1967년 12월 30일
개업연월일 : 2003년 1월 28일

사업장소재지 : 충청북도 청주시 오송로 1
사업의 종류 : [업태] 유통 [종목] 공산품, 의약외품

사업자 단위 과세 적용사업자 여부 : 여( ) 부(V)
전자세금계산서 전용 전자우편주소 :

2020년 02월 22일
청주세무서장

[별첨서류 3] 거래내역

거래내역

조회기간	2020.4.27. ~ 2020.4.27.
계좌번호	088202-01-123456
예금종류	저축예금

거래일시	출금금액	입금 금액	보낸분 /받는분	잔액	거래내용	기록사항	거래점
2020/04/27 15:12:10	30,000,000원		정병동 (제이컴퍼니)	16,234,640원	인터넷당행	계약금	농협 000560
합계	30,000,000원						

» 답안례

소 장

소가 60,000,000원
1) 계약금 30,000,000원
2) 위약금 30,000,000원
인지액 275,000원
계산내역) 60,000,000원 × 45/10,000 + 5,000원

원 고 주식회사 블루헬스케어
서울 서초구 양재대로 234
대표자 사내이사 고갑동
전화번호 : 010-1234-1111
전자우편 : kkdong@blue.com)
피 고 정병동(671230-1234567)
청주시 오송로 1 제이컴퍼니

계약금반환 등 청구의 소

청 구 취 지

1. 피고는 원고에게 60,000,000원 및 이 중 30,000,000원에 대하여는 2020.4.27.부터 이 사건 소장부분 송달일까지는 연 6% 그 다음 날부터 다 갚는 날까지는 연 12%의 각 비율로 계산한 돈을 지급하고, 30,000,000원에 대하여는 이 사건 소장부본 송달일 다음 날부터 다 갚는 날까지 연 12%의 비율로 계산한 돈을 지급하라.
2. 소송비용은 피고가 부담한다.
3. 제1항은 가집행할 수 있다.

라는 판결을 구합니다.

청 구 원 인

1. 원고는 의약품 및 의약외품 도소매업 등을 사업목적으로 하는 회사로서 2020.4.27. 피고와 사이에 KF94 마스크 10만 장을 대금 90,000,000원, 물품의 인도는 2020.5.7.까지 완료하기로 하고 이를 위반 시 30,000,000원을 배상하기로 하는 내용의 물품공급계약을 체결하고, 계약 체결 당일 피고에게 계약금 3,000만 원을 지급하였습니다.
2. 그러나 피고는 위 인도일에 인도하지 아니하였고 피고의 요청에 따라 인도기일을 1주일 뒤인 2020.5.14.로 연기하여 주었는데, 그 날에도 마스크를 공급받지 못했습니다. 그래서 원고는 피고에게 카카오톡 메시지로 계약 해제의 취지를 밝히고 계약금을 반환해 달라고 요청하였고, 피고는 2020.5.18. '알겠다'고 짧게 답장을 보내와서 원고와 피고 사이의 위 물품공급계약은 피고의 채무불이행을 이유로 해제되었습니다.
3. 그러므로 피고는 원고에게 계약금 30,000,000원 및 이에 대하여 계약금을 받은 2020.4.27.부터 이 사건 소장부분 송달일까지는 상법 소정의 연 6%의 그 다음 날부터 다 갚는 날까지는 연 12%의 각 비율로 계산한 지연손해금을 지급하고, 또한 위약금 30,000,000원 및 이에 대하여는 이 사건 소장부본 송달일 다음 날부터 다 갚는 날까지 소송촉진등에 관한 특례법 소정의 연 12%의 비율로 계산한 지연손해금을 지급할 의무가 있습니다.
4. 이상과 같은 이유로 청구취지 기재와 같은 판결을 구하기 위하여 본 소를 제기하기에 이르렀습니다.

증 명 방 법

1. 갑 제1호증 물품공급계약서
2. 갑 제2호증 사업자등록증
3. 갑 제3호증 거래내역

첨 부 서 류

1. 위 증명방법 각 2통
2. 영수필확인서 1통
3. 송달료 납부서 1통
4. 등기사항전부증명서 1통
5. 서류작성 및 제출위임장 1통
6. 소장부본 1통

2022.11.10.
원고 주식회사 블루헬스케어
대표자 사내이사 고갑동

서울중앙지방법원 귀중

*** 전체적인 강평

1) 금년 민사서류의 경우 기본적인 사항을 묻는 문제가 출제되었고, 그 사례 역시 길거나 복잡하지 않았으며, 첨부서류 서류도 단출하고, 특별한 쟁점도 없는 평이한 출제였습니다.

** 다만, 처음으로 법인이 당사자이고, 개인사업자와 법인사업자를 묻는 문제가 출제되었습니다.

2) 계약금 관련 부분은 기본적으로 늘 다루는 사례였습니다. 계약금 청구 기산일이 계약금 지급일인 사실, 그리고 계약해제 요건사실을 청구원인에서 기재할 필요가 있었습니다.

** 다만, 지연이자를 5%로 할 것이냐 6%로 할 것이냐 그리고 위약금의 지급일자(기산일) 관련 약간의 이견이 있을 수는 있어 보입니다.

*** 답안관련 의견

1. 우선 소가는 6,000만원(계약금 3,000만원 + 손해배상금 3,000만원)으로 하여야 할 것입니다.
2. 원고는 법인이고 피고는 개인이므로 이를 연두에 두고 그 기재방법에 따라 당사자 표시를 하였어야 할 것입니다(다행히 이 부분은 거의 유사하게 모의고사나 수업 시 대비용으로 연습을 하였던 사안이긴 합니다)
3. 계약금 반환의 경우 지연이자 기산일이 금원을 지급받은 날 당일 포함임이 가장 중요해 보입니다(다행히 이 부분은 수업 시 여러 번 강조한 내용이었습니다).
4. 다만, 계약금에 대한 지연이자의 경우, 원고와 피고 모두 상인이고 이 사건 물품공급계약은 상행위이므로 그 물품공급계약의 해제로 인한 계약금 반환의무도 상사채무라 할 것이므로 상사법정이율이 적용되기에(대판 2003.10.23, 2001다75295 등 참조) 계약금 3,000만원에 대한 지연이자를 연 6%로 구하였습니다. 금년 본인 교재 292면(종전 교재 278면) 참조
5. 위약금의 경우 지급기한이 명백하지 아니하고, 사례에는 계약금반환만 청구한 적이 있을 뿐이므로, 아래 참고 판례처럼 기한의 정함이 없는 채무로 보아 처리해서 소장부분 송달일 다음날부터 다 갚는 날까지 소촉법상 연 12%만 구하는 것으로 작성해 보았습니다.

**** 참고판례**

1) 대법원 2021.5.7. 선고, 2018다275888, 판결
채무이행의 기한이 없는 경우 채무자는 이행청구를 받은 때부터 지체책임이 있다(민법 제387조 제2항). 채무불이행으로 인한 손해배상채무는 특별한 사정이 없는 한 이행기한의 정함이 없는 채무이므로 채무자는 채권자로부터 이행청구를 받은 때부터 지체책임을 진다.

2) 서울중앙지방법원 2021.4.21. 선고 2020가합531838 판결 매매대금반환
… 원고는 이 사건 제4차 공급계약의 불이행에 따른 손해배상금 200,000,000원에 대하여 2020.2.7.부터 이 사건 소장 부본 송달일까지의 지연손해금의 지급도 구한다. 그러나 채무불이행으로 인한 손해배상채무는 기한의 정함이 없는 채무이므로 채무자는 채권자로부터 이행청구를 받은 때부터 지체책임을 지는데, 원고가 이 사건 소장 부본의 송달이전에 이행청구를 하였다고 볼 만한 자료가 없으므로, 피고는 위 200,000,000원에 대하여 이 사건 소장 부본이 피고에게 송달된 다음 날인 2020.10.31.부터 지체책임을 진다. 따라서 원고의 이 부분 지연손해금 청구 부분은 이유 없다.

6. 계약금 반환을 구하는 부분은 청구원인에서 1) 매매계약을 체결한 사실, 2) 계약금을 지급한 사실, 3) 매매계약이 해제된 사실 등 이본적인 요건사실을 주장하는 것이 중요합니다(본인 금년 기본서 41면 - 종전교재 42면 각 참조), 이 밖에 계약금 반환의 지연이자를 6%로 구하는 경우에는 상사채권 부분도 주장할 것이 필요해 보입니다(민법상 5%만 구하는 경우에는 상사채권 등 부분은 언급이 필요 없을 것으로 보입니다).

7. 위약금 부분은 위약금약정을 한 사실 및 위약한 사실이 청구원인에 요건사실로 기재되어야 할 것입니다.
8. 등기사항증명서는 증명방법은 아니라 할 것이므로 첨부서류에 기재를 하였습니다(다행히 모의고사 시에도 그렇게 연습하였습니다).
9. 기타 나머지 사항은 통상적인 기재방법으로 기재하면 될 것입니다.

7. 사례 – 사법연수원 38기 – 2007년 1학기 민사실무수습기록 수정

다음은 김안습[651125-1213145, 서울 서초구 신반포로 28, 201동 117호(반포동, 청구아파트), 전화번호 02-872-9079, 전자우편 kkd@lala.net]이 법무사 사무실에 찾아와 소장 작성을 의뢰하며 진술한 내용이다.

〈 다음 〉

◎ 의뢰인은 서울 중구 남창동 숭례문수입상가 안에서 "백만카메라"라는 상호로 카메라 총판점을 운영중이며, 이공방[650125-1047325, 서울 송파구 잠실로 245 (잠실동)]은 서울특별시 서초구 서초동에 있는 서울국제센터 4층에서 "디카만세"라는 상호로 디지털카메라 전문매장을 운영 중임

◎ 이공방은 의뢰인과 옛날에 사진 동호회에서 만나 약간의 친분이 있던 사이인데 2013년 11월 10일 자신의 절친한 친구인 고시원[650505-1143214, 경기도 고양시 일산동구 호수로 123, 5동 315호(장항동, 호수아파트)]과 함께 의뢰인의 매장으로 찾아와서 의뢰인에게 1,000만 화소 소니 디지털카메라를 대량으로 공급하여 달라고 요청하면서 필요하면 고시원을 연대보증인으로 세우겠다고 하였음

◎ 의뢰인과 이공방은 절충 끝에 다음과 같은 내용의 물품매매계약을 체결하였고 그 당시 고시원은 이공방을 위하여 연대보증인이 되었음.
1) 이공방은 김안습으로부터 위 디지털카메라 300대(모델명 DSN-1000)를 1억 5천만 원(대당 50만 원)에 구매한다.
2) 김안습은 이공방의 매장으로 위 디지털카메라 300대 중 50대는 계약 당일에, 100대는 2013년 12월 10일에, 150대는 2014년 1월 10일에 각각 배달해 준다.
3) 이공방은 김안습에게 카메라대금 중 5,000만 원은 2013년 12월 20일까지, 나머지 1억 원은 2014년 1월 20일까지 김안습의 신안은행 예금계좌(110-98-107374)로 송금하는 방식으로 지급한다.
4) 이공방이 만일 대금의 지급을 지체할 때에는 월 2%의 이자를 부가하여 지급한다.

◎ 의뢰인은 위 계약에서 정한 일정에 따라 이공방의 위 국제전자센터 상가 점포로 위 디지털카메라 300대를 배달해 주었음.

◎ 이공방은 2013년 12월 15일 갑자기 의뢰인에게 전화를 걸어 연초 자금사정이 갑자기 악화되어 약정기일인 2013년 12월 20일에 디지털카메라 대금 1차분 중 2,000만 원만을 송금할 터이니 나머지 대금 3,000만 원의 지급은 2주일만 연기하여 달라고 사정함.

◎ 그러나 의뢰인은 이미 2013년 12월 5일 태광무역이라는 상호로 주로 전문가용 카메라를 수입・판매하는 차영기로부터 니칸 DSLR 카메라 50대를 5,000만 원에 구입하기로 하고 계약금 1,000만 원을 당일 지급하였으며, 계약 당시 잔대금 4,000만 원은 2013년 12월 30일에 제품 50대를 인도받음과 동시에 지급하며 매도인이 계약을 위반한 때에는 계약금의 배액을 상환하고 매수인이 위반한 때에는 계약금을 포기하고 계약이 자동으로 해제된다는 내용의 약정을 한 바 있어 의뢰인은 이공방에게 의뢰인도 자금사정이 좋지 않고 2001년 12월 30일에는 이 돈을 꼭 사용할 데가 있어 연기하여 줄 수가 없다고 하였음.

◎ 그런데 이공방은 집요하게도 2013년 12월 27일에 거래처로부터 수금할 돈이 있으니 이 돈으로 다른 채권자에 우선하여 저에게 지급하겠다고 하면서 그때까지만이라도 늦춰달라고 간청하므로, 의뢰인은 연대보증인도 있어 이행이 쉽게 확보되리라 믿고 이공방의 요청을 받아들여 2013년 12월 27일까지 이를 연기하여 주었음.

◎ 의뢰인은 이공방이 2013년 12월 20일 위 금 2,000만 원을 제때에 지급하였으므로 연기된 나머지 금액도 제때에 지급할 것으로 믿고 안심하고 있었는데, 그 후인 2013년 12월 27일 위 차영기로부터 니칸 DSLR카메라 50대가 준비되어 태광무역 사무실에 보관하고 있으니 잔대금을 지급하고 가져가라는 전화를 받고 이공방에게 위 디지털카메라 대금의 수금차 의뢰인의 직원 기동찬을 보냈으나, 이공방은 잔대금을 마련할 구체적인 방도는 밝히지 아니한 채 거래처로부터 수금이 되지 않았으니 조금만 더 기다려 달라고만 하였음.

◎ 의뢰인은 그날 이공방으로부터 잔대금을 지급받지 못함으로써 결국 위 니칸카메라 잔대금을 지급하지 못하여 2014.1.1. 위 차영기로부터 계약해제의 통고를 받고 계약금 1,000만 원을 떼이는 손해를 입게 되었음.

◎ 한편, 이공방은 계속 나머지 대금을 지급하지 않아 의뢰인이 직원을 이공방의 점포에 보내 빨리 갚으라고 여러 번 독촉하였으나 위 이공방은 그때마다 곧 보내주겠다고 하면서 차일피일 미루기만 하고 있던 중, 2014년 11월 26일에 사망하였으며 유족으로는 이혼한 전처인 나죽자(561001-2789029)와 두 아들 이태원(750818-1789019), 이차원(800106-1789020)이 있으며 이들은 서울 종로구 삼청로9길 26(삼청동)의 집에 함께 살고 있음.

의뢰인은 아직까지 받지 못한 디지털카메라 대금 잔액 전부와 가능한 한 최대한 손해배상을 받기를 원함. 김안습의 위 진술 내용을 진실한 것으로 보고, 2015.10.7.자로 김안습에게 가장 적절한 내용의 소장을 작성하시오. 상대방이 정당한 항변을 하면 기각될 것이 예상되는 청구는 하지 말 것.
소장에는 당사자, 청구취지, 청구원인을 갖추어 기재하고, 청구원인은 요건사실 위주로 기재하되 그 밖에 자연적 사실관계를 불필요하고 장황하게 기재하지 말며, 날인은 ㉿으로 표시하시오. 또한 소장의 오른쪽 윗부분에 소가와 첩부인지대 및 송달료를 기재하시오(소가와 인지를 계산한 내역도 기재할 것).

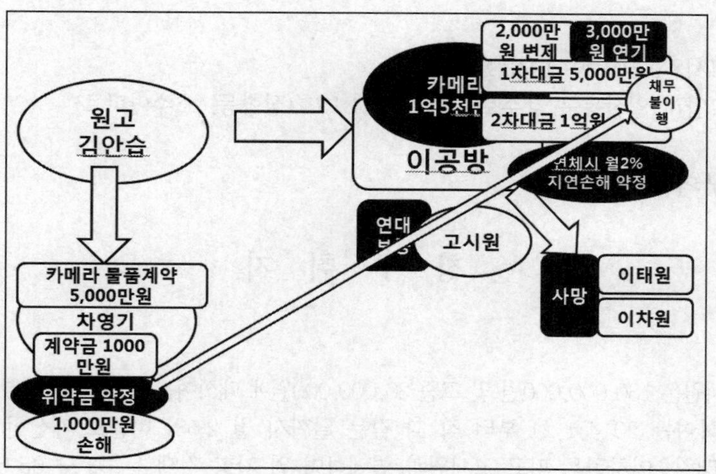

1. 원고에게,
   가. 피고 고시원은 130,000,000원 및 그중 30,000,000원에 대하여는 2013.12.28.부터, 100,000,000원에 대하여는 2014.1.21.부터 다 갚는 날까지 월 2%의 비율로 계산한 돈을,
   나. 피고 이태원, 이차원은 피고 고시원과 연대하여 위 가항 기재 돈 중 각 65,000,000원 및 그 중 각 15,000,000원에 대하여는 2013.12.28.부터 각 50,000,000원에 대하여는 2014.1.21.부터 각 다 갚는 날까지 월 2%의 비율로 계산한 돈을 각 지급하라.

» 답안례

소 장

*** 소 가 130,000,000원
*** 인지대 575,000원
내역) 130,000,000원×40/10,000 + 55,000원

원 고 김안습(651125-1213145)
서울 서초구 신반포로 28, 201동 117호(반포동, 청구아파트)
전화번호 02-872-9079
전자우편 kkd@lala.net

피 고 1. 이태원(750818-1789019)
2. 이차원(800106-1789020)
피고 1, 2의 주소 서울 종로구 삼청로9길 26(삼청동)

3. 고시원(650505-1143214)
   고양시 일산동구 호수로 123, 5동 315호(장항동, 호수아파트)

물품대금 청구의 소

청 구 취 지

1. 원고에게,
   가. 피고 고시원은 130,000,000원 및 그중 30,000,000원에 대하여는 2013.12.28.부터, 100,000,000원에 대하여는 2014.1.21.부터 각 다 갚는 날까지 월 2%의 비율로 계산한 돈을,
   나. 피고 이태원, 이차원은 피고 고시원과 연대하여 위 가항 기재 돈 중 각 65,000,000원 및 그중 각 15,000,000원에 대하여는 2013.12.28.부터 각 50,000,000원에 대하여는 2014.1.21.부터 각 다 갚는 날까지 월 2%의 비율로 계산한 돈을 각 지급하라.
2. 소송비용은 피고들이 부담한다.
3. 제1항은 가집행할 수 있다.

라는 판결을 구합니다.

청 구 원 인

1. 원고는 2013.11.10. 소외 망 이공방(이하 "망인"이라 칭합니다)에게 소냐 디지털카메라(모델명 DSN-1000) 300대를 대금 1억 5천만 원에 매도하면서, 그중 50대는 계약 당일에, 100대는 2013.12.10.에, 150대는 2014.1.10.에 각 인도하고, 그 대금 중 50,000,000원(이하 "제1차 대금"이라 칭합니다)은 2013.12.20.에, 100,000,000원(이하 "제2차 대금")은 2014.1.20.에 각 지급받으며, 제1, 2차 대금 지급지체 시에는 월 2%의 비율로 계산한 지연손해금을 덧붙여 지급하기로 약정하고, 피고 고시원은 위 계약 당시 원고에게 망인의 위 물품대금채무를 연대보증한 바 있습니다.
2. 그 후 원고는 망인에게 위 약정대로 위 카메라 300대를 인도하였고, 위 약정에 따라 2013.12.20. 망인으로부터 제1차 매매대금 중 금 2,000만 원을 지급받았으나, 나머지 제1차 매매대금 30,000,000원의 지급기일은 2013.12.20.에서 2013.12.27.로 연기하여 준 바 있습니다. 그러나 그 후 망인은 나머지 대금을 지급하지 않고 있던 중, 2014.11.26.에 사망하였으며 상속인으로는 직계비속인 피고 이태원과 이차원이 있습니다.
3. 그러므로 피고 고시원은 망인의 연대보증인으로서 나머지 제1, 2차 대금 130,000,000원 및 그중 나머지 제1차 대금 30,000,000원에 대하여는 그 지급기일 다음 날인 2013.12.28.부터, 제2차 대금 100,000,000원에 대하여는 그 지급기일 다음 날인 2014.1.21.부터 각 다 갚는 날까지 월 2%의 비율로 계산한 약정 지연손해금을, 피고 이태원, 이차원은 망인의 상속인들로서 피고 고시원과 연대하여 위 금원 중 각 상속분에 해당하는 금원 즉, 각 65,000,000원 및 그중 각 금 15,000,000원에 대하여는 2013.12.28.부터 각 50,0000,000원에 대하여는 2014.1.21.부터 다 갚는 날까지 월 2%의 비율로 계산한 약정 지연손해금을 각 지급할 의무가 있습니다.
4. 이상과 같은 이유로 원고는 청구취지와 같은 판결을 구하기 위하여 본 소를 제기하기에 이르렀습니다.

증 명 방 법

1. 갑 제1호증　　　　계약서
2. 갑 제2호증　　　　보증서
3. 갑 제3호증의1-2　　제적등본 및 가족관계증명서

첨 부 서 류

1. 위 증명방법　　　　　각 4통
2. 영수필확인서　　　　　1통
3. 송달료납부서
4. 서류작성 및 제출위임장　1통
5. 소장부본　　　　　　　3통

2015.10.7.

원고 김안습 (인)

서울중앙지방법원　　귀중

참고사항 손해배상액의 예정 관련

위 연수원 자료는 판결서 작성사례로서, 소장에는 … 원고는, 원고가 2003.12.5. 소외 차영기로부터 니칸 DSLR카메라 50대를 5,000만 원에 매수하면서 계약금 1,000만 원을 당일 지급하였으나, 망인이 1차 대금을 지급하지 아니하여 2003.12.30. 차영기에게 지급하기로 한 위 나머지 매수대금 40,000,000원을 지급하지 못하고 이를 이유로 2004.1.1. 위 계약을 해제당하여 위 계약금 10,000,000원을 몰취당하는 손해를 입었으므로, 피고 이태원, 이차원, 고시원은 그로 인한 손해를 배상할 책임이 있다고 주장하나, 살피건대, 원고와 망인 사이에 지연손해금 약정이 있었음은 앞서 본 바와 같은 바, 금전채무에 관하여 이행지체에 대비한 지연손해금의 비율을 따로 약정한 경우에는 이는 일종의 손해배상액의 예정이라 할 것이고, 이와 같은 손해배상액의 예정이 있는 경우에는 설령 채무자의 채무불이행으로 인한 채권자의 손해가 그 예정액을 초과한다 하더라도 다른 특약이 없는 한 채권자로서는 손해의 배상으로 그 예정액의 지급을 구할 수 있을 뿐 따로 그 초과부분을 구할 수 없다 할 것이다(대판 1994.1.11, 93다17638 참조)고 하여 배척하는 사례와 판결주문 및 이 밖에 소멸시효 등의 주장부분이 있었음(소장과 판결문 사례는 다소 다르지만 위 결론은 참조해둘 필요가 있음).

8. 사례 - 2018년 제24회 법무사 시험 기출문제

김선우[주민등록번호 : 680529-1325114, 주소 : 서울 서초구 서초중앙로 2, 전화번호 : 010-1234-1600, 전자우편 : ksw@kmail.com]는 2018.9.10. 법무사 사무실에 찾아와, 다음과 같은 내용을 설명하고 첨부된 서류를 제시하면서 소장 작성을 의뢰하였다. 이에 적합한 소장을 작성하시오. 30점

〈 다음 〉

○ 저는 커피전문점을 운영하기 위하여 이경미가 운영하는 커피숍 '카페로'를 인수하기로 하였습니다. 저는 2016.7.5. 이경미와 권리금 2천만 원을 지급하기로 하는 권리금계약을 체결하고, 당일에 이경미에게 권리금 2천만 원을 지급하였습니다.

○ 저는 2016.7.5. '카페로'가 위치한 신사빌딩 건물의 소유권자이자 임대인인 차영수와 사이에 종전 이경미와의 임대차계약과 동일하게 보증금은 5천만 원, 월 차임 400만 원으로 하는 조건으로, 계약기간을 2016.7.19.부터 2년으로 하여 임대차계약을 체결하였고, 임대차 보증금은 2016.7.19. 이경미에게 송금하는 방식으로 지급하였습니다. 저는 위 상가를 인도받은 다음 차영수의 동의를 받아 천장누수를 보수하였고(보수비용 400만 원), 2016.8.1. 영업을 시작하였습니다.

○ 2017년 하반기에 '카페로' 근처에 대형 커피전문점이 생긴 후 매출이 감소하여 2018년 4월과 5월의 월차임을 지급하지 못하였습니다. 저는 2018.5.경 차영수에게 더 이상 임대차계약을 연장하지 아니하겠다고 통지하였고, 차영수의 동의하에 새로운 임차인을 물색하였습니다. 월차임 400만 원은 시세에 맞지 않는다고 차영수를 설득하여 보증금 5천만 원, 월차임 300만 원에 신규임대차계약을 체결하기로 광고하였고, 중개업자를 통하여 새로 상가를 임차하려는 박은경을 소개받은 다음 권리금 2,000만 원을 받기로 약속하였습니다. 그런데 계약서를 작성하기로 한 2018.7.19. 차영수가 갑자기 자신은 보증금 1억 원, 월차임 600만 원을 받아야겠다고 주장하며 임대차계약체결을 거부하여 계약이 무산되었고, 결국 권리금을 회수하지 못하였습니다. 현재는 차영수가 '바로미'라는 상호로 직접 커피숍을 운영하고 있는 것으로 확인하였습니다.

○ 저는 2018.7.19. 차영수에게 상가를 인도하였으나, 차영수는 2개월간 차임을 지급하지 않았다는 이유로 보증금을 반환하지 않고 있습니다. 제가 월차임을 지급하지 못한 것은 맞지만 나머지 임대차 보증금은 돌려받고 싶습니다. 또한 가능하다면 권리금과 보수비용도 받기를 원합니다.

〈 유의사항 〉

1. 별첨 서류들과 김선우의 진술 내용은 모두 진실한 것으로 보고, 그 의사를 존중하여 김선우에게 가장 유리하며, 전부 승소 가능성이 있는 내용으로 소장을 작성하시기 바랍니다(소장 작성일은 2018년 9월 15일로 할 것).
2. 김선우가 언급한 사항 외에 다른 쟁점을 없는 것으로 보고 소장을 작성하십시오.
3. 소장에는 당사자, 청구취지, 청구원인을 갖추어 기재하되, 청구원인은 요건사실 위주로 기재하고, 불필요한 사실관계를 장황하게 기재하지 않도록 하며, 별첨 서류들을 참조하여 증명방법과 첨부서류도 소장에 함께 적시하시기 바랍니다.
4. 소장의 오른쪽 윗부분에 '소가'와 납부할 '인지대'를 그 각 계산 내역과 함께 기재하십시오.

5. 사례에 등장하는 사람, 이름, 주민등록번호, 주소, 지번 등은 모두 가공의 것이고, 별첨 서류들은 모두 시험용으로 만든 것이므로 실제와 다를 수 있습니다(계약서 등에 날인이 필요한 부분은 모두 명의자의 진정한 인영이 날인된 것으로 봄).

상가임대차 권리금 계약서

임차인과 신규임차인이 되려는 자(이하 '신규임차인'이라 한다)는 아래와 같이 권리금계약을 체결한다.

[임대차목적물인 상가건물의 표시]

소재지	서울 강남구 도산대로 11 1층 (논현동, 신사빌딩)		
상호	카페로	임대부분	1층
업종	커피숍	전용면적	99㎡

[임대인의 임대차계약 현황]

임대차 관계	임차보증금	50,000,000원	월 차임	4,000,000원
	관리비	0원	부가가치세	포함
	계약기간	2016.7.19.부터 2018.7.19.까지(24개월)		

[계약내용]

제1조(권리금의 지급) 신규 임차인은 임차인에게 권리금 20,000,000원을 지급한다.

제2조(임차인의 의무) ① 임차인은 신규임차인이 임대인에게 주선하여야 하며, 임대인과 신규임차인 간에 임대차계약이 체결될 수 있도록 협력하여야 한다.

② 임차인은 신규임차인이 정상적인 영업을 개시할 수 있도록 협조하여야 한다.

③ 임차인은 신규임차인이 잔금을 지급할 때까지 권리금의 대가로 아래 유형·무형의 재산적 가치를 이전한다.

유형의 재산적 가치	커피머신, 테이블 등
무형의 재산적 가치	거래처, 신용, 영업상의 노하우, 상가건물의 위치에 따른 이점 등

④ 임차인은 신규임차인에게 제3항의 재산적 가치를 이전할 때까지 선량한 관리자로서의 주의의무를 다하여 제3항의 재산적 가치를 유지·관리하여야 한다.

⑤ 임차인은 본 계약체결 후 신규임차인이 잔금을 지급할 때까지 임차목적물상 권리관계, 보증금, 월차임 등 임대차계약 내용이 변경된 경우 또는 영업정지 및 취소, 임차목적물에 대한 철거명령 등 영업을 지속할 수 없는 사유가 발생한 경우 이를 즉시 신규임차인과 개업공인중개사에게 고지하여야 한다.

제3조(임대차계약과의 관계) 임대인의 계약거절, 무리한 임대조건 변경, 목적물의 훼손 등 임차인과 신규임차인의 책임 없는 사유로 임대차계약이 체결되지 못하는 경우 본 계약은 무효로 하며, 임차인은 지급받은 계약금 등을 신규임차인에게 즉시 반환하여야 한다.

본 계약을 증명하기 위하여 계약 당사자가 이의 없음을 확인하고 각각 서명·날인한다.

2018년 7월 5일

임대인	주 소	서울시 강남구 압구정로 1, 1동 201호(압구정동, 민사아파트)					㉐
	주민등록번호	690481-2612324	전 화	010-1234-1200	성 명	이경미	
임차인	주 소	서울시 서초구 서초중앙로 2.					㉐
	주민등록번호	620529-1325114	전 화	010-1234-1600	성 명	김선우	

상가임대차계약서

☑ 월세 ☐ 전세

임대인과 임차인 쌍방은 아래 표시 부동산에 관하여 다음 계약내용과 같이 임대차 계약을 체결한다.

1. 부동산의 표시

소재지	서울 강남구 도산대로 11 제1층(논현동, 신사빌딩)			
토지	지목	대	면적	m²(평)
건물	구조・용도	철근콘크리트/근린생활시설	면적	m²(평)
임대할부분	3층 중 1층		면적	200m²(평)

2. 계약내용

제1조(목적) 위 부동산의 임대차에 관하여 임대인과 임차인은 합의에 의하여 임차보증금 및 차임을 아래와 같이 지급하기로 한다.

보증금	금 오천만	원정(₩ 50,000,000)
계약금	금	원정은 계약 시에 지불하고 영수함. ( )
중도금	금	원정은 년 월 일에 지불하며
잔 금	금 오천만	원정은 2016년 7월 19일에 지불한다.
차 임	금 사백만	원정은 매월 19일 지급한다. (후불)

제2조(존속기간) 임대인은 위 부동산을 임대차 목적대로 사용・수익할 수 있는 상태로 2016년 7월 19일까지 임차인에게 인도하며, 임대차 기간은 인도일로부터 2018년 7월 19일까지 2년간으로 한다.

제3조(용도변경 및 전대 등) 임차인은 임대인의 동의 없이 위 부동산을 증・개축 또는 구조를 변경하거나 전대・임차권 양도 또는 담보제공을 하지 못하며 임대차 목적 이외의 용도로 사용할 수 없다.

제4조(계약의 해지) 임차인이 3기 이상 차임의 지급을 연체하거나 제3조를 위반하였을 때 임대인은 즉시 본 계약을 해지할 수 있다.

제5조(원상회복) 임대인의 승낙 여부에 불구하고 임차인이 개・보수한 시설은 임대차계약이 종료되면 위 부동산의 반환기일 전에 임차인의 부담으로 원상복구하여야 한다. 이러한 경우 임대인은 보증금을 임차인에게 반환하고, 연체임대료 또는 손해배상금액이 있을 때에는 이들을 제하고 그 잔액을 반환한다.

제6조(계약의 해제) 임차인인 임대인에게 중도금(중도금이 없을 때에는 잔금)을 지불하기 전까지, 임대인은 계약금의 배액을 상환하고, 임차인은 계약금을 포기하고 이 계약을 해제할 수 있다.

제7조(채무불이행과 손해배상) 임대인 또는 임차인이 본 계약상의 내용에 대하여 불이행이 있을 경우 그 상대방은 불이행한 자에 대하여 서면으로 그 이행을 최고하고 계약을 해제할 수 있다. 그리고 계약 당사자는 계약해제에 따른 손해배상을 각각 상대방에 대하여 청구할 수 있다.

본 계약을 증명하기 위하여 계약 당사자가 이의 없음을 확인하고 각각 서명・날인한다.

2016년 7월 5일

임대인	주 소	서울시 강남구 삼성로 51길5 2동 202호(대치동, 대치아파트)					㉑
	주민등록번호	551211-1525312	전 화	010-1234-8822	성 명	차영수	
임차인	주 소	서울시 서초구 서초중앙로 2,					㉑
	주민등록번호	620529-1325114	전 화	010-1234-1600	성 명	김선우	

영수증

김 선 우(카페로) 귀하

내 역	단 가	금액(단위 : 원) (부가가치세 포함)	비 고
천장 누수공사		4,000,000	
합 계		4,000,000	

2016.7.25.

강남 인테리어
서울시 강남구 도산대로 15
대표자 윤 영 수

등기사항전부증명서(말소사항 포함) - 건물 [제출용]

[건물] 서울특별시 강남구 논현동 1 고유번호 1144-1996-141000

[표제부]		(토지의 표시)		
표시번호	접수	소재지번 및 건물번호	건물내역	등기인원 및 기타사항
1	2005년7월1일	서울특별시 강남구 논현동 [도로명주소] 서울특별시 강남구 도산대로 11	철근콘크리트조 슬래브지붕 3층 근린생활시설 1층 200㎡ 2층 200㎡ 3층 200㎡	도로명주소 2012년6월23일 등기

[갑구]		(소유권에 관한 사항)		
순위번호	등기목적	접수	등기원인	관리자 및 기타사항
1 (전 1)	소유권보존	2005년7월1일 제2486호		소유자 김이남 450313-1542399 서울특별시 종로구 삼청동 45
2	소유권이전	2010년12월19일 제3331호	2010년11월19일 매매	소유자 차영수 551211-1525312 서울특별시 강남구 삼성로51길5 2동 202호(대치동, 대치아파트)

---- 이 하 여 백 ----

수수료 1,000원 영수함

관할등기소 서울중앙지방법원 등기국/ 발행등기소 법원행정처 등기정보중앙관리소

이 증명서는 부동산 등기기록의 내용과 틀림없음을 증명합니다.

서기 2018년 9월 1일

법원행정처 등기정보중앙관리소 전산운영책임관

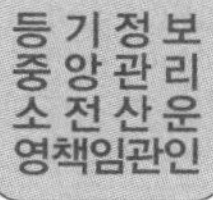

*실선으로 그어진 부분은 말소사항을 표시함.
*동기기록에 기록된 사항이 없는 갑구 또는 을구는 생략함.
*증명서는 컬러 또는 흑백으로 출력 가능함.

[인터넷 발급] 문서 하단의 바코드를 스캐너로 확인하거나, **인터넷등기소(http://www.iros.go.kr)의 발급확인 메뉴**에서 발급확인번호를 입력하여 **위・변조 여부를 확인할 수 있습니다. 발급확인번호**를 통한 확인은 발행일로부터 3개월까지 5회에 한하여 가능합니다.

발행번호 123892347891023678367189340829390234 8 1/1 발급확인번호 AATK-VPTF-6423 발행일 2018/09/01

대 법 원

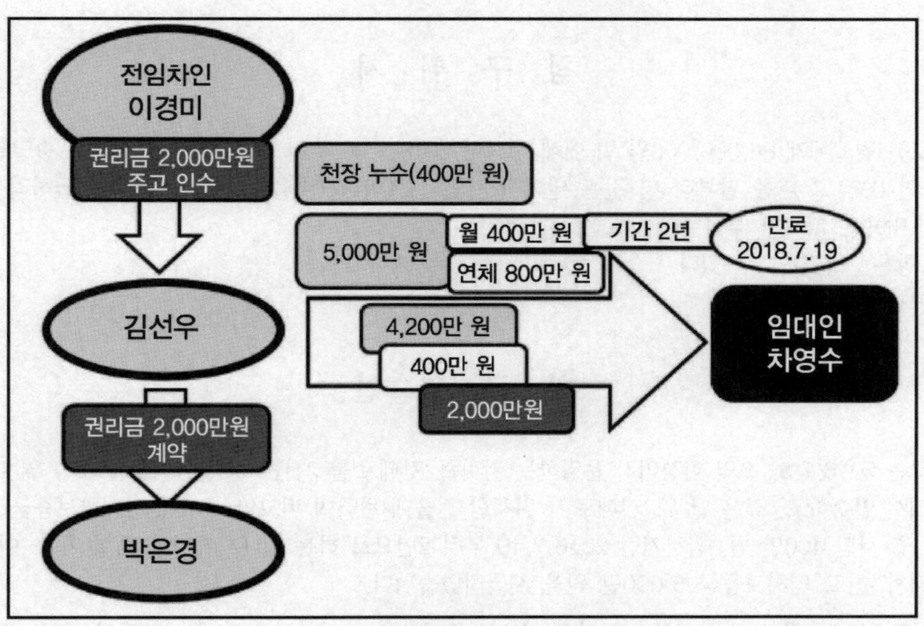

≫ 답안례

소 장

*** 소 가 66,000,000원
내역) 1) 임차보증금 42,000,000원
2) 필요비 4,000,000원
3) 손해배상 20,000,000원
*** 인지대 302,000원
내역) 66,000,000원×45/10,000 + 5,000

원 고 김선우 (680529-1325114)
서울 서초구 중앙로 2
전화번호 : 010-1234-1600, 전자우편 : ksw@kmail.com

피 고 차영수 (551211-1525312)
서울 강남구 삼성로51길5 2동 202호(대치동, 대치아파트)

임차보증금반환 등 청구의 소

청 구 취 지

1. 피고는 원고에게 66,000,000원 및 이에 대하여 2018.7.20.부터 각 이 사건 소장부본 송달일까지는 연 6%, 그 다음 날부터 다 갚는 날까지는 연 12%의 각 비율로 계산한 돈을 지급하라.
2. 소송비용은 피고가 부담한다.
3. 제1항은 가집행할 수 있다.

라는 판결을 구합니다.

청 구 원 인

1. 원고는 2016.7.5. 소외 이경미가 운영하는 커피숍 '카페로'를 2천만 원의 권리금을 주고 위 이경미에게서 인수하고, 같은 날 위 '카페로'가 위치한 건물에 관하여 피고와 사이에 임대차보증금 5천만 원, 월 차임 400만 원, 임차기간 2016.7.19.부터 2년으로 하는 임대차계약을 체결(이하 "이 사건 임대차")하고 임차보증금 5,000만 원을 지급하였습니다.
2. 그리고 원고는 위 상가를 인도받은 다음 피고의 동의를 얻어 2016.7.25. 400만 원의 천정누수 보수공사를 하였습니다.
3. 그 후 원고는 2018.5월경 피고에게 임대차계약 갱신을 하지 않겠다는 의사를 통지하여 이 사건 임대차는 2018.7.19. 기간만료로 종료하였고, 같은 날 피고에게 위 상가를 인도하였으며, 원고의 연체차임은 800만 원(2018.4월과 5월)에 이릅니다.
4. 한편, 원고는 피고의 동의하에 새로운 임차인을 물색하고 피고를 설득하여 보증금 5,000만 원, 월 차임 300만 원에 신규임대차계약을 체결하기로 광고를 하여, 이 사건 임대차기간이 끝나기 3개월 전인 2018.7.5. 위 상가를 새로이 임차하려는 소외 박은경과 사이에 권리금 2,000만 원을 받기로 약정한 후 2018.7.19. 피고와 새로운 임대차계약을 체결하기로 하였는데, 피고가 갑자기 보증금 1억 원, 월차임 600만 원을 받아야 한다면서 위 상가에 관한 조세, 공과금, 주변 상가건물의 차임 및 보증금, 그 밖의 부담에 따른 금액에 비추어 현저히 고액의 차임과 보증금을 요구하고, 정당한 사유 없이 계약을 거부하여 계약이 무산되어 원고는 권리금 2천만 원을 회수하지 못하는 손해를 입었으므로, 피고는 원고에게 상가건물 임대차보호법 제10조의4 제1항 3호 및 4호와 같은 조 제3항에 의거 위 2,000만 원의 손해를 배상할 의무가 있습니다.
5. 그러므로 피고는 원고에게 위 연체차임을 공제한 임차보증금 4천2백만 원(=5천만 원-800만 원)과 위 천정보수공사에 소요된 필요비 4,000,000원 및 권리금회수 손해금 20,000,000원 및 위 각 돈에 대하여 2018.7.20.부터 이 사건 소장부본 송달일까지는 상법 소정의 연 6%, 그 다음 날부터 다 갚는 날까지는 소송촉진 등에 관한 특례법 소정이 정한 연 12%의 각 비율로 계산한 지연손해금을 지급할 의무가 있습니다.
6. 이상과 같은 이유로 원고는 청구취지와 같은 판결을 구하기 위하여 본 소를 제기하기에 이르렀습니다.

증 명 방 법

1. 갑 제1호증 상가임대차권리금계약서
2. 갑 제2호증 상가임대차계약서
3. 갑 제3호증 등기사항증명서
4. 갑 제4호증 영수증

첨 부 서 류

1. 위 증명방법 각 2통
2. 영수필확인서 1통
3. 송달료납부서 1통
4. 서류작성 및 제출위임장 1통
5. 소장부본 1통

2018.9.15.

원고 김선우 (인)

서울중앙지방법원 귀중

참고의견

천정보수비용 400만 원의 청구에 대하여 논란이 있는 부분인바, 종전 답안과 달리 이 금액도 청구가 가능한 것으로 종전 답안을 수정하였습니다. 비록 주어진 증거자료인 임대차계약서를 검토해보면 원상복구 조항이 있지만, 기본적으로 주장과 증거는 구분되어야 하는데, 주어진 사례에는 이 부분에 대하여는 다툼이 없고, 질문지에 김선우가 언급한 사항 외에 다른 쟁점이 없는 것으로 보고 소장을 작성하라고 제시되어 있으며, 가능하다면 권리금과 보수비용도 받기를 원한다고 하고 있기 때문입니다(다른 견해도 있을 수 있으며 이것은 저의 사견입니다).
그리고 필요비는 유익비와 달리 이를 지출한 때(2016.7.25.)부터 청구할 수 있지만, 그동안 이를 청구한 것이 없어 보이므로 지출한 다음 날부터 그간의 지연손해를 구하는 것은 부적절해 보이기에 편의상 다른 청구와 동일하게 묶어서 임대차만료일 다음 날부터 모두 함께 청구하는 것으로 구성하여 보았습니다. 다만, 이 천정보수비용과 권리금회수 손해배상금 부분은 정확한 지연이자 기산시점에 대하여 다소 논란이 있을 수 있어 보입니다.

9. 사례 – 2010년 법무사 제16회 기출문제

【문】 김갑을[(680208-1014567), 주소 : 서울 서초구 신반포로 28, 109동 807호(반포동, 한양아파트), 전화번호 : 678-4342, 전자우편 : kgu@gdskk.com)]은 법무사 사무실에 찾아와 다음과 같이 분쟁 내용을 설명하면서 소장 작성을 의뢰하였다.

〈 다음 〉

◉ 동대문시장에서 "갑을스포츠"라는 상호로 스포츠용품 도매업을 하는 김갑을은 2010.5.7. 같은 시장에서 "럭셔리스포츠"라는 상호로 스포츠용품 소매업을 하는 이을병[(700724-1037890, 주소 : 서울 종로구 삼청로9길 26(삼청동)]과의 사이에, 2010.6.7.까지 이을병에게 농구공(제품번호 : VS-1010) 5,000개를 개당 20,000원씩 총 대금 100,000,000원에 납품하고, 그 납품 완료 즉시 이을병으로부터 위 농구공 대금을 지급받기로 구두로 약정하였다.

◉ 이을병은 위 약정 당시 위 농구공 대금의 지급을 담보하기 위하여 김갑을에게, 박병무[(581112-1098777, 주소 : 서울 서초구 반포로대로 155(잠원동)]가 2010.3.7. 최무기[(600112-1087332, 주소 : 서울 송파구 잠실로 245 (잠실동)] 앞으로 발행한 별첨과 같은 약속어음(단, 발행일란은 백지였음)을 배서양도하였다.

◉ 김갑을은 2010.6.7. 이을병에게 위 농구공 5,000개를 모두 납품한 다음 같은 날 위 어음의 지급장소에서 이를 지급제시하였으나, 예금부족을 이유로 그 지급이 거절되었다. 또한 김갑을은 같은 날 이을병에게도 위 약정에 따른 농구공 대금지급을 요구하였으나, 이을병은 당장은 돈이 없다고 하면서 그 지급을 거절하였다.

◉ 김갑을은 2010.6.15. 자신의 사무실에서 위 어음의 발행인 박병무, 수취인 최무기를 함께 만난 자리에서 그들에게 위 어음을 제시하고 그 어음금 지급을 요구하였다. 그러나 박병무와 최무기는 위 어음의 발행일란이 백지로 되어 있어 어음상의 권리행사 요건을 갖추지 못하였다는 이유로 그 어음금 지급을 거절하였다. 이에 김갑을은 즉석에서 위 어음의 발행인란에 "2010년 3월 7일"이라고 적어 넣고 박병무와 최무기에게 다시 위 어음을 제시하며 그 어음금 지급을 요구하였다. 그러나 박병무와 최무기는 지급제시기간이 지난 후 위 어음의 백지부분을 보충한 것은 자신들에게 효력이 없다고 주장하면서 그 어음금 지급을 거절하였다.

〈 유의사항 〉

○ 김갑을의 위 진술 내용을 모두 진실한 것으로 보고 그 의사를 존중하여 2010.10.22.자로 김갑을에게 가장 유리하고 적법하며 승소가능성이 있는 내용으로 서울중앙지방법원에 접수할 소장을 작성하시오.

○ 여러 명에 대하여 소를 제기할 필요가 있는 경우, 병합요건을 고려하지 말고 하나의 소장으로 작성하시오.

○ 소장에는 당사자, 청구취지, 청구원인을 갖추어 기재하되, 청구원인은 요건사실 위주로 기재하고 불필요한 사실관계를 장황하게 기재하지 않도록 하시오.

ㅇ 소장의 오른쪽 윗부분에 소가와 첩부인지대를 계산 내역과 함께 기재하시오.
* 별첨 – 약속어음(첨부파일 참조하시기 바랍니다.)

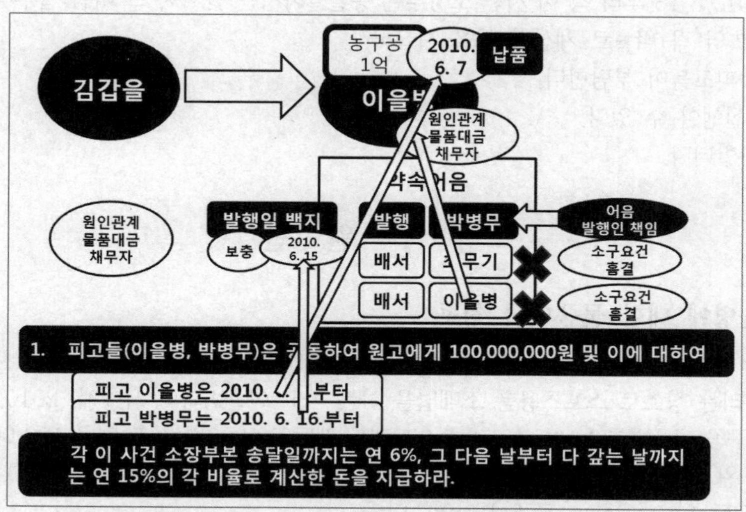

≫ 답안례

소　　장

*** 소 가 100,000,000원
*** 인지대 455,000원
내역) 100,000,000원×40/10,00 + 55,000원

원　고 김갑을 (680208-1014567)
서울 서초구 신반포로 28, 109동 807호(반포동, 한양아파트)
전화번호 : 678-4342, 전자우편 : kgu@gdskk.com

피　고 1. 이을병 (700724-1037890)
서울 종로구 삼청로9길 26(삼청동)
2. 박병무 (581112-1098777)
서울 서초구 반포로대로 155(잠원동)

물품대금 등 청구의 소

청 구 취 지

1. 피고들은 공동하여 원고에게 100,000,000원 및 이에 대하여 피고 이을병은 2010.6.7.부터 피고 박병무는 2010.6.16.부터 각 이 사건 소장부본 송달일까지는 연 6%, 그 다음 날부터 다 갚는 날까지는 연 12%의 각 비율로 계산한 돈을 지급하라.
2. 소송비용은 피고들이 부담한다.
3. 제1항은 가집행할 수 있다.

라는 판결을 구합니다.

청 구 원 인

1. 피고 이을병에 대한 물품대금 청구

동대문시장에서 "갑을스포츠"라는 상호로 스포츠용품 도매업을 하는 원고는 2010.5.7. 같은 시장에서 "럭셔리스포츠"라는 상호로 스포츠용품 소매업을 하는 피고 이을병과의 사이에, 2010.6.7.까지 피고 이을병에게 농구공(제품번호 : VS-1010) 5,000개를 개당 20,000원씩 총 대금 100,000,000원에 납품하고 그 납품 완료 즉시 이을병으로부터 위 농구공 대금을 지급받기로 약정한 후, 2010.6.7. 피고 이을병에게 위 농구공 5,000개를 모두 납품하였습니다.
그러므로 피고 이을병은 원고에게 위 물품대금 100,000,000원 및 이에 대하여 2010.6.7.부터 이 사건 소장부본 송달일까지는 상법 소정의 연 6%, 그 다음 날부터 다 갚는 날까지는 소송촉진 등에 관한 특례법 소정의 연 12%의 각 비율로 계산한 지연손해금을 지급할 의무가 있습니다.

2. 피고 박병무에 대한 어음금 청구

1) 위 약정 당시 피고 이을병은 위 농구공 대금의 지급을 담보하기 위하여 원고에게, 피고 박병무가 2010.3.7. 소외 최무기 앞으로 발행한 액면금 100,000,000원, 지급기일 2010.6.7. 발행일 백지, 지급지 및 발행지 서울, 지급장소 주식회사 동민은행으로 된 약속어음 1매를 각 지급거절증서 작성의무를 면제한 배서양도를 하여 주었습니다. 이에 원고가 위 어음의 지급기일에 지급장소에서 이를 지급제시하였으나, 예금부족을 이유로 그 지급이 거절되었습니다.
2) 그 후 원고는 2010.6.15. 자신의 사무실에서 위 어음의 발행인 박병무, 수취인 최무기를 함께 만난 자리에서 그들에게 위 어음을 제시하고 그 어음금 지급을 요구하였으나 피고 박병무와 위 최무기는 위 어음의 발행일란이 백지로 되어 있어 어음상의 권리행사 요건을 갖추지 못하였다는 이유로 그 어음금 지급을 거절하였습니다. 이에 원고는 위 백지어음의 소지인으로서 즉석에서 위 어음의 발행인란에 "2010년 3월 7일"이라고 적어 넣어 그 백지보충권을 적법하게 행사하여 이를 보충한 후 피고 박병무와 위 최무기에게 다시 위 어음을 제시하며 그 어음금 지급을 요구하였으나 박병무와 최무기는 지급제시기간이 지난 후 위 어음의 백지부분을 보충한 것은 자신들에게 효력이 없다고 주장하면서 그 어음금 지급을 거절하였습니다.
   그러나 약속어음의 배서인인 위 최무기에게는 백지를 보충하지 않고 지급제시를 하였기 때문에 그 지급제시는 부적법한 것이고 이후에는 백지를 보충하더라도 제시기간이 지났기 때문에 적법한 지급제시를 할 방법이 없지만, 위 약속어음의 주된 채무자인 발행인 피고 박병무에게는 변론 종결 시까지만 백지보충권을 행사하면 되므로 피고 박병무의 주장은 이유 없습니다.

3) 그러므로 피고 박병무는 원고에게 위 약속어음금 100,000,000원 및 이에 대하여 위와 같이 발행일 백지어음을 보충하여 발행인에게 제시한 날(2010.6.15.)의 다음 날부터 이 사건 소장부본 송달일까지는 어음법 소정의 연 6% 다음 날부터 다 갚는 날까지는 소송촉진 등에 관한 특례법 소정의 연 12%의 각 비율로 계산한 지연손해금을 지급할 의무가 있습니다.

3. 결언

이상과 같은 이유로 원고는 청구취지와 같은 판결을 구하기 위하여 본 소를 제기하기에 이르렀습니다.

증 명 방 법

1. 갑 제1호증 (약속어음 사본)

첨 부 서 류

1. 위 증명방법 각 3통
2. 영수필확인서 1통
3. 송달료납부서 1통
4. 서류작성 및 제출위임장 1통
5. 소장부본 2통

2010.10.22.

원고 김갑을 (인)

서울중앙지방법원 귀중

▶ 피고 이을병에게는 물품대금으로 청구하고(이을병도 배서인이기는 하지만 최무기처럼 백지를 보충하지 않고 지급제시를 하였기 때문에 그 지급제시는 부적법한 것이라서 어음의 배서인으로서의 책임을 물을 수 없음), 박병무는 어음책임을 구하므로 "합동하여"가 아니라 "공동하여"로 청구를 함.

▶ 민법 제587조에 의하여 대금지급에 관한 기한약정이 따로 없는 경우 매수인은 목적물의 인도를 받은 날로부터 대금의 이자를 지급하여야 하므로 피고 박병무에게 2010.6.16.부터 이자를 구하는 것으로 작성함.

10. 사례 - 2021년 법무사 제27회 기출문제

【문】 김갑동[주민등록번호 : 870101-1234567, 주소 : 서울 서초구 서초중앙로 143, 전화번호 : 010-1234-1111, 전자우편 : kkdong@web.com]은 2021.9.9. 법무사의 사무실에 찾아와 다음과 같은 내용을 설명하고 자신이 가져온 서류들을 제시하면서 소장 작성을 의뢰하였다. 이에 적합한 소장을 작성하시오. 30점

〈 다음 〉

◉ 저는 어릴 적부터 몸이 좋지 않아 간병인의 도움으로 집에서 생활하고 있습니다. 그런데 간병인이 갑자기 그만 두면서 간병에 경험이 많다는 최을서[주민등록번호 : 790906-2897655, 주소: 서울 강남구 삼성로 91길11, 전화번호: 010-1234-2222, 전자우편 : chulseo@ted.com]를 저에게 소개시켜 주었습니다.

◉ 최을서와 간병계약을 체결하고 간병을 받아 오고 있었는데, 2011.4.1. 사고가 났습니다. 그날 최을서가 침대시트를 교체하여 준다면서 저에게 일어나라고 하였고, 거동이 불편한 제가 침대에서 다 내려오기도 전에 최을서가 시트를 빼버리는 바람에 저는 바닥에 넘어졌습니다(이하 'A사고'라 함). 긴급히 병원으로 이송되어 진찰을 받은 결과 저는 고관절 골절상을 입었다는 진단을 받았습니다(별첨 서류1). 최을서는 본인이 실수했다고 미안하다고 하였으나, 최을서에게 간병을 받기 싫어진 저는 그날까지의 간병비를 모두 지급하고 최을서를 해고하였습니다.

◉ 저는 A사고로 1천만 원의 치료비를 지출하였고(별첨 서류2), 치료비 전액을 받고자 최을서에게 전화를 하였으나 받지 않았습니다. 답답하던 차에 가압류만 하여도 채무자가 돈을 갚는다는 법무사의 말을 듣고 2011.5.1. 최을서를 채무자로, 훈훈은행을 제3채무자로 하는 가압류결정(별첨 서류3)을 받았습니다.

◉ 예금을 찾으러 은행을 방문한 최을서는 예금이 가압류된 사실을 알고 저에게 전화를 걸어왔지만, 저는 최을서에게 압박감을 주려고 전화를 받지 않았습니다. 그 후 법원으로부터 제소명령이 기재된 서류를 받기는 하였으나 가만히 있으면 되는 줄 알고 있다가 2011.9.15. 가압류가 전부 취소되었고, 그에 대해 이의를 하지 않았습니다(별첨 서류4).

◉ 올 초 결혼을 한 저는 부인에게 그동안 살아온 얘기를 하다가 A사고와 그 뒷일에 대해 말하였습니다. 이번에는 제대로 해보라는 부인의 말에 힘을 얻어 2021.3.1. 최을서에게 이행을 독촉하는 문자를 보냈고, 저에게 돈을 줄 수 없다는 취지의 답문자를 최을서로부터 받았습니다(별첨 서류5).

◉ 저는 간병계약 상 주의의무를 다 하지 않은 최을서에 대해 여전히 채무불이행에 의한 손해배상청구권을 가지고 있다고 생각합니다만, 가압류나 문자만 보내고 있으면 안될 것 같아 이제 소송을 통해 마무리를 하고 싶습니다. 사고가 발생한지 10년이 지났고, 최을서는 간병료도 1년이 지나면 못 받는다고 하지만, 제가 입은 손해는 간병료 채권과는 성격이 다르지 않습니까? 가압류나 문자를 보냈던 것이 저에게 유리하게 작용할지도 모르기도 하니 법무사님이 잘 살펴보시고 최을서에게 받을 수 있는 최대한의 금액을 청구하는 소를 제기하도록 도와주십시오. 단, 오랫동안 망설이다가 소를 제기하는 것이 미안하므로 지연이자는 청구할 생각이 없습니다.

〈 유의사항 〉

1. 김갑동의 위 진술내용은 모두 진실한 것으로 보고 그가 원하는 범위 내에서 김갑동에게 가장 유리하고 적법하면서도 대법원 판례에 따를 때 전부 승소할 수 있는 내용으로 서울중앙지방법원에 접수할 소장을 작성하십시오(소장 작성일 및 접수일은 2021년 9월 12일로 하고, 작성 및 접수일이 공휴일인지는 고려할 필요가 없습니다).
2. 진료비 영수증의 세부항목은 고려하지 말고, 김갑동의 기왕증은 고관절 골절상이나 그 치료비에 영향을 주지 않은 것으로 전제합니다.
3. 김갑동이 언급한 사항과 별첨 서류에 나타난 사항 이외에 다른 쟁점은 없는 것으로 보고 소장을 작성하십시오.
4. 소장에는 당사자, 청구취지, 청구원인을 갖추어 기재하되, 청구원인은 요건사실 위주로 기재하고 불필요한 사실관계를 장황하게 기재하지 않도록 하십시오.
5. 소장의 오른쪽 윗부분에 '소가'와 납부할 '인지액'을 그 계산내역과 함께 기재하십시오(다만 전자소송이 아닌 종이소송으로 접수하는 경우를 전제로 계산할 것).
6. 사례에 등장하는 내용들은 모두 가공의 것이고, 진단서, 진료비 영수증 등은 시험용으로 만든 것이므로 실제와 다를 수 있습니다(날인이 필요한 부분은 모두 진정한 날인이 된 것으로 봄).

[별첨 서류 1] 진단서

진단서

등록번호	0192
연번호	2011

환자의 성명	김 갑 동	성별	남	생년월일	1987-1-1	연령	만 24
환자의 주소	서울 서초구 서초중앙로 143					전화	010-1234-1111
병 명	고관절 골절상						한국질병분류번호
임상적 추정 ( )							3450
최종진단(*)							
발 행 일	2011. 4. 1.				진 단 일		2011. 4. 1.
경과 및 향후 치료의견	상기 환자 상기 병력으로 입원하여 2011. 4. 1. 수술을 시행하였고, 추후 지속적으로 경과관찰 필요합니다.						
입 원 일	2011. 4. 1.				퇴 원 일		2011. 4. 1.
비 고					용 도		법원제출용

위와 같이 진단함

발행일 2011년 4월 1일

의료기관 갑을메디컬센터

주소 306-230 서울 서초구 서초대로 20

전화 및 FAX TEL: (02)2222-7777 FAX: (02)2222-6666

진료과 정형외과

면허번호 제239호 의사 성명 장준형 (인)

[의료법] 제17조 및 같은 법 시행령 시행규칙 제9조에 따라 위와 같이 진단합니다.

갑을메디컬센터

2011-4-1

[별첨 서류 2] 진료비 영수증

진료비 영수증

단위: 원

등록번호	환자의 성명	진 료 기 간	야간(공휴일) 진료
0192	김 갑 동	2011-4-1 ~ 2011-4-1	[ ]야간 [ ] 공휴일
진료과목	병 실	환자구분	영수증번호 [연월-일련번호]
정형외과	301호	건강보험	2011-4-134

항 목	급여			비급여	금액산정내용	
	일부본인부담		전액 본인부담			
	본인부담금	공단부담금			진료비총액	30,000,000
- 중 략 -					환자 부담총액	10,000,000
합계	5,000,000	20,000,000	5,000,000	–	납부할 금액	10,000,000
					납부한 금액	10,000,000

사업자 등록번호	34-253-999	상호	갑을메디컬센터	전화:	(02)2222-7777
사업장 소재지	서울 서초구 서초대로 20			대표자:	정혜자
발급:	2011년 4월 1일			담당자:	김대리 (인)

[별첨 서류 3] 가압류 결정문

서울중앙지방법원

결 정

사 건 2011카단1452 채권가압류

채 권 자 김갑동(870101-1234567)
서울 서초구 서초중앙로 143

채 무 자 최을서(790906-2897655)
서울 강남구 삼성로 91길11

제3채무자 주식회사 훈훈은행(102030-2299999)
서울 영등포구 여의대로 23

주 문

채무자의 제3채무자에 대한 별지 기재 채권을 가압류한다.
제3채무자는 채무자에게 위 채권에 관한 지급을 하여서는 아니 된다.
채무자는 다음 청구금액을 공탁하고 집행정지 또는 집행취소를 신청할 수 있다.

청구채권의 내용　　2011.4.1.에 발생한 간병사고와 관련된 채무불이행에 의한 손해배상청구권
청구금액　　금4,000,000원

이　　유

이 사건 채권가압류신청은 이유 있으므로 담보로 공탁보증보험증권(새빛보험회사 증권번호 제30호)을 제출받고 주문과 같이 결정한다.

2011.5.1.

판 사　성 법 률 (인)

※ 1. 이 가압류결정은 채권자가 제출한 소명자료를 기초로 판단한 것입니다.
　2. 채무자는 이 결정에 불복이 있을 경우 가압류이의나 취소신청을 이 법원에 제기할 수 있습니다.

[별지]
· 청구금액 : 4,000,000원
· 제3채무자 청구금액 특정
　주식회사 훈훈은행(102030-2299999) 가압류할 금액 4,000,000원

채무자 최읍서(790906-2897655)가 제3채무자에 대하여 가지는 아래 예금채권(장래 입금되는 예금을 포함) 중 아래 기재한 순서에 따라 위 청구금액에 이를 때까지의 금액
1. 압류되지 않은 예금과 압류된 예금이 있을 때에는 다음 순서에 의하여 가압류한다.
　가. 선행 압류, 가압류가 되지 않은 예금
　나. 선행 압류, 가압류가 된 예금
2. 여러 종류의 예금이 있을 때에는 다음 순서에 의하여 가압류한다.
　가. 보통예금 나. 당좌예금 다. 정기예금 라. 정기적금 마. 저축예금 바. 자유저축예금 사. 기타 모든 예금
3. 같은 종류의 예금이 여러 계좌가 있는 때에는 가.예금금액이 많은 것, 나.만기가 빠른 것, 다.계좌번호가 빠른 것의 순서에 의하여 가압류한다.
4. 제3채무자 송달일 기준으로 위 청구금액에 이르지 못하는 경우 장래 입금될 예금(입금되는 순서에 따름)을 가압류한다.

단, 민사집행법 제246조 제1항 제7호, 제8호 및 동법 시행령에 의하여 압류가 금지되는 보험금 및 예금을 제외한다. 끝.

[별첨 서류 4] 가압류취소 결정문

서울중앙지방법원

결 정

사 건 2011카단3290 가압류취소

신 청 인 최을서(790906-2897655)
서울 강남구 삼성로 91길11

피신청인 김갑동(870101-1234567)
서울 서초구 서초중앙로 143

주 문

1. 위 당사자 사이의 이 법원 2011카단1452 채권가압류 신청사건에 관하여 이 법원이 2011.5.1.에 한 가압류 결정을 취소한다.
2. 신청비용은 피신청인이 부담한다.

신 청 취 지

주문과 같다.

이 유

기록에 의하면, 피신청인이 2011. 8. 15. 이 법원 2011카소23 제소명령을 송달받은 사실이 소명되고, 피신청인이 그 제소기간 안에 본안의 소를 제기하여 이를 증명하는 서류를 제출하거나 이미 소를 제기하였으면 소송계속사실을 증명하는 서류를 제출하여야 함에도 이를 이행하지 아니한 사실은 이 법원에 현저하다. 따라서 신청인의 이 사건 취소신청은 이유 있어 민사집행법 제287조 제3항, 제1항에 따라 주문 제1항 기재 가압류 결정을 취소하기로 하여, 주문과 같이 결정한다.

2011.9.15.

판 사 최 민 법 (인)

[별첨 서류 5] 문자내역

2021년 3월 1일

안녕하세요, 최을서씨.
2011. 4. 1.에 발생하였던 사고로 인해 제가 지출한 치료비 금 1천만 원을 언제 지급하여 주실지 알고 싶어 연락드립니다.

MMS 오후 1:30

김갑동씨.
저는 간병료도 1년 지나면 못 받아요.
10년이나 지난 사건을 가지고 이제 와서 돈을 달라는 건 너무 하지 않나요?
제소명령 받고서 소송도 안 걸었잖아요!
암튼 저는 그쪽에게 돈을 줄 의무 없습니다.

MMS 오후 4:05

≫ 답안례

소 장

*** 소가 4,000,000원
*** 인지액 20,000원
계산내역) 4,000,000원 × 50/10,000

원 고 김갑동 (870101-1234567)
서울 서초구 서초중앙로 143
전화번호 : 010-1234-1111, 전자우편 : kkdong@web.com
피 고 최을서 (790906-2897655)
서울 강남구 삼성로 91길 11
전화번호 : 010-1234-2222, 전자우편 : chulseo@ted.com

손해배상 청구의 소

청 구 취 지

1. 피고는 원고에게 4,000,000원을 지급하라.
2. 소송비용은 피고가 부담한다.
3. 제1항은 가집행할 수 있다.

라는 판결을 구합니다.

청 구 원 인

1. 원고는 피고와 간병계약을 체결하고 간병을 받아 오고 있던 중, 2011.4.1. 피고는 원고의 침대시트를 교체하여 주는 과정에서 원고가 침대에서 다 내려오기도 전에 시트를 빼버리는 사고(이하 "이 사건 사고")를 일으키는 바람에 원고가 넘어져 고관절 골절상을 입어 1천만 원의 치료비를 지출하는 손해를 보았습니다.
2. 원고는 이와 관련하여 2011.5.1. 청구채권 "2011.4.1.에 발생한 간병사고와 관련된 채무불이행에 의한 손해배상청구권" 청구금액 "4,000,000원"(이하 "이 사건 채권", 피고를 채무자, 훈훈은행을 제3채무자로 하는 서울중앙지방법원 2011카단1452 채권가압류결정을 받았으나, 그 후 피고가 제기한 제소명령에 불응하여 2011.9.15. 위 법원 2011카단3290 가압류취소 결정으로 위 가압류가 전부 취소되었습니다.

3. 그러나 원고의 손해배상채권은 피고와 사이에 체결한 간병인계약상의 채무불이행으로 인한 손해배상청구권으로서 민법 제162조 제1항에서 정하는 10년의 일반소멸시효기간의 적용을 받는데, 2011.4.1. 이 사건 사고 발생 후 2011.5.1. 위 손해배상 청구채권 중 이 사건 채권에 대하여 서울중앙지방법원 2011카단1452 채권가압류결정을 받아 이 사건 채권에 대하여는 소멸시효가 중단되었고, 그 후 피고가 제기한 제소명령에 불응하여 2011.9.15. 같은법원 2011카단3290 가압류취소결정으로 위 가압류가 전부 취소되었으나, 이 사건 채권의 소멸시효는 위 가압류로 인하여 중단되었다가 제소기간의 도과로 가압류가 취소된 때로부터 다시 진행되므로 이 사건 채권은 아직 소멸시효가 완성되지 않았습니다.
4. 이상과 같은 이유로 청구취지 기재와 같은 판결을 구하기 위하여 본 소를 제기하기에 이르렀습니다.

증 명 방 법

1. 갑 제1호증 진단서
2. 갑 제2호증 진료비 영수증
3. 갑 제3호증 채권가압류결정문
4. 갑 제4호증 가압류취소결정문
5. 갑 제5호증 문자내역

첨 부 서 류

1. 위 증명방법 각 2통
2. 영수필확인서 1통
3. 송달료 납부서 1통
4. 서류작성 및 제출위임장 1통
5. 소장부본 1통

2021.9.12.

원고 김갑동 (인)

서울중앙지방법원 귀중

*** 참고 – 관련 판례

1. 대법원 2013.11.14. 선고 2013다65178 판결

[판결요지]

일정한 채권의 소멸시효기간에 관하여 이를 특별히 1년의 단기로 정하는 민법 제164조는 그 각 호에서 개별적으로 정하여진 채권의 채권자가 그 채권의 발생원인이 된 계약에 기하여 상대방에 대하여 부담하는 반대채무에 대하여는 적용되지 아니한다. 따라서 그 채권의 상대방이 그 계약에 기하여 가지는 반대채권은 원칙으로 돌아가, 다른 특별한 사정이 없는 한 민법 제162조 제1항에서 정하는 10년의 일반소멸시효기간의 적용을 받는다.

[이유]

상고이유를 판단한다.

1. 일정한 채권의 소멸시효기간에 관하여 이를 특별히 1년의 단기로 정하는 민법 제164조는 그 각 호에서 개별적으로 정하여진 채권의 채권자가 그 채권의 발생원인이 된 계약에 기하여 상대방에 대하여 부담하는 반대채무에 대하여는 적용되지 아니한다. 따라서 그 채권의 상대방이 그 계약에 기하여 가지는 반대채권은 원칙으로 돌아가, 다른 특별한 사정이 없는 한 민법 제162조 제1항에서 정하는 10년의 일반소멸시효기간의 적용을 받는다.
2. 원심은 우선 피고 1이 원고와 사이에 체결한 간병인계약상의 의무를 위반함으로써 원고가 병실 바닥에 쓰러져 좌측 비구 복합골절 등의 상해를 입는 이 사건 사고가 발생하였으므로 피고들은 이 사건 사고로 원고가 입은 손해를 배상할 책임이 있다고 판단하였다.

   나아가 원심은 피고들의 항변, 즉 피고 1의 간병료 채권은 노역인의 임금 채권에 해당하여 민법 제164조 제3호에 따라 1년의 단기소멸시효에 걸리므로 원고의 피고 1에 대한 간병서비스 이행청구권, 나아가 그 권리의 확장 내지 내용 변경에 불과한 원고 주장의 손해배상청구권의 소멸시효기간도 1년이라는 취지의 항변을 '위 단기소멸시효의 대상이 되는 채권은 노역인의 임금 채권 등에 대하여만 적용될 뿐이지 채무불이행으로 인한 손해배상청구권에는 그 적용이 없다'는 이유로 배척하였다.
3. 앞서 본 법리에 비추어 살펴보면, 원심이 피고 1이 원고와 사이에 체결한 간병인계약에 기하여 부담하는 채무를 불이행함으로 말미암아 발생한 손해배상청구권에 대하여 위 법규정상의 단기소멸시효가 적용되지 아니한다고 판단한 것은 그 결과에 있어서 정당하다.

2. 대법원 2011.1.13. 선고 2010다88019 판결

민법 제175조는 가압류가 '권리자의 청구에 의하여 또는 법률의 규정에 따르지 아니함으로 인하여 취소된 때에는 소멸시효 중단의 효력이 없다'고 규정하고 있고, 이는 그러한 사유가 가압류 채권자에게 권리행사의 의사가 없음을 객관적으로 표명하는 행위이거나 또는 처음부

터 적법한 권리행사가 있었다고 볼 수 없는 사유에 해당한다고 보기 때문이므로, 법률의 규정에 따른 적법한 가압류가 있었으나 제소기간의 도과로 인하여 가압류가 취소된 경우에는 위 법조가 정한 소멸시효 중단의 효력이 없는 경우에 해당한다고 볼 수 없다. 또한, 가압류를 시효중단사유로 규정하고 있는 것은 가압류에 의하여 권리자가 권리를 행사하였기 때문인데 가압류에 의한 집행보전의 효력이 존속하는 동안은 가압류채권자에 의한 권리행사가 계속되고 있다고 보아야 할 것이므로, 가압류에 의한 시효중단의 효력은 가압류의 집행보전의 효력이 존속하는 동안 계속된다(대판 2000.4.25, 2000다11102, 대판 2003.10.23, 2003다26082, 대판 2006.7.27, 2006다32781 등 참조).

원심이 인용한 제1심판결은, 원고가 피고에 대한 이 사건 채권에 기하여 피고 소유의 각 부동산에 대한 가압류를 신청하여 1997.9.10.경 가압류결정이 되었으며, 그 후 피고의 제소명령신청이 인용되었는데도 원고가 그 제소명령신청기간 내에 소를 제기하지 아니하여 2009.8.12. 제소기간 도과를 이유로 가압류가 취소되었으나, 이 사건 채권의 소멸시효는 위 가압류로 인하여 중단되었다가 제소기간의 도과로 가압류가 취소된 때로부터 다시 진행된다고 판단하여, 피고의 소멸시효 완성 주장을 배척하였다.

앞서 본 법리에 의하면 원심의 이러한 판단은 정당하고, 거기에 상고이유의 주장과 같이 소멸시효의 중단사유 또는 제소기간 도과로 인한 가압류 취소의 효력 등에 관한 법리를 오해한 위법은 없다.

3-1. 대법원 1969.3.4. 선고 69다3 판결

[판결요지]

가분채권의 일부분을 피보전채권으로 하여 가압류 한 경우에 피보전채권의 일부만에 시효중단의 효력이 있다.

[이유]

원고의 상고이유 제1점에 대한 판단,

채권자가 가분채권의 일부분을 피보전채권으로 주장하여 채무자 소유의 재산에 대하여 가압류를 한 경우에 있어서는 피보전채권의 일부만에 시효중단의 효력이 있다 할 것이고 가압류에 의한 보전채권에 포함되지 아니한 나머지 채권에 대하여도 시효중단의 효력이 발생할 수 없다 할 것이므로 원심이 같은 견해 아래 원고의 본건 손해배상 채권중 가압류에 의하여 보전된 150,000원의 한도에서 시효중단의 효력이 있다고 판단하였음은 정당하다.

3-2. 대법원 1976.2.24. 선고 75다1240 판결

[판결요지]

채권자가 가분채권의 일부분을 피보전채권으로 주장하여 채무자 소유의 재산에 대하여 가압류를 한 경우에 있어서는 그 피보전채권 부분만에 한하여 시효중단의 효력이 있다 할 것이고 가압류에 의한 보전채권에 포함되지 아니한 나머지 채권에 대하여는 시효중단의 효력이 발생할 수 없다 할 것이다.

[이유]

먼저 원고소송대리인의 상고이유에 대하여 판단한다.

채권자가 가분채권의 일부분을 피보전채권으로 주장하여 채무자 소유의 재산에 대하여 가압류를 한 경우에 있어서는 그 피보전채권 부분만에 한하여 시효중단의 효력이 있다 할 것이고 가압류에 의한 보전채권에 포함되지 아니한 나머지 채권에 대하여는 시효중단의 효력이 발생할 수 없다 할 것이며(본원 1969.3.4. 선고 69다3 판결 참조) 이 이론은 가압류대상의 재산의 다과에 의하여 어떤 영향을 미친다고 할 수는 없을 것이므로 원심이 위와 같은 견해 아래에서 원고의 손해배상채권 금 1,528,614원 중 원고가 원심인정의 가압류에서 주장한 피보전채권금 270,000원과 그 지연손해금의 한도 내에서만 시효중단의 효력이 있다고 판단하였음은 정당하고 여기에 소론과 같은 시효중단의 효력이 미치는 범위에 관한 법리의 오해나 심리를 다하지 아니한 위법이 있다고 할 수 없다.

11. 사례 – 2023년 법무사 2차 제29회 기출문제

민사사건관련서류의 작성

【문 1】

김갑동[주민등록번호: 820202-1234567, 주소: 서울 서초구 서초중앙로 100, 전화번호: 010-2345-4873, 전자우편: kkdong@web.com]은 2023.10.18. 법무사의 사무실에 찾아와 다음과 같은 내용을 설명하고 자신이 가져온 서류들을 제시하면서 소장 작성을 의뢰하였다. 이에 적합한 소장을 작성하시오. 30점

〈 다음 〉

○ 저는 2022.5.5. 이종사촌 관계인 최을서 주민등록번호: 790906-1897655, 주소: 서울 강남구 테헤란로 21길 17, 전화번호: 010-3333-3040, 전자우편: chulseo@ted.com]에게 컴퓨터 45대를 대금 1억 원에 매도하면서 위 컴퓨터를 2022.6.30. 인도하고, 위 대금 중 6천만 원은 2022.6.30.에 나머지 4천만 원은 2022.8.30.에 각 지급받기로 하였습니다.

○ 2022.6.30. 저는 컴퓨터 45대를 모두 인도하였고, 최을서는 그 자리에서 6천만 원을 지급하였습니다. 그런데 나머지 4천만 원을 지급받기로 한 날 최을서에게서 며칠만 여유를 달라는 전화가 와서 저는 10일 여유를 주기로 하고, 2022.9.10.까지 기다렸습니다. 그러나 최을서는 가타부타 연락이 없었고, 제 전화를 피했습니다. 시간이 계속 흘러 안 되겠다 싶은 생각이 들어 제가 내용증명을 보내자 그제서야 최을서는 현재 수중에 돈이 없어 도저히 변제할 수 없는 상황이나 마침 곧 한병남 주민등록번호: 841212-1313165, 주소: 서울 강남구 삼성로 46길 20, 전화번호: 010-2348-8484, 전자우편: bnamhan@ted.com]에게 받을 돈이 있으니 제발 그 채권을 대신 받아달라고 하였습니다. 최을서와 평소에도 가깝게 지냈고, 변제자력이 없는 것이 분명하므로, 저는 이렇게라도 받아야겠다는 생각에 어쩔 수 없이 채무 변제에 갈음하여 2022.11.11. 그 채권을 양수하였고, 최을서를 믿을 수 없어 직접 한병남에게 채권양도통지를 하기로 하였습니다(별첨 서류 1, 2). 한병남은 채권양도통지서를 2022.11.13. 수령하였습니다.

○ 저는 양수금을 받기 위해 2022.11.25. 한병남에게 전화를 하였으나 황당한 소식을 듣게 되었습니다. 최을서의 채권을 이미 최을서의 다른 채권자인 정정북 [주민등록번호:760509-1468257, 주소: 서울 강남구 테헤란로 36길 15, 전화번호: 010-4444-9999, 전자우편: book999@ted.com]이 가압류했다는 것입니다(별첨 서류 3). 그래서 한병남은 저에게 변제할 수 없다는 소리를 되풀이했습니다. 또한 자기는 이미 최을서에게 1천만 원은 갚았고, 최을서에게 받을 매매대금이 있어 나머지 채권을 상계할 생각이라고 했습니다.

○ 2022.12.5. 정정북에게 전화하여 사정을 물어보니 가압류를 11월에 하였고, 채권액이 2천만 원이라고 하여 저는 어떻게 해야 할지 몰라 고민만 하고 있었습니다. 이후 최을서에게 가압류에 관해 강하게 항의하였고, 그러던 중 최을서에게서 정말 미안하다며 본인이 가압류를 풀기 위해 노력하겠다는 대답을 들었습니다. 그런데 그 후 최을서가 어떻게 했는지 2023.5.15. 가압류가 전부 취소되었다는 얘기를 들었습니다(별첨 서류4). 그래서 제가 돈을 받기 위 해 한병남에게 다시 독촉하였더니 항고심에서 가압류취소결정을 취소하여 다시 가압류결정이 인가되었다고 하며 저에게 돈을 줄 수 없다는 문자를 하였습니다(별첨 서류 5).

○ 며칠 전 친구인 무해한을 만나 그동안의 속사정을 털어놓고 속상해 하던 차에 그래도 포기하지 말고 전문가에게 상담받아 보라는 말을 듣고 힘을 얻어 한병남에게 이행을 독촉하는 전화를 했는데, 자신은 지불할 채무가 남아있지 않다면서 지난번에 말한 일부변제와 상계에 대한 서류인 은행거래내역 및 매매계약서 사본을 보냈습니다(별첨 서류6, 7).

○ 저는 가압류결정이 있더라도 제가 받을 수 있는 금액이 있다고 생각하며, 일부변제와 상계는 채권이 양도된 이후에 주장하는 것이므로 인정할 수 없다고 생각합니다. 문자만 보내고 있으면 안 될 것 같아 이제 소송을 통해 마무리를 하고 싶습니다. 최을서는 지금 가진 돈도 없고, 친척들도 연락이 잘 되지 않는다니 굳이 최을서에게까지 소송을 하고 싶지는 않습니다. 법무사님이 잘 살펴보시고 한병남에게 받을 수 있는 최대한의 금액을 청구하는 소를 제기하도록 도와주십시오.

※ **참고조문**

[소송촉진 등에 관한 특례법 제3조 제1항 본문의 법정이율에 관한 규정]

「소송촉진 등에 관한 특례법」 제3조 제1항 본문에서 "대통령령으로 정하는 이율"이란 연 100분의 12를 말한다.

[소장 작성시 유의사항]

1. 김갑동의 위 진술내용은 모두 진실한 것으로 보고 그가 원하는 범위 내에서 김갑동에게 가장 유리하고 적법하면서도 대법원 판례에 따를 때 전부 승소할 수 있는 내용으로 서울중앙 지방법원에 접수할 소장을 작성하십시오(소장 작성일은 2023년 10월 20일로 하고, 작성일자가 공휴일인지는 고려할 필요가 없음).
2. 김갑동이 언급한 사항과 별첨 서류에 나타난 사항 이외에 다른 쟁점은 없는 것으로 보고 소장을 작성하십시오. 배척하는 주장에 대한 판단도 간략하게 기재하십시오.
3. 소장에는 당사자, 청구취지, 청구원인을 갖추어 기재하되, 청구원인은 요건사실 위주로 기재하고, 입증방법과 첨부서류도 함께 적시하십시오. 불필요한 사실관계는 장황하게 기재하지 않도록 하십시오.
4. 소장의 오른쪽 윗부분에 '소가'와 납부할 '인지액'을 그 계산내역과 함께 기재하십시오(다만 전자소송이 아닌 종이 소송으로 접수하는 경우를 전제로 계산할 것).
5. 사례에 등장하는 내용들은 모두 가공의 것이고, 채권양도계약서, 영수증 등은 시험용으로 만든 것이므로 실제와 다를 수 있습니다(날인이 필요한 부분은 모두 진정한 날인이 된 것으로 봄).

[별첨 서류 1] **채권양도양수계약서 및 차용증**

채권양도양수계약서

1. 당사자

   양도인 : 최을서[주소 : 서울 강남구 테헤란로 21길 17]

   양수인 : 김갑동[주소 : 서울 서초구 서초중앙로 100]

2. 양도대상물

   최을서가 한병남에게 가지는 대여금채권 4천만 원(첨부)

3. 양도목적

   양도인은 2022.8.30. 양수인에게 지급하여야 할 매매대금 4천만 원을 변제하지 못한 바, 그에 대한 변제에 갈음하여 위 대여금채권을 전부 양수인에게 양도함

4. 책임면제

   양수인이 양도인으로부터 양도받은 4천만 원의 채권 범위 내에서는 더 이상 양도인에게 민・형사상 책임을 묻지 않기로 함

5. 양도통지권 위임
양도인은 본 양도양수계약 내용에 대하여 채무자에게 통지할 권한을 양수인에게 위임함.

2022.11.11.

양동인 최을서 (인)

양수인 김갑동 (인)

첨부 : 차용증

차용증

금 사천만 원(₩40,000,000) 정

채무자는 금일 귀하로부터 위 돈을 아래와 같은 조건으로 정히 차용하고 약정대로 변제하겠습니다.

1. 변제기 : 2022.11.11.
2. 이자 : 無

2021.11.10.

채무자 한병남 (인)
서울 강남구 삼성로 46길 20
전화번호 : 010 - 2348 - 8484

최을서(790906-1897655) 귀하

[별첨 서류 2] **채권양도 통지서 및 우편배달증명서**

채권양도 통지서

수신인 한병남
서울 강남구 삼성로 46길 20

발신인 김갑동
서울 서초구 서초중앙로 100

1. 귀하의 안녕을 기원합니다.
2. 최을서는 2022.8.30. 양수인에게 지급하여야 할 매매대금 4천만 원을 변제하지 못한 바, 본인은 그에 대한 변제에 갈음하여 최을서가 귀하에 대하여 가지는 대여금채권 4천만 원을 전부 양도받았습니다.
3. 본인은 첨부된 채권양도양수계약서 제5항에 따라 귀하에게 이와 같은 채권양도양수를 통지하는 바입니다.
4. 그러니 귀하께서는 즉시 위 대여금채권에 따른 변제금을 본인에게 변제하여 주시길 바랍니다.

첨부 : 채권양도양수계약서

2022.11.11.
통지인 김갑동

이 우편물은 2022년 11월 11일 등기 제1234호에 의하여
내용증명 우편물로 발송하였음을 증명함

서울서초우체국장 (관인)

채권양도양수계약서

1. 당사자
   양도인 : 최을서[주소 : 서울 강남구 테헤란로 21길 17]
   양수인 : 김갑동[주소 : 서울 서초구 서초중앙로 100]

2. 양도대상물
   최을서가 한병남에게 가지는 대여금채권 4천만 원(첨부)

3. 양도목적
   양도인은 2022.8.30. 양수인에게 지급하여야 할 매매대금 4천만 원을 변제하지 못한 바, 그에 대한 변제에 갈음하여 위 대여금채권을 전부 양수인에게 양도함

4. 책임면제
   양수인이 양도인으로부터 양도받은 4천만 원의 채권 범위 내에서는 더 이상 양도인에게 민·형사상 책임을 묻지 않기로 함

5. 양도통지권 위임
   양도인은 본 양도양수계약 내용에 대하여 채무자에게 통지할 권한을 양수인에게 위임함.

2022.11.11.

양동인 최을서 (인)

양수인 김갑동 (인)

첨부 : 차용증

우편배달증명서

수취인의 주거 및 성명
서울 강남구 삼성로 46길 20 한병남

접수국명	서울서초	접수연월일	2022년 11월 11일
접수번호	제1234호	배달연월일	2022년 11월 13일
적요 본인수령 한병남 (인)		2022.11.13. 서울서초우체국	

[별첨 서류 3] **가압류 결정문 및 송달증명원**

서울중앙지방법원

결 정

사　　건　2022카단1652 채권가압류
채 권 자　정정북
　　　　　서울 강남구 테헤란로 36길 15
채 무 자　최을서
　　　　　서울 강남구 테헤란로 21길 17
제3채무자　한병남
　　　　　서울 강남구 삼성로 46길 20

주 문

채무자의 제3채무자에 대한 별지 기재 채권을 가압류한다.
제3채무자는 채무자에게 위 채권에 관한 지급을 하여서는 아니 된다.
채무자는 다음 청구금액을 공탁하고 집행정지 또는 집행취소를 신청할 수 있다.

청구채권의 내용　2021.5.1.자 대여금
청구금액　　　　금 20,000,000원

주 문

이 사건 채권가압류신청은 이유 있으므로 담보로 공탁보증보험증권(빛나 보험회사 증권번호 제30호)을 제출받고 주문과 같이 결정한다.

2022.11.9.

판 사　고 법 률 (인)

※ 1. 이 가압류 결정은 채권자가 제출한 소명자료를 기초로 판단한 것입니다.
　2. 채무자는 이 결정에 불복이 있을 경우 가압류이의나 취소신청을 이 법원에 제기할 수 있습니다.

[별지]

가압류할 채권의 표시

가압류 청구금액 20,000,000원
채무자가 2021.11.10. 제3채무자에게 대여한 40,000,000원의 반환채권

송 달 증 명 원

사　　건　2022카단1652 채권가압류
채 권 자　정정북
채 무 자　최윤서
제3채무자　한병남
증명신청인 한병남

위 사건에 관하여 아래와 같이 송달되었음을 증명합니다.

채무자 최을서　　2022.11.12. 채권가압류결정정본 송달
제3채무자 한병남 2022.11.12. 채권가압류결정정본 송달. 끝.

2022.11.25.

서울중앙지방법원
법원주사 정길동 (관인)

[별첨 서류 4] 가압류취소 결정문

서울중앙지방법원

결 정

사 건 2023카단1384 가압류취소

신 청 인 최을서
서울 강남구 테헤란로 21길 17

피신청인 정정북
서울 강남구 테헤란로 36길 15

주 문

1. 위 당사자 사이의 이 법원 2022카단1652 채권가압류 신청사건에 관하여 이 법원이 2022. 11. 9.에 한 가압류 결정을 취소한다.
2. 신청비용은 피신청인이 부담한다.

신 청 취 지

주문과 같다.

이 유

기록에 의하면, 피신청인이 2023.4.15. 이 법원 2023카소23 제소명령을 송달받은 사실이 소명되고, 피신청인이 그 제소기간 안에 본안의 소를 제기하여 이를 증명하는 서류를 제출하거나 이미 소를 제기하였으면 소송계속사실을 증명하는 서류를 제출하여야 함에도 이를 이행하지 아니한 사실은 이 법원에 현저하다.
따라서 신청인의 이 사건 취소신청은 이유 있어 민사집행법 제287조 제3항, 제1항에 따라 주문 제1항 기재 가압류 결정을 취소하기로 하여, 주문과 같이 결정한다.

2023.5.15.

판 사 최 민 법 (인)

[별첨 서류 5] 문자내역

2023년 7월 30일

안녕하세요, 한병남씨.
제가 양수한 최을서씨의 대여금 채권 4천만 원을 언제 지급하여 주실지 알고 싶어 연락드립니다.

MMS 오후 3:30

김갑동씨.
지난번 취소되었던 가압류결정이 다시 인가되었다고 6월 5일에 통지가 왔어요. 그렇다면 김갑동씨는 이 채권을 받을 수 없는 것 아닌가요?
또 지난번에 말씀드렸듯이 사실 제가 최을서씨에게 이미 1천만원은 변제했고, 나머지 1천만원은 제가 받을 돈과 상계할 생각이에요. 저는 매매하기로 한 차량을 이미 최을서씨에게 인도하고 차량등록까지 마쳤는데, 최을서씨가 작년 12월에 주기로 한 1천만원을 아직 못받았으니 돈을 받는 일만 남았어요. 그러니 저는 김갑동씨에게 돈을 줄 의무가 없죠.

MMS 오후 4:30

[별첨 서류 6] **무통장입금**

무통장 입금증

거래일자 : 2022.11.11.　거래시간 15:35　　취급자 : 한행원
거래은행명 : ○○은행 테헤란로 지점　　02-533-3698

계좌번호	110297563434	입금내역	금액
받으시는 분	최을서	현금	₩10,000,000
보내시는 분	한병남		
적　요			
송금 수수료	₩0	합계	₩10,000,000

*고객께서 의뢰하신 대로 위와 같이 입금되었으며, 계좌번호와 금액을 확인하시기 바랍니다.
*타행계좌로 입금하시는 분은 반드시 뒷면의 약관을 확인하여 주십시오.

EEND : 20-26-1163　　○○은행 제정

[별첨 서류 7] **매매계약서**

매매계약서

1. 매도인은 매수인에게 매도인 소유인 222다5555 흰색 그랜져 차량을 매매대금 1천5백만(15,000,000)원에 매도한다.
2. 매도인은 2022.11.22. 그랜져 차량을 인도하고, 차량등록에 협조한다.
3. 매수인은 차량매매대금 중 2022.11.22. 인도와 동시에 5백만(5,000,000)원, 2022.12.22. 1천만(10,000,000)원을 각 지급한다.

2022.11.22.

매도인 한병남(841212-1313165) (인)
서울 강남구 삼성로 46길 20

매수인 최을서(790906-18997655) (인)
서울 강남구 테헤란로 21길 17

» 답안례

소 장

소 가 30,000,000원
인지대 140,000원
30,000,000× 45/10,000 + 5,000

원 고 김갑동(820202-1234567)
서울 서초구 서초중앙로 100
전화번호 : 010-2345-4873, 전자우편 : kkdong@web.com

피 고 한병남(841212-1313165)
서울 강남구 삼성로 46길 20
전화번호 : 010-2348-8484, 전자우편 : bnamhan@ted.com]에게

양수금 청구의 소

청 구 취 지

1. 피고는 원고에게 30,000,000원 및 이에 대하여 2022.11.14.부터 이 사건 소장부본 송달일까지는 연 5%, 다음 날부터 다 갚는 날까지는 연 12%의 각 비율로 계산한 돈을 지급하라.
2. 소송비용은 피고가 부담한다.
3. 제1항은 가집행할 수 있다.

라는 판결을 구합니다.

청 구 원 인

1. 원고는 2022.5.5. 소외 최을서에게 컴퓨터를 판매하고 지급받지 못한 물품대금 4천만 원의 변제에 갈음하여, 최을서가 2021.11.10. 피고에게 금 4,000만 원, 변제기 2022.11.11.로 하여 대여한 채권을 최을서로 부터 2022.11.11. 양수하고 채권양도 통지권한을 위임받은 후 같은 날 피고에게 채권양도 통지를 하여 피고가 이 채권양도통지서를 2022.11.13. 수령하였습니다. 그러므로 피고는 원고에게 위 양수금을 지급하여야 합니다.

2. 그런데 피고는 위 채권을 이미 2022.11.9. 최을서의 다른 채권자인 정정북이 가압류하였으며(서울중앙지방법원 2022카단1652 채권가압류, 2022.11.12. 송달), 또한 피고는 이미 최을서에게 1천만 원은 갚았고, 한편 최을서에게 받을 매매대금 1,000만 원이 있어 나머지 채권을 상계할 것이므로

원고의 청구에 응할 수 없다고 주장하고 있습니다.

그러나 정정복의 위 가압류는 그 후 2023.5.15. 전부 취소되었으므로 그 가압류집행취소통지서가 제3채무자인 피고에게 송달된 이후에는 원고는 더 이상 처분금지효의 제한을 받지 않고 아무런 부담이 없는 채권 취득의 효력을 가압류채권자에게 대항할 수 있게 되며, 위와 같이 가압류취소결정의 집행이 완료된 이상 이후 항고심에서 가압류취소결정을 취소하여 가압류결정을 인가하였다고 하더라도, 이미 취소된 가압류집행이 소급하여 부활하는 것은 아니므로, 피고의 주장은 이유 없습니다.

또한, 민법 제451조 제2항에 의하면, 양도인이 양도통지만을 한 때에는 채무자는 그 통지를 받은 때까지 양도인에 대하여 생긴 사유로써 양수인에게 대항할 수 있는 바, 이 사건 채권양도 통지서가 피고에게 도달된 것은 2022.11.13.이므로 피고가 최병서에게 위 대여금 채무 중 1,000만 원을 변제한 것은 2022.11.11의 일로서 원고에게 대항할 수 있지만, 물품을 판매한 것은 원고에 대한 채권양도 후인 2022.11.22의 일이므로 물품대금 채권 1,000만 원과의 상계주장은 원고에게 대항할 수 없습니다.

그러므로 피고는 원고에게 30,000,000원(= 4,000만 원 - 일부변제금 1,000만 원) 및 이에 대하여 2022.11.14.부터 이 사건 소장부본 송달일까지는 민법 소정의 연 5%의, 그 다음 날부터 다 갚는 날까지는 소송촉진 등에 관한 법률에서 정한 연 12%의 각 비율로 계산한 지연손해금을 지급할 의무가 있습니다.

3. 이상과 같은 이유로 원고는 청구취지와 같은 판결을 구하기 위하여 본 소를 제기하기에 이르렀습니다.

증 명 방 법

1. 갑 제1호증의1-2 채권양도계약서, 차용증
2. 갑 제2호증의1-3 채권양도 통지서, 채권양도양수계약서, 우편배달증명서
3. 갑 제3호증의1-3 가압류결정문, 송달증명원, 가압류취소결정문
4. 갑 제4호증 문자내역

첨 부 서 류

1. 위 증명방법 각 2통
2. 영수필확인서 1통
3. 송달료납부서 1통
4. 서류작성 및 제출위임장 1통
5. 소장부본 1통

2023.10.14.

원고 김갑동 (인)

서울중앙지방법원 귀중

*** 대법원 2022.1.27. 선고 2017다256378 판결

채권가압류취소결정의 집행으로서 집행법원이 제3채무자에게 가압류집행취소통지서를 송달한 경우 그 효력은 확정적이므로, 채권가압류결정이 제3채무자에게 송달된 상태에서 그 채권을 양수하여 확정일자 있는 통지 등에 의한 대항요건을 갖춘 채권양수인은 위와 같이 가압류집행취소통지서가 제3채무자에게 송달된 이후에는 더 이상 처분금지효의 제한을 받지 않고 아무런 부담이 없는 채권 취득의 효력을 가압류채권자에게 대항할 수 있게 된다. 위와 같이 가압류취소결정의 집행이 완료된 이상 이후 항고심에서 가압류취소결정을 취소하여 가압류결정을 인가하였다고 하더라도, 이미 취소된 가압류집행이 소급하여 부활하는 것은 아니므로, 채권양수인이 아무런 부담이 없는 채권 취득의 효력을 가압류채권자에게 대항할 수 있음은 마찬가지이다.

*** 민법 제451조(승낙, 통지의 효과)

① 채무자가 이의를 보류하지 아니하고 전조의 승낙을 한 때에는 양도인에게 대항할 수 있는 사유로써 양수인에게 대항하지 못한다. 그러나 채무자가 채무를 소멸하게 하기 위하여 양도인에게 급여한 것이 있으면 이를 회수할 수 있고 양도인에 대하여 부담한 채무가 있으면 그 성립되지 아니함을 주장할 수 있다.

② 양도인이 양도통지만을 한 때에는 채무자는 그 통지를 받은 때까지 양도인에 대하여 생긴 사유로써 양수인에게 대항할 수 있다.

*** 지원림 민법 교재 중에서... 通知와 채권양도의 효력

(i) 통지만 있었던 경우에 채무자는 통지 전에 양도인에 대하여 가지던 모든 사유를 양수인에게 주장할 수 있다(제2항)..... 생략 ... 따라서 통지 전에 변제에 의하여 채권이 소멸하였다면, 양수인은 채권을 취득하지 못하였던 것으로 된다.

....

한편 양도통지가 있은 후에 채무자가 반대채권을 취득하였다면, 양수인에 대하여 상계를 가지고 대항할 수 없음은 당연하다(대판 1984.9.11, 83다카2288).

*** 대법원 1984.9.11. 선고 83다카2288 판결[양수금]

채무자는 채권양도를 승락한 후에 취득한 양도인에 대한 채권으로써 양수인에 대하여 상계로써 대항하지 못한다.

*** 양수금에 대한 지연이자 기산일은 양도통지서 송달 다음 날(2022.11.14)부터 기산하였습니다(기 발생된 지연이자는 특약이 없는한 양도되지 않으므로 - 다만, 이 부분 다른 견해도 있을 수 있어 보입니다). - 아래 하급심 사례 참조

*** 대구고등법원 2020.6.10. 선고 2019나25388 판결 [양수금]

가. 공사대금채권의 발생

1) 피고는 2015.6.19. C 주식회사(이하 'C'라 한다)에 포항시 *구 **읍 **리 산**-* 지상 골프연습장을 신축하는 공사(이하 '이 사건 공사'라 한다)를 대금 5,765,000,000원(부가가치세 별도)에 도급주었고, C는 2016.7.31.경 이 사건 공사를 완공하였다.
2) 피고는 2016.12.23. C와 사이에, 피고의 C에 대한 공사대금채무를 2,468,231,492원으로 확정하고, 그중 350,000,000원의 채권은 C가 D에게 이를 양도하며, 67,089,000원은 피고가 C의 철탑공사업체에 대한 채무를 대납하는 것으로 그 지급에 갈음하기로 하고, 나머지 2,051,142,492원(이하 '이 사건 공사대금채권'이라 한다)은 분할하여 변제하기로 하되, 최종 변제기는 2017.3.31.로 약정하였다.
3) 피고는 C에게, 2016.12.23. 400,000,000원, 2017.1.17. 19,200,000원, 2017.2.3. 19,000,000원 합계 438,200,000원을 변제하였다.

나. 채권양도 및 양도통지

C는 ① 2017.4.18. E에게 이 사건 공사대금채권 중 500,000,000원을 양도하고, ② 2017.6.2. 원고에게 이 사건 공사대금채권 중 655,200,000원을 양도하고(이하 위 ② 양도를 '원고 앞 채권양도'라 한다), ③ 2017.6.12. 주식회사 F(이하 'F'라 한다)에게 이 사건 공사대금채권 중 300,000,000원을 양도하였다.

C는 피고에게 원고 앞 채권양도 사실을 내용증명 우편으로 통지하여 2017.6.30. 피고에게 도달하였다.

*** 잔존 양수금채권의 지연손해금 기산일

이미 변제기에 도달한 이자채권은 원본채권과 분리하여 양도할 수 있고 원본채권과 별도로 변제할 수 있으며 시효로 인하여 소멸되기도 하는 등 어느 정도 독립성을 갖게 되는 것이므로, 원본채권이 양도된 경우 이미 변제기에 도달한 이자채권은 원본 채권의 양도 당시 그 이자채권도 양도한다는 의사표시가 없는 한 당연히 양도되지는 않으나(대판 1989.3.28, 88다카12803 등 참

조), 채권양도 이후에 발생하는 이자채권은 원본채권에 종속하게 되므로 그 이자채권을 양도한다는 의사표시가 없어도 당연히 양도된다.

C가 원고 앞 채권양도를 할 당시 공사대금채권 외에 이자채권도 양도한다는 의사표시를 하였음을 인정할 아무런 증거가 없으므로, 원고는 상계 후 잔존 양수금채권에 대한 상계적상일 다음 날부터 채권양도통지일까지 사이에 발생한 지연손해금채권을 양수하였다고 볼 수 없으나, 그 이후에 발생한 지연손해금채권은 위 잔존 양수금채권에 종속하게 되므로 그 기산일은 결국 원고 앞 채권양도통지가 피고에게 도달한 다음 날인 2017.7.1.이다.

chapter

03 보충 및 심화내용 정리

제1절 병합청구 및 상속사례와 청구취지

1. 사례

김갑동은, 2015.2.15. 이을서로부터 위 이정삼이 발행하고 조성길이 제1배서인으로 배서한 액면금 35,000,000원, 지급기일 2015.4.15.로 된 약속어음 1장을 배서양도받아 지급기일인 2015.4.15. 지급제시하였으나 지급거절되었음. 한편 이을서가 위 어음금을 전혀 변제하지 않아 김갑동이 2015.5.17. 위 이을서를 찾아가 변제를 독촉하였는바, 그 자리에 있던 위 이정삼은 박기철과 공동하여 김갑동에게 폭행을 가하였고 이로 인하여 김갑동은 치료비 700만 원을 지출하는 손해를 입었음. 그 후 2015.10.10. 위 이을서가 사망하였으며 유족으로는 그의 모친인 조성숙과 처인 윤혜진 아들 위 이정삼 및 딸 이남숙이 있음.

▶ 답안

> 1. 원고에게,
>   가. 피고 이정삼, 조성길은 합동하여 35,000,000원 및 위 피고들과 합동하여 위 돈 중 피고 윤혜진은 15,000,000원 피고 이남숙은 10,000,000원 및 위 각 금원에 대한 2015.4.15.부터 이 사건 소장부본 송달일까지는 연 6%, 그 다음 날부터 다 갚는 날까지는 연 12%의 각 비율로 계산한 돈을,
>   나. 피고 이정삼, 박기철은 공동하여 7,000,000원 및 이에 대하여 2015.5.17.부터 이 사건 소장부본 송달일까지는 연 5%, 그 다음 날부터 다 갚는 날까지는 연 12%의 각 비율로 계산한 돈을
>
>   각 지급하라.
> 2. 소송비용은 피고들이 부담한다.
> 3. 제1항은 가집행할 수 있다.

2. 사례

1) 김일석은 2007.7.1. 주류도매상인 친구 이대수에게 영업자금조로 7,000만 원을 이자 월 1.5%(매월말일 지급), 변제기 2011.6.30.로 정하여 대여하였는데, 당시 이대수의 아들 이인석과 그의 사촌 이성호가 위 이대수의 차용금채무에 관하여 연대보증을 섰다.

2) 이대수는 2011.1.31.까지의 이자만 지급한 채 더 이상 차용원리금을 변제하지 아니하였고, 이에 김일석이 위 이대수 및 연대보증인들에게 대여금을 독촉하자 이인석과 이성호가 채무탕감을 부탁하기 위하여 2014.9.15. 김일석을 찾아왔다.

3) 이 자리에서 김일석의 다소 까칠한 태도에 흥분한 이인석과 이성호가 갑자기 김일석을 폭행하는 바람에 김일석은 상해를 입고 병원에서 입원치료를 받았으며, 치료비 200만 원의 손해를 입었다.

4) 그 후 이대수가 사망하였으며 유족으로는 이대수의 모친 김선숙, 처 박영신, 자 이인석, 이인철이 있다.

5) 이에 대하여 상대방들은 위 대여금채권은 이제(2014.8.1. 기준), 그 대여일로부터 5년이 경과하여 상사소멸시효가 완성되었고, 이자 및 지연손해금채권도 역산하여 3년 전에 발생한 것은 모두 민법상의 단기소멸시효가 완성하였다고 다투고 있다.

위 사례를 전제로 김일석의 입장에서 청구할 청구취지를 기재하시기 바랍니다. 특히, 상대방이 위 5) 내용과 같이 다툴 경우, 이를 염두에 두고 승소가능성 있는 금액으로 기재하기 바랍니다.

» 답안례

1. 원고에게,
   가. 피고 이인석, 이성호는 연대하여 70,000,000원 및 이에 대한 2011.7.1.부터 다 갚는 날까지 월 1.5%의 비율로 계산한 돈을,
   나. 피고 이인석, 이성호과 연대하여 위 가항 기재 돈 중, 피고 박영신은 30,000,000원, 피고 이인철은 20,000,000원 및 위 각 돈에 대한 2011.7.1.부터 다 갚는 날까지 월 1.5%의 비율로 계산한 돈을,
   다. 피고 이인석, 이성호는 공동하여 2,000,000원 및 이에 대한 2014.9.15.부터 이 사건 소장부분 송달일까지는 연 5%의, 그 다음 날부터 다 갚는 날까지는 연 12%의 각 비율로 계산한 돈을,
   각 지급하라.
2. 소송비용은 피고들이 부담한다.
3. 제1항은 가집행할 수 있다.

라는 판결을 구합니다.

◉ 이 사건 대여금채권과 같이 확정기한을 변제기로 정한 채권은 그 발생일이 아니라 확정기한인 변제기가 도래한 때로부터 소멸시효가 진행하므로, 변제기 2011.6.30.부터 2014.8.1.까지 5년의 소멸시효기간이 경과하지 않았다.

◉ 변제기 이후에 지급하는 지연손해금은 금전채무의 이행을 지체함으로 인한 손해배상금이지 이자가 아니고, 또 민법 제163조 제1호가 정하는 1년 이내의 기간으로 정한 채권도 아니므로, 위 조항에 따른 3년의 단기소멸시효가 적용되지 않는다(대판 1987.10.28, 87다카1409, 대판 1995.10.13, 94다57800 등). 금전채무에 관한 변제기 후의 지연손해금채권의 소멸시효기간은 원본 채권의 소멸시효기간과 같다(대판 2010.9.9, 2010다28031). 변제기 전의 이자채권은 3년의 소멸시효대상이다.

제2절 어음금 사건 관련 사례 연습정리

1. 기본사항[9)]

1) 기본사례

【기본사례】 원고(소지인) → 피고(발행인과 배서인) 만기 2003.10.1.인 액면금 약속어음 10,000,000원의 지급을 구함

2) 청구취지

피고들은 합동하여 원고에게 10,000,000,000원 및 이에 대하여 2003.10.1.부터 이 사건 소장부본 송달일까지는 연 6%의, 그 다음 날부터 다 갚는 날까지는 연 12%의 각 비율로 계산한 돈을 지급하라.

※ 주의사항

① 발행인과 배서인을 공동피고로 하는 경우 "합동하여"를 표시

② 어음법상의 이자는 지급을 할 날(통상 만기일과 동일하나 만기일이 공휴일인 경우 그 다음 날임) 또는 이에 이은 제2거래일 내에 지급제시되었음을 전제로, 만기일 당일부터 연 6%

- 어음요건이 백지로 된 어음은 이를 보충하여 발행인에게 제시한 날 다음 날부터 연 6%의 지연손해금

* 어음의 상환과 동시이행으로 어음금 지급을 구하는 경우에도 지연손해금은 발생하는 것에 유의

3) 청구원인

【청구원인】 - 피고가 어음행위를 한 사실(발행, 배서, 보증 등) - 어음상 권리가 원고에게 귀속된 사실 - 원고가 어음을 소지한 사실 【배서인에 대한 청구】 소구요건을 갖춘 사실

※ 요건사실

- 어음요건을 구비한 어음행위를 한 사실(발행, 배서, 보증 등)
- 어음상 권리가 원고에게 귀속된 사실(발행인으로부터 원고에게 이르기까지 배서가 연속되어 현재 원고가 어음을 소지)

* 주요서증 : 어음

---

9) 민사참여 업무편람 신모델과 요건사실 221-226면

※ 주의사항

① 일부 어음요건이 적시되어 있는지 검토(특히 수취인, 지급지 등이 자주 누락됨)

– 발행인, 어음금액, 만기, 지급지, 지급장소, 수취인, 발행일, 발행지 등을 모두 기재하여야 하나, 국내어음의 발행지는 어음요건이 아님(대판 1998.4.23, 95다36466).

② 발행인에 대한 청구

– 제시기간 중에 지급제시를 하지 않았거나, 지급거절증서 작성기간 내에 거절증서를 작성하지 않은 경우라도, 발행인에 대하여 어음금의 지급을 청구할 수 있는데, 이러한 권리는 만기로부터 발행인의 채무의 소멸시효기간인 만기의 날 이후 3년 내에는 언제든지 청구할 수 있음. 다만, 지연손해금은 어음제시한 날 또는 소장부본 송달 다음날부터 구할 수 있음(발행인에 대하여는 지연손해금을 구할 경우에만 지급제시사실이 요건사실이 되며, 어음원금만 구할 경우에는 지급제시사실 불필요).

– 수취인란이 백지인 경우 사실심 변론종결 시까지 백지를 보충하여야만 어음금 청구 가능

③ 배서인에 대한 청구

– 소구요건(제시기간 내 적법한 지급제시 + 지급거절 + 지급거절증서 작성 또는 면제)이 요건사실로 추가됨. 다만, 지급거절증서 작성을 면제한 경우 적법한 지급제시가 있었던 것으로 추정

– 어음사본 중 어음요건(특히 수취인)이 백지인 경우에는, 제시기간 내에 하였더라도 그 지급제시는 부적법한 것이고 이후에는 백지를 보충하더라도 제시기간이 지났기 때문에 적법한 지급제시를 할 방법이 없음.

2. 어음 요건 관련

1) 어음・수표는 엄격한 요식증권으로서 반드시 기재하여야 할 사항이 법으로 규정되어 있다. 이러한 요건 중 어음의 효력에 본질적인 것이어서 필수불가결한 것도 있고, 기재하지 않아도 되는 것도 있으며, 다른 기재에 의하여 보충될 수 있는 것도 있다. 국내어음의 경우 발행지는 필요적 어음요건이 아니며, 지급장소는 어음요건이 아니라 유익적 기재사항이며, 지급지의 기재가 없는 때에는 발행지 또는 발행지의 명칭에 부기한 지를 지급지로 본다.

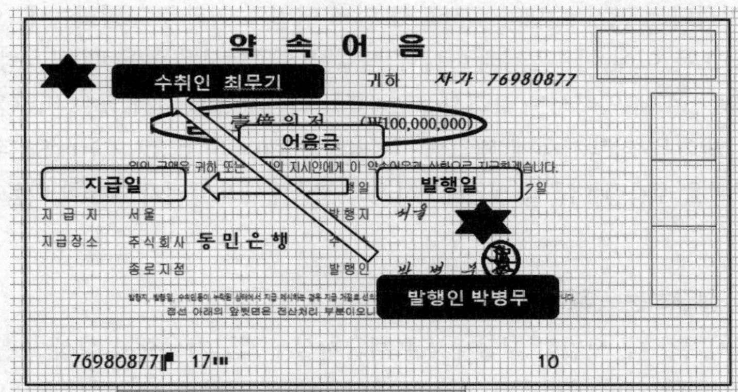

▶ 발행지가 백지였다고 상대방이 다투는 사례인 경우의 대응

이 어음은 기재된 문언에 의하여 국내어음으로 인정되므로 발행지를 보충하지 아니하였다 할지라도 원고의 지급제시는 적법하다고 할 것이어서 특별한 사정이 없는 한 발행인인 피고 양주위와 배서인인 피고 이윤걸은 합동하여 최종 소지인인 원고에게 위 어음금 및 이에 대한 법정이자 등을 지급할 의무가 있습니다.

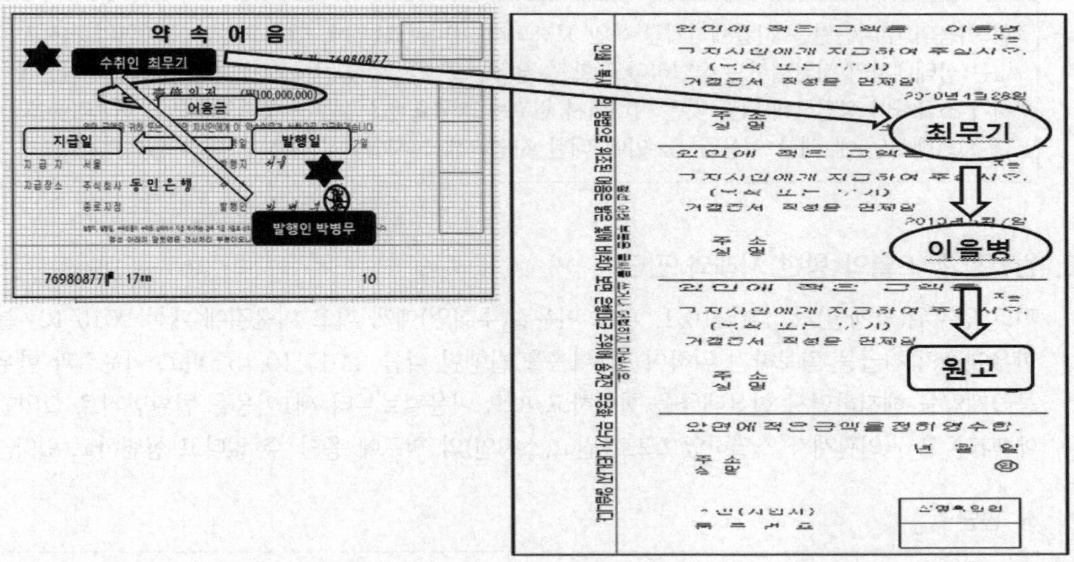

2) 발행인에게 청구하는 경우

약속어음 발행인은 어음금을 절대적으로 지급할 의무를 부담하는 것이므로 어음소지인이 발행인에 대하여 지급을 위한 제시를 하지 아니하였다 하여도 발행인에게 어음금을 청구할 수 있어, 발행인을 상대로 액면금만을 청구하는 경우 그 어음의 제시는 요건사실이 아니지만, 법정이자

(어음법상 인정되는 만기 이후의 이자로서 만기 당일의 이자를 포함하는데, 이는 지급제시기간, 즉 지급기일 또는 이에 이은 2거래일 내에 적법한 지급제시가 있을 때에만 청구할 수 있다) 또는 지연손해금의 청구에 있어서는 요건사실로 된다. 백지가 보충되지 않은 미완성 어음으로 한 지급제시로는 발행인을 이행지체에 빠뜨릴 수 없으므로(대판 1992.3.10, 91다28313), 지연손해금은 백지부분을 보충한 어음을 지급제시하거나 지급제시의 효과가 발생한 다음 날부터 비로소 기산하게 된다.

3) 배서인에게 청구하는 경우

소구요건(제시기간 내 적법한 지급제시 + 지급거절 + 지급거절증서 작성 또는 면제)이 요건사실로 추가된다. 다만, 지급거절증서 작성을 면제한 경우 적법한 지급제시가 있었던 것으로 추정된다. 어음사본 중 어음요건(특히 수취인)이 백지인 경우에는, 제시기간 내에 하였더라도 그 지급제시는 부적법한 것이고 이후에는 백지를 보충하더라도 제시기간이 지났기 때문에 적법한 지급제시를 할 방법이 없다(수취인은 어음요건의 하나이므로 그 기재가 없는 상태에서는 어음상의 권리가 적법하게 성립할 수 없고, 따라서 이러한 미성어음으로 지급제시를 하였다고 하여도 적법한 지급제시가 될 수 없다. 발행일도 마찬가지이다).

▶ 배서인에 대한 청구와 수취인 미기재 사례 관련 판단

위 어음의 수취인란은 지급제시기간 동안 보충되지 아니하였는 바, 어음요건인 수취인의 기재가 없는 상태에서의 지급제시는 적법하다고 할 수 없고, 그 후 수취인란이 보충되었더라도 그 지급제시가 소급하여 적법하게 되는 것은 아니어서 원고는 소구요건을 갖추지 못하였으므로 원고의 피고 ○○○(배서인)에 대한 어음금 및 이에 대한 지연손해금 지급의무 주장은 이유 없다.

3. 원인관계 소멸의 항변 사례와 판단

피고 양주위(발행인)가 2015.10.1. 피고 이윤걸(수취인)에게 피고 이윤걸에 대한 2015.10. 분 한우대금의 지급을 담보하기 위하여 제1어음을 발행한 다음, 2015.10.15. 피고 이윤걸과 한우공급계약을 해지하면서 한우대금을 청산하고 피고 이윤걸로부터 제1어음을 반환받기로 합의함에 따라 그 원인관계가 소멸하였으므로 원고(소지인)의 청구에 응할 수 없다고 항변하고 있다.

▶ 판단

그러나 어음의 원인관계가 소멸하였다는 사유는 인적 항변사유에 불과하며 원고가 제1어음의 원인관계가 소멸하였음을 알면서도 어음채무자인 피고 양주위를 해할 것을 알고 이를 취득하였다는 점에 대한 주장・입증이 없는 이상 위 주장사실만으로는 원고에게 대항할 수 없으므로, 피고 양주위의 위 항변은 이유 없다.

참고사항 기존채무 이행을 위하여 어음·수표를 교부한 경우

기존채무의 이행에 관하여 어음·수표를 교부하는 경우 당사자 사이에 약정이 있는 경우에는 그에 따르되, 특약이 없는 경우에는 "지급을 위하여" 또는 "지급확보를 위하여(담보를 위하여)" 교부된 것으로 추정할 것이고, 따라서 특별한 사정이 없는 한 기존의 원인채무는 소멸하지 아니하고 어음·수표상의 채무와 병존한다.

4. 어음 관련 사례 – 2013. 연수원 44기 2학기

1) 사례

김범오는 2010.3.10. 박영식에게 지급기일 2010.5.10. 지급지 서울, 지급장소 주식회사 라이프은행 역삼지점, 발행일 2010.3.10. 발행지 서울, 액면금액란 및 수취인란 각 백지로 된 약속어음 1장을 발행하였고, 박영식이 2010.3.30. 위 어음의 액면금액란에 "50,000,000원"이라고 기재한 뒤 원고에게 지급거절증서 작성을 면제한 채 배서양도하였고, 원고는 위 어음의 최종 소지인으로서 2010.5.11. 위 지급장소에서 지급제시하였으나 그 지급이 거절됨. 그리하여 2013.4.2. 소송을 제기한 후 2013.5.21. 위 어음 수취인란에 "박영식"이라고 기재하였고, 이렇게 수취인란이 보충되었다는 내용이 기재된 준비서면이 2013.5.27. 김범오에게 송달됨. 이에 대하여 김범오가 위 어음의 지급기일인 2010.5.10.으로부터 3년 이내에 이 사건 소를 제기하여 위 어음금청구권의 소멸시효는 중단되었지만, 위 어음의 백지보충권의 소멸시효는 그와 관계 없이 진행하여 위 지급기일로부터 3년이 경과한 2013.5.10. 완성되었으므로, 원고가 그 이후인 2013.5.21. 한 백지보충은 효력이 없어 원고는 위 어음금청구권을 행사할 수 없다고 주장하는 경우

▶ 답안

만기가 기재된 백지어음에 대한 보충권은 그 행사에 의하여 어음상의 청구권을 완성시키는 것에 불과하여 그 보충권이 어음상의 청구권과 독립하여 별개로 독립하여 시효에 의하여 소멸한다고 볼 것은 아니므로 어음상의 청구권이 시효중단에 의하여 존속하고 있는 한 이를 행사할 수 있다고 할 것이니 피고 김범오의 위 주장은 이유 없다.

2) 사례

피고 김범오는, 위 어음을 발행하여 주면 이를 제3자에게 할인하여 사업자금을 융통하여 주겠다는 피고 박영식의 거짓말에 속아 위 어음을 발행하였으므로 위 어음의 발행을 취소한다고 항변하는 경우

▶ 답안

설령, 피고 김범오가 피고 박영식의 거짓말에 속아 위 어음을 발행하였다고 하더라도 이는 인적 항변사유에 불과하여 원고가 그 사실을 알면서도 피고 김범오를 해할 것을 알고 위 어음을 취득하였다는 점에 관한 주장·증명이 없는 이상, 위 주장사실만으로는 원고에게 대항할 수 없으므로 피고 김범오의 위 항변은 이유 없다.

3) 사례

피고 김범오는 제3자로부터 어음할인을 받기 위여 피고 박영식에게 액면금액란 및 수취인란이 각 백지인 위 어음을 발행하면서 어음금액은 실제 유통하는 금액을 기재하되 20,000,000원을 넘지 않도록 당부하였으나, 피고 박영식이 위 어음의 액면금액란에 수여된 보충권의 범위를 넘는 금액을 기재하였고, 원고는 그 사실을 알았거나 중대한 과실로 인하여 알지 못하였던 경우, 피고 김범오가 이를 이유로 위 어음금을 지급할 의무가 없다고 항변하는 경우(원고가 실제로 그 사실을 알았거나 중대한 과실로 인하여 알지 못하였다고 전제)

▶ 답안

어음소지인이 악의 또는 중대한 과실로 인하여 부당보충된 어음을 취득한 경우에도 발행인은 자신이 유효하게 보충권을 수여한 범위 안에서는 당연히 어음상의 책임을 지는 것이므로, 피고 김범오의 위 항변은 위 어음금 중 보충한도액 20,000,000원을 제외한 나머지 금원의 범위 내에서만 이유 있다. 따라서 피고 김범오는 원고에게 위 어음금 중 보충한도액인 20,000,000원 및 이에 대하여 2013.5.28.부터의 지연손해금을 지급할 의무가 있다.

4) 사례

위 사례 1)을 근거로, 원고가 배서인인 피고 박영식에게 발행인인 피고 김범오와 합동하여 어음책임이 있다고 주장하는 경우

▶ 답안

원고의 위 주장에 의하더라도 위 어음의 수취인란은 지급제시기간 동안 보충되지 아니하였는바, 어음요건인 수취인의 기재가 없는 상태에서의 지급제시는 적법하다고 할 수 없고, 그 후 수취인란이 보충되었더라도 그 지급제시가 소급하여 적법하게 되는 것은 아니어서 원고는 상환청구의 요건을 갖추지 못하였으므로, 원고의 피고 박영식에 대한 주장은 그 자체로 이유 없다.

5. 어음위조 관련 판단 사례

원고는, 피고 임청화가 2015.1.10. 피고 이윤걸에게 액면금 20,000,000원, 지급기일 2015.3.10. 지급지 서울, 지급장소 주식회사 동명은행 충무로지점, 수취인 피고 이윤걸, 발행지 서울 종로구, 발행일란 백지로 된 약속어음 1장(자가66333325, 이하 '제2어음'이라고만 한다)을 발행하였고, 제2어음의 뒷면 중 제1배서인란에는 피고 이윤걸이 주성지에게, 제2배서인란에는 주성지가 원고에게 각 배서한다는 기재가 되어 있으며, 원고는 위 어음의 최종소지인으로서 2015.5.16. 위 어음의 발행일란을 보충하여 원고의 2015.5.17.자 준비서면의 송달로써 이를 제시하였으므로, 발행인인 피고 임청화는 최종소지인인 원고에게 위 제2어음금 및 이에 대하여 위 준비서면 송달 다음 날부터의 지연손해금을 지급할 의무가 있다고 주장하고 있음.

그러나 소외망 유덕하가 제2어음에 피고 임청화의 위임 없이 피고 임청화의 인감도장을 날인한 사실이 인정되며 유덕하가 피고 임청화로부터 권한을 위임받아 위 날인을 하였다는 점에 대한 주장·입증이 없음.

▶ 판단

1) 소외망 유덕하가 제2어음에 피고 임청화의 인감도장을 날인한 사실이 인정되므로 유덕하가 피고 임청화로부터 권한을 위임받아 위 날인을 하였다는 점에 대한 주장·입증이 없는 이상 원고의 주장은 나머지 점에 관하여 더 나아가 살펴볼 필요 없이 이유 없다.
2) 원고는 다시, 유덕하는 청성마트를 운영하는 피고 임청화의 직원으로서 피고 임청화를 대리하여 물품대금 결제나 물품 주문 등 청성마트의 업무를 수행할 기본대리권이 있었고, 피고 이윤걸이 유덕하에게 위 어음행위를 할 권한이 있다고 믿을 만한 정당한 이유도 있었으므로, 유덕하의 어음행위에 관하여는 민법 제126조의 표현대리가 유추적용되어 피고 임청화는 피고 이윤걸에 대하여 발행인으로서의 책임을 지고, 원고는 어음의 제3취득자로서 이를 원용하여 피위조자인 피고 임청화에 대하여 자신의 어음상 권리를 행사할 수 있다고 주장하나, 증인 주금순, 곽보성의 각 증언만으로는 유덕하가 피고 임청하를 대리할 기본대리권이 있었다는 사실을 인정하기에 부족하고 달리 이를 인정할 증거가 없으므로, 나머지 점에 관하여는 살펴볼 필요도 없이 위 주장은 이유 없다.

6. 어음사건 관련 청구취지 연습 사례

◎ 박우빈은 2015.12.28. 액면 13,500,000원, 지급기일 2016.3.9, 지급지 서울, 지급장소 주식회사 라이프은행 명동지점, 수취인 강대진, 발행일 2015.12.28, 발행지란 공란으로 된 약속어음(이하 "제1어음")을 발행하였다.

◎ 송영식은 2006.2.27.경 액면 20,000,000원, 지급기일은 2016.3.9. 지급지는 서울, 지급장소는 동명은행 충무로지점, 수취인은 최윤수, 발행일은 2016.2.27. 발행지는 서울 종로구로 된 약속어음 1매(이하 "제2어음")를 발행하였다.

◎ 제1어음의 이면에는 수취인인 위 강대진으로부터 최윤수를 거쳐 유인경에 이르기까지, 제2어음의 이면에는 제1배서인인 최윤수를 거쳐 유인경에 이르기까지 각 지급거절증서 작성의무를 면제한 배서가 순차 연속되어 있다.

◎ 유인경은 위 제1, 2어음을 소지 중 2016.3.9. 위 각 은행지점에 지급제시를 하였으나 그 지급이 모두 거절되었다.

◎ 이에 대해 현재 박우빈은, 강대진에게 위 어음을 발행하여 주면 강대진이 지급기일 전에 반드시 결제자금을 입금시켜 줄 것이라는 강하상의 말에 기망당하여 위 어음을 발행하였는데, 위 어음의 발행행위는 사기에 의한 의사표시이므로 이를 취소한다고 주장하고 있고, 또한 박우빈은 강대진으로 하여금 박우빈의 신용을 이용하여 자금을 융통할 수 있도록 대가 없이 위 어음을 발행한 것이라고 주장하고 있다.

◎ 유인경 입장에서의 약속어음금 청구소장 청구취지를 기재하시오(다만, 강대진은 파산상태로서 현재 행방도 알기 어려우므로 강대진에 대하여는 추후 별도로 검토하기로 하고, 박우빈, 최윤수, 송영식만을 상대로 소를 제기하는 것으로 할 것).

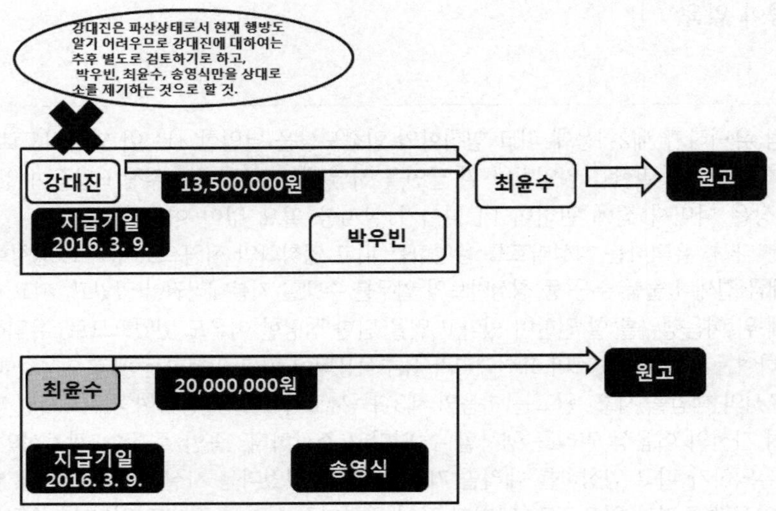

◈ 청구취지 기재례

1. 원고에게, 피고 최윤수는 33,500,000원, 피고 최윤수와 합동하여 위 돈 중 피고 박우빈은 13,500,000원, 피고 송영식은 20,000,000원 및 위 각 돈에 대하여 2016.3.9.부터 이 사건 소장부본 송달일까지는 연 6%, 그 다음 날부터 다 갚는 날까지는 연 12%의 각 비율로 계산한 돈을 지급하라.
2. 소송비용은 피고들이 부담한다.
3. 제1항은 가집행할 수 있다.

☞ 피고 박우빈은 강대진으로 하여금 박우빈의 신용을 이용하여 자금을 융통할 수 있도록 대가 없이 위 어음을 발행한 것이라고 주장하고 있으나, 위 주장사실만으로는 위 어음을 양수한 제3자인 원고에게 대항할 수 없으므로 피고 박우빈의 위 항변도 이유 없다.

제3절 양수금 · 추심금 · 전부금 사례 연습정리

1. 양수금

가. 기본사례[10)]

> 【기본사례】 원고(채권양수인) → 피고(제3채무자)
> 갑이 피고에 대하여 가진 대여금채권 10,000,000원을 원고가 양수받아, 2003.9.30. 지급청구함

나. 청구원인

> 【청구원인】 - 갑이 피고에게 돈을 대여한 사실
> - 갑이 원고에게 위 대여금채권을 양도한 사실
> - 갑이 피고에게 양도통지를 하였거나 피고가 승낙한 사실

※ 요건사실

- 갑이 피고에게 돈을 대여한 사실
- 갑이 원고에게 위 대여금채권을 양도한 사실
- 갑이 피고에게 양도통지를 하였거나 피고가 승낙한 사실

* 주요서증 : 차용증서, 채권양도양수서, 양도통지서 또는 승낙서

※ 주의사항 - 양도통지

통지권자 : 양도인(양도인의 사자, 대리인 포함 - 대법원 1997.6.27, 95다40977 · 40984 판결)

> 채권양도의 통지는 반드시 양도인이 해야 하는 것으로, 양수인은 양도인의 통지권을 대위할 수도 없고 단지 통지청구권만 갖는다.

▶ 관련 사례

> … 소외 최진영은 2005.11.19. 피고 김석범으로부터 위 보증금반환채권 중 금 3,000만 원을 양수하고 2005.11.11. 임성규에게 확정일자 있는 내용증명 우편으로 이를 통지하였으나, 채권의 양도통지는 양도인이 직접 채무자에게 통지하여야 그 효력이 발생하는 것이므로 양수인인 위 최진영이 한 양도통지는 효력이 없다.

10) 민사참여 업무편람 신모델과 요건사실 218-220면.

다. 청구원인 기재례

1) 임차보증금 양도사례

1. 피고 주진무는 2008.12.5. 피고 김혜순으로부터 청구취지 1항 기재 건물을 임대차보증금 70,000,000원, 차임 월 50만 원, 기간 2009.1.1.부터 2010.12.31.까지로 정하여 임차한 후 위 임차보증금을 전액 지불하고 위 건물을 인도받아 점유하고 있는데, 현재 임대차기간이 만료되었으나 2010.8.1. 이후 월 차임을 납부하지 않고 있습니다.
2. 원고는 2010.8.9. 피고 주진무로부터 피고 김혜순에 대한 위 임차보증금을 양도받고, 채권양도인인 피고 주진무가 피고 김혜순에게 위 채권양도통지를 하여 2010.8.11. 도달하였습니다.
3. 그리고 위 임대차는 2010.12.31.로 기간만료로 종료되었으므로 피고 주진무는 피고 김혜순에게 위건물을 인도할 의무가 있고, 피고 김해순은 피고 주진무로부터 위 건물을 인도받음과 동시에 원고에게 금 70,000,000원에서 2010.8.1.부터 위 건물의 인도완료일까지 월 500,000원의 비율로 계산한 금액을 공제한 나머지 돈을 지급할 의무가 있습니다.

2) 물품대금 양도사례

1. 주유소를 운영하는 소외 박추병은 2008.3.1. 동대문 평화상가에서 의류도매상을 운영하는 피고 이하유에게, 5천만 원을 변제기 2008.4.30.로 정하여 빌려준 적이 있고, 원고는 2008.5.15. 위 박추병에게 5천만 원을 이자율은 월 1%로, 변제기는 2008.11.30.로 정하여 빌려 주었는데 위 박추병은 그 돈을 갚지 못하게 되자 2009.9.9. 원고에 대한 위 돈 5천만 원(2008.5.15.자 대여금)의 원리금 변제조로 자신이 피고 이하유로부터 받을 위 돈 5천만 원(2008.3.1.자 대여금)과 그에 대한 지연손해금 전부를 원고에게 넘겨주기로 하고 피고 이하유에게 자신이 이하유로부터 받아야 할 위 5천만 원과 지연손해금 전부를 원고에게 양도하였다는 내용이 담긴 내용증명우편을 발송하여 피고 이하유는 그 우편을 2009.9.11. 받아 보았습니다.
2. 그러므로 피고 이하유는 원고에게 양수금 50,000,000원 및 이에 대하여 2008.5.1.부터 이사건 소장부본 송달일까지는 상법 소정의 연 6% 다음 날부터 다 갚는 날까지는 소송촉진 등에 관한 특례법 소정 연 12%의 각 비율로 계산한 지연손해금을 지급할 의무가 있습니다.

라. 이의를 유보하지 않은 승낙 관련 사례들

1) 변제항변에 대한 판단 사례

… 피고 손태수는 위 채권양도 전에 위 모자대금을 변제하였다고 주장하나, 피고 손태수는 위 채권양도의 승낙 당시 이의를 보류하지 않았으므로 피고 손태수는 변제로써 채권양수인인 원고에게 대항할 수 없다(그러나 원고가 그 당시 위 변제사실을 알고 있었다면 피고 손태수는 변제로써 악의의 채권양수인인 원고에게 대항할 수 있다).

2) 상계항변에 대한 판단 사례

… 소외 박영수(양도인)가 2009.3.2. 원고에게 위 반바지대금(지연손해금 포함) 채권을 양도하기 전에 피고(채무자) 이성엽이 2009.3.11. 위 박영수에게 1,000,000원을 변제기 2009.4.10.

로 정하여 무이자로 대여한 적이 있으며 양 채권은 2009.4.10. 모두 변제기에 도달하여 같은 날 상계적상에 있었다 할 것이므로, 위 (양도된) 반바지대금 중 1,000,000원의 채권은 위 채권양도 전에 피고 이성엽의 박영수에 대한 대여금채권과 상계되어 소멸되었다고 주장하고 있으나, 피고 이성엽이 위 채권양도의 승낙 당시 이의를 보류하지 아니하였으므로 피고 이성엽은 위 상계로 원고에게 대항할 수 없다.

3) 채권의 이중양도에 대한 판단 사례

… 김한종은 A에게 위 보증금반환채권을 양도한 후에 2004.1.26. 소외 B에게 다시 이를 양도하고 같은 날 내용증명 우편에 의하여 위 양도사실을 피고(채무자)에게 통지한 사실이 있으나, 위와 같이 채권양도가 이중으로 이루어진 경우에는 그 대항요건인 승낙이나 양도통지를 확정일자 있는 증서에 의하여 한 쪽이 우선하므로, A가 비록 시기적으로 먼저 위 보증금채권을 양도받았다 하더라도 위 B에게 대항할 수 없어 결과적으로 채무자인 피고에 대하여도 위 채권의 지급을 구할 수 없게 되었다 할 것이다.

4) 선행채권 양도에 관한 사례

【기본 사례】

인테리어업 등을 하는 소외 주성지가 2011.1. 초순경 피고 이윤걸로부터 피고 이윤걸의 점포 간판 및 외벽 개보수 공사를 공사대금 2,000만 원에 도급받으면서, 공사대금을 공사완성일 당일 지급받기로 서로 약정하고, 2011.1.20. 그 공사를 완공하였으며, 그 후 주성지가 2011.6.10. 원고에게 위 공사대금 및 그 지연손해금채권을 양도하고, 피고 이윤걸이 같은 날 원고에게 위 채권양도를 승낙하였다. 따라서 특별한 사정이 없는한 피고 이윤걸은 채권양수인인 원고에게 위 공사대금 2,000만 원 및 이에 대한 지연손해금을 지급할 의무가 있다.

▶ 관련 주장과 판단

① 이에 대해 피고 이윤걸은 위 공사대금 중 11,000,000원 및 이에 대한 지연손해금채권이 소외 장곡영에게 양도되고 그에 따른 대항요건이 위 승낙에 앞서 갖추어졌으므로 원고의 이 부분 청구에 응할 수 없다고 항변한다.

살피건대, 주성지가 2011.5.11. 장곡영에게 위 공사대금 중 11,000,000원 및 이에 대한 2011.1.21.부터 다 갚는 날까지의 지연손해금채권을 양도하고 같은 날 내용증명 우편으로 채권양도 통지서를 발송하여 그 통지서가 2011.5.13. 피고 이윤걸에게 도달한 사실, 피고 이윤걸이 2011.6.10. 원고에게 확정일자 있는 증서로 채권양도를 승낙한 사실은 다툼이 없고, 위 채권양도 통지서가 피고 이윤걸에게 도달한 날이 피고 이윤걸이 원고에게 채권양도를 승낙한 날보다 앞서는 것이 역수상 명백하므로, 피고 이윤걸은 원고에게 위 공사대금 중 장곡영에게 양도된 11,000,000원 및 이에 대한 2011.1.21.부터 다 갚는 날까지의 지연손해금 부분에 관해서는 장곡영에 대한 선행채권양도로써 원고에게 대항할 수 있다 할 것이고, 따라서 피고 이윤걸의 항변은 이유 있다.

② 이에 대하여, 원고는, 피고 이윤걸이 원고에 대한 위 채권양도에 대하여 이의를 보류하지 않은 승낙을 하였으므로 장곡영에 대한 선행채권양도로써 원고에게 대항할 수 없다고 주장하므로 살피건대,

> 이의를 보류하지 않은 승낙에 의하여 항변권이 상실되는 "양도인에게 대항할 수 있는 사유"라 함은 채권의 성립, 존속, 행사를 저지·배척하는 사유를 가리킬 뿐이고, 채권의 귀속, 즉 채권이 이미 타에 양도되었다는 사실은 이에 포함되지 아니하므로(대판 1994.4.29, 93다35551), 원고의 위 주장은 이유 없다.

2. 전부금[11)]

> 【요건사실】 – 피전부채권의 존재
> – 전부명령
> – 제3채무자에 대한 송달·확정

① 피전부채권의 존재와 관련하여 원고는 피전부채권의 권리발생사실만 주장·입증하면 되고, 권리장애사실, 권리소멸사실 및 권리저지사실의 부존재까지 주장·입증할 필요는 없다. 예컨대, 피전부채권이 매매대금채권이면, 채무자가 제3채무자인 피고에게 매매목적물을 금 000원에 매도한 사실만 입증하면 된다.

② 확정된 전부명령에 의하여 전부채권자가 취득하는 채권은 전부명령이 제3채무자에게 송달된 시점이 기준이 된다. 조건부채권의 경우에도 조건이 성취된 시점이 아니라 제3채무자에게 송달된 시점을 기준으로 전부명령의 실체적효력이 발생한다.

③ 전부명령의 효력발생을 위해서는 전부명령의 확정이 전제되므로 제3채무자에게 송달된 사실뿐만 아니라 전부명령이 확정된 사실까지 요건사실로 된다.

3. 추심금[12)]

> 【요건사실】 – 추심채권의 존재
> – 추심명령
> – 제3채무자에 대한 송달

① 원고가 추심채권의 발생사실만 입증하면 되는 것은 전부명령에서와 같다.

② 전부명령이 확정된 때 제3채무자 송달시로 소급하여 효력을 갖는 것과는 달리 추심명령은 제3채무자에게 송달된 때에 효력이 발생하므로, 채무자에 대한 송달사실과 확정사실은 추심금청구의 청구원인이 아니다.

11) 요건사실론 – 민사재판실무참고자료 2005, 124-129면
12) 요건사실론 – 민사재판실무참고자료 2005, 129-132면

추심명령, 전부명령, 채권양도 관련 판결 주문 연습사례

【공통사례】

1) 한라산은 2009.4.경 친구인 천관산으로부터 9,000만 원을 받기로 하고 천관산 소유의 아파트 인테리어 공사를 수급하여 그 무렵 그 공사를 완공하였다. 당시 한라산과 천관산은 공사완료 후 공사대금을 지급하기로 하되 따로 이행기를 정하지는 않았다.

2) 그 후 한라산에 대하여 확정판결에 기한 2,000만 원의 채권을 가지고 있던 A가 위 채권을 집행채권으로 하여, 2009.7.15. 채무자를 한라산, 제3채무자를 천관산으로 하여 위 공사대금채권 중 2,000만 원에 대하여 압류 및 추심명령을 받았고, 위 명령은 천관산에게 2009.7.31. 송달되었으나 한라산에게는 송달 불능되었다.

3) 한라산의 채권자 B는 2009.8.6. 한라산에 대한 확정판결에 기한 3,500만 원의 채권을 집행채권으로 하여 위 공사대금채권 중 3,500만 원에 대하여 채권압류 및 전부명령을 받았고, 위 명령은 천관산에게 2009.8.31.에, 한라산에게 2009.9.4. 각 송달되었는데, 이에 대하여 즉시항고가 제기되지 않았다.

4) 한편, 한라산은 2009.8.31. C에게 위 공사대금채권 중 2,000만 원을 양도하고 2009.9.15. 천관산에게 내용증명 우편으로 채권양도 통지를 하였으며 위 내용증명 우편은 2009.9.30. 천관산에게 송달되었다.

5) 한라산의 또 다른 채권자 D는 2009.10.16. 한라산에 대한 1,000만 원의 채권을 피보전채권으로 하여 위 공사대금채권 중 1,000만 원에 대하여 채권가압류신청을 하였고, 그 가압류결정이 2009.10.30. 천관산에게 송달되었다.

그런데 천관산이 1년이 지나도록 위 공사대금을 전혀 지급하지 아니하자, 한라산은 2010.4.14. 천관산을 상대로 "위 공사대금 9,000만 원 및 이에 대한 소장부본 송달 다음 날부터 다 갚는 날까지 연 12%의 비율에 의한 지연손해금을 지급하라"는 소를 제기하였다. 이에 대하여 천관산은 위 채권압류 및 추심명령, 채권압류 및 전부명령, 채권일부의 양도가 있었고, 채권가압류결정까지 송달받았으므로, 한라산의 청구에 응할 수 없거나 적어도 위 추심명령, 전부명령, 채권양도 및 채권가압류결정이 내려진 부분에 대하여는 책임이 없다고 다투었다. 천관산에 대한 소장부본 송달일은 2010.4.30. 변론종결일은 2011.1.12. 판결선고일은 2011.1.26.이다.

▶ 판결주문례

1. 이 사건 소 중 20,000,000원 및 이에 대한 지연손해금 부분을 각하한다.
2. 피고는 원고에게 15,000,000원 및 이에 대한 2010.5.1.부터 2011.1.26.까지는 연 5%의 그 다음 날부터 다 갚는 날까지는 연 12%의 각 비율로 계산한 돈을 지급하라.
3. 원고의 나머지 청구를 기각한다.

* 추심명령 부분은 각하, 전부명령 및 양도부분은 기각, 가압류 부분 및 나머지 부분은 인용

▶ 해설

1) 채권에 대한 압류 및 추심명령이 있는 경우에는 실체법상의 청구권은 집행채무자(원래의 채권자)에게 있으면서 소송법상의 관리권만이 추심채권자에게 넘어가는 제3자의 법정소송담당 관계에 있게 되므로 집행채무자는 원고로서의 당사자적격을 상실한다.

☞ 압류 및 추심명령의 효력발생시기는 제3채무자에 대한 송달일이고, 제3채무자에게 송달된 이상 채무자에게 송달되지 않았다 하더라도 효력발생에는 아무런 영향이 없다.

☞ 압류의 효력은 종된 권리에도 미치므로 압류의 효력발생 이후에 생기는 이자 및 지연손해금에도 미치나, 압류의 효력발생 전에 이미 발생한 이자 등은 독립한 채권이기 때문에 압류대상으로 명시하지 않는 한 압류의 효력이 미치지 아니한다. 다만, 이 사건에서는 피압류채권인 공사대금채권에 별도의 부대채권이 없으므로 위와 같은 점은 문제되지 않는다.

2) 이 사건 공사대금과 같이 이행기의 정함이 없는 채무에 있어서 채무자는 이행청구를 받은 때로부터 지체책임을 지는 바, 이 사안에서 천관산은 소장부본을 송달받음으로써 비로소 이행청구를 받았으므로 그 다음 날부터 지체책임을 지게 된다.

제4절 소멸시효 관련 사례 연습정리

1. 소멸시효 기간 관련사례

1) 물품대금채권(카메라판매대금)은 상인이 판매한 상품의 대가에 해당하여(상인인지 여부에 관계없이) 그 소멸시효는 민법 제163조 제6호에 따라 3년이다.

2) 피고는 부동산중개업을 개업하는 데 필요한 영업자금으로 대여금을 차용한 것인 바, 이와 같이 개업을 준비하는 사람은 그때부터 상인으로 볼 수 있고, 상인이 개업에 필요한 자금을 차용하는 행위는 영업을 위한 행위로서 보조적 상행위에 해당하므로 피고의 위 대여금 반환채무는 5년의 상사소멸시효에 걸린다.

2. 소멸시효 중단

1) 원고가 소멸시효 기간만료 전인 2005.7.6. 위 대여금채권을 청구채권으로 하여 피고 소유의 (부동산)에 대하여 서울중앙지방법원 2005카합8359호로 가압류신청을 하여 그 결정을 받아 집행하였으므로, 이로써 위 소멸시효는 중단되었다 할 것이다.

2) 민법 제168조에서 가압류를 시효중단사유로 정하고 있는 것은 가압류에 의하여 채권자가 권리를 행사하였다고 할 수 있기 때문인바, 가압류에 의한 집행보전의 효력이 존속하는 동안은 가압류채권자에 의한 권리행사가 계속되고 있다고 보아야 하므로 가압류에 의한 시효중단의 효력은 가압류의 집행보전의 효력이 존속하는 동안은 계속된다.

3) 민법 제168조에서 가압류와 재판상의 청구를 별도의 시효중단사유로 규정하고 있는 데 비추어 보면, 가압류의 피보전채권에 관하여 본안의 승소판결이 확정되었다고 하더라도 가압류에 의한 시효중단의 효력이 이에 흡수되어 소멸된다고 할 수도 없다.

4) 민사집행법 제288조 제1항 제3호에 따라 가압류가 집행된 후에 3년간 본안의 소를 제기하지 않았음을 이유로 한 보전처분의 취소는 민법 제175조에서 정한 "압류, 가압류 및 가처분이 권리자의 청구에 의하여 또는 법률의 규정에 따르지 아니함으로 인하여 취소된 때"에 해당하지 아니하여 가처분에 의한 소멸시효 중단의 효력이 소급하여 소멸하지 않는다.

3. 주채무 소멸시효 중단과 연대보증 사례

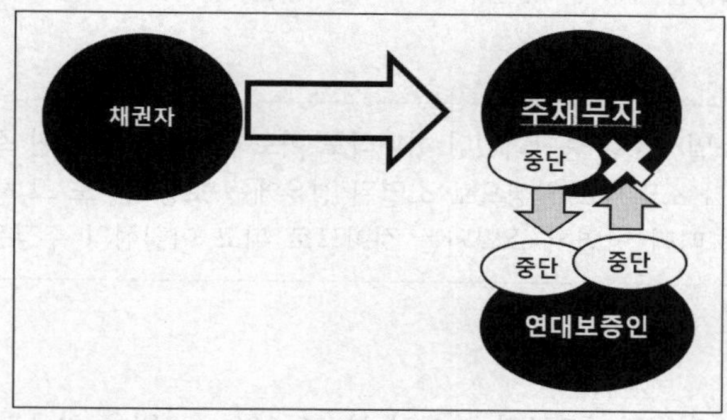

가. 주채무자의 기한유예의 합의 및 연대보증채무

피고 이차용(주채무자)이 위 차용금채무의 변제기전인 1998.4.10. 원고에게 위 차용금채무와 관련하여 지급일(등 생략) 00로 된 약속어음 1매를 발행·교부하였는 바, 이는 위 차용금의 변제기를 그 지급기일인 1998.9.25.로 유예하는 묵시적 합의가 있었다고 추인할 수 있고, 원고와 피고 이차용(주채무자)의 위와 같은 변제기 유예의 합의는 피고 박보증의 연대보증채무에 대하여도 그 효력이 미친다.

나. 주채무의 시효소멸과 연대보증채무의 부종성 사례정리

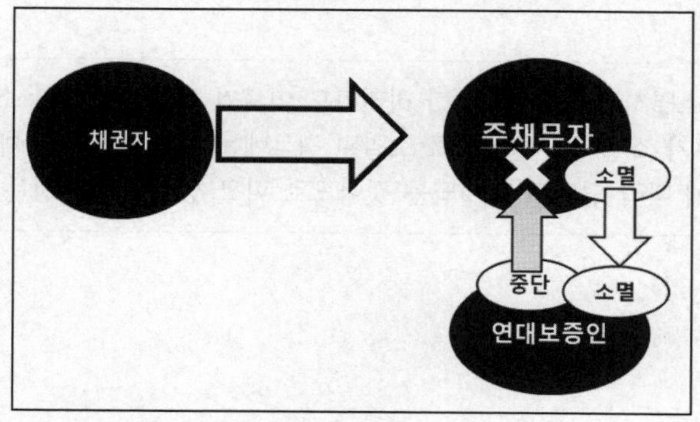

1) 사례

김일진이 피고 이일성으로부터 앞에서 본 30,000,000원을 차용한 것은 자신이 운영하던 일식집의 운영자금을 조달하기 위한 것이므로 피고 김일진의 위 차용행위는 영업을 위하여 하는 보조적 상행위에 해당하고, 위 상행위로 인한 위 차용금채무는 상사채무로서 그 소멸시효는 상법 제64조에 따라 5년이라 할 것인데, 그 변제기가 1999.8.14.로부터 이미 5년이 도과되었음이 역수상 명백하여 위 차용금채무는 시효로 소멸하였으므로, 특별한 사정이 없는 한 부종성에 따라 원고의 연대보증금채무 또한 소멸하였다 할 것이다.

피고 이일성은, 원고가 소멸시효 완성 전인 2003.5.16. 위와 같이 연대보증금채무 담보를 위하여 피고 이일성에게 이 사건 각 근저당권을 설정해 주었고 이는 위 연대보증금채무의 승인에 해당하므로 위 연대보증금채무에 대한 소멸시효는 중단되었다고 주장한다.

▶ 대응논거

보증채무에 대한 소멸시효가 중단되었다 하더라도 이로써 주채무에 대한 소멸시효가 중단되는 것은 아니고, 주채무가 소멸시효 완성으로 소멸된 경우에는 보증채무도 그 채무 자체의 시효중단에 불구하고 부종성에 따라 당연히 소멸되는 것이므로 피고 이일성의 주장은 이유 없다.

2) 사례

피고 이을남이 피고 정병진으로부터 앞에서 본 50,000,000원을 차용한 것은 자신이 운영하던 사진관의 운영자금을 조달하기 위한 것이므로 피고 이을남의 위 차용행위는 영업을 위하여 하는 보조적 상행위에 해당하고, 위 상행위로 인한 위 차용금채무는 상사채무로서 그 소멸시효는 상법 제64조에 따라 5년이라 할 것인데, 그 변제기 2001.10.14.로부터 이미 5년이 도과되었음이 역수상 명백하여 위 차용금채무는 시효로 소멸하였으므로, 특별한 사정이 없는 한 부종성에 따라 원고의 연대보증금채무 또한 소멸하였다 할 것이다. 피고 정병진은, 원고가 소멸시효 완성 전인 2005.6.2. 위와 같이 연대보증금채무 담보를 위하여 피고 정병진에게 근저당권을 설정해 주었고 이는 위 연대보증금채무의 승인에 해당하므로 위 연대보증금채무에 대한 소멸시효는 중단되었다고 주장한다.

▶ 대응논거

보증채무에 대한 소멸시효가 중단되었다 하더라도 이로써 주채무에 대한 소멸시효가 중단되는 것은 아니고, 주채무가 소멸시효 완성으로 소멸된 경우에는 보증채무도 그 채무 자체의 시효중단에 불구하고 부종성에 따라 당연히 소멸되는 것이므로 피고 정병진의 주장은 이유 없다 할 것이다.

참고사항 잔존피담보채무 범위의 다툼과 미리 청구할 필요 주장

원고는 피고 정병진에 대하여 정당한 채무 금원이라면 이를 지급하는 조건으로라도 위 근저당권설정등기를 속히 말소받고 싶습니다. 그런데 피고 정병진이 위와 같이 잔존피담보채무의 범위에 관하여 다투고 있어 이를 미리 청구할 필요가 있다고 할 것이므로, 결국 피고 정병진은 원고로부터 나머지 이 사건 차용금 80,000,000원 및 이에 대한 위 2007.4.1.부터 다 갚는 날까지 위 월 1.5%의 약정이율에 의한 지연손해금을 지급받은 다음 원고에게 이 사건 근저당권설정등기의 말소등기절차를 이행할 의무가 있다고 할 것입니다.

3) 사례

원고는 2006.9.15. 피고 김성길에게 금 휴대전화기(품명 LS 350) 250개를 대당 40만 원씩 총대금 1억 원에 매도하면서, 그중 100개는 2006.10.16.에 150개는 2006.11.15.에 각 인도하고, 그 대금 중 4,000만 원(이하 "제1차 대금")은 2006.11.15.에, 6,000만 원(이하 "제2차 대금")은 2006.12.15. 각 지급받기로 하였으며, 피고 홍덕수, 한기준은 위 계약 당시 피고 김성길의 위 물품대금지급 채무를 연대보증하였다.

그 후 원고는 피고 김성길에게 위 약정대로 위 휴대전화기 250개를 모두 인도하였고, 피고 김성길의 요청으로 제1차 대금 중 3,00만 원의 지급기일을 2006.11.30.로 연기해 주었으나 피고 김성길은 2006.11.15. 원고에게 제1차 대금 중 2,000만 원을 지급하였고, 그 뒤 김성길은 2006.11.30. 원고에게 제1차 대금 중 일부로 10,000,000원을 더 변제하였다. 그런데 홍덕수와, 한기준은 위 물품대금 중 변제로 소멸한 부분을 제외한 나머지 70,000,000원 부분은 시효로 소멸하였다고 다투고 있다(2010.1.12. 소제기 기준).

그러나 원고는 위 소멸시효기간 만료전인 2009.6.5. 홍덕수에 대한 연대보증채권을 청구채권으로 하여 홍덕수 소유의 부동산에 대하여 가압류를 하였고, 2009.10.9. 한기준에게 위 연대보증채무의 이행을 최고하고 그로부터 6월 이내에 이 사건 소를 제기하였으므로 이로써 홍덕수 및 한기준에 대한 위 연대보증금채권의 소멸시효가 모두 중단되었다고 주장하고 있다. 이 경우 홍덕수 및 한기준의 소멸시효 다툼에 대한 판단 및 그 이유를 간략히 기술하시오.

▶ 답안

1) 홍덕수, 한기준은 위 물품대금 중 변제로 소멸한 부분을 제외한 나머지 70,000,000원 부분은 시효로 소멸하였다고 이에 따라 이들의 연대보증채무도 소멸하였다고 주장하는 바, 휴대전화기 판매업체를 운영한 원고가 김성길에게 휴대전화기를 매도한 것이므로 나머지 물품대금채권은 상인이 판매한 상품의 대가에 해당하여 그 소멸시효기간은 민법 제163조 제6호에 따라 3년이라 할 것인데, 제1차 대금의 변제기가 2006.11.30.이고, 제2차 대금의 변제기는 2006.12.15.이며 이 사건 소가 그로부터 3년이 경과한 후인 2010.1.12. 제기되었으므로 김성길의 물품대금채무

는 시효로 소멸하였고, 홍덕수, 한기준의 연대보증채무 또한 주채무인 위 물품대금채무와 함께 소멸되었다고 할 것이다.

2) 이에 대해 원고 임진희는 위 소멸시효기간 만료 전인 2009.6.5. 홍덕수에 대한 연대보증채권을 청구채권으로 하여 홍덕수 소유의 부동산에 대하여 가압류를 하였고, 2009.10.9. 한기준에게 위 연대보증채무의 이행을 최고하고 그로부터 6월 이내에 이 사건 소를 제기하였으므로 이로써 홍덕수 및 한기준에 대한 위 연대보증금채권의 소멸시효가 모두 중단되었다고 주장하나, 주채무가 소멸시효 완성으로 소멸된 경우에는 보증채무도 그 채무 자체의 시효중단에 불구하고 부종성에 따라 당연히 소멸되므로 원고의 주장은 이유 없다.

제5절 상계 관련 사례 연습정리

1. 고의의 불법행위에 의한 손해배상채권과 상계사례

사례 1

피고 남궁신은 원고에 대한 손해배상채권으로 원고의 매매잔금채권(인도나 이전등기는 하여 주어 동시이행항변권은 부존재)과 상계한다고 항변하고, 이에 대하여 원고는 피고 남궁신의 위 손해배상채권은 고의의 불법행위에 의한 손해배상 채권이므로 이를 자동채권으로 하여 상계할 수 없다고 주장하는 경우

▶ 판단

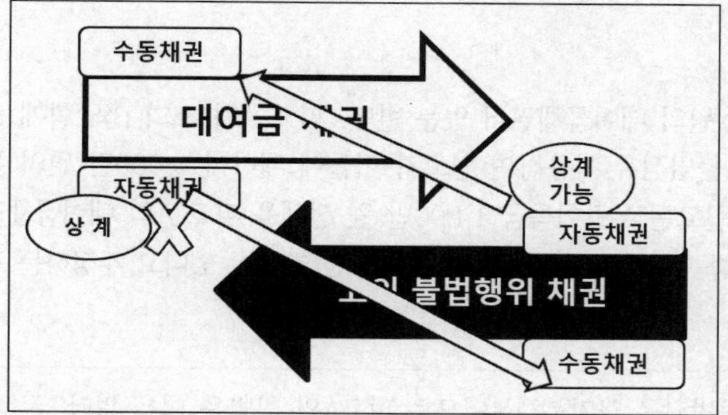

민법 제496조는 고의의 불법행위에 의한 손해배상채권을 수동채권으로 하여 상계하는 것을 금지하는 것일 뿐, 이를 자동채권으로 하여 상계하는 것까지 금지하는 것은 아니므로 위 주장은 이유 없다.

2. 임금채권과 상계

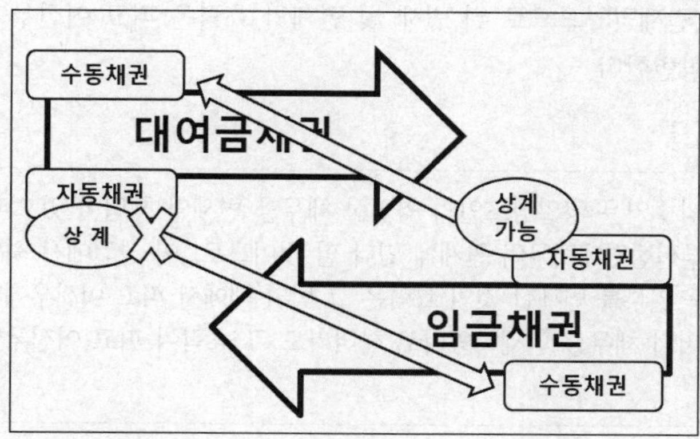

사례 2

甲회사 영업사원인 A는 친구인 B가 주식투자로 돈을 벌게 해주겠다는 말에 현혹되어 2002.4.1. 거래처로부터 수금한 돈 5,000만 원을 횡령하여 B에게 주었는데 B가 주식투자를 하다가 이를 모두 날려 버리는 바람에 업무상횡령 혐의로 구속 기소되었다. A가 甲회사에 대한 임금 및 퇴직금채권을 가지고 상계를 주장할 경우

▶ 판단

자동채권인 임금채권에는 상계금지되어 있어도 상계가 가능하나, 수동채권이 고의의 불법행위 채권은(수동채권인 甲회사의 A에 대한 5,000만 원의 횡령금채권에 대해) 상계 대상이 아니다. 즉, A에 대한 횡령금채무 5,000만 원에 대해 A는 甲회사에 대한 임금 및 퇴직금채권 1,000만 원과 상계할 수 없다.

3. 불가분채무와 상계 사례

피고 A는 원고에 대하여 2,000여만 원의 대여금채권이 있는 반면, 피고 A가 소외 B와 함께 원고 소유의 토지를 권원 없이 공동으로 불법점유 사용하여 원고가 이들에 대하여 1,000만 원의 부당이득반환채권을 가지고 있는 경우, 원고는 부당이득금 1,000만 원 전액을 피고 A의 대여금채권과 상계를 주장하는 반면, 피고 A는 그중 1/2에 상당한 금액에 대하여만 책임이 있다고 주장하는 경우

▶ 판단

토지의 공동불법점유자의 부당이득반환은 불가분채무이므로 피고A의 항변은 이유 없다.

4. 부진정연대채무와 면제 사례

최영철은 2003.12.15. '논현 스위트 홈'이라는 상호로 침구판매업을 하는 피고 이진우로부터 위 영업을 양수하고, 그 무렵 같은 곳에서 위와 같은 상호로 계속 침구판매업을 하여오던 중, 최영철은 2004.4.10. 원고에게 피고 이진우가 지급하여야 할 위 침대시트 잔대금 중 8,000,000원을 지급하고 원고로부터 나머지 채무를 면제받았으므로 위 변제 및 면제의 효력은 피고 이진우에게 미치므로 위 채무는 소멸하였다고 항변한다.

▶ 판단

그러나, 상호를 계속 사용하는 영업양수인은 영업양도인의 영업상 채무를 변제할 책임이 있으며, 이 경우 양도인과 양수인의 채무는 부진정연대채무의 관계에 있다 할 것이므로, 이 사건에서 최영철이 원고에게 위 침대시트 잔대금 중 일부를 변제한 것의 효력은 그 범위 내에서 피고 이진우에게 미치나, 원고가 최영철에 대하여 나머지 채무를 면제하였다고 하더라도 그 효력이 피고 이진우에게 미치지 아니한다.

5. 부진정연대채무와 상계의 절대효 – 대법원 2008다97218 전원합의체 판결

부진정연대채무자 중 1인이 자신의 채권자에 대한 반대채권으로 상계를 한 경우에도 채권은 변제, 대물변제, 또는 공탁이 행하여진 경우와 동일하게 현실적으로 만족을 얻어 그 목적을 달성하는 것이므로, 그 상계로 인한 채무소멸의 효력은 소멸한 채무 전액에 관하여 다른 부진정연대채무자에 대하여도 미친다고 보아야 한다. 이는 부진정연대채무자 중 1인이 채권자와 상계계약을 체결한 경우에도 마찬가지이다.

항변권이 존재하는 채권과 상계사례 정리

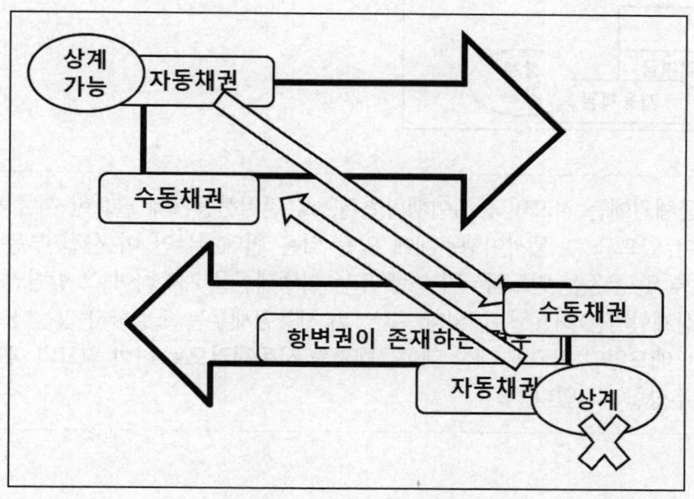

자동채권에 동시이행의 항변권이 부착되어 있는 경우 자동채권자의 상계를 인정하면 그 일방적 의사로 상대방의 항변권을 소멸시키는 결과가 되어 부당하므로 특별한 사정이 없는 한 허용되지 아니하나, 상계권자 본인이 수동채권에 부착된 항변권의 이익을 포기하는 것은 무방하다.

1. 매매계약 유효 시 – 매도인의 입장(매매대금 잔금과 상계)

피고(매수인)는 원고에 대하여 대여금채권이 있는 반면, 원고(매도인)는 피고에 대하여 부동산대금 잔금채권이 있는 경우, 원고는 자신의 피고에 대한 부동산 매매대금채권을 자동채권으로 하여 피고의 원고에 대한 대여금채권과의 상계를 할 수 있는지?

▶ 답안

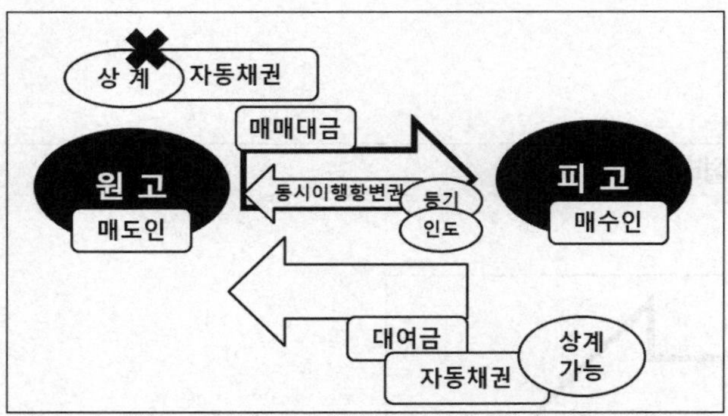

원고의 부동산 매매대금 잔금채권에는 피고의 동시이행항변권(소유권이전등기에 필요한 서류 및 부동산 인도의무)이 부착되어 있으므로, 동시이행관계에 있는 다른 반대채무인 이 사건 부동산 소유권이전등기에 필요한 서류 및 부동산 인도의무의 이행 또는 이행제공을 계속하여 그 항변권을 소멸시키지 않는 한 원고의 상계항변은 허용될 수 없다. 결국 위 차용금채무는 소멸하지 않는다(이 경우 반대로 매수인인 피고는 매도인인 원고에 대한 대여금채권을 자동채권으로 하여 원고의 매매대금 잔금채권과의 상계를 주장할 수 있다).

2. 매매계약 해제 시

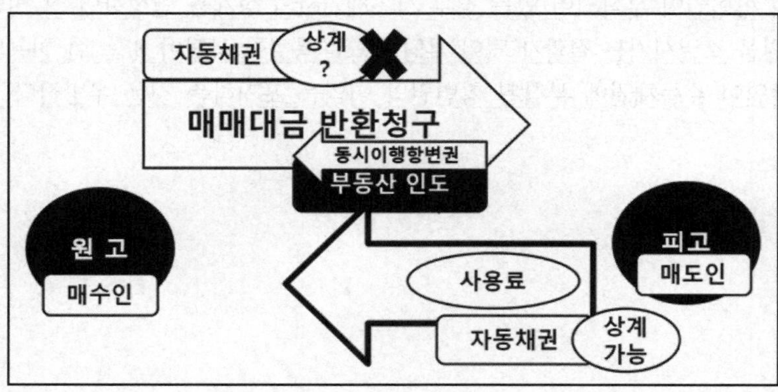

1) 매수인의 입장

원고(매수인)는 피고(매도인)와 사이에 피고 소유의 부동산에 대한 매매계약을 한 후, 계약금은 계약 당일에 지급함과 동시에 이 사건 각 부동산을 인도받았고, 그 후 중도금을 지급한 상태에서 피고의 채무불이행으로 위 매매계약을 해제하였다. 그리고 피고를 상대로 계약금 및 중도금 반환 청구의 소송을 제기하였고, 이에 대하여 피고는 위 소송에서 반소로 "원고는 피고에게 원고가 이 사건 각 부동산을 인도받아 점유하기 시작한 때로부터 위 부동산의 인도완료일까지 위 각 부동산을 사용함으로써 얻은 이익의 금원을 지급하라"는 반소를 제기하였다. 피고(반소원고)의 반소청구에 대하여, 만약 원고(반소피고)가 그 본소청구에 기한 계약금 및 중도금의 반환채권을 자동채권으로 하여 위 반소청구의 이사건 각 부동산 사용이익 반환채권과 대등액에서 상계한다고 소송상 상계 항변을 하는 경우, 이와 같은 주장이 이유 있는지 그 결론 및 근거를 7줄 내외로 간략히 기재하시오.

▶ 답안

[결론]

이유 없다.

[근거]

자동채권에만 동시이행이 붙어 있는 경우에 상계를 허용한다면 상계자 일방의 의사표시에 의하여 상대방의 항변권 행사의 기회를 상실하게 하는 결과가 되므로, 이와 같은 상계는 그 성질상 허용될 수 없다. 이 사건에서 계약해제로 인한 원고(반소피고)의 자동채권인 계약금 및 중도금의 반환채권은 수동채권인 피고(반소원고)의 사용이익반환채권 외에도 이 사건 각 부동산의 인도청구권과도 동시이행관계에 있으므로, 동시이행관계에 있는 다른 반대채무인 이 사건 각 부동산의 인도의무의 이행 또는 이행제공을 계속하여 그 항변권을 소멸시키지 않는 한 원고(반소피고)의 상계항변은 허용될 수 없다.

2) 매매계약 해제 시 – 매도인의 입장

매도인인 원고는 자신 소유의 부동산에 대하여 피고와 사이에 매매계약을 체결하였다가 피고로부터 매매대금 잔금을 받지 못하였다고 하면서 피고를 상대로 매매대금의 지급을 구하는 소송을 제기하자, 피고는 오히려 매도인인 원고의 채무불이행으로 위 매매계약이 해제되었다고 주장하면서 매도인인 원고에게 이미 지급하였던 계약금과 중도금의 반환 및 손해배상금 등을 구하는 반소를 제기하고 있다. 위 사례에서 만약, 매수인인 피고가 계약 당일 매도인인 원고로부터 이 사건 각 부동산을 인도받아 점유・사용하여 왔고, 매도인인 원고가 매수인인 피고의 반소청구(계약금 및 중도금 반환 등)에 대하여, 이 사건 각 부동산의 점유사용으로 인한 부당이득 반환채권을 자동채권으로 하여 매수인인 피고의 반소청구의 각 채권과 대등액에서 상계한다고 소송상 상계의 항변을 하였다고 가정할 경우, 위 항변이 이유 있는지 여부에 관하여 결론과 논거를 8줄 내외로 간략히 기재하시오.

▶ 답안

[결론]
이유 있다

[근거]
자동채권에만 동시이행이 붙어 있는 경우에 상계를 허용한다면 상계자 일방의 의사표시에 의하여 상대방의 항변권 행사의 기회를 상실하게 하는 결과가 되므로, 이와 같은 상계는 그 성질상 허용될 수 없다. 그러나 수동채권에만 동시이해의 항변권이 붙어있는 경우에는 상계권자는 그 항변권을 포기하고 자신의 자동채권과 상계할 수 있고, 또 자동채권과 수동채권이 서로 상대방에 대하여 동시이행관계에 있는 경우에도 상계가 가능하다 할 것인데, 이 사건에서 계약해제로 인한 원고(반소피고)의 자동채권인 원고의 부당이득반환채권은 수동채권인 계약금, 중도금반환채권 및 위약금채권과 동시이행관계에 있고, 이 사건 각 부동산의 인도청구권은 수동채권에 대하여만 동시이행의 관계에 있을 뿐이므로, 매도인인 원고(반소피고)는 위 부당이득반환채권으로 상계할 수 있다.

3. 임대차와 상계사례

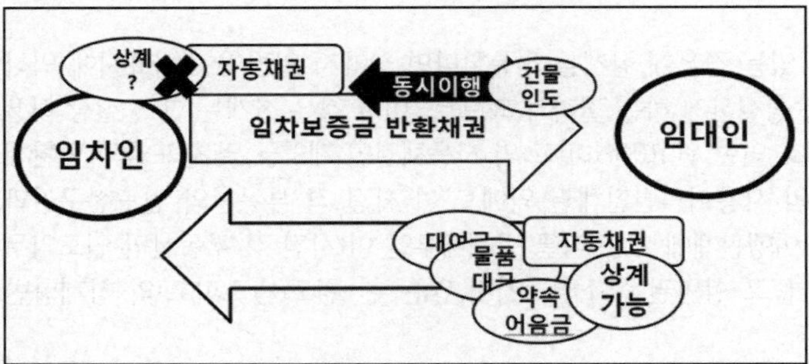

☞ 임대차의 경우 임차인의 임차보증금 반환채권에는 임차목적물 인도의 동시이행항변권이 부착되어 있으므로 임차인은 이를 자동채권으로 하여, 임대인이 임차인에 대하여 가지는 대여금, 물품대금, 어음금 등 그 밖에 채권과 상계하지 못한다.

☞ 그러나 임대인의 입장에서는 수동채권인 보증금반환채권에 목적물 인도의 동시이행항변권이 부착되어 있는 것이므로, 임대인은 이를 포기하고 자신이 임차인에 대하여 가지는 채권(대여금, 물품대금, 어음금 등)을 자동채권으로 하여 상계할 수 있다(물론 상계적상 등 상계요건을 갖추는 경우임을 전제로 함). 그리고 그 포기의 의사표시는 묵시적으로 할 수도 있다.

1) 임차보증금 반환채권과 대여금채권의 상계

임차인 이지애는 임대인 김만수에게 임차보증금 반환채권을 가지고 있고, 임대인 김만수는 임차인 이지애에게 대여금채권을 가지고 있는 경우(양 채권 모두 변제기 도래 등 상계적상 요건을 갖춘 경우), 임대인인 김만수는 위 대여금의 원리금채권을 자동채권으로 하여 임차인 이지애의 임차보증금 반환채권과 상계할 수 있다.

2) 임차보증금 반환채권과 물품대금채권의 상계

임차인 김윤아는 임대인 심은진에 대하여 임차보증금 반환채권이 있는데, 반대로 임대인 심은진은 임차인 김윤아에 대하여 물품대금채권을 가지고 있는 경우(양 채권 모두 변제기 도래 등 상계적상 요건을 갖춘 경우), 임대인인 심은진은 위 물품대금 원리금채권을 자동채권으로 하여 김윤아의 보증금 반환채권과 상계할 수 있다.

3) 임차보증금 반환채권과 약속어음금채권의 상계

임차인 A는 임대인 B에게 임대보증금 반환채권이 있고, 임대인 B는 임차인 A에게 약속어음금채권이 있다면(양 채권 모두 변제기 도래 등 상계적상 요건을 갖춘 경우), 임대인 B는 임차인 A에 대하여 가지는 어음금채권을 자동채권으로 하여 임차인 A의 보증금 반환채권과 대등액에서 상계할 수 있다.

참고사항 소멸시효와 상계사례

위 사례에서 위와 같은 임대인 B의 상계주장에 대하여, 임차인인 A가 임대인 B의 위 약속어음금채권이 소멸시효로 소멸하였기 때문에 상계주장은 부당하다고 항변할 경우, 소멸시효가 완성된 채권이 그 완성 전에 상계할 수 있었던 것이면 그 채권자는 상계할 수 있으므로 임차인 A의 항변은 이유 없다(참고 민법 제495조 소멸시효 완성된 채권에 의한 상계).

4) 임차보증금의 압류 및 전부명령과 대여금채권의 상계

① 원칙

금전채권이 압류 및 전부된 경우, 전부명령의 송달 당시 그 제3채무자가 채무자에 대하여 상계적상이 있거나 수동채권의 변제기와 동시 또는 그보다 먼저 변제기에 도달하는 반대채권을 가지고 있는 경우에는 이를 자동채권으로 한 상계로 전부채권자에게 대항할 수 있으며, 수동채권에 동시이행의 항변권이 부착되어 있는 경우 자동채권자가 그 동시이행의 항변권을 포기하고 상계권을 행사하는 것도 가능하다.

② 상계적상의 검토

(임차보증금 30,000,000원, 임대차기간 2007.12.19.까지인 사례에서) 피고 임대인은 2007.2.20. 피고 임차인에게 20,000,000원을 이자 월 1.5%(매월 19일 지급), 변제기 2008.2.19.로 정하여 대여하였는데, 피고 임대인은 피고 임차인으로부터 위 대여금에 대하여 2007.7.19.까지의 이자만 수령하였으므로, 피고 임차인에 대한 2007.2.20.자 대여금 20,000,000원 및 이에 대한 2007.7.20. 이후 월 1.5%의 비율에 의한 이자 또는 지연손해금채권으로 위 임대차보증금에서 차임 및 부당이득금 등을 공제하고 남은 임대차보증금 반환채권과 상계한다고 주장하고 있는 바, 채권압류명령을 송달받은 제3채무자가 압류채무자

에 대한 반대채권을 가지고 있고, 압류명령의 송달 당시 피압류채권과 반대채권이 상계적상에 있거나 반대채권의 변제기가 피압류채권의 변제기와 동시에 또는 그보다 먼저 도래하는 경우, 제3채무자는 반대채권에 의한 상계로 압류채권자에게 대항할 수 있으며, 피압류채권이 전부된 경우에는 제3채무자는 전부채권자에 대하여 직접 상계의 의사표시를 할 수 있고, 피고 임대인은 피고 임차인으로부터 위 대여금 20,000,000원 및 이에 대하여 위 이자 지급 기간의 말일 다음 날인 2007.7.20.부터 다 갚는 날까지 월 1.5%의 비율에 의한 약정 이자 또는 지연손해금을 수령할 채권이 있으나, 그중 원고의 위 임대차보증금 반환채권의 이행기인 2007.12.19.까지 그 각 이행기가 도래한 피고 임대인의 위 대여금에 대한 2007.7.20.부터 2007.12.19.까지 이자 합계 1,500,000원(20,000,000원×0.015×5개월) 채권은 위 2007.12.19. 위 임대차보증금 반환채권과 상계적상에 있었다 할 것이어서, 이를 반대채권으로 한 상계로 원고에게 대항할 수 있지만, 나머지 위 대여금 및 이에 대한 2007.12.20. 이후의 이자 또는 지연손해금채권은 그 각 이행기가 2007.12.19.보다 이후이므로 이를 반대채권으로 하는 상계로 원고에게 대항할 수 없다.

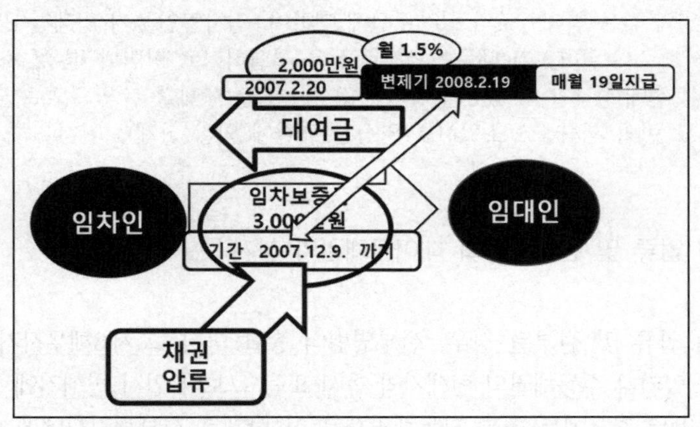

PART

03

인도 · 철거사건

chapter

01 총설

제1절 소장 작성례

소　　장

*** 소 가 75,000,000원
내역) 150×2,000,000원×50/100×1/2 = 75,000,000원
*** 인지대 342,500원
내역) 75,000,000원×45/10,000 + 5,000원

원　고　김갑동 (660528-1047567)
　　　　서울 강남구 도곡로 391(역삼동)
　　　　전화번호 : 02-234-5678, 전자우편 : kkd@lala.net
피　고　1. 박병서 (580915-1123412)
　　　　　서울 서초구 서래로3길 13(반포동)
　　　　2. 최정복 (750423-1641334)
　　　　　서울 송파구 오금로 80(송파동)

토지인도 등 청구의 소

청 구 취 지

1. 원고에게,
   가. 피고 박병서는 서울 강남구 수서동 123-1 잡종지 150㎡ 지상 별지도면표시 1, 2, 3, 4, 1의 각 점을 차례로 연결한 선 내 경량철골조 샌드위치패널지붕 단층 자동차 수리점 120㎡를 철거하고, 위 토지 150㎡를 인도하라.
   나. 피고 최정복은 위 가항 기재 건물에서 퇴거하라.
2. 소송비용은 피고들이 부담한다.
3. 제1항은 가집행할 수 있다.

라는 판결을 구합니다.

청 구 원 인

1. 원고 소유의 토지

서울 강남구 수서동 123-1 잡종지 150㎡(이하 "이 사건 토지"라 합니다)는 원고 소유의 토지입니다.

2. 피고 박병서에 대한 청구

피고 박병서는 2010.7.경 이 사건 토지상에 별지도면표시 1, 2, 3, 4, 1의 각 점을 차례로 연결한 선 내 경량철골조 샌드위치패널지붕 단층 자동차 수리점 120㎡(이하 "이 사건 건물")를 신축하여 소유한 채 원고에게 대항할 수 있는 정당한 점유권원 없이 원고 소유의 이 사건 토지를 점유하고 있습니다. 그러므로 피고 박병서는 원고에게 이 사건 건물을 철거하고 이 사건 토지를 인도할 의무가 있습니다.

3. 피고 최정복에 대한 청구

피고 최정복은 2011.5.경 피고 박병서로부터 이 사건 건물의 점유를 인도받은 후 이곳에서 카센터 영업을 하면서 원고의 소유권 행사를 방해하고 있으므로 이 사건 건물에서 퇴거할 의무가 있습니다.

4. 결언

이상과 같은 이유로 원고는 청구취지와 같은 판결을 구하기 위하여 본 소를 제기하기에 이르렀습니다.

증 명 방 법

1. 갑 제1호증 부동산등기사항증명서(토지)

첨 부 서 류

1. 위 증명방법 각 3통
2. 영수필확인서 1통
3. 토지대장 1통
4. 송달료납부서 1통
5. 서류작성 및 제출위임장 1통
6. 소장부본 2통

2011.9.19.

원고 김갑동 (인)

서울중앙지방법원 귀중

제2절 소송목적의 값

1. 산정의 표준

가. 물건 등의 가액

1) 토지

개별공시지가에 100분의 50을 곱하여 산정한 금액으로 한다. 예컨대, 면적 10㎡, 1㎡당 개별공시지가 200만 원, 1㎡당 시가 600만 원인 토지의 가액은 1,000만 원(200만 원×10×50/100)이다.

2) 건물

건물의 가액은 지방세법 시행령에 의한 시가표준액에 100분의 50을 곱한 금액으로 한다. 예컨대, 시가 3억 원, 시가표준액 1억 원인 건물의 가액은 5,000만 원(1억 원×50/100)이다.

나. 권리의 가액

① 물건에 대한 소유권의 가액은 그 물건가액으로 한다.
② 담보물권의 가액은 목적물건 가액을 한도로 한 피담보채권의 원본액(근저당권의 경우에는 채권최고액)으로 한다.
③ 전세권(채권적 전세 포함)의 가액은 목적물건 가액을 한도로 한 전세금액으로 한다.

2. 물건의 인도 또는 방해배제를 구하는 소송물 가액

가. 원칙

물건의 인도 또는 방해배제를 구하는 소에 있어서는 목적물건 가액의 2분의 1을 소송목적의 값으로 한다. 예컨대, 시가 3억 원, 시가표준액 1억 원인 건물의 인도청구 소가는 2,500만 원[= 5,000만 원(1억 원×50/100)×1/2(인도청구)]이다.

나. 수단 청구인 청구

1개의 청구가 다른 청구의 수단인 청구에 지나지 않는 때에는 그 가액을 소송목적의 값에 산입하지 않지만, 수단인 청구의 가액이 주된 청구의 가액보다 다액인 경우에는 그 다액을 소송목적의 값으로 한다.

▶ 대지인도를 구하기 위해 그 지상 건물의 철거를 동시에 청구하는 경우(대지가액은 1억 원)에 건물철거청구는 대지인도청구의 수단에 해당하므로 대지인도청구의 소송목적의 값인 5,000만 원이 소송목적의 값이 된다.

▶ 채권자인 원고가 제3채무자에 대한 채권자대위소송과 채무자에 대한 이행소송을 병합제기한 경우 수단과 목적의 관계에 해당하므로 소송목적의 값은 다액인 쪽이다.

다. 부대청구의 불산입법칙

주된 청구와 그 과실 등 부대청구를 1개의 소로써 병합청구하는 때에는 소송목적의 값은 주된 청구에 의하여 산정하고, 부대청구의 가액은 그 금액의 다과(多寡)와 상관없이 소송목적의 값에 산정하지 아니한다.

▶ 건물사용대가인 차임, 토지사용대가인 지료, 금전사용대가인 이자 등

▶ 물건을 현실적으로 사용하여 얻는 이익을 사용이익, 예컨대 타인의 토지를 무단으로 점유하여 이를 사용하거나, 임차기간이 만료한 후에도 계속 건물을 사용함으로써 얻는 이익 등이 있는데, 이것은 과실에 준하는 것이므로 소송목적의 값에 산입하지 않는다.

제3절 사건의 표시

사건명은 간결하고 정확하게 표시하여야 하며, 수 개의 청구가 병합되어 있는 때에는 주된 청구 또는 대표적인 청구 한 개만을 골라 그것을 사건명으로 하여 "등"자를 붙이고 그 뒤에 "청구의 소"라고 기재한다.

예 건물인도 청구의 소, 토지인도 청구의 소, 물품인도 청구의 소, 건물철거 청구의 소, 수목수거 청구의 소, 분묘굴이 청구의 소

예 병합청구에서의 사건명 기재례 – 토지인도 등 청구의 소

제4절 청구취지

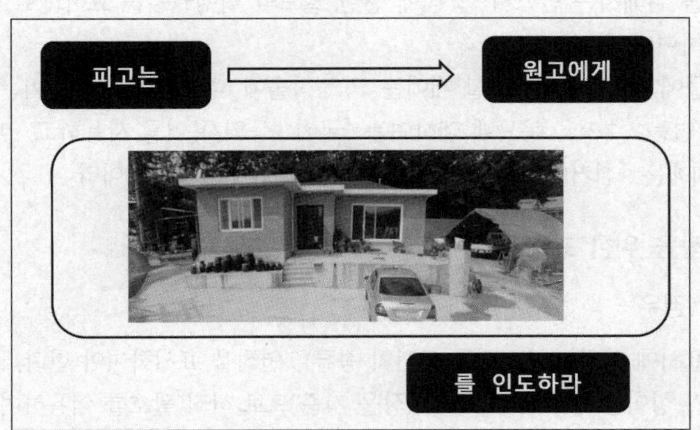

1. 용어의 정리

1) 특정물의 인도를 명하는 경우에는 원칙적으로 「인도」라는 용어를 사용한다. 점유이전의 특수한 개념으로 구법 아래서는 「명도」가 사용되고 있었다. 즉, 명도란 부동산(주로 건물, 때로는 부속토지까지 포함한다)에서 침식용구(살림), 사무용품, 영업용 물품 등을 비치하고 거주, 영업 등을 하면서 그 부동산을 점유하고 있는 경우에 그 부동산 내에 있는 점유자의 물품을 부동산 밖으로 반출한 후 점유를 이전하는 것을 의미하였다. 따라서 동산에 대하여는 물론, 부동산(특히 건물)의 경우에도 이에 해당하지 아니한 경우에는 명도라는 용어를 사용하지 않았고, 또 위와 같은 물품의 반출행위는 명도라는 개념 안에 당연히 포함되어 있었다. 그러나 전면 개정된 민사집행법 제258조 제1항은 「명도」라는 개념을 따로 인정하지 않고 '인도'의 개념에 포괄시키고 있다.

2) 인도와 구별되는 개념으로 건물주로부터의 「퇴거」가 있다. 퇴거란 건물점유자의 점유를 풀어 그 건물로부터 점유자를 쫓아내고 아울러 그 건물 내에 있는 점유자의 살림 등 물품을 반출하는 것을 의미한다. 인도와 비슷하나, 점유의 해제만으로 집행이 종료되고 점유의 이전으로까지 나아가지는 아니한다는 점에서 구별된다. 퇴거를 명하는 전형적인 경우는, 토지소유자가 지상건물소유자를 상대로 철거청구를 함에 있어서 그 건물을 건물소유자 아닌 제3자가 점유하고 있을 때에 그 점유자를 상대로 하는 퇴거청구를 하는 경우이다. 즉, 건물철거에 장애가 되는 건물점유자를 상대로 비켜 달라는 청구를 인용하는 것이다.
   점유자가 철거의무자일 때에는 건물철거의무에 퇴거의무도 포함되어 있다고 할 수 있으므로 별도로 퇴거를 명하는 집행권원을 필요로 하지 않는다. 건물의 소유자가 그 건물의 소유를 통하여 타인 소유의 토지를 점유하고 있다고 하더라도 그 토지소유자로서는 그 건물의 철거와 그 대지부분의 인도를 청구할 수 있을 뿐, 자기 소유의 건물을 점유하고 있는 자에 대하여 그 건물에서 퇴거할 것을 청구할 수는 없다(대판 1999.7.9, 98다57457·57464).

3) 주의할 것은 인도는 강제집행에 있어서 현상 그대로 점유이전을 의미한다는 점이다. 따라서 현상의 변경(예컨대, 지상 건물의 철거, 지상 분묘의 굴이, 지상 수목의 수거 등)을 수반하는 점유이전의 집행을 위해서는 반드시 그 점에 관한 별도의 집행권원을 요하므로 현상변경을 명하는 청구도 함께하여야 한다.
   토지의 정착물에 대한 제거를 구할 때에는 그 정착물에 따라 건물에 대하여는 「철거」, 수목·입목 등에 대하여는 「수거」, 분묘에 대하여는 「굴이」 등의 용어를 사용하고, 비정착물에 대한 제거를 구할 때에는 「취거(取去)」라는 용어를 사용하는 것이 관례이다.

2. 목적물의 특정을 위한 표시

가. 토지 인도의 경우

1) 등기기록상 표시에 따라 지번, 지목(토지의 종류), 면적을 표시하여야 한다. 토지대장과 등기기록상의 표시가 상이한 경우에는 "토지대장을 기준"으로 하되 괄호를 이용하여 그 안에 등기기록상 표시를 병기하는 것이 좋다.

2) 등기기록상의 표제부에는 행정구역과 지번의 표시가 소장이나 판결문상에서 주소지 등을 기재하는 방식과 다소 다른 방식으로 기재되어 있으나(예컨대, 서울특별시, 00번지 "도"의 생략 등), 소장이나 판결에서 부동산을 표시할 때에는 전술한 주소지의 기재방식과 동일하게 기재한다.

*** 기재례 1)

> 1. 피고는 원고에게 서울 강남구 삼성동 756-18 대 500㎡를 인도하라.
> 2. 소송비용은 피고가 부담한다.
> 3. 제1항은 가집행할 수 있다.
>
> * "대지"라고 표시하지 않도록 주의할 것

*** 기재례 2)

> 1. 피고는 원고에게 별지목록 기재 각 토지를 인도하라.
> 2. 소송비용은 피고가 부담한다.
> 3. 제1항은 가집행할 수 있다.

> **목록**
>
> 1. 서울 서초구 서초동 1700-2 대 354㎡
> 2. 서울 강남구 반포동 1700-5 잡종지 421㎡
> 3. 서울 동작구 사당동 333-3 도로 250㎡. 끝.("별지목록의 맨 마지막 기재내용 바로 옆에는 변조를 막기 위하여 "끝"자를 반드시 기재하여야 한다)

나. 건물의 인도 또는 철거의 경우

1) 등기기록상의 표시에 따라 대지의 지번(지목, 면적의 표시는 원칙적으로 필요하지 아니하다. 다만, 건물철거 이외에 대지의 인도를 구하는 경우에는 지목과 면적도 표기한다) 및 건물의 구조(00조 00지붕), 층수(단층, 2층 등), 용도(주택, 창고, 영업소), 건축면적(00평 또는 00㎡) 등을 빠짐없이 기재하여야 한다.

이때 해당 건물의 부동산 등기기록 표제부의 방식에 따라 지번주소만 있는 경우에는 지번주소를 기재하고, 지번주소와 도로명 주소가 모두 있는 경우에는 지번주소 및 도로명 주소를 병기하되, 병기할 경우 당사자 등 주소 기재방식과는 달리 지번주소를 먼저 기재하고 괄호안에 도로명, 건물번호를 차례로 기재한다.

*** 기재례

피고는 원고에게 서울 서초구 서초동 1500-2 (명달로 22길 24) 지상 철근콘크리트조 슬래브 지붕 3층 영업소 1층 150㎡, 2층 120㎡, 3층 100㎡ 옥탑 10.6㎡를 인도하라.

2) 만약 등기부상 표시와 현황이 다를 때에는 "현황에 따라 표시"하고 등기부상의 표시는 괄호 안에 병기하는 것이 관례이다. 인도청구의 경우 토지는 토지대장을 기준으로 표시하고, 건물은 현황을 기준으로 표시한다. 반면 이전등기를 명하는 경우는 등기부상 표시로 족하다.

> 1. 피고는 원고에게 서울 강남구 삼성동 37-18(봉은사로 408) 지상 벽돌조 기와지붕 단층 주택 90㎡[등기기록상 표시 : 같은 동 37-18(봉은사로 408) 지상 시멘트벽돌조 기와지붕 단층주택 80㎡]를 인도하라.
> 2. 소송비용은 피고가 부담한다.
> 3. 제1항은 가집행할 수 있다.

3) 목적물이 여러 동이거나 건물 표시가 너무 길어(아파트 또는 고층건물의 경우) 청구취지에서 이를 기재하는 것이 불편할 때에는 별지목록을 이용하는 것이 편리하다. 건물 자체의 특정에 어려움이 없는 이상 도면은 필요하지 않으나, 다른 건물과 혼동이 일어날 염려가 있는 때에는 도면을 첨부할 필요가 있다. 토지・건물의 일부분만이 목적물인 경우에는 축척과 방위가 정확히 표시된 측량도면을 별지로 첨부하고 그 도면에 표시된 목적부분의 외곽선의 꼭지점 부호를 차례로 명시함과 아울러 목적부분의 면적을 기재하여야 한다.

*** 기재례 1)

> 1. 피고는 원고에게 서울 강남구 삼성동 756-18 대 500㎡ 중 별지도면 표시 1, 3, 7, 8, 10, 13, 18, 1의 각 점을 차례로 (또는 순차로) 연결한 선내 부분 186㎡를 인도하라.
> 2. 소송비용은 피고가 부담한다.
> 3. 제1항은 가집행할 수 있다.

*** 기재례 2)

> 1. 원고에게, 별지목록 기재 건물 중,
>   가. 피고 갑은 별지도면 표시 1, 2, 3, 4, 1의 각 점을 차례로 연결한 선내 ㉮부분 방 306㎡를,
>   나. 피고 을은 같은 도면 표시 5, 6, 7, 8, 5의 각 점을 차례로 연결한 선내 ㉯부분 창고 20㎡를 각 인도하라.
> 2. 소송비용은 피고들이 부담한다.
> 3. 제1항은 가집행할 수 있다.

다. 건물철거 및 토지인도(기본형)

1. 피고는 원고에게,
   가. 별지 1목록 기재 건물을 철거하고,
   나. 별지 2목록 기재 토지를 인도하고,
   다. 2015.10.1.부터 위 별지 2목록 기재 토지의 인도완료일까지 월 500,000원의 비율로 계산한 돈을 지급하라.
2. 소송비용은 피고가 부담한다.
3. 제1항은 가집행할 수 있다.

라. 건물공유자를 상대로 한 철거 및 토지인도 청구

각 공유자의 지분을 명시하여야 한다.

1. 원고에게, 피고 갑은 1/4(또는 4분의 1) 지분에 관하여, 피고 을은 1/5 지분에 관하여, 피고 병, 정은 각 1/8 지분에 관하여, 별지목록 2기재 건물을 철거하고, 같은 목록 (1)기재 대지를 인도하라.
2. 소송비용은 피고들이 부담한다.
3. 제1항은 가집행할 수 있다.

3. 동시이행 사례 등 정리

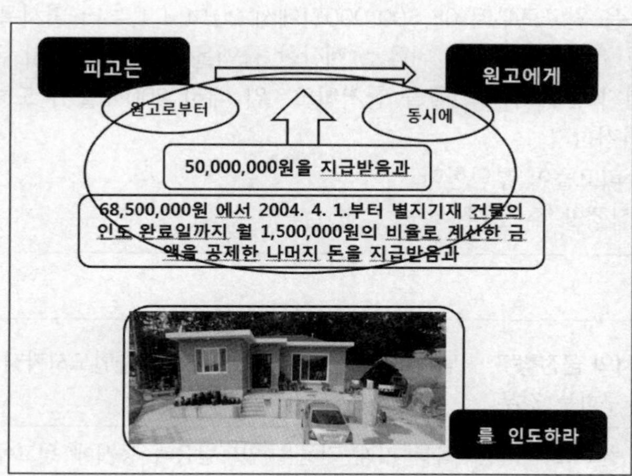

1) 유형 : 인도소송(연체차임 등이 없거나 공제할 수 없는 경우)

1. 피고는 원고로부터 50,000,000원을 지급받음과 동시에 원고에게 별지목록 기재 건물(또는 서울 강남구 신사동 1가 567 지상 콘크리트조 슬래브지붕 3층 근린생활시설 3층 200㎡)을 인도하라.
2. 소송비용은 피고가 부담한다.
3. 제1항은 가집행할 수 있다.

Check Point

✣ **반대 입장에서의 금전청구** – 임차인이 보증금을 동시이행으로 구하는 경우
쌍방채무가 동시이행관계에 있는 경우 일방의 채무의 이행기가 도래하더라도 상대방 채무의 이행 또는 이행제공이 있을 때까지는 이행지체의 책임을 지지 아니하므로 원고는 청구취지에서 지연이자를 구하면 안 된다.

1. 피고는 원고로부터 별지목록 기재 건물을 인도받음과 동시에 원고에게 60,000,000원을 지급하라.
2. 소송비용은 피고가 부담한다.
3. 제1항은 가집행할 수 있다.

* 6,000만 원에 대한 이자를 구하면 안 됨

2) **유형** : 건물철거 및 토지인도 소송 등(임차보증금에서 연체차임을 공제한 잔액과 동시이행을 구하고 퇴거까지 구하는 경우)

1. 피고 김갑동은 원고로부터 68,500,000원에서 2014.4.1.부터 별지목록 기재 대지의 인도완료일까지 월 1,500,000원의 비율로 계산한 금액을 공제한 나머지 돈을 지급받음과 동시에 원고에게 별지목록 기재 건물을 철거하고, 위 대지 300㎡를 인도하고, 피고 이을서는 위 건물에서 퇴거하라.
2. 소송비용은 피고들이 부담한다.
3. 제1항은 가집행할 수 있다.

Check Point

✣ **반대 입장에서의 금전청구** – 임차인이 건물인도와 동시에 건물인도시까지 보증금에서 월차임을 공제한 잔액을 구하는 경우

1. 피고는 원고로부터 별지목록 기재 건물을 인도받음과 동시에 원고에게 68,500,000원에서 2004.4.1.부터 위 건물의 인도완료일까지 월 1,500,000원의 비율로 계산한 금액을 공제한 나머지 돈을 지급하라.
2. 소송비용은 피고가 부담한다.
3. 제1항은 가집행할 수 있다.

3) 유형 : 사법연수원 중요사례(임차인 피고 엄주엽이 폐업하고 문을 닫아 부당이득에 관한 실질적 이익설에 따라 연체차임을 공제할 수 없는 경우)

> 1. 원고에게,
>   가. 피고 최명식은 별지목록 제1의 나항 기재 건물 중 1층 250㎡에서 퇴거하고,
>   나. 피고 구정은은 별지목록 제1의 나항 기재 건물을 철거하고, 별지목록 제1의 가항 기재 토지를 인도하고, 2015.9.20.부터 위 토지의 인도완료일까지 월 4,000,000원의 비율로 계산한 돈을 지급하라.
> 2. 피고 엄주엽은 원고로부터 275,000,000원을 지급받음과 동시에 원고에게 별지목록 제2항 기재 건물을 인도하라.
> 3. 소송비용은 피고들이 부담한다.
> 4. 제1항 및 제2항은 가집행할 수 있다.

4) 유형 : 사법연수원 중요사례(연체차임을 공제할 수 있는 경우)

> 1. 피고 김동수는 원고로부터 200,000,000원에서 2015.6.21.부터 별지목록 제1항 기재 건물 중 1층 150㎡의 인도완료일까지 월 3,000,000원의 비율로 계산한 금액을 공제한 나머지 돈을 지급받음과 동시에 원고에게 위 건물 1층 150㎡를 인도하라.
> 2. 원고에게,
>   가. 피고 박준석은 별지목록 제2의 나항 기재 건물에서 퇴거하고,
>   나. 피고 강영화는 별지목록 제2의 나항 기재 건물을 철거하고, 별지목록 제2의 가항 기재 토지를 인도하고, 2015.3.27.부터 위 토지의 인도완료일까지 월 3,500,000원의 비율에 의한 돈을 지급하라.
> 3. 소송비용은 피고들이 부담한다.
> 4. 제1항 및 제2항은 가집행할 수 있다.

5) 유형 : 철거대상 건물이 지분이면서 동시이행을 구하는 경우(임차보증금에서 연체차임을 공제한 잔액과 동시이행을 철거를 구하는 경우)

> 1. 피고들은 원고로부터 60,000,000원에서 2015.1.1.부터 별지목록 기재 토지의 인도완료일까지 월 900,000원의 비율로 계산한 금액을 공제한 나머지 돈을 지급받음과 동시에 원고에게, 피고 염돈일은 2/3지분에 관하여 피고 박정자는 1/3지분에 관하여 별지목록 기재 토지 중 별지도면 표시 1, 2, 3, 4, 5, 6, 7, 8, 1의 각 점을 차례로 연결한 선 내 부분 지상 시멘트콘크리트조 슬래브지붕 단층 점포 240㎡를 철거하고, 별지목록 기재 토지를 인도하라.
> 2. 소송비용은 피고들이 부담한다.
> 3. 제1항은 가집행할 수 있다.

4. 기타

가. 무허가건물의 철거를 구하는 경우

사실상 처분권자를 피고로 하여야 한다. 건물철거는 그 소유권의 종국적 처분에 해당하는 사실행위이므로 원칙적으로는 그 소유자(등기명의자)에게만 그 철거처분권이 있다고 할 것이나 그 건물을 매수하여 점유하고 있는 자는 등기부상 아직 소유자로서의 등기명의가 없다 하더라도 그 권리의 범위 내에서 그 점유 중인 건물에 대하여 법률상 또는 사실상 처분을 할 수 있는 지위에 있으므로 그 건물의 건립으로 불법점유를 당하고 있는 토지소유자는 위와 같은 지위에 있는 건물점유자에게 그 철거를 구할 수 있다(대판 1988.9.27, 88다카4017).

나. 간접점유자를 상대로 한 인도청구의 경우

판례는, 불법점유를 이유로 한 인도청구와 그 밖의 인도청구(예컨대, 인도약정에 따라 그 이행을 구하는 경우)를 나누어, 불법점유자에 대한 인도청구는 현실로 불법점유를 하고 있는 자만을 상대로 하여야 한다고 하는 반면, 인도약정에 따른 이행청구의 경우에는 간접점유자에 대하여도 인도를 구할 수 있다. 따라서 전자의 경우에 간접점유자에 대한 인도청구는 기각되고 직접점유자에 대한 청구만 인용될 것이다. 또, 점유보조자는 독립한 점유주체가 아니므로 그에 대한 인도청구는 하여서는 아니된다.

다. 점유이전금지가처분이 집행된 경우

점유이전금지가처분이 집행된 경우 가처분채무자는 가처분채권자에 대한 관계에서 여전히 점유자의 지위에 있고, 따라서 가처분채권자는 가처분채무자의 점유상실을 고려하지 않고 가처분채무자를 피고로 한 채로 인도청구의 본안소송을 제기할 수 있다.

5. 청구취지 오류수정 연습

◈ 부적절한 기재례

1. 피고는 원고로부터 금 59,000,000원에서 2015.1.21.부터 별지 기재 건물의 명도완료 시까지 매월 금 600,000원의 비율에 의한 금원을 공제한 나머지 금원을 지급받음과 상환하여 위 건물을 명도하라.
2. 소송비용은 피고의 부담으로 한다.
3. 위 제1항은 가집행할 수 있다.

◈ 적절한 기재례

1. 피고는 원고로부터 금 59,000,000원에서 2015.1.21.부터 별지 기재 건물의 인도완료 시까지 월 금 600,000원의 비율에 의한 금액을 공제한 나머지 돈을 지급받음과 동시에 원고에게 위 건물을 인도하라.
2. 소송비용은 피고가 부담한다.
3. 제1항은 가집행할 수 있다.

제5절 청구원인

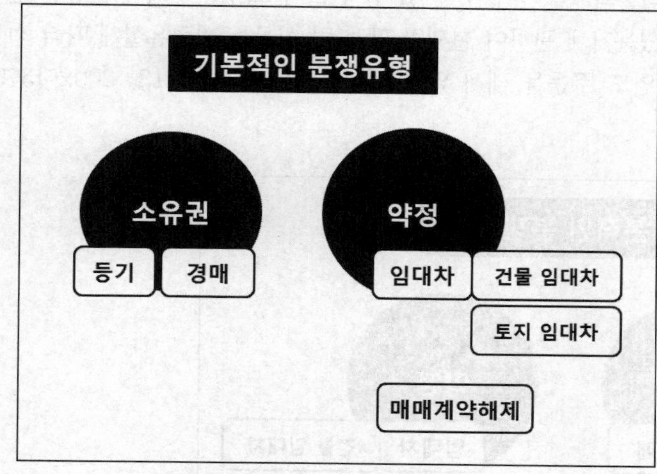

1. 소유권에 기한 인도·철거

가. 총설[1)]

1) 인도청구의 경우

① 요건사실은 “원고의 목적물 소유 + 피고의 목적물 점유”이다.

② 원고의 목적물 소유인 사실은 목적물의 소유권이 원고에게 귀속되어 있다는 권리관계가 아니라 원고가 목적물의 소유권을 취득한 구체적 사실을 의미하는 것이므로, 그 취득경위가 원시취득 또는 승계취득인지, 법률의 규정에 의한 취득 또는 법률행위에 의한 취득인지 여부를 불문하고 원고는 그에 해당하는 구체적 사실을 주장·증명하여야 한다.

③ 피고의 점유사실은 원고의 소유권을 현실적으로 방해하는 직접점유사실을 말하므로, 제3자에게 그 부동산을 임대한 간접점유자를 상대로 인도청구를 하는 것은 주장 자체로 이유 없게 된다.

2) 건물철거 및 퇴거청구의 경우

① 요건사실은 “원고의 토지 소유 + 피고의 지상 건물 소유(건물철거의 경우) + 피고의 제3자 소유 건물점유(건물퇴거의 경우)”이다.

② 소유토지상에 타인이 건물을 소유하고 있는 경우 그 토지를 인도받기 위해서는 그 전제로 지상 건물의 철거를 구하여야 한다. 지상 건물의 소유자는 지상 건물의 소유를 통하여 그 대지를 점유하고 있는 것이므로, 원고는 피고가 지상 건물을 소유한 사실을 증명하면 피고의 대지 점유사실까지 증명하는 셈이 된다.

---

1) 이하 요건사실론, 사법연수원 2018년. 76-79면 참조.

③ 지상 건물 소유자 이외의 자가 지상 건물을 점유하고 있는 때에는 지상 건물에 대한 점유사용으로 인하여 대지인 토지의 소유권이 방해되고 있는 것이므로 토지소유자는 방해배제로서 점유자에 대한 건물퇴거를 청구할 수 있다. 건물의 소유자가 아닌 단순한 점유자가 대지인 토지를 점유하고 있는가에 관하여 현재의 판례 및 실무는 비점유설에 따라 건물의 점유자에 대하여는 대지의 인도 주문을 내지 않고 있다(대판 2003.11.13, 2002다57935).

나. 기본틀

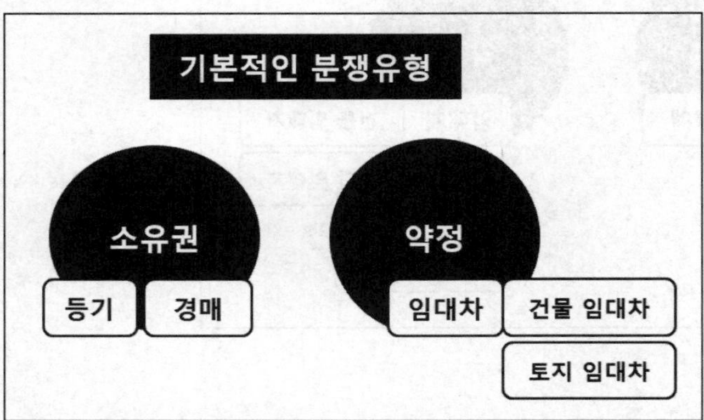

다. 사례

1. 원고는 의정부지방법원 고양지원 2012타경12825호 부동산임의경매절차에서 별지목록 제1항 기재 토지에 관하여 2012.10.1. 매각허가결정을 받아 2012.10.20. 그 매각대금을 완납하고 소유권을 취득하였습니다.
   피고 박장비는 2010.3. 초순경 소외 엄대영과 당시 박장비 소유이던 위 토지위에 1/2씩 건축비용을 분담하여 상가건물을 신축한 후 1/2 지분씩 공유하기로 약정하고, 위 약정에 기하여 2010.8. 중순경 건물을 신축한 다음 2012.9.15. 엄대영으로부터 이 사건 건물 중 나머지 1/2 지분을 대금 150,000,000원을 지급하고 매수하였고, 김관우가 2010.9.1. 피고 박장비로부터 이 사건 건물을 임차하여 현재 점유하고 있습니다. 이 사건 건물 신축 이후 이 사건 토지의 전부가 그 부지로 사용되고 있으며 이 사건 토지의 차임상당액은 월 3,060,000원입니다.
2. 그러므로 피고 박장비는 이 사건 건물 중 1/2 지분에 관하여는 원시취득자로서 나머지 1/2 지분에 관하여는 그 원시취득자인 엄대영으로부터 이를 양수하여 법률상 또는 사실상 처분권이 있는 자로서, 이 사건 건물이나 그 대지에 대한 현실적인 점유 여부에 상관없이 그 대지인 이 사건 토지를 점유·사용하고 있다 할 것이고, 또한 이로써 이 사건 토지에 대한 사용이익을 얻고 이로 인하여 원고에게 같은 금액 상당의 손해를 가하고 있다 할 것이며, 피고 김관우는 이 사건 건물을 점유함으로써 상가건물임대차보호법에 정한 임차인의 대항력 요건을 갖추었는지 여부를 불문하고 원고의 이 사건 토지 소유권 행사를 방해하고 있다 할 것입니다. 따라서 특별한 사정이 없는 한 원고에게, 피고 김관우는 이 사건 건물에서 퇴거하고, 피고 박장비는 이 사건 건물을 철거하고, 이 사건 토지를 인도하며, 원고가 이 사건 토지에 대한 소유권을 취득한 때부터 이 사건 토지에 대한 사용이익 상당을 부당이득으로 반환할 의무가 있습니다.

2. 임대차 약정에 기한 인도 · 철거

1) 건물임대차 사례

1. 원고는 2010.7.1. 피고에게 별지목록 기재 건물 중 1층 150㎡(이하 '이 사건 점포'라 합니다)를 임대차보증금 200,000,000원, 차임 월 2,000,000원(매월 20일 지급), 임대차기간 2010.7.21.부터 2012.7.20.까지 2년으로 정하여 임대하고, 2010.7.10. 피고에게 이 사건 점포를 인도하였습니다.
2. 그 후 피고가 2011.6.21.이후의 차임을 지급하지 아니하였고, 이에 원고는 피고의 3기 이상의 차임연체를 이유로 위 임대차계약을 해지한다는 의사표시가 담긴 2011.12.1.자 통고서를 발송하여 2011.12.5. 피고에게 도달하였습니다.
3. 따라서 위 임대차계약은 2011.12.5. 해지되어 종료되었다 할 것이므로, 피고는 원고에게 이 사건 점포를 인도할 의무가 있습니다.

2) 토지임대차 사례

1. 원고는 2013.3.17. 피고 갑과 사이에 원고 소유의 별지목록 기재 대지를 임대보증금은 900만 원, 월 차임은 140만 원, 임대기간은 2015.3.16.까지로 하고, 기간 종료 시는 원상회복하여 반환받기로 약정하여 임대하였습니다.
2. 피고 갑은 위 대지상에 별지목록 기재 가건물을 축조하여 소유하며 피고 을에게 이를 전대하여 그로 하여금 사용하게 하면서도 2014.12.17.부터의 차임을 지급하지 아니하고 있는 바, 2015.3.16. 기간만료로 임대차계약이 종료되었습니다.
3. 그렇다면 원고에게 피고 갑은 별지목록 기재 가건물을 철거하고 동 대지를 인도하고 2014.12.17.부터 위 인도일까지 월 140만 원의 비율에 의한 차임 및 차임 상당의 부당이득금을 지급하고, 피고 을은 위 가건물에서 퇴거할 의무가 있습니다.

제6절 증명방법

부동산에 관한 사건은 그 부동산의 등기부등본을 소장에 붙여야 하고, 그 외에도 소장에는 증거로 될 문서 가운데 중요한 것의 사본을 붙여야 한다(민사소송규칙 제63조 제2항).

제7절 첨부서면

1. 소송목적의 값 산정에 필요한 서류

청구취지와 원인만으로 소송물의 가액을 산출하기 어려운 소송의 소장에는 그 산출자료도 첨부하여야 한다. 따라서 토지 또는 건물에 관한 소송에 있어서는 목적물의 개별공시지가 또는 시가표준액을 알 수 있는 토지대장등본, 공시지가확인원 또는 건축물대장등본 등을 제출하여야 한다(인지규칙 제8조 제2항).

2. 나머지 사항은 금전청구부분 참조

제8절 기타

금전청구부분 참조

chapter

02 소장작성 연습

1. 사례 – 사법연수원 45기 – 2014년 1학기 민사실무수습기록 변형

【문】 다음은 의뢰인 조자룡[서울특별시 서초구 서초중앙로 188, 7동 1301호(서초동 삼풍아파트), 531008 – 1916713, 전화번호 : 02-525-4678, 전자우편 : kgu@gdskk.com]이 법무사 사무실에 찾아와 소장 작성을 의뢰하며 진술한 내용이다.

◎ 의뢰인은 의정부지방법원 고양지원 2012타경12825호 부동산임의경매절차에서 별지목록 제1항 기재 토지에 관하여 2012.10.1. 매각허가결정을 받아 2012.10.20. 매각대금을 모두 지급한 후 소유권이전등기를 마쳤음.

◎ 박장비[610526-1173812, 경기도 고양시 일산서구 후곡로 9, 15동 903호(주엽동, 우성아파트)]는 2010.3. 초순경 엄대영(651213-1231245, 경기도 의정부시 가능동 362-154)과 당시 박장비 소유이던 위 토지 위에 1/2씩 건축비용을 분담하여 상가건물을 신축한 후 1/2 지분씩 공유하기로 합의하고, 위 합의에 따라 2010.8. 중순경 건물을 신축한 다음 2010.9.1. 이를 김관우[590526-1171313, 경기도 고양시 일산로 725번길 11-5(대화동)]에게 임대차보증금 1억 원, 월세 200만 원(매달 15일 지급), 임대차기간 2010.9.16.부터 2012.9.15.까지 2년간으로 임대하였고 이후 갱신되어 현재 김관우가 위 건물에서 "일산패션"이라는 상호로 의류매장을 운영하고 있음.

◎ 그런데 박장비와 엄대영이 공동으로 신축한 위 건물은 허가면적을 훨씬 초과하여 건축된 관계로 준공검사를 마치치 못하여 현재까지도 미등기 상태이며, 박장비는 의뢰인이 위 매각대금을 완납하기 이전인 2012.9.15.일에 엄대영으로부터 위 건물 중 동인 소유의 1/2 지분을 대금 150,000,000원을 지급하고 양수하였음. 이 사건 건물 신축 이후 이 사건 토지의 전부가 그 부지로 사용되고 있으며 건물의 임료는 월 4,500,000원임. 그리고 이 사건 토지의 차임상당액은 월 3,060,000원 상당임.

◎ 박장비는 위와 같이 김관우에게 임대하여 이제 자신은 위 건물이나 그 부지인 위 토지를 점유하고 있지 않으므로 위 건물을 철거하여 토지를 인도하거나 그 점유로 인한 부당이득을 반환할 이유가 없다고 주장하고 있음.

◎ 한편 김관우는 2010.9.1. 박장비로부터 위 건물을 임차할 당시 임차권의 보장에 아무런 문제가 없을 것이라고 하여 이를 믿고 임대차보증금을 1억 원, 월 차임을 200만 원, 임대차기간을 2년으로 정하여 임차한 후 위 임대차계약이 갱신되었고, 수천만 원의 비용을 들여 의류판매시설을 갖추고 개장하여 이제 겨우 제 자리를 잡고 단골 고객이 많아진 상황이라며, 자신은 2010.9.16. 위 임대차계약에 기하여 박장비로부터 위 건물을 인도받고 2010.10.1. 고양세무서장에게 부가가치세법 제5조에 따른 사업자등록을 신청하여 상가건물임대차보호법에 정한 임차권의 대항요건을 갖추었으

므로 의뢰인에게 대항할 수 있다면서 아직 임대차기간이 만료되지 않았음은 물론, 임대차보증금을 반환받지 못하였으므로 김관우는 의뢰인의 요구에 응할 수 없다고 주장하고 있음.

◎ 이 사건 토지의 차임상당액은 월 3,060,000원 상당임으로 가정할 것.
조자룡의 위 진술 내용을 진실한 것으로 보고 모든 문제를 일거에 정리할 수 있는 내용으로 소장을 작성하시오. 그리고 상대방이 소송에서 위와 같은 주장을 실제로 할 것을 가정하여 이를 반박하는 내용도 포함하여 작성하시오. 소장에는 당사자, 청구취지, 청구원인을 갖추어 기재하고, 청구원인은 요건사실 위주로 기재하되 그 밖에 자연적 사실관계를 불필요하고 장황하게 기재하지 말며, 날인은 ㉞으로 표시하시오. 또한 소장의 오른쪽 윗부분에 소가와 첩부인지대 및 송달료를 기재하시오 (소가와 인지를 계산한 내역도 기재할 것).

▶ 별지 1항 기재 토지의 1㎡당 공시지가는 2,000,000원이고, 시가는 2,500,000원이다.

▶ 별지 2항 기재 건물의 시가표준액은 50,000,000원이고, 매매시가는 100,000,000원이다.

부동산의 표시

1. 경기도 고양시 일산동구 장항동 610 대지 200㎡
2. 위 지상 경량철골조 샌드위치패널지붕 2층 점포
   1층 210㎡
   2층 210㎡

보충문제 위 사례를 전제로

1) 공유물인 건물의 철거청구는 공유자 전원을 상대로 하여야 함에도, 이 사건 건물의 공유자 중 1인인 피고 박장비만을 상대로 철거를 구하는 원고의 이 사건 소는 부적법하다고 피고 박장비가 항변하는 경우 이에 대한 판단은?

2) (피고 박장비 소유이던 이 사건 토지에 2010.4.13. 저당권설정등기가 마쳐졌고, 피고 박장비가 2010.3.25.경 엄대영과 공동으로 이 사건 건물 신축공사에 착공하여 위 저당권 설정 당시 터파기 공사를 마친 상태였던 경우를 전제로), 피고 박장비가 이 사건 토지에 저당권이 설정될 당시 그 지상에 자신과 엄대영에 의해 건축 중이던 이 사건 건물이 바닥공사까지 마쳐져 그 규모, 종류가 외형상 예상할 수 있는 정도까지 건축이 진전되어 있었으며, 그 이후 이 사건 건물이 완공되고 경매로 인하여 토지와 완성된 건물의 소유자가 다르게 된 것이어서, 이 사건 건물의 공유자인 자신은 민법 제366조에 의하여 이 사건 토지 전부에 관하여 이 사건 건물의 존속을 위한 법정지상권을 취득하므로 이 사건 토지를 점유할 정당한 권원이 있다고 항변하는 경우 이에 대한 판단은?

3) 원고가 이 사건 토지에 대한 매각허가 결정을 받은 2012.10.1.부터 매각대금완납일 전날까지의 기간에 대하여도 부당이득의 반환을 구하는 경우 이에 대한 판단은?

4) 피고 김관우가 이 사건 건물을 그 소유자인 피고 박장비로부터 임차하여 2010.8.16.부터 점유·사용함으로써 이 사건 토지를 점유하고 있다고 주장하며, 피고 김관우에게 원고가 이 사건 토지에 관하여 매각허가 결정을 받은 2012.10.1.부터 이 사건 토지 인도완료일까지 그 사용이익 상당을 부당이득을 구하는 경우 판단은?

≫ 답안례

소 장

*** 소 가 100,000,000원
내역 : 1) 건물철거 50,000,000×50/100×1/2 = 12,500,000원
2) 토지인도 2,000,000×200×50/100×1/2 = 100,000,000원
건물철거는 토지인도의 수단이므로 2)로만 소가 산정
*** 인지대 455,000원
내역) 100,000,000원×40/10,000 + 55,000원

원 고 조자룡 (531008 - 1916713)
서울 서초구 서초중앙로 188, 7동 1301호(서초동 삼풍아파트)
전화번호 : 02-525-4678 전자우편 : kgu@gdskk.com
피 고 1. 김관우 (590526, 1171313)
고양시 일산로 725번길 11-5(대화동)
2. 박장비 (610526-1173812)
고양시 일산서구 후곡로 9, 15동 903호(주엽동, 우성아파트)

건물철거 등 청구의 소

청 구 취 지

1. 원고에게,
가. 피고 김관우는 별지목록 제2항 기재 건물에서 퇴거하고,
나. 피고 박장비는,
1) 별지목록 제2항 기재 건물을 철거하고, 같은 목록 제1항 기재 토지를 인도하고,
2) 2012.10.20.부터 위 토지의 인도완료일까지 월 3,060,000원의 비율로 계산한 돈을 지급하라.
2. 소송비용은 피고들이 부담한다.
3. 제1항은 가집행할 수 있다.
라는 판결을 구합니다.

청 구 원 인

1. 기초사실

1) 원고는 의정부지방법원 고양지원 2012타경12825호 부동산임의경매절차에서 별지목록 제1항 기재 토지에 관하여 2012.10.1. 매각허가결정을 받아 2012.10.20. 매각대금을 모두 지급한 후 소유권이전등기를 마쳤습니다.

2) 피고 박장비는 2010.3. 초순경 소외 엄대영과 당시 박장비 소유이던 위 토지 위에 1/2씩 건축비용을 분담하여 상가건물을 신축한 후 1/2 지분씩 공유하기로 약정하고, 위 약정에 기하여 2010.8. 중순경 건물을 신축한 다음 2012.9.15. 엄대영으로부터 이 사건 건물 중 나머지 1/2 지분을 대금 150,000,000원을 지급하고 매수하였고, 김관우가 2010.9.1. 피고 박장비로부터 이 사건 건물을 임차하여 현재 점유하고 있습니다.

3) 이 사건 건물 신축 이후 이 사건 토지의 전부가 그 부지로 사용되고 있으며 이 사건 토지의 차임 상당액은 월 3,060,000원입니다.

2. 피고 박장비에 대한 청구

1) 그러므로 피고 박장비는 2012.10.20. 매각대금을 완납하여 이 사건 토지에 관한 소유권을 취득한 원고에게 이 사건 건물을 철거하고, 이 사건 토지를 인도하고, 원고가 소유권을 취득한 2012.10.20.부터 이 사건 토지의 인도완료일까지 월 3,060,000원의 비율로 계산한 돈을 부당이득금으로 반환할 의무가 있습니다.

2) 이에 대해 피고 박장비는 자신이 건물을 점유하고 있지 않으므로 건물의 철거, 토지의 인도 내지 부당이득반환의무를 부담하지 않는다고 주장하나, 사회통념상 건물은 그 부지를 떠나서는 존재할 수 없는 것이므로 건물의 부지가 된 토지는 그 건물의 소유자가 점유하는 것으로 볼 것이고, 이 경우 건물의 소유자가 현실적으로 건물이나 그 부지를 점거하고 있지 아니하고 있더라도 그 건물의 소유를 위하여 그 부지를 점유한다고 보아야 하는바, 피고 박장비는 위 건물 중 1/2 지분에 관하여는 원시취득자로서, 나머지 1/2 지분에 관하여는 그 원시취득자인 엄대영으로부터 이를 양수하여 법률상 또는 사실상 처분할 수 있는 지위에 있는 자로서, 이 사건 건물을 직접 또는 간접 점유하는지 여부 또는 실제 사용 여부와 상관없이 토지소유자인 원고에 대하여 건물의 철거, 토지의 인도 및 부당이득반환의무를 부담하므로 피고 박장비의 주장은 역시 이유 없습니다.

3) 그리고 피고 박장비는 이미 계속적·반복적으로 도래하고 있는 기왕의 부당이득금반환의무에 대하여도 전혀 그 이행을 하지 아니하고 있는 이상, 장래의 부당이득금에 대해서도 이행하지 아니할 것이 명백히 예견되는 경우라 봄이 상당하고 따라서 장래의 이행기가 도래할 부분에 관하여도 미리 청구할 필요가 있습니다(대판 1993.3.9, 91다46717 참조).

3. 피고 김관우에 대한 청구

또한 김관우는 이 사건 건물을 점유함으로써 원고의 이 사건 토지소유권 행사를 방해하고 있으므로 원고에게 이 사건 건물에서 퇴거할 의무가 있습니다. 이에 대하여 피고 김관우는 2010.9.16. 위 임대차 계약에 기하여 박장비로부터 위 건물을 인도받고 2010.10.1. 고양세무서장에게 부가가치세법 제5조에 따른 사업자등록을 신청하여 상가건물임대차보호법에 정한 임차권의 대항력 요건을 갖추었으므로 원고에게 자신의 임대차를 대항할 수 있다고 하면서, 아직 임대기간이 만료되지 않았음은 물론, 임대보증금을 반환받지 못하였으므로 원고의 퇴거요구에 응할 수 없다고 주장하고 있으나, 건물임차인의 임차권 대항력을 가진다고 하더라도 건물이 그 존립을 위한 토지사용권을 갖추지 못한 이상 토지소유자의 소유권에 기한 방해배제로서 퇴거청구에는 대항할 수 없는 것이므로(대판 2010.8.19. 2010다43801), 피고 김관우의 주장은 이유 없습니다.

4. 결어

이상과 같은 이유로 원고는 청구취지와 같은 판결을 구하기 위하여 본 소를 제기하기에 이르렀습니다.

증 명 방 법

1. 갑 제1호증 부동산등기사항증명서

첨 부 서 류

1. 위 증명방법	각 3통
2. 영수필확인서	1통
3. 토지대장등본	1통
4. 송달료납부서	1통
5. 서류작성 및 제출위임장	1통
6. 소장부본	2통

2014.9.28.

원고 조자룡 (인)

의정부지방법원 고양지원 귀중

목록

1. 고양시 일산동구 장항동 610 대 200㎡
2. 위 지상 경량철골조 샌드위치패널지붕 2층 점포
   1층 210㎡
   2층 210㎡. 끝.

» 보충문제 답안례

1) 공유자들은 각자 그 지분의 한도에서 건물 전체에 대한 철거의무를 부담하는 것이므로, 공유물의 철거를 구하는 소송을 공유자 전원에 대하여 합일적으로 확정하여야 할 필수적 공동소송이라고 할 수는 없어 피고 박장비의 항변은 이유 없다.

2) 위 사실(건물 신축공사에 착공하여 저당권 설정 당시 터파기 공사를 마친 상태)만으로는 위 저당권 설정 당시 건물의 규모, 종류가 외형상 예상할 수 있는 정도까지 건축이 진전되어 있다고 보기 어려우므로(대판 2004.2.13, 2003다29043) 피고 박장비의 주장은 이유 없다.

3) 원고는 이 사건 토지에 대한 매각대금을 완납하여 소유권을 취득한 날부터 부당이득의 반환을 구할 수 있다고 할 것이므로 원고의 이 부분 주장은 이유 없다.

4) 피고 김관우가 이 사건 건물을 임차하여 점유하고 있더라도 피고 김관우를 이 사건 토지의 점유자로 볼 수는 없으므로 피고 김관우가 이 사건 토지의 점유자임을 전제로 한 원고의 주장은 더 나아가 살필 필요 없이 이유 없다.

2. 사례 – 2011년 법무사 제17회 기출문제

【문 1】 김갑동 [(660528-1047567), 주소 : 서울특별시 강남구 도곡로 391(역삼동), 전화번호 : 010.234.5678, 전자우편 kkd@lala.net)]은 법무사 사무실에 찾아와 아래와 같이 분쟁 내용을 설명하고 자신이 가져온 [관련자료]를 제시하면서 소장 작성을 의뢰하였다. 이에 적합한 소장을 작성하시오. 30점

저는 서울 강남구 수서동 123-1 잡종지 150㎡의 소유자입니다[토지등기부등본]. 저는 원래 나대지 상태인 이곳에 건물을 신축할 계획을 가지고 있었는데, 2008년 초경 이을남[690123-1032765, 서울 서초구 잠원로 567, 102동 1801호(잠원동, 태양아파트)]이 찾아와 위 토지를 물품보관창고 및 야적장 부지로 사용하고 싶으니 2~3년 정도 빌려달라고 요청하였습니다.

그래서 저는 2008.1.31. 이을남에게 위 토지를 임대차보증금 3,000만 원, 차임 월 200만 원(매월 말일 지급), 기간 2008.2.1.부터 2010.1.31.까지 2년으로 하고, 임대차 종료 시에는 토지를 원상복구하여 반환하기로 약정하여 임대하고[임대차계약서], 바로 토지를 인도하였습니다.

이후 저는 사업관계로 바쁘게 지내느라 위 계약기간이 지났음에도 임대차관계를 정리하거나 갱신계약을 체결하지 못하고 있었는데, 여하튼 그 후에도 이을남이 월세는 제때에 송금해 왔기에 별 문제가 없는 줄 알고 있었습니다.

그런데 이을남은 지난 2011.2.28.(2011.2월분)부터 월세를 연체하기 시작하였고, 제가 수차례 독촉을 하였음에도 "사업이 어렵고 자금사정이 좋지 않다, 일단은 보증금에서 공제해 달라"고 사정하면서 차일피일하였습니다. 그런데 얼마 전 2011.7.경 제가 이을남을 만나고 또 위 토지를 방문하여 확인한 결과 다음과 같은 사실을 알게 되었습니다. 즉, 이을남은 당초 위 토지에 컨테이너 2동을 설치하고 자재창고 및 야적장으로 사용해 오던 중 사업악화로 빚에 몰리게 되자 저와는 상의도 없이 2010.6.경 그의 채권자 중 한사람인 박병서[(580915-1123412, 서울시 서초구 서래로3길 13(반포동)]에게 위 토지임대차에 관한 권리를 넘기고 점유도 이전하였습니다.

그 후 박병서는 2010.7.경 위 토지에서 컨테이너 등을 철거하고 무허가에 미등기로 별지 도면 기재와 같은 건물을 신축한 뒤, 그곳에서 '씽씽카센터'라는 상호로 자동차수리·정비업소(이하 '이 사건 카센터'라고 함)를 운영하여 왔습니다. 제가 가져온 별지 도면은 아는 측량기사가 작성해 준 것인데, 보시듯이 위 토지의 전부가 위 건물의 부지로 사용되고 있습니다. 그런데 그 후 박병서도 위 카센터의 영업이 제대로 되지 않자, 2011.5.경 그 밑에서 일하면서 임금이 체불되고 있던 최정복[(750423- 1641334, 서울특별시 송파구 오금로 80(송파동)]에게 위 건물의 점유와 영업을 모두 넘겨주었고, 그 후부터 현재까지 최정복이 위 건물에서 카센터 영업을 하고 있습니다[현장사진 2장].

저는 위 사람들에게, 기존의 토지임대차를 계약 위반을 이유로 종료시키겠으니 모든 것을 원상으로 복구하고 토지를 반환하라고 항의하였지만, 그들은 다음과 같이 변명하며 불응하고 있습니다.

즉, 이을남은, 위 토지임대차가 묵시적으로 갱신되어 계속 유지되고 있고, 임대차보증금에서 연체 차임을 공제하고도 아직 잔금이 여유 있게 남아 있으며, 자신은 이미 위 토지를 박병서에게 전대하여 현재 점유하고 있지 않으므로 청구에 응할 수 없다고 합니다.

박병서는, 자기도 이을남에 대한 5,000만 원의 대여금채권 확보를 위하여 위 토지임차권을 넘겨 받았다고 하면서, 당시 이을남이 "당신(박병서)은 이 토지를 활용하여 사업을 하면서 수익을 올리고, 그 대신 나(이을남)에게 임대료조로 매월 200만 원만 주면 그것을 임대인에게 전달하여 지급하겠다, 그 외의 사용수익과 3,000만 원의 임대차보증금 반환채권은 당신(박병서)이 취득하는 것으로 채무변제를 갈음하자"고 하여 그에 따른 것이라고 합니다. 게다가 박병서는 위 토지상에 5,000만 원의 비용을 들여 위 건물을 신축하였다고 하는데, 이와 관련하여 이을남과 박병서는 민법에 임차인의 '지상물매수청구권'이라는 것이 보장되어 있다면서 위 건물 가격을 보상받아야 한다, 그리고 현재는 위 건물이나 토지를 점유하고 있지 않으므로 제 요구에 응할 수 없다고 버티고 있습니다.

또한 최정복은, 박병서로부터 위 건물의 점유와 영업을 넘겨받아 독자적으로 카센터 영업을 하는 것은 인정하면서도, 자기는 건물소유주인 박병서로부터 허락을 받아 잠시 그곳에서 영업을 하고 있을 뿐, 토지의 소유나 임대차관계와는 무관하다면서 원고의 요구에 응하지 않고 있습니다.

이런 상황에서 저는, 위 임대차를 종료시키고 위 사람들을 모두 내보냄과 아울러 토지를 원래의 상태로 복구하여 돌려받음으로써 소유권을 온전히 회복하고 싶습니다. 한편, 제가 받았던 임대차보증금이 있기는 하지만 그 돈에서 이미 연체된 월세와 앞으로 계속 늘어날 부분까지 공제하고 나면 결국 돌려줄 것이 없을 것입니다. 오히려 보증금이 모두 소진된 후에는 월세 상당의 돈을 추가로 보상받아야 하겠지만, 그 부분은 아직 청구할 생각이 없습니다.

〈 유의사항 〉

○ 김갑동의 위 진술 내용을 모두 진실한 것으로 보고 그 의사를 존중하여 김갑동에게 가장 유리하고 적법하며 승소가능성이 있는 내용으로 서울중앙지방법원에 접수할 소장을 작성하십시오(소장 작성일은 2011.9.19.로 할 것).

○ 여러 명에 대하여 소를 제기할 필요가 있는 경우 병합요건을 고려하지 말고 하나의 소장으로 작성하십시오.

○ 소장에는 당사자, 청구취지, 청구원인을 갖추어 기재하되, 청구원인은 요건사실 위주로 기재하고 불필요한 사실관계를 장황하게 기재하지 않도록 하십시오.

○ 소장의 오른쪽 윗부분에 '소가'와 납부할 '인지대'를 그 각 계산 내역과 함께 기재하십시오(다만, 위 수서동 123-1 토지의 개별공시지가는 1㎡당 200만 원이고, 위 건물의 시가표준액은 4,000만 원으로 볼 것).

○ 김갑동이 제시한 별지 도면을 그대로 소장의 별지로 사용한다는 전제하에 소장 내용에서 이 도면을 인용하여 목적물을 정확히 특정하되, 답안작성을 위하여 실제로 별지 도면을 작성하여 첨부할 필요는 없습니다.

» 답안례

소 장

*** 소 가 75,000,000원

내역) 150×2,000,000원×50/100×1/2 = 75,000,000원

*** 인지대 342,500원

내역) 75,000,000원×45/10,000 + 5,000원

원　고　김갑동 (660528-1047567)
서울 강남구 도곡로 391(역삼동)
전화번호 : 02-234-5678, 전자우편 : kkd@lala.net
피　고　1. 박병서 (580915-1123412)
서울 서초구 서래로3길 13(반포동)
2. 최정복 (750423-1641334)
서울 송파구 오금로 80(송파동)

토지인도 등 청구의 소

청 구 취 지

1. 원고에게,
   가. 피고 박병서는 서울 강남구 수서동 123-1 잡종지 150㎡ 지상 별지도면표시 1, 2, 3, 4, 1의 각 점을 차례로 연결한 선 내 경량철골조 샌드위치패널지붕 단층 자동차 수리점 120㎡를 철거하고, 위 토지 150㎡를 인도하라.
   나. 피고 최정복은 위 가항 기재 건물에서 퇴거하라.
2. 소송비용은 피고들이 부담한다.
3. 제1항은 가집행할 수 있다.

라는 판결을 구합니다.

청 구 원 인

1. 원고 소유의 토지

서울 강남구 수서동 123-1 잡종지 150㎡(이하 "이 사건 토지"라 합니다)는 원고 소유의 토지입니다.

2. 피고 박병서에 대한 청구

피고 박병서는 2010.7.경 이 사건 토지상에 별지도면표시 1, 2, 3, 4, 1의 각 점을 차례로 연결한 선 내 경량철골조 샌드위치패널지붕 단층 자동차 수리점 120㎡(이하 "이 사건 건물")를 신축하여 소유한 채 원고에게 대항할 수 있는 정당한 점유권원 없이 원고 소유의 이 사건 토지를 점유하고 있습니다. 그러므로 피고 박병서는 원고에게 이 사건 건물을 철거하고 이 사건 토지를 인도할 의무가 있습니다.

3. 피고 최정복에 대한 청구

피고 최정복은 2011.5.경 피고 박병서로부터 이 사건 건물의 점유를 인도받은 후 이곳에서 카센터 영업을 하면서 원고의 소유권 행사를 방해하고 있으므로 이 사건 건물에서 퇴거할 의무가 있습니다.

4. 결언

이상과 같은 이유로 원고는 청구취지와 같은 판결을 구하기 위하여 본 소를 제기하기에 이르렀습니다.

증 명 방 법

1. 갑 제1호증 부동산등기사항증명서 (토지)

첨 부 서 류

1. 위 증명방법	3통
2. 영수필확인서	1통
3. 토지대장등본	1통
4. 송달료납부서	1통
5. 서류작성 및 제출위임장	1통
6. 소장부본	2통

2011.9.19.

원고 김갑동 (인)

서울중앙지방법원 귀중

▶ 임대차계약 등을 근거로 하여 현재 점유자가 아닌 이을남까지도 포함시켜 소를 제기할 수도 있겠으나, 민사소송법 과목의 많은 시험분량의 고려, 이을남은 이 사건 임차토지에 대하여 완전히 모든 점유 등을 박병서에게 넘겨서 점유를 하지 않고 있고, 토지에는 박병서의 건물 신축으로 인하여 건물철거와 토지인도가 중요한데 건물소유자는 박병서인 점(따라서 이을남에게 토지인도를 구하지 않아도 박병서에게만 인도를 구해도 충분히 건물철거와 토지인도를 구하여 소유권 회복이 가능한 점), 임대차보증금 문제는 연체된 차임문제는 아직 청구할 생각이 없는 점 등을 고려하여 직접점유자에 대하여 불법점유를 이유로 소유권에 기해서 청구하는 것으로 답안을 구성해 보았습니다.

3. 사례 - 2012. 사법연수원 43기 1학기 민사재판실무 문제 변형

다음은 김대인[서울특별시 서초구 서초중앙로 188, 7동 1301호(서초동 삼풍아파트), 490523 - 1032219, 전화번호 : 02-525-4678, 전자우편 : kgu@gdskk.com]이 법무사 사무실에 찾아와 소장 작성을 의뢰하며 진술한 내용이다.

◎ 의뢰인은 친구의 소개로 2010.7.1. 임채수[경기도 고양시 일산구 일상로 752번길 11-5(대화동)]와 사이에, 의뢰인 소유로서 종래 소매점으로 사용되다가 비어 있던 별지목록 기재 건물 중 1층 150㎡에 대하여 임대차계약을 체결하였음. 당시 임대차보증금을 2억 원으로 하고, 차임은 월 금 200만 원을 매월 20일 지급하며, 임대차기간은 2010.7.21.부터 2012.7.20.까지 2년간으로 약정하였음. 그리고 임차인이 개·보수한 시설은 임대차가 종료되는 경우 이 사건 점포의 반환기일 이전에 임차인의 부담으로 원상복구하기로 약정함.

◎ 의뢰인은 임채수의 요청으로 2010.7.10. 위 점포를 미리 임채수에게 인도하였고, 임채수는 2010.7.21. 의뢰인에게 임대차보증금을 지급하고 위 점포를 주점으로 개조한 후, 2010.8.1. "치맥호프"라는 상호로 주점을 개업하였음. 그런데 임채수는 위 주점을 운영하면서 2011.6.20.까지의 차임만 지급하고, 그 이후의 차임을 전혀 지급하지 않았음. 의뢰인이 임채수에게 수차례 차임의 지급을 독촉할 때마다 임채수는, 장사가 잘 되지 않는다며 잠시만 기다려 주면 밀린 차임을 모두 지급하겠다고 하였음에도 지금까지 밀린 차임을 지급하지 않고 있음.

◎ 의뢰인은 소개한 친구와의 관계 때문에 임채수가 미리 주점영업을 위한 인테리어 공사 등을 할 수 있도록 임대차기간 개시 이전에 위 점포를 인도해 주었음은 물론이고, 임채수가 차임을 3개월 이상 연체하였음에도 바로 계약을 해지하지 않고 기다려 주었으나, 앞으로도 정상적으로 차임을 지급하지 못할 것으로 예상되어 2011.9.22. 및 같은 해 10.21. 두 차례에 걸쳐 임채수에게 서면독촉을 하였는 바, 그럼에도 임채수의 태도에 변화가 없어 더 이상 그를 신뢰할 수 없기에 임채수에게 내용증명 우편을 통하여 3개월 이상 차임을 연체하였음을 이유로 위 점포에 대한 임대차계약을 해지한다는 의사를 통지하여 같은 통지서가 2011.12.5. 임채수에게 도달하였음.

의뢰인의 위 진술 내용을 진실한 것으로 보고, 2013.9.28.자로 의뢰인에게 문제를 일거에 정리할 수 있는 내용으로 소장을 작성하시오(다만, 김수현에 대한 문제는 추후 별도로 처리할 예정임). 소장에는 당사자, 청구취지, 청구원인을 갖추어 기재하고, 청구원인은 요건사실 위주로 기재하되 그 밖에 자연적 사실관계를 불필요하고 장황하게 기재하지 말며, 날인은 ㉑으로 표시하시오. 또한 소장의 오른쪽 윗부분에 소가와 첩부인지대 및 송달료를 기재하시오(소가와 인지를 계산한 내역도 기재할 것).

▶ 별지 1항 기재 건물 중 1층 150제곱미터의 시가표준액은 200,000,000원이고, 매매시가는 250,000,000원이다.

별 지 목 록
경기도 고양시 일산동구 장항동 869-1 지상 철근콘크리트조 슬래브지붕 3층 근린생활시설 및 사무실 1층 근린생활시설 150㎡ 2층 근린생활시설 150㎡ 3층 근린생활시설 100㎡

보충문제 위 사례를 전제로 임채수가 아래와 같은 주장을 하면서 다툴 경우 이에 대한 반박주장을 각 주장별로 5줄 이내로 기재할 것

1) 임채수는 임대차계약 당시 의뢰인에게 임대차보증금 2억 원을 지급하였고, 보증금의 성질상 연체된 차임은 보증금액에서 자동 공제되는 것이므로 위 보증금이 전부 소멸할 때까지는 임채수가 차임을 연체하여도 채무불이행에 해당하지 않아 의뢰인은 이를 이유로 해지할 수 없는 것이다.

2) 임채수는 위 임차보증금과 인테리어 등 공사비용 상당부분을 선배인 김수현으로부터 차용하여 사업을 시작하였는데, 영업부진으로 간신히 임대료만 지급할 수 있었을 뿐, 김수현에게 차용금 이자도 지급하지 못하고 있었음. 이에 임채수는 김수현에 대한 차용금 이자지급이라도 면해 보기 위하여 2011.7.1. 김수현과 "김수현에게 지급하여야 할 이자의 지급에 갈음하여 위 주점을 김수현이 운영하고, 김수현이 의뢰인에게 임대료를 지급하며, 다만 임대차 종료 시에는 임채수에게 주점을 돌려주어 임채수가 의뢰인으로부터 임대료를 받을 수 있도록 하되, 임채수는 의뢰인으로부터 임대차보증금을 받는 즉시 김수현에게 지급하기로" 약정을 하였음. 김수현은 위 약정에 따라 임채수로부터 이 사건 점포를 인도받아 주점영업을 계속하였음에도, 영업부진이 지속되자 약정을 위반하여 의뢰인에게 임대료를 전혀 지급하지 않고 있는 것임. 이와 같이 임채수는 김수현에게 이 사건 점포를 인도하여 현재 이 사건 점포를 점유하고 있지 않으므로 의뢰인의 인도요구에 응할 수 없다고 주장하고 있음.

3) 임채수는 이 사건 점포에 유익비를 지출하였으므로 이를 상환받을 때까지 이 사건 점포를 유치할 권리가 있다. 임채수는 의뢰인과의 임대차계약에 따라 이 사건 점포를 인도받은 후인 2010.7. 하순경 공사비용 300만 원을 지출하여 이 사건 점포의 화장실 개량공사를 하였으며 현재 이 사건 점포의 객관적 가치가 같은 금액 상당으로 증가한 상태임.

4) 의뢰인의 채권자인 손영수라는 사람이 위 점포에 대한 2011.11.21.부터 2012.6.20.까지 7개월 간의 차임 등 채권 또는 차임 상당의 부당이득반환채권에 대하여 2011.11.14. 압류 및 추심명령이 내려지고 그 정본이 같은 달 17. 임채수에게 송달되었으므로 이 금액은 위 임대차보증금에서 공제되어서는 아니 된다.

소 장

* 소 가 50,000,000원
내역) 200,000,000×50/100×1/2
* 인지대 : 230,000원
내역) 50,000,000원×45/10,000 + 5,000원

원 고 김대인 (90523 - 1032219) (인)
서울 서초구 서초중앙로 188, 7동 1301호(서초동, 삼풍아파트)
피 고 임채수 (611205-1114115)
고양시 일산구 일상로 752번길 11-5(대화동)

건물인도 청구의 소

청 구 취 지

1. 피고는 원고로부터 200,000,000원에서 2011.6.21.부터 별지목록 기재 건물 중 1층 150㎡의 인도 완료일까지 월 2,000,000원의 비율로 계산한 금액을 공제한 나머지 돈을 지급받음과 동시에 원고에게 위 건물 1층 150㎡를 인도하라.
2. 소송비용은 피고가 부담한다.
3. 제1항은 가집행할 수 있다.

라는 판결을 구합니다.

청 구 원 인

1. 임대차계약과 피고의 점유

원고는 2010.7.1. 피고에게 별지목록 기재 건물 중 1층 150㎡(이하 '이 사건 점포'라 합니다)를 임대차 보증금 200,000,000원, 차임 월 2,000,000원(매월 20일 지급), 임대차기간 2010.7.21.부터 2012.7.20.까지 2년으로 정하여 임대하고, 2010.7.10. 피고에게 인도하였습니다.

2. 임대차계약의 종료와 피고의 인도의무

그런데 그 후 피고는 2011.6.21. 이후의 차임을 지급하지 아니하였고, 이에 원고는 피고의 2기 이상의 차임연체를 이유로 위 임대차계약을 해지한다는 의사표시가 담긴 2011.12.1.자 통고서를 발송하여

2011.12.5. 피고에게 도달하였습니다. 따라서 위 임대차계약은 2011.12.5. 해지되어 종료되었다 할 것이므로, 피고는 원고에게 이 사건 점포를 인도할 의무가 있습니다.

3. 연체 차임 및 차임 상당의 부당이득 공제 등과 동시이행

피고는 2011.6.21.부터 위 임대차 종료일인 같은 해 12.5.까지 월 200만 원의 비율에 의한 차임을 연체하고 있을 뿐만 아니라, 피고가 원고로부터 주점용도로 이 사건 점포를 임차한 이래 위 김수현이 피고의 승낙을 받아 위 임대차 종료 후 현재까지도 이 사건 점포를 같은 용도로 점유・사용하고 있으면서 그 사용이익을 얻고 이로 인하여 임대인인 원고에게 그 사용이익액 상당의 손해를 가하고 있으므로, 피고는 2011.6.21.부터 이 사건 점포 인도완료일까지 위 200만 원의 비율에 의한 차임 또는 차임 상당의 부당이득을 피고의 임대차보증금 2억 원에서 공제되어야 할 것입니다. 그러므로 피고는 원고로부터 위 임대차보증금 200,000,000원에서 2011.6.21.부터 이 사건 점포의 인도완료일까지 월 2,000,000원의 비율에 의한 차임 또는 차임 상당 부당이득금을 공제한 나머지 금원을 지급받음과 동시에 원고에게 이 사건 점포를 인도할 의무가 있습니다.

4. 결언

이상과 같은 이유로 원고는 청구취지 기재와 같은 판결을 구하기 위하여 본소를 제기하기에 이르렀습니다.

증 명 방 법

1. 갑 제1호증 (부동산등기사항증명서)
2. 갑 제2호증 (임대차계약서)
3. 갑 제3호증의 1-3 (각 통고서)

그 밖의 증명방법은 소송의 진행에 따라 제출하겠습니다.

첨 부 서 류

1. 위 증명방법 각 2통
2. 영수필확인서 1통
3. 토지대장등본 1통
4. 건축물관리대장 등본 1통
5. 송달료납부서 1통

6. 서류작성 및 제출위임장 1통
7. 소장부본 1통

2013.9.28.
원고 김대인 (인)

의정부지방법원 고양지원 귀중

목록

고양시 일산동구 장항동 869-1
지상 철근콘크리트조 슬래브지붕 3층 근린생활시설 및 사무실
1층 근린생활시설 150㎡
2층 근린생활시설 150㎡
3층 근린생활시설 100㎡. 끝.

≫ 보충문제 답안례

1) 임대차보증금이 연체차임 등 임대차관계에서 발생하는 채무를 담보한다고 하여 임차인이 그 보증금의 존재를 이유로 차임의 지급을 거절하거나 그 연체에 따른 채무불이행 책임을 면할 수는 없으므로 피고의 주장은 이유 없습니다.
2) 이 사건과 같이 임대인이 임차인을 상대로 임대차 종료를 원인으로 목적물의 반환을 구하는 경우 임차인이 이를 직접 점유하고 있을 것을 요건으로 하지 아니하므로, 피고의 위 주장 역시 이유 없습니다.
3) 피고는 원고와 이 사건 임대차계약을 체결할 당시 피고가 개·보수한 시설은 임대차가 종료되는 경우 이 사건 점포의 반환기일 이전에 피고의 부담으로 원상복구하기로 약정한 사실이 있는바, 이는 피고가 이 사건 점포에 지출한 각종 유익비의 상환청구권을 미리 포기하기로 한 취지의 특약이라고 할 수 있으므로, 피고는 이에 기한 유치권을 주장할 수 없다고 할 것입니다.
4) 임대차보증금에서 공제될 차임 등 채권에 대하여 채권압류 및 추심명령이 있었다 하더라도, 해당 임대차가 종료되어 목적물이 반환될 때까지는 그때까지 추심되지 아니한 채 잔존하는 차임 등 채권상당액도 임대차보증금에서 당연히 공제된다고 할 것이므로(참고 대판 2004.12.23, 2004다56554) 피고의 위 주장 역시 이유 없습니다.

PART 03

4. 사례 - 2015년 21회 법무사 시험 기출문제

【문 1】 나주인[주민등록번호 : 501010-1234543, 주소 : 서울 서초구 잠원로 500, 3동 1001호(잠원동, 리버아파트), 전화번호 :010-1221-3443, 전자우편 :njin@hmail.net]은 2015.9.19. 법무사 사무실에 찾아와 다음과 같은 내용을 설명하고 별첨 서류를 제시하면서 소장 작성을 의뢰하였다. 이에 적합한 소장을 작성하되, 대법원 판례에 따를 때 원고가 전부 승소할 수 있는 내용으로 작성하시오. 30점

저는 서울 강남구 신사동 1가 567에 있는 3층 건물인 서울빌딩을 소유하고 있습니다. 이 서울빌딩은 제가 몇 년 전 매수한 것으로서 저와 제 처의 노후자금으로 사용하고자 세를 놓고 있습니다.

제가 서울빌딩을 매수할 당시에는 건물 전체가 비어 있었습니다. 빌딩을 매수한 뒤 1층부터 2층까지는 쉽게 임차인을 구하여 임대를 하였으나, 3층은 임차하겠다는 사람이 잘 나타나지 않았습니다.

그러던 중 2010.2.20. 박대로[주민등록번호 : 650303-1467891, 주소 : 서울 강남구 압구정로 888, 20동 606호(압구정동, 미래아파트), 전화번호 : 010-1300-5665, 전자우편 : bdlaw@hmail.net]라는 사람이 위 빌딩 3층에서 고시원을 운영하겠다며 임대차계약을 하자고 하였습니다. 계약조건에 대하여 협상한 끝에, 보증금 5,000만 원에 월세 500만 원, 계약기간은 2010.3.20.부터 5년으로 하기로 합의가 되어 당일에 위와 같은 내용으로 위 빌딩 3층 전체에 대하여 임대차계약을 체결하였습니다. 계약 당일 계약금 500만 원도 받았습니다.
계약 내용에 따라 박대로는 2010.3.20. 저에게 임차보증금 잔금 4,500만 원을 지급한 후 위 빌딩 3층에 고시원 운영을 위한 각종 시설을 하고 그 무렵부터 영업을 시작했습니다. 월세도 매월 20일에 500만 원씩 잘 보내주었습니다. 그러나 2014.12.25. 박대로는 저에게 임대차 계약을 갱신할 의사가 없음을 표시하였습니다. 그런데 계약기간이 끝나가면서 박대로는 2015.3.19. 고시원 입주자들을 모두 내보내고 영업을 중단하였음에도 뭐가 불만인지 아직까지도 저에게 고시원 열쇠를 넘겨주지 않는 등 인도의무를 이행하지 않고 버티고 있습니다. 박대로는 2015.3.19.분까지의 월세는 지급했지만, 그 이후 현재(2015.9.19.)에 이르기까지 6개월분은 전혀 지급하지 않고 있습니다. 박대로가 서울빌딩 3층을 저에게 언제 인도할지 전혀 알 수가 없고, 그때까지의 월세 상당액도 지급하지 않을 것이 분명해 보입니다. 저도 당연히 아직 임차보증금을 반환하지 않고 있습니다.

저는 하루 속히 박대로로부터 임차목적물인 서울빌딩 3층 전체를 인도받고 싶습니다. 그런데 저는 임차보증금 전액을 반환할 수는 없습니다. 임차보증금에서, 그동안 박대로가 지급하지 않은 월세와 앞으로 실제로 위 고시원을 인도받을 때까지의 월세 상당액을 뺀 나머지 돈만을 반환하고 싶습니다만, 가능한지 잘 모르겠습니다.

그리고 계약서상으로는 임대차 종료 시 임차인이 원상회복하여야 한다는 규정이 있으나, 빨리 일을 마무리하고 싶으니 원상회복의 이행이나 그 비용을 구할 생각은 없습니다.

그런데 걱정되는 것은 박대로가 저에게 '5년 전 빌딩 3층을 인도받은 후 벽지가 낡아 새로 도배를 하였으니 그 비용 500만 원을 달라.'고 하고 있다는 점입니다. 제가 그 돈을 줘야 하는 것인지 모르겠습니다. 돈을 줄 의무가 있다면 그렇게 하겠지만, 의무가 없다면 굳이 그 돈을 줄 생각은 없습니다.

〈유의사항〉

1. 나주인의 진술 내용은 모두 진실한 것으로 보고 그가 원하는 범위 내에서 나주인에게 가장 유리하고 적법하면서도 대법원 판례에 따를 때 전부 승소할 수 있는 내용으로 서울중앙지방법원에 접수할 소장을 작성하십시오(소장 작성일은 2015년 9월 19일로 할 것).
2. 나주인이 언급한 사항 이외에 다른 쟁점은 없는 것으로 보고 소장을 작성하십시오.
3. 소장에는 당사자, 청구취지, 청구원인을 갖추어 기재하되, 청구원인은 요건사실 위주로 기재하고 불필요한 사실관계를 장황하게 기재하지 않도록 하십시오.
4. 소장의 오른쪽 윗부분에 '소가'와 납부할 '인지대'를 그 각 계산 내역과 함께 기재하십시오(다만, 임대차계약의 목적물인 '서울빌딩 3층'의 시가표준액은 4억 원으로 볼 것. 전자소송이 아닌 일반 종이 소송으로 접수하는 경우로 계산할 것).
5. 사례에 등장하는 사람 이름, 주민등록번호, 주소, 지번 등은 모두 가공의 것이고, 임대차계약서, 등기사항증명서는 시험용으로 만든 것이므로 실제와 다를 수 있음(계약서에 날인이 필요한 부분은 모두 날인이 된 것으로 봄).

별첨

상가건물 임대차 계약서

임대인(이름 또는 법인명 기재)과 임차인(이름 또는 법인명 기재)은 임대차 계약을 체결한다.

[임차 상가건물의 표시]

소재지	서울 강남구 신사동 1가 587 서울빌딩			
토 지	지목		면적	m²
건 물	구조 · 용도	철근콘크리트조 슬래브지붕 3층	면적	m²
임차할부분	3층 전부		면적	200m²

[계약내용]

제1조(보증금과 차임) 위 상가건물의 임대차에 관하여 임대인과 임차인은 합의에 의하여 보증금 및 차임을 아래와 같이 지급하기로 한다.

보증금	금 오천만 원정(₩50,000,000)
계약금	금 오백만 원정(₩5,000,000)은 계약시에 지급하고 수령함. 수령인 (나주인 인)
중도금	금 - 원정(₩)은 ____ 년 ____ 월 ____ 일에 지급하며
잔 금	금 사천오백만 원정(₩45,000,000)은 2010 년 3 월 20 일에 지급한다.
차임(월세)	금 오백만 원정(₩5,000,000)은 매월 20일에 지급한다.(부가세 포함) (입금계좌: 알파은행 111-111-1111)

제2조(임대차기간) 임대인은 임차 상가건물을 임대차 목적대로 사용 · 수익할 수 있는 상태로 2010년 3월 20일까지 임차인에게 인도하고, 임대차기간은 인도일로부터 2015년 3월 19일까지로 한다.

제3조(사용 · 관리 · 수선) ① 임차인은 임대인의 동의 없이 임차 상가건물의 구조 · 용도 변경 및 전대나 임차권 양도를 할 수 없다.

② 임대인은 계약 존속 중 임차 상가건물을 사용 · 수익에 필요한 상태로 유지하여야 하고, 임차인은 임대인이 임차 상가건물의 보존에 필요한 행위를 하는 때 이를 거절하지 못한다.

③ 임차인이 임대인의 부담에 속하는 수선비용을 지출한 때에는 임대인에게 그 상환을 청구할 수 있다.

제4조(채무불이행과 손해배상) 당사자 일방이 채무를 이행하지 아니하는 때에는 상대방은 상당한 기간을 정하여 그 이행을 최고하고 계약을 해제할 수 있으며, 그로 인한 손해배상을 청구할 수 있다. 다만, 채무자가 미리 이행하지 아니할 의사를 표시한 경우의 계약해제는 최고를 요하지 아니한다.

제5조(계약의 해지) ① 임차인은 본인의 과실 없이 임차 상가건물의 일부가 멸실 기타 사유로 인하여 임대차의 목적대로 사용, 수익할 수 없는 때에는 임차인은 그 부분의 비율에 의한 차임의 감액을 청구할 수 있다. 이 경우에 그 잔존부분만으로 임차의 목적을 달성할 수 없는 때에는 임차인은 계약을 해지할 수 있다.

② 임대인은 임차인이 3기 차임액에 달하도록 차임을 연체하거나, 제3조 제1항을 위반한 경우 계약을 해지할 수 있다.

제6조(계약의 종료) 계약이 종료된 경우에 임차인은 임차 상가건물을 원상회복하여 임대인에게 반환하고, 이와 동시게 임대인은 보증금을 임차인에게 반환하여야 한다.

[특약사항] 없음.

본 계약을 증명하기 위하여 계약 당사자가 이의 없음을 확인하고 각각 서명 · 날인 후 임대인, 임차인은 매장마다 간인하여, 각각 1통씩 보관한다.

2010년 2월 20일

<table>
<tr><td rowspan="3">임
대
인</td><td>주 소</td><td colspan="6">서울 서초구 잠원동로 500 리버아파트 3동 1001호</td><td rowspan="3">서명
또는
날인㊞</td></tr>
<tr><td>주민등록번호
(법인등록번호)</td><td colspan="2">501010-1234543</td><td>전 화</td><td>010-1221-3443</td><td>성 명
(회사명)</td><td>나주인</td></tr>
<tr><td>대 리 인</td><td>주소</td><td></td><td>주민등록번호</td><td></td><td>성 명</td><td></td></tr>
<tr><td rowspan="3">임
대
인</td><td>주 소</td><td colspan="6">서울 강남구 압구정로 888 미래아파트 20동 606호</td><td rowspan="3">서명
또는
날인㊞</td></tr>
<tr><td>주민등록번호
(법인등록번호)</td><td colspan="2">650303-1467891</td><td>전 화</td><td>010-1300-5665</td><td>성 명
(회사명)</td><td>박대로</td></tr>
<tr><td>대 리 인</td><td>주소</td><td></td><td>주민등록번호</td><td></td><td>성 명</td><td></td></tr>
</table>

▶ 이밖에 증거서류로 내용증명 3통, 부동산등기사항증명서 1통이 있으나 생략하였음.

» 답안례

소 장

*** 소 가 100,000,000 원
내역) 4억 원 × 50/100 × 1/2 = 100,000,000원
*** 인지대 455,000 원
내역) 100,000,000원 × 40/10,000 + 55,000

원 고 나주인 (501010-1234543)
서울 서초구 잠원로 500, 3동 1001호(잠원동, 리버아파트)
전화번호 : 010-1221-3443, 전자우편 : njin@hmail.net

피 고 박대로 (650303-1467891)
서울 강남구 압구정로 888, 202동 606호(압구정동, 미래아파트)

건물인도 청구의 소

청 구 취 지

1. 피고는 원고로부터 50,000,000원을 지급받음과 동시에 원고에게 서울 강남구 신사동 1가 567 지상 철근콘크리트조 슬래브지붕 3층 근린생활시설 건물 중 3층 200㎡를 인도하라.
2. 소송비용은 피고가 부담한다.

3. 제1항은 가집행할 수 있다.
라는 판결을 구합니다.

청 구 원 인

1. 원고와 피고는 2010.2.20. 서울 강남구 신사동 1가 567 지상 철근콘크리트조 슬래브지붕 3층 근린생활시설 건물 중 3층 200㎡(이하 "이 사건 건물")에 관하여 임차보증금 5,000만 원, 월차임 500만 원, 계약기간은 2010.3.20.부터 2015.3.19.까지로 하는 임대차계약을 체결하였고, 계약내용대로 피고는 원고로부터 이 사건 건물을 인도받아 이곳에서 고시원을 운영하여 왔습니다.
2. 그 후 2014.12.22. 원고는 피고에게 임대차계약의 갱신거절 의사표시를 내용증명 우편으로 통지하여 피고에게 도달하였고, 2015.2.15.에는 다시 한 번 내용증명을 통해서 임대차계약 갱신거절 및 이 사건 건물의 원상회복과 인도를 요구하였으므로, 원고와 피고 사이의 임대차계약은 2015.3.19. 임차기간 만료로 종료되었고 피고는 원고에게 이 사건 건물을 원상회복하여 인도할 의무가 있습니다.
3. 그런데 피고는 건물을 인도하지 않은 채, 엉뚱하게 5년전 이 사건 건물을 인도받은 후 벽지가 낡아 새로 도배를 하였다며 그 도배 비용 500만 원을 청구하고 있습니다.
   그러나 임대인의 상환의무를 규정한 유익비란 임차인이 임차물의 객관적 가치를 증가시키기 위하여 투입한 비용을 말하는 것이고 필요비란 임차인이 임차물의 보존을 위하여 지출한 비용을 일컫는 것인데 피고가 지출한 위 도배비용은 임차물의 보존을 위하여 지출한 필요비이거나 임차인이 임차물의 객관적 가치를 증가시키기 위하여 투입한 유익비라고 할 수 없을 뿐만 아니라(대법원 1980.10.14, 80다1851・1852 판결), 이 사건 상가건물임대차계약서(갑 제1호증) 기재에 의하면 피고는 임대차계약 종료시 이 사건 건물을 원상회복하여 원고에게 반환하기로 약정하였으므로 피고의 도배비용 청구는 어느 모로 보나 이유없습니다.
4. 이상과 같은 이유로 원고는 청구취지와 같은 판결을 구하기 위하여 본 소를 제기하기에 이르렀습니다.

증 명 방 법

1. 갑 제1호증 상가건물임대차계약서
2. 갑 제2호증 부동산등기사항증명서
3. 갑 제3호증 내용증명

첨 부 서 류

1. 위 증명방법 각 2통
2. 영수필확인서 1통

3. 토지대장등본 1통
4. 건축물관리대장 등본 1통
5. 송달료납부서 1통
6. 서류작성 및 제출위임장 1통
7. 소장부본 1통

2015.9.19.
원고 나주인 (인)

서울중앙지방법원 귀중

5. 사례 - 사법연수원 38기 2008년 변호사실무 문제 일부 발췌변형

박상수[(550209-1273697), 주소 : 서울시 서초구 서초중앙로 123(서초동), 전화번호 : 010-121-9110, 전자우편 : lkk@hanmail.net]와 박선수[(610128-2024111, 주소 : 경기도 고양시 일산서구 일산로 755번길 11-5(대화동), 전화번호 : 010-213-9811, 전자우편 : kab@hanmail.net)]가 2019.9.21. 법무사 사무실에 찾아와 다음과 같이 분쟁 내용을 설명하고 자신이 가져온 별첨 서류를 제시하면서 소장 작성을 의뢰하였다. 이에 적합한 소장을 작성하시오.

〈 다음 〉

◎ 의뢰인의 부친 박부호는 2017.5.9. 사망하였는데, 그 상속인들로는 아들 3인이 있다. 그런데 큰아들인 박상수는 현재 미국에 유학을 가 있는 상태이고, 막내아들인 박남수는 방탕한 생활을 하다가 현재는 집을 나가 행방조차 묘연하다.

◎ 박부호는 2015.8.7. 김수호[(450725-1357890), 서울시 서초구 서초중앙로 188, 7동 1301호(서초동, 삼풍아파트)]에게 강원도 평창군 도암면 횡계리 146-2 잡종지 660㎡를 임대기간 2015.8.7.부터 5년간, 임차보증금 1억 원, 월 차임 210만 원(매월 6일에 후불로 지급)으로 정하여 임대하여 주었고, 위 임대차약정 당시 피고 김수호는 임대차기간 동안 위 임대토지상에 100평 정도의 건물을 축조하여 식당영업을 할 수 있되, 임대차기간이 만료되면 피고 김수호가 동인의 비용으로 이를 철거하여 위 토지를 박부호에게 반환하기로 약정하였다. 그리하여 현재 김수호는 위 대지상에 별지 기재 건물을 지어 소유하면서 갈비구이집을 하고 있다.

◎ 그러나 김수호는 2017년 1월경부터 영업이 잘 안 된다고 하면서 그 지급 내역에 대해서는 아무런 설명도 없이 일방적으로 월 차임 일부씩을 지급하지 않더니, 이부호가 사망한 직후부터는 차임지급을 하지 않으면서 버티고 있다. 2017.1. 이래 2017.6.4. 현재까지 김수호가 낸 차임은 ① 2017.1.6. 130만 원, ② 2017.2.6. 160만 원, ③ 2017.3.6. 130만 원, ④ 2017.4.6. 50만 원, ⑤ 2017.5.6. 160만 원이 전부이다.

◎ 그리고 김수호가 축조한 건물에는 정가압이라는 사람이 청구채권을 50,000,000원으로 하는 부동산 가압류(춘천지방법원 2017카단131호 부동산가압류)가 되어 있다.

◎ 의뢰인들은 아직 임대기간이 남아 있기는 하지만 그 기간만료 이전에 김수호에게 임대해 준 토지를 김수호로부터 반환받아 달라고 한다. 그리고 김수호가 위 토지에서 나갈 때까지 발생할 차임 상당의 부당이득금도 받아주었으면 좋겠으며, 혹시 김수호가 위 토지상에 축조한 별지 기재 건물에 대하여 어떤 보상을 요구할지 모르므로 이에 대해서도 충분히 대처해 주었으면 한다. 의뢰인들은 위 건물을 철거하고 나대지로 만든 다음 아파트 건설업자에 팔 예정이다.

※ 참고 : 임차인 김수호에 대한 해지통고는 이 사건 소장부본 송달로써 하는 것으로 구성을 해서 소장을 작성할 것

〈 유의사항 〉

1. 박상수와 박선수의 위 진술 내용은 모두 진실한 것으로 보고 그 의사를 존중하여 2019.9.21.자로 이들에게 가장 유리하고 적법하며 승소가능성이 있는 내용으로 소장을 작성하시오.
2. 여러 명에 대하여 소를 제기할 필요가 있는 경우에는 병합요건을 고려하지 말고 하나의 소장으로 작성하시오.
3. 소장에는 당사자, 청구취지, 청구원인을 갖추어 기재하되, 청구원인은 요건사실 위주로 기재하고 불필요한 사실관계를 장황하게 기재하지 않도록 하시오.
4. 소장의 오른쪽 윗부분에 소가와 첩부인지대를 계산 내역과 함께 기재하시오.

*** 강원도 평창군 도암면 횡계리 146-2 잡종지 660㎡의 공시지가는 40,000,000원이고, 시가는 1억 원이다.

*** 위 지상에 김수호가 축조한 건물의 지방세과세표준액은 30,000,000원이고, 시가는 60,000,000원이다.

등기부등본(말소사항 포함) - 토지

강원도 평창군 도암면 횡계리 146-2 고유번호 1102-1981-111495

【 표제부 】	(토지의 표시)				
표시번호	접 수	소 재 지 번	지 목	면 적	등기원인 및 기타사항
1 (전1)	1981년 2월 10일	강원도 평창군 도암면 횡계리 146-2	잡종지	1,650㎡	분할로 인하여 등기 제407호에서 이기 부동산등기법 시행규칙 부칙 제2조 제1항의 규정에 의하여 1998년 06월 15일 전산이기

【 갑구 】	(소유권에 관한 사항)			
순위번호	등기목적	접 수	등기원인	권리자 및 기타사항
1 (전2)	소유권이전	1969년 10월 13일 제3259호	1969년 9월 20일 매매	소유자 박부호 290928-1273591 서울시 영등포구 영등포동 135 부동산등기법 시행규칙 부칙 제2조 제1항의 규정에 의하여 1998년 06월 15일 전산이기
2	소유권이전	2017년 5월 31일 제25495호	2017년 5월 9일 상속	공유자 지분 3분의 1 박선수 550209-1273697 미국 일리노이주 시카고시 웨스트스트리트 881 지분 3분의 1 박상수 581225-1273694 서울시 서초구 서초동 271 지분 3분의 1 박남수 610509-1273696 서울시 영등포구 영등포동 135

등기부등본(현재 유효사항) – 건물

강원도 평창군 도암면 횡계리 146-2 고유번호 1102-1981-111495

【 표제부 】		(토지의 표시)		
표시번호	접 수	소 재 지 번	건 물 내 역	등기원인 및 기타사항
3	2015년 12월 7일	강원도 평창군 도암면 횡계리 146-2	시멘트 벽돌조 슬래브지붕 단층 근린생활시설 330㎡	

【 갑구 】		(소유권에 관한 사항)		
순위번호	등기목적	접 수	등기원인	권리자 및 기타사항
1	소유권보존	2015년 12월 7일 제123호		김수호(450725-*********) 서울시 서초구 서초중앙로 188, 7동 1301호(서초동, 삼풍아파트)
2	가압류	2015년 12월 7일 제523호	2017년 12월 7일 춘천 지방법원의 가압류결정 (2017카단131호)	청구금액 50,000,000원 채권자 정가압 하남시 언월동 245

토지임대차계약서

아래 임대인과 임차인(이하 임대인 '갑', 임차인 '을') 쌍방은 아래의 사항과 같이 토지임대차계약을 체결하기로 한다.

1. 토지소재지 : 강원동 평창군 도암면 횡계리 146-2
2. 면적 : 잡종지 660㎡
3. 임대차 계약 기간 : 2015.8.7.부터 5년간
4. 월차임 210만 원
5. 특약사항

   임차인이 토지를 성토, 절토시엔 임대인 승낙을 받아야 한다.

   임차인이 해당 토지에 대한 임차권을 전대할 시엔 임대인 승낙을 받아야 한다.

2015.8.7

임대인 성명 : 박부호 (290928-1273591)
주소 : 서울시 영등포구 영등포동 135

임차인 성명 : 김수호 (450725-1357890)
주소 : 서울시 서초구 서초중앙로 188, 7동 1301호(서초동, 삼풍아파트)

입회인 이수영 ㊞
강원도 평창군 도암면 횡계리 141

≫ 답안례

소 장

소 가 : 10,000,000원
내역) 1,000만 원(=4,000만 원×50/100×1/2)
건물철거 가액 750만 원(3천만 원×50/100×1/2)은 토지인도 1,000만 원(4,000만 원×50/10×1/2)의 수단에 불과하고 그 가액이 토지인도 가액보다 적으므로 토지인도 가액을 소가 산정
인지대 : 50,000원
내역) 10,000,000×45/10,000+5,000

원 고 1. 박상수 (550209-1273697)
서울 서초구 서초중앙로 123(서초동)
전화번호 : 010-121-9110, 전자우편 : lkk@hanmail.net
2. 박선수 (610128-2024111)
고양시 일산서구 일산로 755번길 11-5(대화동)
전화번호 : 010-213-9811, 전자우편 : kab@hanmail.net
피 고 김수호 (450725-1357890)
서울 서초구 서초중앙로 188, 7동 1301호(서초동, 삼풍아파트)

토지인도 등 청구의 소

청 구 취 지

1. 피고는 원고들로부터 공동하여 100,000,000원에서 2017.3.7.부터 별지목록 1기재 토지의 인도완료일까지 월 2,100,000원의 비율로 계산한 금액을 공제한 나머지 돈을 지급받음과 동시에 원고들에게 별지목록 2기재 건물을 철거하고, 별지목록 제1기재 토지를 인도하라.
2. 소송비용은 피고가 부담한다.
3. 제1항은 가집행할 수 있다.

라는 판결을 구합니다.

청 구 원 인

1. 임대차계약과 점유

소외 망 박부호는 동인이 생존해 있던 2015.8.7. 피고에게 별지목록 1기재 토지(이하 '임대토지'라 합

니다.)를 임대보증금 100,000,000원, 월 차임 2,100,000원(매월 6일 후납), 임대차기간 2015.8.7.부터 2020.8.6.까지 5년간으로 정하여 임대하고, 2015.8.7. 위 임대보증금을 받은 후 위 임대토지를 피고에게 인도하여 그때 이래 현재까지 피고가 위 임대토지를 점유·사용하고 있습니다.
그리고 임대차약정 당시 피고는 임대차기간 동안 위 임대토지상에 100평 정도의 건물을 축조하여 식당 영업을 할 수 있되, 임대차기간이 만료되면 피고가 동인의 비용으로 이를 철거하여 위 토지를 박부호에게 반환하기로 약정하였고, 그 약정에 따라 피고는 위 임대토지상에 별지목록 2기재 건물(이하 '이 사건 건물'이라고 합니다.)를 축조하고 위 임대토지를 사용하여 왔습니다.

2. 피고의 차임연체

그러나 피고는 2017.1.6. 이후부터는 매월 6일에 후불로 지급하기로 하였던 월 차임을 제대로 지급하지 않았습니다. 다만, 피고는 그 지급 내역에 대해서는 아무런 설명도 없이 2017.1.6. 1,300,000원, 동년 2. 6. 1,600,000원, 동년 3. 6. 1,300,000원, 동년 4. 6. 500,000원, 동년 5, 6. 1,600,000원만 박부호에게 지급해 주었을 뿐입니다. 박부호가 피고로부터 지급받은 위 합계 6,300,000원을 민법 제477조 제3호에 따라 2017.1.6.부터 연체된 피고의 월 차임 채무에 순차로 변제충당하면, 2017.12.7.부터 2017.3.6.까지의 3개월분 지체차임 6,300,000원에 충당되므로 결국 피고는 2017.3.7. 이래 현재까지의 월 차임 납입을 연체하고 있습니다.

3. 임대인의 상속과 임대차계약 해지

1) 그 후 박부호씨가 사망함으로써 박부호씨의 피고에 대한 위 임대차계약상의 권리·의무도 원고들과 박남수가 공동으로 상속하였습니다.
2) 한편, 위와 같이 현재 피고가 연체하고 있는 차임액이 약정된 차임액의 2기분 이상에 달하므로, 위 임대토지의 2/3 지분권자인 원고들은 공유자의 관리행위로서 민법 제641조, 제640조에 따라 이 사건 소장부본 송달로써 피고와의 위 임대차계약을 해지하는 바입니다.

4. 건물철거 및 토지인도와 차임상당의 부당이득 청구

1) 그러므로 원고들은 위 임대토지의 공유자로서 공유자의 방해배제청구권에 기하여, 또는 이 사건 임대차계약에 기한 민법 제615조의 원상회복청구권에 기하여, 별지목록 1기재 토지상의 이 사건 건물을 철거하고 위 임대토지를 인도받을 권리가 있습니다. 한편, 피고에 대한 임대보증금반환채무는 원고들 및 소외 박남수가 불가분적으로 부담하게 되었습니다.
2) 현재 피고는 여전히 위 임대토지를 사용하면서 영업행위를 계속하고 있으며, 장래에도 동일한 행위를 계속할 것으로 예상됩니다.
3) 그러므로 원고들은 공동하여 위 임대보증금 100,000,000원에서 2017.3.7. 이후 위 임대차계약 해지가 효력을 발생할 때까지의 지체차임 및 그 이후 피고가 위 임대토지를 실제로 반환할 때까지 피고가 취할 약정 차임 상당의 부당이득액을 공제한 잔액만을 피고에게 반환할 의무가 있으며, 이는 피고의 위 임대토지 상의 이 사건 건물 철거 및 동 토지의 인도와 동시이행관계에 있습니다.

5. 마치며

이상과 같은 이유로 원고들은 청구취지와 같은 판결을 구하기 위하여 본 소를 제기하기에 이르렀습니다.

증 명 방 법

1. 갑 제1호증 (등기부등본 : 토지)
2. 갑 제2호증 (부동산임대차계약서)
3. 갑 제3호증 (등기부등본 - 건물)

첨 부 서 류

1. 위 증명방법 각 2통
2. 영수필확인서 1통
3. 토지대장등본 1통
4. 건축물관리대장 등본 1통
5. 송달료납부서 1통
6. 서류작성 및 제출위임장 1통
7. 소장부본 1통

2019.9.21.

원 고 1. 박상수

2. 박선수

서울중앙지방법원 귀중

목록

1. 강원 평창군 도암면 횡계리 146-2 잡종지 660㎡
2. 위 지상
   시멘트벽돌조 슬래브지붕 단층 근린생활시설 330㎡. 끝.

6. 사례 - 제9회(2003년) 기출문제와 소장작성례

김일동은 법무사에게 아래 사실에 관하여 상담을 하고 매수인에 대하여 계약해제를 원인으로 구할 수 있는 모든 청구를 담은 소장의 작성을 의뢰하였다. 소장을 작성하되 소가와 첩부인지대를 계산하여 소장 상단 오른쪽 여백에 기재하고 날인은 (인)으로 표시하라. 청구원인에는 원고가 주장책임을 지는 요건사실만을 기재하고 소장의 작성일자는 2003년 9월 21일로 한다.

김일동[金日東, 주민등록번호 530323-1077110, 주소 서울특별시 서초구 잠원로 567, 102동 1801호(잠원동, 태양아파트)]은 2003.1.20. 이두병[李杜丙, 주민등록번호 550428-1789001, 주소 서울 서초구 오금로 80(송파동)]에게 김일동 소유의 서울 관악구 신림동 986 대 120㎡(2003년도 개별공시지가는 3억 원, 이하 이 사건 토지라 한다)를 대금 5억 원에 매도하였다.
매매계약 당시 계약금은 5천만 원으로 하고, 중도금 1억 5천만 원은 2003.3.20.에, 잔금 3억 원은 2003.6.20. 오전 10시에 각 서울 관악구 신림동 1000 공인중개사 고복덕 사무소에서 지급하되 중도금은 매도인으로부터 이 사건 토지를 인도받음과 상환으로, 잔금은 그 소유권이전등기 관계서류와 상환으로 각 지급하기로 약정하였다.
김일동은 약정에 따라 이두병으로부터 계약 당일 계약금 5천만 원을 지급받고 2003.3.20. 중도금 1억 5천만 원을 지급받음과 동시에 이 사건 토지를 이두병에게 인도하여 주었다.
그런데, 김일동은 잔금지급기일인 2003.6.20. 오전 10시경 위 공인중개사 사무소에 나갔으나 이두병은 그날 그곳에 나타나지 아니하였다. 이에 김일동은 2003.6.27. 내용증명 우편으로 이두병에게 2003.7.5.까지 위 공인중개사 사무실에서 소유권이전등기 관계서류와 상환으로 잔금을 지급할 것을 최고하면서 그때까지 지급하지 아니하는 경우에는 이 사건 매매계약은 자동적으로 해제된다는 내용의 통지를 하여 그 통지가 2003.6.28. 이두병에게 도달하였다. 이두병은 해제통고에서 정한 잔금의 최고기간이 지날 때까지 잔금을 지급하지 아니하였다.
이두병은 김일동이 잔금지급기일이나 위 해제통고에서 정한 최고기간 내에 소유권이전등기에 필요한 서류를 제공하지 아니하였기 때문에 자신도 잔금을 지급하지 아니한 것인 만큼 잔금지급채무의 불이행이 없었다고 주장하면서 위 해제의 효력을 부인하고 있다. 그러나 사실은 김일동이 잔금지급기일 오전 10시에 위 공인중개사 사무소에 이 사건 토지에 관한 등기필증, 위임장, 인감증명서 등을 가지고 갔으며 그곳에서 오전 11시까지 이두병을 기다리다가 떠나면서 고복덕에게 이두병이 잔금을 가져오면 위 서류를 교부하고 잔금을 받아 달라는 부탁과 함께 위 서류가 든 봉투를 맡겨 두었다.
김일동은 다음 날 고복덕으로부터 위 서류를 반환받아 집에다 보관하고 있으며 이두병에 대한 해제통고서를 보낸 2003.6.27. 고복덕에게 통고서 내용을 알려주고 이두병이 잔금의 최고기간 내에 위 사무소로 이를 가져오면 소유권이전등기 관계서류를 바로 교부할 수 있도록 자신에게 즉각 전화연락을 하여 줄 것을 부탁하였다.
이두병은 이 사건 토지에 인접한 곳에서 식당을 경영하면서 이 사건 토지를 인도받은 날부터 지금까지 식당 주차장으로 이용하여 오고 있는데 이 사건 토지는 2003년 1월 이후 ㎡당 월 차임이 3만 원 정도 된다. 위 계약 당시 어느 일방이 채무를 불이행할 경우에는 그 위약으로 인한 손해배상액을 7천만 원으로 하기로 약정하였다. 김일동은 이두병으로부터 받은 계약금과 중도금을 계약해제 통고 후에도 전혀 반환하지 아니하고 있다.

» 답안례

소 장

*** 소 가 금 145,000,000원
1) 토지인도 300,000,000원×50/100×1/2
2) 손해배상 70,000,000원
*** 인지대 금 635,000원
(145,000,000원×40/10,000 + 55,000원 = 635,000원)

원 고 김일동 (530323-1077110)
서울 서초구 잠원로 567, 102동 1801호(잠원동, 태양아파트)
(전화번호 :)
피 고 이두병 (550428-1789001)
서울 서초구 오금로 80(송파동)

토지인도 등 청구의 소

청 구 취 지

1. 피고는 원고로부터 200,000,000원 및 이 중 50,000,000원에 대하여는 2003.1.20.부터 나머지 150,000,000원에 대하여는 2003.3.20.부터 각 다 갚는 날까지 연 5%의 비율에 의한 돈을 지급받음과 동시에 원고에게
   가. 서울 관악구 신림동 986 대 120㎡를 인도하고,
   나. 2003.3.20.부터 위 가항기재 건물의 인도완료일까지 월 3,600,000원의 비율로 계산 금액을 지급하고,
   다. 70,000,000원을 지급하라.
2. 소송비용은 피고가 부담한다.
3. 제1항은 가집행할 수 있다.

라는 판결을 구합니다.

청 구 원 인

1. 매매계약

원고는 2003.1.20. 피고에게 원고 소유의 서울 관악구 신림동 986 대 120㎡(이하 "이 사건 부동산")를 대금 5억 원에 매도하였습니다.
매매계약 당시 계약금은 5천만 원으로 하고, 중도금 1억 5천만 원은 2003.3.20.에, 잔금 3억 원은 2003.6.20. 오전 10시에 각 서울 관악구 신림동 1000 공인중개사 고복덕 사무소에서 지급하되 중도금은 매도인으로부터 이 사건 토지를 인도받음과 상환으로, 잔금은 그 소유권이전등기 관계서류와 상환으로 각 지급하기로 약정하였습니다. 그리고 위 계약 당시 어느 일방이 채무를 불이행할 경우에는 그 위약으로 인한 손해배상액을 7천만 원으로 하기로 약정하였습니다.

2. 계약해제

1) 원고는 위 약정에 따라 피고로부터 계약 당일 계약금 5천만 원을 지급받고 2003.3.20. 중도금 1억 5천만 원을 지급받음과 동시에 이 사건 토지를 이두병에게 인도하여 주었습니다.
2) 그 후 원고는 잔금지급기일인 2003.6.20. 오전 10시경 위 공인중개사 사무소에 나갔으나 피고는 그날 그곳에 나타나지 아니하였고, 이에 원고는 2003.6.27. 내용증명 우편으로 피고에게 2003.7.5.까지 위 공인중개사 사무실에서 소유권이전등기 관계서류와 상환으로 잔금을 지급할 것을 최고하면서 그때까지 지급하지 아니하는 경우에는 이 사건 매매계약은 자동적으로 해제된다는 내용의 통지를 하여 그 통지가 2003.6.28. 이두병에게 도달하였습니다. 그럼에도 피고는 위 해제통고에서 정한 잔금의 최고기간이 지날 때까지 잔금을 지급하지 아니하였으므로 원고와 피고 사이의 매매계약은 해제되었습니다.
3) 이에 대하여 피고는 원고가 잔금지급기일이나 위 해제통고에서 정한 최고기간 내에 소유권이전등기에 필요한 서류를 제공하지 아니하였기 때문에 자신도 잔금을 지급하지 아니한 것인 만큼 잔금지급채무의 불이행이 없었다고 주장하면서 위 해제의 효력을 부인하고 있습니다만, 원고는 이미 잔금지급기일 오전 10시에 위 공인중개사 사무소에 이 사건 토지에 관한 등기필증, 위임장, 인감증명서 등을 가지고 갔으며 그곳에서 오전 11시까지 이두병을 기다리다가 떠나면서 위 고복덕에게 피고가 잔금을 가져오면 위 서류를 교부하고 잔금을 받아 달라는 부탁과 함께 위 서류가 든 봉투를 맡겨 두었으므로 변제의 제공을 다한 상태였고, 또한 그후에도 원고는 그 다음날 위 고복덕으로부터 위 서류를 반환받아 집에다 보관하고 있으며 피고에 대한 해제통고서를 보낸 2003.6.27. 위 고복덕에게 통고서 내용을 알려주고 피고가 잔금의 최고기간 내에 위 사무소로 이를 가져오면 소유권이전등기 관계서류를 바로 교부할 수 있도록 자신에게 즉각 전화연락을 하여 줄 것을 부탁하였으므로 피고의 이러한 주장은 이유 없습니다.

3. 원상회복 의무

그러므로 원고와 피고는 계약해제에 따른 원상회복을 할 의무가 있는 바,

가. 피고의 의무

1) 원고로부터 인도받은 이 사건 토지를 인도할 의무가 있습니다.
2) 그리고 피고는 이 사건 토지에 인접한 곳에서 식당을 경영하면서 월차임이 360만 원(3만 원×120㎡) 상당 정도 되는 이 사건 토지를 식당 주차장으로 이용하여 오고 있으므로, 토지를 인도받은 2003.3.20. 이후 이 사건 토지를 원고에게 인도할 때까지 월 360만 원 상당의 사용료를 반환할 의무가 있습니다. 참고로 대법원 판례 역시 매매계약에서 매수인이 잔대금을 지급하지 않아 매도인이 매매계약을 해제한 경우 원상복구의 내용으로 매수인에게 목적물을 인도받아 사용해온 대가(임료상당액)를 부당이득으로 반환해야 한다고 합니다.
3) 또한 위 계약 당시 어느 일방이 채무를 불이행할 경우에는 그 위약으로 인한 손해배상액을 7천만 원으로 하기로 약정한 바 있고 이 사건 계약은 피고의 채무불이행으로 해제된 만큼, 피고는 원고에게 위약금 70,000,000원을 배상할 의무가 있기도 합니다.

나. 원고의 의무

한편 원고는 피고에게 피고로부터 받은 계약금 5천만 원과 중도금 1억 5천만 원 및 이에 대하여 이를 지급받은 날 이후의 법정이자(연 5%)를 반환하여 주어야 합니다.

다. 동시이행의 관계

그리고 원고와 피고 사이의 이러한 원상회복의무는 서로 동시이행의 관계에 있습니다.

4. 결어

이상과 같은 이유로 원고는 청구취지와 같은 판결을 구하기 위하여 본 소를 제기하기에 이르렀습니다.

증 명 방 법

1. 갑 제1호증 부동산등기사항증명서
2. 갑 제2호증 매매계약서
3. 갑 제3호증의1, 2 영수증(계약금 및 중도금)
4. 갑 제4호증 내용증명우편

첨 부 서 류

1. 위 증명방법 각 2통
2. 영수필확인서 1통
3. 토지대장등본 1통
4. 송달료납부서 1통
5. 서류작성 및 제출위임장 1통
6. 소장부본 1통

2003.9.21.

원고 김일동 (인)

서울중앙지방법원 귀중

chapter

03 보충 및 심화내용 정리

제1절 임대차와 부당이득

1. 내용 정리

1) 부당이득반환청구권에 있어서 이득이라 함은 실질적인 이익을 가리키는 것이므로, 임차인이 임대차 종료 후 건물을 점유하고 있다 하여도 이를 본래의 용도대로 사용하지 못하여 실질적인 이득을 얻은 바 없다면 그로 인하여 임대인에게 손해가 발생하였더라도 임차인의 부당이득반환의무는 성립될 여지가 없다.

2) 연체차임은 임차인의 사용수익 여부와 관계없이 발생하는 계약상의 의무이고, 임대기간 이후의 차임 상당의 부당이득은 실제 사용·수익하지 않으면 발생하지 않는다. 임차기간이 남아있더라도 차임 2기 이상(상가건물임대차는 3기 이상) 연체로 임대차 해지 후에는 임차목적물을 실질적으로 사용·수익하지 않으면 부당이득에 대한 청구는 인정되지 않으므로, 임대차 종료 후에 차임 상당의 부당이득반환청구를 하는 경우에는 사용·수익을 계속한 사실을 요건사실로 추가하여야 한다.

3) 임대차 종료 후 임차인의 임차목적물 인도의무와 임대인의 연체임료 기타 손해배상금을 공제하고 남은 임차보증금 반환의무와는 동시이행의 관계에 있으므로, 임차인이 동시이행의 항변권에 기하여 임차목적물을 점유하고 사용·수익한 경우 그 점유는 불법점유라 할 수 없어 그로 인한 손해배상책임은 지지 아니하되, 다만 사용·수익으로 인하여 실질적으로 얻은 이익이 있으면 부당이득으로서 반환하여야 한다.

4) 그러나 타인 소유의 토지 위에 권한 없이 건물을 소유하고 있는 자는 그 자체로써 특별한 사정이 없는 한 법률상 원인 없이 타인의 재산으로 인하여 토지의 차임에 상당하는 이익을 얻고 이로 인하여 타인에게 동액 상당의 손해를 주고 있다고 보아야 하므로, 이 경우에는 피고의 지상건물 소유사실 외에 별도로 사용·수익사실을 입증할 필요는 없다.

2. 관련사례(1)

◎ 김윤아는 2013.2.1. 심은진으로부터 별지 기재 토지를 2014.1.31.까지 1년간 주차장용으로 임차하면서 보증금 5,000만 원, 차임 월 50만 원으로 약정하고 같은 날 위 대지를 인도받는 한편 보증금 전액을 지급하였다.

◎ 그런데 김윤아는 영업부진으로 인하여 2013.11.1.부터 주차장 사업을 중단한 채 위 대지 주위에 바리케이트를 설치하여 타인의 출입을 봉쇄하고 있을 뿐 더 이상 위 대지를 사용하고 있지 않으며, 이에 따라 2013.11.1. 이후 분의 차임도 지급하지 않고 있다.

◎ 한편 심은진은 2013.3.1. 김윤아에게 삼성 마이젯 프린터 80대를 대금 3,000만 원에 매도하면서 2013.4.30.까지 대금을 지급받기로 하되, 대금지급을 지체할 경우에는 월 2%의 비율에 의한 지연손해금을 덧붙이기로 약정하고, 계약 당일 위 물품을 모두 공급하여 주었는데, 아직 매매대금을 전혀 지급받지 못하고 있으므로, 위 물품대금 원리금채권을 자동채권으로 하여 김윤아의 보증금채권과 상계한다는 의사표시를 하여 김윤아에게 도달된 상태이다(임차인 김윤아 입장에서의 청구취지 – 별지는 별지 기재 토지로만 표시).

▶ 답안

1. 피고는 원고로부터 대전 중구 신화동 535 대 200㎡를 인도받음과 동시에 원고에게 금 13,100,000원을 지급하라. 2. 소송비용은 피고가 부담한다. 3. 제1항은 가집행할 수 있다.

※ **해설** : 임차보증금반환채권은 임차기간만료일인 2014.1.31.이 변제기, 물품대금채권은 대금지급기일인 2013.4.30.이 변제기이므로 뒤에 도래한 2014.1.31.이 상계적상일 : 보증금 5,000 – 약정기간까지 차임연체 3개월 150 – 물품대금 3,000 – 물품대금 3,000에 대한 변제기 후 상계적상일까지 9개월간 월 2%(60만 원) 지연이자 540 = 1,310)

3. 관련사례(2)

◎ 김만수는 2012.10.16. 이지애에게 별지 기재 건물(존재한다고 가정)을 보증금 3,000만 원, 차임 월 금 150만 원, 임대차기간 2012.10.16.부터 2014.10.15.까지 2년으로 정하여 임대하고 2012.10.16. 위 건물을 이지애에게 인도하였다.

◎ 이지애는 위 건물에서 가족과 함께 거주하면서 차임을 제대로 지급하여 오다가 2014.2.16.부터 차임을 전혀 지급하지 아니하였다. 이에 김만수는 2014.10.5. 이지애에게 차임의 2기 이상 연체를 이유로 위 임대차계약을 해지한다는 통지를 내용증명으로 발송하였고, 그 내용증명은 같은 달 7. 이지애에게 도달하였다.

◎ 이지애는 위 건물에서 계속 거주하다가 2014.11.15. 다른 곳으로 이사하였다. 그런데 이지애는 위 건물을 비우고 이사하면서 임대차보증금을 반환하지 못하였다는 이유로 건물을 김만수에게 인도하지 아니하고 문을 잠가놓은 채 열쇠는 이지애 자신이 보관하고 있다.

◎ 한편 김만수는 임대차계약기간 중인 2013.11.30. 이지애의 간청에 의하여 금 300만 원을 이자 없이 변제기를 2014.11.30.로 정하여 대여한 후 2014.1.31. 금 100만 원만을 변제받았으므로 나머지 금액은 위 임차보증금과 대등액에서 상계의사표시를 하고 이지애에게 그 의사표시가 도달된 상태이다(갑의 입장에서 주택의 인도청구 취지).

▶ 답안

1. 피고는 원고로부터 14,500,000원을 지급받음과 동시에 원고에게 별지 기재 건물을 인도하라. 2. 소송비용은 피고가 부담한다. 3. 제1항은 가집행할 수 있다.

제2절 자주 등장하는 주장에 대한 대응정리

1. 사례

임차인은 위 임대차보증금 1억 원 및 이에 대한 위 임대차종료일 이후 다 갚은 날까지 상사법정 이율인 연 6푼의 지연손해금을 반환받기 전에는 위 건물을 계속 점유·사용하면서 영업을 할 권리가 있기 때문에 인도할 수 없다고 항변하나,

▶ 대응

> 쌍방채무가 동시이행관계에 있는 경우 일방의 채무의 이행기가 도래하더라도 상대방 채무의 이행 또는 이행제공이 있을 때까지는 이행지체의 책임을 지지 아니하므로 피고의 주장은 이유 없다.

2. 사례

임대차계약 당시 의뢰인에게 임대차보증금 2억 원을 지급하였고, 보증금의 성질상 연체된 차임은 보증금액에서 자동 공제되는 것이므로 위 보증금이 전부 소멸할 때까지는 차임을 연체하여도 채무불이행에 해당하지 않아 의뢰인을 이를 이유로 해지할 수 없다고 주장하나,

▶ 대응

> … 임대차보증금이 연체차임 등 임대차관계에서 발생하는 채무를 담보한다고 하여 임차인이 그 보증금의 존재를 이유로 차임의 지급을 거절하거나 그 연체에 따른 채무불이행 책임을 면할 수는 없으므로 피고의 주장은 이유 없다.

3. 사례

피고 김동수는 다른 사람에게 이 사건 점포를 인도하여 현재 이를 직접 점유하고 있지 아니하므로 의뢰인의 인도요구에 응할 수 없다고 주장하나,

▶ 대응

> … 이 사건과 같이 임대인이 임차인을 상대로 임대차 종료를 원인으로 목적물의 반환을 구하는 경우 임차인이 이를 직접 점유하고 있을 것을 요건으로 하지 아니하므로, 피고 김동수의 위 주장 역시 이유 없다.

제3절 토지임대차 및 지상물 매수청구 관련 사례들[2)]

1. 사례

【공통사례】

(1) 甲은 토지를 임차하여 그 지상에 건물을 신축한 다음 그 건물에서 가구점을 운영하기로 하고, 2003.8.20. 乙로부터 乙 소유의 서울 광진구 군자동 53-9 소재 토지 1필지를 임대차보증금 없이 차임을 월 300만 원, 임대차기간을 2003.8.20.부터 2006.8.19.까지 3년으로 정하여 임차하였다. 위 계약 당시 甲과 乙은 "임대차기간 종료 시 임차인은 지상 건물을 철거한 후 대지를 임대인에게 인도한다"는 특약을 맺었다.

(2) 甲은 위 토지 위에 단층 건물(건평 100평)을 신축하여 2003.12.20. 자기 이름으로 소유권보존등기를 마친 후 "한강가구"라는 상호로 가구판매점을 개업하여 영업하기 시작하였다. 그런데 乙은 자금사정으로 2005.10.10. 위 토지를 丙에게 매도하고, 2005.10.20. 丙 명의로 소유권이전등기까지 마쳐주었다.

(3) 丙은 위 임대기간이 만료된 날인 2006.8.19. 甲에게 즉시 지상 건물을 철거하고 대지를 인도하여 줄 것을 통보하였으나, 甲이 지상물매수청구권 행사의 의사표시를 하면서 계속 영업을 강행하자 丙(원고)은 2006.9.20. 甲(피고)을 상대로 지상 건물의 철거를 청구하는 소송을 제기하였다.

(4) 甲은 위 소송절차에서 이미 위 건물에 관하여 지상물매수청구권을 행사하였다는 주장을 하였고, 이에 대하여 丙은 甲·乙 간 임대차계약을 체결할 때 지상 건물의 철거 특약을 하였기 때문에 甲의 주장은 부당하다고 다투었다.

(5) 나아가, 丙은 지상물매수청구권이 인정될 경우에 대비하여 예비적 청구로서 위 건물의 소유권이전등기절차의 이행 및 인도를 청구함과 아울러, 甲이 위 건물 및 대지를 점유·사용함으로써 부당이득을 하고 있다는 이유로 임대차기간 만료 다음 날인 2006.8.20.부터 위 토지 및 건물인도일까지 매월 건물의 차임 상당액 월 250만 원 및 토지의 차임 상당액 월 300만 원 등 합계 550만 원의 비율에 의한 금원의 지급을 구하였다.

(6) 丙의 예비적 청구에 대하여 甲은 '丙의 이 사건 건물의 매매대금 지급의무'와 '甲의 이 사건 건물에 관한 소유권이전등기절차 이행 및 그 인도의무'는 동시이행관계에 있다고 다투었다.

(7) 한편, 건물의 임료는 감정 결과 월 200만 원으로 평가되었고, 매수청구권 행사 당시 건물시가가 3억 원인 점, 丙은 위 토지에서 주유소를 운영할 예정으로 있기 때문에 위 건물이 丙에게는 아무런 쓸모가 없어 철거하여야 하는 점에 대하여 당사자 사이에 다툼이 없다.

(8) 그리고 甲은 임대차기간 만료 후에도 가구점 영업을 계속하다가 수입이 감소하여 2007.2.20. 이후에는 문을 걸어 잠근 채 영업을 중단한 상태인 점에 대하여 당사자 사이에 다툼이 없고, 이에 기하여 甲은 丙의 예비적 청구 중 부당이득반환청구에 응할 수 없다고 다툰다.

(9) 위 소송은 2007.5.16. 변론종결되었다.

---

2) 2007.5.30. 사법연수원 자료

가. 위 사례에서 甲과 丙이 소송상 제출한 각 주장의 당부에 관하여 판단하라.

1) 丙의 주위적 청구에 대한 판단

① ⓐ 甲은 2003.12.20. 이 사건 건물에 관하여 소유권보존등기를 경료함으로써 이 사건 토지에 관한 임차권의 대항력을 취득하여(민법 제622조 제1항 참조), 2005.10.20. 이 사건 토지의 소유권을 취득한 丙에 대하여도 임차권을 주장할 수 있다.
ⓑ 또한, 이 사건에서 丙이 임대차기간 만료 즉시 이 사건 건물의 철거 및 이 사건 토지의 인도를 요구하였으므로, 甲은 매수청구권의 전제로서 丙에 대하여 임대차계약의 갱신을 청구할 필요가 없다.
ⓒ 따라서 甲은 丙에 대하여 적법하게 이 사건 건물에 관한 지상물매수청구권을 행사할 수 있다.
② 甲(임차인)과 乙(임대인) 사이의 '임대차 종료 후 이 사건 건물철거의 특약'은 임차인인 甲에게 불리하여 효력이 없고(민법 제652조 참조), 위와 같은 특약이 유효하다고 인정할 만한 특별한 사정도 찾아볼 수 없다. 그러므로 이 점을 다투는 丙의 주장은 이유 없다.
③ 결론
이 사건 건물의 철거를 구하는 丙의 주위적 청구는 甲의 지상물매수청구권 행사로 인하여 기각된다.

2) 丙의 예비적 청구에 대한 판단

① 이 사건 건물에 관한 소유권이전등기절차 이행 및 그 인도청구에 대한 판단
ⓐ 甲의 이 사건 건물에 관한 매수청구권 행사로 甲과 丙 사이에 이 사건 건물에 관한 매매계약이 성립한다. 따라서 甲에 대하여 이 사건 건물에 관한 소유권이전등기절차 이행과 그 인도를 구하는 丙의 예비적 청구는 일단 이유 있다.
ⓑ 한편, '丙의 이 사건 건물의 매매대금 지급의무'와 '甲의 이 사건 건물에 관한 소유권이전등기절차 이행 및 그 인도의무'는 동시이행관계에 있다는 甲의 항변은 이유 있다.
ⓒ 결론 : 甲에 대하여, 丙으로부터 이 사건 이 사건 건물의 매매대금 3억 원을 지급받음과 상환으로 이 사건 건물에 관한 소유권이전등기절차 이행 및 그 인도를 명하는 동시이행판결을 하여야 한다.
② 부당이득금반환 청구에 대한 판단
ⓐ 건물에 관한 부분 : 甲이 건물소유자이므로 부당이득은 성립하지 않는다.
ⓑ 토지에 관한 부분 : 건물의 점유 · 사용을 통하여 당연히 그 부지인 위 토지를 점유 · 사용하는 셈이 되어 차임 상당액인 월 300만 원씩의 부당이득이 발생하므로 甲은 이를 丙에게 반환하여야 한다. 한편, 甲은 타인 소유의 토지 위에 건물을 소유하고 있는 자로서, 2007.2.20. 이후 건물을 사용 · 수익하지 않았다 하더라도, 건물의 부지인 위 토지에 관하여 그 차임상당의 이익을 얻은 것으로 보아야 하므로, 이 점에 관한 甲의 주장은 이유 없다.
ⓒ 결론 : 甲에 대하여, 2006.8.20.부터 이 사건 토지의 인도일까지 월 300만 원의 비율에 의한 부당이득금의 지급을 명하는 판결을 하여야 한다.

나. 위 사례에서 다른 조건은 동일하게 둔 채, 甲이 2006.2.20.부터 월 차임을 2기 이상 연체함으로써 丙이 2006.7.20. 토지임대차계약을 해지하였고, 이를 이유로 丙이 위 건물의 철거와 그 철거 시까지의 위 토지에 대한 연체차임 및 부당이득반환을 구한다고 가정할 경우, 甲의 건물매수청구권 행사 가능 여부 및 丙 청구의 결론은 어떻게 되는가?

1) 지상물매수청구권의 행사 가능 여부

공작물의 소유 등을 목적으로 하는 토지임대차에 있어서 임차인의 차임연체 등 채무불이행을 이유로 계약이 해지된 경우에는, 임차인은 임대인에 대하여 민법 제643조에 의한 건물매수청구권을 행사할 수 없다. 따라서 甲의 지상물매수청구권 행사는 이유 없다.

2) 丙의 건물철거 청구, 연체차임 및 부당이득반환 청구 가능 여부

① 위에서 본 바와 같이, 甲은 지상물매수청구권을 행사할 수 없으므로, 전 소유자인 乙로부터 이 사건 토지를 매수하여 임대인의 지위를 승계하고 차임연체를 이유로 토지임대차계약을 해지한 丙은 소유권자로서 甲을 상대로 이 사건 건물의 철거를 청구할 수 있다.

② 나아가, 丙은 甲에게 2006.2.20.부터 계약해지 시까지의 미지급 월차임 및 그 이후 甲이 이 사건 건물을 철거할 때까지 이 사건 토지의 점유사용으로 인한 부당이득의 반환을 청구할 수 있고, 그 액수는 특별한 사정이 없는 한 매월 이 사건 토지의 월 차임 상당액인 300만 원이라고 할 것이다.

③ 결론 : 甲에 대하여, 이 사건 건물을 철거하고 2006.2.20.부터 이 사건 토지인도완료 시까지 월 300만 원의 비율로 계산한 월 차임 또는 부당이득금의 지급을 명하는 판결을 하여야 한다.

2. 사례

(1) 청구원인 정리

1) 토지임대차 및 건물 축조

원고들은 2006.10.20. 피고 서석재에게, 원고들이 각 2분의 1 지분씩 공유하는 별지목록 기재 1.토지를 임대차기간은 2006.11.1.부터로 하되 종기는 정함이 없는 것으로 하고, 임대차보증금은 2억 원, 월차임은 150만 원(매월 말일 지급)으로 약정하여 임대하였습니다. 위 1. 토지는 나대지였는데, 피고 서석재는 원고들의 승낙을 얻어 자신의 비용으로 위 1.토지상에 별지목록 기재 2.건물을 신축하여 2007.1.20. 그 명의의 소유권보존등기를 마친 후 '북경오리'라는 상호로 현재까지 식당을 운영해오고 있습니다.

2) 임대차계약의 해지

위와 같이 임대차기간의 약정이 없는 경우 당사자는 언제든지 계약해지의 통고를 할 수 있는바(민법 제635조 제1항), 원고들은 이에 따라 2007.9.20. 피고 서석재에게 위 임대차계약의 해지를 통고하여 그 통지가 2007.9.21. 도달하였습니다.

따라서 위 임대차계약은 민법 제635조 제2항에 의해 위 해지통고가 도달한 날로부터 6월이

경과하는 2008.3.22. 종료한다고 할 것입니다. 피고 서석재는 위 임대차계약에 관하여 주택임대차보호법이나 상가건물임대차보호법이 적용되어야 한다고 주장할지 모르나, 위 임대차계약의 목적물은 토지로서 위 각 법률상의 주택이나 상가건물이 아니므로 이들 법률이 적용될 여지는 전혀 없습니다.

3) 차임 지체

피고 서석재는 2007년 5월분(5.1.~5.31.) 차임 중 30만 원, 6월분(6.1.~6.30.) 차임 중 70만 원, 8월분(8.1.~8.31.) 차임 중 50만 원, 합계 150만 원을 지급하지 않았습니다(9월분 차임은 지급하였습니다). 그러므로 원고들은 이를 위 임대차보증금 2억 원에서 공제하고 그 나머지 1억 9,850만 원만을 피고 서석재에게 지급할 의무가 있습니다(※ 참고 : 피고 서석재가 2007년 5, 6, 8월분 차임 중 각 일부를 지급하지 않은 것이 민법 제641조, 제640조의 해지사유에 해당하는 것으로 보아 이에 따른 해지의 의사표시를 하는 것으로 보이나, 위 규정에 의한 해지권은 미지급된 차임의 합계액이 2기분 차임의 합계액 이상이어야 발생하므로, 단순히 그 차임 미지급이 2기 이상에 걸쳤다고 하여 해지권이 발생하지는 않는다).

4) 건물의 매매

한편 위 임대차계약 당시 원고들과 피고 서석재는, 위 임대차계약의 종료 시 피고 서석재는 그 원상회복에 갈음하여 위 2.건물의 소유권을 넘겨주기로 약정하였으나, 이는 임차인에게 불리한 약정으로서 민법 제652조, 제643조에 의해 효력이 없으므로 임차인인 피고 서석재는 위 2.건물에 대한 매수청구권을 행사할 수 있다고 할 것입니다.

그런데 피고 서석재는 2007.9.27.자 서신을 통해 위 2.건물에 대한 매수청구권을 행사하고 그 매매대금으로 시가 상당인 2억 원의 지급을 요구하였습니다. 따라서 위 임대차계약이 종료하는 2008.3.22. 위 2.건물 중 각 2분의 1지분에 관하여 원고들과 피고 서석재 사이에 각 매매의 효력이 발생한다고 할 것입니다.

5) 소결론

그러므로 피고 서석재는 원고들에게 2008.3.22.이 도래하면, 별지목록 기재 2.건물 중 각 2분의 1 지분에 관하여 2008.3.22. 매매를 원인으로 한 소유권이전등기절차를 이행함과 아울러 위 건물을 인도하고, 원고들로부터 각자 위 임대차보증금 잔액 1억 9,850만 원에서 최종적으로 차임을 지급한 이후인 2007.10.1.부터 별지 토지 인도완료일까지 월 150만 원의 비율에 의한 금액을 공제한 나머지 금원을 지급받음과 동시에 위 1.토지를 인도할 의무가 있습니다.

피고 서석재의 현 태도로 보아 2008.3.22. 이후 위 1. 토지의 인도완료일까지도 식당영업을 계속할 것임을 추인할 수 있으며, 그는 위 임대차계약의 해지통고에 따른 효력을 부인하며 임대차계약의 해지효력 발생일 이후에도 그 인도의무 등을 이행하지 아니할 의사를 표시하고 있어 원고들은 위 소유권이전등기절차 및 인도의무 등의 이행을 미리 청구할 필요가 있습니다.

피고 서석재는 자신의 위 2.건물의 인도의무 및 소유권이전등기의무가 위 2.건물에 대한 원고들의 매매대금 지급의무와 동시이행관계에 있다고 주장할지 모르나, 피고 서석재는 위 2.건물에 관하여 2007.2.23. 소의 주식회사 기업은행에 채권최고액 금 2억 원의 근저당권을 설정하여 그 근저당권설정등기가 아직 말소되지 않았는바, 원고들은 위 근저당권설정등기가 말소되기까지는 그 대금 지급을 거절할 권리가 있으므로(민법 제588조 본문 참조), 피고 서석재는 이에 관하여는 동시이행의 항변권을 행사할 수 없습니다(※ 참고 : 민법 제588조 매매의 목적물에 대하여 권리를 주장하는 자가 있는 경우에 매수인이 매수한 권리의 전부나 일부를 잃을 염려가 있는 때에는 매수인은 그 위험의 한도에서 대금의 전부나 일부의 지급을 거절할 수 있다. 그러나 매도인이 상당한 담보를 제공한 때에는 그러하지 아니하다).

(2) 청구취지

1. 원고들에게, 피고 서석재는 2008.3.22.이 도래하면,
   가. 별지목록 기재 2 건물 중 각 2분의 1 지분에 관하여 2008.3.22. 매매를 원인으로 한 소유권이전등기절차를 이행하고 위 건물을 인도하고,
   나. 원고들로부터 공동하여 198,500,000원에서 2007.10.1.부터 별지목록 기재 1.토지의 인도완료일까지 월 1,500,000원의 비율로 계산한 금액을 공제한 나머지 돈을 지급받음과 동시에 위 토지를 인도하라.
2. 소송비용은 피고가 부담한다.
3. 제1항은 가집행할 수 있다.

3. 사례

아래 사례를 읽고 김상철의 청구에 대한 법원의 판단과 이유를 기대하시오.

1) 김상철은 1999.4.1. 김상석으로부터 그 소유의 경기도 고양시 가상구 연습동 548-2 공장용지 400㎡(이하 "이 사건 토지")를 임대차보증금 1,000만 원, 차임 월 200만 원, 임대차기간 5년으로 정하여 임차한 후, 그 지상에 철근콘크리트조 슬래브지붕 단층 공장 180㎡를 신축하여 김상철 명의로 소유권보존등기를 마치고 거기에서 자동차수리공장을 운영하였다.

2) 그러던 중 김상철은 2004.3.경 공장을 증축하기로 하여 김상석의 동의하에 위 건물에 한층을 더 올려 철근콘크리트조 슬래브지붕 180㎡를 증축(이하 증축된 부분을 포함한 공장건물 전부를 "이 사건 건물"이라 합니다)하였으나, 그 증축부분과 관련한 표시변경등기는 하지 못하였다.

3) 당사자 사이에 별다른 채무불이행이 없이 원만하게 거듭 갱신되어 오던 임대차의 계약기간이 2014.3.31. 만료하자 김상철은 다시금 계약의 갱신을 청구하였는데, 김상석은 이 사건 토지에 아파트형 공장건물을 신축하여 임대사업을 운영해볼 요량으로 계약갱신을 거절하고 김상철에게 이 사건 건물의 철거를 요구하였다.

4) 김상철이 건물의 철거를 거부하고 매달 말에 지급하던 200만 원의 월차임도 더 이상 지급하지 아니하여, 2014년 4월분부터 8월분까지의 5개월분 차임 상당의 부당이득 합계 1,000만 원이 기 보유하고 있던 임대차보증금 1,000만 원과 동일한 액수에 이르자, 김상석은 2014.9.10. 김상철을 상대로 김상석은 김상석에게 이 사건 건물을 철거하라는 소를 제기하였고 그 소장에서 김상석이 반환할 임대차보증금은 김상철의 위 5개월분 차임 상당의 부당이득과 공제되어 모두 소멸하였다고 주장하였다.

5) 김상철은 2014.12.12. 변론기일에 법정에 제출한 준비서면을 통하여 지상물매수청구권을 행사한다는 의사를 처음으로 밝히면서, 그에 따라 건물계약이 성립하므로 김상석의 위 건물철거 청구는 이유 없다고 항변하였고, 출석한 김상석에게도 그 부분이 교부되었다. 김상철은 그 후 2014.12.31. 공장 집기를 새로 확보한 신공장건물로 전부 이전하였는데, 위 이사 당일 찾아온 김상석에게 임대차의 목적이었던 기존의 공장열쇠를 모두 건네주면서 "건물등기는 매매대금 8,000만 원을 지급하고 받아가라"고 하였으나, 김상석은 매매대금이 너무 높을 뿐만 아니라, 이 사건 건물에 관하여 지상물매수청구권이 인정될 수 있는지 자체도 의문이라고 하면서 그 대금지급을 거절하였다. 이에 김상철은 2015.1.6. "매매대금 8,000만 원과 이에 대하여 공장 건물을 인도한 다음 날인 2015.1.1.부터 다 갚는 날까지 연 12%의 비율에 의한 지연손해금을 지급하라"는 반소를 제기하였다(그 후 법원감정 결과 건물가격은 5,000만 원으로 밝혀짐).

6) 그러자 김상석은 2015.1.21. 법원에 접수한 청구취지 및 청구원인 변경신청서를 통하여, 공장 건물의 현황과 등기기록상 표시가 다를 뿐만 아니라 증축된 2층 부분은 건축허가를 받지 아니한 무허가 건물이므로 이 사건 건물에 대하여는 지상물매수청구권이 인정될 수 없다고 다투면서, 일단 종전 청구를 주위적 청구로 그대로 유지하되, 혹시 지상물매수청구권이 인정되어 이 사건 건물에 관하여 매매계약이 성립되었다고 보게 될 경우에 대비하여 "김상철은 김상석에게 지상물매수청구권 행사에 따른 매매계약의 성립을 원인으로 이 사건 건물에 관한 소유권이전등기절차를 이행하라(공장열쇠는 이미 모두 넘겨받았으므로 건물인도 청구는 하지 않음)"라는 예비적 청구를 추가하였는데, 위 청구취지 및 청구원인 변경신청서에 예비적 청구원인을 기재하는 중에 "매매계약이 성립된 것으로 보아 김상석이 김상철에게 매매대금을 지급해야 한다면, 김상석이 김상철로부터 지급받아야 할 2014.9.1.부터 2014.12.31.까지 이 사건 토지 점유에 따른 차임 상당 부당이득금 합계 800만 원의 채권으로 위 매매대금채무와 대등액에서 상계하고자 한다"는 예비적 상계항변도 함께 기재하였다.

▶ 답안

1) 김상석의 주위적 청구

기각한다.

※ **이유** : 임차인인 피고의 의무위반 없이 건물 소유를 목적으로 하는 토지임대차의 기간이 만료하였고 지상건물은 현존하고 있는 한 건물매수청구권이 인정된다 할 것이고, 김상석이 주장하는 것처럼 이 사건 건물 중 증축된 부분이 무허가 건물이라는 사정 때문에 이 사건 건물에 대하여 지상물매수청구권이 인정될 수 없는 것은 아니다. 그런데 김상석의 주위적 청구는 지상물매수청구권이 인정되지 아니함을 전제로 한 것이므로, 김상철의 지상물매수청구권이 인정되어 김상철이 건물을 철거할 의무가 없다고 보아야 하는 이상 그 청구기각을 면할 수 없다.

※ **해설** : 민법 제643조는 건물 기타 공작물의 소유 또는 식목, 채염, 목축을 목적으로 한 토지임대차의 기간이 만료한 경우에 건물, 수목 기타 지상시설이 현존한 때에, 지상권자의 계약갱신청구에도 불구하고 지상권설정자가 갱신을 원하지 아니하는 경우 지상권자에게 인정되는 지상물매수청구권에 관하여 규정하는 제283조의 규정을 준용하고 있다. 그러므로 임차인의 지상물매수청구권은 기본적으로 위와 같은 요건을 구비한 임차인에게 인정되는 권리인데, 이 밖에도 기간의 정함이 없는 임대차가 임대인의 해지통고에 의하여 소멸한 경우에도 민법 제643조의 지상물매수청구권은 인정되지만, 임차인의 채무불이행을 이유로 임대차

가 해지되었을 때에는 인정되지 않는다. 한편 임대차계약 종료 시에 경제적 가치가 잔존하고 있는 건물은 그것이 토지의 임대목적에 반하여 축조되고 임대인이 예상할 수 없을 정도의 고가의 것이라는 특별한 사정이 없는 한, 임차인의 지상물매수청구권의 대상이 될 수 있고, 비록 미등기의 무허가 건물이라 할지라도 그것이 무허가이기 때문에 철거될 운명에 있다는 등의 사정이 없는 한, 임차인의 지상물매수청구권의 대상이 될 수 있다(대판 1997.12.23, 97다37753, 대판 2013.11.28, 2013다48364 · 48371).

2) 김상석의 예비적 청구

> 김상석의 예비적 청구인 매매를 원인으로 한 소유권이전등기 청구는, 매매대금 50,000,000원에서 예비적 상계항변금액 800만 원을 공제한 잔액 42,000,000원의 지급과 동시이행으로 인용된다.

※ **해설** : 김상철의 지상물매수청구권 행사가 정당하고 그에 따라 김상석이 5,000만 원의 매매대금채무를 부담하는 것으로 인정되는 이상, 김상석의 예비적 상계항변에 대하여 판단해야 하는데, 2014.9.1.부터 2014.12.31.까지 이 사건 토지의 점유에 따른 차임 상당의 부당이득금 합계 800만 원은 그 전액에 관하여 김상석이 그 이행을 청구할 수 있는 이행기에 있고, 수동채권인 이 사건 건물에 대한 5,000만 원의 매매대금채권은 그 매매계약이 성립한 2014.12.12. 현재 김상철이 그 이행을 청구할 수 있는 이행기가 도래하였으나, 다만 그 채권에 대하여 김상석의 동시이행항변권이 붙어 있을 뿐이며, 김상석이 수동채권과 관련하여 상계의 대상이 된 금액만큼 자신의 동시이행항변권을 포기하고 이들 자동채권과 수동채권에 관하여 상계권을 행사하는 데 아무런 장애사유가 없으므로, 대립하는 두 채권은 김상석의 예비적 상계항변에 따라 그 대등액에서 소멸하게 되었는바, 결국 42,000,000원의 매매대금채권만이 남게 된다.

4. 사례

(1) 사안의 개요

1) 갑은 2012.8.20. 을로부터 을 소유의 “이 사건 토지” 및 그 지상의 “기존건물”을 보증금 없이 차임 월 300만 원, 임대차기간 2012.8.20.부터 2014.8.19.까지 2년으로 정하여 임차하였다.

2) 갑은 이 사건 토지와 기존건물에서 음식점 및 주차장을 운영하였으나 영업이 부진하자 을의 동의를 얻어 2012.10.경 노후한 기존건물을 철거하고 3억 원 가량을 들여 이 사건 토지에 “이 사건 건물”을 신축한 다음 2014.2.10. 자신의 명의로 소유권보존등기를 마치고 이 사건 건물에서 찜질방 영업을 시작하였다.

3) 그런데 을은 자금사정으로 2014.4.20. 이 사건 토지를 병에게 매도하고, 2014.4.30. 병 명의로 소유권이전등기를 마쳐 주었다.

4) 병은 위 임대기간이 만료된 날인 2014.8.19. 갑에게 즉시 이 사건 건물을 철거하고 이 사건 토지를 인도하여 줄 것을 통보하였으나, 갑이 이 사건 건물을 신축하는 데 많은 돈을 투여하였음을 이유로 병의 요구를 거부하면서 계속 영업을 강행하자, 병(원고)은 2014.10.5. 갑(피고)를 상대로 이 사건 건물의 철거를 구하는 소송을 제기하였다.

5) 이에 대하여 갑은 이 사건 건물에 대한 지상물매수청구권을 행사하면서 병의 청구에 대하여 다투는 한편, 지상물매수금으로 이 사건 건물의 시가 상당액인 2억 5천만 원과 기존건물 철거비

3,000만 원 및 찜질방 영업을 위해 비치한 제반 시설물 가액 2,000만 원을 합한 3억 원의 지급을 구하는 반소를 제기하였고, 병은 갑의 반소청구가 인용될 경우에는 이 사건 건물에 관한 소유권이전등기절차의 이행 및 그 인도를 받을 때까지는 갑의 반소청구에 응할 수 없다는 동시이행의 항변을 하였다.

6) 한편, 위 지상물매수청구권 행사 당시 이 사건 건물의 시가가 2억 5,000만 원인 점, 기존건물 철거비 및 찜질방 영업을 위해 비치한 제반 시설물의 가액이 갑의 주장과 동일한 금액인 점, 병은 이 사건 토지에서 주유소를 운영할 예정이기 때문에 이 사건 건물이 병에게는 아무런 쓸모가 없어 철거하여야 하는 점에 관하여 당사자(갑과 병) 사이에 다툼이 없다.

7) 이 사건 소송의 변론종결일은 2015.5.15.이고, 선고기일은 2015.5.29.이다,

(2) 병의 본소청구에 대한 판단

가. 갑의 지상물매수청구권 행사 가부

1) 비록 갑은 을과 사이에 이 사건 토지와 기존건물을 목적으로 한 임대차계약을 체결하였으나, 약정 임대차기간이 2년으로 비교적 단기이고 이 사건 건물 완공 당시의 잔존임대차기간이 6개월 정도에 불과함에도 갑이 많은 비용을 들여 내구연한이 상당한 이 사건 건물을 신축한 점, 을이 기존건물의 철거 및 이 사건 건물의 신축을 승낙한 점 등에 비추어 보면, 이 사건 토지와 기존건물을 목적으로 하였던 당초의 임대차계약은 이 사건 건물의 소유를 목적으로 하는 토지임대차계약으로 변경하였다고 봄이 상당하다(대판 2002.11.13, 2002다46003 · 46027 · 46010 참조).

또한 갑은 2014.2.10. 이 사건 건물에 관하여 소유권보존등기를 마침으로써 위와 같이 변경된 이 사건 토지에 관한 임차권의 대항력을 취득하였으므로(민법 제622조 제1항), 그 이후 이 사건 토지의 소유권을 취득한 병에 대하여도 임차권을 주장할 수 있다.

2) 한편, 이 사건에서 병이 임대차기간 만료 즉시 이 사건 건물의 철거 및 토지의 인도를 요구하였으므로, 갑은 매수청구권의 전제로서 병에 대하여 임대차계약의 갱신을 청구할 필요가 없다.

3) 따라서 갑은 병에 대하여 이 사건 건물에 관한 지상물매수청구권을 행사할 수 있다.

나. 병의 본소청구에 대한 결론

이 사건 건물의 철거를 구하는 병의 본소청구는 갑의 지상물매수청구건 행사로 인하여 기각된다.

(3) 갑의 반소청구에 대한 판단

가. 갑의 지상물매수청구권 행사의 범위

1) 갑이 병에 대하여 이 사건 건물에 관한 지상물매수청구권을 행사할 수 있음은 앞에서 본 바와 같다.

2) 지상물매수청구권의 대상과 관련하여서는, 민법 제643조가 규정하는 매수청구의 대상이 되는 건물에는, 임차인이 임차토지상에 그 건물을 소유하면서 그 필요에 따라 설치한 것으로서 건물로부터 용이하게 분리할 수 없고 그 건물을 사용하는 데 객관적인 편익을 주는 부속물이

나 부속시설 등이 포함되는 것이지만, 이와 달리 임차인이 자신의 특수한 용도나 사업을 위하여 설치한 물건이나 시설은 이에 해당하지 않는다고 할 것인 바(위 2002다46003 등 판결 참조), 이 사례에서 갑이 찜질방 영업을 위하여 비치한 시설물은 자신의 영업을 위하여 설치한 물건에 불과하여 매수청구의 대상에 포함되지 않는다.

3) 한편, 기존건물의 철거비용과 관련하여서는 위 비용 상당액은 지상물매수청구와 무관할 뿐만 아니라 이 사건 임대차와 관련된 유익비나 필요비에도 해당하지 않는다고 할 것인 바, 갑이 을과의 별도 약정 등에 따라 을에게 그 상환을 구할 수 있음은 별론으로 하고, 병에 대하여 그 상환을 구할 수는 없다.

나. 병의 동시이행항변에 대한 판단

갑의 매수청구권 행사로 갑과 병 사이에 이 사건 건물에 관한 매매관계가 성립하고, 병의 매매대금 지급의무와 갑의 소유권이전등기절차 이행 및 인도의무는 동시이행관계에 있으므로, 병의 항변은 이유 있다.

다. 갑의 반소청구에 대한 결론

병은 갑으로부터 이 사건 건물에 관한 소유권이전등기절차 이행 및 이 사건 건물의 인도를 받음과 동시에 갑에게 이 사건 건물의 매매대금 2억 5천만 원을 지급하라는 동시이행판결을 하여야 한다(나머지 청구는 기각).

보충내용

위 사례에서 갑이 2014.5.20.부터 월 차임을 2기 이상 연체함으로써 병이 이 사건 임대차계약을 해지하였고, 이를 이유로 병이 갑을 상대로 이 사건 건물의 철거와 인도를 구하는 경우라면?

공작물의 소유 등을 목적으로 하는 토지임대차에 있어서 2기 이상 차임연체 등 임차인의 채무불이행을 이유로 계약이 해지된 경우 임차인은 임대인에 대하여 민법 제643조에 의한 지상물매수청구권을 행사할 수 없으므로(대판 2003.4.22, 2003다7685 등 참조), 갑은 지상물매수청권을 행사할 수 없다.

이 사건 임대차계약이 임대인의 지위를 승계한 병의 해지로 적법하게 종료된 이상 병은 갑을 상대로 토지소유자의 지위에서 이 사건 건물의 철거를 구할 수 있고, 토지소유자 또는 임대인의 지위에서 이 사건 토지의 인도를 구할 수 있다. 따라서 병의 본소청구에 대하여 갑은 병에게 이 사건 건물을 철거하고, 이 사건 토지를 인도하라는 원고 승소판결이, 갑의 반소청구에 대하여는 반소청구 기각의 판결이 선고될 것이다.

5. 참고판례 – 대법원 2017.4.26, 2014다72449 · 72456 판결[토지인도등 · 지상물매수청구]

[1] 건물 등의 소유를 목적으로 하는 토지임대차에서 임대차기간이 만료되거나 기간을 정하지 않은 임대차의 해지통고로 임차권이 소멸한 경우에 임차인은 민법 제643조에 따라 임대인에게 상당한 가액으로 건물 등의 매수를 청구할 수 있다. 임차인의 지상물매수청구권은 국민경제적 관점에서 지상 건물의 잔존가치를 보존하고 토지소유자의 배타적 소유권 행사로부터 임차인을 보호하기 위한 것으로서, 원칙적으로 임차권 소멸 당시에 토지소유권을 가진 임대인을 상대로 행사할 수 있다. 임대인이 제3자에게 토지를 양도하는 등으로 토지소유권이 이전된 경우에는 임대인의 지위가 승계되거나 임차인이 토지소유자에게 임차권을 대항할 수 있다면 새로운 토지소유자를 상대로 지상물매수청구권을 행사할 수 있다.

한편 토지소유자가 아닌 제3자가 토지임대행위를 한 경우에는 제3자가 토지소유자를 적법하게 대리하거나 토지소유자가 제3자의 무권대리행위를 추인하는 등으로 임대차계약의 효과가 토지소유자에게 귀속되었다면 토지소유자가 임대인으로서 지상물매수청구권의 상대방이 된다. 그러나 제3자가 임대차계약의 당사자로서 토지를 임대하였다면, 토지소유자가 임대인의 지위를 승계하였다는 등의 특별한 사정이 없는 한 임대인이 아닌 토지소유자가 직접 지상물매수청구권의 상대방이 될 수는 없다.

[2] 甲의 형인 乙 명의로 소유권이전등기를 마친 후 甲의 아버지인 丙 명의로 소유권이전청구권가등기를 마친 토지에 관하여 丙이 丁에게 기간을 정하지 않고 건물의 소유를 목적으로 토지를 임대하였고, 그 후 토지에 관하여 甲 명의로 소유권이전등기를 마쳤는데, 甲이 丁을 상대로 토지에 건립된 丁 소유의 건물 등의 철거와 토지인도를 구하자, 丁이 건물 등의 매수를 구한 사안에서, 임대인이 아닌 토지소유자는 임대인의 지위를 승계하였다는 등의 특별한 사정이 없는 한 임차인의 지상물매수청구권의 상대방이 될 수 없으므로, 甲이 아닌 丙으로부터 토지를 임차한 丁은 원칙적으로 임대인이 아닌 토지소유자인 甲을 상대로 지상물매수청구권을 행사할 수 없다고 한 사례

PART 03

제4절 상가건물임대차 사례

1. 사례(1)

1) 상가건물의 임대차
원고 최부호는 2003.9.24. 피고 서석재에게 자신의 소유인 별지목록 기재 3.건물(등기부 및 건축물대장상으로는 축사, 실제 용도는 공장)을 임대차기간 2003.9.27.부터 12개월, 임대차보증금 1억 원 월차임 120만 원(매월 후불)으로 약정하여 임대하였는바, 피고 서석재는 현재까지 위 3. 건물에서 '클린슈슈'라는 상호로 물수건 세탁공장을 운영하고 있습니다.

2) 임대차계약의 종료
한편 원고 최부호와 피고 서석재는 위 임대차기간이 만료한 2004.9.27.부터 2006.9.27.까지 3회에 걸쳐 쌍방 합의로 임대차계약을 갱신하였는바, 이에 따라 2006.9.27.에 갱신된 위 임대차계약기간은 2007.9.26.에 만료되었습니다. 피고 서석재는 2007.8.20.자 갱신요청서를 통하여 상가건물임대차보호법 제10조 제1항 본문에 의해 위 임대차계약의 갱신을 요구하였으나, 피고 서석재는 2007.2.경 위 3.건물 중 별지 도면 표시 2, 3, 6, 5, 2의 각 점을 순차로 연결한 선내 부분 21㎡를 피고 이원수에게 무단으로 전대하였으므로(피고 이원수는 그곳에서 '꼬꼬치킨'이라는 양념통닭집을 운영하고 있습니다), 원고 최부호는 위 법률 제10조 제1항 단서 제4호에 따라 2007.8.23. 피고 서석재에게 전화로 갱신거절의 뜻을 표시하였습니다.

3) 차임지체
피고 서석재는 2007년 7월분(7.27.~8.26.)과 8월분(8.27.~9.26.) 차임합계 240만 원을 지급하지 않았습니다.

4) 소결론
따라서 피고 서석재가 원고 최부호로부터 위 임대차보증금 1억 원에서 2007.7.27.부터 위 3. 건물의 인도완료일까지 월 120만 원의 비율로 계산한 차임을 공제한 나머지 돈을 지급받음과 동시에 원고 최부호에게, 피고 서석재는 임대차계약의 종료에 따라 위 3.건물을 인도하고, 피고 이원수는 원고 최부호의 소유권에 기한 방해배제의무로서 그 건물 중 위 21㎡로부터 퇴거할 의무가 있습니다.

◈ 청구취지

1. 원고 최부호에게, 피고 서석재가 원고 최부호로부터 100,000,000원에서 2007.7.27.부터 별지목록 기재 3.건물의 인도완료일까지 월 1,200,000원의 비율로 계산한 금액을 공제한 나머지 돈을 지급받음과 동시에,
   가. 피고 서석재는 위 3.건물을 인도하고,
   나. 피고 이원수는 위 3.건물 중 별지 도면표시 2, 3, 6, 5, 2,의 각 점을 순차로 연결한 선내 부분 21㎡로부터 퇴거하라.
2. 소송비용은 피고들이 부담한다.
3. 제1항은 가집행할 수 있다.

2. 사례(2)

다음의 사례에서 임차인 갑은 확정일자를 갖춘 임차인으로서 우선변제를 받을 수 있는가?

갑은 2012.8.1. 을로부터 을 소유의 이 사건 상가건물 중 이 사건 점포를 임대차보증금 1억 원, 기간 2년으로 정하여 임차하고, 그 무렵 위 임차보증금을 모두 지급한 후 이 사건 점포를 인도받아 분식점을 운영하면서 2012.9.1. 임대차계약서에 확정일자를 받고, 2012.10.1. 위 임차부분의 해당 도면을 첨부하여 상호를 "사당분식", 사업의 종류 및 종목을 "잡화소매업"으로 하는 사업자등록을 마쳤다. 그 후 갑은 2013.3.2. 을의 동의를 받아 병에게 임대차보증금을 약정하지 아니한 채 월 차임을 100만 원으로 정하여 이 사건 점포를 전대하고, 그 무렵 병에게 이 사건 점포를 인도하고 자신은 분식점 영업을 그만두었으며, 병은 자신 명의로 사업자등록을 하지 아니한 채 이 사건 점포에서 분식점 영업을 계속하였다.

한편 을은 2013.2.1. A은행으로부터 4억 원을 대출받으면서 같은 날 A은행에게 이 사건 상가건물에 관하여 채권최고액을 5억 원으로 하는 근저당설정등기를 경료하여 주었는데, 을이 위 대출금채무를 변제하지 못하자 A은행은 이 사건 상가건물에 관하여 근저당권 실행을 위한 경매를 신청하여 2014.1.10. 그 기입등기가 경료되었으며, 갑은 2014.2.20. 위 경매절차에서 이 사건 점포의 임차인으로서 권리신고 및 배당요구를 하였다(배당요구의 종기 2014.4.10.).

▶ 결언

우선변제를 받을 수 없다.

※ **이유** : 상가건물의 임차인이 임대차보증금 반환채권에 대하여 상가건물임대차보호법 제3조 제1항 소정의 대항력 또는 같은 법 제5조 제2항 소정의 우선변제권을 가지려면 임대차의 목적인 상가건물의 인도 및 부가가치세법 등에 의한 사업자등록을 구비하고, 관할 세무서장으로부터 확정일자를 받아야 하며, 그중 사업자등록은 대항력 또는 우선변제권의 취득요건일 뿐만 아니라 존속요건이기도 하므로, 배당요구의 종기까지 존속하고 있어야 한다. 한편, 신규로 사업을 개시한 자가 휴업 또는 폐업하거나 사업개시일 전에 등록한 자가 사실상 사업을 개시하지 아니하게 되는 때에는 지체 없이 관할 세무서장에게 신고하여야 하고, 사업자가 폐업하거나 사업개시일 전에 등록한 자가 그 후 사실상 사업을 개시하지 아니하게 되는 때에는 사업장 관할 세무서장은 지체 없이 그 등록을 말소하여야 한다고 규정하고 있는 부가가치세법 제5조 제4항, 제5항의 규정 취지에 비추어 보면, 상가건물을 임차하고 사업자등록을 마친 사업자가 임차 건물의 전대차 등으로 해당 사업을 개시하지 않거나 사실상 폐업한 경우에는 그 사업자등록은 부가가치세법 및 상가건물임대차보호법이 상가임대차의 공시방법으로 요구하는 적법한 사업자등록이라고 볼 수 없고, 이 경우 임차인이 상가건물임대차보호법상의 대항력 및 우선변제권을 유지하기 위해서는 건물을 직접 점유하면서 사업을 운영하는 전차인이 그 명의로 사업자등록을 하여야 한다(대판 2006.1.13, 2005다64002). 위 사안의 경우, 이 사건 점포의 임차인인 갑이 사업자등록 후인 2013.3.2. 병에게 이 사건 점포를 전대하고, 그 무렵 분식점 영업을 그만두어 사실상 분식점 영업을 폐업함으로써 사업자등록은 부가가치세법 및 상가건물임대차보호법이 상가건물임대차의 공시방법으로 요구하는 적법한 사업자등록으로 볼 수 없게 되었고, 한편 위 점포를 전차하여 분식점을 영업한 병은 그 명의로 이 사건 점포에 대하여 사업자등록을 한 바 없으므로, 갑은 이 사건 점포에 대하여 대항력 및 우선변제권을 상실하였다.

PART 03

3. 사례(3)

1) 상가건물임대차보호법 제2조(적용범위)

① 이 법은 상가건물(제3조 제1항에 따른 사업자등록의 대상이 되는 건물을 말한다)의 임대차(임대차목적물의 주된 부분을 영업용으로 사용하는 경우를 포함한다)에 대하여 적용한다. 다만, 대통령령으로 정하는 보증금액을 초과하는 임대차에 대하여는 그러하지 아니하다.

② 제1항 단서에 따른 보증금액을 정할 때에는 해당 지역의 경제여건 및 임대차목적물의 규모 등을 고려하여 지역별로 구분하여 규정하되, 보증금 외에 차임이 있는 경우에는 그 차임액에 「은행법」에 따른 은행의 대출금리 등을 고려하여 대통령령으로 정하는 비율을 곱하여 환산한 금액을 포함하여야 한다.

③ 제1항 단서에도 불구하고 제3조(대항력), 제10조 제1항(갱신요구 등), 제2항, 제3항 본문, 제10조의2부터 제10조의8까지의 규정(권리금회수기회보장 등) 및 제19조는 제1항 단서에 따른 보증금액을 초과하는 임대차에 대하여도 적용한다.

▶ 상가건물임대차보호법 적용한도(2019.4.2. 개정 내용)

1. 서울특별시 : 9억 원
2. 「수도권정비계획법」에 따른 과밀억제권역(서울특별시는 제외한다) 및 부산광역시 : 6억 9천만 원
3. 광역시(「수도권정비계획법」에 따른 과밀억제권역에 포함된 지역과 군지역, 부산광역시는 제외한다), 세종특별자치시, 파주시, 화성시, 안산시, 용인시, 김포시 및 광주시 : 5억 4천만 원
4. 그 밖의 지역 : 3억 7천만 원

참고사항

지역	종전 보증금액	변경된 보증금액
서울특별시	6억 1천만 원 이하	9억 원 이하
부산광역시 · 수도권 과밀억제권역(서울특별시 제외)	5억 원 이하	6억 9천만 원 이하
광역시(수도권 과밀억제권역에 포함된 지역과 군지역, 부산광역시는 제외), 세종특별자치시, 파주시, 화성시, 안산시, 용인시, 김포시 및 광주시	3억 9천만 원 이하	5억 4천만 원 이하
그 밖의 지역	2억 7천만 원 이하	3억 7천만 원 이하

PART 03

2) 상가건물임대차보호법상 대항력과 확정일자 우선변제권의 인정 여부

갑은 2019.4.15. 식당을 경영할 목적으로 을과 사이에 을 소유의 용인시 수지구 풍덕천동 1054 소재 단층 상가건물 중 150㎡를 임대차보증금 3억 원, 차임 월 250만 원, 기간 2020.4.15.부터 1개월로 정하여 임차하는 내용의 임대차계약을 체결하고, 같은 날 임대차목적물 인수, 임대차보증금 지급, 사업자등록, 임대차계약서 확정일자까지 모두 마쳤다. 위 임대차계약에 상가건물임대차보호법상의 대항력 등 규정(제3조)과 확정일자 임차인의 우선변제권 규정(제5조 제2항)이 적용되는가?

▶ 결언

대항력 등 규정은 적용되나, 확정일자 임차인의 우선변제권 규정은 적용되지 않는다.

※ **이유** : 사안의 경우, 이 사건 상가건물은 용인시에 위치하고 그 임대차보증금이 3억 원, 월 차임이 250만 원이므로, 상가건물임대차보호법의 적용 여부를 판단하기 위한 이 사건 임대차의 환산보증금은 5억 5천만 원(3억 원 + 250만 원 x100/1)에 해당하여, 위 임대차는 원칙적으로 상가건물임대차보호법의 적용 대상에서 제외된다. 따라서 확정일자 임차인의 우선변제권 규정(제5조 제2항)은 그 적용이 없으나, 제3조(대항력), 제10조 제1항(갱신요구 등), 제2항, 제3항 본문, 제10조의2부터 제10조의8까지의 규정(권리금회수기회보장 등)등은 제1항 단서에 따른 보증금액을 초과하는 임대차에 대하여도 적용한다.

4. 보충

1) 상가건물임대차보호법 제10조의8(차임연체와 해지)

임차인의 차임연체액이 3기의 차임액에 달하는 때에는 임대인은 계약을 해지할 수 있다.

2) 대법원 2008.9.25, 2008다44238 판결

상가건물임대차보호법 제3조 제1항에서 건물의 인도와 더불어 대항력의 요건으로 규정하고 있는 사업자등록은 거래의 안전을 위하여 임차권의 존재를 제3자가 명백히 인식할 수 있게 하는 공시방법으로서 마련된 것이므로, 사업자등록이 어떤 임대차를 공시하는 효력이 있는지 여부는 일반 사회통념상 그 사업자등록으로 해당 임대차건물에 사업장을 임차한 사업자가 존재하고 있다고 인식할 수 있는지 여부에 따라 판단하여야 한다.

사업자등록신청서에 첨부한 임대차계약서상의 임대차목적물 소재지가 해당 상가건물에 대한 등기부상의 표시와 불일치하는 경우에는 특별한 사정이 없는 한 그 사업자등록은 제3자에 대한 관계에서 유효한 임대차의 공시방법이 될 수 없고, 또한 위 각 법령의 위 각 규정에 의하면, 사업자가 상가건물의 일부분을 임차하는 경우에는 사업자등록신청서에 해당 부분의 도면을 첨부하여야 하고, 이해관계인은 임대차의 목적이 건물의 일부분인 경우 그 부분 도면의 열람 또는 제공을 요청할 수 있도록 하고 있으므로, 건물의 일부분을 임차한 경우 그 사업자등록이 제3자에 대한 관계에서 유효한 임대차의 공시방법이 되기 위해서는 사업자등록신청 시 그 임차 부분을 표시한 도면을 첨부하여야 한다.

3) 대법원 2011.7.28, 2009다40967 판결

상가건물임대차보호법의 목적과 같은 법 제2조 제1항 본문, 제3조 제1항에 비추어 보면, 상가건물임대차보호법이 적용되는 상가건물임대차는 사업자등록 대상이 되는 건물로서 임대차목적물인 건물을 영리를 목적으로 하는 영업용으로 사용하는 임대차를 가리킨다. 그리고 상가건물임대차보호법이 적용되는 상가건물에 해당하는지는 공부상 표시가 아닌 건물의 현황・용도 등에 비추어 영업용으로 사용하느냐에 따라 실질적으로 판단하여야 하고, 단순히 상품의 보관・제조・가공 등 사실행위만이 이루어지는 공장・창고 등은 영업용으로 사용하는 경우라고 할 수 없으나 그곳에서 그러한 사실행위와 더불어 영리를 목적으로 하는 활동이 함께 이루어진다면 상가건물 임대차보호법 적용대상인 상가건물에 해당한다.

4) 대법원 2021.1.28, 2015다59801 판결

1. 「상가건물 임대차보호법」(이하 '상가임대차법'이라고 한다)에서 기간을 정하지 않은 임대차는 그 기간을 1년으로 간주하지만(제9조 제1항), 대통령령으로 정한 보증금액을 초과하는 임대차는 위 규정이 적용되지 않으므로(제2조 제1항 단서), 원래의 상태 그대로 기간을 정하지 않은 것이 되어 민법의 적용을 받는다. 민법 제635조 제1항, 제2항 제1호에 따라 이러한 임대차는 임대인이 언제든지 해지를 통고할 수 있고 임차인이 그 통고를 받은 날로부터 6개월이 지남으로써 효력이 생기므로, 임대차기간이 정해져 있음을 전제로 그 기간 만료 6개월 전부터 1개월 전까지 사이에 행사하도록 규정된 임차인의 계약갱신요구권(상가임대차법 제10조 제1항)은 발생할 여지가 없다.
2. 원심은 판시와 같은 이유로, 피고들은 상가건물을 상가임대차법 제2조 제1항 단서에 따라 대통령령으로 정한 금액을 초과하는 보증금으로 임차했는데, 최초 계약한 기간이 끝나 이를 갱신하면서 앞으로는 기간을 정하지 않고 임차하기로 당시 임대인과 합의했고, 그 임대인의 지위를 승계한 원고의 해지통고를 받은 날로부터 6개월이 지났으므로 임차한 건물을 인도할 의무가 있다고 판단하였다. 원심판결 이유를 위에서 본 법리에 비추어 보면, 이러한 원심의 판단에 상고이유 주장과 같이 상가건물 임차인의 계약갱신요구권에 관한 법리를 오해한 잘못이 없다.

5) 대법원 2021.12.30, 2021다233730 판결

보증금이 상가건물 임대차보호법 적용 범위(제2조 제1항)를 넘고 기간 약정이 없어 민법 제635조에 따라 임대인이 언제든지 해지할 수 있는 임대차에서, 임차인이 갱신요구권(제10조 제1항)을 행사할 수 있는지

「상가건물 임대차보호법」에서 기간을 정하지 않은 임대차는 그 기간을 1년으로 간주하지만(제9조 제1항), 대통령령으로 정한 보증금액을 초과하는 임대차는 위 규정이 적용되지 않으므로(제2조 제1항 단서), 원래의 상태 그대로 기간을 정하지 않은 것이 되어 민법의 적용을 받는다. 민법 제635조 제1항, 제2항 제1호에 따라 이러한 임대차는 임대인이 언제든지 해지를 통고할 수 있고

임차인이 그 통고를 받은 날로부터 6개월이 지남으로써 효력이 생기므로, 임대차기간이 정해져 있음을 전제로 그 기간 만료 6개월 전부터 1개월 전까지 사이에 행사하도록 규정된 임차인의 계약갱신요구권(상가임대차법 제10조 제1항)은 발생할 여지가 없다.

☞ 상가건물을 매수하고 임대인 지위를 승계한 원고가 임차인인 피고들에게 계약해지를 통고하고 인도를 구한 사건에서, 피고들은 종전 임대인과 임대차를 갱신하면서 기간을 정하지 않기로 합의했고, 환산보증금이 상가건물 임대차보호법의 적용 범위를 넘어 임대차기간을 1년으로 간주하는 규정(제9조 제1항)의 적용을 받지 않으므로, 임대인이 언제든지 임대차를 해지할 수 있고(민법 제635조) 피고들은 갱신요구권을 갖지 못한다고 보아 상고기각한 사안임.

제5절 주택임대차 사례

1. 사례와 해결례[3)]

가. 주택임대차

1) 원고 복만희는 2008.3.5. 소외 정주리로부터 별지목록 기재 4.건물 중 1층 점포 66㎡를 임대차기간 2008.3.10.부터 2013.3.9.까지, 임대차보증금(채권적 전세금) 1억 8천만 원으로 약정하여 임차하고 2008.3.10. 보증금 전액을 지급함과 동시에 이를 인도받았습니다.

2) 위 점포는 임대차계약 당시 철물점 30㎡, 방 30㎡, 화장실 6㎡의 구조였는데, 원고 복만희는 이를 인도받은 즉시 아들인 소외 이휘재와 함께 입주하여 현재까지 거주하고 있고, 위 이휘재는 2008.3.10. 주민등록전입신고를 마쳤으며, 2008.3.15. 확정일자도 받았습니다.

나. 임의경매와 배당

1) 한편 위 정주리는 위 4.건물 및 그 대지(서울 성북구 정릉2동 567대 80㎡)에 관하여, 2001.9.1. 소의 주식회사 신한은행 앞으로 채권최고액 1억 원의 근저당권설정등기를 마쳐 준 데에 이어 2008.6.10. 피고 주식회사 한일상호저축은행 앞으로 채권최고액 3억 원의 근저당권설정등기를 마쳐주었습니다.

2) 그런데 피고 주식회사 한일상호저축은행이 임의경매를 신청하여 2010.2.16. 귀 법원 2010타경127호로 경매개시결정이 내려지고 경매절차가 진행된 결과, 2010.8.21. 소외 전헌수에게 매각허가결정이 선고되고 2010.8.21. 대금이 납부되어 그가 소유권을 취득하였습니다. 한편, 원고 복만희는 2010.2.26. 배당요구를 하였는데, 위 법원은 2010.9.2.의 배당기일에 실제 배당할 금액 2억 5,000만 원 중 금 2,300만 원을 1순위로 위 신한은행에 배당하고, 나머지 금 2억 2,700만 원은 2순위로 피고 주식회사 한일상호저축은행에 배당하는 내용의 배당표를 작성하여 배당을 실시하고, 원고 복만희에게는 전혀 배당을 하지 않았습니다.

3) 그러나 원고 복만희는 주택임차보호법 소정의 임차인으로서 피고 주식회사 한일상호저축은행과의 관계에 있어서는 우선하여 그 보증금 전액을 배당・변제받을 권리가 있습니다. 즉 ① 위 임대차목적물인 점포는 비록 비주거용인 철물점이 일부 포함되어 있기는 하나, 그 면적이 주거용인 방과 화장실의 면적보다 작고, 원고 복만희과 이휘재는 위 방과 화장실에서만 전적으로 기거하였을 뿐 그 외에 다른 주거가 없었으므로, 이는 주택임차보호법 제2조의 주택에 해당하며, ② 주택임대차보호법 제3조 제1항의 주민등록은 임차인 본인이 주민등록전입신고를 하지 않았더라도 그 동거가족이 주민등록을 하였으면 족하다고 할 것인데, 위와 같이 원고 복만희와 그 아들인 이휘재가 위 주택을 인도받고 이휘재가 주민등록전입신고를 마쳤을 뿐만 아니라 2008.3.15.자로 확정일자까지 갖추었기 때문입니다.

다. 소결론

따라서 원고 복만희는 위 인도와 주민등록 및 확정일자 이후에 근저당권을 취득한 피고 주식회사 한일상호저축은행에 대한 관계에서는 주택임대차보호법 제3조의 제2항 및 제8조에 의하여

3) 사법연수원 41기 민사변호사실무 수습기록

> 그 보증금 전액을 우선 배당·변제받을 권리가 있음에도, 피고 주식회사 한일상호저축은행이 법률상의 원인 없이 이를 배당받았으므로 피고 주식회사 한일상호저축은행은 복만희에게 부당이득의 반환으로서 위 보증금 상당액인 1억 8천만 원 및 이에 대하여 이 사건 소장부본 송달 다음 날부터 다 갚는 날까지 소송촉진 등에 관한 특례법에 의한 연 12%의 비율로 계산한 지연손해금을 지급할 의무가 있습니다.

◈ 청구취지

> 1. 피고는 원고에게 180,000,000원 및 이에 대한 이사건 소장부본 송달 다음 날부터 다 갚는 날까지 연 12%의 비율로 계산한 돈을 지급하라.
> 2. 소송비용은 피고가 부담한다.
> 3. 제1항은 가집행할 수 있다.

2. 보충내용

1) 대법원 2016.7.27. 2015다230020 판결

[1] 민법 제359조 전문은 "저당권의 효력은 저당부동산에 대한 압류가 있은 후에 저당권설정자가 그 부동산으로부터 수취한 과실 또는 수취할 수 있는 과실에 미친다."라고 규정하고 있는데, 위 규정상 '과실'에는 천연과실뿐만 아니라 법정과실도 포함되므로, 저당부동산에 대한 압류가 있으면 압류 이후의 저당권설정자의 저당부동산에 관한 차임채권 등에도 저당권의 효력이 미친다.

다만 저당부동산에 대한 경매절차에서 저당부동산에 관한 차임채권 등을 관리하면서 이를 추심하거나 저당부동산과 함께 매각할 수 있는 제도가 마련되어 있지 아니하므로, 저당권의 효력이 미치는 차임채권 등에 대한 저당권의 실행이 저당부동산에 대한 경매절차에 의하여 이루어질 수는 없고, 그 저당권의 실행은 저당권의 효력이 존속하는 동안에 채권에 대한 담보권의 실행에 관하여 규정하고 있는 민사집행법 제273조에 따른 채권집행의 방법으로 저당부동산에 대한 경매절차와 별개로 이루어질 수 있을 뿐이다.

[2] 부동산임대차에서 수수된 보증금은 차임채무, 목적물의 멸실·훼손 등으로 인한 손해배상채무 등 임대차에 따른 임차인의 모든 채무를 담보하는 것으로서 이와 같은 피담보채무 상당액은 임대차관계 종료 후 목적물이 반환될 때에 특별한 사정이 없는 한 별도의 의사표시 없이 보증금에서 당연히 공제된다.

[3] 보증금이 수수된 저당부동산에 관한 임대차계약이 저당부동산에 대한 경매로 종료되었는데, 저당권자가 차임채권 등에 대하여는 민사집행법 제273조에 따른 채권집행의 방법으로 별개로 저당권을 실행하지 아니한 경우에 저당부동산에 대한 압류의 전후와 관계없이 임차인이 연체한 차임 등의 상당액이 임차인이 배당받을 보증금에서 당연히 공제됨은 물론, 저당권자가 차임채권 등에 대하여 위와 같은 방법으로 별개로 저당권을 실행한 경우에도 채권집행

절차에서 임차인이 실제로 차임 등을 지급하거나 공탁하지 아니하였다면 잔존하는 차임채권 등의 상당액은 임차인이 배당받을 보증금에서 당연히 공제된다.

2) 대법원 2016.12.1, 2016다228215 판결

상가 소유자가 임차인에게 부탁하여 은행에 무상임대차 확인서를 작성하여 주도록 한 후 은행에 근저당권을 설정하여 주고 대출을 받은 경우, 그 후 개시된 임의경매절차에서 상가를 매수한 제3자의 건물인도 청구에 대하여 임차인이 대항력 있는 임대차를 주장하는 것이 금반언 또는 신의성실의 원칙에 반하는지 여부

근저당권자가 담보로 제공된 건물에 대한 담보가치를 조사할 당시 대항력을 갖춘 임차인이 그 임대차 사실을 부인하고 그 건물에 관하여 임차인으로서의 권리를 주장하지 않겠다는 내용의 무상임대차 확인서를 작성해 주었고, 그 후 개시된 경매절차에 그 무상임대차 확인서가 제출되어 매수인이 그 확인서의 내용을 신뢰하여 매수신청금액을 결정하는 경우와 같이, 임차인이 작성한 무상임대차 확인서에서 비롯된 매수인의 신뢰가 매각절차에 반영되었다고 볼 수 있는 사정이 존재하는 경우에는, 비록 매각물건명세서 등에 위 건물에 대항력 있는 임대차관계가 존재한다는 취지로 기재되었다고 하더라도 임차인이 제3자인 매수인의 건물인도 청구에 대하여 대항력 있는 임대차를 주장하여 임차보증금 반환과의 동시이행의 항변을 하는 것은 금반언 또는 신의성실의 원칙에 반하여 허용될 수 없다.

3) 2015다14136 배당이의 – 외국인이 출입국관리법에 따라 외국인등록이나 체류지 변경신고를 한 경우에 주택임대차보호법상 대항력의 요건인 주민등록과 같은 법률효과가 인정되는지 여부

외국인이 출입국관리법에 따라서 한 외국인등록이나 체류지변경신고에 대하여는, 주택임대차보호법 제3조 제1항에서 주택임대차의 대항력 취득요건으로 규정하고 있는 주민등록과 동일한 법적 효과가 인정된다고 보아야 한다. 이는 외국인등록이나 국내거소신고 등이 주민등록과 비교하여 그 공시기능이 미약하다고 하여 달리 볼 수 없다. 그리고 주택임대차보호법 제3조 제1항에 의한 대항력 취득의 요건인 주민등록은 임차인 본인뿐 아니라 그 배우자나 자녀 등 가족의 주민등록도 포함되고, 이러한 법리는 재외동포법에 의한 재외국민이 임차인인 경우에도 마찬가지로 적용된다고 보아야 한다.

4) 대법원 2005.9.9, 2005다23773 판결

주택임대차보호법 제3조 제1항의 대항요건을 갖춘 임차인의 임대차보증금 반환채권에 대한 압류 및 전부명령이 확정되어 임차인의 임대차보증금 반환채권이 집행채권자에게 이전된 경우, 제3채무자인 임대인으로서는 임차인에 대하여 부담하고 있던 채무를 집행채권자에 대하여 부담하게 될 뿐 그가 임대차목적물인 주택의 소유자로서 이를 제3자에게 매도할 권능은 그대로 보유하는 것이며, 위와 같이 소유자인 임대인이 해당 주택을 매도한 경우 주택임대차보호법 제3조 제2항에 따라 전부채권자에 대한 보증금지급의무를 면하게 되므로, 결국 임대인은 전부금지급의무를 부담하지 않는다(대판 2005.9.9, 2005다23773).

제6절 필요비, 유익비, 부속물매수청구권 사례[4)]

1. 사안의 개요

1) 갑은 2012.10.21. 을로부터 을 소유의 이 사건 건물을 임대차보증금 5,000만 원, 차임 월 200만 원(매월 20일 지급), 임대차기간 2012.10.21.부터 2014.10.20.까지 2년으로 정하여 임차하였다.

2) 이 사건 건물의 건축물대장상 용도는 근린생활시설(사무소)로 되어 있고, 건물 내에는 기본적인 수도시설 이외에는 별다른 시설이 되어 있지 않은 상태였는데, 갑은 이 사건 건물에서 음식점(한정식)을 운영하기로 하였다.

3) 갑은 을로부터 이 사건 건물을 인도받은 후 을의 동의를 얻어 2012.10. 말부터 ① 천장에서 누수현상이 발생하여 그 보수비용으로 200만 원을, ② 바닥타일 시공, 벽체 도배와 도색 등 실내공사비용으로 400만 원을, ③ 근린생활시설인 점포 사용의 객관적 편익을 위한 전기시설 설치비용으로 200만 원을, ④ 신발장, 다용도장 구입 및 설치비용으로 200만 원을, ⑤ 건물외벽에 간판을 제작하여 설치하는 비용으로 100만 원을, ⑥ 주방내부시설 구입 및 설치비용으로 1,500만 원을 각 지출한 뒤, 2012.11.30. "토담"이라는 상호로 음식점을 개업하면서, 같은 날 부가가치세법 제5조 규정에 의한 사업자등록을 신청하였다.

4) 한편, 을은 2011.7.20. A은행으로부터 1억 원을 대출받으면서 이 사건 건물에 관하여 A은행 앞으로 근저당권(순위번호 1)을 설정하여 주었고, 갑과의 임대차계약 체결 이후는 2013.1.3. B은행으로부터 2억 원을 대출받고 이 사건 건물에 근저당권(순위번호 2)을 설정하여 주었는데, 을이 B은행에 대한 위 대출금의 상환을 연체하자 B은행의 신청에 따라 2014.1.5. 이 사건 건물에 관하여 담보권 실행을 위한 경매절차가 개시되었다. 위 담보권 실행을 위한 경매절차에서 2014.7.6. 이 사건 건물은 병에게 4억 원에 매각되었고, 병은 2014.7.19. 매각대금을 완납한 다음 2014.7.27. 그의 명의로 소유권이전등기를 마쳤다.

5) 병은 위 매각대금을 납부한 직후 갑에게 이 사건 건물의 인도를 요구하였고, 이에 대하여 갑은 위와 같이 지출한 비용을 돌려 받아야 한다고 주장하면서 위 인도를 거절하고 계속 영업하다가 ⑦ 2014.8.2. 이 사건 건물의 화장실 내부 개량공사를 시행하면서 그 비용으로 250만 원을 새로 지출하였다.

---

4) 사법연수원 46기 민사재판실무 공식자료모음 – 사례연구 – 참조.

2. 문제와 답안

1) 병이 갑에게 이 사건 건물의 인도를 청구함에 있어 갑이 을과의 임대차관계를 주장하면서 병에게 대항할 수 있는지 여부

비록 이 사건 임대차가 상가건물임대차보호법이 적용되는 임대차로서 갑이 법상 대항력 취득(인도 및 사업자등록 신청)한 이후에 설정된 B은행의 후순위 근저당권에 기한 담보권실행을 위한 경매신청으로 이 사건 건물이 매각되었다 하더라도, 위 경매로 인하여 이 사건 임대차에 관한 대항력 취득 이전에 이미 설정된 A은행의 선순위 근저당권이 B은행의 근저당권과 함께 소멸하는 결과(민사집행법 제91조 제2항), 임차인인 갑은 위 경매절차에서 이 사건 건물을 매수한 병에게 대항할 수 없다(대판 2000.2.11, 99다59306 참조).

병은 이 사건 건물의 소유자이고, 갑은 을과의 임대차관계를 병에게 대항할 수 없으므로, 병은 소유물반환 청구로 점유자인 갑에게 이 사건 건물의 인도를 청구할 수 있다.

2) 갑이 지출한 비용의 성격

① 천장 보수비용으로 200만 원

필요비에 해당한다.

② 바닥타일 시공, 벽체 도배와 도색 등 실내공사비용 400만 원

임차인이 영업을 위하여 설치한 타일과 도배, 도색 등은 건물의 객관적인 가치를 증가시키기 위한 것으로 보기 어려우므로 유익비에 해당하지 않는다.

③ 전기시설 설치비용으로 200만 원

위 전기시설은 단순히 갑의 음식점 영업을 위한 것에 그치지 않고 이 사건 건물을 그 공부상의 용도인 근린생활시설로 사용하기 위한 객관적인 편익을 증가시키는 것일 뿐만 아니라, 그 건물로부터 분리가 가능하며 임대인 을의 동의를 얻어 설치한 것인 점 등에 비추어, 부속물매수청구권의 대상이 될 수 있다.

④ 신발장, 다용도장 구입 및 설치비용 200만 원 ⑤ 외벽 간판 설치비용 100만 원

위 ④ ⑤ 시설들은 쉽게 분리 가능할 뿐만 아니라 임차인 갑의 음식점 영업을 위하여 설치된 것에 불과하므로, 위 시설물들이 부속물매수청구권의 대상에 해당한다거나 그 설치비용이 유익비에 해당한다고 볼 수 없다.

⑥ 주방내부시설 구입 및 설치비용 1,500만 원

음식점 영업을 위하여 필요한 것일 뿐, 건물의 객관적 가치를 증가시키기 위한 것이거나 그 사용에 객관적 편익을 가져오게 하는 것이라고 보기 어려우므로, 위 설치비용이 유익비에 해당한다거나 위 시설이 부속물매수청구권의 대상이 된다고 볼 수 없다.

⑦ 화장실 개량비용 250만 원

이 비용은 이 사건 건물의 소유자가 병으로 변경된 후에 지출되었지만, 갑이 병의 소유권취득 이전에 지출한 필요비 200만 원(위 ① 천장 보수비용)의 상환청구권에 기하여 적법하게 이 사건 건물을 유치하는 동안 지출한 비용으로서 유익비에 해당한다(민법 제325조 제2항 참조).

3) 갑이 지출한 유익비 및 필요비에 기초한 주장에 대한 판단

가) 갑이 병에게 상환을 청구할 수 있는 유익비 및 필요비의 범위

① 갑이 이 사건 건물의 소유자가 병으로 변동되기 전에 지출한 필요비 200만 원(위 ① 천장 보수비용)은 병이 임대인의 지위를 승계하지 않으므로, 임대인인 을에게 상환을 청구할 수 있음은 별론으로 하고, 병에게는 위 비용의 상환을 청구할 수 없다(신소유자 병에게 직접 상환을 청구할 수 없고 종전 소유자인 임대인 을에게 대하여만 가지는 비용상환청구권이라 하더라도 이에 기한 유치권을 행사함으로써 신소유자에 대하여 사실상 상환을 강제할 수 있게 된다).

② 화장실 개량비용 250만 원은 이 사건 건물의 소유자가 병으로 변경된 후에 갑이 적법하게 지출한 유익비에 해당하므로 병에게 상환을 청구할 수 있다.

나) 갑이 병에 대하여 유익비 및 필요비의 상환청구권에 기하여 유치권을 행사할 수 있는 범위

유익비 250만 원(위 ⑦ 화장실 개량비용 250만 원)과 필요비 200만 원(위 ① 천장 보수비용) 등 합계 450만 원의 상환청구권에 기하여 유치권 행사가 가능하고, 병에 대하여도 당연히 위 유치권을 주장할 수 있다.

4) 갑의 부속물매수청구권에 기초한 주장에 대한 판단

갑은 병에 대하여 이 사건 임대차로 대항할 수 없으므로, 임대인의 지위를 승계하지 않은 새로운 소유자 병을 상대로 부속물매수청구권을 행사할 수 없다. 따라서 갑은 병에 대하여 ① 부속물매매대금의 지급과 상환으로만 건물을 인도할 의무가 있다는 동시이행의 항변을 할 수 없고(유익비와 달리 건물 자체에 관하여 생긴 권리라 할 수 없어 유치권이 성립하지도 않는다) ② 부속물매매대금의 지급도 청구할 수 없다.

5) 결론

① 갑은 을로부터 필요비 200만 원(위 ① 천장 보수비용), 병으로부터 유익비 250만 원(위 ⑦ 화장실 개량비용 250만 원)을 각 지급받음과 상환으로 병에게 이 사건 건물을 인도하라는 동시이행 판결을 하여야 한다(나머지 청구는 기각).

② 병은 갑에게 유익비 250만 원(위 ⑦ 화장실 개량비용 250만 원)을 지급하라는 판결을 선고하여야 한다(나머지 청구는 기각).

3. 사례 변형

만일 갑이 을과의 임대차관계를 병에게 대항할 수 있는 경우이고(예컨대, 만일 최선순위 A의 근저당권보다 갑이 먼저 법상 대항력을 갖춘 시점이 앞서는 경우 등), 갑과 을이 위 임대차계약 당시 “임대차관계 종료 시 임차인은 설치한 부속물에 대한 시설비, 유익비, 필요비를 일체 청구하지 않는다”라는 특약을 하였다고 가정하면?

1) 유익비나 필요비상환청구권의 포기약정은 원칙적으로 유효하므로, 갑이 을과의 임대기간 중 지출한 ① 천장 보수비용 200만 원의 필요비에 기한 갑의 유치권항변이나 반소청구(필요비상환청구)는 받아들여질 수 없다. 또한 갑은 을과의 임대차관계를 병에게 대항할 수 있으나, 을과 유익비 등 상환청구권의 포기약정을 한 이상 임대인의 지위를 승계한 병에 대하여도 소유자 변동 후에 지출한 유익비(⑦ 화장실 개량비용 250만 원)의 상환을 청구할 수 없으므로, 이 부분에 관한 유치권항변이나 반소청구(유익비상환 청구) 역시 받아들여질 수 없다.

2) 그런데 부속물 매매대금 200만 원과 관련하여서는, 임차인의 매수청구권을 배제 또는 제한함으로써 임차인에게 불리한 특약을 맺는 것은 효력이 없으므로(민법 제652조), 갑은 병에 대하여 갑의 이 사건 건물인도의무가 병의 ③ 부속물매매대금 200만 원(전기시설)의 지급의무와 동시이행관계에 있다는 취지의 항변을 할 수 있고, 병에게 그 지급도 청구할 수 있게 된다.

제7절 매매계약 해제와 공유부동산 사례

1. 사례

1) 김오석은 2013.9.1. 김오순으로부터 그 소유의 이 사건 제1부동산을 대금 3억 원에 매수하기로 하면서, 계약금 5,000만 원을 계약 당일 지급하고, 중도금 1억 5천만 원은 2013.10.1. 지급함과 동시에 이 사건 부동산을 인도받고, 잔대금 1억 원은 2013.11.1. 약속한 부동산공인중개사 사무소에서 소유권이전등기에 필요한 서류를 교부받음과 동시에 지급하기로 하였다.

2) 김오석은 계약금 및 중도금을 그 지급기일에 모두 지급하였고, 위 중도금 지급일에 이 사건 부동산을 인도받아 이사를 마치고 그날부터 거기에서 살고 있다. 그 후 잔대금 지급기일인 2013.11.1. 김오석이 잔금을 준비하여 약속장소에 갔으나, 김오순은 잔금수령을 거절한 채 대금을 1억 원 더 올려주기 전에는 이전등기를 해줄 수 없다고 하며 구 소유권이전을 거부하였다. 그 후 몇 차례의 이행최고에도 불구하고 김오순이 그 이전등기의무를 불이행하자, 김오석은 2013.11.30. 위 매매계약을 해제하였다.

3) 한편, 이 사건 제2부동산은 김오석이 1/3, 김오철이 2/3 지분 비율로 공유하고 있는데, 김오철은 김오석과 아무런 상의 없이 2013.10.1. 갑에게 이 사건 제2부동산을 차임 월 150만 원, 임대차기간 2013.10.1.부터 2년간으로 정하여 임대하여 주었고, 이에 갑이 이사하여 그곳에서 살고 있다. 갑은 과반수지분권자인 김오철로부터 이 사건 제2부동산을 임차하여 살고 있으므로, 김오석에게 이 사건 제2부동산을 인도하거나 차임 상당 부당이득금을 지급할 의무가 없다고 주장하고 있다.

2. 김오석 입장에서의 청구취지(부동산의 월차임 상당의 부당이득액은 2,000,000원이고, 채무불이행으로 인한 위약금이나 손해배상은 청구하지 않는 것으로 전제)

1. 피고(김오순)는 원고(김오석)로부터 별지 제1목록 기재 각 부동산의 인도 및 2013.10.1.부터 위 각 부동산의 인도완료일까지 월 2,000,000원의 비율로 계산한 돈을 받음과 동시에, 원고에게 200,000,000원 및 그중 50,000,000원에 대하여는 2013.9.1.부터 150,000,000원에 대하여는 2013.10.1.부터 각 다 갚는 날까지 연 5%의 비율로 계산한 돈을 지급하라.
2. 소송비용은 피고가 부담한다.
3. 제1항은 가집행할 수 있다.

3. 김오순 입장에서의 청구취지(부동산의 월차임 상당의 부당이득액은 2,000,000원이고, 채무불이행으로 인한 위약금이나 손해배상은 청구하지 않는 것으로 전제)

1. 피고(김오석)는 원고(김오순)로부터 200,000,000원 및 그중 50,000,000원에 대하여는 2013.9.1.부터 150,000,000원에 대하여는 2013.10.1.부터 각 다 갚는 날까지 연 5%의 비율로 계산한 돈을 지급받음과 동시에 원고에게 별지 제1목록 기재 각 부동산을 인도하고, 2013.10.1.부터 위 각 부동산의 인도완료일까지 월 2,000,000원의 비율로 계산한 돈을 지급하라.
2. 소송비용은 피고가 부담한다.
3. 제1항은 가집행할 수 있다.

4. 공유부동산의 경우

과반수 지분의 공유자가 그 공유물의 특정 부분을 배타적으로 사용・수익하기로 정하는 것은 공유물의 관리방법으로서 적법하므로, 과반수 지분의 공유자로부터 사용・수익을 허락받은 점유자에 대하여 소수지분의 공유자는 그 점유자가 사용・수익하는 건물의 철거나 퇴거 등 점유배제를 구할 수 없고, 이 경우 그 점유자는 소수지분권자에 대하여도 그 점유로 인하여 법률상 원인 없이 이득을 얻고 있다고는 볼 수 없다(대판 2002.5.14, 2002다9738).

과반수지분권자가 공유물인 주택에서 직접 거주하거나 혹은 이를 타에 임대하여 그 현상대로 이용하도록 하는 행위는 관리행위의 범주에 속한다고 할 것인 바, 김오석은 과반수지분권자인 김오철로부터 이 사건 제2부동산을 임차한 갑을 상대로 그 부동산의 인도나 차임 상당의 부당이득을 구할 수 없다.

다만, 과반수의 지분을 가진 공유자가 그 공유물의 특정 부분을 배타적으로 사용・수익하기로 정하는 것은 공유물의 관리방법으로서 적법하지만, 그 사용・수익의 내용이 공유물의 기존의 모습에 본질적 변화를 일으켜 '관리' 아닌 '처분'이나 '변경'의 정도에 이르는 것이어서는 안 될 것이고, 예컨대 다수지분권자라 하여 나대지에 새로이 건물을 건축한다든지 하는 것은 '관리'의 범위를 넘는 것에 해당할 수도 있다(대판 2001.11.27, 2000다33638・33645).

PART

04

등기사건

chapter

01 총설

제1절 소장 작성례

소　　장

원　고　김일남 (580625-1234789)
서울 강남구 늘벗길 15, 115동 202호(대치동 554, 삼일아파트)
전화번호/휴대폰번호 :
팩시밀리번호 :
전자우편주소 :
피　고　이민준 (580514-1234567)
서울 강남구 도곡로 21번길 152, 205동(도곡동)

소유권이전등기 청구의 소

청 구 취 지

1. 피고는 원고에게 인천 강화군 화도면 동막리 4321 대 330㎡에 관하여 2003.7.20. 매매를 원인으로 한 소유권이전등기절차를 이행하라.
2. 소송비용은 피고가 부담한다.

라는 판결을 구합니다.

청 구 원 인

1. 원고는 2003.7.20. 피고로부터 인천 강화군 화도면 동막리 4321 대 330㎡을 대금 100,000,000원에 매수하였습니다.
2. 그러므로 피고는 원고에게 위 부동산에 관하여 2003.7.20. 매매를 원인으로 한 소유권이전등기절차를 이행할 의무가 있습니다.
3. 이상과 같은 이유로 원고는 청구취지와 같은 판결을 구하기 위하여 본 소를 제기하기에 이르렀습니다.

증 명 방 법

1. 갑 제1호증 부동산등기사항증명서
2. 갑 제2호증 매매계약서

첨 부 서 류

1. 위 증명방법 각 2통
2. 영수필확인서 1통
3. 토지대장등본 1통
4. 송달료납부서 1통
5. 서류작성 및 제출위임장 1통
6. 소장부본 1통

20○○.○.○.
원고 ◎◎◎ (서명 또는 날인)

서울중앙지방법원 귀중

제2절 소송목적의 값

1. 산정의 표준

가. 물건 등의 가액

1) 토지

개별공시지가에 100분의 50을 곱하여 산정한 금액으로 한다. 예컨대, 면적 10㎡, 1㎡당 개별공시지가 200만 원, 1㎡당 시가 600만 원인 토지의 가액은 1,000만 원(200만 원×10×50/100)이다.

2) 건물

건물의 가액은 지방세법 시행령에 의한 시가표준액에 100분의 50을 곱한 금액으로 한다. 예컨대, 시가 3억 원, 시가표준액 1억 원인 건물의 가액은 5,000만 원(1억 원×50/100)이다.

나. 권리의 가액

① 물건에 대한 소유권의 가액은 그 물건가액으로 한다.
② 담보물권의 가액은 목적물건 가액을 한도로 한 피담보채권의 원본액(근저당권의 경우에는 채권최고액)으로 한다.
③ 전세권(채권적 전세 포함)의 가액은 목적물건 가액을 한도로 한 전세금액으로 한다.

2. 등기사건과 소송물 가액

가. 이전 또는 설정등기

1) 소유권

① 통상의 경우

소유권이전등기의 경우에는 목적물건의 가액을 소송목적의 값으로 한다(인지규칙 제13조 제1항 제1호).

② 진정명의회복을 원인으로 하는 경우

말소등기에 갈음한 진정명의회복을 원인으로 한 소유권이전등기청구소송의 소송목적의 값 산정방식에 관하여 소유권 말소등기에 관한 규정(인지규칙 제13조 제1항 제4호 나목, 소송목적의 가액은 물건가액의 2분의 1)에 의한다.[1] 왜냐하면 진정명의회복을 원인으로 한 소유권이전등기는 그 실질이 소유권에 기한 방해배제청구권이므로 전부 승소할 경우 직접 받게 될 경제적 이익은 민사소송인지규칙 제12조 제5호 가목, 제13조 제1항 제4호 나목과 동일하기 때문이다. 따라서 소송목적의 값은 목적물건 가액의 2분의 1이다.

1) 인지실무 2006년, 법원행정처(사법정책실) 136면

③ 소유권이전등기의 인수를 구하는 경우

소송목적의 값은 목적물건 가액의 10분의 1이다(인지규칙 제13조 제2항). 부동산 매수인이 등기를 이전하여 가지 않는 경우에 매도인 측에서 제기하는 등기인수청구소송은, 보통 해당 부동산에 과해지는 재산세의 부과징수를 면할 목적으로 제기하는 소이므로 전부 승소할 경우 원고가 직접 받게 될 경제적 이익은 장래 면할 재산세액이라고 생각할 수 있다. 장래 면할 재산세액을 어떻게 산정할 것이냐가 문제인데 민사소송 등 인지규칙 제13조 제2항은 산정업무의 획일성·신속성을 위해 목적물건 가액의 10분의 1로 규정한 것이다.

2) 제한물권

① 지상권·임차권·지역권

지상권 또는 임차권의 설정·이전등기의 경우에는 목적물건 가액의 2분의 1을 소송목적의 값으로 한다(인지규칙 제13조 제1항 제2호 가목).

② 담보물권·전세권

담보물권 또는 전세권인 경우에는 목적물건 가액을 한도로 한 피담보채권액(근저당권의 경우에는 채권최고액)을 소송목적의 값으로 한다(인지규칙 제13조 제1항 제2호 나목). 이는 민사소송 등 인지규칙 제12조 제1호(담보물권 확인의 소의 소송목적의 값은 목적물건 가액을 한도로 한 피담보채권의 원본액, 전세권 확인의 소의 소송목적의 값은 목적물건 가액을 한도로 한 전제금액)와 그 취지가 동일하다. 피담보채권액은 원금만을 의미하고 이자 등은 제외한다.

3) 가등기 설정 또는 가등기에 기한 본등기

가등기 또는 그에 기한 본등기의 경우에는 권리의 종류에 따라 민사소송 등 인지규칙 제13조 제1항 제1호 또는 제2호의 규정에 의한 가액의 2분의 1을 소송목적의 값으로 한다(인지규칙 제13조 제1항 제3호).

① 가등기 설정

가등기 설정청구의 소송목적의 값을 권리가액의 2분의 1로 규정한 취지는 가등기는 종국등기가 아니어서 해당 권리의 온전한 취득이 아니기 때문이다. 예컨대, 소유권이전등기절차 이행의 소와 소유권이전등기청구권보전을 위한 가등기설정절차 이행의 소에서 전부 승소할 경우 원고가 직접 받게 될 경제적 이익은 전자가 후자에 비해 크다고 말할 수 있다. 이 경우 가등기 설정에 의해 받게 될 경제적 이익을 얼마로 정할 것인지가 문제인데 산정업무의 획일성·신속성을 위해 일률적으로 권리의 종류에 따라 권리 가액의 2분의 1로 규정하였다.

② 가등기에 기한 본등기

가등기에 기한 본등기 청구의 소송목적의 값을 권리 가액의 2분의 1로 규정한 취지는 전부 승소할 경우 원고가 직접 받게 될 경제적 이익이 가등기가 없는 상태에서 본등기절차를 청구하는 경우와 다르기 때문이다. 즉, 이미 가등기가 경료된 경우에는 경료되지 않은 경우에 비하여 목적 부동산의 재산상 가치의 일부를 이미 취득하고 있다는 점이다.[2] 따라서

① 소유권이전에 관한 가등기에 기하여 본등기를 구하는 경우에는 목적물건 가액의 2분의 1, ② 지상권・임차권의 설정・이전에 관한 가등기의 경우에는 목적물건 가액의 4분의 1, ③ 담보물권의 설정・이전의 경우에 관한 가등기의 경우에는 피담보채권의 금액과 목적물건의 가액을 비교하여 그중 저액의 일방에 2분의 1을 곱하여 얻은 액, ④ 지역권의 설정・이전에 관한 가등기의 경우에는 승역지 가액의 6분의 1이 소송목적의 값이 된다.

나. 말소등기 또는 말소회복등기

1) 소유권

① 말소등기

소유권이전계약(매매, 증여, 교환, 명의신탁 등)의 해지나 해제에 기하여 말소등기절차 이행을 구하는 경우에는 소유권이전등기의 소송목적의 값과 동액(목적물건의 가액)으로 한다. 등기원인의 무효 또는 취소에 기하여 말소등기절차 이행을 구하는 경우에는 소유권이전등기의 소송목적의 값의 2분의 1이다(인지규칙 제13조 제1항 제4호). 이는 민사소송 등 인지규칙 제12조 제5호 가목(소유권에 기한 방해배제청구의 경우에는 목적물건 가액의 2분의 1)의 규정과 그 취지가 동일하고, 그 실질이 소유권에 기한 방해배제청구에 해당하기 때문이다. 이와 같이 말소원인에 따라 차등을 두게 된 것은 말소될 등기가 말소되지 않고 존속함으로써 진정한 소유자인 원고가 소유권을 상실할 가능성은 등기원인이 무효・취소인 경우와 해제・해지인 경우에 차이가 있기 때문이다. 즉, 등기원인이 무효・취소인 경우에는 등기에 공신력이 없는 결과 그러한 등기가 존속하더라도 진정한 소유자인 원고가 소유권을 잃지 않음에 비하여, 해제의 경우에는 민법 제548조 제1항 단서에 의해 제3자가 개입되면 원고가 소유권을 잃게 되는 차이가 있다.

② 말소회복등기

소유권이전의 말소회복을 구하는 경우에는 말소등기 청구 소송목적의 값과 동액으로 한다(인지규칙 제13조 제1항 제4호). 말소회복등기는 말소등기를 다시 말소하여 말소된 등기를 회복하는 절차이므로, 회복되는 등기에 관련된 권리의 종류에 따라 말소등기절차의 소에 준하여 소송목적의 값을 규정한 것이다.

2) 제한물권

(가) 지상권・임차권・지역권

① 말소등기

설정계약 또는 양도계약의 해지나 해제에 기하여 말소등기절차 이행을 구하는 경우에는 설정・이전등기의 소송목적의 값(지상권・임차권 말소등기의 경우에는 목적물건 가액의 2분의 1)과 동액으로 하고, 등기원인의 무효 또는 취소에 기하여 말소등기절차 이행을 구하는 경우에는 설정・이전등기의 소송목적의 값의 2분의 1(지상권・임차권 말소등기의 경우에는

2) 법원행정처, 법원실무제요 민사소송 1권 138면

목적물건 가액의 4분의 1)로 한다(인지규칙 제13조 제1항 제4호). 이는 지상권 등의 말소등기를 구하는 경우를 설정・이전을 구하는 경우의 반대유형으로 받아들여 양자의 소송목적의 값을 동액(말소대상으로 된 등기의 등기원인이 해제인 경우)으로 하거나 그 2분의 1(등기원인이 무효・취소인 경우)로 한 것이다.

② 말소회복등기

지상권・임차권・지역권 등기의 말소회복을 청구하는 경우에는 말소등기 청구 소송목적의 값과 동액으로 한다(인지규칙 제13조 제1항 제4호). 동액으로 규정한 취지는 소유권이전등기말소회복등기의 경우와 같다.

(나) 담보물권・전세권

① 말소등기

설정계약 또는 양도계약의 해지나 해제에 기하여 말소등기절차 이행을 구하는 경우에는 설정・이전등기의 소송목적의 값[목적물건 가액을 한도로 한 피담보채권액(근저당권의 경우에는 채권최고액)]과 동액으로 하고, 등기원인의 무효 또는 취소에 기하여 말소등기절차 이행을 구하는 경우에는 설정・이전등기의 소송목적의 값의 2분의 1로 한다(인지규칙 제13조 제1항 제4호). 그 취지는 지상권 등 용익물권에 대한 말소등기의 경우와 같다.

② 말소회복등기

담보물권 또는 전세권 등기의 말소회복을 청구하는 소에 있어서는 말소등기청구 소송목적의 값과 동액으로 한다(인지규칙 제13조 제1항 제4호). 동액으로 규정한 취지는 소유권이전등기말소회복등기의 경우와 같다.

3) 가등기

① 말소등기

설정계약 또는 양도계약의 해지・해제에 기하여 말소등기절차 이행을 구하는 경우에는 민사소송 등 인지규칙 제13조 제1항 제3호의 규정에 의한 가액(권리의 종류에 따라 인지규칙 제13조 제1항 제1호 또는 제2호의 규정에 의한 가액의 2분의 1)과 동액으로 하고, 등기원인의 무효 또는 취소에 기하여 말소등기절차 이행을 구하는 경우에는 제3호 규정에 의한 가액의 2분의 1로 한다(인지규칙 제13조 제1항 제4호). 말소의 대상으로 된 가등기의 등기원인이 무효・취소인 경우, 소유권에 관한 가등기에 대하여는 목적물 가액의 1/4(1/2×1/2), 지상권・임차권에 관한 가등기에 대하여는 목적물 가액의 1/8(1/2×1/2×1/2), 담보물권・전세권에 관한 가등기에 대하여는 피담보채권액(근저당권의 경우에는 채권최고액)과 목적물 가액을 비교하여 저액인 쪽의 1/4(1/2×1/2), 지역권에 기한 가등기에 대하여는 승역지 가액의 1/12(1/3×1/2×1/2)을 소송목적의 값으로 한다.

② 말소회복등기

가등기의 말소회복을 청구하는 소에 있어서는 말소등기 청구 소송목적의 값과 동액으로 한다. 동액으로 규정한 취지는 소유권이전등기말소회복등기의 경우와 같다.

다. 등록절차

건물・토지의 경우에는 공시방법이 등기임에 비하여, 자동차・항공기・건설기계 등은 각각 특별법(자동차저당법・항공기저당법・건설기계저당법)에 의해 등록이라는 공시방법을 갖추고 있는데, 이는 부동산등기에 준하는 효력을 가진다. 민사소송 등 인지규칙은 소송목적의 값 산정에 있어 등기와 등록을 동일하게 취급하고 있으므로 그 산정방식도 동일하게 취급한다(인지규칙 제13조).

제3절 사건의 표시

1) 사건명은 간결하고 정확하게 표시하여야 하며, 수 개의 청구가 병합되어 있는 때에는 주된 청구 또는 대표적인 청구 한 개만을 골라 그것을 사건명으로 하여 "등"자를 붙이고 그 뒤에 "청구의 소"라고 기재한다(예 소유권이전등기 등 청구의 소).

2) 소유권이전등기 청구의 소(대・전・답・임야 등에 관한 소유권이전등기절차 이행 청구는 "소유권이전등기" 청구의 소로 통일하여 사건명을 부여할 것이다), 근저당권설정등기 청구의 소, 소유권이전등기말소등기 청구의 소, 근저당권설정등기말소등기 청구의 소, 가등기에 기한 본등기 청구의 소 등

제4절 청구취지

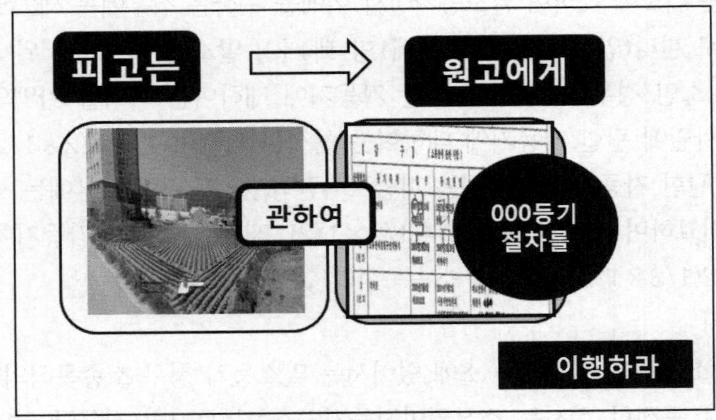

1. 총설

1) 일정한 의사의 진술을 명한 판결이 확정되면 그 의사의 진술이 있는 것으로 본다(민사집행법 제263조 제1항). 따라서 의사진술의 간주는 판결이 확정됨으로써 비로소 효력이 생기는 것이므로 이러한 판결에는 가집행선고를 붙이지 못한다.

2) 등기권리자가 그의 등기청구권의 행사를 지체하고 있는 경우에는 등기의무자가 등기권리자를 피고로 하여 등기를 신청할 것을 명하는 판결을 받고 이 판결에 기하여 등기의무자 단독으로 등기를 신청할 수 있다. 이때의 청구취지 기재례는 다음과 같다.

> 피고는 원고로부터 ○○(목적부동산)에 관하여 …. 이전등기신청절차를 인수(또는 수취)하라.

3) 목적물의 표시방법에 있어서는, 원칙적으로 앞서 본 토지 및 건물 등의 표시와 같으나, 등기기록상 표시와 실제의 현상이 다른 때에도 특별한 경우가 아닌 한(예컨대 등기청구와 인도청구를 병합하여 청구하는 경우), 등기기록상 표시로써 족하고 실제의 현상을 병기할 필요가 없다는 점이 다르다(등기청구의 경우에는 등기기록상 표시만으로 목적물의 특정이 충분하고 또 판결의 집행에 아무런 지장을 주지 않기 때문이다). 또 등기기록상 표시가 토지대장·임야대장 등의 표시와 다른 경우에도 등기기록상 표시에 따라 부동산의 표시를 하고 괄호 등을 이용하여 대장상의 표시를 병기하는 것이 원칙이다.

4) 등기절차의 이행을 명함에 있어서는 등기의 종류와 내용 및 등기원인과 그 연월일을 명시하지 아니하면 아니 된다. 등기원인은 당사자가 주장한 내용에 구속되며 법원이 마음대로 등기원인을 달리 표시하여서는 아니 된다. 한편, 기존등기의 등기원인이 부존재 내지 무효이거나 취소·해제에 의하여 소멸하였음을 이유로 말소등기 또는 회복등기를 명하는 판결에는 등기원인의 기재가 불필요하다.

2. 소유권이전등기 청구

가) 기본형

> 피고는 원고에게 별지목록 기재 부동산에 관하여 2014.3.12. 매매(또는 증여, 교환, 취득시효 등)를 원인으로 한 소유권이전등기절차를 이행하라.

▶ 등기원인이 취득시효 완성인 때에는 「2014.5.12. 취득시효 완성(또는 시효취득)」으로, 명의신탁해지인 때에는 「2014.6.2. 명의신탁해지」 등의 문구를 사용한다.

▶ 부동산 실권리자명의 등기에 관한 법률 시행일(1995.7.1.) 이후에는 부동산명의신탁은 무효이므로 "명의신탁해지"를 원인으로 한 소유권이전등기 청구는 원칙적으로 할 수 없다. 다만, 양도담보와 가등기담보, 구분소유적 공유관계에서의 상호명의신탁, 신탁법에 의한 신탁, 종

중과 배우자 간의 명의신탁으로서 조세포탈 등을 목적으로 하지 않는 경우에는 동법이 적용되지 않으므로 이 경우에는 "명의신탁해지"를 원인으로 한 등기청구가 가능하다.

나) 1필의 토지 중 일부만 청구하는 경우

피고는 원고에게 별지목록 기재 토지 중 별지 도면표시 1, 2, 3, 1의 각 점을 차례로 연결한 선내 (가)부분 150㎡에 관하여 2015.3.2. 매매(또는 증여, 교환, 취득시효 등)를 원인으로 한 소유권이전등기절차를 이행하라.

▶ 1필지 중 특정한 일부분을 매수한 경우인데, 채권자는 승소확정판결에 기하여 먼저 채무자를 대위하여 토지대장상 분필절차를 마친 다음 등기하면 된다.

다) 매도인 사망으로 공동상속인에게 청구하는 경우

매도인이 사망한 후 그 공동상속인을 상대로 한 소유권이전등기를 청구하는 경우라든지, 공유자에 대한 공유지분이전등기 청구를 하는 경우와 같이 피고가 여러 사람인 경우의 청구취지 기재례는 다음과 같다.

원고에게, 별지목록 기재 부동산 중, 피고 갑은 3/5 지분에 관하여, 피고 을은 2/5 지분에 관하여 각 2014.4.4. 매매(또는 증여, 교환, 취득시효 등)를 원인으로 한 소유권이전등기절차를 이행하라.

라) 가등기에 기한 본등기 청구

피고는 원고에게 별지목록 기재 부동산에 관하여 서울지방법원 2013.1.11. 접수 제15207호로 마친(또는 경료한) 가등기에 기하여 2015.3.16. 매매(또는 매매예약 완결)를 원인으로 한 소유권이전등기절차(또는 소유권이전의 본등기절차)를 이행하라.

3. 제한물권 · 임차권의 설정등기 및 그 이전등기

가) 전세권설정등기

피고는 원고에게 별지목록 기재 부동산에 관하여 2014.5.1. 전세권설정계약을 원인으로 한 전세금 10,000,000원, 존속기간 2016.4.30.까지의 전세권설정등기절차를 이행하라.

나) 저당권설정등기

피고는 원고에게 별지목록 기재 부동산에 관하여 2014.10.10. 저당권설정계약을 원인으로 한 채권액 20,000,000원, 채무자 갑[(700120-1690212, 주소 : 서울 강남구 삼성로 219(역삼동)], 변제기 2015.10.9, 이자 연 12%, 이자 지급시기 매월 10일의 저당권설정등기절차를 이행하라.

다) 근저당권설정등기

> 피고는 원고에게 별지목록 기재 부동산에 관하여 2015.4.8. 근저당권설정계약을 원인으로 한 채권최고액 20,000,000원, 채무자 을[(700210-1693015, 주소 : 서울 송파구 송이로 36길 10(문정동)]의 근저당권설정등기절차를 이행하라.

라) 추가근저당권 설정등기(종전 등기도 기재하여야 한다).

> 피고는 원고에게 별지목록 (1) 기재 부동산에 관하여 수원지방법원 2015.5.3. 접수 제1356호로 마친 근저당권설정등기에 추가하여, 별지목록 (2) 기재 부동산에 관하여 2015.10.5. 추가근저당권설정계약을 원인으로 한 근저당권설정등기절차를 이행하라.

마) 근저당권이전등기

> 피고는 원고에게 별지목록 기재 부동산에 관하여 대전지방법원 2015.4.3. 접수 제15701호로 등기한 근저당권에 대하여 2015.11.5. 확정채권양도를 원인으로 한 근저당권이전등기절차를 이행하라.

바) 지상권설정등기

> 피고는 원고에게 별지목록 기재 토지에 관하여 2015.5.1. 지상권설정계약을 원인으로 한 목적 철근콘크리트조 건물의 소유, 범위 토지의 전부, 존속기간 2015.5.1.부터 30년, 지료 월 1,000,000원, 지급시기 매월 1일의 지상권설정등기절차를 이행하라.

4. 말소 및 회복등기 청구

가) 원인무효에 의한 말소청구

말소나 회복의 대상인 등기의 표시를 위하여는 그 등기의 관할 등기소, 접수연월일, 접수번호, 등기종류만으로 족하고 그 밖에 등기원인, 내용까지 표시할 필요는 없다.

1) 소유권이전등기 말소

> 피고는 원고에게 별지목록 기재 부동산에 관하여 청주지방법원 음성등기소 2014.5.7. 접수 제16352호로 마친 소유권이전등기의 말소등기절차를 이행하라.

2) 근저당권설정등기 말소

> 피고는 원고에게 별지목록 기재 부동산에 관하여 대구지방법원 동대구등기소 2010.4.16. 접수 제15636호로 마친 근저당권설정등기의 말소등기절차를 이행하라.

나) 후발적 실효사유에 의한 말소청구

후발적 실효사유에 의한 말소청구 시에는 청구취지에 말소등기의 원인을 기재하여야 한다("2004. 1.10. 변제", "2004.1.10. 해지"). 말소등기원인을 어떻게 쓰는가가 문제되는데, 저당권 말소의 경우에는 "변제"로 쓴다. 다만, 근저당권의 경우에는 피담보채권이 증감변동하다가 변제하는 경우는 채권이 확정된 후에 변제하므로 "확정채권변제"라고 쓰는 것에 유의해야 한다.

> 피고는 원고에게 별지목록 기재 부동산에 관하여 대구지방법원 동대구등기소 2013.4.16. 접수 제1234호로 마친 근저당권설정등기에 대하여 2015.8.22. 해지를 원인으로 한 말소등기절차를 이행하라.
>
> * 다만, 선이행이나 동시이행으로 말소청구하는 경우에는 원인기재 못함.

다) 순차로 된 여러 등기의 말소등기

원인이 없는 갑의 등기에 이어 을, 병의 등기가 순차로 경료된 경우에 진정한 소유자인 원고의 갑, 을, 병을 상대로 한 말소등기를 구하는 청구취지에서, 각 말소등기의 이행상대방은 말소의 대상으로 된 등기의 전자가 아니라 모두 원고로 된다.

> 1. 원고에게, 별지목록 기재 부동산에 관하여,
>   가. 피고 갑은 청주지방법원 음성등기소 2014.5.15. 접수 제1235호로 마친 소유권이전등기의,
>   나. 피고 을은 같은 등기소 .... 로 마친 소유권이전등기의,
>   다. 피고 병은 같은 등기소 .... 로 마친 소유권이전등기의,
>   각 말소등기절차를 이행하라.
> 2. 소송비용은 피고들이 부담한다.

라) 토지의 일부만에 관하여 말소등기사유가 있는 경우

토지의 일부만이 매도되었는데도 매수인이 매도인의 승낙 없이 임의로 토지 전부에 관한 등기를 마친 경우에는 매도하지 아니한 부분에 관한 등기는 정당한 원인이 없는 무효의 등기가 된다.

> 1. 피고는 원고에게 별지목록 기재 토지 중 별지 도면표시 1, 2, 3, 4, 1의 각 점을 차례로 연결한 선내 (가)부분 150㎡에 관하여 청주지방법원 2014.5.15. 접수 제321호로 마친 소유권이전등기의 말소등기절차를 이행하라.

마) 말소등기 대신 이전등기를 구하는 경우

무효의 등기가 행해진 경우 진정명의의 회복을 위하여 말소등기를 명하는 대신 무효등기의 명의자로부터 진정한 권리자 앞으로 직접 이전등기를 명하는 것도 가능하다. 즉, 최종등기명의자와 중간등기명의자 전원을 상대로 각 등기의 말소를 구하는 대신 최종등기명의인만을 상대로 「진정명의회복」을 원인으로 직접 이전등기를 구할 수도 있다.

> 1. 피고는 원고에게 별지목록 기재 부동산에 관하여 진정명의회복을 원인으로 한 소유권이전등기 절차를 이행하라.
>
> * 원고는 자신의 소유사실로서 이미 자기 앞으로 소유권을 표상하는 등기가 되어 있었거나 법률의 규정에 의하여 소유권을 취득한 사실을 입증하지 않으면 안 된다. 따라서 명의신탁자의 지위에 있는 종중은 대외적으로 소유자가 아니므로 명의 수탁자의 지위에 있는 종원을 대위함이 없이 직접 현재의 등기명의인을 상대로 진정명의회복을 원인으로 한 소유권이전등기를 청구하는 것은 허용되지 않는다.

바) 말소승낙의 의사표시를 구하는 소 – 등기상 이해관계인

부동산등기법상 권리변경등기, 회복등기, 말소등기를 신청하는 경우 및 신청에 의한 경정등기를 하는 경우에, 등기상 이해관계 있는 제3자가 있는 때에는 그의 승낙서 또는 그에게 대항할 수 있는 재판의 등본을 제출하여야 한다. 이 경우에 그 제3자를 상대로 이를 소구하는 경우 청구취지 기재례는 다음과 같다.

*** 기재례 1)

> 1. 피고는 원고에게 별지목록 기재 부동산에 관하여 수원지방법원 2014.3.8. 접수 제1258호로 마친 소유권이전등기의 말소등기에 대하여 승낙의 의사를 표시하라.

*** 기재례 2)

> 1. 피고는 원고에게 별지목록 기재 부동산에 관하여 전주지방법원 2015.5.9. 접수 제3679호로 마친 근저당권설정등기의 채권최고액 "100,000,000원"을 "200,000,000원"으로 고치는 경정등기에 대하여 승낙의 의사를 표시하라.

사) 말소등기회복 청구

> 1. 피고는 원고에게 별지목록 기재 부동산에 관하여 대구지방법원 동대구등기소 2015.10.1. 접수 제1234호로 말소등기된 같은 등기소 2013.1.10. 접수 제2341호 소유권이전등기의 회복등기절차를 이행하라.
> 2. 소송비용은 피고가 부담한다.
>
> * 피고는 회복등기의 등기의무자(등기가 말소됨으로써 등기부상 이익을 본 사람)가 되어야 함(제3자에 의하여 불법 말소되었다고 해서 그 제3자를 피고로 하면 피고적격이 없음)
>
> * 불법하게 말소된 것을 이유로 한 근저당권설정등기 회복등기 청구는 그 등기말소 당시의 소유자를 상대로 하여야 한다(대판 1969.3.18, 68다1617).

PART 04

5. 동시이행이나 장래이행 청구

가) 유형 – 이전등기 청구(매매대금 지급과 동시이행)

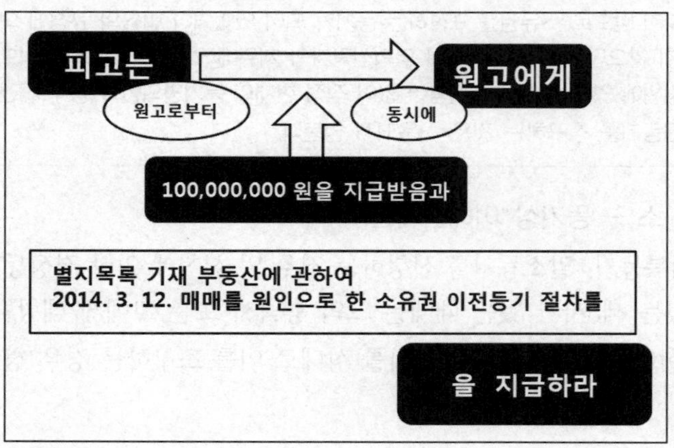

> 1. 피고는 원고로부터 100,000,000원을 지급받음과 동시에 원고에게 별지목록 기재 부동산에 관하여 2014.3.12. 매매를 원인으로 한 소유권이전등기절차를 이행하라.
> 2. 소송비용은 피고가 부담한다.

나) 유형 – 전세권 말소 및 부동산 인도청구(전세금 반환과 동시에)

> 1. 피고(전세권자)는 원고(전세권설정자)로부터 70,000,000원을 지급받음과 동시에 원고에게 별지목록 기재 부동산에 관하여 서울중앙지방법원 등기국 2013.3.27. 접수 제1234호로 마친 전세권설정등기의 말소등기절차를 이행하고 위 부동산을 인도하라.
> 2. 소송비용은 피고가 부담한다.

다) 장래이행 청구 1) – 다툼이 있는 근저당 피담보채권액 잔액변제 후 말소

> 1. 피고는 원고로부터 10,000,000원 및 이에 대한 2006.6.19.부터 다 갚는 날까지 월 2%의 비율로 계산한 돈을 지급받은 다음 원고에게 별지목록 기재 부동산에 관하여 서울동부지방법원 강동등기소 2005.3.19. 접수 제9563호로 마친 근저당권설정등기의 말소등기절차를 이행하라.

라) 장래이행 청구 2) – 등기청구권에 대한 가압류 해제 후 이전등기 청구

> 1. 피고는 별지목록 기재 건물에 관하여 원고와 소외 갑 사이의 서울지방법원 2015.4.2. 2015카합54 소유권이전등기청구권 가압류결정에 의한 집행이 해제되면 원고에게 2015.3.15. 매매를 원인으로 한 소유권이전등기절차를 이행하라.

6. 등기사건과 본안전 항변 사례들 정리

사례 1

소유권이전등기의 말소절차 이행을 구하는 소송 도중에 그 소유권이전등기가 다른 사유에 의하여 이미 말소된 경우에는 더 이상 말소를 구할 법률상의 이익이 없으므로, 본안심리에 들어가서는 아니되고 그 소를 각하하여야 한다.

사례 2

근저당권설정등기의 말소등기절차의 이행을 구하는 소송 도중에 그 근저당권설정등기가 경락을 원인으로 하여 말소된 경우에는 더 이상 근저당권설정등기의 말소를 구할 법률상 이익이 없다(원고가 말소등기절차의 이행을 구하고 있는 근저당권설정등기는 상고심 계속 중에 낙찰을 원인으로 하여 말소되었으므로 근저당설정등기의 말소를 구할 법률상의 이익이 없게 되었고, 따라서 상고심 계속 중에 소의 이익이 없게 되어 부적법하게 되었다는 이유로 원심판결을 파기하고 소를 각하한 사례).

사례 3

총유재산에 관한 소송은 법인 아닌 사단이 그 명의로 사원총회의 결의를 거쳐 하거나 또는 그 구성원 전원이 당사자가 되어 필수적 공동소송의 형태로 할 수 있을 뿐, 그 사단의 구성원은 설령 그가 사단의 대표자라거나 사원총회의 결의를 거쳤다 하더라도 그 소송의 당사자가 될 수 없고, 이러한 법리는 총유재산의 보존행위로서 소를 제기하는 경우에도 마찬가지이므로, 이러한 소도 부적법하여 각하하여야 한다.

사례 4

원고는 별지 기재 부동산에 관한 피고 갑 명의의 소유권이전등기는 피고 을이 등기서류를 위조하여 마친 것으로 무효임을 주장하여 피고 을을 상대로 위 등기의 말소절차 이행을 구하고 있으나, 등기의 말소절차 이행을 구하는 소는 그 명의자를 상대로 제기하여야 하고 등기명의자가 아닌 자는 그러한 소의 피고 적격이 없는바, 피고 을이 등기명의자가 아님은 명백하므로 결국 피고 을에 대한 소는 당사자적격이 없는 자를 상대로 한 부적법한 소라 할 것이다.

사례 5

근저당권 이전의 부기등기가 이루어진 경우 근저당권설정등기의 말소청구는 양수인만을 상대로 설정등기의 말소만을 구하면 족하고, 양도인을 상대로 한 말소청구 또는 양수인을 상대로 한 부기등기의 말소청구는 피고적격이 없거나 소의 이익이 없어서 부적법하다. 가등기의 경우에도 같다.

사례 6

근저당권 이전의 부기등기는 기존의 주등기인 근저당권설정등기에 종속되어 주등기와 일체를 이루는 것이어서, 피담보채무가 소멸된 경우 또는 근저당권설정등기가 당초 원인무효인 경우 주등기인 근저당권설정등기의 말소만 구하면 되고 그 부기등기는 별도로 말소를 구하지 않더라도 주등기의 말소에 따라 직권으로 말소되는 것이며, 근저당권 양도의 부기등기는 기존의 근저당권설정등기에 의한 권리의 승계를 등기부상 명시하는 것뿐으로, 그 등기에 의하여 새로운 권리가 생기는 것이 아닌 만큼 근저당권설정등기의 말소등기청구는 양수인만을 상대로 하면 족하고 양도인은 그 말소등기청구에 있어서 피고 적격이 없으며, 근저당권의 이전이 전부명령 확정에 따라 이루어졌다고 하여 이와 달리 보아야 하는 것은 아니다.

사례 7

근저당권 이전의 부기등기가 기존의 주등기인 근저당권설정등기에 종속되어 주등기와 일체를 이룬 경우에는 부기등기만의 말소를 따로 인정할 아무런 실익이 없지만, 근저당권의 이전원인만이 무효로 되거나 취소 또는 해제된 경우, 즉 근저당권의 주등기 자체는 유효한 것을 전제로 이와는 별도로 근저당권 이전의 부기등기에 한하여 무효사유가 있다는 이유로 부기등기만의 효력을 다투는 경우에는 그 부기등기의 말소를 소구할 필요가 있으므로 예외적으로 소의 이익이 있다.

사례 8

확인의 소는 원고의 권리 또는 법률상 지위에 현존하는 불안・위험이 있고 확인판결을 받는 것이 그 분쟁을 근본적으로 해결하는 가장 유효・적절한 수단일 때 허용되는바, 근저당권설정자가 근저당권설정계약에 기한 피담보채무가 존재하지 아니함의 확인을 구함과 함께 그 근저당권설정등기의 말소를 구하는 경우에 근저당권설정자로서는 피담보채무가 존재하지 않음을 이유로 근저당권설정등기의 말소를 구하는 것이 분쟁을 유효・적절하게 해결하는 직접적인 수단이 될 것이므로 별도로 근저당권설정계약에 기한 피담보채무가 존재하지 아니함의 확인을 구하는 것은 확인의 이익이 있다고 할 수 없다.

사례 9

등기관의 직권이나 법원의 촉탁에 의하여 기입된 등기의 말소등기나 말소된 등기의 회복등기는 등기관의 직권이나 법원의 촉탁에 의하여 행하여져야 하고 소로써 그 등기명의인을 상대로 말소등기나 회복등기를 구할 수 없다 할 것인데, 부동산가압류기입등기는 부동산가압류재판에 대한 집행으로 법원의 촉탁에 의해 이루어지므로, 그 가압류기입등기의 말소를 구하는 소는 소의 이익이 없어 부적법하다.

사례 10 **소유권보존등기 또는 표시에 관한 등기의 대위청구 가부**

미등기 부동산의 소유자(원시취득자)가 이를 매도한 경우에 매수인에게 소유권이전등기의무를 이행하기 위해서는 먼저 자기 명의로 소유권보존등기를 마쳐야 한다. 또, 1필의 토지 중 일부만을 매도한 경우에 매수인에게 소유권이전등기의무를 이행하기 위해서는 먼저 그 매도부분에 대한 분필등기를 마치는 것이 필요하다.

그러나 위의 경우에 매수인이 매도인을 상대로 소유권이전등기청구를 함에 있어서 그 소유권이전등기 외에 소유권보존등기 또는 분필등기 등을 청구할 수는 없고 그러한 청구는 소의 이익이 없는 것으로 각하하지 아니하면 아니 된다. 왜냐하면 그러한 등기는 등기신청권자가 단독으로 신청할 수 있는 것으로 등기청구권의 대상이 되지 아니하고, 매수인의 입장에서는 소유권이전등기에 관한 승소확정판결을 받은 후 그 등기청구권에 터잡아 매도인의 등기신청권을 대위행사하여 얼마든지 단독으로 그러한 등기를 마칠 수 있으므로 구태여 매도인을 상대로 소를 제기할 법률상의 이익이 없기 때문이다.

사례 11

미등기 토지의 경우, 판례에 의하면, 토지대장이나 임야대장상 소유자로 등록되어 있는 자가 있는 경우에는 그 명의자를 상대로 소유권확인판결을 받아 소유권보존등기를 할 수 있으므로 국가를 상대로 한 소유권 확인을 구할 이익이 없으나, 그 등록명의자가 없거나 등록명의자가 누구인지 알 수 없는 경우 또는 국가가 등록명의자의 소유관계를 다투면서 국가의 소유임을 주장하는 경우에는 국가를 상대로 소유권확인을 구할 이익이 있다.

사례 12

미등기 건물에 대하여는 국가를 상대로 소유권확인을 구할 이익이 없다. 미등기 "건물"에 관하여 국가를 상대로 한 소유권확인판결을 받는다고 하더라도 그 판결은 부동산등기법 제65조 제2호에 해당하는 판결이라고 볼 수 없어 이를 근거로 소유권보존등기를 신청할 수 없다.

7. 기타

1) 피고 명의의 등기가 이전등기인 경우에는 그를 상대로 바로 말소등기를 할 수 있을 뿐이고, (근)저당권설정등기인 경우에는 제3자의 등기이어서 그를 상대로 말소승낙의 의사표시를 구하여야 할 것이지만, 판례가 그를 상대로 바로 말소청구를 하는 것도 허용한다.

2) (근)저당권을 설정해 준 후 해당 부동산의 소유권을 타에 이전해 준 전 소유자도, 비록 소유자는 아니지만 (근)저당권설정계약자의 지위에서 매도인의 채무이행을 위하여 확정된 피담보채무의 소멸을 이유로 말소청구할 수 있다. 그러나 원인무효로 인한 말소청구는 소유자만이 할 수 있으므로 전 소유자는 할 수 없다.

제5절 청구원인

1. 소유권이전등기 청구

가. 매매로 인한 경우

1) 기본사례[3]

【기본사례】 원고(매수인) → 피고(매도인)
원고가 2003.10.1. 피고로부터 건물을 매수하여 이에 기한 소유권이전등기절차를 구함

2) 청구취지

피고는 원고에게 별지목록 기재 건물에 관하여 2003.10.1. 매매를 원인으로 한 소유권이전등기절차를 이행하라.

※ 주의사항

- 등기원인을 "2003.10.1. 매매"로 특정하여야 함
- 매도인의 상속인을 상대로 청구하는 경우에는 법정상속분에 따라 지분을 이전등기하라는 내용으로 청구취지를 기재하여야 함

3) 청구원인

【청구원인】 매매계약체결사실

※ 요건사실

부동산에 관하여 매매계약을 체결한 사실만 주장・증명하면 되며, 매수인이 대금을 지급하였다거나 목적물이 매도인 소유라는 사실을 주장・증명할 필요는 없다.

* 매매대금 지급사실은 요건사실이 아님 ▷ 주요서증 : 매매계약서, 등기부등본

** 기재례

1. 원고는 2003.7.20. 피고로부터 인천 강화군 화도면 동막리 4321 대 330㎡을 대금 100,000,000원에 매수하였습니다.
2. 그러므로 피고는 원고에게 위 부동산에 관하여 2003.7.20. 매매를 원인으로 한 소유권이전등기절차를 이행할 의무가 있습니다.
3. 이상과 같은 이유로 원고는 청구취지와 같은 판결을 구하기 위하여 본 소를 제기하기에 이르렀습니다.

3) (민사참여 업무편람)신모델과 요건사실 229-232면 요약

4) 항변 등

① (가)압류 항변

– 원고의 소유권이전등기청구권을 제3자가 (가)압류를 하였다는 항변, 이때는 원고는 가압류의 집행해제를 조건으로 하는 이전등기 청구로 청구취지를 변경하여야 함

*** 기재례

피고는 별지목록 기재 건물에 관하여 원고와 소외 갑 사이의 서울지방법원 1999.4.2. 자 99카합54 소유권이전등기청구권 가압류결정에 의한 집행이 해제되면 원고에게 1998.8.15. 매매를 원인으로 한 소유권이전등기절차를 이행하라.

② 동시이행 항변

– 피고는 매매대금 잔액을 지급받을 때까지 소유권이전등기를 해 줄 수 없다는 동시이행 항변

나. 취득시효 완성으로 인한 경우

1) 기본사례[4]

【기본사례】 원고(시효취득자) → 피고(소유자) 20년간 점유취득시효로 인한 소유권이전등기절차를 구함

2) 청구취지

피고는 원고에게 별지목록 기재 토지에 관하여 2003.10.1. 취득시효를 원인으로 한 소유권이전등기절차를 이행하라.

3) 청구원인

【청구원인】 20년간 자주 · 평온 · 공연하게 부동산을 점유한 사실

※ 요건사실

20년간 자주 · 평온 · 공연하게 부동산을 점유한 사실(자주 · 평온 · 공연한 점유는 민법 제197조에 의하여 추정)

4) (민사참여 업무편람)신모델과 요건사실 233-234면 요약

4) 항변 등

① 타주점유

원고가 성질상 타주점유로 보이는 권원에 기하여 점유를 취득한 사실

② 무단점유

원고가 점유개시 당시에 소유권취득의 원인이 될 수 있는 법률행위 기타 법률요건이 없음에도 그러한 사정을 잘 알면서 타인 소유의 부동산을 무단점유한 사실을 주장·입증하여 자주점유의 항변을 깨뜨리는 항변을 할 수 있다(대판 1997.8.21, 95다28625).

③ 취득시효 중단의 항변

중단사유가 되는 재판상 청구에는 시효취득의 대상인 목적물의 인도 내지는 소유권존부확인이나 소유권에 관한 등기청구소송은 말할 것도 없고, 소유권 침해의 경우에 그 소유권을 기초로 하는 방해배제 및 손해배상 혹은 부당이득반환청구소송도 포함한다(대판 1997.4.25, 96다46484).

2. 소유권보존·이전등기말소 청구사례

1) 사례

【기본사례】 원고(소유자) → 피고(등기명의인) 원고 명의로 되어 있던 부동산에 관하여 피고 명의로 소유권보존(이전)등기가 경료되어 그 말소를 구함

2) 청구취지

① 소유권보존등기말소 청구

피고는 원고에게 별지목록 기재 건물에 관하여 000 지방법원 00등기소 2002.10.1. 접수 제1234호로 마친 소유권보존등기의 말소등기절차를 이행하라.

② 소유권이전등기말소 청구

피고는 원고에게 별지목록 기재 건물에 관하여 000 지방법원 00등기소 2002.10.1. 접수 제1234호로 마친 소유권이전등기의 말소등기절차를 이행하라.

3) 청구원인

【청구원인】 - 원고 소유인 사실 - 피고 명의의 등기가 마친 사실 【이전등기말소】 원인무효의 등기인 사실 【특별조치법】 허위의 보증서, 확인서에 의하여 경료된 사실

※ 요건사실

① 소유권보존등기말소 청구

- 원고 소유인 사실
- 피고 명의의 등기가 마친 사실

* 소유권보존등기의 추정력은 소유권이전등기의 그것보다 약하여 권리변동에 대하여는 미치지 아니하므로 원시취득자(예컨대 사정받은 자)가 따로 있음을 원고가 주장·입증하거나, 또는 피고가 스스로 원시취득한 것이 아니라 원시취득한 자로부터 매수한 것이라고 자인하고 원시취득자가 양도사실을 부인하면 추정력은 깨어짐(대판 1982.9.14, 82다카707)

② 소유권이전등기말소 청구

- 원고 소유인 사실
- 피고 명의의 등기가 마친 사실
- 등기원인서류가 위조되었거나 등기원인인 매매가 무효·취소·해제된 사실

* 소유권이전등기의 추정력은 권리변동(등기원인)에 대하여도 미치므로 그 등기원인이 처음부터 없었다거나 처음엔 있었지만 나중에 소급하여 소멸되었다는 사정을 입증하여야만 추정력이 깨어짐

※ 주의사항 – 특별조치법에 의한 등기

추정력이 더욱 강력하여 보존등기이든 이전등기이든 가리지 아니하고 그 등기원인서류인 보증서와 확인서가 허위, 위조되었다거나 그밖에 적법하게 등기된 것이 아니라는 점이 주장·입증되어야만 권리보유의 추정력이 깨어짐(대판 1987.10.13, 86다카2928)

3. 근저당권말소 청구사례

1) 기본사례[5]

【기본사례】 원고(근저당권설정자) → 피고(근저당권자) 위조에 의하여 근저당권이 설정되어 그 말소를 구함

2) 청구취지

① 원인무효에 의한 말소청구

피고는 원고에게 별지목록 기재 부동산에 관하여 대구지방법원 동대구등기소 1976.4.12. 접수 제1234호로 마친 근저당권설정등기의 말소등기절차를 이행하라.

5) (민사참여 업무편람)신모델과 요건사실 242-244면 요약

② 후발적 실효사유에 의한 말소청구

피고는 원고에게 별지목록 기재 부동산에 관하여 대구지방법원 동대구등기소 1976.4.12. 접수 제1234호로 마친 근저당권설정등기에 대하여 2004.1.10. 해지를 원인으로 한 말소등기절차를 이행하라.

▶ 후발적 실효사유에 의한 말소청구시에는 청구취지에 말소등기의 원인을 기재하여야 함("2004. 1.10. 변제", "2004.1.10. 해지"), 다만, 선이행이나 동시이행으로 말소청구하는 경우에는 원인기재 못함

3) 청구원인

【청구원인】 - 원고 소유인 사실 - 피고 명의의 등기가 마친 사실 - 등기원인서류가 위조, 등기원인의 무효·취소·해제 【후발적 실효】 피담보채무가 변제된 사실

※ 요건사실

① 원인무효에 의한 말소청구
- 원고 소유인 사실
- 피고 명의의 등기가 마친 사실
- 등기원인서류가 위조되었거나 등기원인 (근)저당권설정계약이 무효·취소·해제된 사실

② 후발적 실효사유에 의한 말소청구
- 원고 소유인 사실
- 피고 명의의 등기가 마친 사실
- (근)저당권의 피담보채무가 변제된 사실, 피담보채무가 없는 상황에서 해지된 사실

※ 주의사항

① (근)저당권 이전의 부기등기
양수인만을 상대로 부기등기가 아닌 설정등기의 말소등기를 청구하여야 하고 양도인은 피고적격이 없음(양도인을 상대로 말소등기절차 이행을 구하거나 부기등기말소를 구하지 않도록 주의할 것)

② (근)저당권 부동산의 제3취득자나 물상보증인
채무자의 채무가 더 많더라도 민법 제360조의 금액(저당권의 경우) 또는 채권최고액(근저당권의 경우)만을 변제하고 근저당권말소를 청구할 수 있다(민법 제364조).

4. 말소승낙의 의사표시를 구하는 소

1) 기본사례[6]

【기본사례】 원고(소유권자) → 피고(이해관계인)
위조에 의하여 경료된 소유권이전등기에 터잡은 근저당권자에 대한 말소승낙의 의사표시

2) 청구취지

피고는 원고에게 별지목록 기재 부동산에 관하여 대구지방법원 동대구등기소 1976.4.12. 접수 제1234호로 마친 소유권이전등기의 말소등기에 대하여 승낙의 의사표시를 하라.

3) 청구원인

【청구원인】 - 피고 명의의 등기가 마친 사실
- 말소원인이 있는 등기에 터잡아 마쳐진 사실

※ 요건사실

말소원인이 있는 등기에 터 잡아 제3자인 피고 명의의 등기가 마친 사실

※ 주의사항

피고 명의의 등기가 이전등기인 경우에는 피고가 제3자가 아닌 당사자였으므로 그를 상대로 바로 말소등기를 할 수 있을 뿐이고, (근)저당권설정등기인 경우에는 제3자의 등기이어서 그를 상대로 말소승낙의 의사표시를 구하여야 할 것이지만, 판례가 그를 상대로 바로 말소청구를 하는 것도 허용함

5. 말소등기회복청구

1) 기본사례[7]

【기본사례】 원고(말소등기된 자) → 피고(등기부상 이득자)
부당하게 말소등기된 소유권이전등기의 회복을 구함

6) (민사참여 업무편람)신모델과 요건사실 245면 요약
7) (민사참여 업무편람)신모델과 요건사실 246-247면 요약

2) 청구취지

피고는 원고에게 별지목록 기재 부동산에 관하여 대구지방법원 동대구등기소 2003.10.1. 접수 제1234호로 말소등기된 같은 등기소 2002.1.10. 접수 제2341호 소유권이전등기의 회복등기절차를 이행하라.

3) 청구원인

【청구원인】 - 원고 명의의 등기가 말소된 사실
- 말소원인이 없었거나 무효·취소된 사실

※ 요건사실
- 원고 명의의 등기가 말소된 사실
- 말소원인이 없었거나 무효·취소된 사실

※ 주의사항
① 피고는 회복등기의 등기의무자(등기가 말소됨으로써 등기부상 이익을 본 사람)가 되어야 함(제3자에 의하여 불법 말소되었다고 해서 그 제3자를 피고로 하면 피고 적격이 없음)
② 말소등기 후에 등기부상 이해관계 있는 제3자가 생겼다면 그 사람도 함께 피고로 하여 회복등기에 대한 승낙의 의사표시를 하라는 내용의 청구를 하여야만 회복등기의 목적을 달성할 수 있음.

등기사건의 기본유형 정리

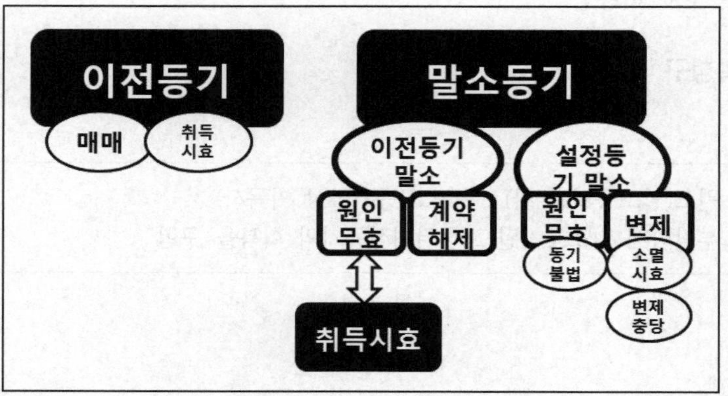

제6절 증명방법

부동산에 관한 사건은 그 부동산의 등기부등본을 소장에 붙여야 하고, 그 외에도 소장에는 증거로 될 문서 가운데 중요한 것의 사본을 붙여야 한다(민사소송규칙 제63조 제2항).

제7절 첨부서면

1. 소송목적의 값 산정에 필요한 서류

청구취지와 원인만으로 소송물의 가액을 산출하기 어려운 소송의 소장에는 그 산출자료도 첨부하여야 한다. 따라서 토지 또는 건물에 관한 소송에 있어서는 목적물의 개별공시지가 또는 시가표준액을 알 수 있는 토지대장등본, 공시지가확인원 또는 건축물대장등본 등을 제출하여야 한다(인지규칙 제8조 제2항).

2. 나머지 사항은 금전청구부분 참조

제8절 기타

금전청구부분 참조

제9절 기본적인 주의사항 사례 연습

1. 사례

◈ 부적절한 기재례

1. 피고들은 원고에게 서울 종로구 창신동 56 대지 100㎡에 관하여 춘천지방법원 등기과 2004.5.6. 접수 제1025호로써 경료한 소유권이전등기의 말소등기절차를 이행하라.
2. 소송비용은 피고들의 부담으로 한다.

◈ 적절한 기재례

1. 피고들은 원고에게 서울 종로구 창신동 56 대 100㎡에 관하여 춘천지방법원 2004.5.6. 접수 제1025호로 경료한 소유권이전등기의 말소등기절차를 이행하라.
2. 소송비용은 피고들이 부담한다.

2. 사례

◈ 부적절한 기재례

1. 별지목록 기재 부동산에 관하여
   가. 피고 김갑동은 피고 김을동에게 2003.1.11. 매매를 원인으로 한
   나. 피고 김을동은 원고에게 100,000,000원을 지급받음과 동시에 2003.7.8. 매매를 원인으로 한
   각 소유권이전등기절차를 이행하라.

◈ 적절한 기재례

1. 별지목록 기재 부동산에 관하여,
   가. 피고 김갑동은 피고 김을동에게 2003.1.11. 매매를 원인으로 한,
   나. 피고 김을동은 원고로부터 100,000,000원을 지급받음과 동시에 원고에게 2003.7.8. 매매를 원인으로 한(여기는 쉼표를 하지 않는다)
   각 소유권이전등기절차를 이행하라.

chapter

02 소장작성 연습

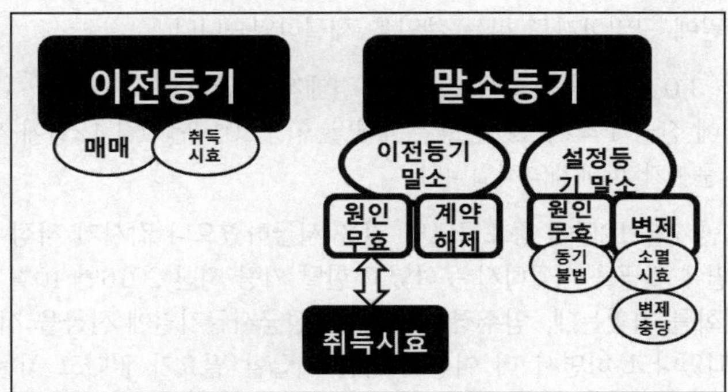

1. 사례 – 사법연수원 48기 자료 중 일부

【문】 전희정[(590624-2030403) 서울 서초구 신반포로 28, 109동 807호(반포동, 한양아파트), 전화번호 : 010-567-9876, 전자우편 : kck@bmbmbm.com]는 2018.9.15. 법무사 사무실에 찾아와 다음과 같이 분쟁 내용을 설명하고 자신이 가져온 별첨 서류를 제시하면서 소장 작성을 의뢰하였다. 이에 적합한 소장을 작성하시오. 30점

〈 다음 〉

◎ 저는 서울 관악구 봉천동에서 작은 가게를 운영하고 있는데 11년여 전 임주경[(620830-2131415) 서울 서초구 반포대로 155(잠원동)]을 서울 서초구에 있는 한 테니스 클럽에서 알게 되었습니다. 임주경의 고향이 강릉이고 저의 외가가 강릉이라서 더욱 친밀감을 느꼈고, 제가 임주경보다 나이가 세 살이 더 많은 관계로 언니, 동생으로 부르면서 테니스를 함께 치는 등 절친하게 지내왔습니다.

◎ 홍민수[(600214-121342), 서울 서초구 반포대로 155(잠원동)]는 임주경의 남편인데 임주경과는 결혼한지 20년이 넘고 부부간의 금슬도 아주 좋은 것으로 알고 있습니다. 임주경은 남편과 함께 서울 강남구 신사동에서 커피전문점을 운영하는 한편, 서초역 부근에서 스크린 골프장을 운영하여 수입이 상당하다고 늘 자랑을 하였고, 저는 임주경의 요청으로 임주경 부부에게 몇 차례 돈을 빌려 준 일이 있는데, 임주경 부부는 빌린 돈을 모두 제날짜에 갚았고, 약속을 어긴 적이 한 번도 없습니다.

◎ 임주경은 2016년 5월 초순경 저를 찾아와 "양평에 몇 년 전에 전원주택 부지를 사두었는데 서울 춘천 고속도로의 개통으로 인해 갖고만 있어도 틀림없이 땅값이 오를 것이다. 요즘 커피전문점 손님이 늘어 청담동에 커피전문점을 한 곳 더 개점하려 하는데, 돈이 약간 모자라서 위 땅을 처분해야 겠다. 여윳돈이 있으면 언니가 사두라"고 하였습니다.

◎ 마침 저는 남편이 공기업에 근무하다가 퇴직하여 수중에 약간의 여유자금을 갖고 있었고, 아이들도 대학을 졸업하여 기회가 되면 서울 근교의 전원주택으로 이사를 가서 텃밭을 일구면서 살고 싶다는 생각을 하던 차에, 임주경으로부터 위와 같은 제의를 받고 나서 남편과 상의를 하였더니 크게 반대를 하지 않아서 며칠 후인 2016년 5월 12일 임주경을 만나 경기도 양평군 서종면 문호리 11번지의 2호 토지를 3억 원에 구입하기로 하는 계약을 체결하였습니다.

◎ 저는 그날 계약금 3,000만 원을 현금으로 임주경에게 지급하였고, 중도금 1억 원은 2개월 후인 2016년 7월 12일에 잔금 1억 7,000만 원은 4개월 후인 2016년 9월 12일에 지급하기로 하였습니다. 그때 작성한 문서가 매매계약서입니다.

◎ 그 후 저는 2016년 7월 12일에 중도금 1억 원을 지급하였으나 갑자기 사정이 생겨 2016년 9월 12일 잔금지급기일에 잔금을 지급하지 못하였고 한달 가량 지난 2016년 10월 11일 잔금이 마련되어 임주경에게 전화를 하였는데, 임주경은 제가 위 잔금지급기일에 잔금을 지급하지 않아 계약이 자동적으로 해약되었다고 하면서 더 이상 잔금을 지급할 필요가 없다고 하는 것이었습니다.

◎ 그 후 저는 잔금을 지급하기 위해 임주경에게 전화를 걸었으나 임주경은 저의 전화를 받지 않았습니다, 이에 저는 2016년 10월 15일 임주경을 피공탁자로 하여 잔금 1억 7,000만 원을 법원에 공탁하였습니다.

◎ 한편 임주경은 2016년 6월 하순경 저를 찾아와 "청담동 커피전문점 개점에 필요한 자금이 당초 예상했던 것보다 늘어나 그러는데, 여유자금이 있으면 2억 원만 빌려 달라. 이자도 은행이자보다 높게 쳐주겠다. 2개월 후에 곗돈을 타기로 한 것이 있으니, 늦어도 2016년 9월말까지는 꼭 갚겠고, 못 미더우면 남편이 보증을 서도록 하겠다"라고 하였습니다.

◎ 저는 임주경이 그동안 빌린 돈을 모두 제날짜에 갚고 약속을 어긴 적이 없는데다가 마침 큰아들 결혼자금으로 쓰려고 모아둔 돈이 있어 2016년 7월 1일 임주경에게 현금과 자기앞수표를 섞어 2억 원을 이자는 월 1%(매월 말일 지급), 변제기는 3개월 후인 같은 해 9월 30일로 정하여 빌려주었고, 임주경의 남편인 홍민수가 연대보증을 섰습니다. 그때 작성한 문서가 차용증입니다.

◎ 그런데 위와 같이 돈을 빌린 후 임주경은 2016년 9월 30일까지 매월 말일에 200만 원씩 3회에 걸쳐 저의 계좌로 이자 명목으로 합계 600만 원을 송금하였을 뿐이고, 나머지 이자는 물론이고 원금마저도 갚지 않고 있습니다. 또한 홍민수는 임주경과 함께 저의 면전에서 직접 차용증에 도장을 찍었으면서도 차용금은 임주경이 사용하였을 뿐 자신과는 무관하고 2016년 10월경 임주경과 부부싸움을 벌인 후 집을 나와 현재까지 자신이 운영하는 홀인원스 골프장에서 생활하면서 이혼절차를 밟고 있는 중이므로 임주경의 채무를 갚을 수 없다고 하고 있습니다.

◎ 저는 잔금 지급이 다소 늦어졌다는 이유로 무작정 매매계약이 해제되었다고 주장하는 임주경이 괘씸하기도 하고, 거액을 빌리고도 갚지 않는 임주경 부부로부터 믿는 도끼에 발등을 찍혔다는 생각으로 밤잠을 설치던 중, 일단 양평 땅에 대하여 가처분을 해놓으라는 말을 듣고 곧바로 가처분을 하여두었는데 최근 임주경 부부의 사업부진으로 임주경 부부의 신사동 커피전문점에 대하여 경매가 개시될 것이라는 소문이 들리고 있습니다.

◎ 제가 보기에 임주경은 인근의 땅값이 오르자 잔금 지급이 며칠 늦어진 것을 핑계로 등기를 이전해 주지 않고 있는 것으로 짐작됩니다.

*** 경기도 양평군 서종면 문호리 11번지의 2호 토지에 관한 공시지가는 1억 원이며 시가는 1억 5,000만 원에 이름

의뢰인은 임주경에게 양평 땅의 대금을 전부 지급하였으므로 임주경으로부터 등기를 넘겨받고 임주경 부부에게 빌려준 돈도 돌려받기를 원함.
의뢰인을 위하여 유리한 내용의 소장을 작성하시오(공동소송의 요건문제는 검토하지 말 것).
소장에는 당사자, 청구취지, 청구원인을 갖추어 기재하고, 청구원인은 요건사실 위주로 기재하되 그 밖에 자연적 사실관계를 불필요하고 장황하게 기재하지 말며, 날인은 ㊞으로 표시하시오. 또한 소장의 오른쪽 윗부분에 소가와 첩부인지대 및 송달료를 기재하시오(소가와 인지를 계산한 내역도 기재할 것).

〈 유의사항 〉

1. 전희정의 위 진술 내용은 모두 진실한 것으로 보고 그 의사를 존중하여 2018.9.15.자로 전희정에게 가장 유리하고 적법하며 승소가능성이 있는 내용으로 소장을 작성하시오.
2. 여러 명에 대하여 소를 제기할 필요가 있는 경우에는 병합요건을 고려하지 말고 하나의 소장으로 작성하시오.
3. 소장에는 당사자, 청구취지, 청구원인을 갖추어 기재하되, 청구원인은 요건사실 위주로 기재하고 불필요한 사실관계를 장황하게 기재하지 않도록 하시오.
4. 소장의 오른쪽 윗부분에 소가와 첩부인지대를 계산 내역과 함께 기재하시오.
5. 위 사례에 등장하는 사람 이름, 주민등록번호, 주소, 지번 등은 모두 가공의 것입니다.

*** 증거서류로는 부동산등기사항증명서, 매매계약서, 차용증, 공탁서가 있다고 가정하여 작성하시오.

≫ 답안례

소 장

*** 소가 250,000,000원
내역) 1) 금전청구 200,000,000원
2) 이전등기 청구 50,000,000원
= 100,000,000원×50/100

*** 인지대 1,055,000원
250,000,000원×40/10,000 + 55,000원

원　고　전희정(590624-2030403)
서울 서초구 신반포로 28, 109동 807호(반포동, 한양아파트)
(전화번호 : 010-567-9876, 전자우편 : kck@bmbmbm.com)

피　고　1. 임주경(620830-2131415)
2. 홍민수(600214-1213423)
피고들의 주소 : 서울 서초구 반포대로 155(잠원동)

소유권이전등기 등 청구의 소

청 구 취 지

1. 피고 임주경은 원고에게, 경기 양평군 서종면 문호리 11-2 대 1332㎡에 관하여 2016.5.12. 매매를 원인으로한 소유권이전등기절차를 이행하고, 위 토지를 인도하라.
2. 피고들은 연대하여 원고에게 200,000,000원 및 이에 대하여 2016.10.1.부터 다 갚는 날까지 월 1%의 비율로 계산한 돈을 지급하라.
3. 소송비용은 피고들이 부담한다.
4. 제1항 중 인도부분 및 제2항은 가집행할 수 있다.

라는 판결을 구합니다.

청 구 원 인

1. 소유권이전등기 청구

1) 원고는 2016.5.12. 피고 임주경으로부터 청구취지 제1항 기재 토지를 대금 300,000,000원에 매수하였습니다. 그러므로 피고 임주경은 원고에게 위 토지에 관하여 위 매매를 원인으로 한 소유권이전등기절차를 이행하고, 위 토지를 인도할 의무가 있습니다.
2) 이에 대하여 피고 임주경은 원고가 매매대금 잔금지급기일에 잔금을 지급하지 않아 계약이 자동적으로 해약되었다고 주장하고 있으나, 부동산 매매계약에 있어서 매수인이 잔대금 지급기일까지 그 대금을 지급하지 못하면 그 계약이 자동적으로 해제된다는 취지의 약정이 있더라도 매도인이 이행의 제공을 하여 매수인을 이행지체에 빠뜨리지 않는 한 그 약정기일의 도과 사실만으로는 매매계약이 자동해제된 것으로 볼 수 없으므로, 피고 임주경이 잔금지급기일까지 동시이행관계에 있는 소유권이전등기의무의 이행을 제공하지 않은 이상 이 사건 매매계약이 자동 해제되었다고 볼 수 없으므로 피고 임주경의 주장은 이유 없습니다.

2. 대여금 등 청구

원고는 2016.7.1. 피고 임주경에게 200,000,000원을 이자 월 1%, 변제가 2016.9.30.으로 정하여 대여하였고, 피고 홍민수가 위 대여 당시 원고에 대하여 피고 임주경의 위 차용금채무를 연대보증하였습니다.

그 후 피고 임주경은 위 대여금에 대한 2016. 9. 30.까지의 이자만 변제하였으므로 피고들은 연대하여 원고에게 위 차용금 200,000,000원 및 이에 대하여 변제기 다음 날은 2016.10.1.부터 다 갚는 날까지 월 1%의 약정이율로 계산한 지연손해금을 지급할 의무가 있습니다.

3. 결언

이상과 같은 이유로 청구취지 기재와 같은 판결을 구하기 위하여 본 소를 제기하기에 이르렀습니다.

증 명 방 법

1. 갑 제1호증 매매계약서
2. 갑 제2호증 등기사항전부증명서
3. 갑 제3호증 차용증
4. 갑 제4호증 금전공탁서

첨 부 서 류

1. 위 증명방법 각 3통
2. 영수필확인서 1통
3. 토지대장등본 1통
4. 송달료납부서 1통
5. 서류작성 및 제출위임장 1통
6. 소장부본 2통

2018.9.15.

원고 전희정 (인)

서울중앙지방법원 귀중

※ **참고** : 매수인이 잔금지급기일까지 잔금을 지급하지 아니하였으므로, 이 사건 매매계약은 매수인의 잔금지급의무와 동시이행관계에 있는 매도인의 의무가 이행 또는 이행제공되었는지를 따질 필요 없이 자동해제 약정조항에 따라 해제되었다고 주장하는 경우 그 당부?

▶ 답안

쌍무계약인 매매계약에 있어서 매수인이 잔금지급기일까지 그 대금을 지급하지 못하면 계약이 자동 해제된다는 취지의 약정이 있더라도, 매수인이 미리 그 대금지급의무를 이행하지 아니할 의사를 표시하였거나 그 의무를 이행하지 아니할 것이 객관적으로 분명한 경우가 아닌 한, 매도인이 잔금지급기일에 동시이행관계에 있는 자기 채무를 이행제공하여 매수인으로 하여금 이행지체에 빠지게 하였을 때에 비로소 자동적으로 매매계약이 해제된다고 보아야 하고, 매수인이 그 약정 기한을 도과하였더라도 이행지체에 빠진 것이 아니라면 대금미지급으로 계약이 자동 해제된 것으로 볼 수 없으므로, 매도인이 잔금지급기일인 0000.0.0.까지 매수인에게 그 잔금지급의무와 동시이행관계에 있는 매도인의 소유권 이전등기의무를 이행하였다거나 그 이행을 제공하였다는 점에 관한 주장·입증이 없는 이상, 매수인이 0000.0.0.까지 매도인에게 매매잔금을 지급하지 않았다 하더라도 이로써 이 사건 매매계약이 자동 해제되었다고 볼 수는 없다 할 것이니, 매도인의 주장은 이유 없다.

※ 대법원 2010.7.22, 2010다1456 판결

부동산 매매계약에 있어서 매수인이 잔대금지급기일까지 그 대금을 지급하지 못하면 그 계약이 자동적으로 해제된다는 취지의 약정이 있더라도 매도인이 이행의 제공을 하여 매수인을 이행지체에 빠뜨리지 않는 한 그 약정기일의 도과 사실만으로는 매매계약이 자동해제된 것으로 볼 수 없으나, 매수인이 수회에 걸친 채무불이행에 대하여 책임을 느끼고 잔금지급기일의 연기를 요청하면서 새로운 약정기일까지는 반드시 계약을 이행할 것을 확약하고 불이행 시에는 매매계약이 자동적으로 해제되는 것을 감수하겠다는 내용의 약정을 한 특별한 사정이 있다면, 매수인이 잔금지급기일까지 잔금을 지급하지 아니함으로써 그 매매계약은 자동적으로 실효된다(대법원 1994.9.9, 94다8600, 대판 2007.12.27, 2007도5030 등 참조).

2. 사례 – 사법연수원 39기 2008년 변호사실무 자료 중 일부

다음은 이주홍[서울특별시 송파구 오금로 80(송파동) 490823 – 1082516, 전화번호 : 02-577-6972]이 법무사 사무실에 찾아와 소장 작성을 의뢰하며 진술한 내용이다.

〈 다음 〉

◎ 의뢰인은 서울 강남구 논현동 가구거리에서 “신라가구”라는 상호하에 가구점을 운영하면서 외국가구 수입업도 하고 있음.

◎ 의뢰인은 수입한 가구를 보관할 창고를 신축하기 위하여 그 부지를 물색하고 있었는데, 적당한 부지를 찾지 못하여 고심하던 중 조진기(서울 관악구 봉천동에서 “백제가구”라는 상호로 가구점을 운영)와 물품매매계약을 체결하는 과정에서 고향친구인 임정호와 상의한 일이 있었음.

◎ 임정호가 자신의 동서인 전영구[541208-1043228, 서울특별시 강남구 도곡로 391(역삼동)] 소유 부동산 중 창고부지로 적합한 곳이 있는 것 같다고 하므로, 의뢰인은 전영구에게 의사를 타진하였고, 여러 차례의 절충 끝에 2004.12.20. 전영구와 전영구 소유의 경기도 용인시 처인구 모현면 능원리 28 대지 1,850제곱미터에 관한 매매계약을 체결하였음.

◎ 당시 의뢰인은 전영구와 매매대금을 2억 원으로 정하면서 계약금 2,000만 원은 계약 당일에, 중도금 8,000만 원은 2005.1.10.에 잔금 1억 원은 2005.2.10.에 각 지급하기로 약정하고, 계약 당일 전영구에게 계약금 2,000만 원을 지급하면서, 이와 별도로 중도금 일부인 5,000만 원의 지급에 갈음하여 의뢰인의 맹석윤에 대한 대여원리금채권(대여일자 : 0000.0.0, 변제기 : 0000.0.0.)을 전영구에게 양도하기로 약정하였음(위와 같은 매매계약에 맹석윤도 참석하였으며, 맹석윤은 위와 같은 의뢰인의 채권양도에 승낙하였음). 그러면서 의뢰인과 위 전영구는 의뢰인이 위 매매대금의 지급을 지체할 때에는 연체한 매매대금에 대하여 월 2부의 비율에 의한 지연손해금을 가산하여 지급하기로 약정을 하였음.

◎ 의뢰인은 조진기에게서 2004.12.24. 받기로 되어 있던 가구대금을 받아 전영구에게 위 토지매매대금 중 나머지 중도금과 잔금을 지급하려고 하였는데, 조진기가 위 가구대금을 지급하지 않는 데다가 일시적인 자금압박으로 중도금 지급기일인 2005.1.10. 위와 같이 양도한 대여원리금채권 상당액의 중도금 이외에 나머지 중도금 3,000만 원을 지급하지 못하였음.

◎ 그러나 의뢰인은 곧 다른 거래처로부터 수금을 하여 약정한 잔금지급기일에 미지급 중도금 3,000만 원과 잔금 1억 원 등을 모두 지급할 수 있게 되었으므로, 전영구에게 잔금지급장소인 서울 강남구 논현동 123 소재 "명성공인중개사" 사무실에서 만날 것을 통고하였는데, 전영구는 약속장소에 나타나지 않았고 전화도 받지 않았음.

◎ 그 후에도 의뢰인이 전영구에게 수 차례에 걸쳐 나머지 돈을 받고 위 토지에 관한 소유권이전등기를 해줄 것을 요구하였으나 전영구는 계약 이후 땅값이 많이 올랐으니 5,000만 원을 더 지급하라고 요구하는 등 억지를 부리며 지금까지 소유권이전등기를 해주지 않고 있음.

의뢰인은 경기도 용인시 처인구 모현면 능원리 28 대지 1,850제곱미터에 대한 소유권이전등기를 빨리 넘겨오고 싶다고 함(다만, 현재 위 토지는 사실상 의뢰인이 관리하고 있음).
소장에는 당사자, 청구취지, 청구원인을 갖추어 기재하고, 청구원인은 요건사실 위주로 기재하되 그 밖에 자연적 사실관계를 불필요하고 장황하게 기재하지 말며, 날인은 ㊞으로 표시하시오. 또한 소장의 오른쪽 윗부분에 소가와 첩부인지대 및 송달료를 기재하시오(소가와 인지를 계산한 내역도 기재할 것).
위 경기도 용인시 처인구 모현면 능원리 28 대지 1,850제곱미터의 공시지가는 1억 원이며 시가는 1억 5,000만 원에 이름.

» 답안례

소 장

*** 소 가 50,000,000원
(100,000,000원×50/100)
*** 인지대 230,000원
내역) 50,000,000원×45/10,000 + 5,000원

원 고 이주홍 (490823-1082516)
서울 송파구 오금로 80(송파동)
(전화번호 : 02-577-6972)
피 고 전영구 (541208-1043228)
서울 강남구 도곡로 391(역삼동)

소유권이전등기 청구의 소

청 구 취 지

1. 피고는 원고로부터 130,600,000원을 지급받음과 동시에 원고에게 용인시 처인구 모현면 능원리 28 대 1,850㎡에 관하여 2004.12.20. 매매를 원인으로 한 소유권 이전등기절차를 이행하라.
2. 소송비용은 피고가 부담한다.

라는 판결을 구합니다.

청 구 원 인

1. 원고는 2004.12.20. 피고로부터 용인시 처인구 모현면 능원리 28 대 1,850㎡(이하 “이 사건 토지” ; 갑 제2호증)를 대금 200,000,000원에 매수하면서 계약금 20,000,000원은 계약 당일에 지급하고, 중도금 80,000,000원은 2005.1.10.에 잔금 100,000,000원은 2005.2.10. 소유권이전등기에 필요한 서류와 상환으로 각 지급하되, 중도금 중 50,000,000원은 원고의 소외 맹석윤에 대한 원리금채권(대여일자 : 0000.0.0, 변제기 : 0000.0.0.)을 그 지급에 갈음하여 피고에게 양도하기로 약정하고(갑 제3호증) 위 계약 당일 계약장소에서 계약금은 직접 지급하고 위 맹석윤의 승낙을 받아 위 대여원리금 채권을 피고에게 양도하여 주었습니다. 그러면서 원고가 매매대금의 지급을 지체할 때에는 연체한 매매대금에 대하여 월 2% 비율에 의한 지연손해금을 가산하여 지급하기로 약정을 하였습니다.
2. 원고는 위 중도금지급기일까지 중도금 중 30,000,000원을 지급하지 못하고 있다가, 그 후 위 잔금 지급기일에 이르러 위 30,000,000원과 이에 대한 약정 지연손해금 및 잔금을 준비하여 그 수령을 최고함과 동시에 피고에게 소유권이전등기를 요구하였으나 피고는 이에 응하지 않고 있습니다.
3. 그러므로 피고는 원고로부터 나머지 중도금 30,000,000원 및 이에 대한 중도금지급기일 다음 날인 2005.1.11.부터 잔금지급기일인 2005.2.10.까지의 약정 지연손해금(30,000,000원×0.02×1월)과

잔금 100,000,000원을 합한 130,600,000원을 지급받음과 동시에, 원고에게 이 사건 토지에 관하여 2004.12.20. 매매를 원인으로 한 소유권이전 등기절차를 이행할 의무가 있습니다.
4. 이상과 같은 이유로 원고는 청구취지와 같은 판결을 구하기 위하여 본 소를 제기하기에 이르렀습니다.

증 명 방 법

1. 갑 제1호증 부동산등기사항증명서(토지)
2. 갑 제2호증 매매계약서
3. 갑 제3호증 채권양도서류

첨 부 서 류

1. 위 증명방법 각 2통
2. 영수필확인서 1통
3. 토지대장등본 1통
4. 송달료납부서 1통
5. 서류작성 및 제출위임장 1통
6. 소장부본 1통

2008.1.4.
원고 이주홍 (인)

서울중앙지방법원 귀중

참고사항

부동산 매매계약이 체결된 경우 매수인의 잔대금지급의무와 매도인의 소유권이전등기의무는 동시이행관계에 있다. 반면, 매수인의 중도금지급의무는 선이행의무이다. 그런데 매수인이 선이행의무인 중도금 지급의무를 이행하지 아니하였다고 하더라도, 계약이 해제되지 않은 상태에서 잔대금지급기일이 도래하여 매수인의 잔대금지급의무와 동시이행관계에 있는 매도인의 소유권이전등기 소요서류 제공의무가 이행되지 아니한 채 그 기일이 도과하였다면, 매수인의 중도금 및 잔대금의 지급의무와 매도인의 소유권이전등기 소요서류의 제공의무는 동시이행의 관계에 놓이게 되기 때문에 그때부터는 매수인은 위 중도금을 지급하지 아니한 것에 대한 이행지체의 책임을 지지 아니한다(대판 1998.3.13, 97다54604·54611).

(1) 피고 전영구는 원고로부터 중도금 미지급액 3,000만 원 및 이에 대한 그 지급기일 다음 날인 2005.1.11.부터 지금까지의 월 2%의 비율에 의한 지연이자 및 잔금 1억 원과 이에 대한 잔금 지급기일 다음 날인 2005.2.11.부터 지금까지 월 2%의 비율에 의한 모든 지연이자의 금액을 전액 지급받기 전까지는 이주홍에게 등기를 넘겨줄 수 없다고 주장에 대한 당부?

▶ 답안

부동산 매수인이 선이행의무 있는 중도금을 지급하지 않았다 하더라도 계약이 해제되지 않은 상태에서 잔대금지급기일이 도래하여 그때까지 중도금과 잔대금이 지급되지 아니하고 잔대금과 동시이행관계에 있는 매도인의 소유권이전등기 소요서류가 제공된 바 없이 그 기일이 도과하였다면, 특별한 사정이 없는 한 매수인의 중도금 및 잔대금의 지급과 매도인의 소유권이전등기 소요서류의 제공은 동시이행관계에 있다 할 것이어서 그때부터는 매수인은 중도금을 지급하지 아니한 데 대한 이행지체의 책임을 지지 아니한다 할 것이므로 피고는 원고로부터 나머지 중도금 30,000,000원 및 이에 대한 중도금지급기일 다음 날인 2005.1.11.부터 잔금지급기일인 2005.2.10.까지의 약정 지연손해금(30,000,00원×0.02×1월)과 잔금 100,000,000원을 합한 130,600,000원을 지급받음과 동시에, 원고에게 이 사건 토지에 관하여 2004.12.20. 매매를 원인으로 한 소유권이전등기 절차를 이행할 의무가 있다.

(2) 관련 사례

갑은 2002.5.28. 을로부터 AAA 부동산을 금 3억 원에 매수하면서 계약금 3,000만 원은 계약 당일, 중도금 7,000만 원은 2002.6.20. 잔금 2억 원은 2002.7.20에 각 지급하되, 중도금의 지급지체 시에는 월 2%의 비율에 의한 지연손해금을 지급하며 잔금은 을로부터 소유권이전등기절차를 이행받음과 동시에 지급하기로 약정했다. 갑은 계약 당일 계약금 3,000만 원을 지급하였지만, 중도금지급기일에는 금 2,000만 원만을 지급하였다. 갑이 을을 상대로 한 소유권이전등기 청구소송을 제기하고자 할 경우 적합한 소장의 청구취지

▶ 답안

피고는 원고로부터 251,000,000원을 지급받음과 동시에 원고에게 서울 마포구 성산동 513 대 129㎡에 관하여 2002.5.28. 매매를 원인으로 한 소유권이전등기절차를 이행하라.

* 중도금 중 미지급된 5,000만 원 및 이에 대한 2002.6.21.부터 잔금지급기일인 2002.7.20.까지의 지연손해금 100만 원, 잔금 2억 원의 합계금 251,000,000원의 지급의무는 을의 소유권이전등기의무와 동시이행의 관계에 있다. 따라서 을(피고)이 소유권이전등기절차에 대한 이행제공 등을 하지 않았으므로 잔금지급기일 이후의 이행지체에 의한 지연손해금은 발생하지 않는다.

3. 사례 – 사법연수원 45기 2014년 1학기 문제 변형

【문】 다음은 의뢰인 조성만[(서울특별시 서초구 서초중앙로 200, 13동 205호(서초동, 삼풍아파트, 주민등록번호 690329 – 1159711, 전화번호 : 02-577-6972, 전자우편 : kkd@lala.net)]이 법무사 사무실에 찾아와 소장 작성을 의뢰하며 진술한 내용이다.

1. 물품대금

◎ 의뢰인은 서울 서초구 반포동에서 "토토월드"라는 상호로 수입전자제품판매업을 운영하는 상인이고, 이철재[640214-1153423, 서울특별시 강남구 역삼로 7길 17(역삼동)]는 서울 강남구 역삼동에서 "클리인"이라는 전자제품을 판매하는 매장을 운영하고 있음.

◎ 의뢰인은 고향 친구인 정도연(710225-1435828, 서울특별시 종로구 삼청로 9길 269 삼청동)의 소개로 2009년 10월경 이철재를 알게 되었는데, 이철재는 2009년 12월경 의뢰인을 찾아와 의뢰인이 독일에서 수입하고 있는 냉장고(모델명 AD-2500)를 자신에게 공급하여 달라고 요청하였음.

◎ 의뢰인은 처음에는 이철재의 재력이나 사업규모를 알지 못하여 난색을 표시하였는데, 이철재는 며칠 후 정도연과 함께 다시 의뢰인을 찾아와 냉장고의 공급을 재차 요청하였고, 정도연도 이철재를 위하여 자신이 연대보증을 서겠다고 하면서 이철재의 요청을 받아들여줄 것을 의뢰인에게 부탁하였음.

◎ 의뢰인은 정도연 역시 별다른 재산이 없다는 사실을 잘 알고 있었으므로, 정도연 외에 재력이 충분한 사람을 추가로 연대보증인으로 세우면 위 요청을 수락하겠다고 하였고, 정도연은 자신과 동서지간인 최양호[(590913-1359732, 서울특별시 강남구 영동대로 230, 1동 806호(대치동, 우성아파트)]를 연대보증인으로 세우겠다고 하였음.

◎ 이에 따라 의뢰인은 2010.1.15. 이철재와 다음과 같은 내용으로 냉장고(모델명 AD-2500)에 대한 물품공급계약을 체결하였고, 그때 정도연, 최양호는 이철재를 위하여 연대보증인이 되었음.

① 의뢰인은 이철재에게 독일산 냉장고(모델명 AD-2500) 50대를 1대당 300만 원씩 총 1억 5,000만 원에 공급한다.

② 의뢰인은 위 냉장고 50대를 2010.2.28.까지 이철재가 운영하는 "클리인"에 납품한다.

③ 이철재는 의뢰인에게 위 냉장고 대금 1억 5,000만 원 중 5,000만 원(이하 "제1차 대금")은 2010.2.28까지, 나머지 1억 원(이하 "제2차 대금")은 2010.3.30.까지 의뢰인의 신한은행예금계좌(110-506-107374)에 각 송금하는 방식으로 지급한다.

④ 이철재가 위 물품대금의 지급을 지체할 때에는 잔금기일 다음 날부터 연 24%의 이자를 가산하여 지급한다.

◎ 의뢰인은 위 계약에서 정한 일정에 따라 이철재에게 위 냉장고 50대를 모두 공급해 주었음.

◎ 그런데 이철재는 제1차 대금기일인 2010.2.28.에 임박한 며칠 전에 갑자기 의뢰인에게 전화를 걸어와, 거래처 외상수금이 늦어져 자금이 준비되지 못하였다면서 2010.2.28.로 약정된 제1차 대금 5,000만 원 중 우선 3,000만 원만 지급하겠고, 그 나머지 2,000만 원은 며칠만 기일을 연기해

달라고 사정하였음. 의뢰인은 내키지 않았지만, 이철재의 간곡한 요청과 아울러 그를 소개했던 친구인 정도연, 그리고 최양호의 연대보증이 있는 점 등을 생각하여 결국 위 요청을 수락하고 제1차 대금 중 2,000만 원의 지급기일을 2010.3.10.로 연기하기로 상호 합의하였음.

◎ 의뢰인은 이철재가 2010.2.28. 위 제1차 대금 중 연기되지 않은 3,000만 원을 약속대로 송금하므로 연기된 나머지 제1차 대금 2,000만 원과 2010.3.30. 지급하기로 약정된 제2차 대금 1억 원도 제때에 지급할 것으로 믿고 있었는데, 연기된 제1차 대금기일인 2010.3.10.은 물론 제2차 대금기일인 2010.3.30.이 지나도록 이철재로부터 아무런 입금조치가 없었음. 이에 의뢰인은 직원인 박성해 부장을 보내 대금의 지급을 독촉하였더니, 이철재는 경기가 좋지 않다, 거래처로부터 수금이 원활치 않다 하면서 조금만 기다려 달라고 사정할 뿐 구체적인 지급방안을 제시하지 못하였음.

◎ 그 후 의뢰인의 거듭된 독촉에도 불구하고 이철재는 연락을 회피하거나 이런 저런 이유를 대며 차일피일 미루기만 할 뿐 나머지 제1차분 대금과 제2차 대금을 전혀 지급하지 않고 있음.

◎ 그동안 의뢰인은 연대보증인인 정도연과의 친분관계뿐만 아니라 최양호가 상당히 재력이 있다는 점 등을 감안하여, 계속 선의로 그 이행을 기다려 왔음. 그런데 최근 들리는 소문에 의하면 이철재가 불경기로 인한 자금사정 악화로 부도위기에 몰려 있고, 운영하던 매장도 사실상 폐업상태에 있다고 함.

◎ 이에 의뢰인은 2012.6.2.경 이 사건 물품대금채권을 보전하기 위하여 이철재 소유인 고양시 일산동구 장항동 315 대 120㎡에 대하여 의정부지방법원 고양지원 2012카합25951호로 부동산가압류신청을 하여 그 결정을 받아 집행을 한 사실이 있음.

◎ 그런데 이제 와서 이철재와 연대보증인들은 의뢰인의 이 사건 물품대금채권은 상인인 의뢰인이 판매한 상품의 대가로서 민법 제163조 제6호에 따라 3년의 단기소멸시효가 적용되는 바, 남아 있는 물품대금채권은 그 지급기일로부터 이미 3년이 경과하여 시효로 소멸하였으므로 나머지 매매대금을 지급할 의무가 없다고 다투고 있음.

◎ 또한, 이철재는 노재동이 2013.10.10. 의뢰인의 이철재에 대한 물품대금채권에 대하여 서울중앙지방법원 2013카합125238호로 가압류결정을 받았고, 그 결정 정본이 같은 달 13. 이철재에게 송달되었으므로, 위 가압류집행이 해제되지 않는 한 이철재는 나머지 물품대금을 지급할 의무가 없다고 주장하고 있음.

2. 소유권이전등기

◎ 의뢰인은 수 년 전부터 수입한 전자제품을 보관할 창고를 신축하기 위하여 그 부지를 물색하고 있었는데, 그런 사정을 안 정도연은 자기의 동서 최양호가 재력가로서 서울 근교에 창고부지로 쓸 만한 토지를 여러 필지 보유하고 있다고 소개하였고, 이에 의뢰인은 최양호에게 의사를 타진하여 수차례 절충한 끝에 2010.10.26. 최양호와 그 소유의 경기도 화성시 기산동 38 대지 850 제곱미터에 관한 매매계약을 체결하였음.

당시 의뢰인은 이철재로부터 물품대금을 받지 못하고 있었으나 이철재가 조만간 변제를 하겠다고 다짐하여 왔고 연대보증인인 정도연과의 인간관계 및 최양호의 재력을 신뢰하였을 뿐만 아니라 최양호가 제시한 가격 등 거래조건도 마음에 들어 매매계약을 체결하게 된 것이었음.

이에 따라 의뢰인은 최양호와 매매대금을 3억 5천만 원으로 정하면서 계약금 3,000만 원은 계약 당일 직접, 중도금 1억 2,000만 원은 2010.11.26.에 최양호의 신한은행계좌(110-042-121950)로 송금하며, 잔금 2억 원은 2010.12.26.에 잔금지급장소에서 직접 지급하기로 약정하고, 계약 당일 최양호에게 계약금 3,000만 원을 지급하였음.

◎ 그 후 의뢰인은 중도금지급기일 이전인 2010.11.20. 중도금 1억 2,000만 원을 최양호의 은행계좌로 송금하였음.

◎ 그런데 최양호는 헐값에 이 사건 토지를 급하게 매도한 것이 너무 억울하다면서 2010.11.23. 위 계약금의 배액인 6,000만 원과 의뢰인으로부터 송금받은 1억 2천만 원을 신한은행 자기앞수표로 준비하여 의뢰인이 운영하는 전자제품점을 찾아와 의뢰인에게 위 수표를 제시하면서 위 매매계약을 해제하는 의사를 표시하였음. 그러면서 최양호와 의뢰인 사이의 위 매매계약은 최양호의 해제의사표시에 의하여 해제되어 그 효력을 상실하였다고 주장하고 있음. 그러면서 최양호는 의뢰인이 2010.11.20. 최양호의 은행계좌로 중도금 120,000,000원을 송금하였다 하더라도 이는 대금의 지급기일에 관하여 매도인이 보유하는 기한의 이익을 해하는 기한 전의 이행으로서 이를 들어 중도금의 이행에 착수하였다고 볼 수 없다고 하고 있음.

◎ 의뢰인이 약정한 잔금지급기일에 최양호에게 잔금지급장소인 서울 서초구 서초동 소재 중앙부동산 사무실에서 만날 것을 통고하였는데, 최양호는 그곳에 나오지 않았고, 그 후에도 의뢰인이 몇 번 최양호에게 위 부동산에 관한 소유권을 이전해 줄 것을 요구하였으나, 최양호는 위 부동산 지역이 개발된다는 소문이 있어 땅값이 많이 올랐으니 5,000만 원을 더 지급함과 동시이행으로 이전등기를 하라고 하는 등 억지를 부리며 지금까지 소유권이전등기를 해 주지 않고 있음.

◈ 경기도 화성시 기산동 38 대지 850 제곱미터의 공시지가는 1억 원이며 시가는 1억 5,000만 원에 이름.

의뢰인은 아직까지 받지 못한 냉장고 대금 및 청구가능한 지연손해금 등 모든 금전청구를 하기를 원함. 의뢰인은 또한 경기도 화성시 기산동 38 대지 850 제곱미터에 대한 소유권이전등기를 빨리 넘겨오고 싶다고 함(다만, 현재 위 토지는 사실상 의뢰인이 관리하고 있음).
상대방이 소송과정에서도 실제로 이렇게 주장할 것을 염두에 두고서 의뢰인을 위한 소장을 작성하시오(공동소송의 요건문제는 검토하지 말 것).
소장에는 당사자, 청구취지, 청구원인을 갖추어 기재하고, 청구원인은 요건사실 위주로 기재하되 그 밖에 자연적 사실관계를 불필요하고 장황하게 기재하지 말며, 날인은 ㉞으로 표시하시오. 또한 소장의 오른쪽 윗 부분에 소가와 첩부인지대 및 송달료를 기재하시오(소가와 인지를 계산한 내역도 기재할 것).

【보충사례】

1) 위 사례에서 이철재가 제1, 2차 대금지체 시에는 연 24%의 비율에 의한 지연손해금을 덧붙여 지급받기로 약정을 한 사실이 없었을 경우의 물품대금 사건의 청구취지를 기재하시오(2013년 사법연수원 44기 사례).
2) 위 사례에서 피고들 중 피고 이철재 및 최양호만 위 물품대금 잔금 120,000,000원 중에서 제1차 대금의 일부로 2010.3.10. 10,000,000원을 변제한 사실을 소송에서 주장하고 입증한 경우(연대보증인인 정도연은 소재불명으로 공시송달로 재판이 진행되어 전혀 항변한 것이 없음), 선고할 판결의 주문을 기재하시오(2014년 사법연수원 45기 사례).
3) 소외 서호원이 2013.11.15. 의뢰인을 채무자로, 최양호를 제3채무자로 하여 이 사건 토지에 관한 소유권이전등기청구권에 대한 가압류신청을 하고 같은 날 서울중앙지방법원 2013카단13578호로 위 청구권에 대한 가압류결정을 받아, 그 가압류결정이 2013.11.21. 최양호에게 송달되었다. 최양호가 위 가압류집행이 해제되지 않는 한 최양호는 의뢰인에게 이 사건 소유권이전등기절차를 이행할 수 없다고 다툴 경우 최양호의 주장에 대한 판단을 기재하시오(2014년 사법연수원 45기 보충사례).

≫ 답안례

소 장

*** 소 가 170,000,000원
1) 물품대금 120,000,000원
2) 소유권이전등기청구 50,000,000원
(100,000,000원×50/100)
*** 인지대 735,000원
내역) 170,000,000원×40/10,000 + 55,000원

원 고 조성만 (690329 - 1159711)
서울 서초구 서초중앙로 200, 13동 205호(서초동, 삼풍아파트)
전화번호 : 02-577-6972
전자우편 : kkd@lala.net

피 고 1. 이철재 (640214-1153423)
서울 강남구 역삼로 7길 17(역삼동)
2. 정도연 (710225-1435828)
서울 종로구 삼청로 9길 269(삼청동)
3. 최양호 (590913-1359732)
서울 강남구 영동대로 230, 1동 806호(대치동, 우성아파트)

물품대금 등 청구의 소

청 구 취 지

1. 피고들은 연대하여 원고에게 120,000,000원 및 그중 20,000,000원에 대하여는 2010.3.11.부터, 100,000,000원에 대하여는 2010.3.31.부터 각 다 갚는 날까지 연 24%의 비율로 계산한 돈을 지급하라.
2. 피고 최양호는 원고로부터 200,000,000원을 지급받음과 동시에 원고에게 화성시 기산동 38 대 850㎡에 관하여 2010.10.26. 매매를 원인으로 한 소유권이전등기절차를 이행하고, 위 토지를 인도하라.
3. 소송비용은 피고들이 부담한다.
4. 제1항 및 제2항 중 인도부분은 가집행할 수 있다.

라는 판결을 구합니다.

청 구 원 인

1. 물품대금 등 청구

가. 원고는 2010.1.15. 피고 이철재에게 수입 냉장고(모델명 AD-2500) 50대를 대금 150,000,000원에 매도하면서, 위 냉장고를 2010.2.28. 인도하고 그 대금 중 50,000,000원(이하 "제1차 대금"이라 합니다)은 2010.2.28.에, 나머지 100,000,000원(이하 "제2차 대금"이라 합니다)은 2010.3.30.에 각 지급받으며, 제1, 2차 대금지체 시에는 연 24%의 비율에 의한 지연손해금을 덧붙여 지급받기로 약정을 하였습니다. 그리고 피고 정도연, 최양호는 위 계약 당시 원고에게 피고 이철재의 위 물품대금채무를 연대보증하였습니다.

나. 그리하여 원고는 피고 이철재에게 위 약정대로 냉장고 50대를 인도하여 주었습니다. 한편 원고는 피고 이철재와 2010.2. 말경 제1차 대금 중 20,000,000원의 지급기일을 2010.2.28.에서 2010.3.10.로 연기하였으며, 원고는 위 약정에 따라 2010.2.28 피고 이철재로부터 제1차 대금 중 30,000,000원을 지급받았습니다. 그러므로 피고들은 연대하여 원고에게 나머지 제1차 대금 20,000,000원과 제2차 대금 100,000,000원을 합한 120,000,000원 및 이에 대한 지연손해금을 지급할 의무가 있습니다.

다. 그런데 피고들은 원고의 물품대금은 상인이 판매한 상품의 대가에 해당하여 그 소멸시효기간은 민법 제163조 제6호에 따라 3년이므로 원고의 나머지 물품대금은 시효로 소멸하였으므로 이를 지급할 의무가 없다고 주장하고 있습니다.

그러나 나머지 물품대금 중 연기된 제1차 대금은 변제기가 2010.3.10.이고 제2차 대금은 변제기가 2010.3.30.인데 원고는 위 각 소멸시효기간 만료일 전인 2012.6.2.경 위 물품대금채권을 청구채권으로 하여 피고 이철재 소유의 고양시 일산동구 장항동 315 대 120㎡에 대하여 의정부지방법원 고양지원 2012카합25951호로 부동산가압류신청을 하여 그 결정을 받아 집행한 사실이 있으므로, 피고 이철재에 대한 위 물품대금채권의 소멸시효는 중단되었다 할 것이고, 이와 같은 주채무자에 대한 시효의 중단은 연대보증인인 피고 정도연, 최양호에 대하여도 그 효력이 있으므로 피고들의 주장은 이유 없습니다.

라. 한편 피고 이철재는 소외 노재동이 2013.10.10. 원고의 피고 이철재에 대한 물품대금채권에 대하여 서울중앙지방법원 2013카합125238호로 가압류결정을 받았고, 그 결정 정본이 같은 달 13. 이철재에게 송달되었으므로, 위 가압류집행이 해제되지 않는 한 이철재는 나머지 물품대금을 지급할 의무가 없다고 주장하고 있습니다.

그러나 채권가압류집행이 있다고 하여도 이는 가압류채무자가 제3채무자로부터 현실로 급부를 추심하는 것만을 금지하는 것이므로, 가압류채무자는 제3채무자를 상대로 그 이행을 구하는 소를 제기할 수 있습니다(※ 참고보충 : 법원은 가압류가 되어있음을 이유로 이를 배척할 수 없으므로 피고 이철재의 항변은 이유 없음).

마. 그러므로 피고들은 연대하여 원고에게 위 120,000,000원 및 그중 나머지 1차대금 20,000,000원에 대하여는 그 지급기일 다음 날인 2010.3.11.부터, 제2차 대금 100,000,000원에 대하여는 그 지급기일 다음 날인 2010.3.31.부터 각 다 갚는 날까지 연 24%의 각 비율로 계산한 약정 지연손해금을 지급할 의무가 있습니다.

2. 소유권이전등기청구

가. 원고는 2010.10.26. 피고 최양호로부터 청구취지 제2항 기재 토지(이하 "이 사건 토지"라 합니다)를 대금 350,000,000원에 매수한 사실이 있습니다. 그러므로 피고 최양호는 원고에게 이 사건 토지에 관하여 위 매매를 원인으로 한 소유권이전등기절차를 이행하고, 위 토지를 인도할 의무가 있습니다.

나. 그런데 피고 최양호는 위 매매계약 당시 원고로부터 계약금 30,000,000원을 지급받았다가, 중도금 지급기일 전인 2010.11.23. 위 계약금의 배액인 6,000만 원과 원고로부터 송금받은 1억 2천만 원을 신한은행 자기앞수표로 준비하여 원고가 운영하는 전자제품점을 찾아가 원고에게 위 수표를 제시하면서 위 매매계약을 해제하는 의사를 표시하여 위 매매계약은 해제되어 그 효력을 상실하였다고 주장하고 있습니다.

그러나 매도인이 계약금의 배액을 상환하고 매매계약을 해제하려면 당사자의 일방이 이행에 착수할 때까지 하여야 할 것인데, 원고는 2010.11.20. 피고 최양호의 신한은행계좌(110-042-121950)로 중도금 120,000,000원을 송금한 바 있으므로 원고는 위 매매계약의 이행에 착수하였다 할 것이어서 피고 최양호는 더 이상 매매계약을 해제할 수 없다고 할 것입니다.

이에 대해 피고 최양호는 원고가 2010.11.20. 피고 최양호의 은행계좌로 중도금 120,000,000원을 송금하였다 하더라도 이는 대금의 지급기일에 관하여 매도인이 보유하는 기한의 이익을 해하는 기한 전의 이행으로서 이를 들어 중도금의 이행에 착수하였다고 볼 수 없다고 하나, 매매대금의 지급에 있어서 이행기의 약정이 있다 하더라도 당사자 사이에 그 이행기 전에 이행에 착수하지 아니하기로 하는 특약을 하는 등의 특별한 사정이 없는 한 이행기 전에 이행에 착수할 수 있다고 할 것이므로 피고 최양호의 주장은 이유 없습니다.

다. 그러므로 피고 최양호는 원고로부터 위 잔금 200,000,000원을 지급받음과 동시에 원고에게 이 사건 토지에 관하여 2010.10.26. 매매를 원인으로 한 소유권이전등기절차를 이행할 의무가 있습니다.

3. 결어

이상과 같은 이유로 원고는 청구취지와 같은 판결을 구하기 위하여 본 소를 제기하기에 이르렀습니다.

증 명 방 법

1. 갑 제1호증 (공급계약서)
2. 갑 제2호증 (등기사항증명서 - 토지)
3. 갑 제3호증 (토지매매계약서)

첨 부 서 류

1. 위 증명방법 각 4통
2. 영수필확인서 1통
3. 토지대장등본 1통
4. 송달료납부서 1통
5. 서류작성 및 제출위임장 1통
6. 소장부본 3통

2014.9.27.

원고 조성만

서울중앙지방법원 귀중

【보충사례 답안】

1) 답안례

1. 피고들은 연대하여 원고에게 120,000,000원 및 그중 20,000,000원에 대하여는 2010.3.11.부터, 100,000,000원에 대하여는 2010.3.31.부터 각 이 사건 소장부본 송달일까지는 연 6%의, 그 다음 날부터 다 갚는 날까지는 연 12%의 각 비율로 계산한 돈을 지급하라.
2. 소송비용은 피고들이 부담한다.
3. 제1항은 가집행할 수 있다.

라는 판결을 구합니다.

※ **참고** : 이렇게 상법 소정 연 6%의 이율로 청구하기 위하여는 청구원인에서 …수입전자제품판매업을 운영하는 원고…라고 하여 당사자가 상인이거나 매매가 상행위임을 표시하는 기재를 하여야 한다 – 이번 2014년 사법연수원 45기 사례에서는 약정 지연배상금 연 24%를 구하므로 청구원인에서 그냥 원고라고만 하고 원고가 상인임을 표시하지 않았으나, 2013년 사법연수원 44기 사례에서는…수입전자제품판매업을 운영하는 원고…라고 하고 있음

2) 통상의 공동소송에서 공동소송인 사이에는 변론독립의 원칙이 적용되므로, 보증채무자인 피고 정도연이 항변을 전혀 하지 아니한 이상 피고 이철재와 피고 최양호가 변제항변, 소멸시효 항변을 하였다고 하더라도 피고 정도연에게 그 항변의 효과가 미치지 아니한다.

1. 원고에게,
   가. 피고 정도연은 120,000,000원 및 그중 20,000,000원에 대하여는 2010.3.11.부터, 100,000,000원에 대하여는 2010.3.31.부터 각 다 갚는 날까지 연 24%의 비율에 의한 금원을,
   나. 피고 이철재, 최양호는 피고 정도연과 연대하여 위 가항 기재 금원 중 110,000,000원 및 그중 10,000,000원에 대하여는 2010.3.11.부터, 100,000,000원에 대하여는 2010.3.31.부터 각 다 갚는 날까지 연 24%의 비율에 의한 금원을,

   각 지급하라.

3) 답안례

피고 최양호는 위 가압류집행의 해제를 조건으로 하여서만 원고에게 위 소유권이전등기절차를 이행할 의무가 있다.

※ **참고** : 소유권이전등기청구권의 압류나 가압류는 등기청구권의 목적물인 부동산 자체의 처분을 금지하는 대물적 효력은 없고 채무자가 제3채무자에게서 현실로 급부를 추심하는 것을 금지하는 것뿐이므로 채무자는 제3채무자를 상대로 이행을 구하는 소송을 제기할 수 있고 법원은 가압류가 되어 있음을 이유로 이를 배척할 수 없으나, 소유권이전등기를 명하는 판결은 의사의 진술을 명하는 판결이어서 이것이 확정되면 채무자는 일방적으로 이전등기를 신청할 수 있고 제3채무자는 이를 저지할 방법이 없으므로, 가압류의 해제를 조건으로 하지 않는 한 법원은 이를 인용하여서는 안 된다(대판 2011.8.18, 2009다60077).

4. 사례 - 제11회(2005년) 법무사 시험 기출문제

다음은 한필승(주소 : 서울시 서초구 효령로 26길 16, 전화번호 : 02-525-4678, 주민등록번호 : 550512-1025780)이 법무사 사무실에 찾아와 소장 작성을 의뢰하며 진술한 내용이다.

〈 다음 〉

"저는 2001.12.5. 서울 강남구 논현동 85-1 대 370㎡ 및 그 지상 단층 건물 80㎡를 김인도라는 사람에게서 매수하여 2002.1.1. 그 각 소유권이전등기를 한 이래, 아래의 도면 표시 3과 6의 각 점을 연결한 점선 부분에 설치된 담장 이내의 토지를 제가 매수한 대지로 알고 점유하여 오던 중, 최근 인접한 서울 강남구 논현동 85-2 대 350㎡의 소유자인 유시망이 그 지상에 연립주택을 짓고자 2005.9.15.경 측량을 한 결과, 아래의 도면 표시 2와 7의 각 점을 연결한 직선 부분이 그 경계로 나와 위 담장과 사이의 토지 25㎡ 상당이 침범된 것으로 밝혀졌습니다.

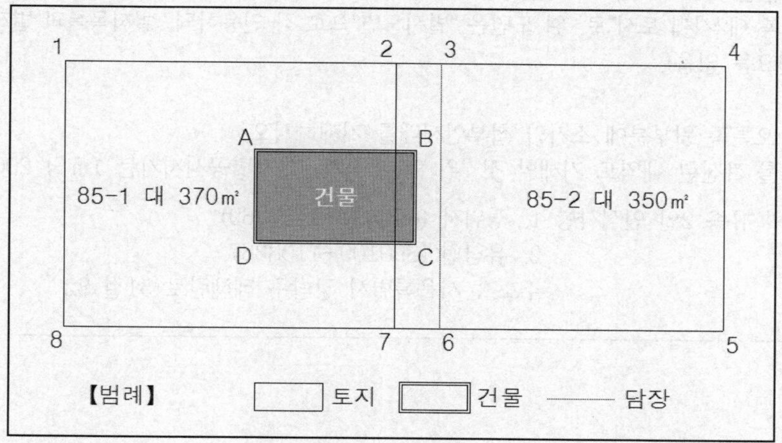

위 측량결과가 나오자 유시망은 위 침범 토지를 되돌려 주든지 시가를 훨씬 넘는 1㎡당 500만 원에 매수하라고 요구하다 2005.10.1. 사망하였는데, 그 유족 2인으로 아내인 정위자와 아들 유남인이 있고, 이들은 한 술 더 떠서 위 침범 토지를 되돌려 주든지 위 논현동 85-2 대지에 관하여 각 채무자로 설정된 근저당권의 피담보채권액 도합 금 2억 원 상당의 대위변제를 요구하고 있습니다.
위 논현동 85-1 대지상 건물이 위 경계를 물고 있어 위 건물을 허물지 않는 한 위 침범 토지를 되돌려 줄 수도 없지만, 당초 현황을 직접 둘러본 다음 나름대로 합당한 값을 치르고 매수한 저로서는 시세의 몇 곱절이나 부담하라는 상대방의 무리한 요구에 응하기에는 너무나 억울하여, 여태까지 아무런 대응도 하지 않았습니다.
별첨 부동산등기부등본 기재와 같이 위 양 토지는 과거 이건집이라는 사람이 1981.5.5. 그 소유의 서울 강남구 논현동 85 대 720㎡를 분할한 것으로, 이 중 위 85-1 대 370㎡만을 매수한 이분매라는 사람이 1981.6.1. 등기를 경료받을 때부터 이미 위 담장이 축조되어 있었으며, 이후 1982.2.5.경 그 지상에 단층 건물을 신축한 이분매는 물론이고, 그로부터 위 85-1 대 370㎡ 및 그 지상 단층 건물을 매수하여 1985.9.1. 그 각 소유권이전등기를 마친 김인도를 거쳐, 저에게 이르기까지 모두 다 위 담장을 위 양 토지의 1경계로 알고 지내왔던 것입니다.
이처럼 오래 전부터 별 탈 없이 각자의 토지로 알고 이웃해 오다가 이제 와 새삼스레 권리주장을 하는 것이 정당한지 의문임에도 오히려 상대방은 점점 더 무리한 요구를 하고 있는 만큼, 나중에 또 다른 말을 못하도록 아예 판결을 받아 깔끔하게 분쟁을 매듭짓지 않을 수 없습니다. 저는 최소한의 비용으로 위 침범 토지를 확실한 제 소유로 만들고 싶습니다."

한필승의 위 진술 내용을 진실한 것으로 보고 그 의사를 존중하여, 2005.10.9.자로 위 침범 토지의 소유자를 상대로 한 한필승에게 가장 실효성 있고 유리한 내용의 소장을 작성하시오.

소장에는 당사자, 청구취지, 청구원인을 갖추어 기재하고, 청구원인은 요건사실 위주로 기재하되 그 밖에 자연적 사실관계를 불필요하고 장황하게 기재하지 말며, 날인은 (인)으로 표시하시오(필요할 경우 서울 강남구 논현동 85-1 대 370㎡는 "별지목록 제1기재 토지"로, 서울 강남구 논현동 85-2 대 350㎡는 "별지목록 제2기재 토지"로, 위 도면은 "별지도면"으로 각 인용하되, 별지목록과 별지도면을 실제로 작성할 필요는 없음).

또한 소장의 오른쪽 윗부분에 소가와 첩부인지대를 기재하시오.
(소가와 인지를 계산한 내역도 기재할 것, 위 양 토지의 각 개별공시지가는 1㎡당 200만 원임).

망 유시망의 유족 2인 인적사항 1. 정위자 (660327-2157369)
2. 유남인 (890109-1108387)
주소 : 서울특별시 강남구 테헤란로 51길 82

◉ 별첨 자료 :

부동산등기부등본(부분 발췌), 관할등기소 : 서울중앙지방법원 강남등기소

【 표제부 】		(토지의 표시)			
표시번호	접수	소 재 지 번	지목	면적	등기원인 및 기타사항
1 (전1)	1981년 5월 5일	서울 강남구 논현동 B5-2	대	350㎡	분할로 인하여 등기 제407호에서 이기
					부동산등기법 시행규칙 부칙 제3조 제1항의 규정에 의하여 1997년 06월 15일 전산이기

【 갑구 】		(소유권에 관한 사항)		
순위번호	등기목적	접수	등 기 원 인	권리자 및 기타사항
1 (전2)	소유권이전	1975년 8월 13일 제359호	1969년 9월 20일 매매	소유자 이건집 451222-1251350 서울시 서초구 서초동 125
				부동산등기법 시행규칙 부칙 제3조 제1항의 규정에 의하여 1997년 06월 15일 전산이기
2	소유권이전	2002년 3월 8일 제4712호	2002년 2월 25일 매매	소유자 유시망 530512-1108375 서울 강남구 논현동 230

【 을구 】		(소유권 이외의 권리에 관한 사항)		
순위번호	등기목적	접수	등 기 원 인	권리자 및 기타사항
1	근저당권설정	2002년 4월 30일 제19273호	2002년 4월 30일 설정계약	채권최고액 금 100,000,000원 채무자 정위자 서울 근저당권자 김대부 610726-1217636 서울 중구 남대문로 1가 14
2	근저당권설정	2002년 7월 6일 제42851호	2002년 7월 6일 설정계약	채권최고액 금 100,000,000원 채무자 유남인 서울 근저당권자 김대부 610726-1217636 서울 중구 남대문로 1가 14

≫ 답안례

소 장

*** 소 가 25㎡×2,000,000×50/100 = 25,000,000원
*** 인지대 25,000,000원×45/10,000 + 5,000원 = 117,500원

원 고 한필승 (610512-1025780)
서울 서초구 효령로 26길 16
(전화번호 : 02-525-4678)
피 고 1. 정위자 (740327-2157369)
2. 유남인 (050109-3108387)
피고들의 주소 : 서울 강남구 테헤란로 51길 82
피고 유남인은 미성년자이므로 법정대리인 친권자 모 정위자

소유권이전등기 청구의 소

청 구 취 지

1. 원고에게, 피고 정위자는 별지목록 제2기재 토지 중 별지 도면표시 2, 3, 6, 7, 2의 각 점을 차례로 연결한 선내 25㎡의 3/5 지분에 관하여, 피고 유남인은 2/5 지분에 관하여 각 2005.9.1. 시효취득 완성을 원인으로 한 소유권이전등기절차를 이행하라.
2. 소송비용은 피고들이 부담한다.

라는 판결을 구합니다.

청 구 원 인

1. 원고는 2001.12.5. 별지목록 제1기재 토지 및 그 지상 단층 건물 80㎡를 김인도라는 사람에게서 매수하여 2002.1.1. 그 각 소유권이전등기를 한 이래, 별지 도면표시 3과 6의 각 점을 연결한 점선 부분에 설치된 담장 이내의 토지를 원고가 매수한 대지로 알고 점유하여 오던 중, 최근 인접한 별지목록 제2기재 토지의 소유자인 유시망이 그 지상에 연립주택을 짓고자 2005.9.15.경 측량을 한 결과, 별지도면 표시 2와 7의 각 점을 연결한 직선 부분이 그 경계로 나와 위 담장과 사이의 토지 25㎡(별지목록 제2기재 토지 중 별지 도면표시 2, 3, 6, 7, 2의 각 점을 차례로 연결한 선내부분 – 이하 “이 사건 토지”) 상당이 침범된 것으로 밝혀졌습니다.
2. 그러나 위 양 토지는 과거 이건집이라는 사람이 1981.5.5. 그 소유의 서울 강남구 논현동 85 대 720㎡를 분할한 것으로, 이 중 위 별지목록 제1기재 토지만을 매수한 이분매라는 사람이 1981.6.1.

등기를 경료받을 때부터 이미 위 담장이 축조되어 있었으며, 이후 1982.2.5.경 그 지상에 단층 건물을 신축한 이분매는 물론이고, 그로부터 위 별지목록 제1기재 토지 및 그 지상 단층 건물을 매수하여 1985.9.1. 그 각 소유권이전등기를 마친 김인도를 거쳐, 원고에게 이르기까지 모두 다 위 담장을 위 양 토지의 경계로 알고 이 사건 토지를 자주·평온·공연하게 점유하여 왔으므로, 원고는, 위 김인도의 점유시점인 1985.9.1. 이후의 위 김인도의 점유기간과 원고의 점유기간을 합산하여 20년이 되는 시점인 2005.9.1. 위 유시망에 대하여 시효취득을 원인으로 한 소유권이전등기청구권을 가진다 할 것입니다.

그런데 그 후 2005.10.1. 위 유시망이 사망하여 그의 처인 피고 정위자와 직계비속인 피고 유남인이 각 3/5 및 2/5씩 위 유시망의 재산을 상속하였습니다.

3. 이에 원고는 피고들로부터 청구취지 기재와 같은 판결을 구하고자 이 사건 소를 제기하기에 이르렀습니다.

증 명 방 법

1. 갑 제1호증　　부동산등기사항증명서(별지목록 제2기재 토지)
2. 갑 제2호증의 1, 2　　부동산등기사항증명서(별지목록 제1기재 토지 및 건물)
3. 갑 제3호증의 1, 2　　제적등본 및 가족관계증명서
4. 갑 제4호증　　사진(담장 등 현황)

첨 부 서 류

1. 위 증명방법　　각 3통
2. 영수필확인서　　1통
3. 토지대장등본　　1통
4. 송달료납부서　　1통
5. 서류작성 및 제출위임장　　1통
6. 소장부본　　2통

2005.10.9.

원고　한필승　(인)

서울중앙지방법원　　귀중

*** 참고자료 – 취득시효 완성으로 인한 소유권이전등기 청구

※ 요건사실 : 20년간(자주 · 평온 · 공연) 점유

1) 민법 제245조 제1항에 의하면 20년간 소유의 의사로 평온, 공연하게 부동산을 점유하는 자는 등기함으로써 그 소유권을 취득한다고 규정하고 있으나, 민법 제197조 제1항에서 점유자는 소유의 의사로 선의, 평온 및 공연하게 점유하는 것으로 추정한다고 규정하고 있으므로 시효취득을 주장하기 위해서는 해당 부동산을 20년간 점유한 사실만 주장 · 입증하면 된다.

2) 원고는 점유기간의 기산점을 임의로 선택할 수 없고 현재 현실적으로 점유를 개시한 시점을 확정하여 그때로부터 20년의 기간을 기산하여야 한다. 법원으로서도 기산점에 관한 당사자의 주장에 구속되지 아니하고 소송자료에 의하여 진정한 점유의 시기를 인정한다. 즉, 취득시효의 기산점은 소멸시효의 기산점과는 달리 간접사실로 취급된다.

▸ 점유가 순차로 승계된 경우라면 원고로서는 자기의 점유만을 주장하거나 또는 자기의 점유과 전점유자의 점유를 아울러 주장할 수 있는 선택권이 있으나 그러한 경우에도 점유의 개시시기를 전점유자의 점유기간 중의 임의 시점을 택하여 주장할 수 없다.

▸ 다만 점유기간 중 부동산에 대한 소유 명의자가 동일하고 그 변동이 없는 경우에는 취득시효의 기산점을 언제로 인정하느냐가 관계 당사자의 이해관계에 영향을 미치는 것이 아니므로 구태여 오랜 시일의 경과로 인하여 사실상 그 인정이 어려운 실제로 점유한 시점을 확정할 필요가 없다는 이유에서 취득시효의 기산점을 임의로 선택할 수 있고 취득시효의 기산점을 임의로 선택할 수 있고, 취득시효의 완성을 주장하는 날로부터 역산하여 20년 이상의 점유사실만 인정되면 된다.

▸ 나아가 취득시효 완성 이후 제3자 앞으로 소유권이전등기가 이루어지는 소유자의 변동이 있더라도 그때로부터 다시 취득시효의 점유기간이 완성되는 경우에는 최초의 점유를 개시한 시점이 아니라 소유권의 변동 시를 새로운 취득시효의 기산점으로 주장할 수 있다.

5. 사례 – 제8회(2002년) 법무사 시험 기출문제

다음은 김양수가 법무사 사무실에 찾아와 소장 작성을 의뢰하며 진술한 내용이다.

〈 다음 〉

"저는 주소지[서울특별시 강남구 도곡로 391(역삼동)]에서 '양수개발'이라는 상호로 사업자등록을 하고 부동산 매매 및 임대를 목적으로 하는 개인사업체를 경영하고 있습니다. 제가 고용한 직원 중에 박소이라는 사람이 있습니다.

저는 위 사업의 일환으로 1990년 별첨 등기부등본상의 토지를 이매도라는 사람으로부터 3억 원에 매수하여 등기하였습니다. 저는 최근에 위 부동산에 관하여 별첨 등기사항증명서 기재와 같이 박소이의 소유권이전등기, 최근설의 근저당권설정등기, 정가압의 가압류등기가 되어 있는 사실을 발견하였는데, 저는 위와 같은 등기를 해 준 사실이 없습니다.

제가 알아본 바에 의하면, 박소이는 개인적으로 증권투자를 하다가 실패하여 많은 빚을 지게 되었다고 합니다. 그리하여 위 부동산을 매각하거나 이를 담보로 제공하여 사적으로 자금을 조달할 목적으로, 양수개발의 사무실에 보관되어 있던 저의 인감도장 등을 가지고 등기신청서류를 마음대로 위조하여 자기 명의로 소유권이전등기를 하였다고 합니다.

저는 2002.7.11. 박소이를 형사고소하였는데, 포청천 검사로부터 박소이를 기소하였다는 내용의 2002.8.28.자 고소사건처분결과통지서를 송달받았습니다. 그리고 저는 최근설과 정가압에게 박소이의 등기는 범죄행위에 의하여 된 것으로서 박소이가 기소까지 되었으니 이를 기초로 한 최근설의 근저당권설정등기와 정가압의 가압류등기를 풀어달라고 요구하였습니다.

그러나 최근설과 정가압은 자신들은 박소이가 위 부동산의 진정한 소유자인 것으로 등기부만 믿고 위 부동산에 관하여 근저당권을 설정받거나 위 부동산을 가압류하였으므로 자신들도 피해자라고 주장하며 자신들의 근저당권설정등기나 가압류등기를 풀어 줄 수 없다고 거부하고 있습니다. 저는 소송을 통하여 위 부동산(개별공시지가는 ㎡당 200만 원임)의 완전한 등기명의를 회복하기를 원합니다."
김양수의 위 진술 내용을 근거로 2002.9.29.자로 김양수에게 가장 실효성 있고 유리한 내용의 '소장'과 '증거설명서'를 작성하시오. '소장'을 작성할 때, 소가와 첩부인지대는 소장 표지의 중앙 왼쪽 부분에 표기하고(소가와 인지를 계산한 내역도 기재할 것), 위 부동산의 완전한 등기명의를 회복하는 목적을 달성하기 위하여 필요하고도 충분한 당사자, 청구취지, 청구원인을 갖추어야 하며, 청구원인은 요건사실 위주로 기재하고 그밖에 자연적 사실관계를 불필요하고 장황하게 기재하지 않도록 하되, 최근설과 정가압이 소송에서 위와 같은 내용의 주장을 실제로 할 것에 대비하여 이를 반박하는 내용까지 기재하시오. 또 날인은 (인)으로, 소를 제기할 법원은 서울중앙지방법원으로 기재하시오. '증거설명서'는 별지로 첨부한 양식에 따르되, 소장에 증명방법으로 기재한 서증에 관하여 설명하는 내용으로 작성하시오.

증 거 설 명 서

사건 2002가합

호증	서증명	작성일자	작성자	입증취지	비고

2002. . .

원고

귀중

서울특별시 서초구 서초동 333 고유번호 1101-1996-11395

【 표제부 】		(토지)			
표시번호	접수	소 재 지 번	지목	면적	등기원인 및 기타사항
1 (전2)	1987년 7월 11일	서울 서초구 서초동 333	대	400㎡	부동산등기법 시행규칙 부칙 제3조 제1항의 규정에 의하여 1988년 3월 9일 전산이기

【 갑구 】		(소유권에 관한 사항)		
순위번호	등기목적	접수	등 기 원 인	권리자 및 기타사항
1 (전4)	소유권 이전	1990년 6월 22일 제41334호	1990년 5월 12일 매매	소유자 김양수 450620-1362515 서울 강남구 신사동 560
2	소유권 이전	2001년 8월 27일 제80008호	2001년 8월 7일 매매	소유자 박소이 680323-1065881 서울 서초구 방배동 136-1
3	가압류	2002년 3월 15일 제30003호	2002년 3월 14일 서울중앙지방법원의 가압류결정 (2002카합21546)	청구금액 금 100,000,000원 채권자 정가압 570323-1065831 서울 서초구 양재동 137 양재빌라 23호

서울특별시 서초구 서초동 333 고유번호 1101-1996-11895

【 을구 】		(소유권 이외의 권리에 관한 사항)		
순위번호	등기목적	접수	등 기 원 인	권리자 및 기타사항
1	근저당권 설정	2001년 9월 3일 제90009호	2001년 9월 1일 설정계약	채권최고액 금 150,000,000원 채무자 박소이 680323-1065881 서울 서초구 방배동 136-1 근저당권자 최근설 610111-1465661 서울 강남구 역삼동 275-3

이 등본은 부동산등기부등본의 내용과 틀림없음을 증명합니다.

2002년 9월 24일 서울중앙지방법원 등기과 등기관 김경만(인)

》 답안례

소 장

*** 소가 금 200,000,000원
(계산내역 : 400㎡×2,000,000원×50/100×1/2(원인무효)
** 인지대 금 855,000원
(계산내역 : 200,000,000원×40/10,000 + 55,000원)

원 고 김양수 (450620-1362515)
서울 강남구 도곡로 391(역삼동)
(전화번호 :)
피 고 1. 박소이 (680323-1065831)
서울 서초구 방배동 136-1
2. 최근설 (610111-1465661)
서울 강남구 역삼동 275-3
3. 정가압 (570323-1065831)
서울 서초구 양재동 137 양재빌라 23호

소유권이전등기말소등기 등 청구의 소

청 구 취 지

1. 원고에게,
 가. 피고 박소이는 서울 서초구 서초동 333 대 400㎡에 관하여 서울중앙지방법원 2001.8.27. 접수 제80008호로 마친 소유권이전등기의 말소등기절차를 이행하고,
 나. 피고 최근설 및 동 정가압은 위 가항 기재 소유권이전등기의 말소등기에 대하여 각 승낙의 의사표시를 하라.
2. 소송비용은 피고들이 부담한다.
라는 판결을 구합니다.

청 구 원 인

1. 원고 소유의 토지

원고는 서울특별시 강남구 신사동 560에서 '양수개발'이라는 상호로 사업자등록을 하고 부동산 매매 및 임대를 목적으로 하는 개인사업체를 경영하고 있는 사람으로서, 위 사업의 일환으로 1990년 별첨

등기부등본 상의 토지(이하 “이 사건 토지”)를 이매도라는 사람으로부터 3억 원에 매수하여 등기함으로서 그 소유권을 취득하였습니다.

2. 원인무효의 이전등기와 이에 터잡은 근저당권설정등기 및 가압류등기

그런데 피고 박소이가 원고의 인감도장 등을 가지고 이 사건 토지에 관한 등기신청서류를 위조하여 자기 명의로 서울중앙지방법원 2001.8.27. 접수 제80008호로 소유권이전등기를 하였고, 그 후 이 소유권이전등기에 터잡아 피고 최근설의 근저당권설정등기 및 피고 정가압의 가압류등기가 각 경료되었습니다.

3. 피고 박소이에 대한 소유권이전등기의 말소청구

그러나 위와 같이 이 사건 토지에 대한 피고 박소이의 위 소유권이전등기는 원인무효의 등기이므로 말소되어야 합니다. 참고로 원고는 2002.7.11. 박소이를 형사고소하였는데, 포청천 검사로부터 박소이를 기소하였다는 내용의 2002.8.28.자 고소사건처분결과통지서를 송달받았는바, 이를 증거서류로 제출하는 바입니다.

4. 피고 최근설과 정가압에 대한 청구

피고 최근설과 정가압은 공신력이 없는 등기부만 믿고 이해관계를 맺은 제3자로서, 선의 여부 및 과실 여부를 불문하고 원고에 대하여 대항할 수 없는 지위에 있으므로 원고의 위 말소등기청구에 승낙의 의사표시를 할 의무가 있습니다.

5. 결어

이상과 같은 이유로 원고는 청구취지와 같은 판결을 구하기 위하여 본 소를 제기하기에 이르렀습니다.

증 명 방 법

1. 갑 제1호증 부동산등기사항증명서
2. 갑 제2호증 고소사건처분결과통지서

첨 부 서 류

1. 증거설명서 및 위 증명방법 각 4통
2. 영수필확인서 1통
3. 토지대장등본 1통

4. 송달료납부서 1통
5. 서류작성 및 제출위임장 1통
6. 소장부본 3통

2002.9.29.
원고 김양수 (인)

서울중앙지방법원 귀중

증 거 설 명 서

사건 2002가합

호증	서 증 명	작성일자	작성자	입증취지	비고
갑 제1호증	부동산등기부 등본	2002. 9.24.	서울중앙지방법원 등기과 등기관 김경만	원고의 소유권 및 피고들의 등기부상 지위	
갑 제2호증	고소사건처분 결과통지서	2002. 8.28.	00지방검찰청 검사 포청천	피고 박소이가 사문서를 위조하여 소유권이 전등기를 마친 사실	

2002.9.29.
원고 김양수 (인)

서울중앙지방법원 귀중

6. 사례 - 제1회(1992년) 법무사 시험 기출문제

아래의 내용을 읽고 위촉인들의 정당한 권리 또는 권한범위 안에서 망 이정욱의 유족이 권리회복 또는 권리행사에 가장 적합한 소장을 작성하시오.

1. 서울 서초구 서래로3길 13(반포동)에 사는 김갑순(여, 52세)과 서울 서초구 강남대로 122, 102호(서초동)에 사는 그의 딸 이병희(여, 24세)는 1992년 8월 25일 귀 법무사 사무실에 찾아와 아래와 같은 내용의 법률상담을 하고 소장작성을 위촉하였다.

2. 상담내용

가. 김갑순은 망 이정욱과 1975년 2월 6일에 혼인신고를 한 부부로서, 그 사이에 딸 이병희(1982년 5월 24일생)와 아들 이만식(1990년 1월 6일생)을 출산하고 살아오던 중 1991년 2월 9일 뜻이 맞지 않아 이혼신고를 하고 헤어졌다. 위 부부가 이혼한 후 그 딸인 이병희는 1991년 5월 6일 최달수(경기도 성남시 단대동 35번지)라는 사람과 혼인하여 출가하고, 아들 이만식은 모인 김갑순과 함께 살아왔으며, 망 이정욱은 따로 혼자서 살다가 1992년 1월 8일 교통사고로 갑자기 사망하였다. 망 이정욱은 생존 시 부동산에 손을 대어 한때 상당한 재산을 가지고 있었으나 최근의 부동산 경기불황으로 인하여 자금회전이 막히는 바람에 사채를 많이 쓰고 있었다. 그런데 위 망인의 사후에 그의 유품을 정리하다가 미심쩍은 문서를 몇 개 발견하고 그 내용을 추적한 결과 다음과 같은 억울한 사정이 있음을 알게 되었다.

나. 즉 망 이정욱은 따로 1990년 3월 2일 사채업자인 정병철[서울 서초구 서래로3길 13(반포동)]로부터 금 8천만 원을 이자 월 2푼, 변제기는 1년 후로 정하여 차용하였다가 사업부진으로 그 원리금을 제대로 변제하지 못하게 되었다.
망 이정욱은 채권자 정병철로부터 빚독촉에 시달리게 되자 그 소유의 서울시 서초구 양재동 435번지 대지 120㎡(이하 "이 사건 토지"라고 한다) 중 별지 표시 가. 나. 마. 바. 가를 연결한 부분 50㎡(이하 "이 사건 대물변제토지"라고 한다)을 분할하여 이로써 위 채무를 대물변제하기로 하고, 1991년 12월 20일 정병철과 별지 대물변제합의서와 같은 내용의 합의를 하였다.

다. 위 합의에 따라 같은 달 23일 망 이정욱은 정병철에게 이 사건 대물변제토지의 분할과 소유권이전에 필요한 서류를 교부함과 동시에 정산금조로 동인으로부터 김형식[서울 강남구 도곡로 391(역삼동)]이라는 사람이 발행한 액면금 1,000만 원, 발행일 1991년 12월 1일, 지급일 1992년 1월 7일, 발행지, 지급지 서울시, 지급장소 조흥은행 서초동지점으로 된 약속어음 1매를 배서양도받았다. 그 후 이정욱은 위 약속어음을 지급기일에 적법하게 제시하였으나 예금부족으로 지급을 하지 못하였고, 그럼에도 불구하고 정병철은 망 이정욱이 갑자기 사망한 것을 기화로 이 사건 대물변제토지를 분할하지도 아니한 채 이미 교부받은 등기서류를 이용하여 서울지방법원 1992년 1월 31일 접수 제344호로 이 사건 토지 120㎡ 전체에 관하여 1991년 12월 20일 매매를 원인으로 하여 자기이름으로 소유권이전등기를 경료하였다.

라. 이 사건 토지는 망 이정욱이 김갑순과 결혼하기 전에 장차 아들인 이만식이 결혼하면 그의 몫으로 줄 심산으로 사 둔 것으로서, 비록 위 부부는 이혼하였지만 이 토지는 응당 이만식이 물려받을 것으로 생각하고 있던 것이다.

김갑순은 정병철이 이 사건 토지에 관하여 소유권이전등기를 해 간 것을 1992년 3월경에야 알아내고 동인을 찾아가 이정욱의 사후에 불법으로 등기를 넘겨간 것을 항의하고 위 토지의 소유권을 반환할 것을 요구하자, 동인은, 이 사건 토지는 건축규제지역에 위치한 것임이 나중에 밝혀져서 원래 예상했던 가액에 훨씬 못 미치는 가액임을 알게 되어 망 이정욱이 사망하기 전에 그와 재차 협의를 하여 이 사건 토지를 모두 대물변제조로 정병철에게 이전하기로 합의가 된 단계에서 그가 갑자기 사망한 것으로 위 등기이전은 적법한 것이라고 강변하면서 이를 거부하고 있다.

그러나 이 사건 토지 전체의 가액은 위 채무액을 훨씬 초과하는 것일 뿐만 아니라 망 이정욱이 이 약속어음금도 지급받지 못하면서 그와 같이 합의를 해줄 리가 없으므로 정병철의 주장은 허위임이 틀림없다.

마. 또한 정병철은 위 약속어음의 부도로 지급받지 못한 금 1,000만 원의 정산금이라도 지급해 달라는 요구에 대하여도, 그 정산금은 위 약속어음을 교부함으로써 이미 그 지급이 끝난 것이고, 만일 약속어음이 부도로 되었다면 발행인에게 찾아가 지급을 받으라고 하며 역시 이를 거절하고 있다.

바. 망 이정욱의 유족으로서는 위와 같은 경위로 이 사건 토지의 소유권을 빼앗기고 돈도 지급받지 못하고 있는 것이 억울하기 짝이 없어 가능한 범위 내에서 모든 권리를 회복하기 위하여 소송을 제기하고자 하므로 그에 필요한 소장의 작성을 위촉한다.

(김갑순의 제출서류 - 별지 대물변제합의서, 등기사항증명서 1통, 가족관계증명서 1통, 제적등본 2통)

〈별지 1〉 대물변제합의서

채권자 정병철(주소: 서울시 서초구 서초동 143번지)을 [갑]이라 하고, 채무자 이정욱(주소: 서울시 강동구 잠실동 41번지)을 [을]이라 하여 위 양자는 다음과 같이 합의한다.

1. 을이 1990년 3월 갑으로부터 차용한 금 8천만 원의 원금과 미불이자의 합계가 1990년 12월 20일 현재 9천만 원임을 확인한다.

2. 을 소유의 서울시 서초구 양재동 435. 대지 120㎡ 중 가운데를 흐르는 도랑을 기준으로 한 별지 도면표시 가. 나. 마. 바. 가를 순차 연결한 선내부분 50㎡의 가액을 금 1억 원에 평가한다.

3. 을은 위 2항 기재 토지 50㎡을 1항 기재 채무원리금의 대물변제로 갑에게 소유권을 이전한다.

4. 갑은 위 대물변제에 대한 정산금으로 금 1,000만 원을 을에게 지급한다.

5. 제2항 기재 토지 50㎡의 분할 및 소유권이전비용은 모두 갑이 부담한다.

6. 을은 토지분할 및 소유권이전등기에 필요한 서류를 3일 이내에 갑에게 교부하고, 갑은 이를 교부받고 제4항의 정산금을 지급한다.

7. 갑은 위 소유권이전을 한 이후에는 어떠한 이유에 의하여서도 위 1항의 채무원리금이 남아있음을 주장할 수 없다.

1991년 12월 20일

채권자 갑 정병철 (인)
채무자 을 이정욱 (인)

〈별지 2〉 도면

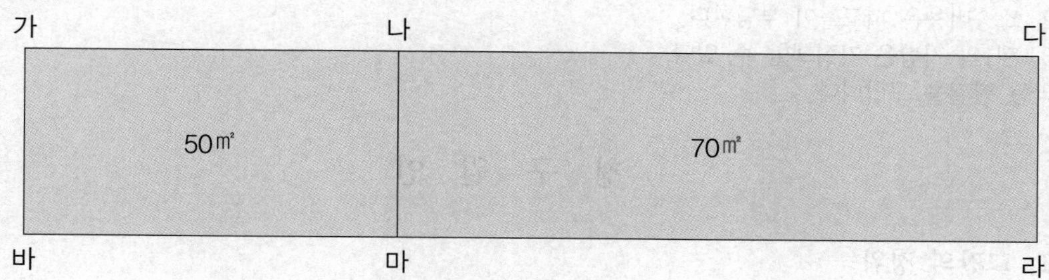

서울 서초구 양재동 435, 대 120㎡

≫ 답안례

소 장

*** 소 가 : 어음금 청구 10,000,000원
원인무효 말소등기 청구
(공시지가×70㎡×50/100×1/2(원인무효)
*** 첩용인지대 : 소가×45/10,000 + 5,000원

원 고 1. 이병희
서울 서초구 강남대로 122, 102호(서초동)
(전화번호 :)
2. 이만식
서울 서초구 서래로3길 13(반포동)
미성년자이므로 법정대리인 친권자 모 김갑순
(전화번호 :)

피 고 1. 정병철
서울 서초구 서래로3길 13(반포동)
2. 김형식
서울 강남구 도곡로 391(역삼동)

약속어음금 등 청구의 소

청 구 취 지

1. 원고들에게,
   가. 피고들은 합동하여 10,000,000원 및 이에 대하여 1992.1.7.부터 이 사건 소장부본 송달일까지는 연 6%, 그 다음 날부터 다 갚는 날까지는 연 12%의 각 비율로 계산한 돈을 지급하고,
   나. 피고 정병철은 서울 서초구 양재동 435 대 120㎡ 중 별지 도면 나. 다. 라. 마. 나. 각 점을 차례로 연결한 선내부분 70㎡에 관하여 서울지방법원 1992.1.31. 접수 제344호로 마친 소유권이전등기의 말소등기절차를 이행하라.
2. 소송비용은 피고들이 부담한다.
3. 제1의 가항은 가집행할 수 있다.

라는 판결을 구합니다.

청 구 원 인

1. 그간의 경위

가. 이정욱의 대물변제 합의의 경위와 내용

① 원고들의 피상속인인 망 이정욱은 1990.3.2. 사채업자인 피고 정병철로부터 금 8천만 원을 이자 월 2푼, 변제기는 1년 후로 정하여 차용하였다가 사업부진으로 그 원리금을 제대로 변제하지 못하게 되었습니다.

② 그 후 망 이정욱은 피고 정병철로부터 빚독촉에 시달리게 되자 그 소유의 서울시 서초구 양재동 435번지 대지 120㎡(이하 "이 사건 토지"라고 합니다) 중 별지 표시 가. 나. 마. 바. 가를 연결한 부분 50㎡(이하 "이 사건 대물변제토지"라고 합니다)을 분할하여 이로써 위 채무를 대물변제하기로 하고, 1991년 12월 20일 정병철과 갑 제1호증의 대물변제합의서와 같은 내용의 합의를 하였습니다.

나. 합의의 이행과 어음의 교부

그리고 위 합의에 따라 같은 달 23일 망 이정욱은 정병철에게 이 사건 대물변제토지의 분할과 소유권 이전에 필요한 서류를 교부함과 동시에 정산금조로 동인으로부터 피고 김형식이 발행한 액면금 1,000만 원, 발행일 1991.12.1일, 지급일 1992.1,7. 발행지, 지급지 서울시, 지급장소 조흥은행 서초동지점으로 된 약속어음 1매를 배서양도받았습니다.

다. 어음의 지급거절 및 피고 정병철의 이전등기

그 후 이정욱은 위 약속어음을 지급기일에 적법하게 제시하였으나 예금부족으로 지급을 하지 못하였고, 그럼에도 불구하고 정병철은 망 이정욱이 갑자기 사망한 것을 기화로 이 사건 대물변제토지를 분할하지도 아니한 채 이미 교부받은 등기서류를 이용하여 서울지방법원 1992.1.31. 접수 제344호로 이 사건 토지 120㎡ 전체에 관하여 1991.12.20. 매매를 원인으로 하여 자기 이름으로 소유권이전등기를 경료하였습니다.

라. 원고들의 재산상속

그 후 위 이정욱은 1992.1.8. 사망하여 직계비속인 원고들이 위 이정욱의 재산을 공동상속하게 되었습니다(참고로 원고들의 상속지분은 각 1/2씩 동일하며, 망 이정욱의 전처이자 원고들의 모친인 소외 김갑순은 위 이정욱의 사망 전인 1991.2.9. 이정욱과 이혼을 한 상태이므로 재산상속인의 지위에 있지 않습니다).

2. 어음금의 청구

그렇다면, 피고 김형식은 위 약속어음의 발행인으로서, 그리고 피고 정병철은 배서인으로서 합동하여 원고들에게 위 어음금 10,000,000원 및 이에 대하여 약속어음의 지급일 당일인 1992.1.7.부터 이 사건 소장부본 송달일까지는 어음법 소정의 연 6%, 그 다음 날부터 다 갚는 날까지는 소송촉진 등에 관한 특례법 소정 연 12%의 각 비율로 계산한 지연손해금을 변제할 채무가 있습니다.

3. 소유권이전등기의 일부 말소청구

가. 또한 위 대물변제 합의에 따라 피고 정병철은 이 사건 토지 중 이 사건 대물변제토지만을 분할하여 소유권이전등기를 마쳤어야 하는데, 망 이정욱이 갑자기 사망한 것을 기화로 이 사건 대물변제토지를 분할하지도 아니한 채 이미 교부받은 등기서류를 이용하여 이 사건 토지 120㎡ 전체에 관하여 자기이름으로 소유권이전등기를 경료한 것이므로, 피고 정병철 명의의 위 소유권이전등기 중 청구취지 기재부분의 토지 70㎡에 대한 소유권이전등기는 원인무효의 등기로서 말소되어야 할 것입니다.

나. 이에 대하여 피고 정병철은, 이 사건 토지는 건축규제지역에 위치한 것임이 나중에 밝혀져서 원래 예상했던 가액에 훨씬 못미치는 가액임을 알게 되어 망 이정욱이 사망하기 전에 그와 재차 협의를 하여 이 사건 토지를 모두 대물변제조로 정병철에게 이전하기로 합의가 된 단계에서 그가 갑자기 사망한 것으로 위 등기이전은 적법한 것이라 강변하면서 이를 거부하고 있으나, 본 건 부동산의 가액은 위 채무액을 훨씬 초과하는 것이며 망 이정욱이 이 약속어음금도 지급받지 못하면서 그와 같이 합의를 해줄 리가 없으므로 피고 정병철의 주장은 허위라 할 것입니다.

4. 결어

이상과 같은 이유로 원고는 청구취지와 같은 판결을 구하기 위하여 본 소를 제기하기에 이르렀습니다.

증 명 방 법

1. 갑 제1호증　　대물변제확인서
2. 갑 제2호증　　약속어음
3. 갑 제3호증　　부동산등기사항증명서
4. 갑 제4호증의1-3　　제적등본 및 가족관계증명서

첨 부 서 류

1. 위 증명방법　　각 3통
2. 영수필확인서　　1통
3. 토지대장등본　　1통
4. 송달료납부서　　1통
5. 서류작성 및 제출위임장　　1통
6. 소장부본　　2통

1992.8.25.

원고 1. 이병희 (인)

2. 이만식

원고 이만식은 미성년자이므로 법정대리인 친권자
모 김갑순 (인)

서울중앙지방법원 귀중

7. 사례 - 2013년 사법연수원 44기 1학기 민사재판실무 문제의 변형

다음은 송민재[서울특별시 서초구 잠원로 567, 102동 1801호(잠원동, 태양아파트), 450815 - 1027328, 전화번호 : 02-525-4678, 전자우편 : kgu@gdskk.com]가 법무사 사무실에 찾아와 소장 작성을 의뢰하며 진술한 내용이다.

〈 다음 〉

◎ 서울특별시 강동구 강일동 741-3 대 200㎡(이하 "이 사건 토지")는 원래 김보전[681024-1357813, 서울시 서초구 반포대로 234, 104동 908호(반포동, 달님아파트)]의 아버지인 김승순의 소유였다가 송민재가 1990.3.7.경 김승순으로부터 매수하여 1990.4.16. 송민재 명의로 소유권이전등기를 마친 송민재 소유임.

◎ 당시 송민재는 김승순이 갑자기 돈이 필요하게 되었다며 이 사건 토지를 매수해 줄 것을 간청하여 김승순을 도와준다는 의미로 이 사건 토지를 매수하였음. 그 후 이 사건 토지를 달리 사용할 마땅한 용도가 없던 차에 1990.5. 초순경 김승순의 부탁에 따라 그로 하여금 이 사건 토지에서 종전과 같이 채소 등을 경작하도록 허락하였음. 그 후 김승순이 2001.5.6. 사망하자 아들인 김보전이 2001.9.경 채소경작을 정리하고 이 사건 토지를 방치하다가, 건설자재 판매업을 시작한 2008.5.경부터 이 사건 토지를 건설자재 야적장으로 다시 사용하고 있음.

◎ 송민재는 이 사건 토지의 소유권에 기하여 2010.4.28. 서울중앙지방법원에 점유자인 김보전을 상대로 이 사건 토지의 점유·사용에 대한 부당이득반환청구의 소를 제기하여 계속 중이며 이로 인하여 김보전은 송민재의 전화번호 등 연락처를 알고 있었음. 김보전은 위 소송 계속 중이던 2011.10.경 송민재에게 이 사건 토지를 반값에 매수하겠다고 제의하였다가 시가 약 4억 원에도 매도할 수 없다고 거절당하였음.

◎ 원고는 타고 다니던 소나타 Ⅲ 차량이 오래되어 차량을 교체하기로 마음 먹었는데, 다른 업무로 바쁘기도 하고 차량에 대해 잘 알지 못하여 새로운 차량을 구입하는 것을 아들 송동훈에게 위임하면서 2012.2.15. 위임장과 인감도장 및 주민등록증을 교부하여 주었는데, 송동훈은 위와 같은 경위로 송민재의 인감도장, 주민등록증을 소지하고 있음을 이용하여 송민재의 대리인으로 행세하면서 2012.3.4. 송민재 명의의 위임장 등 소유권이전등기 관련 서류를 위조하여 김보전에게 직접 송민재 명의로 이 사건 토지를 반값에 가까운 220,000,000원에 매도하고 2012.5.21. 서울동부지방법원 강동등기소 2012.5.21. 접수 제19703호로 소유권이전등기를 마친 것이었음. 송동훈은 위와 같은 일로 인하여 사문서위조 등 죄로 유죄판결을 받았고 위 판결은 확정되었음.

◎ 따라서 김보전 명의의 위 소유권이전등기는 원인 없이 이루어진 무효의 등기이므로 말소되어야 하고, 김보전은 송민재에게 이 사건 토지를 인도하여야 하나 다음과 같은 주장을 하면서 다투고 있음.

1) 송민재가 송동훈에게 차량구입에 관한 대리권을 수여하였고, 송동훈이 그 대리권의 범위를 넘어 김보전과 사이에 이 사건 매매계약을 체결하였으며, 송동훈은 송민재의 아들로서 이 사건 매매계약 당시 송민재 명의의 위임장, 송민재의 인감도장과 주민등록증을 가지고 있었기 때문에 김

보전으로서는 송동훈에게 송민재를 대리하여 이 사건 토지를 매도할 권한이 있다고 믿었으며 그와 같이 믿을 만한 정당한 이유가 있었으므로 송동훈의 위 대리행위는 민법 제126조의 권한을 넘은 표현대리에 해당하고, 김보전이 이 사건 매매계약에 기한 매매대금을 전액 지급한 이상 김보전 명의의 소유권이전등기는 실체적 권리관계에 부합하여 유효하다.

2) 한편, 김보전은 송민재가 2012.6.경 김보전 명의 등기가 경료된 사실을 알고도 지금까지 오랫동안 이의를 제기하지 않음으로써 위 매매계약을 추인한 것으로 볼 수 있고 김보전이 이 사건 매매계약에 기해서 매매대금을 전액 지급한 이상 김보전 명의의 등기는 실체적 권리관계에 부합하여 유효하다.

3) 또한, 김보전은 아버지인 김승순이 1990.5.9.경부터 이 사건 토지를 점유하여 오다가 2001.5.6. 사망하였고, 그 후에는 김보전이 그 점유를 승계하여 현재까지 이를 계속점유하고 있는 바, 그 각 점유는 소유의 의사로 평온, 공연하게 한 것으로 추정되므로 이 사건 토지에 관하여 점유개시일로부터 20년이 지난 2010.5.9. 김보전의 점유취득시효가 완성되어 김보전 명의의 소유권이전등기는 실체적 권리관계에 부합하는 유효한 등기이다.

송민재의 위 진술 내용을 진실한 것으로 보고, 송민재에게 가장 유리한 내용의 소장을 작성하되 상대방의 주장을 염두에 두고 이를 반박하는 내용도 포함하여 작성하시오.

소장에는 당사자, 청구취지, 청구원인을 갖추어 기재하고, 청구원인은 요건사실 위주로 기재하되 그 밖에 자연적 사실관계를 불필요하고 장황하게 기재하지 말며, 날인은 ㉑으로 표시하시오. 또한 소장의 오른쪽 윗부분에 소가와 첩부인지대 및 송달료를 기재하시오(소가와 인지를 계산한 내역도 기재할 것).

▶ 이 사건 토지의 공시지가는 1㎡당 금 1,000,000원이다.

등기부등본

서울 특별시 강동구 강일동 795-7 고유번호 1102-1981-111495

【표제부】 (토지의 표시)

표시번호	접수	소 재 지 번	지목	면적	등기원인 및 기타사항
1 (전4)	1981년 1월 10일	서울 강동구 강일동 741-3	대	200㎡	

【갑구】 (소유권에 관한 사항)

순위번호	등기 목적	접수	등기원인	권리자 및 기타사항
1 (전4)	소유권이전	1990년 4월 16일 제11223호	1990년 3월 7일 매매	소유자 송민재 450815 - 1027328 ~~서울특별시 양천구 신정동 103 태동아파트 7동 602호~~
1-1	1번 등기명의인 표시변경	2008년 3월 5일 제8006호	2007년 10월 5일 전거	송민재의 주소 서울특별시 서초구 서초동 731 그린빌라 501호
3	소유권이전	2012년 5월 21일 제19703호	2012년 3월 4일 매매	소유자 김보전 681204-1357823 서울특별시 서초구 방배동 437 한솔아파트 104동 908호 거래가액 금 220,000,000원

【을구】 (소유권 이외의 권리에 관한 사항)

순위번호	등기 목적	접수	등기원인	권리자 및 기타사항
1	근저당권 설정	2009년 3월 4일 제7528호	2009년 3월 4일 매매	채권최고액 금 120,000,000원 채무자 송민재 450815 - 1027328 서울특별시 서초구 서초동 731 그린빌라 503호 근저당권자 강원진 570505-129524 서울 서초구 서초동 412 연수맨션 4동 102호

<u>관할등기소 : 서울중앙지방법원 강동등기소</u>

<u>이하 생략</u>

【문】 이 밖에 송동훈의 유죄판결문이 존재한다고 가정하여 소장을 작성하시오.

≫ 답안례

소 장

*** 소 가 50,000,000원
200×1,000,000×50/100×1/2(원인무효말소)
= 50,000,000원
*** 인지대 230,000원
내역) 50,000,000원×45/10,000 + 5,000원

원 고 송민재 (450815 – 1027328)
서울 서초구 잠원로 567, 102동 1801호(잠원동, 태양아파트)
전화번호 : 02-525-4678
전자우편 : kgu@gdskk.com
피 고 김보전 (681024-1357823)
서울 서초구 반포대로 234, 104동 908호(반포동, 달님아파트)

소유권이전등기말소 청구의 소

청 구 취 지

1. 피고는 원고에게
   가. 서울 강동구 강일동 741-3 대 200㎡에 관하여 서울동부지방법원 강동등기소 2012.5.21. 접수 제19073호로 마친 소유권이전등기의 말소등기절차를 이행하고,
   나. 가항 기재 토지를 인도하라.
2. 소송비용은 피고가 부담한다.
3. 제1의 나항은 가집행할 수 있다.

라는 판결을 구합니다.

청 구 원 인

1. 소유권이전등기말소 및 인도의무

1) 청구취지 제1항 기재 토지(이하 “이 사건 토지”라 합니다)는 1990.4.16. 원고 명의로 소유권이전등기를 마친 원고 소유 토지입니다. 그런데, 이에 대하여 피고 명의로 청구취지 제1항 기재 소유권이전등기가 마쳐져 있으며, 피고가 현재 이를 점유하고 있습니다.
2) 그러나 위 소유권이전등기는 소외 송동훈이 원고의 인감도장과 주민등록증을 일시 보관하게 된

기회를 이용하여 이 사건 토지에 관한 매도권한을 수여받지 않았음에도 불구하고 2012.3.4. 원고의 대리인으로 행세하면서 직접 원고 명의로 피고에게 이 사건 토지를 매도(이하 '이 사건 매매계약'이라 합니다)한 후, 2012.5.21. 원고와 피고사이의 매매계약서, 원고 명의의 위임장 등 소유권이전등기에 필요한 서류를 위조하여 피고 명의로 위와 같은 소유권이전등기를 마친 것이며, 이 일로 인하여 위 송동훈은 사문서위조 등의 죄로 유죄판결이 확정되었습니다.

3) 그러므로 피고 명의의 위 소유권이전등기는 적법한 원인이 없을 뿐만 아니라 적법한 절차를 거치지 아니한 무효의 등기라 할 것이므로, 피고는 원고에게 위 소유권이전등기의 말소등기절차를 이행하고, 이 사건 토지를 인도할 의무가 있습니다.

2. 피고의 다툼에 대하여

가. 표현대리의 주장에 대하여

1) 이에 대해 피고는, 원고가 송동훈에게 차량구입에 관한 대리권을 수여하였고, 송동훈이 그 대리권의 범위를 넘어 피고와 사이에 이 사건 매매계약을 체결하였으며, 송동훈은 원고의 아들로서 이 사건 매매계약 당시 원고 명의의 위임장, 원고의 인감도장과 주민등록증을 가지고 있었기 때문에 피고로서는 송동훈에게 원고를 대리하여 이 사건 토지를 매도할 권한이 있다고 믿었으며 그와 같이 믿을 만한 정당한 이유가 있었으므로 송동훈의 위 대리행위는 민법 제126조의 권한을 넘은 표현대리에 해당하고, 피고가 이 사건 매매계약에 기한 매매대금을 전액 지급한 이상 피고 명의의 소유권이전등기는 실체적 권리관계에 부합하여 유효하다고 항변하고 있습니다.

2) 그러나 원고는 이 사건 토지의 소유권에 기하여 2010.4.28. 피고를 상대로 서울중앙지방법원 2010가단10735호로 이 사건 토지의 점유・사용에 대한 부당이득반환청구의 소를 제기하였고, 피고는 위 소송계속 중이던 2011.10.경 원고에게 이 사건 토지를 반값에 매수하겠다고 제의하였다가 시가에도 매도할 수 없다고 거절을 당한 사실, 그런데 피고는 약 5개월 후 시가 4억원도 넘는 이 사건 토지를 원고의 대리인이라고 주장하는 송동훈으로부터 그 반값에 가까운 220,000,000원에 매수한 사실, 위와 같은 원고의 소제기로 인하여 피고는 원고의 전화 등 연락처를 잘 알고 있었고 원고가 이 사건 토지를 갑자기 시가의 반값에 가까운 금액으로 매도할 만한 사정이 보이지 아니하였음에도 불구하고 전화를 하는 방법으로 원고의 의사를 확인하여 보지도 않은 점 등에 비추어 보면, 피고가 송동훈에게 원고를 대리하여 이 사건 토지를 매도할 권한이 있다고 믿을 만한 정당한 이유가 있다고 보기 어려우므로, 매매대금의 지급 여부에 관하여는 나아가 살펴볼 필요 없이 피고의 위 항변은 이유 없습니다.

나. 추인의 주장에 대하여

1) 피고는 다시 원고가 2012.6.경 피고 명의 등기가 경료된 사실을 알고도 지금까지 오랫동안 이의를 제기하지 않음으로써 위 매매계약을 추인한 것으로 볼 수 있고 피고가 이 사건 매매계약에 기해서 매매대금을 전액 지급한 이상 피고 명의의 등기는 실체적 권리관계에 부합하여 유효하다고 주장하고 있습니다.

2) 그러나 원고가 원인무효인 등기가 마쳐진 사실을 알고서 장기간 이의를 한 바 없다고 하더라도, 위 사유만으로는 위 매매계약을 추인한 것으로 볼 수 없으므로(대판 1991.3.27. 90다17552), 매매대금의 지급 여부에 관하여는 나아가 살펴볼 필요 없이 피고의 위 항변도 이유 없습니다.

다. 점유취득시효의 주장에 대하여

1) 피고는 1990.5.9.경부터 이 사건 토지를 점유해온 김승순의 점유를 승계하여 현재까지 20년 이상 이를 계속 점유하여 왔으므로, 민법 제245조 제1항에 의하여 취득시효가 완성되어 피고 명의의 소유권이전등기는 실체적 권리관계에 부합하는 유효한 등기라고 주장하고 있습니다.

2) 그러나 원고가 이 사건 토지의 소유권에 기하여 피고의 점유취득시효기간 만료 전인 2010.4.28. 피고를 상대로 서울중앙지방법원 2010가단10735호로 이 사건 토지의 점유·사용에 따른 부당이득반환청구의 소를 제기한 바 있고, 취득시효의 중단사유가 되는 재판상 청구에는 시효취득 대상 목적물의 소유권에 기한 부당이득반환청구의 소가 포함되므로(대판 1997.4.25, 96다46484, 대법원 1995.10.13, 95다33047 등), 위 소제기로써 위 점유취득시효는 중단되었다고 할 것이므로 피고의 위 항변은 역시 이유 없습니다.

3. 결어

이상과 같은 이유로 원고는 청구취지와 같은 판결을 구하기 위하여 본 소를 제기하기에 이르렀습니다.

증 명 방 법

1. 갑 제1호증　　　부동산등기사항증명서
2. 갑 제2호증　　　형사판결등본

첨 부 서 류

1. 위 증명방법　　　각 2통
2. 영수필확인서　　　1통
3. 토지대장등본　　　1통
4. 송달료납부서　　　1통
5. 서류작성 및 제출위임장　　　1통
6. 소장부본　　　1통

2013.9.28.

원고　송민재　(인)

서울중앙지방법원　귀중

▶ 토지인도 시까지 부당이득반환청구는 이미 소송 중이므로 중복 청구하지 않음.

▶ 동일하게 원고의 피고에 대한 소유권이전등기말소 소송을 전제로 하되, 사실관계가 다른 경우 추가 보충자료 – (2015년 사법연수원 제46기 자료집)

1) 피고는, 피고의 아버지인 김승순이 1971.5.1.부터 20년간 이 사건 토지를 점유하여 1991.5.1. 취득시효(이하 "제1차 취득시효")가 완성되었고, 피고는 김승순의 위 시효취득의 권리를 승계하였으므로 피고 명의의 소유권이전등기는 유효한 등기라고 항변한다.

> 피고의 아버지인 김승순이 1971.5.1.부터 20년간 이 사건 토지를 점유한 사실을 인정할 수 있고, 그 점유는 소유의 의사로 평온·공연하게 한 것으로 추정되며, 김승순이 2003.2.1. 사망하고 피고가 그 유일한 상속인인 사실은 인정되나, 한편, 부동산에 대한 점유취득시효가 완성되었다고 하더라도 이를 등기하지 아니하고 있는 사이에 그 부동산에 관하여 제3자에게 소유권이전등기가 마쳐지면 점유자는 제3자의 소유권이전등기원인이 점유취득시효 완성 전인지 여부에 상관없이 그 제3자에게 대항할 수 없는데, 김승순이 제1차 취득시효 완성 이후 그에 기한 소유권이전등기를 마치지 않고 있는 사이에 이 사건 토지에 관하여 이화순이 1991.7.1. 원고가 2002.6.13. 각 소유권이전등기를 경료한 사실을 인정할 수 있으므로, 이로써 피고는 원고에 대하여 제1차 취득시효 완성으로 대항할 수 없다 할 것이니, 이 점을 지적하는 원고의 재항변은 이유 있고 결국 피고의 위 항변은 이유 없다.

2) 피고는 다음으로, 이 사건 토지에 관하여 제1차 취득시효가 완성된 후 이화순이 소유권이전등기를 마친 1991.7.1.부터 새로운 취득시효가 진행되어 2011.7.1. 취득시효(이하 "제2차 취득시효")가 완성되었으므로 피고 명의의 소유권이전등기는 실체적 권리관계에 부합하는 유효한 등기라고 항변한다.

> 피고의 아버지 김승순이 이화순의 소유권취득일인 1991.7.1. 이후 계속하여 이 사건 토지를 점유하여 오다가 사망한 후 피고가 그 점유를 승계하여 현재까지 이를 계속 점유하고 있는 사실을 인정할 수 있으며, 그 각 점유는 소유의 의사로 평온·공연하게 한 것으로 추정되고, 점유취득시효가 완성된 후에 제3자가 소유권이전등기를 마친 경우에도 당초의 점유자가 계속 점유하고 있는 경우에는 취득시효를 주장하는 점유자로서는 소유권변동 시를 새로운 취득시효의 기산점으로 삼아 취득시효의 완성을 주장할 수 있으므로, 이 사건 토지에 관하여 이화순이 소유권이전등기를 마친 1991.7.1.부터 20년이 지난 2011.7.1. 피고의 점유취득시효가 완성되고 피고 명의의 위 소유권이전등기는 실체적 권리관계에 부합하는 유효한 등기라고 할 것이니, 피고의 위 항변은 이유 있다.

3) 이에 대하여 원고는 먼저, 제2차 취득시효기간 중 김승순이 원고를 상대로 하여 서울지방법원 동부지원 2002가합1256호로 매매를 원인으로 한 소유권이전등기를 구하는 소를 제기하였다가 2002.12.8. 청구기각판결을 선고받았고, 위 판결이 2002.12.27. 확정되었으므로 그 때부터 김승순의 점유는 타주점유로 전환되었다고 재항변한다.

> 살피건대, 토지의 점유자가 이전에 토지소유자를 상대로 그 토지에 관하여 매매를 원인으로 한 소유권이전등기를 제기하였다가 패소하고 그 판결이 확정되었다 하더라도 그 사정만을 들어서는 토지 점유자의 자주점유의 추정이 이로써 번복되어 타주점유로 전환되었다고 할 수 없고, 달리 김승순과 피고의 점유가 타주점유로 전환되었다고 볼만한 사정에 대한 주장 증명이 없는 한 원고의 재항변은 이유 없다.

4) 원고는 다음으로, 원고가 2002.11.경 위 서울지방법원 동부지원 2002가합1256호로 소송의 변론기일에 직접 출석하여 김승순의 주장을 다투었는 데 이는 적극적인 응소행위이므로 피고의 점유취득시효는 이로써 중단되었다고 재항변한다.

살피건대, 점유자가 소유자를 상대로 소유권이전등기청구소송을 제기하면서 그 청구원인으로 "취득시효 완성"이 아닌 "매매"를 주장함에 대하여, 소유자가 이에 응소하여 청구기각의 판결을 구하면서 점유자의 주장 사실을 부인하는 경우, 이는 점유자가 주장하는 매매 사실을 부인하여 점유자에게 그 매매로 인한 소유권이전등기청구권이 없음을 주장함에 불과한 것이고 소유자가 자신의 소유권을 적극적으로 주장한 것이라고 볼 수 없어 시효중단사유의 하나인 재판상의 청구에 해당한다고 할 수 없으므로, 원고의 위 재항변도 이유 없다.

5) 원고는 이어, 피고의 취득시효는 원고가 부당이득반환청구의 소를 제기함으로써 재판상 청구에 의하여 중단되었다고 재항변한다.

살피건대, 원고가 이 사건 토지의 소유권에 기하여 피고의 점유취득시효기간 만료 전인 2011.2.28. 피고를 상대로 서울중앙지방법원 2011가단10735호로 이 사건 토지의 점유・사용에 따른 부당이득반환청구의 소를 제기한 사실은 앞에서 본 바와 같고, 취득시효 중단사유가 되는 재판상 청구에 시효취득 대상 목적물의 소유권에 기한 부당이득반환청구의 소가 포함되나, 한편 원고는 그 후 2014.7.21. 위 소를 취하한 사실을 인정할 수 있는 바, 이로써 위 재판상 청구로 인한 점유취득시효 중단의 효력은 상실되었으므로, 이 점을 지적하는 피고의 재재항변은 이유있고, 결국 원고의 위 재항변도 이유 없다.

6) 원고는 마지막으로, 피고가 취득시효 완성 후인 2013.5.15. 원고에게 이 사건 토지를 적절한 가격에 매수하겠다고 제의함으로써 시효이익을 포기하였다고 재항변한다.

살피건대, 점유로 인한 부동산소유권의 취득시효기간이 경과한 뒤에 점유자가 소유자에게 그 부동산을 매수하겠다고 제의한 일이 있었다는 것만으로 점유자가 시효의 이익을 포기하였다고는 볼 수 없는 바, 원고의 위 주장 사실만으로는 피고가 시효이익을 포기하였다고 볼 수 없으므로, 원고의 위 재항변도 이유 없다.

8. 사례 – 사법연수원 38기 2008년 변호사실무(실제 시험시간에 작성하기에는 그 양이 많아서 답안례만 기재하였으므로 그 내용을 참고만 할 것을 권함)

소 장

*** 소가 및 인지계산은 생략

원 고 1. 이장남 (550209-1273697)
서울 서초구 반포대로 155(잠원동)
2. 이중남 (581225-1273694)
서울 강남구 봉은사로 61길 45(논현동)

피 고 1. 김수호 (450725-1357890)
서울 송파구 오금로 180(송파동)
2. 최부자 (491212-2265413)
서울 서초구 서래로5길 33(반포동)
3. 정경영 (610225-1972042)
서울 강남구 도곡로 243(역삼동)

소유권보존등기말소 등 청구의 소

청 구 취 지

1. 원고들에게,
   가. 피고 김수호는,
      1) 별지목록 기재 3.토지 중 별지 도면표시 8, 9, 4, 5, 8의 각 점을 순차로 연결한 선내의 660㎡에 관하여 춘천지방법원 평창등기소 2006.10.19. 접수 제78901호로 마친 소유권보존등기의 말소등기절차를 이행하고,
      2) 원고들로부터 공동하여 100,000,000원에서 2007.3.7.부터 위 1)항 660㎡ 토지의 인도완료일까지 월 2,100,000원의 비율에 의한 금액을 공제한 나머지 돈을 지급받음과 동시에, 별지목록 기재 3.토지 중 별지 도면표시 10, 11, 12, 13, 10의 각 점을 순차로 연결한 선내의 ㉮ 부분 지상 시멘트벽돌조 슬래브지붕 단층 근린생활시설 330㎡를 철거하고, 위 1)항 660㎡ 토지를 인도하고,
   나. 피고 최부자, 정경영은 위 소유권보존등기의 말소등기에 대하여 승낙의 의사표시를 하라.
2. 소송비용은 피고들이 부담한다.
3. 제1항 중 철거 및 인도부분은 가집행할 수 있다.

라는 판결을 구합니다.

청 구 원 인

1. 소유권보존등기말소 등 청구

가. 별지목록 기재 1. 및 2. 각 토지는 원래 등기부상으로는 "강원도 평창군 도암면 횡계리 146-1 잡종지 1,650㎡"(이하 '원래의 146-1토지'라 합니다.) 1필지로 등기되어 있던 토지로서(갑 제1호증), 소외 이부호가 전(前) 소유자로부터 이를 매수하여 1969.10.13. 소유권이전등기를 마치고 소유하다가 2007.5.9. 사망함에 따라, 원고들 및 소외 이삼남이 동인의 아들들로서 각 1/3 지분씩 이를 상속하였습니다.

나. 원래의 146-1 토지는 2002.4.23. 토지대장 및 지적도상을 "강원도 평창군 도암면 횡계리 146-1 잡종지 990㎡"(별지목록 기재 1.토지)와 같은 곳 146-2 잡종지 660㎡(별지목록 기재 2.토지. 현재의 지적도상으로는 횡계리 153 토지로 표기된 부분 중 별지 도면표시 8, 9, 4, 5, 8의 각 점을 순차로 연결한 선내의 부분 660㎡)의 2필지로 분필되었으나(갑 제2호증), 등기부상으로는 여전히 원래의 146-1 토지 1필지로 등기되어 있습니다(갑 제1호증).

다. 그런데 피고 김수호는 위와 같이 원래의 146-1 토지가 토지대장 및 지적도상으로만 분필되어 있는 것을 이용하여 2006.10.19. 아무런 권원 없이 위 146-2 토지를 춘천지방법원 평창등기소 접수 제78901호로 자신의 명의로 소유권보존등기한 다음 위 146-2 토지를 '강원도 평창군 도암면 횡계리 153 잡종지 1221㎡'에 합병한 후 2006.11.25. 합병등기를 경료하였습니다(갑 제3호증).

라. 피고 김수호가 위와 같이 146-2 토지에 대하여 경료한 소유권보존등기는 동 토지에 대하여 이미 이루어진 소유권보존등기 이후 중복하여 이루어진 것으로서 말소되어야 할 것이고, 원고들은 동 토지에 대한 공유지분권자로서의 보존행위로서 피고 김수호에 대하여 그 소유권보존등기의 말소를 구할 권리가 있습니다.

마. 한편, 위 146-2 토지가 153 토지에 합병된 후, 그 합병 후의 153 토지(별지목록 기재 3.토지)에 관하여 춘천지방법원 평창등기소 2006.11.26. 접수 제85477호로 피고 정경영의 근저당권설정등기에 이어 같은 등기소 2006.12.21. 접수 제98253호로 피고 최부자의 가압류등기가 마쳐졌는바(갑 제2호증), 앞서 본 바와 같이 146-2 토지에 대한 피고 김수호 명의의 소유권보존등기가 무효로서 말소되어야 하므로, 피고 정경영과 최부자는 등기부상 이해관계 있는 제3자로서 피고 김수호의 위 말소등기에 대하여 승낙할 의무가 있습니다.

2. 건물철거 및 토지인도 청구

가. 이부호는 동인이 생존해있던 2004.8.7. 피고 김수호에게 별지목록 기재 3.토지 중 별지 도면표시 8, 9, 4, 5, 8의 각 점을 순차로 연결한 선내의 660㎡(위 합병 전의 146-2 잡종지 660㎡. 이하 '임대토지'라 합니다.)를 임대보증금 100,000,000원, 월 차임 2,100,000원(매월 6일 후납), 임대차기간 2004.8.7.부터 2007.8.6.까지 5년간으로 정하여 임대하고(갑 제5호증), 2004.8.7. 위 임대보증금을 받은 후 위 임대토지를 피고 김수호에게 인도하여 그때 이래 현재까지 피고 김수호가 위 임대토지를 점유・사용하고 있습니다. 위와 같은 임대차약정 당시 피고 김수호는 임대차기간 동안 위 임대토지상에 100평 정도의 건물을 축조하여 식당영업을 할 수

있되, 임대차기간이 만료되면 피고 김수호가 동인의 비용으로 이를 철거하여 위 토지를 이부호에게 반환하기로 약정하였습니다.

나. 위와 같은 임대차약정에 따라 피고 김수호는 위 임대토지 중 별지 도면표시 10, 11, 12, 13, 10의 각 점을 순차로 연결한 선내의 ㉮ 부분 330㎡ 지상에 시멘트벽돌조 슬래브지붕 단층 근린생활시설 330㎡(이하 '이 사건 건물'이라고 합니다.)를 축조하고 위 임대토지를 사용하여 왔으나(갑 제6호증), 2007.1.6. 이후부터는 매월 6일에 후불로 지급하기로 하였던 월 차임을 제대로 지급하지 않았습니다.

다만, 피고 김수호는 그 지급 내역에 대해서는 아무런 설명도 없이 1,300,000원, 동년 2. 6. 금 1,600,000원, 동년 3. 6. 금 1,300,000원, 동년 4. 6. 금 500,000원, 동년 5. 6. 금 1,600,000원만 이부호에게 지급해 주었을 뿐입니다. 이부호가 피고 김수호로부터 지급받은 위 합계금 6,300,000원을 민법 제477조 제3호에 따라 2007.1.6.부터 연체된 피고 김수호의 월 차임채무에 순차로 변제충당하면, 2007.12.7.부터 2007.3.6.까지의 3개월분 지체차임 6,300,000원에 충당되므로 결국 피고 김수호는 2007.3.7. 이래 현재까지의 월 차임 납입을 연체하고 있습니다.

다. 앞서 본 바와 같이 이부호가 사망함으로써 이부호의 피고 김수호에 대한 위 임대차계약상의 권리·의무도 원고들과 이삼남이 공동으로 상속하였습니다.

라. 한편, 위와 같이 현재 피고 김수호가 연체하고 있는 차임액이 약정된 차임액의 2기분 이상에 달하므로, 위 임대토지의 2/3 지분권자인 원고들은 공유자의 관리행위로서 민법 제641조, 제640조에 따라 이 사건 소장부본 송달로써 피고 김수호와의 위 임대차계약을 해지하는 바입니다. 원고들은 위 임대토지상에 피고 김수호가 축조한 이 사건 건물에 근저당권을 설정받은 소외 박청수에 대해서도 피고 김수호와의 임대차계약을 해지한다는 의사표시를 하여 그 의사표시는 2007.○.○. 위 박청수에게 도달하였습니다(갑 제7호증의 1, 2).

마. 그러므로 원고들은 위 임대토지의 공유자로서 공유자의 방해배제청구권에 기하여, 또는 이 사건 임대차계약에 기한 민법 제615조의 원상회복청구권에 기하여, 별지목록 기재 3.토지 중 별지 도면표시 10, 11, 12, 13, 10의 각 점을 순차로 연결한 선내의 ㉮부분 지상 이 사건 건물을 철거하고 위 임대토지를 인도받을 권리가 있습니다.

바. 현재 피고 김수호는 여전히 위 임대토지를 사용하면서 영업행위를 계속하고 있으며, 장래에도 동일한 행위를 계속할 것으로 예상됩니다. 한편, 피고 김수호에 대한 임대보증금반환채무는 원고들 및 소외 이삼남이 불가분적으로 부담하게 되었습니다. 그러므로 원고들은 공동하여 위 임대보증금 100,000,000원에서 2007.3.7. 이후 위 임대차계약 해지가 효력을 발생할 때까지의 지체차임 및 그 이후 피고 김수호가 위 임대토지를 실제로 반환할 때까지 피고 김수호가 취할 약정 차임 상당의 부당이득액을 공제한 잔액만을 피고 김수호에게 반환할 의무가 있으며, 이는 피고 김수호의 위 임대토지 상의 이 사건 건물 철거 및 동 토지의 인도와 동시이행관계에 있습니다.

3. 결어

이상과 같은 이유로 원고들은 청구취지와 같은 판결을 구하기 위하여 본 소를 제기하기에 이르렀습니다.

PART 04

증 명 방 법

1. 갑 제1호증 (등기사항증명서 : 횡계리 146-1)
2. 갑 제2호증 (등기사항증명서)
3. 갑 제3호증 (등기사항증명서 : 횡계리 153)
4. 갑 제4호증 (토지이용계획확인원)
5. 갑 제5호증 (부동산임대차계약서)
6. 갑 제6호증 (등기사항증명서 - 건물)
7. 갑 제7호증의 1 (내용증명우편)
8. 갑 제7호증의 2 (우편물배달증명)
9. 검증 및 감정(측량신청)
10. 문서송부촉탁신청

그 밖의 증명방법은 소송의 진행 정도에 따라 적절한 시기에 제출하겠습니다.

첨 부 서 류

1. 증거설명서 및 위 증명방법 각 4통
2. 영수필확인서 1통
3. 토지대장등본 1통
4. 건축물대장 1통
5. 송달료납부서 1통
6. 서류작성 및 제출위임장 1통
7. 소장부본 3통

2008.4.25.

원고 1. 이장남

2. 이중남

서울중앙지방법원 귀중

목록

1. 강원 평창군 도암면 횡계리 146-1 잡종지 990㎡
2. 강원 평창군 도암면 횡계리 146-2 잡종지 660㎡
3. 강원 평창군 도암면 횡계리 153 잡종지 1,881㎡. 끝.

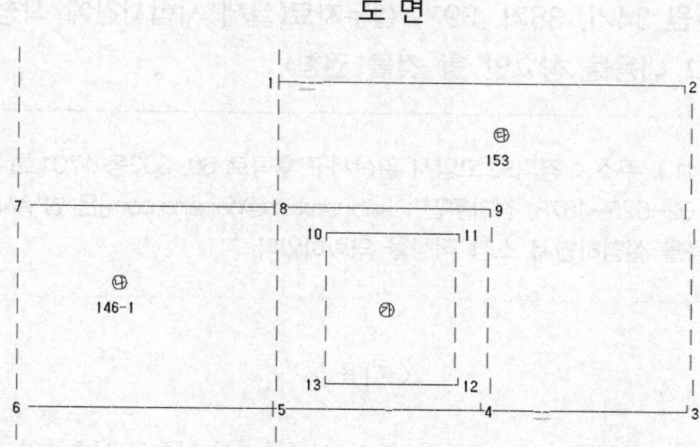

참고사항 사법연수원 제38기 변호사실무 보조교재자료에서 발췌

▶ 이 사건 건물에 박청수의 근저당권이 설정되어 있다 하더라도 박청수는 이를 원고들에게 주장할 수 없다. 박청수에 대한 배려는 민법 제642조에 의한 것뿐이다. 근저당권자뿐만 아니라, 철거의무자(건물소유자)의 압류채권자, 가압류채권자 등도 아무런 대항을 할 수 없으며, 소유권이전청구권가등기가 되어 있거나 처분금지가처분이 되어 있다고 하더라도 마찬가지이다. 이 사건 임대목적 토지상의 건물에 대해서는 박청수가 근저당권을 설정받아 놓고 있으므로 임대차계약의 해지는 박청수에게도 하여야 하고, 박청수가 그 통지를 받은 날로부터 상당한 기간이 경과하여야만 임대차계약 해지의 효력이 생긴다(민법 제642조). 따라서 박청수에게도 해지의 의사를 표시하였다는 사실 및 그 의사표시의 도달사실도 본 소의 요건사실이 된다.

▶ 이 사건 건물에 근저당권을 취득한 박청수를 피고로 지정하여 "김수호의 이 사건 건물에 관한 보존등기말소에 대한 승낙"이나 "근저당설정등기의 말소"를 구하는 것은 옳지 않다. 이 사건의 경우 "소유권보존등기말소"가 아니라 건물의 "철거"를 구하는 것이므로 박청수에게 건물소유권보존등기말소에 대한 승낙을 구할 필요가 없기 때문이다. 또한 원고들은 박청수에게 근저당권설정등기말소를 구할 권원도 없다. 원고들이 피고 김수호에 대하여 이 사건 건물 철거판결을 받은 다음 이 사건 건물을 철거하면 이 사건 건물은 멸실된다. 그 후 멸실등기가 이루어지면, 그 건물에 대한 저당권자 등의 존재 여부에 관계 없이 해당 등기부는 폐쇄되고, 위 사건 토지상에는 아무런 건물은 물론 건물에 대한 등기부도 존재하지 않게 되어 원고들은 목적을 달성한다.

▶ 중복하여 소유권보존등기가 경료된 경우, 후에 경료된 소유권보존등기는 선 소유권보존등기에 원인무효의 사유가 없는 한 1부동산 1등기용지주의에 반하여 무효이다(대판 2002.7.12, 2001다16913 등).

▶ 임대인이 임대목적물의 소유자일 때에는 계약상의 반환청구권과 아울러, 물권적 청구권으로서의 반환청구권도 당연히 갖게 된다.

9. 사례 – 사법연수원 34기, 38기, 39기 실무자료(실제 시험시간에 작성하기에는 그 양이 많은 편이므로 그 내용을 참고만 할 것을 권함)

배용중[571224-1001413, 주소 : 경기도 고양시 일산서구 후곡로 60, 302동 1701호(주엽동, 후곡마을3단지아파트), 전화번호 : 02-525-4678, 전자우편 : kabnamkim@nanana.com]은 법무사 사무실에 찾아와서 다음과 같이 분쟁 내용을 설명하면서 소장 작성을 의뢰하였다.

〈 다음 〉

○ 배용중은 2003.6.25. 장동근[560709-1558712, 서울특별시 서초구 서초중앙로 188, 7동 1301호(서초동, 삼풍아파트)]에게 배용중 소유인 별지목록 기재 대지(이하 "이 사건 대지")를 급매로 팔면서 매매계약을 맺음.
대금은 5억 원으로 하되 계약금은 3,000만 원으로 하여 계약 당일 지급하고 중도금 7,000만 원은 한달 후인 2003.7.25. 지급하며 잔금 4억 원은 그로부터 7개월 후인 2004.2.25. 10:00시에 서울 서초구 서초동 소재 공인노무사 노재선 사무소에서 만나 지급하기로 약정함.

○ 장동근은 건축업자로서 이 사건 대지에 집을 지어 전매 또는 임대할 생각이라며 소유권이전등기를 선이행하여 줄 것을 부탁함.
쌍방은 협의하여 계약 다음 날 즉시 위 대지를 장동근에게 인도하면서 대지사용승낙서를 작성하여 주고, 중도금지급기일에 그에 관한 소유권이전등기를 선이행하여 주되, 장동근이 잔금에 대한 담보로서 위 소유권이전등기와 동시에 이 사건 대지에 관하여 채권최고액을 5,000만 원으로 하는 근저당권을 설정하면서, 잔금지급기일에는 배용중이 위 근저당 말소에 필요한 서류를 제공함과 상환으로 잔금을 지급받기로 약정하고, 만약 당사자 일방이 그 채무를 불이행하면 상대방은 최고 없이 매매계약을 해제할 수 있기로 함.
그리고 특약으로 만일 매수인인 장동근이 자신의 위약으로 계약이 해제될 경우 이 사건 대지 위의 건물을 비롯한 모든 시설물에 대한 일체의 권리를 포기하고 이를 철거하여 원상복구하기로 하고, 반면 매도인인 배용중의 위약으로 계약이 해제되는 경우에는 계약금 상당액을 위약금으로 장동근에게 지급하기로 약정을 하였음.

○ 그 후 배용중은 약정에 따라 장동근에게서 계약 당일 3,000만 원을 지급받은 뒤 그 다음 날 위 장동근에게 이 사건 대지를 인도하고 대지사용승낙서를 작성해 주었으며, 2003.7.25. 중도금 7,000만 원을 지급받으면서 이 사건 대지에 관하여 같은 날 서울중앙지방법원 강남등기소 접수 제202342호로 위 장동근에 대한 소유권이전등기를 마쳐주고 대신 근저당권을 설정받음.
이에 따라 장동근은 이 사건 대지를 인도받은 직후부터 건축에 착수하여 2004.2. 하순경 별지목록 기재 건물(이하 "이 사건 건물")을 완공하였으며, 그에 대한 소유권보존등기를 마친 후(위 등기소 접수 제332342호) 현재까지 이를 소유하고 있음.

○ 배용중은 위 잔금지급 약정기일인 2004.2.25. 10:00경 근저당말소서류를 준비하고 약속장소인 위 공인중개사무소에 나가 장동근을 기다렸으나, 장동근은 나타나지 않음.

○ 장동근은 배용중에게, 소외 한인곤이 2004.2.25. 배용중의 장동근에 대한 위 잔금채권 중 금 90,000,000원을 서울중앙지방법원 2004카단23778호로 가압류하였다는 사실을 알려주면서, 위 가압류집행이 해제되기 전에는 잔금을 지급할 수 없다고 주장함.
이에 배용중은 2004.3.6. 장동근에게 위 한인곤에 의하여 가압류된 잔금 90,000,000원은 법원에 공탁하고, 가압류되지 않은 잔금 310,000,000원은 위 공인중개사사무소에서 지급하도록 통지하였으나, 위 장동근은 그때까지 잔금을 지급하거나 공탁하지 아니하였음.
그동안 배용중은 장동근에게 수차례에 걸쳐 잔금이행을 최고하였으나 소용이 없기에 이에 배용중은 2004.3.8. 위 장동근에게 잔금지급지체를 이유로 위 매매계약을 해제한다는 뜻을 통지하여 그 통지가 2004.3.10. 위 장동근에게 도달하였음.

○ 그러자 장동근은 다음과 같은 주장을 하면서 배용중과 다투고 있다.
1) 이 가압류 때문에 잔금을 지급할 수 없게 된 이상 자신에게는 이행지체에 대한 귀책사유가 없었다고 주장하면서 배용중의 계약해제 주장을 인정할 수 없다.
2) 또한 잔금채권이 가압류된 경우 가압류를 당한 채무자는 이를 포기하거나 계약을 해제할 수 없는 것이다.
3) 또한 장동근은 배용중으로부터 이 사건 대지에 관한 사용승낙을 받았으므로 이 사건 대지를 계속 점유할 정당한 권원이 있다.
4) 또한 장동근은 배용중이 이 사건 대지에 건물을 신축할 수 있도록 대지를 인도하고 대지사용승낙을 함으로써 장동근이 이를 신뢰하여 견고한 건물을 신축하였음에도 배용중이 이 사건 계약을 해제하고 이 사건 건물의 철거를 구하는 것은 신의성실의 원칙에 위반되고, 그 철거로 인하여 배용중에게는 아무런 이익도 없이 오로지 장동근에게 손해만 가하려는 것으로서 권리남용에 해당한다.
5) 장동근은 이 사건 계약상 특약에 따라 이 사건 대지를 정당하게 인도받았으므로 민법 제201조 제1항에 따른 선의의 점유자로서 이 사건 대지의 사용이익을 수취할 권리가 있으므로 배용중에게 이 사건 대지의 사용이익(월 금 5,500,000원으로 가정)은 반환할 수 없다.
6) 가사 이 사건 계약이 해제되고 장동근이 배용중에게 이 사건 대지의 사용이익을 반환하여야 한다고 하더라도, 한편 장동근 자신은 배용중으로부터 이 사건 계약해제로 인하여 배용중에게 이미 지급한 계약금과 중도금 합계 100,000,000원 및 그중 계약금 30,000,000원에 대하여는 2003.6.25.부터, 금 70,000,000원에 대하여는 2003.7.25.부터 각 다 갚는 날까지 연 6%의 비율 의한 금원을 지급받을 권리가 있으므로, 이와 위 사용이익 반환을 상계한다.

○ 한편 조승민[620117-1332599, 서울 서초구 강남대로 122, 102호(서초동)]은 2004.3.3. 장동근으로부터 이 사건 건물 전부를 보증금 2억 5천만 원, 차임 월 300만 원, 기간 3년으로 정하여 임차한 다음 현재 1층 점포에서 "꿈의 궁전"이라는 상호의 레스토랑을 경영하면서 2층에 거주하고 있는데 가족으로는 처 최지실(620101-2132588, 서울특별시 강남구 율현동 36-9이 있음.

○ 조승민 최지실 부부는 위 장동근의 주장처럼 배용중의 계약해제가 적법하지 않다고 다투면서, 가사 배용중과 장동근 사이의 매매계약이 해제되었다 해도 자신들은 매매계약이 해제되기 전에 배용중에게 대항할 수 있는 임차권을 취득한 제3자로서 배용중의 퇴거청구에 응할 수 없다고 하고 있음.

○ 한편, 배용중이 위 장동근과 조성민을 상대로 소를 제기하기 위하여 준비를 하는 과정에서 이 사건 대지와 건물에 대한 등기부등본을 발급받아 보니 최철용[601010-1341212, 서울 송파구 송파대로 144, 105호(문정동)]이라는 사람이 가압류를 하여둔 것이었음.

○ 이에 알아보니 최철용은 2004.2.25. 장동근으로부터 이 사건 건물을 매도하는 즉시 변제할 테니 이 사건 대지의 매매잔금지급에 사용할 돈을 대여해 달라는 부탁을 받고 이 사건 매매계약을 중개하였던 공인중개사 노재선으로부터 이 사건의 계약체결 경위와 내용을 확인한 후에 같은 날 장동근에게 1억 원을 대여하였다가 이 사건 계약이 해제된 후인 2004.3.25. 위 노재선으로부터 장동근의 계약 위반으로 2004.3.10. 이 사건 계약이 해제되었다는 사실을 듣게 되자, 자신의 대여금채권을 보전하기 위하여 이 사건 대지 및 건물에 대하여 서울중앙지방법원 2004카단5834호로 가압류를 신청하여 2004.3.28. 가압류결정이 내려지고 2004.3.30. 가압류기입등기가 마쳐진 상태임.

배용중의 위 진술 내용을 모두 진실한 것으로 보고 2008.9.28.자로 배용중에게 가장 실효성 있고 적법하며 유리한 내용으로 서울중앙지방법원에 접수할 소장을 작성하시오.
소장에는 당사자, 청구취지, 청구원인을 갖추어 기재하고, 청구원인은 필요하고도 충분한 요건사실 위주로 기재하되, 그 밖의 사실관계를 필요 이상으로 장황하게 기재하지 말고, 또한 소장의 오른쪽 윗부분에 소가와 첨부인지대를 기재하시오.

〈별지〉

1. 서울 강남구 논현동 26-7 대지 300㎡
2. 위 지상
   시멘트 철근콘크리트조 슬래브지붕 2층 점포
      1층 198㎡
      2층 165㎡

이 사건 대지의 개별공시지가는 3억 원, 2003.6.26. 이후 현재까지 월차임은 550만 원이며 별다른 가격의 변동은 없음. 이 사건 건물의 지방세과세표준액은 1억 원임.

» 답안례

소 장

*** 소 가 150,000,000원
300,000,000×50/100 = 150,000,000원
*** 인지대 655,000원
내역) 150,000,000×40/10,000 + 55,000

원 고 배용중 (571224-1001413)
고양시 일산서구 후곡로 60, 302동 1701호(주엽동, 후곡마을3단지아파트)
(전화번호 : 02-525-4678)
(전자우편 : kabnamkim@nanana.com)

피 고 1. 장동근 (560709-1558712)
서울 서초구 서초중앙로 188, 7동 1301호(서초동, 삼풍아파트)
2. 조승민 (620117-1332599)
서울 서초구 강남대로 122, 102호(서초동)
3. 최철용 (601010-1341212)
서울 송파구 송파대로 144, 105호(문정동)

소유권이전등기말소 등 청구의 소

청 구 취 지

1. 피고 장동근은 원고로부터 100,000,000원 및 그중 30,000,000원에 대하여는 2003.6.25.부터, 70,000,000원에 대하여는 2003.7.25.부터 각 다 갚는 날까지 연 6%의 비율로 계산한 돈을 지급받음과 동시에 원고에게,
   가. 별지목록 기재 대지에 관하여 서울중앙지방법원 강남등기소 2003.7.25. 접수 제202342호로 마친 소유권이전등기의 말소등기절차를 이행하고,
   나. 별지목록 기재 건물을 철거하고, 위 대지를 인도하며, 2003.6.26.부터 위 대지의 인도완료일까지 월 5,500,000원의 비율로 계산한 돈을 지급하라.
2. 피고 조승민은 원고에게 별지목록 기재 건물에서 퇴거하라.
3. 피고 최철용은 원고에게 별지목록 제1항 기재 대지에 관한 제1의 가항 기재 소유권이전등기의 말소등기에 대하여 승낙의 의사를 표시하라.
4. 소송비용은 피고들이 부담한다.
5. 제1의 나항, 제2항은 가집행할 수 있다.

라는 판결을 구합니다.

청 구 원 인

1. 그간의 경위

가. 원고는 2003.6.25. 피고 장동근에게 원고 소유인 별지목록 기재 대지(이하 "이 사건 대지")에 대하여 매매계약을 체결하였으며, 대금은 5억 원으로 하되 계약금은 3,000만 원으로 하여 계약 당일 지급하고 중도금 7,000만 원은 한달 후인 2003.7.25. 지급하며 잔금 4억 원은 그로부터 7개월 후인 2004.2.25. 10:00시에 서울 서초구 서초동 소재 공인노무사 노재선 사무소에서 만나 지급하기로 하였습니다.

나. 그런데 피고 장동근은 건축업자로서 이 사건 대지에 집을 지어 전매 또는 임대할 생각이라며 소유권이전등기를 선이행하여 줄 것을 부탁하기에, 쌍방은 협의하여 계약 다음 날 즉시 위 대지를 피고 장동근에게 인도하면서 대지사용승낙서를 작성하여 주고, 중도금지급기일에 그에 관한 소유권이전등기를 선이행하여 주되, 피고 장동근이 잔금에 대한 담보로서 위 소유권이전등기와 동시에 이 사건 대지에 관하여 채권최고액을 5,000만 원으로 하는 근저당권을 설정하면서, 잔금지급기일에는 원고가 위 근저당 말소에 필요한 서류를 제공함과 상환으로 잔금을 지급받기로 약정하고, 만약 당사자 일방이 그 채무를 불이행하면 상대방은 최고 없이 매매계약을 해제할 수 있기로 하였습니다.

그리고 특약으로 만일 매수인인 피고 장동근이 자신의 위약으로 계약이 해제될 경우 이 사건 대지 위의 건물을 비롯한 모든 시설물에 대한 일체의 권리를 포기하고 이를 철거하여 원상복구하기로 하고, 반면 매도인인 원고의 위약으로 계약이 해제되는 경우에는 계약금 상당액을 피고 장동근에게 위약금으로 지급하기로 약정을 하였습니다.

다. 원고는 위 합의에 따라 피고 장동근에게서 계약 당일 3,000만 원을 지급받은 뒤 그 다음 날 위 장동근에게 이 사건 대지를 인도하고 대지사용승낙서를 작성해 주었으며, 2003.7.25. 중도금 7,000만 원을 지급받으면서 이 사건 대지에 관하여 같은 날 서울중앙지방법원 강남등기소 접수 제202342호로 위 장동근에 대한 소유권이전등기를 마쳐주고 대신 근저당권을 설정받았고, 피고 장동근은 이 사건 대지를 인도받은 직후부터 건축에 착수하여 2004.2. 하순경 별지목록 기재 건물(이하 "이 사건 건물")을 완공하였으며, 그에 대한 소유권보존등기를 마친 후 현재까지 이를 소유하고 있습니다.

라. 원고는 위 잔금지급 약정기일인 2004.2.25. 10:00경 근저당말소서류를 준비하고 약속장소인 위 공인중개사무소에 나가 장동근을 기다렸으나, 장동근은 나타나지 않았으며, 원고에게 소외 한인곤이 2004.2.25. 원고의 위 피고에 대한 위 잔금채권 중 금 90,000,000원을 가압류하였다는 사실을 알려주면서 위 가압류집행이 해제되기 전에는 잔금을 지급할 수 없다고 주장하는 것이었습니다.

마. 이에 원고는 2004.3.6. 위 피고 장동근에게 위 한인곤에 의하여 가압류된 잔금 90,000,000원은 법원에 공탁하고, 가압류되지 않은 잔금 310,000,000원은 위 공인중개사 사무소에서 원고에게 지급하도록 통지하였으나, 위 피고는 그때까지 잔금을 지급하거나 공탁하지 아니하였습니다. 이에 원고는 2004.3.8. 위 피고에게 잔금지급지체를 이유로 위 매매계약을 해제한다는 뜻을 통지하여 그 통지가 2004.3.10. 위 피고에게 도달하였습니다.

바. 한편 피고 조승민은 피고 장동근으로부터 이 사건 건물 전부를 보증금 2억 5천만 원, 차임 월 300만 원, 기간 3년으로 정하여 임차한 다음 현재 1층 점포에서 "꿈의 궁전"이라는 상호의 레스토랑을 경영하면서 2층에 거주하고 있으면서, 위 피고 장동근의 주장처럼 원고의 계약해제가 적법하지 않다고 다투고 있고, 가사 원고와 피고 장동근 사이의 매매계약이 해제되었다 해도 자신은 매매계약이 해제되기 전에 원고에게 대항할 수 있는 임차권을 취득한 제3자로서 원고의 퇴거청구에 응할 수 없다고 하고 있습니다.

2. 계약해제

가. 그렇다면, 원고와 피고 장동근 사이의 이 사건 매매계약은 특별한 사정이 없는 한 피고 장동근의 잔금지급지체를 이유로 한 원고의 위 해제의사표시에 의하여 2004.3.10. 적법하게 해제되었습니다.

나. 이에 대하여 피고들은 먼저, 원고의 채권자 한인곤이 2004.2.25. 위 잔금채권을 가압류하였기 때문에 그 효력으로 피고 장동근에게 잔금을 지급할 수 없게 된 이상 위 피고 장동근에게는 이행지체에 대한 귀책사유가 없다고 주장하고 있으나, 채권의 가압류는 제3채무자에 대하여 채무자에게 지급을 금지함에 그칠 뿐 채무 자체를 면하게 하는 것이 아니며, 가압류가 있다 하여도 그 채권의 이행기가 도래한 때에는 제3채무자는 그 이행지체를 면할 수 없는 이상 그 가압류로 인하여 피고 장동근에게 이행지체의 귀책사유가 없어지는 것은 아니므로 피고들의 주장은 이유 없다할 것입니다.

다. 또한 피고 장동근과 조성민은 원고의 채권자인 한인곤이 2004.2.25. 원고의 피고 장동근에 대한 잔금채권을 가압류하였으므로 원고는 위 매매계약을 해제할 수 없다고 주장하나, 위 잔금채권이 가압류되었더라도 원고는 피고 장동근의 이행지체가 있을 경우 이를 이유로 기본계약인 매매계약을 해제할 수 있으므로, 피고들의 위 주장 역시 이유 없다고 할 것입니다.

3. 피고 장동근에 대하여

가. 소유권이전등기 말소, 건물철거 및 대지인도의 청구

1) 원상회복의무의 발생

원고와 피고 장동근 사이의 이 사건 매매계약이 해제된 이상 원고는 이 사건 대지의 소유권을 소급적으로 회복하였으므로, 그에 따른 원상회복으로 피고 장동근은 원고에게 이 사건 대지에 관하여 위 소유권이전등기의 말소절차를 이행하고, 이 사건 건물을 철거하며, 이 사건 대지를 인도할 의무가 있습니다.

2) 대지사용승낙에 대한 주장에 대하여

그런데 피고 장동근은 원고에 대하여 이 사건 대지에 관한 사용승낙을 받았으므로 이 사건 대지를 계속 점유할 정당한 권원이 있다고 주장하나, 원고는 이 사건 계약 당시 위 피고로부터 이 사건 대지에 건물을 신축할 수 있도록 협조해 달라는 부탁을 받고 사용승낙서를 작성해 준 것으로서 이는 이 사건 계약이 유효하게 존속함을 전제로 한 부수적인 약정이라 할 것이고, 주된 계약인 이 사건 계약이 앞에서 본 바와 같이 해제된 이상 위 사용승낙약정 또한 실효되었다 할 것이므로, 위 피고의 주장은 이유 없다 할 것입니다.

3) 신의칙 위반과 권리남용 주장에 대하여

또한 피고 장동근은 원고가 이 사건 대지에 건물을 신축할 수 있도록 대지를 인도하고 대지 사용승낙을 함으로써 장동근이 이를 신뢰하여 견고한 건물을 신축하였음에도 원고가 이 사건 계약을 해제하고 이 사건 건물의 철거를 구하는 것은 신의성실의 원칙에 위반되고, 그 철거로 인하여 원고에게는 아무런 이익도 없이 오로지 위 피고에게 손해만 가하려는 것으로서 권리남용에 해당한다고 주장하나, 비록 이 사건 건물의 신축이 원고의 사전 대지사용승낙과 그 인도에 기한 것이라 하더라도 이는 피고 장동근으로 하여금 조속히 건물을 신축할 수 있도록 편의를 제공한 것일 뿐이어서 그것만으로는 원고가 이 사건 건물의 신축에 관하여 적극적인 동기나 원인을 제공하는 등 특별한 신뢰를 부여하였다고 볼 수는 없고, 또한 매수인의 위약으로 계약이 해제될 경우 건물을 철거하기로 하는 특약에 따라 원고가 위 피고의 잔금지체를 이유로 이 사건 계약을 해제하고 계약당사자인 위 피고를 상대로 이 사건 건물의 철거를 구하는 것이 오직 위 피고에게 손해를 줄 뿐 원고에게는 아무런 아무런 정당한 이익이 없는 권리행사라고 할 수는 없는 것이므로 위 피고의 주장은 역시 이유 없습니다.

나. 사용이익의 청구

1) 사용이익 반환

피고 장동근은 또한 위 매매계약의 해제에 따른 원상회복으로 이 사건 대지를 인도받아 점유·사용하기 시작한 2003.6.26.부터 원고에게 이를 인도할 때까지 이 사건 대지를 인도할 때까지 이 사건 대지를 사용함으로써 얻은 이익 매월 금 5,500,000원의 비율에 의한 금원을 반환할 의무가 있다 할 것입니다.

2) 계약해제 시 민법 제201조 제1항 적용 여부

이에 대하여 피고 장동근은 이 사건 계약상 특약에 따라 이 사건 대지를 정당하게 인도받았으므로 민법 제201조 제1항에 따른 선의의 점유자로서 이 사건 대지의 사용이익을 받을 권리가 있다고 주장하나, 그러나 계약해제로 인하여 금전을 반환할 때에는 그 받은 날로부터 이자를 지급하도록 한 민법 제548조 제2항의 취지에 비추어 볼 때 그 상대방이 지급받은 금전 이외의 물건을 반환할 때에도 그 받은 날로부터 이를 사용함으로써 얻은 이익을 부가하여 반환하는 것이 형평에 부합하여, 계약해제의 경우에는 민법 제201조 제1항이 적용되지 않는다고 봄이 타당하므로, 위 피고의 주장은 이유 없습니다.

3) 상계의 주장에 대하여

피고 장동근은, 원고로부터 이 사건 계약의 해제로 인하여 원고에게 이미 지급한 계약금과 중도금 합계 100,000,000원 및 그중 계약금 30,000,000원에 대하여는 2003.6.25.부터, 금 70,000,000원에 대하여는 2003.7.25.부터 각 다 갚는 날까지 연 6%의 비율에 의한 금원을 지급받을 권리가 있다고 주장하면서 원고의 피고에 대한 이 사건 대지의 사용이익 반환채권과 대등액에서 상계한다고 주장하나, 살피건대, 자동채권에만 동시이행의 항변권이 붙어 있는 경우에는 상계를 허용한다면 상계자 일방의 의사표시에 의하여 상대방의 항변권 행사의 기회를 상실하게 하는 결과가 되므로 이와 같은 상계는 그 성질상 허용될 수 없다고 할 것인바, 피고 장동근의 자동채권인 위 계약금과 중도금의 반환채권은 수동채권인 원고의 사용이익 반환채권 이외에도 이 사건 소유권이전등기말소, 이 사건 건물의 철거와 대지의 인도 청구권 등과도 모두 동시이행관계에 있으므로 위 피고의 위 상계는 허용될 수 없습니다.

다. 동시이행의 관계

그렇다면 피고 장동근은 원고로부터 위 계약금과 중도금 합계 100,000,000원 및 그중 계약금 30,000,000원에 대하여는 2003.6.25.부터, 금 70,000,000원에 대하여는 2003.7.25.부터 각 다 갚는 날까지 연 6%의 비율에 의한 금원을 지급받음과 동시에, 원고에게 이 사건 건물을 철거하고 이 사건 대지를 인도하며, 2003.6.26.부터 위 대지 인도완료일까지 월 금 5,500,000원의 비율에 의한 금원을 지급할 의무가 있습니다.

4. 피고 조승민에 대한 청구

가. 위와 같이 이 사건 매매계약이 적법하게 해제된 이상 이 사건 대지 위에 신축된 피고 장동근의 이 사건 건물을 점유하고 있는 피고 조승민은 이에서 퇴거할 의무가 있다 할 것입니다.

나. 이에 대하여 피고 조승민은, 위 매매계약 후 피고 장동근에게서 그가 이 사건 대지 위에 신축한 건물을 임차하여 2004.3.3. 임차권설정등기를 마침으로써 대항력을 취득하였으니, 원고는 그 뒤 위 계약의 해제로써 제3자인 피고 조승민의 위 임차권을 해칠 수 없으므로 피고 조승민은 원고의 위 퇴거청구에 응할 수 없다고 주장합니다만, 계약당사자 일방이 계약을 해제하여도 제3자의 권리를 침해할 수 없지만, 여기서 제3자는 계약의 목적물 자체에 관하여 권리를 취득하고 또 이를 가지고 계약당사자에게 대항할 수 있는 자를 말하므로, 대지를 매도하였다가 대금을 지급받지 못하여 계약을 해제한 경우에 있어 그 대지 위에 신축된 건물의 임차인은 그 계약해제로 권리를 침해당하지 않을 제3자에 해당하지 아니하므로 피고 조승민의 주장은 그 자체로도 이유 없습니다.

5. 피고 최철용에 대한 청구

가. 한편 피고 최철용은 2004.2.25. 피고 장동근으로부터 이 사건 건물을 매도하는 즉시 변제할 테니 이 사건 대지의 매매잔금지급에 사용할 돈을 대여해 달라는 부탁을 받고 이 사건 매매계약을 중개하였던 공인중개사 위 노재선으로부터 이 사건의 계약체결 경위와 내용을 확인한 후에 같은 날 피고 장동근에게 1억 원을 대여하였다가 이 사건 계약이 해제된 후인 2004.3.25. 위 노재선으로부터 위 장동근의 계약위반으로 2004.3.10. 이 사건 계약이 해제되었다는 사실을 듣게 되자, 자신의 대여금채권을 보전하기 위하여 이 사건 대지 및 건물에 대하여 서울중앙지방법원 2004카단5834호로 가압류를 신청하여 2004.3.28. 가압류결정이 내려지고 2004.3.30. 가압류기입등기가 마쳐진 상태입니다.

나. 그러나 이 사건 대지를 가압류한 피고 최철용은 원고가 이 사건 계약의 해제에 따라 원상회복으로서 피고 장동근 명의의 이 사건 소유권이전등기를 말소함에 있어서 등기상 이해관계 있는 제3자에 해당하고, 원고는 이 사건 계약의 해제 이후에 해제사실을 알면서 위 가압류를 마친 피고 최철용에게 이 사건 계약의 해제의 효력을 주장할 수 있으므로, 피고 최철용은 원고에게 이 사건 소유권이전등기의 말소등기에 대하여 승낙의 의사표시를 할 의무가 있습니다.

6. 결어

이상과 같은 이유로 원고는 청구취지와 같은 판결을 구하기 위하여 본 소를 제기하기에 이르렀습니다.

증 명 방 법

1. 갑 제1호증 부동산등기사항증명서
2. 갑 제2호증 매매계약서
3. 갑 제3호증 내용증명

첨 부 서 류

1. 증거설명서 및 위 증명방법 각 3통
2. 영수필확인서 1통
3. 토지대장등본 1통
4. 건축물대장 1통
5. 송달료납부서 1통
6. 서류작성 및 제출위임장 1통
7. 소장부본 2통

2008.9.28.

원고 배용중

서울중앙지방법원 귀중

목록

1. 서울 강남구 논현동 26-7 대 300㎡
2. 위 지상

시멘트 철근콘크리트조 슬래브지붕 2층 점포

1층 198㎡

2층 165㎡. 끝.

참고사항

▶ 건물철거 외에 건물보존등기 말소는 구하는 것이 아님(건물은 피고 장동근 소유의 것이고 그에 대한 장동근의 보존등기 자체는 말소사유가 없음 - 건물철거 승소 후 건물을 철거한 후 후일 멸실등기하게 될 것임). 가압류권자인 최철용에 대한 승낙의 의사표시도 대지에 대한 소유권이전등기말소 등가에 대하여만 구함.

▶ 최지실은 임대차계약 당사자도 아니고 점유보조자이므로 피고로 하지 않음.

▶ 부동산 매매계약에 있어서 매수인이 잔대금지급기일까지 그 대금을 지급하지 못하면 그 계약이 자동적으로 해제된다는 취지의 약정이 있더라도 특별한 사정이 없는 한 매수인의 잔대금지급의무와 매도인의 소유권이전등기의무는 동시이행의 관계에 있으므로 매도인이 잔대금지급기일에 소유권이전등기에 필요한 서류를 준비하여 매수인에게 알리는 등 이행의 제공을 하여 매수인으로 하여금 이행지체에 빠지게 하였을 때에 비로소 자동적으로 매매계약이 해제된다고 보아야 하고 매수인이 그 약정 기한을 도과하였더라도 이행지체에 빠진 것이 아니라면 대금 미지급으로 계약이 자동해제된 것으로 볼 수 없다.

▶ 가압류가 되어 있어도 이는 제3채무자에 대하여 채무자에게 지급을 금지하는 것에 그칠 뿐 채무자체를 면하게 하는 것이 아니므로, 이행기가 도래한 이상 제3채무자는 지체책임을 면할 수 없다. 그리고 가압류는 그 효력으로 채무자는 가압류된 채권을 처분할 수 없고, 제3채무자는 채권을 소멸 감소시키는 행위를 할 수 없으며, 그와 같은 행위로 채권자에게 대항할 수 없지만, 채권의 발생원인은 법률관계에 대한 채무자와 제3채무자 사이의 처분까지도 구속되는 것은 아니다. 따라서 이행지체를 이유로 해제할 수 있다.

▶ **채무의 일부 변제공탁 관련**

채무의 일부 변제공탁은 그 채무를 변제함에 있어서 일부의 제공이 유효한 제공이라고 시인할 수 있는 특별한 사정이 있는 경우를 제외하고는 채권자가 이를 수락하지 아니하는 한 유효한 변제공탁이라고 할 수 없다(대판 1992.7.28, 91다13380). - 위 사안의 실제 사례에서는, 원고가 해제의사표시하기 이전에 가압류된 금액을 제외한 나머지 금액을 전액 변제공탁하였으므로 원고의 해제권이 소멸하였다고 항변하는 내용에 대한 판결례까지 포함되어 있음. 이에 대한 판결이유를 옮기면, "위 변제공탁 당시 피고 장동근이 원고에게 잔금채무의 변제제공을 하였음에도 원고가 이를 수령하지 않는다거나 또는 원고가 미리 수령을 거절하였다는 점에 대한 주장·입증이 없는 이상 위 주장 사실만으로는 위 변제공탁이 유효한 공탁에 해당한다고 할 수 없을 뿐만 아니라, 채무내용에 좇은 이행으로서의 변제공탁은 채무 전액에 대한 공탁이 있어야 유효하고 채무 전액이 아닌 일부에 대한 공탁은 그 부족액이 아주 근소하다는 등의 사정이 있는 경우를 제외하고는 채권자가 이를 수락하지 않는 한 그 공탁부분에 관하여서도 채무소멸의 효과가 발생하지 아니하는 것인데, 가사 위 260,000,000원에 대한 변제공탁이 그 요건을 갖추었다고 하더라도 위 가압류된 금액 90,000,000원을 따로 공탁하였다는 점에 대한 주장・입증이 없는 이상 위 주장 사실만으로는 위 피고가 채무내용에 좇은 이행을 하였다고는 볼 수 없으니, 위 변제공탁이 유효함을 전제로 하여 원고의 해제권이 소멸하였다는 위 피고들의 항변은 어느모로 보나 이유 없다"고 함.

▶ 동시이행항변권과 상계

동시이행이 붙어 있는 경우에 상계를 허용한다면 상계자 일방의 의사표시에 의하여 상대방의 항변권 행사의 기회를 상실하게 하는 결과가 되므로, 자동채권에 동시이행항변권이 붙어 있는 경우 채권의 성질상 상계가 허용되지 않는다는 것이 통설・판례이나, 반대로 수동채권에 동시이행항변권이 붙어 있다면 그 채무자는 항변권을 포기하고 자기의 채권과 상계할 수 있다. 한편 자동채권과 수동채권이 서로 상대방의 채권에 대한 동시이행관계에 있는 경우 상계할 수 있다. 그러므로 이 사건의 경우, 원고는 수동채권인 계약금 등 반환채권에 붙어 있는 사용이익 반환채권 이외의 나머지 동시이행항변권을 포기하고 자동채권인 사용이익 반환채권으로 상계할 수 있다. 반면 피고 장동근은 자동채권인 계약금 등 반환채권에 수동채권인 사용이익 반환채권 외에도 이전등기 말소, 건물철거와 대지인도 등 다른 동시이행항변권이 붙어 있으므로, 존재효과설에 따라 스스로 동시이행관계에 있는 다른 반대채무들에 대한 이행의 제공을 계속하여 그 항변권을 소멸시키지 않는 한 적법하게 상계할 수 없다.

▶ 피고 장동근은 건축업자로서 상인이므로 이 사건 계약은 상행위로 추정되고 그 매매계약의 해제로 인한 위 계약금 및 중도금 반환의무도 상사채무라 할 것이므로 상사법정이율이 적용된다(대판 2003.10.23, 2001다75295 등 참조).

▶ 계약해제와 제3자

계약해제 시 계약은 소급하여 소멸하게 되어 해약당사자는 각 원상회복의 의무를 부담하게 되나 이 경우 계약해제로 인한 원상회복등기 등이 이루어지기 이전에 해약당사자와 양립되지 아니하는 법률관계를 가지게 되었고 계약해제 사실을 몰랐던 제3자에 대하여는 계약해제를 주장할 수 없고, 이 경우 제3자가 악의라는 사실의 주장・입증책임은 계약해제를 주장하는 자에게 있다(대판 2005.6.9, 2005다6341).

– 참고로 2007년도 자료에서는 가압류가 해제되기 전에 해제사실을 모르고 가압류한 자를 상대로 한 사례였으나, 2008년도 자료에서는 해제사실을 알고 나중에 가압류를 한 사례임.

☞ 사례연습 보충 – 매매계약 관련

【 공통되는 사실관계 】

◉ 원고는 2010.6.14. 피고 전대현에게 원고 소유인 이 사건 매매목적물(별지 제1, 2, 3항 부동산)을 대금 9억 원에 매도하는 매매계약을 체결하면서 그날 피고로부터 계약금 9,000만 원을 지급받았음.

◉ 그 후 원고는 피고 전대현으로부터 이 사건 매매목적물(별지 제1, 2, 3항 부동산) 중 3항 대지에 건물을 신축할 수 있도록 협조해달라는 부탁을 받고 이를 받아들여 위 피고에게 위 대지(제3항 부동산)에 관한 사용승낙서를 작성·교부한 다음 2010.7.14. 중도금 4억 원을 지급받으면서 피고 전대현에게 이 사건 매매목적물을 인도하고 위 매매를 원인으로 한 이 사건 각 소유권이전등기를 마쳐주었으며, 피고는 원고에게 잔금 4억 1,000만 원의 지급채무를 담보하기 위하여 이 사건 매매목적물에 관하여 채권최고액 5억 원의 근저당설정등기를 마쳐주었음. 위 잔금 4억 1,000만 원은 2011.1.14. 14:00 서울 서초구 서초동 345 공인중개사 손승탁 사무소에서 원고로부터 위 근저당설정등기의 말소등기에 필요한 제반서류를 교부받음과 동시에 상환으로 지급하고, 만약 위 피고가 위 잔금지급기일까지 잔금을 지급하지 못하면 계약이 자동으로 해제되는 것으로 약정하였으나 위 잔금지급기일에 잔금을 지급하지 아니하였음.

◉ 한편, 위 피고는 이 사건 매매목적물을 인도받은 즉시 그중 별지 제1, 2항 부동산은 현재까지도 자신이 이를 직접 점유·사용하고 있는 한편, 나대지였던 별지 제3항 토지 위에는 별지목록 제4항 기재 건물을 신축하여 이를 소유하고 있으며, 제3항 토지 전부가 제4항 건물의 소재 및 그 사용에 필요한 대지로 이용되고 있음.

◉ 그리고 이 사건 매매목적 부동산 중 위 제3항 대지에 관하여 2011.1.18. 채권최고액 3억 2천만 원, 채무자 피고 전대현, 근저당권자인 피고 송선영으로 하여 근저당권설정등기가 마쳐져 있음.

◉ 그 후 원고는 2011.1.22.경 위 피고로부터 2011.1.28. 10:00에 위 사무소에서 잔금을 지급하겠다는 연락을 받고, 위 일시에 위 근저당설정등기의 말소에 필요한 제반 서류를 지참하여 위 사무소에 갔으나, 위 피고는 소외 김시윤이 위 잔금채권 중 1억 5천만 원에 대하여 가압류결정을 받아 위 결정이 2011.1.26. 피고에게 송달된 점을 들어 위 가압류집행이 해제되기 전에는 잔금을 지급할 수 없다고 주장하면서 원고에게 잔금을 지급하지 아니하였음.

◉ 이에 원고와 피고 전대현은 잔금지급방법을 다시 협의한 끝에, 2011.2.28. 김시윤에 의하여 가압류된 잔금 1억 5천만 원은 법원에 공탁하고 나머지 잔금 2억 6천만 원은 2011.2.28. 14:00까지 위 사무소에서 지급하기로 하되 위 피고가 이를 이행하지 아니하면 원고가 이행의 최고 없이 계약을 해제할 수 있는 것으로 약정을 하였음.

◉ 원고는 2011.2.28. 위 근저당권설정등기의 말소에 필요한 제반서류를 위 사무소에 맡기면서 이러한 사실을 위 피고에게 고지하였으나, 피고가 2011.2.28. 14:00까지 원고에게 잔금을 지급하지 아니하자 원고가 2011.3.3. 위 피고에게 이 사건 매매계약을 해제한다는 내용의 통지를 하여 그 통지가 2011.3.4. 위 피고에게 도달하였음.

◉ 그런데 피고 전대현은 원고의 위 2011.3.3.자 해제의사표시 이전인 2011.3.2. 원고를 피공탁자로 하여 이 사건 잔금채권 중 김시윤에 의하여 가압류된 1억 5천만 원을 공제한 나머지 2억 6천만 원 전액을 변제공탁하였음.

◉ 한편, 피고 황기주는 2011.2.7. 피고 전대현에게 1억 원을 대여하였다가 이 사건 매매계약이 해제된 후인 2011.3.7. 공인중개사 손승탁으로부터 피고 전대현의 계약위반으로 2011.3.4. 이 사건 매매계약이 해제되었다는 사실을 듣게 되자 자신의 대여금채권을 보전하기 위하여 이 사건 매매목적물에 대하여 서울중앙지방법원 2011카단5834호로 가압류를 신청하여 2011.3.8. 가압류결정이 내려지고 2011.3.9. 각 가압류등기가 마쳐졌음.

◉ 위 분쟁에 대하여 원고는, 피고 전대현을 상대로 이 사건 별지목록 제1, 2, 3항 기재 각 부동산에 관하여 소유권이전등기말소절차를 이행하고, 별지목록 제4항 기재 건물을 철거하며, 별지목록 제1, 2, 3항 각 기재 부동산을 인도하고, 2010.7.14.부터 별지목록 제1, 2항 기재 각 부동산의 인도일까지는 월 250만 원의, 별지목록 제3항 기재 부동산의 인도완료일까지는 월 400만 원의 각 비율에 의한 금원을 지급하며, 피고 전대현, 송선영은 별지목록 제3항 기재 부동산에 관하여 서울동부지방법원 송파등기소 2011.1.18. 접수 제50312호로 마친 근저당권설정등기의 말소등기절차를 이행하라는 내용의 소송을 제기하였고, 피고 전대현은 원고를 상대로 4억 9천만 원 및 그중 9천만 원에 대하여는 2010.6.14.부터, 4억 원에 대하여는 2010.7.14.부터 각 다 갚는 날까지 연 12%의 비율로 계산한 돈을 지급하라는 내용의 예비적 반소를 제기한 상태임.

1. 문제

원고가, 원고와 피고 전대현 사이에 별지목록 제3항 기재 토지에 관하여 체결된 매매계약이 해제되었으므로, 그 원상회복의무의 이행으로서 피고 전대현은 원고에게 위 매매계약에 의한 소유권이전등기에 기초하여 피고 송선영 앞으로 마쳐 준 근저당권설정등기의 말소등기절차를 이행할 의무가 있다고 주장하는 경우 그 당부를 3~4줄 이내로 설명할 것

▶ 답안

근저당권설정등기의 말소등기절차의 이행을 구하는 소는 등기명의인인 근저당권자를 상대로 제기하여야 하고, 등기명의인이 아닌 사람은 피고적격이 없다 할 것이므로, 피고 전대현에 대한 근저당권설정등기의 말소청구부분은 부적법하다. (따라서, 위 사례에서 원고가 제기한 본소 중 피고 전대현, 송선영은 별지목록 제3항 기재 부동산에 관하여 서울동부지방법원 송파등기소 2011.1.18. 접수 제50312호로 마친 근저당권설정등기의 말소등기절차를 이행하라는 청구에서 피고 전대현에 대한 근저당말소청구 부분은 각하)

2. 문제(2011.1.14.자 계약해제 여부)

피고 전대현이 위 잔금지급기일까지 잔금을 지급하지 아니하였으므로, 이 사건 매매계약은 위 피고의 잔금지급의무와 동시이행관계에 있는 원고의 의무가 이행 또는 이행제공되었는지를 따질 필요 없이 자동해제 약정조항에 따라 해제되었다고 주장하는 경우 그 당부?

▶ 답안

쌍무계약인 매매계약에 있어서 매수인이 잔금지급기일까지 그 대금을 지급하지 못하면 계약이 자동 해제된다는 취지의 약정이 있더라도, 매수인이 미리 그 대금지급의무를 이행하지 아니할 의사를 표시하였거나 그 의무를 이행하지 아니할 것이 객관적으로 분명한 경우가 아닌 한, 매도인이 잔금지급기일에 동시이행관계에 있는 자기 채무를 이행제공하여 매수인으로 하여금 이행지체에 빠지게 하였을 때에 비로소 자동적으로 매매계약이 해제된다고 보아야 하고, 매수인이 그 약정 기한을 도과하였더라도 이행지체에 빠진 것이 아니라면 대금미지급으로 계약이 자동 해제된 것으로 볼 수 없으므로, 원고가 잔금지급기일인 2011.1.14.까지 피고 전대현에게 위 피고의 잔금지급의무와 동시이행관계에 있는 원고의 근저당권설정등기 말소등기의무를 이행하였다거나 그 이행을 제공하였다는 점에 관한 주장・입증이 없는 이상, 위 피고가 2011.1.14.까지 원고에게 위 매매잔금을 지급하지 않았다 하더라도 이로써 이 사건 매매계약이 자동 해제되었다고 볼 수는 없다 할 것이니, 원고의 주장은 이유 없다.

◈ 소결 – (2011.3.4.자 계약해제 인정)

(원고와 피고 전대현은 잔금지급방법을 다시 협의한 끝에, 2011.2.8. 김시윤에 의하여 가압류된 잔금 1억 5천만 원은 법원에 공탁하고 나머지 잔금 2억 6천만 원은 2011.2.28. 14:00까지 위 사무소에서 지급하기로 하되 위 피고가 이를 이행하지 아니하면 원고가 이행의 최고 없이 계약을 해제할 수 있는 것으로 약정을 하였는데),

피고 전대현은 다시 정하여진 잔금지급기일인 2011.2.28. 원고로부터 위 근저당권설정등기 말소등기의무의 이행을 제공받고서도 잔금을 지급하지 아니하여 잔금지급의무의 이행지체에 빠졌고 이로서 원고에게 이 사건 매매계약의 해제권이 발생하였으며, 이와 같이 일단 채무자의 이행지체로 인하여 채권자에게 계약해제권이 발생하면 그 이후로는 채권자는 특별한 사정이 없는 한 자기채무의 이행을 제공하지 아니한 상태에서도 그 해제권을 행사할 수 있는 것이므로, 원고가 2011.3.3. 피고 전대현에게 위 해제통지를 하기에 앞서 법무사에게 맡겨 두었던 위 근저당권말소등기에 필요한 서류를 회수하였는지 여부와 상관없이 이 사건 매매계약은 피고 전대현의 잔금지급지체를 이유로 한 원고의 2011.3.3.자 해제의 의사표시에 의하여 2011.3.4. 적법하게 해제되었다고 할 것이다.

위와 같은 2011.3.4.자 계약해제를 전제로 하여,

3. 문제

피고 전대현이 원고의 위 2011.3.3.자 해제의사표시 이전인 2011.3.2. 원고를 피공탁자로 하여 이 사건 잔금채권 중 김시윤에 의하여 가압류된 1억 5천만 원을 공제한 나머지 2억 6천만 원 전액을 변제공탁함으로써 원고의 해제권이 소멸하였다고 항변하는 경우 그 당부?

▶ 답안

채무내용에 좇은 이행으로서의 변제공탁은 채무 전액에 대한 공탁이 있어야 유효하고 채무 전액이 아닌 일부에 대한 공탁은 그 부족액이 아주 근소하다는 등의 사정이 있는 경우를 제외하고는 채권자가 이를 수락하지 않는 한 그 공탁부분에 관하여서도 채무소멸의 효과가 발생하지 아니하는 바, 채권의 가압류가 있더라도 제3채무자로서는 민법 제487조 또는 민사집행법 제291조, 제248조 제1항의 규정에 의하여 공탁을 함으로써 이중변제의 위험에서 벗어나고 이행지체의 책임도 면할 수 있는 길이 있으므로, 피고 전대현이 원고의 위 해제의사표시 이전에 위 가압류된 150,000,000원을 따로 공탁하였거나, 원고가 일부공탁인 위 260,000,000원의 변제공탁을 수락하였다는 점에 관한 주장・입증이 없는 이상 위 260,000,000원의 변제공탁 사실만으로는 위 피고가 채무내용에 좇은 이행을 하였다고 볼 수 없으니, 위 변제공탁이 유효함을 전제로 하여 원고의 해제권이 소멸하였다는 피고들의 위 항변도 이유 없다.

◈ 소결

1) 소유권이전등기 말소, 건물철거 및 부동산인도 청구

이 사건 매매계약이 앞에서 본 바와 같이 해제되었으므로, 특별한 사정이 없는 한 그 원상회복의무 이행으로서 피고 전대현은 원고에게 이 사건 각 소유권이전등기의 말소등기절차를 이행하고, 제4항 건물을 철거하며, 이 사건 매매목적물을 인도할 의무가 있다.

2) 사용이익의 반환

이 사건 매매계약이 앞에서 본 바와 같이 해제되었으므로, 특별한 사정이 없는 한 그 원상회복의무 이행으로서 피고 전대현은 원고에게 이 사건 매매목적물을 인도받아 점유・사용함으로써 얻은 이익을 반환할 의무가 있다.

나아가 피고 전대현이 반환하여야 할 사용이익의 범위와 액수에 관하여 보건대, 통상의 경우 부동산의 점유・사용으로 인한 이익액은 그 부동산의 차임 상당액이라 할 것인 바, 감정인 김정확의 감정결과와 변론의 전취지를 종합하면, 이 사건 매매목적물의 점유개시일인 2010.7.14.부터 이 사건 변론종결일에 가까운 2011.6.16. 현재까지 보증금 없는 경우 차임은 제1, 2항 부동산이 월 250만 원, 3항 대지가 월 400만 원인 사실을 인정할 수 있고, 그 이후의 차임도 같은 액수일 것으로 추인된다. 따라서 피고 전대현은 원고에게, 제1, 2항 부동산에 대한 사용이익 반환으로서는 위 2010.7.14.부터 위 각 부동산의 인도완료일까지 월 250만 원의, 제3항 대지에 대한 사용이익 반환으로서는 위 2010.7.14.부터 위 대지의 인도완료일까지 월 400만 원의 각 비율로 계산한 돈을 각 지급할 의무가 있다.

3) 동시이행관계

원고의 본소청구에 의한 피고 전대현의 위 각 소유권이전등기 말소등기절차 이행, 제4항 건물의 철거와 이 사건 매매목적물의 인도, 사용이익 반환의무와 위 피고의 반소청구에 의한 원고의 위 계약금과 중도금 및 그 각 이자의 반환의무는 모두 앞에서 인정한 매매계약 해제에 따른 원상회복 의무로서 서로 동시이행관계에 있다.

4. 문제

(상계항변과 예비적 반소 청구의 당부) 피고 전대현은, 원고로부터 이 사건 계약의 해제로 인하여 원고에게 이미 지급한 계약금과 중도금 합계 490,000,000원 및 그중 계약금 90,000,000원에 대하여는 그 지급일인 2010.6.24.부터, 중도금 400,000,000원에 대하여는 그 지급일인 2010.7.14.부터 각 다 갚는 날까지 소송촉진 등에 관한 특례법으로 정한 연 20%의 비율에 의한 이자 또는 지연손해금을 반환받을 권리가 있다고 주장하면서, 이 사건 2011.6.22.자 준비서면의 송달로써 위 채권으로 앞에서 인정한 원고의 위 피고에 대한 이 사건 대지의 사용이익 반환채권과 대등액에서 상계한다고 항변하고, 예비적으로 상계되고 남은 금액이 있거나 상계항변이 배척될 경우 반소로 그 지급을 구하는 경우 이에 대한 판단

▶ 답안 – 상계항변에 대한 판단

자동채권에만 동시이행의 항변권이 붙어 있는 경우에는 상계를 허용한다면 상계자 일방의 의사표시에 의하여 상대방의 항변권 행사의 기회를 상실하게 하는 결과가 되므로 이와 같은 상계는 그 성질상 허용될 수 없다고 할 것인 바, 피고 전대현의 자동채권인 위 계약금과 중도금의 반환채권은 수동채권인 원고의 사용이익 반환 채권 이외에도 이 사건 소유권이전등기말소, 제4항 건물의 철거와 이 사건 매매목적물의 인도청구권 등과도 모두 동시이행관계에 있으므로, 위 피고가 동시이행관계에 있는 자기 채무를 이행하였거나 그 이행을 제공하였다는 점에 대한 주장·입증이 없는 이상 위 상계는 허용될 수 없다.

▶ 답안 – 예비적 반소청구에 대한 판단

위 상계항변이 배척되는 이상, 나아가 피고 전대현의 예비적 반소청구에 관하여 살피건대, 위 피고 전대현이 원고에게 위 매매계약에 따라 2010.6.14. 계약금 90,000,000, 2010.7.14. 중도금 400,000,000원을 각 지급한 사실과 피고가 이 사건 매매계약 당시 건축업자인 사실과 그 후 위 매매계약이 해제된 점은 앞에서 본 바와 같고, 이 사건 매매계약은 상행위로 추정되므로, 특별한 사정이 없는 한 원고는 그 원상회복의무의 이행으로서 위 피고에게 위 합계 490,000,000원 및 그 중 계약금 90,000,000원에 대하여는 그 지급일인 2010.6.14.부터, 중도금 400,000,000원에 대하여는 그 지급일인 2010.7.14.부터 각 다 갚는 날까지 상법으로 정한 연 6%의 비율에 의한 이자를 반환할 의무가 있다.

※ **참고** : 이 사건과 같이 계약해제로 인한 원상회복의무의 이행으로 반환하는 금전에 가산되는 법정이자에는 금전채무불이행으로 인한 손해배상액 산정의 기준이 되는 법정이율에 관한 특칙인 소송촉진 등에 관한 특례법 제3조 제1항을 적용할 수 없고, 위 피고가 원고의 위 반환의무와 동시이행관계에 있는 자기채무를 이행하였거나 그 이행을 제공하였다는 점에 대한 아무런 주장·입증이 없는 이상 원고의 위 반환채무가 이행지체에 빠졌다고 할 수도 없으므로 위 연 6%의 비율에 의한 금원을 초과하여 지급을 구하는 부분은 이유 없다.

5. 문제(원고의 피고 송선영에 대한 청구에 대한 판단)

제3항 대지에 관하여 2011.1.18. 채권최고액 320,000,000원, 채무자 피고 전대현, 근저당권자 피고 송선영으로 하여 마쳐진 것과 관련하여,

(1) 이 사건 매매계약이 2011.1.14. 해제되었고 피고 송선영은 위 계약해제 이후에 그 해제사실을 알면서 위 근저당권설정등기를 마쳤으므로 피고 송선영은 원고에게 위 근저당권설정등기를 말소할 의무가 있다고 주장하는 경우 이에 대한 판단?

▶ 답안

> 이 사건 매매계약이 2011.3.4. 해제되었음은 앞에서 본 바와 같으므로, 피고 송선영이 해제 후에 근저당권설정등기를 마쳤음을 전제로 한 원고의 주장은 나머지 점에 관하여 더 살펴볼 필요 없이 이유 없다.

(2) 원고는 다음으로, 이 사건 매매계약이 위 근저당권설등기 이후에 해제되었다 하더라도 원고가 위 해제로 인하여 제3항 대지의 소유권을 소급적으로 회복하였으므로 피고 송선영은 원고에게 위 근저당권설정등기를 말소할 의무가 있다고 주장하는 경우 이에 대한 판단?

▶ 답안

> 부동산의 소유권을 취득하였다가 계약해제로 인하여 그 소유권을 상실하게 된 매수인과 사이에, 그 계약이 해제되기 전에 위 부동산에 관하여 근저당권을 설정하기로 하고 그설정등기까지 마친 근저당권자는 민법 제548조 제1항 단서의 제3자에 해당하여 계약의 해제에도 불구하고 자신의 근저당권을 새로운 소유자에게 대항할 수 있다 할 것인 바, 이 사건 매매계약이 위 근저당권설정등기 후에 해제된 이 사건에서 원고는 그 해제로써 그보다 먼저 근저당권을 취득한 피고 송선영의 권리를 해할 수 없으므로, 이 사건 매매계약해제의 소급효가 그 해제 전에 근저당권을 취득한 피고 송선영에게도 미치는 것을 전제로 한 원고의 주장은 이유 없다.

10. 사례 - 사법연수원 38기 실무자료(실제 시험시간에 작성하기에는 그 양이 많은 편이라 답안례만 수록하였으므로 그 내용을 참고만 할 것을 권함)

소 장

* 소가 부분은 생략

원 고 김일기 (651006-1130413)
서울 서초구 남부순환로 24(서초동)
전화번호 : 555 - 1234
전자우편 : kabnamkim@nanana.com

피 고 1. 정부동 (550707-1020304)
서울 성북구 돈안로 3길 24(돈암동)
2. 노애정 (510923-2324414)
서울 동작구 동일로 13길 45(대방동)

소유권이전등기말소 등 청구의 소

청 구 취 지

1. 원고에게, 별지목록 제1, 2항 기재 부동산에 관하여,
   가. 피고 노애정은 서울중앙지방법원 강남등기소 2005.2.25. 접수 제13066호로 마친 소유권이전등기의,
   나. 피고 정부동은 같은 등기소 2007.3.30. 접수 제27000호로 마친 소유권이전등기의 각 말소등기절차를 이행하라.
2. 피고 노애정은 원고에게 금 580,000,000원 및 그중 285,000,000원에 대하여는 2007.3.27.부터 이 사건 소장부본 송달일까지는 연 5%, 그 다음 날부터 다 갚는 날까지는 연 12%의, 65,000,000원에 대하여는 2003.4.1.부터 2007.8.7.까지 연 10%의, 그 다음 날부터 다 갚는 날까지 연 12%의, 230,000,000원에 대하여는 이 사건 소장부본 다음 날부터 다 갚는 날까지 연 12%의 각 비율로 계산한 돈을 지급하라.
3. 소송비용은 피고들이 부담한다.
4. 제2항은 가집행할 수 있다.

라는 판결을 구합니다.

청 구 원 인

1. 원고와 피고 노애정의 관계

가. 소외 김강산은 전처인 이순정과 사이에 원고를 포함한 2남 3녀의 자녀를 두었으나, 이순정이

1993.12.9. 사망하자 그때부터 별지 기재 2부동산(이하 "이 사건 제2부동산"이라고 합니다)에서 원고부부와 함께 생활하여오던 중, 원고의 처인 소외 최복순의 소개로 2003.2. 경 피고 노애정을 만나 동거하다가 2004.6.11. 혼인신고를 하였으며 당시 김강산은 72세이고 피고 노애정은 52세였습니다.

나. 김강산이 피고 노애정과 동거를 시작할 무렵 원고부부는 분가를 하여 이 사건 제2부동산에는 김강산과 노애정만이 거주하게 되었는데, 김강산은 2005.2.경 피고 노애정으로부터 자신이 남편인 김강산을 잘 부양할테니 김강산이 죽은 이후에도 노후를 걱정하지 아니한 채 살 수 있도록 배려하여 달라는 부탁을 받고, 향후 피고 노애정이 고령의 김강산을 그 사망에 이르기까지 제대로 부양하고 아내로서의 의무를 다하여 달라는 취지에서 당시 시가 금 4억 원 내지 5억 원 정도인 별지목록 제1, 2, 3항 기재 부동산(이하, 이 사건 제1, 2, 3 부동산이라고 합니다)을 피고 노애정에게 증여하고 서울중앙지방법원 강남등기소 2005.2.25. 접수 제13066호로 소유권이전등기를 마쳤습니다.

다. 그런데 피고 노애정은 이후 김강산을 잘 부양하였으나, 김강산이 2006.5.경부터 악성 흉선종양 등 폐질환을 앓다가 2006.10.22.부터 2006.11.15.까지 입원을 하면서 거동까지 불편하게 되자, 피고 노애정은 김강산에 대한 간호를 소홀히 하였고, 2006.11.28. 김강산이 또 다시 입원하여 치료를 받고 있음에도 2006.11.30. 전남편과 사이에 둔 아들을 만나러 미국으로 출국을 하였다가 2006.12.28. 입국을 하였습니다.

라. 이에 김강산이 피고 노애정에게 자신에 대한 간호와 가정에 충실하여 줄 것을 요청하였음에도 피고 노애정은 김강산에 대한 간호를 게을리하고 외박까지 하였는데, 김강산이 갑자기 병세가 악화되어 2007.2.20. 응급실로 실려 갔다가 그때부터 2007.2.28.까지 입원치료를 받고 있음에도 2007.2.23. 김강산 몰래 전 남편과 함께 미국으로 출국하여 함께 머물다가 2007.3.10. 귀국을 하였습니다.

마. 그 후 김강산은 피고 노애정이 병간호를 게을리하고 전남편과 함께 미국을 다녀온 문제 등으로 다투다가 2007.3.22. 협의이혼을 하였으며, 김강산은 2007.3.23. 피고 노애정에게 부양의무 불이행을 이유로 위 1, 2, 3 부동산에 관한 위 증여계약을 해제한다는 의사를 표시하고 그 의사표시가 2007.3.26. 노애정에게 도달하였습니다.

그렇다면, 김강산이 피고 노애정과 혼인한 지 8개월 남짓만에 김강산 자신이 거주하고 있기도 한 이 사건 1, 2, 3 부동산을 피고 노애정에게 증여한 것은, 피고 노애정이 배우자로서 또한 보호자로서 고령인 김강산의 여생 동안 외롭지 아니하게 잘 부양하는 등 그 의무를 제대로 이행하여 줄 것을 부담으로 한 부담부증여에 해당한다 할 것이고, 부담부증여는 민법 제561조에 의하여 쌍무계약에 관한 규정이 준용되므로 상대방이 부담의 내용인 의무를 이행하지 아니하는 경우에는 이미 그 증여계약이 이행되었는지 여하를 불문하고 증여자는 이를 해제할 수 있다고 할 것인 바, 피고 노애정은 위와 같이 위 김강산으로부터 가정에 충실하고 간호 등 부양을 제대로 하여 줄 것을 최고받았음에도 불구하고 간호를 게을리한 채 외박을 하거나 전 남편과 함께 외국을 다녀오는 등으로 위 증여의 부담이 되는 김강산에 대한 배우자 및 보호자로서 피고 노애정 자신이 부담하는 의무를 이행하지 아니하였고 이로 인하여 김강산과 협의이혼까지 하였으므로, 위 부담부증여계약은 김강산의 위 해제의 의사표시에 의하여 2007.3.26. 적법하게 해제되었다고 할 것입니다.

2. 피고들에 대한 소유권이전등기말소 청구

가. 그런데 피고 노애정은 2007.1.12. 피고 정부동에게 이 사건 제1, 2, 3부동산을 대금 6억 원에 매도하고, 2007.3.26. 앞에서 본 바와 같이 김강산으로부터 위 증여계약을 해제한다는 통고를 받고서 2007.3.28. 피고 정부동에게 이러한 내용을 알린 다음 2007.3.30. 이 사건 제1, 2부동산에 관하여 청구취지 제1의 나항 기재와 같이 피고 정부동 명의로 소유권이전등기를 마쳤습니다.

나. 한편 김강산은 2007.5.25. 공증인가 법무법인 야자수 작성 2007년 제142호 공정증서에 의하여 김강산의 모든 재산을 저 김일기에게 유증한다는 유언을 하고 2007.7.1. 사망을 하였습니다.

다. 그러므로 위와 같이 김강산과 피고 노애정 사이의 이 사건 1, 2부동산에 관한 증여계약이 2007.3.26. 해제된 이상 이 사건 제1, 2부동산의 소유권은 소급적으로 회복되었다 할 것이니, 김강산의 포괄수증자인 원고에게 위 증여계약 해제에 따른 원상회복으로서, 이 사건 1, 2부동산에 관하여, 피고 노애정은 그 명의의 소유권이전등기의, 위 계약해제 이후 악의의 제3자인 피고 정부동은 그 명의의 위 각 소유권이전등기의 각 말소등기절차를 이행할 의무가 있습니다.

3. 피고 노애정에 대한 가액배상 청구

이 사건 제3부동산에 관하여는 위 김강산과 피고 노애정 사이의 증여계약이 해제되기 전인 2007.1.12. 피고 노애정으로부터 이 사건 제3부동산을 매수하여 2007.3.13. 그 명의의 소유권이전등기를 하였는바, 김강산과 피고 노애정 사이의 위 증여계약이 해제된 이상 김강산은 이 사건 제3부동산의 소유권을 소급적으로 회복하였으므로, 피고 노애정은 김강산의 포괄수증자인 원고에게 계약해제에 따른 원상회복으로서 이 사건 제3부동산에 관한 피고 노애정 명의의 소유권이전등기를 말소할 의무가 있다 할 것이나, 피고 노애정이 그 계약해제 전에 이 사건 부동산을 매도하고 그 명의로 소유권이전등기를 마쳐줌으로써 피고 정부동은 계약해제 전에 위 증여계약으로부터 생긴 법률관계를 기초로 하여 새로운 권리를 취득한 제3자에 해당하여, 원고로서는 피고 정부동을 상대로 그 명의의 소유권이전등기말소를 구할 수 없게 되었다고 할 것이어서, 피고 노예정이 그 명의의 위 소유권이전등기의 말소등기절차를 이행할 의무는 위 증여계약의 해제와 동시에 이행불능이 되었다 할 것이므로, 피고 노예정은 김강산의 포괄수증자인 원고에게 그 원물반환에 갈음하여 위 이행불능 당시 이 사건 제3부동산의 시가액인 금 285,000,000원 및 이에 대하여 그 원물반환의무가 이행불능된 위 해제일 다음 날인 2007.3.27.부터 이 사건 소장부본 송달일까지는 연 5%, 그 다음 날부터 다 갚는 날까지는 소송촉진 특례법 등이 정한 연 12%의 각 비율로 계산한 지연손해금을 지급할 의무가 있다 할 것입니다.

4. 피고 노애정에 대한 대여금 청구

가. 한편 김강산은 피고 노애정에게 2003.4.1. 65,000,000원을 연 10%(매월 말일 지급) 변제기 2003.12.1.로 정하여 대여하였고, 2005.6.9. 200,000,000원을, 2006.6.1. 금 30,000,000원을 각 변제기의 정함이 없이 대여하였으며, 김강산은 2007.3.23. 피고 노애정에게 위 2005.6.9.자 및 2006.6.1. 자 각 대여금의 반환을 최고하는 통지를 하고 그 통지가 같은 달 26. 피고 노애정에게 도달되었습니다.

그러므로 피고 노애정은 앞에서 본 바와 같이 김강산의 포괄수증자인 원고에게 위 각 대여금 합계 295,000,000원(65,000,000원 + 200,000,000원 + 30,000,000원) 및 그중 차용금

6,500만 원에 대하여는 위 차용일인 2003.4.1.부터 이 사건 소장부본 송달일까지는 약정이율인 연 10%의 비율에 의한 이자 및 지연손해금을 그 다음 날부터 다 갚는 날까지는 소송촉진 등에 관한 특례법에 의한 연 12%의 비율에 의한 지연손해금을, 나머지 차용금 2억 3,000만 원에 대하여는 위와 같이 반환최고가 도달한 날(2007.3.26.)로부터 상당한 기간이 경과하여 그 변제기가 도래한 이후인 소장부본 송달 다음 날부터 다 갚는 날까지 위 특례법에 의한 연 12%의 비율로 계산한 지연손해금을 지급할 의무가 있습니다.

나. 이에 대하여 피고 노애정은, 2003.4.1.자 대여금 65,000,000원에 대한 그 대여일부터의 이자 또는 지연손해금채권은 3년의 소멸시효에 걸리므로 이에 해당하는 이자 또는 지연손해금채권은 시효로 소멸하였다고 다투고 있습니다.

그러나 이자채권의 소멸시효는 민법 제163조 제1호에 따라 3년이라 할 것이지만, 한편 부부 일방의 타방에 대한 권리는 혼인관계가 종료한 때로부터 6월 내에는 소멸시효가 완성하지 아니하는 바, 이자채권의 최초 변제기는 2003.4.30.이고 김강산과 피고 노애정은 위 이자채권의 최초 변제기로부터 기산하여도 3년이 경과되기 전인 2004.6.11. 혼인하여 2007.3.22. 협의이혼을 하였으므로, 2007.8.1. 현재 위 협의이혼일로부터 6월이 경과하지 아니하였음은 역수상 명백하므로 위 이자채권의 소멸시효는 그 동안 진행이 정지됨으로써 완성하지 아니하였다 할 것입니다.

또한 변제기 이후의 지연손해금은 본래 원본채권인 대여금채권의 그것과 같으므로 민법 제162조 제1항에 따라 10년이라 할 것인데, 위 대여금채권에 대한 변제기가 2003.12.31.이므로 이에 대한 피고 노애정의 소멸시효 주장도 이유 없다 할 것입니다.

5. 결론

이상과 같은 이유로 원고는 청구취지와 같은 판결을 구합니다.

증 명 방 법

1. 갑 제1호증의 1내지 2 (제적등본 등)
2. 갑 제2호증의 1내지 3 (부동산등기사항증명서)
3. 갑 제3호증의 1내지 2 (진료확인서 등)
4. 갑 제4호증의 1내지 3 (각 출입국에관한증명서 등)
5. 갑 제5호증의 1내지 2 (계약해제통지서 등)
6. 갑 제6호증의 1 내지 7 (고소장 등)
7. 갑 제7호증 (공정증서 정본)
8. 갑 제8호증의 1내지 4 (차용증, 피고 노애정명의 등)
9. 갑 제9호증 (감정평가서)

첨 부 서 류

1. 위 증명방법 각 3통
2. 영수필확인서 1통
3. 토지대장등본 1통
4. 송달료납부서 1통
5. 서류작성 및 제출위임장 1통
6. 소장부본 2통

2007.8.24.

원고 김일기 (인)

서울중앙지방법원 귀중

목록

1. 서울 강남구 세곡동 100 대 100㎡
2. 위 지상 벽돌조 기와지붕 단층주택 50㎡
3. 서울 강남구 세곡동 101 대 25㎡. 끝.

참고사항

▶ 김강산의 공동상속인들로는 장남 김일기 외에도 차남과 딸 셋이 더 있으나, 장남 김일기가 김강산의 전재산을 포괄유증받았고, 포괄수증인은 상속인과 같은 권리의무가 있으므로(민법 제1078조) 결국 김일기가 김강산의 전재산을 단독 상속한 것이 되어 차남과 딸들은 상속인으로서의 권리의무가 없다.

▶ 김강산이 이 사건 각 부동산에 대한 피고 노애정과의 증여계약을 해제하기 위해서는 그 증여가 민법 제561조의 부담부증여여야만 한다. 즉, 부담부증여에 관하여는 쌍무계약에 관한 규정이 적용되므로 피고 노애정이 부담불이행을 이유로 해제할 수 있게 되는 것이다. 피고 노애정 앞으로 이미 증여를 원인으로 한 소유권이전등기가 마쳐져 증여계약이 이행되어 버렸기

때문에, 민법 제555조(서면에 의하지 아니한 증여의 해제), 제556조 제1항 제2호(수증인이 증여자에 대한 부양의무를 이행하지 아니한 경우의 해제)에 의한 해제권을 행사할 수 없음에 주의하여야 한다(민법 제558조 참조). 부담부증여에 있어서 부담은 매매에서와 같은 대가성 있는 급부가 아니라 일종의 부관으로서 그 부담의 이행으로 인해 수증자의 재산을 감소시키는 역할을 하는 것인데, 그 부담이 있다고 하여도 부담부증여는 여전히 무상・편무계약일 뿐 유상・쌍무계약이 되는 것이 아니다. 그러나 부담이 대가적 관계에 있는 것과 유사하므로 민법도 쌍무계약에 관한 규정을 적용(준용)토록 한 것이다. 부담의 종류에는 제한이 없으며 부양의무도 무방하다.

▶ 부담부증여계약을 부담의 불이행을 이유로 해제하는 경우 이행의 최고가 필요한지 문제가 된다. 그 부담에 관하여 이행기의 정함이 있는 때에는 민법 제544조 본문에 의하여 이행의 최고를 요하나, 제544조 단서, 제545조, 제546조에 해당하는 경우 최고가 필요 없다. 이 사건에서 부담인 피고 노애정의 부양의무는 그 성질상 민법 제545조의 정기행위에 해당한다고 볼 여지가 많으나 반드시 그렇지만도 않다(대법원 69다1369 판결, 95다43358 판결의 사안에서는 최고를 하였다). 이 사건에서는 이미 이행의 최고 없이 이루어진 해제를 적법하게 하기 위한 근거로서 민법 제544조 단서, 제545조, 제546조에 해당하는 사실관계와 법조문을 기재하였다. 만약 원고가 이행의 최고가 필요하다고 판단하고 2006.3.23.자 해제통지서가 효력이 없다는 전제에서 이 사건 소장부본 송달로써 이행의 최고를 할 경우에는 다시 해제의 의사표시를 하여야 하는데, 그렇게 되면 피고 정부동의 소유권이전등기가 모두 그 해제 전에 이루어진 결과가 되어 원고는 원물인 이 사건 각 부동산을 모두 회복할 수 없는 결과가 초래된다.

▶ 채권행위에 이어 물권행위 및 부동산의 소유권이전등기가 이루어졌더라도 채권행위가 해제되는 경우, 물권행위의 독자성을 부인하고 유인설을 취하는 대법원 판례에 의하면, 해제자 앞으로의 소유권이전등기의 환원이 없어도 소유권은 해제와 동시에 해제자에게 복귀한다. 이 사건에서는 해제의 효력발생 당시 이 사건 각 부동산의 소유자는 김강산이었으므로 그 복귀자를 원고로 쓰면 안 된다.

▶ 위와 같이 계약이 해제되면 계약은 소급하여 효력을 잃고 계약 당사자는 각기 상대방에게 원상회복의무를 부담하나 제3자의 권리를 해할 수 없다(민법 제548조 제1항). 여기서 보호되는 제3자란 해제된 계약을 기초로 새로운 이해관계를 맺은 자로서 부동산의 경우 소유권이전등기를 마치는 등으로 해제자와 양립할 수 없는 관계에 있는 자여야 한다(대판 2002.9.27. 2001두5972, 대판 2002.10.11. 2002다33502, 대판 2003.1.24. 2000다22850, 대판 2005.1.14. 2003다33004 등). 이 사건의 경우 피고 정부동은 해제의 효력발생 전에 피고 노애정과 매매계약을 체결하여 이해관계인이 되었으나, 3.부동산에 대해서만 해제 전에 소유권이전등기를 마쳤으므로 그 부분에 있어서만 위 제3자로서 보호된다.

▶ 민법 제549조 제1항 단서에 의하면 계약이 해제되기 전에 이해관계를 맺은 3자에 한해 보호되나, 계약이 해제된 후라도 해제자 앞으로의 소유권이전등기가 환원되기 전이어서 그 해제사실을 모르고 이해관계를 맺고 등기를 마친 자 역시 보호되어야 하므로, 대법원은 이런 경우

에도 3자가 선의이면 보호한다. 이때 그가 악의라는 점은 해제자 쪽에서 주장・입증하여야 한다.

이 사건에서 피고 정부동은 계약의 해제 후 김강산 앞으로 소유권이전등기가 환원되기 전인 2007.3.30.에 1, 2.부동산에 관하여 그 명의의 소유권이전등기를 마쳤으나 그 당시 이미 해제사실을 알고 있었으므로 보호되지 못한다.

▶ 위와 같이 부담부증여계약의 해제에 의하여 소급적으로 피고 노애정이 부동산의 소유권을 상실하였으므로 피고 정부동의 1, 2부동산에 관한 소유권이전등기는 무권리자의 처분행위에 의한 것이 되어 원인무효가 된다. 따라서 김강산이나 그 상속인인 원고는 곧바로 피고 정부동을 상대로 소유권에 기한 방해배제청구 또는 진정명의회복청구로서 원고 앞으로의 소유권이전등기를 구할 수 있다. 이때 원고는 피고 정부동에 대한 진정명의회복을 원인으로 한 소유권이전등기청구 대신 피고 노애정과 피고 정부동에 대하여 각 그들 명의의 소유권이전등기의 말소청구 또는 피고 정부동에 대한 소유권이전등기의 말소청구 및 피고 노애정에 대한 소유권이전등기청구를 하는 것도 가능하다.

▶ 계약의 해제에 따른 민법 제548조 제1항의 원상회복의무는 원물반환이 원칙이나, 원물이 멸실 등으로 반환할 수 없게 되었을 때에는 예외적으로 그 가액을 반환하여야 한다. 이때 그 가액 산정의 기준시기는 이행불능의 원인 발생 당시이다(위 대법원 96다57913 판결-해제 후에 이행불능이 된 사안, 94다7942, 7959 판결-해제 전에 이행불능이 된 사안). 다만, 이 사건에서와 같이 이행불능의 원인이 해제 전에 이미 발생할 경우, 해제 전이어서 원상회복의무가 아직 발생하기도 전에 이행불능이 먼저 발생할 수는 없다는 논리에서 원상회복의무가 발생하는 때인 해제의 효력발생일에 이행불능이 되고 그 시점의 가액을 반환하여야 한다고 보는 견해도 있다(대판 1975.1.28, 74다458 참조).

▶ 노애정은 차용금 6,500만 원에 대하여 2003.4.1.부터 약정변제기인 2003.12.31.까지는 연 18%의 비율에 의한 이자, 그 다음 날인 2004.1.1.부터 소장부본 송달일까지는 민법 제397조 제1항에 의하여 연 18%의 비율에 의한 지연손해금을 지급할 의무가 있다. 한편, 위 이자채무는 1년 이내의 정기지급채무로서 민법 제163조 제1호에 의해 그 소멸시효기간이 3년으로 이 사건 소 제기 전에 이미 3년이 도과하였으나, 민법 제180조 제2항에 의해 김강산과 노애정이 부부가 된 2004.6.11.부터 그 시효진행이 정지되었다가 혼인이 종료한 때(2007.3.22.)로부터 6월이 지난 때부터 잔여시효기간이 진행하므로 아직 그 시효가 완성되지 않았다. 이 사건에서 만약 노애정이 소멸시효 항변을 할 경우 원고는 시효정지의 재항변을 하면 된다.

11. 사례 – 사법연수원 자료

다음은 손응민[서울특별시 서울특별시 송파구 오금로 180(송파동), 580301-1230038, 전화번호 : 02-525-4678, 전자우편 : kgu@gdskk.com]이 법무사 사무실에 찾아와 소장 작성을 의뢰하며 진술한 내용이다.

〈 다음 〉

◎ 손응민은 2007.5.10. 강삼영[611003-1234223, 서울특별시 서초구 서래로3길 22(반포동)]으로부터 3억 원을 이자 월 1%, 변제기 2008.4.9.로 정하여 차용하였음.

◎ 그 후 손응민은 2007.8.경 우연한 기회에 밀수입업자를 알게 되어 그와 함께 금괴를 밀수할 기회가 생겼는데, 마침 이전에 빌렸던 2007.5.10.자 차용금의 이자를 지급하러 강삼영을 찾아간 자리에서 "금 값이 많이 오를 것으로 예상하는데 마침 금괴를 밀수할 수 있는 방법이 있으나 돈이 부족하다"라는 말을 하자 강삼영은 그런 방법이 있으면 자신도 함께 금괴를 구입하고 싶다는 말을 하였음. 그 후 손응민은 강삼영에게 금괴를 밀수했다가 그 자리에서 되팔아도 곱절의 이득을 볼 수 있는 상황이므로 시중보다 높은 월 1.5%의 이자를 주고 2개월 뒤에는 꼭 갚겠으니 5,000만 원만 빌려 달라고 여러 차례 요청하였음.
이와 같은 요청을 받은 강삼영은 2007.9.10. 아침에 손응민에게 전화하여 집으로 사람을 보내면 돈을 빌려주겠다고 하였고, 이에 손응민은 채기수를 강삼영에게 보내서 5,000만 원을 이자 월 3%, 변제기 2007.11.9.로 정하여 빌려왔음. 당시 강삼영은 손응민을 대리하여 찾아간 채기수에게 "밀수업자에게 가는 돈이어서 수표로 준비하면 탈이 날 수 있으므로 현금으로 그것도 헌 돈으로 준비하였다"고 말한 바도 있음. 그 후 손응민은 위 차용금 5,000만 원을 당초 목적대로 밀수업자에게 건네주었으나 그 자가 밀수과정에서 체포되는 바람에 돈만 날리고 실제로 금괴를 밀수하지는 못하였음.

◎ 한편 위와 같이 두 차례에 걸친 차용원리금채무를 담보하기 위하여 손응민은 강삼영에게 손응민 소유의 부동산(이하 "각 부동산")에 서울동부지방법원 강동등기소 2007.9.12. 접수 제23432호로 채권최고액 4억 5,000만 원, 채무자 손응민, 근저당권자 강삼영으로 하는 근저당권설정등기를 하여주었음.

◎ 그런데 2007.5.10.자 차용금은, 손응민은 2007.11.9까지 매월 이자를 지급하였고, 2008.7.9.에는 채무변제 명목으로 2억 원을 송금하였음.

◎ 한편 2007.9.7.자 차용금은, 손응민은 2007.11.9.까지의 이자를 지급한 적은 있으나, 금괴 밀수자금으로 사용할 목적으로 차용한 경우로서 그 소비대차계약이 사회질서에 반하여 무효이므로 이를 변제하지 않았음.

◎ 강삼영은 손응민이 2007.11.10. 이후의 이자 등을 지급하지 않았고, 그 후 손응민이 우여곡절 끝에 2008.7.9. 송금하여준 2억 원은 두 차례에 걸친 위 대여원리금을 모두 변제하기에는 턱 없이 부족한 금액이었고, 2007.9.10.자 차용금은 사회질서에 반하여 무효이므로 변제의무가 없다면 그 대여

금채무와 2007.5.10.자 대여금채무의 담보를 위하여 체결한 근저당설정계약 역시 사회질서에 반하는 법률행위로서 민법 제746조의 불법원인 급여에 해당하고, 그에 따라 강삼영이 이 사건 위 근저당권설정등기를 경료하여 준 것 역시 불법원인급여라 할 것이므로 민법 제746조에 따라 그 반환에 해당하는 위 등기의 말소를 구할 수 없는 것이라고 주장하면서 근저당권설정등기를 말소해주지 않고 있음.

◎ 한편 손응민은 2010.3.15. 박시진[620405-2123321, 서울특별시 강남구 도곡로 123(역삼동)]에게 위 부동산을 6억 원에 매도하는 매매계약을 체결하고, 같은 날 계약금으로 6,000만 원을 지급받으면서, 중도금 2억 4,000만 원은 2010.4.10.에, 잔금 3억 원은 2010.5.10.에 각 지급받기로 하고, 중도금 및 잔금 연체 시에는 월 2%의 지연손해금을 가산하여 지급받기로 약정하였음.

◎ 그런데 박시진은 그 후 위 약정에 따라 계약금 및 중도금만 지급한 채 잔금지급기일에 이르러 갑자기 아래와 같은 사실을 주장하면서 지금까지 잔금의 지급을 거절하고 있음.

〈 아래 〉

1) 박시진은 2004.2.11. 평소 친분관계가 있던 김진구가 한식당을 운영하는데 자금이 모자란다고 하길래 김진구에게 6,000만 원을 이자 월 2%, 변제기 2005.2.10.로 정하여 대여하였는데, 김진구의 친구인 손응민이 같은 날 박시진과 사이에 김진구의 위 차용원리금채무를 연대보증한다는 약정을 하였음. 그런데 김진구가 변제기인 2005.2.10.까지의 이자만을 지급하였을 뿐, 현재까지 원금은 물론 위 변제기 다음 날부터의 지연손해금을 전혀 지급하지 않아 손응민은 연대보증인으로서 박시진에게 위 차용금 및 지연손해금을 변제할 의무가 있으므로 박시진은 손응민에 대한 위 연대보증원리금채권을 자동채권으로 하여 손응민의 위 잔금채권과 상계를 주장하면서 손응민에게 2011.6.10. 상계의사표시를 하여 왔음.

그러나 김진구가 박시진으로부터 6,000만 원을 차용한 것은 자신이 운영하는 식당의 운영자금을 조달하기 위한 것이므로 5년의 상사소멸시효가 적용되는데, 박시진이 상계할 수 있었을 때에는 이미 위 차용금채무가 변제기로부터 5년이 도과되어 시효소멸하였고, 부종성에 따라 원고의 연대보증 채무도 소멸한 것으로 알고 있는데, 이에 대해 박시진은 소멸시효 만료전인 2009.11.10. 김진구에 대한 대여금채권을 청구채권으로 하여 김진구 소유의 서울 강남구 율현동 234 답 1,035㎡에 관하여 서울중앙지방법원 2009카합33541호로 가압류신청을 하여 같은 날 결정을 받아 집행까지 하였으므로 김진구의 차용금채무가 소멸시효가 중단되었다고 하면서, 이에 따라 연대보증인인 손응민의 채무도 소멸하지 않았다고 주장하고 있음.

2) 또한 박시진은 아직까지 손응민으로부터 매수한 각 부동산에 관한 소유권이전등기를 경료받지도, 인도받지도 못하였을 뿐 아니라, 위 각 부동산에 관하여는 강삼영 명의의 근저당권설정등기가 말소되지 않은 채로 남아있으므로 박시진은 위 근저당권설정등기의 말소, 위 각 부동산의 소유권이전등기절차의 이행 위 각 부동산의 인도와 상환으로써만 남은 매매대금을 지급할 의무가 있다고 주장하고 있음. 그러나 손응민이 위 각 부동산에 대하여 소유권이전등기를 경료해주거나 인도하지 않고

있는 것은 박시진이 잔금을 지급하지 않고 있기 때문이며, 박시진이 미지급 대금을 지급해준다면 손응민은 지금이라도 소유권이전등기를 경료해주고 이 사건 각 부동산을 인도하여줄 의향이 있음.

**** 각 부동산 ****

1. 서울 강동구 강일동 1231 대 100㎡
2. 위 지상
   철근콘크리트조 슬래브지붕 1층 주택 100㎡

▶ 위 1토지의 공시지가는 1㎡당 금 1,000,000원이며, 시가는 1,500,000원이다.
▶ 위 2건물의 지방세시가표준액은 1억 원이고, 시가는 1억 5천만 원이다.

의뢰인의 위 진술 내용을 진실한 것으로 보고, 2014.9.27.자로 승소가능성이 있는 내용으로 가장 적절한 내용의 소장을 작성하되, 상대방의 주장을 염두에 두고 이를 반박하는 내용도 포함하여 작성하시오. 의뢰인으로서는 법률상 정당한 채무가 남아있다면 이를 변제하고 근저당의 말소를 구하고 싶어함. 소장에는 당사자, 청구취지, 청구원인을 갖추어 기재하고, 청구원인은 요건사실 위주로 기재하되 그 밖에 자연적 사실관계를 불필요하고 장황하게 기재하지 말며, 날인은 ㉤으로 표시하시오. 또한 소장의 오른쪽 윗부분에 소가와 첩부인지대 및 송달료를 기재하시오(소가와 인지를 계산한 내역도 기재할 것).

» 답안례

소 장

*** 소 가 252,200,000원(50,000,000원 + 202,200,000원)
내역) 1. 근저당 말소
토지 100×1,000,000원×50/100 = 50,000,000원
건물 1억 원×50/100 = 50,000,000원
2. 매매대금 청구
202,200,000원
*** 인지대 1,063,800원
내역) 252,200,000원×40/10,000원 + 55,000원

원 고 손응민 (580301 - 1230038)
서울 송파구 오금로 180(송파동)
전화번호 : 02-525-4678 전자우편 : kgu@gdskk.com

피 고 1. 강삼영 (611003-1234223)
서울 서초구 서래로3길 22(반포동)
2. 박시진 (620405-2123321)
서울 강남구 도곡로 123(역삼동)

근저당권말소 등 청구의 소

청 구 취 지

1. 피고 강삼영은 원고로부터 124,000,000원 및 이에 대한 2008.7.10.부터 다 갚는 날까지 월 1%의 비율에 의한 금원을 지급받은 다음 원고에게 별지목록 기재 각 부동산에 관하여 서울동부지방법원 강동등기소 2007.9.12. 접수 제23432호로 마친 근저당권설정등기의 말소등기절차를 이행하라.
2. 피고 박시진은 원고로부터 별지목록 기재 각 부동산에 관하여 2010.5.13. 매매를 원인으로 한 소유권이전등기절차 이행, 위 각 부동산의 인도 및 제1항 기재 각 근저당권설정등기의 말소를 받음과 동시에 원고에게 202,200,000원을 지급하라.
3. 소송비용은 피고들이 부담한다.
4. 제2항은 가집행할 수 있다.

라는 판결을 구합니다.

청 구 원 인

1. 피고 강삼영에 대한 청구

가. 원고는 피고 강삼영으로부터 2007.5.10. 300,000,000원을 이자 월 1%, 변제기 2008.4.9.로 정하여(이하 "제1차 차용"이라 합니다)하고, 2007.9.10. 50,000,000원을 이자 월 1.5%, 변제기 2007.11.9.로 정하여 차용(이하 "제2차 차용")을 한 바 있고, 위 2차 차용 당시 제1, 2차 차용금채무를 담보하기 위하여 피고 강삼영과 사이에 이 사건 부동산에 관하여 채권최고액을 450,000,000원으로 하는 근저당권서정계약(이하 "이 사건 근저당권설정계약"이라고 합니다)을 체결하고, 피고 강삼영에게 이 사건 각 근저당권설정등기를 마쳐준 바 있습니다.

나. 그러나 제2차 차용은 원고가 밀수자금으로 사용하기 의하여 피고 강삼영으로부터 위 금원을 차용하였고, 그 당시 피고 강삼영이 그러한 사실을 알고 있었으므로 제2차 차용은 그 동기가 불법이며 상대방도 이를 알았던 경우로서, 선량한 풍속 기타 사회질서에 반하는 법률행위에 해당하여 무효이므로 이 사건 각 근저당권의 피담보채무 중 제2차 차용금채무는 존재하지 않습니다. 이에 대하여 피고 강삼영은, 제2차 차용이 사회질서에 반하는 법률행위로서 무효라면 그 차용금채무를 담보하기 위한 이 사건 각 근저당권설정계약도 사회질서에 반하는 법률행위로서 민법 제746조의 불법원인에 해당하고 그에 따른 이 사건 근저당권설정등기는 불법원인급여에 해당한다 할 것이므로 원고로서는 그 말소를 청구할 수 없다고 항변하고 있습니다. 그러나 민법 제746조에서 불법원인으로 인하여 급여함으로써 그 반환을 청구하지 못하는 이익은 종국적인 것을 말하는데, 밀수입품 취득자금으로 금전을 차용하면서 그 채무담보를 위하여 근저당권을 설정하여 준 경우와 같이 그 급여의 수령자가 그 이익을 향수하려면 경매신청을 하는 등 별도의

조치를 취하여야 하는 경우에는 그 급여로 인한 이익이 종국적인 것이 아니므로, 피고 강삼영의 위 항변은 이유 없습니다.

다. 그리고 2007.5.10.자 차용금에 대해서는 원고가 피고 강삼영에게 2007.11.9.까지의 이자를 지급하였고, 2008.7.9.에는 채무변제 명목으로 2억 원을 지급하였습니다. 그러므로 위 변제금은 민법 제479조 제1항이 정한 순서에 따라 원고의 피고 강삼영에 대한 유일한 채무인 제1차 차용금에 대한 이자의 최종지급일 다음 날인 2007.11.10.부터 위 변제금 지급일인 2008.7.9.까지 월 1%의 약정이율에 의한 이자 및 지연손해금 24,000,000원(= 300,000,000원×1%×8개월)에 먼저 충당되고, 그 나머지 176,000,000원(= 200,000,000원 - 24,000,000원)이 원본에 충당되어 제1차 차용금채무는 위 범위 내에서 소멸하였습니다. 결국, 제1차 차용금채무는 위와 같이 변제충당되고 남은 124,000,000원(= 300,000,000원 - 176,000,000원) 및 이에 대한 위 변제금 지급일 다음 날인 2008.7.10. 이후의 지연손해금이 남게 되었습니다.

라. 그런데 피고 강삼영이 잔존채무의 범위에 대하여 다투고 있는 이상 원고로서는 근저당권설정등기의 말소를 미리 청구할 필요도 있다고 할 것이므로, 피고 강삼영은 원고로부터 제1차 차용금의 원본 잔액 124,000,000원 및 그 지연손해금을 지급받은 다음 원고에게 이 사건 각 근저당권설정등기의 말소등기절차를 이행할 의무가 있습니다.

2. 피고 박시진에 대한 청구

가. 원고는 2010.3.15. 피고 박시진에게 이 사건 각 부동산을 대금 600,000,000원에 매도하면서, 계약금 60,000,000원은 계약 당일에, 중도금 240,000,000원은 2010.4.10.에, 잔금 300,000,000원은 2010.5.10.에 각 지급받기로 하고, 중도금 및 잔금 연체 시에는 월 2%의 지연손해금을 가산하여 지급받기로 약정하였습니다.

나. 그런데 피고 박시진은 그 후 위 약정에 따라 계약금 및 중도금만 지급한 채, 자신이 2004.2.11. 소외 김진구에게 6,000만 원을 이자 월 1%, 변제기 2005.2.10.로 정하여 대여한 바 있고, 원고가 같은 날 위 김진구의 위 차용원리금채무를 연대보증한 바 있는데, 그 후 위 김진구는 변제기인 2005.2.10.까지의 이자만을 지급하자, 피고 박시진은 자신이 원고로부터 지급받을 위 연대보증금 및 이에 대한 2005.2.11. 이후의 지연손해금과 원고의 위 잔금채권과의 상계를 주장하면서 원고에게 2011.6.10. 상계의사표시를 하였습니다. 그리고 원고의 위 잔금채권의 변제기가 2010.5.10.이므로, 결국 원고의 위 잔금채권과 피고 박시진의 위 연대보증금채권은 2010.5.10. 변제기가 모두 도래하여 상계적상에 있다 할 것이며, 따라서 원고의 위 잔금채권은 위 상계적상일인 2010.5.10.에 소급하여 피고 박시진의 연대보증채권 원본 60,000,000원 및 이에 대한 2005.2.11.부터 2010.5.10.까지의 지연손해금 37,800,000원(= 60,000,000원×1%×63개월)의 합계 97,800,000원(= 60,000,000원 + 37,800,000원)과 대등액의 범위 내에서 소멸되어 결국 원고의 위 잔금채권은 202,200,000원(= 300,000,000원 - 97,800,000원)이 남습니다.

다. 그러므로 피고 박시진은 원고로부터 별지목록 기재 각 부동산에 관하여 2010.5.13. 매매를 원인으로 한 소유권이전등기절차 이행, 이 사건 각 부동산의 인도 및 이 사건 각 근저당권설정등기의 말소를 받음과 동시에 원고에게 202,200,000원을 지급할 의무가 있습니다.

3. 결어

이상과 같은 이유로 원고는 청구취지와 같은 판결을 구하기 위하여 본 소를 제기하기에 이르렀습니다.

증 명 방 법

1. 갑 제1호증의1, 2	부동산등기사항증명서
2. 갑 제2호증	무통장입금증
3. 갑 제3호증	매매계약서
4. 갑 제4호증	부동산등기사항증명서

첨 부 서 류

1. 증거설명서 및 위 증명방법	각 3통
2. 영수필확인서	1통
3. 토지대장등본	1통
4. 건축물대장	1통
5. 송달료납부서	1통
6. 서류작성 및 제출위임장	1통
7. 소장부본	2통

2012.9.22.

원고 김일구 (인)

서울중앙지방법원 귀중

목록

1. 서울 강동구 강일동 1231 대 100㎡
2. 위 지상
   철근콘크리트조 슬래브지붕 1층 주택 100㎡. 끝.

***** 기타 1)**

김진구가 박시진으로부터 6,000만 원을 차용한 것은 자신이 운영하는 식당의 운영자금을 조달하기 위한 것이므로 5년의 상사소멸시효가 적용되는데, 박시진이 상계할 수 있었을 때에는 이미 위 차용금 채무가 변제기로부터 5년이 도과되어 시효소멸하였고, 부종성에 따라 원고의 연대보증채무도 소멸하는 것이 원칙이지만, 이에 대해 박시진이 소멸시효 만료 전인 2009.11.10. 주채무자인 김진구에 대한 대여금채권을 청구채권으로 하여 김진구 소유의 서울 강남구 율현동 234 답 1,035㎡에 관하여 서울중앙지방법원 2009카합33541호로 가압류신청을 하여 같은 날 결정을 받아 집행까지 하여 주채무자인 김진구의 차용금채무가 소멸시효가 중단되었으므로, 연대보증인인 원고의 채무도 소멸하지 않음.

***** 기타 2)**

원고는 위 잔대금에 대하여 그 지급기일의 다음 날인 2007.3.28.부터 다 갚는 날까지 월 2%의 비율에 의한 약정 지연손해금의 지급을 청구할 수 없는지?

> … 피고 박시진의 위 잔대금지급의무가 원고의 이 사건 각 부동산에 관한 소유권이전등기절차 이행의무, 그 각 인도의무, 이 사건 각 근저당권설정등기의 말소의무와 동시이행관계에 있고, 매수인은 목적물의 인도를 받은 날로부터 매매대금에 대한 이자를 지급할 의무가 발생하므로, 피고 박시진으로서는 원고로부터 위 각 등기의 이전 및 말소를 받거나 그 이행의 제공을 받음과 아울러 이 사건 각 부동산의 인도를 받은 후에야 비로소 잔대금지급채무의 이행지체로 인한 지연손해금을 지급할 의무가 있다 할 것인데, 원고가 위 각 이전의무 및 말소의무를 이행 또는 이행제공하고 이 사건 각 부동산을 인도하였다는 점에 대한 주장·입증이 없으므로, 원고의 위 지연 손해금 청구는 이유 없다.

***** 기타 3)**

피고 박시진은 원고에게 반소로 근저당 말소를 구할 수 있는지?

> … 근저당권설정등기의 말소등기절차의 이행을 구하는 소는 등기명의자인 근저당권자를 상대로 제기하여야 하고, 등기명의자가 아닌 자는 그 소의 피고 적격이 없으므로, 피고 박시진이 원고에 대하여 근저당말소의 반소를 구하면 그 부분은 부적법 각하된다.

12. 사례 - 제14회(2008년) 기출문제

김갑동[주민등록번호 : 530303-1234567, 주소 : 서울특별시 강남구 봉은사로 61길 45(논현동), 전화번호 : 555-7890, 전자우편 : kkd0303@nanana.net]은 법무사 사무실에 찾아와서 다음과 같이 분쟁 내용을 설명하면서 소장 작성을 의뢰하였다.

〈 다음 〉

○ 김갑동은 2000.10.경 고교 동창인 이을남[주민등록번호:530505-1456789, 주소:서울시 동작구 동일로 13길 24(대방동)]으로부터 서울 강동구에서 운영하고 있는 사진관의 운영자금에 급히 필요하다면서 돈을 대여해 줄 것을 부탁받았다. 김갑동은 전에 몇 차례 이을남의 신세를 졌던 일도 있어서 그를 도와주고 싶었으나 김갑동도 여유자금이 없었기 때문에 고등학교 후배로서 서울 강남구에서 일식집을 운영하고 있는 정병진[주민등록번호:580624-1936425, 주소:서울시 강남구 도곡로 123(역삼동)]에게 이을남을 소개해주었다.

○ 이에 정병진은 2000.10.15. 이을남에게 사진관의 운영자금 명목으로 5,000만 원을 이자 월 1.5%(매월 14일 지급), 변제기 2001.10.14.로 정하여 대여하였고, 같은 날 김갑동은 이을남의 위 차용원리금채무를 연대보증하였다. 이을남은 정병진에게 위 변제기까지의 이자를 제때에 지급하였다.

○ 이와 별도로 김갑동은 2005.6.1. 김갑동 자신의 노래방 개업자금을 마련하기 위하여 정병진으로부터 1억 원을 이자 월 1.5%(매월 말일 지급), 변제기 2006.5.31.로 정하여 차용하였고, 위 차용 당시 김갑동은 정병진의 요구에 따라 위 2000.10.15.자 연대보증금채무 및 위 차용금채무를 담보하기 위하여 정병진과 사이에 별지 부동산에 관하여 근저당권설정계약을 체결하고, 다음 날 채권최고액 2억 원, 채무자 김갑동, 근저당권자 정병진으로 한 근저당권설정등기를 마쳐주었다(서울중앙지방법원 2005.6.2. 접수 제70398호). 김갑동은 정병진에게 위 변제기까지의 이자를 제때에 지급하였고, 2007.3.31.에는 정병진에게 4,000만 원을 송금해주었다.

○ 최근 김갑동은 정병진에게 위 2005.6.1.자 차용원리금을 정산하여 남은 금액을 지급할테니 근저당권설정등기를 말소해달라고 요구했는데, 정병진은 위 2000.10.15.자 대여금채무의 변제기로부터 시일이 많이 지나기는 했으나, 김갑동이 2005.6.2. 그 연대보증금채무를 담보하기 위하여 근저당권을 설정해주었고 이는 채무를 승인한 것으로서 이로 인해 소멸시효가 중단되었으므로, 김갑동으로부터 위 연대보증금채무까지 변제받기 전에는 근저당권설정등기를 말소해줄 수 없다고 거부하고 있다.

○ 한편, 김갑동은 2006.3.경 이을남으로부터 한 번만 더 도와달라는 간곡한 부탁을 받고 2006.3.19. 이을남에게 3,000만 원을 이자 월 1.5%(매월 18일 지급), 변제기는 2007.3.18.로 정하여 대여하였다. 이을남은 위 대여원리금을 한 푼도 변제하지 않았다.

○ 최근 김갑동이 이을남에게 위 대여원리금의 지급을 구했더니 이을남은, 최정해가 김갑동에 대한 3,000만 원의 채권을 피보전채권으로 하여 위 대여금채권 중 원금 3,000만 원에 대해 채권가압류결정을 받아 그 가압류결정이 2007.1.18. 이을남에게 송달되었으므로 위 대여원리금을 김갑동에게

지급할 수 없다고 거부하고 있다. 김갑동이 법원에 확인해보니 채권가압류결정이 위와 같이 송달된 것은 사실이었다.

○ 김갑동은 정병진에 대하여 정당한 채무 금원이라면 이를 지급하는 조건으로라도 위 근저당권설정등기를 속히 말소받고 싶고, 이을남에 대하여도 승소가능성이 있다면 위 대여원리금채권에 관한 판결을 받기를 원한다.

김갑동의 위 진술 내용을 모두 진실한 것으로 보고 그 의사를 존중하여 2008.9.28.자로 김갑동에게 가장 유리하고 적법하며 승소가능성이 있는 내용으로 서울중앙지방법원에 접수할 소장을 작성하시오. 소장에는 당사자, 청구취지, 청구원인을 갖추어 기재하고, 청구원인은 요건사실 위주로 기재하되(불필요한 사실관계를 장황하게 기재하지 않도록 하고, 금액 계산에 있어서는 그 계산근거를 정확하게 작성할 것), 이을남, 정병진에 대하여 모두 소를 제기할 경우 병합요건은 고려하지 말고, 이을남과 정병진이 소송에서 위와 같은 내용의 주장을 실제로 할 것에 대비하여 이를 반박하는 내용까지 기재하시오. 또한 이 사건 토지의 2008년도 개별공시지가가 1㎡당 200만 원인 것으로 가정하여 소장의 오른쪽 윗부분에 소가와 첩부인지대를 기재하시오.

〈부동산의 표시〉

서울시 서초구 서초동 179 대지 140㎡.

» 답안례

소 장

* 소가 170,000,000원
내역) 1) 근저당말소가액 2,000,000원×140×50/100
= 140,000,000원
채권최고액 2억 원
(목적물 가액 140,000,000원을 소가로 산정)
2) 대여금 청구가액 30,00,000원
* 인지대 735,000원
170,000,000원×40/10,000 + 55,000원

원 고 김갑동 (530303-1234567)
서울 강남구 봉은사로 61길 45(논현동)
전화번호:555-7890
전자우편:kkd0303@nanana.net

피 고 1. 정병진 (580624-1936425)
서울 강남구 도곡로 123(역삼동)
2. 이을남 (530505-1456789)
서울 동작구 동일로 13길 24(대방동)

근저당권설정등기말소 등 청구의 소

청 구 취 지

1. 피고 정병진은 원고로부터 75,000,000원 및 이에 대한 2007.4.1.부터 다 갚는 날까지 월 1.5%의 비율로 계산한 돈을 지급받은 다음 원고에게 별지목록 기재 부동산에 관하여 서울중앙지방법원 2005.6.2. 접수 제70398호로 마친 근저당권설정등기의 말소등기절차를 이행하라.
2. 피고 이을남은 원고에게 30,000,000원 및 이에 대하여 2006.3.19부터 다 갚는 날까지 월 1.5%의 비율로 계산한 돈을 지급하라.
3. 소송비용은 피고들이 부담한다.
4. 제2항은 가집행할 수 있다.

라는 판결을 구합니다.

청 구 원 인

1. 피고 정병진에 대한 청구

가. 근저당권설정등기 및 피담보채무

1) 2000.10.15. 피고 이을남은 피고 정병진에게 사진관의 운영자금 명목으로 50,000,000원을 이자 월 1.5%(매월 14일 지급), 변제기 2001.10.14.로 정하여 차용하였고, 원고는 같은 날 피고 정병진에게 피고 이을남의 차용원리금채무를 연대보증하였고, 이와 별도로 원고는 2005.6.1. 원고 자신의 노래방 개업자금을 마련하기 위하여 피고 정병진으로부터 100,000,000원을 이자 월 1.5%(매월 말일 지급), 변제기 2006.5.31.로 정하여 차용(이하 "이 사건 차용"이라 합니다)하였습니다.

2) 그리고 원고는 이 사건 차용 당시 피고 정병진과 사이에 위 2000.10.15.자 연대보증금채무 및 위 차용금채무를 담보하기 위하여 원고 소유의 별지 기재 부동산에 관하여 채권최고액 금 200,000,000원으로 하는 근저당권설정계약을 체결하고, 다음 날 서울중앙지방법원 접수 제70398호로 근저당권설정등기(이하 "이 사건 근저당권설정등기")를 마쳤습니다.

나. 피담보채무의 소멸

1) 연대보증금채무

① 피고 이을남이 피고 정병진으로부터 앞에서 본 50,000,000원을 차용한 것은 자신이 운영하던 사진관의 운영자금을 조달하기 위한 것이므로 피고 이을남의 위 차용행위는 영업을

위하여 하는 보조적 상행위에 해당하고, 위 상행위로 인한 위 차용금채무는 상사채무로서 그 소멸시효는 상법 제64조에 따라 5년이라 할 것인데, 그 변제기 2001.10.14.로부터 이미 5년이 도과되었음이 역수상 명백하여 위 차용금채무는 시효로 소멸하였으므로, 특별한 사정이 없는 한 부종성에 따라 원고의 연대보증금채무 또한 소멸하였습니다.

② 이에 대하여 피고 정병진은, 원고가 소멸시효 완성 전인 2005.6.2. 위와 같이 연대보증금채무 담보를 위하여 피고 정병진에게 근저당권을 설정해 주었고 이는 위 연대보증금채무의 승인에 해당하므로 위 연대보증금채무에 대한 소멸시효는 중단되었다고 주장하나, 보증채무에 대한 소멸시효가 중단되었다 하더라도 이로써 주채무에 대한 소멸시효가 중단되는 것은 아니고, 주채무가 소멸시효 완성으로 소멸된 경우에는 보증채무도 그 채무 자체의 시효중단에 불구하고 부종성에 따라 당연히 소멸되는 것이므로 피고 정병진의 주장은 이유 없습니다.

2) 이 사건 차용금채무

이 사건 차용금에 대하여 원고는 피고 정병진에게 변제기까지의 이자는 제때에 지급하였고, 그 후 2007.3.31.에 피고 정병진에게 40,000,000원을 송금해주었습니다.

그러므로 민법 제479조 제1항이 정한 순서에 따라 위 변제금은 이 사건 차용금 중 변제기 다음 날인 2006.6.1.부터 위 변제금 지급일인 2007.3.31까지 위 월 1.5%의 약정이율에 의한 지연손해금 15,000,000원(100,000,000원×1.5%×10월)에 먼저 충당되고, 그 나머지 25,000,000원(40,000,000원 – 15,000,000원)이 원본에 충당되어 이 사건 차용금채무는 위 범위 내에서 소멸되었다 할 것입니다. 결국 이 사건 차용금채무는 위와 같이 변제충당하고 남은 75,000,000원(100,000,000원 – 25,000,000원) 및 이에 대한 위 변제일 다음 날인 2007.4.1. 이후의 지연손해금이 남게 되었습니다.

다. 잔존 피담보채무 범위의 다툼과 미리 청구할 필요

원고는 피고 정병진에 대하여 정당한 채무 금원이라면 이를 지급하는 조건으로라도 위 근저당권설정등기를 속히 말소받고 싶습니다. 그런데 피고 정병진이 위와 같이 잔존 피담보채무의 범위에 관하여 다투고 있어 이를 미리 청구할 필요가 있다고 할 것이므로, 결국 피고 정병진은 원고로부터 나머지 이 사건 차용금 75,000,000 및 이에 대한 위 2007.4.1.부터 다 갚는 날까지 위 월 1.5%의 약정이율로 계산한 지연손해금을 지급받은 다음 원고에게 이 사건 근저당권설정등기의 말소등기절차를 이행할 의무가 있습니다.

2. 피고 이을남에 대한 청구

1) 원고는 2006.3.19. 피고 이을남에게 30,000,000원을 이자 월 1.5%(매월 18일 지급), 변제기는 2007.3.18.로 정하여 대여하였으므로, 피고 이을남은 원고에게 위 차용금 30,000,000원 및 이에 대하여 2006.3.19.부터 다 갚는 날까지 월 1.5%의 비율로 계산한 이자 및 지연손해금을 지급할 의무가 있습니다.

2) 그런데 피고 이을남은 소외 최정해가 원고에 대한 3,000만 원의 채권을 피보전채권으로 하여 위 대여금채권 중 원금 3,000만 원에 대해 채권가압류결정을 받아 그 가압류결정이 2007.1.18. 피고 이을남에게 송달되었으므로 위 대여원리금을 원고에게 지급할 수 없다고 거부하고 있습니다. 그러

나 채권가압류집행이 있다고 하더라도 이는 가압류채무자가 제3채무자로부터 현실로 급부를 추심하는 것만을 금지하는 것이고 가압류채무자는 제3채무자를 상대로 그 이행을 구하는 소송을 제기할 수 있는 것이므로 피고 이을남의 주장은 이유 없습니다.

3. 결어

이상과 같은 이유로 원고는 청구취지와 같은 판결을 구하기 위하여 본 소를 제기하기에 이르렀습니다.

증 명 방 법

1. 갑 제1호증 부동산등기부사항증명서
2. 갑 제2호증 사업자등록증
3. 갑 제3호증 무통장입금증

첨 부 서 류

1. 위 증명방법 각 3통
2. 영수필확인서 1통
3. 토지대장등본 1통
4. 송달료납부서 1통
5. 서류작성 및 제출위임장 1통
6. 소장부본 2통

2008.9.28.

원고 김갑동 (인)

서울중앙지방법원 귀중

목록

서울 서초구 서초동 179

대 140㎡. 끝.

13. 사례 - 제26회 법무사 기출문제

김갑동[주민등록번호 : 750401-1111111, 주소 : 서울 서초구 서초중앙로 101, 101동 101호(서초동, 서초아파트), 전화번호 : 010-1234-1111, 전자우편 : kkd@kmail.com]은 2020.9.10. 법무사 사무실에 찾아와 다음과 같은 내용을 설명하고 자신이 가져온 별첨 서류를 제시하면서 소장 작성을 의뢰하였다. 이에 적합한 소장을 작성하시오. 30점

〈 다음 〉

○ 저는 전자부품을 대기업에 납품하는 사업을 운영하고 있는데, 최근 경기 불황으로 사업자금이 부족하였습니다. 그래서 고향 동생이면서 같은 업종에 종사하는 친한 동생인 이을남[주민등록번호 : 790326-2222222, 주소 : 서울 서초구 서초중앙로 202, 202동 202호(방배동, 방배아파트), 전화번호 : 010-1234-2222, 전자우편 : len@kmail.com]에게 2019.1.1.에 원금 5천만 원, 이자 월 1%(매달 말일 지급), 변제기를 2019.6.30.로 하여 돈을 빌렸습니다(1차 채무). 이후 경기 불황이 장기화되면서 사업 운영이 점차 어려워져서 2019.1.1.에 빌린 돈의 이자도 지급할 수 없는 상황이 되었고, 사업 운영 자금이 더 필요하게 되었습니다. 그래서 친구에게 명목이 없었지만, 이을남으로부터 2019.2.1.에 원금 3천만 원, 이자 월 1%(매달 말일 지급), 변제기를 2019.7.31.로 하여 돈을 더 빌렸습니다(2차 채무). 이때 이을남은 전에 빌려준 돈의 이자도 받지 못한 상태에서 또 다시 큰 돈을 빌려주는 것이 불안하다며 담보를 요구하여, 차용증을 작성함과 동시에 이을남에게 별지기재 부동산(이하 '이 사건 부동산')에 대하여 채권최고액을 1억 원으로 하는 근저당권설정계약을 맺고, 같은 날인 2019.2.1. 이을남에게 근저당권설정등기를 마쳐주었습니다.

○ 2019.2.1.에 작성한 근저당권설정계약서에는 채권자 겸 근저당권자 : 이을남, 채무자 겸 근저당권설정자 : 김갑동, 채권최고액 : 1억 원이며, 피담보채무의 범위에 관하여 "근저당권설정자 겸 채무자는 채권최고액 범위 안에서 채권자에 대하여 기왕 현재 부담하고 있거나 장래 부담하게 될 단독 혹은 연대채무나 보증인으로서 기명날인한 차용증서상의 모든 채무"라고 기재되어 있습니다.

○ 1차 채무의 변제기인 2019.6.30.이 지나고 2차 채무의 변제기인 2019.7.31.이 지났지만, 저는 1차 채무의 원금, 이자, 지연이자와 2차 채무의 원금, 이자, 지연이자 중 어느 것도 변제하지 못했습니다. 이에 이을남은 저에게 몇 차례 채무독촉을 한 이후 2019.9.1. 근저당권에 기한 임의경매를 신청하였습니다.

○ 이에 깜짝 놀란 저는 이 사건 부동산이 경매로 다른 사람에게 넘어가는 것을 방지하기 위해 부인의 친구로부터 돈을 빌려, 1차 채무의 원금 5천만 원, 이자 3백만 원과 그때까지의 지연이자를 모두 변제하고 경매 취하를 부탁하였습니다. 이에 이을남은 저의 부탁을 받고 2019.10.1. 경매신청을 취하해 주었습니다.

○ 이후 저와 이을남은 다시 사이가 좋아졌지만, 저의 사업운영은 더욱 어려워져 이을남으로부터 2019.11.1.에 원금 1천만 원, 이자 월 1%(매달 말일 지급), 변제기 2019.12.31.로 돈을 더 빌렸습니다(3차 채무).

○ 이후 이 사건 부동산에 대해 좋은 가격에 매수의사를 보이는 사람이 있어 저는 부동산을 팔려고 하였으나 매수인 측이 매매 협상 시 근저당권이 설정되어 있는 사실을 알고 부동산의 근저당권을 말소시켜주는 것을 매매의 조건으로 삼았습니다. 이에 저는 2020.1.10.에 채무를 변제하려고 이을남을 찾아갔으나 이을남은 2차 채무의 원금, 이자, 지연이자와 3차 채무의 원금, 이자, 지연이자를 모두 돌려받지 못하면 근저당권을 말소시켜 줄 수 없다고 하였습니다. 이와 같은 사실은 이을남이 저에게 2020.1.20.에 보낸 내용증명서에서도 동일한 주장을 하고 있습니다.

○ 저는 부동산을 하루라도 빨리 매매하여 어려운 사업 운영자금으로 사용하고 싶어, 이을남이 주장하는 내용이 정확한지 아는 지인에게 물어보니 2차 채무액만 변제하면 근저당권을 말소할 수 있다는 답변을 들었습니다. 하지만 지인도 법률적 지식이 정확한 것은 아니니 법률전문가에게 상담을 해보라고 하였습니다. 이후 근저당권을 말소하는 소송을 제기하려고 준비 중에 부동산 등기사항증명서를 확인해보니 이을남의 근저당권이 2020.2.1.자 채권압류 및 전부명령을 원인으로 2020.2.10.자에 박병호[주민등록번호 : 780626-1333333, 주소 : 서울 서초구 서초중앙로 303, 301동 301호(반포동, 반포아파트), 전화번호 : 010-1234-3333, 전자우편 : pph@kmail.com]에게 근저당권이전의 부기등기가 된 것을 알았습니다. 이후 박병호와 어렵게 전화통화가 되어 전후 사정을 이야기하니 박병호도 이을남과 동일하게 2차 채무의 원금, 이자, 지연이자와 3차 채무의 원금, 이자, 지연이자를 모두 돌려받지 못하면 근저당권 말소절차에 협력하지 않겠다고 하였습니다. 이에 저는 누구를 상대로 얼마를 변제하여야 하는지 잘 몰라서 혼자서는 소송을 진행할 수가 없었습니다.

○ 저는 하루라도 빨리 근저당권을 말소하여 별지기재 부동산을 매매하고 싶어 정당한 채무 금액이라면 이를 지급하는 것을 조건으로라도 위 근저당권을 말소 받고 싶습니다.

〈 소장 작성 시 유의사항 〉

○ 김갑동의 위 진술 내용은 모두 진실한 것으로 보고 의사를 존중하여 2020.9.19.자로 김갑동에게 가장 유리하고 적법하며 승소가능성이 있는 내용으로 서울중앙지방법원에 접수할 소장을 작성하시기 바랍니다(작성일자가 공휴일인지 여부는 고려할 필요가 없습니다).

○ 여러 명에 대하여 소를 제기할 필요가 있는 경우, 병합 요건을 고려하지 말고 하나의 소장으로 작성하십시오.

○ 소장에는 당사자, 청구취지, 청구원인을 갖추어 기재하되, 청구원인을 요건사실 위주로 기재하고 별첨 서류들을 참조하여 증명방법과 첨부서류도 소장에 함께 적시하시기 바랍니다.

○ 소장의 오른쪽 윗부분에 소가와 납부할 인지대를 그 각 계산내역과 함께 기재하십시오(별지기재 부동산인 토지의 2020년도 개별공시지가는 1㎡ 800,000원인 것으로 가정함).

○ 위 사례에 등장하는 사람 이름, 주민등록번호, 주소 지번, 전화번호, 부동산 등기사항증명서 등은 모두 가공의 것이고, 별첨 서류들은 모두 시험용으로 만든 것이므로 실제와 다를 수 있습니다.

[별지 기재]
서울시 서초구 서초동 180 대 100㎡. 끝.

[별첨 서류 1] 차용증

1차 채무 차용증

이을남(790326-2222222) 귀하

금액 : 금 5천만 원(50,000,000원), 이자 : 월 1%(매달 말일 지급), 변제기 : 2019.6.30.

위 금원을 정히 차용함

2019.1.1.

차용인 : 김갑동(750401-1111111)

2차 채무 차용증

이을남(790326-2222222) 귀하

금액 : 금 3천만 원(30,000,000원), 이자 : 월 1%(매달 말일 지급), 변제기 : 2019.7.31.

위 금원을 정히 차용함

2019.2.1.

차용인 : 김갑동(750401-1111111)

3차 채무 차용증

이을남(790326-2222222) 귀하

금액 : 금 1천만 원(10,000,000원), 이자 : 월 1%(매달 말일 지급), 변제기 : 2019.12.31.

위 금원을 정히 차용함

2019.11.1.

차용인 : 김갑동(750401-1111111)

[별첨 서류 2] 근저당권설정계약서

근저당권설정계약서

채권자겸 근저당권자 : 이을남
채무자겸 근저당권설정자 : 김갑동
채권최고액 : 금 1억 원(100,000,000원)

위 당사자간에 다음과 같이 근저당권설정계약을 체결한다.

근저당권설정자 겸 채무자는 채권최고액 범위 안에서 채권자에 대하여 기왕 현재 부담하고 있거나 장래 부담하게 될 단독 혹은 연대채무나 보증인으로서 기명날인 한 차용증서상의 모든 채무에 대하여 아래에 기재된 부동산에 대하여 순위 1번의 근저당권을 설정한다.

부동산의 표시 : 서울시 서초구 서초동 180 대 100㎡

위 계약을 확실히 하기 위하여 이 계약서를 작성하고 다음과 같이 기명날인한다.

2019.2.1.

채권자겸 근저당권자 : 이을남[주민등록번호 : 790326-2222222, 주소 : 서울 서초구 서초중앙로 202, 202동 202호(방배동, 방배아파트)] (이을남인)

채무자겸 근저당권설정자 : 김갑동[주민등록번호 : 750401-1111111, 주소 : 서울 서초구 서초중앙로 101, 101동 101호(서초동, 서초아파트)] (김갑동인)

[별첨 서류 3] 내용증명서

김갑동 귀하

1. 귀하와 저는 서로 신뢰관계를 맺고 2019.1.1.에 1차로 돈을 빌려주었고, 이후 2019.2.1.에 2차로 돈을 빌려주었습니다. 그리고 2차로 돈을 빌려줄 당시 서울시 서초구 서초동 180 대 100㎡에 채권최고액 금 1억 원으로 근저당권을 설정한 바 있습니다. 귀하가 1차 및 2차 채무의 변제기가 경과하였음에도 불구하고 변제를 이행하지 않아 어쩔 수 없이 경매신청을 하였고, 그러자 귀하는 1차 채무의 원금, 이자, 지연이자만 변제하였습니다. 저는 경매신청을 취하하였고, 이후 귀하에게 3차로 돈을 빌려주었습니다.

2. 근저당권 설정 시 채권최고액(금 1억 원) 범위 내에서 채무자가 채권자에 대하여 현재 부담하거나 장래 부담하게 될 단독 혹은 연대채무나 보증인으로서 기명날인 한 차용증서상의 모든 채무에 대하여 근저당권을 설정한다고 하였으니, 귀하는 2차 채무뿐만 아니라 3차 채무에 대해서도 변제할 책임이 있다 할 것입니다.

3. 따라서 저는 귀하가 부담하고 있는 2차 채무의 원금, 이자, 지연이자와 3차 채무의 원금, 이자, 지연이자를 채권최고액(금 1억 원) 범위 내에서 변제하지 않으면 근저당권말소를 이행할 의무가 없다는 사실을 알려드립니다.

2020.1.20.

이을남

[별첨 서류 4] 부동산 등기사항 증명서

등기사항전부증명서(말소사항 포함)-토지

[토지] 서울시 서초구 서초동 180 대 100㎡ 고유번호 1102-3654-914567

【표제부】	(토지의 표시)				
표시번호	접수	소 재 지 번	지목	면적	등기원인 및 기타사항
1 (전2)	1997년 6월 26일	서울시 서초구 서초동 180	대	100㎡	부동산등기법 제177조의6 제1항 규정에 의하여 1999년 12월 21일 전산이기

【갑구】	(소유권에 관한 사항)			
순위번호	등기목적	접수	등기원인	권리자 및 기타사항
1 (전3)	소유권 이전	1997년 7월 1일 제3539호	1997년 6월 1일 매매	소유자 김갑동 750401-1111111 서울특별시 서초구 서초중앙로 101, 101동 101호(서초동, 서초아파트) 부동산등기법 제177조의6 제1항 규정에 의하여 1999년 12월 21일 전산이기
2	~~임의경매개시결정~~	~~2019년 9월 1일 제4099호~~	~~2019년 9월 1일 서울중앙지법의 임의경매개시결정(2019타경121212)~~	~~채권자 이을남 790326-2222222 서울특별시 서초구 서초중앙로 202, 202동 202호(방배동, 방배아파트)~~
3	2번임의경매개시결정등기말소	2019년 10월 1일 제5073호	2019년 10월 1일 취하	

문서 하단의 바코드를 스캐너로 확인하거나, 인터넷등기소(http://www.iros.go.kr)의 발급확인 메뉴에서 발급확인번호를 입력하여 위·변조 여부를 확인할 수 있습니다. 발급확인번호를 통한 확인은 발행일부터 3개월까지 5회에 한하여 가능합니다.

발행번호 19120119101206041010120071DEV0000721011104128Y1112 발급확인번호 ATIL-IXTA-0047 발행일 0000/00/00

【을구】	(소유권 이외의 권리에 관한 사항)			
순위번호	등기목적	접수	등기원인	권리자 및 기타사항
1	근저당권설정	2019년 2월 1일 제1355호	2019년 2월 1일 설정계약	채권최고액 금100,000,000원 채무자 김갑동 서울특별시 서초구 서초중앙로 101, 101동 101호(서초동, 서초아파트) ~~근저당권자 이을남~~ ~~790326-2222222~~ ~~서울특별시 서초구 서초중앙로 202, 202동 202호(방배동, 방배아파트)~~
1-1	1번근저당권 이전	2020년 2월 10일 제1015호	2020년 2월 1일 채권압류 및 전부명령	근저당권자 박병호 780626-1333333 서울특별시 서초구 서초중앙로 303, 301동 301호(반포동, 반포아파트)

수수료 금 1,200원 영수함　　　　관할등기소 서울중앙지방법원 등기국

이 증명서는 등기기록의 내용과 틀림없음을 증명합니다.
서기 0000년 0월 0일

법원행정처 등기정보중앙관리소　　　　전산운영책임관

* 실선으로 그어진 부분은 말소사항을 표시함.
* 증명서는 컬러 또는 흑백으로 출력 가능함.
* 기록사항 없는 갑구, 을구는 '기록사항 없음' 으로 표시함.

[인터넷 발급] 문서 하단의 바코드를 스캐너로 확인하거나, 인터넷등기소(http://www.iros.go.kr)의 발급확인 메뉴에서 발급확인번호를 입력하여 위•변조 여부를 확인할 수 있습니다. 발급확인번호를 통한 확인은 발행일부터 3개월까지 5회에 한하여 가능합니다.

발행번호 19120119101206041010120071DEV0000721011104128Y1112　　발급확인번호 ATIL-IXTA-0047　　발행일 0000/00/00

» 답안례

소 장

*** 소가 40,000,000원
산출내역 800,000원 × 100㎡ × 50/100
*** 인지대 185,000원
계산내역) 40,000,000원 × 45/10,000 + 5,000

원 고 김갑동 (750401-111111)
서울 서초구 서초중앙로 101, 101동 101호(서초동, 서초아파트)
전화번호 : 010-1234-1111, 전자우편 : kkd@kmail.com

피 고 박병호 (780626-1333333)
서울 서초구 서초중앙로 303, 301동 301호(반포동, 반포아파트)
전화번호 : 010-1234-3333, 전자우편 pph@kmail.com

근저당설정등기말소 청구의 소

청 구 취 지

1. 피고는 원고로부터 30,000,000 및 이에 대하여 2019.2.1.부터 다 갚는 날까지 월 1%의 비율로 계산한 돈을 지급받은 다음 원고에게 서울 서초구 서초동 180 대 100㎡에 관하여 서울중앙지방법원 등기국 2019.2.1. 접수 제1355호로 마친 근저당권설정등기의 말소등기절차를 이행하라.

2. 소송비용은 피고가 부담한다.

라는 판결을 구합니다.

청 구 원 인

1. 근저당권 설정등기

원고는 2019.2.1. 소외 이을남과 사이에 "이을남에게 부담하게 될 기왕 현재 부담하고 있거나 장래 부담하게 될 단독 혹은 연대채무나 보증인으로서 기명날인한 차용증서상의 모든 채무"를 담보하기 위하여 청구취지 제1항 기재 토지(이하 "이 사건 토지"라 합니다)에 관하여 채권최고액을 1억 원으로 하는 근저당권설정계약을 체결하고, 그에 따라 위 이을남에게 이 사건 토지에 관하여 청구취지 제1항 기재 근저당권(이하 "이 사건 근저당권"이라 합니다) 설정등기를 마쳐주었습니다.

2. 피담보채권
   1) 원고는 2019.1.1. 이을남에게 원금 5천만 원, 이자 월 1%, 변제기를 2019.6.30.로 하여 돈을 빌렸고(1차 채무), 2019.2.1.에 원금 3천만 원, 이자 월 1%, 변제기를 2019.7.31.로 하여 돈을 빌렸습니다(2차 채무).
   2) 이와 관련하여 이을남은 2019.9.1. 위 근저당권에 기한 임의경매를 신청하였고 원고는 이을남에게 1차 채무의 원금 5천만 원, 이자 3백만 원과 그때까지의 지연이자를 모두 변제하였고 위 이을남은 위 경매사건을 취하하여 주었습니다.
   3) 그리므로 이 사건 근저당권의 피담보채무는 위 이을남의 경매신청 시인 2019.9.1 확정되었으므로 원고는 위 2차 채무의 원금, 이자, 지연이자를 변제하고 이 사건 근저당말소를 구할 수 있습니다.

3. 근저당권이전 및 미리 청구할 필요
   1) 그러나 위 이을남은 2차 채무자는 물론 그 후 2019.11.1.에 빌린 원금 1천 만 원, 이자 월 1%, 변제기 2019.12.31.의 채무(3차 채무)까지 변제하지 않으면 이 사건 근저당권을 말소시켜 줄 수 없다고 주장하던 중, 위 이을남의 이 사건 근저당권이 2020.2.1.자 채권압류 및 전부명령을 원인으로 2020.2.10. 피고에게 근저당권이전의 부기등기가 되었는데, 피고 역시 이을남과 동일한 주장을 하고 있습니다.
   2) 그러나 이 사건 근저당권의 피담보채무는 위와 같이 이을남의 경매신청시인 2019.9.1 확정되어 위 3차 채무는 이 사건 근저당권의 피담보채무에 포함되지 않으므로 이을남이나 피고의 주장은 이유 없습니다.
   3) 그리하여 원고로서는 정당한 채무금액이라면 이를 지급하는 것을 조건으로라도 위 근저당권을 말소 받고 싶은데, 잔존 채무의 범위에 관하여 피고가 다투고 있는 이상 장래 이행의 소로써 근저당권설정등기의 말소를 미리 청구할 필요가 있습니다.

4. 마치며

이상과 같은 이유로 청구취지 기재와 같은 판결을 구하기 위하여 본 소를 제기하기에 이르렀습니다.

증 명 방 법

1. 갑 제1호증의 1 내지 3 차용증
2. 갑 제2호증 근저당권설정계약서
3. 갑 제3호증 내용증명
4. 갑 제4호증 부동산등기사항증명서

첨 부 서 류

1. 위 증명방법 각 2통
2. 영수필확인서 1통
3. 토지대장 1통
4. 송달료 납부서 1통
5. 서류작성 및 제출위임장 1통
6. 소장부본 1통

2020.9.19. 위 원고 김갑동 (인)

서울중앙지방법원 귀중

변제충당 정리

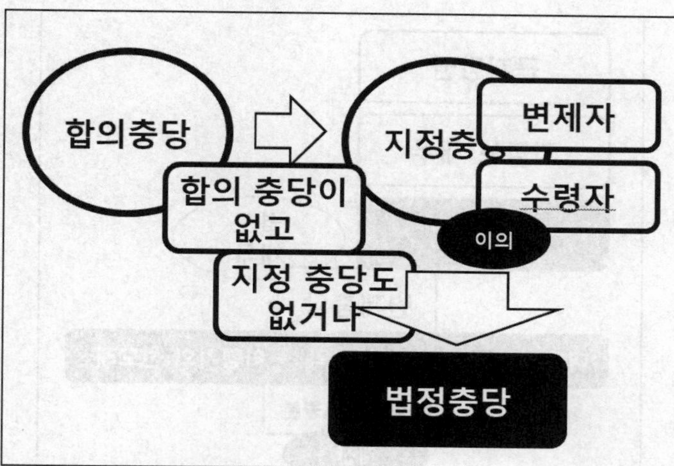
합의충당
지정충당
변제자
수령자
합의 충당이 없고
이의
지정 충당도 없거나
법정충당

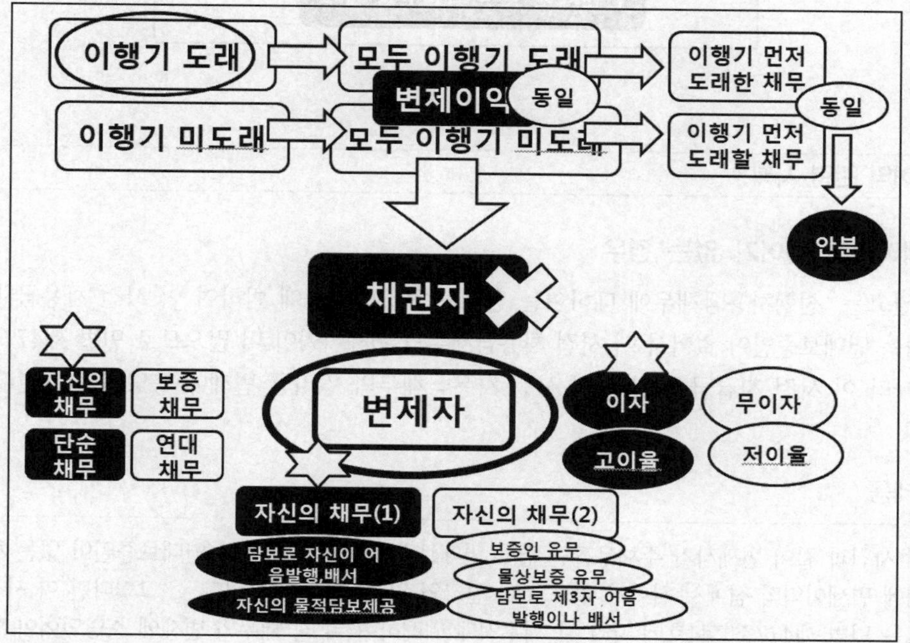
이행기 도래
모두 이행기 도래
이행기 먼저 도래한 채무
변제이익
동일
동일
이행기 미도래
모두 이행기 미도래
이행기 먼저 도래할 채무
안분
채권자
자신의 채무
보증 채무
단순 채무
연대 채무
변제자
이자
무이자
고이율
저이율
자신의 채무(1)
자신의 채무(2)
담보로 자신이 어음발행,배서
자신의 물적담보제공
보증인 유무
물상보증 유무
담보로 제3자 어음 발행이나 배서

변제충당과 청구원인 구도

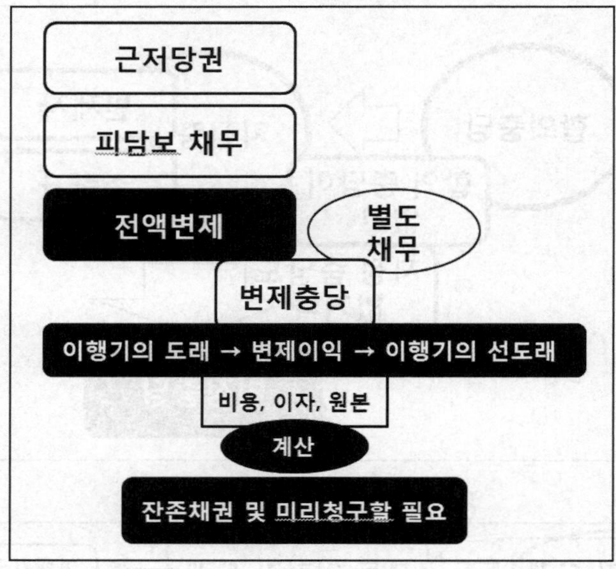

변제이익 관련 사례

1. 변제이익에 차이가 없는 경우

… 원고는, 선행차용금채무에 대하여는 연대보증인이 있음에 반하여 이 사건 차용금채무에 대하여는 연대보증인이 없어서 이 사건 차용금채무의 변제이익이 더 많으므로 민법 제477조 제2호에 따라 이 사건 지급금은 전액 이 사건 차용금채무의 원리금 변제에 충당되어야 한다고 주장하나,

▶ 대응

> 이 사건과 같이 변제자가 주채무자인 경우 연대보증인이 있는 채무와 연대보증인이 없는 채무 사이에 변제이익의 점에서 차이가 없으므로, 원고의 위 주장은 이유 없다. …그렇다면 이 사건 지급금은 민법 제477조 제4호에 따라 그 채무액에 비례하여 위 각 채무의 변제에 충당되어야 할 것인데, 위와 같이 충당하는 때에도 이자채무 등 부수적 채무가 딸린 복수의 채무에 대한 법정변제충당의 경우에는 민법 제479조 제1항이 우선 적용되므로, 이 사건 지급금은 민법 제479조, 제477조 제4호에 따라 이 사건 차용금채무 및 선행차용금의 각 이자 또는 지연손해채무의 변제에 먼저 충당되고, 남은 잔액에 대하여 이 사건 차용금 및 선행차용금의 각 원본 채무액의 변제에 그 채무액에 비례하여 충당되어야 할 것이다.

2. 자신이 주채무자인 채무와 연대보증인으로 부담하는 채무가 있는 사례

… 위 서주환이 이 사건 지급금을 지급할 당시 충당할 채무를 지정하지 않기에 피고 전상주가 서주환에게 이를 이 사건 연대보증채무금의 원리금변제에 먼저 충당하겠다고 말하였으므로, 이 사건 지급금 124,000,000원 중 73,200,000원은 피고 전상주의 지정에 따라 위 연대보증채무의 잔존 원본 60,000,000원 및 이에 대한 2008.4.5.부터 그 지급일인 2009.3.4.까지의 이자 및 지연손해금 13,200,000원의 변제에 충당되었다고 주장하면서 나머지 피담보채무를 모두 변제받은 후에야 근저당 말소를 하여줄 수 있다고 하면서 다투고 있습니다.

▶ 대응

> 그러나 당시 위 서주환은 피고 전상주로부터 위와 같은 지정충당의 말을 듣고 즉시 위 지정에 대하여 이의를 제기한 바 있으므로 피고 전상주의 지정충당은 효력이 없으며, 따라서 위 지급금은 법정변제충당순서에 따라 충당되어야 할 것인 바, 이 사건 지급금 지급 당시 이 사건 차용금채무와 선행차용금채무의 이행기가 모두 도래한 사실은 역수상 명백하고, 이 사건 차용금채무는 변제자인 서주환 자신의 채무인 반면 위 연대보증금채무는 서주환이 조병훈의 채무에 대한 연대보증인으로서 부담하는 채무이므로 이 사건 차용금채무가 변제자인 서주환에게 변제이익이 더 많은 채무에 해당하므로, 이 사건 지급금은 전액 이 사건 차용금채무의 변제에 우선 충당되어야 할 것입니다. (다만, 위와 같이 충당하는 경우에도 이자 채무 등 부수적 채무가 딸린 복수의 채무의 법정충당의 경우, 변제충당에 관한 규정인 민법 제479조 제1항이 우선 적용되는 것이므로, 결국 이 사건 지급금은 민법 제479조, 제477조 제2호 제3호에 따라 이 사건 차용금의 이자 또는 지연손해금채무, 선행차용금의 이자 또는 지연손해금채무, 이 사건 차용금의 원본채무, 선행차용금채무의 원본채무의 순서로 각 그 변제에 충당되어야 할 것입니다). 그러므로 이 사건 지급금은 … (생략) … 각 채무 순서로 먼저 충당되고, 나머지 86,600,000원[124,000,000 - (24,000,000원 + 13,200,000원)]이 이 사건 차용금 원본채무의 변제에 충당된다 할 것입니다.
>
> 그러므로 이 사건 근저당권의 피담보채무는 서주환의 위 변제에 의하여 2009.3.4.까지의 이자 및 지연손해금 전액과 원본 중 86,800,000원의 범위 내에서 소멸하고, 원본 13,200,000원(1억 - 86,800,000원) 및 이에 대한 지연손해금이 남아있다고 할 것인 바, 현재 잔존채무의 범위에 관하여 피고 전상주가 다투고 있는 이상 원고로서는 장래 이행의 소로써 근저당설정등기의 말소를 미리 청구할 필요가 있다고 할 것이므로, 피고 전상주는 원고로부터 위 피담보채무의 잔존채무 13,200,000원 및 이에 대한 이 사건 지급금 지급 다음 날인 2009.3.5.부터 다 갚는 날까지 월 2%의 약정이율에 의한 지연손해금을 지급받은 다음 원고에게 이 사건 근저당권설정등기의 말소등기절차를 이행할 의무가 있습니다.

PART 04

3. 자신의 채무담보로 자신이 발행 또는 배서한 어음이 교부된 채무인 사례

… 피고 김영표는, 조정환이 이 사건 차용금 이외에 …(중략)… 차용(이하 "선행차용금")한 것이 있는데, 그 뒤 조정환으로부터 2006.5.5. 위 선행차용금에 대한 2006.5.5.까지의 이자 및 원본 중 3,000만 원만 변제받았으므로, 2007.11.5. 지급한 위 1억 4천만 원 중 5,440만 원은 피고 김영표의 지정에 따라 위 선행용금채무의 잔존 원본 40,000,000원 및 이에 대한 2006.5.6.부터 그 지급일인 2007.11.5.까지의 이자 또는 지연손해금 14,400,000원의 변제에 먼저 충당되었다고 다투면서 위 근저당 말소를 하여 줄 수 없다고 하고 있습니다.

▶ 대응

그러나 조정환이 위와 같이 2006.5.5. 위 선행차용금에 대한 2006.5.5.까지의 이자 및 원본 중 3,000만 원 변제 당시, 피고 김영표로부터 위와 같은 지정충당의 말을 듣고 즉시 위 지정에 대하여 이의를 제기한 바 있으므로 피고 김영표의 지정충당은 효력이 없으며, 따라서 위 지급금은 법정변제충당순서에 따라 충당되어야 할 것인 바, 이 사건 지급금 지급 당시 이 사건 차용금채무와 선행차용금채무의 이행기가 모두 도래한 사실은 역수상 명백하고, 조정환이 2006.3.6. 피고 김영표에게 이 사건 차용금채무에 대한 담보로 액면 150,000,000원, 지급기일 2007.12.31.인 약속어음을 발행하였으므로, 변제자인 주채무자 조정환이 담보로 약속어음을 발행한 이 사건 차용금채무가 변제이익이 더 많은 채무에 해당한다 할 것이어서 민법 제477조 제2호에 따라 이 사건 지급금은 이 사건 차용금채무의 변제에 우선 충당되어야 할 것입니다.
다만, 위와 같이 충당하는 경우에도 이자채무 등 부수적 채무가 딸린 복수의 채무의 법정충당의 경우, 변제충당에 관한 규정인 민법 제479조 제1항이 우선 적용되는 것이므로, 결국 이 사건 지급금은 민법 제479조, 제477조 제2호 제3호에 따라 이 사건 차용금의 이자 또는 지연손해금채무, 선행차용금의 이자 또는 지연손해금채무, 이 사건 차용금의 원본채무, 선행차용금채무의 원본채무의 순서로 각 그 변제에 충당되어야 할 것이므로, 이 사건 지급금은 …(중략)…. 순서로 먼저 충당되고, 나머지 85,600,000원이 이 사건 차용금 원본채무의 변제에 충당된다 할 것입니다.
그러므로 이 사건 근저당권의 피담보채무는 조정환의 위 변제에 의하여 2007.11.5.까지의 이자 및 지연손해금 전액과 원본 중 금 85,600,000원의 범위 내에서 소멸하고, 원본 14,400,000원(1억 − 85,600,000원) 및 이에 대한 지연손해금이 남아있다고 할 것인 바, 현재 잔존채무의 범위에 관하여 피고 김영표가 다투고 있는 이상 원고로서는 장래 이행의 소로써 근저당설정등기의 말소를 미리 청구할 필요가 있다고 할 것이므로, 피고 김영표는 원고로부터 위 피담보채무의 잔존채무 14,400,000원 및 이에 대한 이 사건 지급금 지급 다음 날인 2007.11.6.부터 다 갚는 날까지 월 2%의 약정이율에 의한 지연손해금을 지급받은 다음 원고에게 이 사건 근저당권설정등기의 말소등기절차를 이행할 의무가 있습니다.

4. 법정충당 등 사례 관련 종합정리

1) 법정충당해야 하는 이유들 사례별 정리

☞ … 원고와 피고 000가 위 금원을 원본의 변제에 충당하기로 합의한 사실이 없고… 나아가 변제자도 민법 제479조 제1항이 정하는 변제충당순서와 다르게 충당의 순서를 지정할 수는 없는 것이다(… 설령 위 피고의 주장대로 변제자인 위 피고가 위 금원을 원본의 변제에 충당하는 것으로 지정하였다고 하더라도, 민법 제479조 제1항이 정하는 비용, 이자, 원본의 변제충당순서와 다르게 충당의 순서를 지정할 수는 없다).

☞ … 이 사건 지급금(변제금)이 이 사건 차용금채무와 선행차용금채무를 모두 소멸시키기에 부족하므로, 이 사건 지급금은 변제충당의 순서에 따라 충당되어야 할 것이다.

☞ … 김제국이 피고 서신수로부터 위와 같은 지정충당의 말을 듣고 즉시 위 지정에 대하여 이의한 사실이 있으므로, 피고 서신수의 지정충당은 효력이 없다고 할 것이다. 그러나 위와 같이 김제국의 피고 서신수에 대한 다른 채무가 존재하는 이상 이 사건 지급금은 법정변제충당의 순서에 따라 충당되어야 할 것이다.

2) 변제이익 관련

1) 지정충당이 인정되지 않거나, 그러한 주장이 없다면 법정충당의 방식에 의하여야 한다. 이 경우, 이행기의 도래 → 변제이익 → 이행기의 선도래 순으로 변제에 충당할 채무를 정하고, 이러한 사항이 동일하다면 그 채무액에 비례하여 변제에 충당한다(민법 제477조). 한편, 변제이익은 변제자를 가준으로 판단하는 것이므로,

☞ 무이자 채무보다는 이자부 채무, 저이율 채무보다는 고이율 채무가 변제이익이 많다. 변제자가 주채무자인 경우 담보로 자신이 발행 또는 배서한 어음이 교부된 채무는 다른 채무보다 변제이익이 더 많고(이는 물적 담보인 경우에도 마찬가지이다), 특별한 사정이 없는 한 변제자 자신의 채무는 변제자가 타인의 채무에 대한 보증인으로서 부담하는 보증채무보다 변제자에게 그 변제의 이익이 더 많다. 보증인의 입장에서는 보증인으로서 부담하는 보증채무가 자신이 주채무자로서 부담하는 채무에 비하여, 연대채무는 단순채무에 비하여 각 그 변제이익이 적다.

2) 그러나 법정변제충당을 위한 변제이익은 변제자를 기준으로 판단하여야 할 것이므로,

☞ 변제자가 주채무자일 경우 보증인이 있는 채무가 없는 채무보다 변제이익이 더 많다고 볼 수 없고, 담보로 제3자가 발행 또는 배서한 약속어음이 교부된 채무가 다른 채무보다 변제이익이 더 많다고 볼 수 없으며, 물상보증인이 제공한 물적 담보가 있다고 하여 무담보채무보다 변제이익이 더 많다고 할 수도 없다.

5. 대법원 2014.04.30, 2013다8250 판결 사례

▶ 사례

1) 소외 1이 원고로부터 (합계 7억 원 차용)
   (ㄱ) 2008.8.25. 순번 1 차용금 1억 원(이행기 2009.1.25.),
   (ㄴ) 2008.9.24. 순번 2 차용금 2억 원(이행기 2009.2.24.),
   (ㄷ) 2008.12.24. 순번 3 차용금 1억 원(이행기 2009.1.23.) ← 이행기는 제일 빠름
   (ㄹ) 2009.1.23. 순번 4 차용금 1억 원(이행기 2009.2.22.),
   (ㅁ) 2009.2.11. 순번 5 차용금 2억 원(이행기 2009.3.10.) 차용
2) 소외 1은 소외 3과 소외 4 소유 부동산으로 순번 1, 2 차용금채무에 관한 담보를 제공(2008.9.24. 원고에게 소외3, 4의 공유인 경남 하동군 (주소 생략) 임야에 관하여 소유권이전청구권의 일부 이전에 의한 가등기를 마쳐주는 방법으로 1, 2 차용금채무에 물적담보 제공)
3) 피고는 이 사건 순번 3 차용금채무를 연대보증,
4) 이 사건 순번 1 내지 5 차용금채무 전부의 이행기가 도래한 2009.3.27. 소외 1이 소외 2를 통하여 원고에게 위 차용금채무들의 일부 변제로써 이 사건 3억 원을 지급

▶ 원심의 판단

이 사건 3억 원은 이 사건 순번 1 내지 5 차용금채무에 법정변제충당되어야 하는데, 그 변제충당시점에 위 차용금채무들 전부의 이행기가 도래하였으나 물적담보가 있는 이 사건 순번 1, 2 차용금채무가 나머지 차용금채무들보다 채무자의 변제이익이 많다는 점을 들어, 이 사건 3억 원을 이 사건 순번 1, 2 차용금채무에 이행기가 먼저 도래한 순서대로 우선 변제충당하고 충당 후 남은 변제금 17,757,222원을 나머지 차용금채무들 중 이행기가 가장 먼저 도래한 이 사건 순번 3 차용금채무 잔액 94,969,205원에 변제충당하면 그 차용금채무 일부가 남게 된다는 이유로, 이를 연대보증한 피고의 연대보증채무가 일부 남아 있다고 판단된다.

▶ 대법원의 판단

그러나 원심의 위와 같은 판단은 다음과 같은 이유로 수긍하기 어렵다.
변제자가 주채무자인 경우 보증인이 있는 채무와 보증인이 없는 채무 사이에 전자가 후자에 비하여 변제이익이 더 많다고 볼 근거는 전혀 없으므로 양자는 변제이익의 점에서 차이가 없다고 보아야 한다. 마찬가지로 변제자가 채무자인 경우 물상보증인이 제공한 물적담보가 있는 채무와 그러한 담보가 없는 채무 사이에도 변제이익의 점에서 차이가 없다고 보아야 한다.
이 사건 순번 1, 2 차용금채무에 관하여 제공된 담보는 경남 하동군 (주소 생략) 임야의 공유자들에 의하여 그 임야의 일부 지분이 담보로 제공된 셈이므로 이는 물상보증인이 제공한 물적담보에 해당하고, 이와 같이 이 사건 순번 1 내지 5 차용금채무는 그중 이 사건 순번 1, 2 차용금채무에만 물상보증인이 제공한 물적담보가 있으나, 이 사건 3억 원의 지급시점에

는 위 차용금채무들 전부의 이행기가 도래하였고 그중 피고가 연대보증한 이 사건 순번 3 차용금채무의 이행기가 가장 먼저 도래하였음을 알 수 있다.

이러한 사정을 앞서 본 법리에 비추어 보면, 이 사건 3억 원을 통한 법정변제충당시점에 이 사건 순번 1 내지 5 차용금채무 전부의 이행기가 도래한 이상 이 사건 순번 1, 2 차용금채무에 물상보증인이 제공한 물적담보가 있다고 하더라도 그와 나머지 차용금채무들 사이에는 변제자인 채무자의 변제이익에 차이가 없다고 할 것이므로, 이 사건 3억 원은 민법 제477조 제3호에 따라 변제충당되어야 할 것이다. 따라서 이 사건 3억 원은 이행기가 가장 먼저 도래한 이 사건 순번 3 차용금채무에 우선 변제충당되어야 할 것이고, 그와 같은 사정이라면 이 사건 순번 3 차용금채무는 소멸하고 이에 따라 이를 연대보증한 피고의 연대보증채무도 소멸한다고 할 것이다.

chapter

03 보충 및 심화내용 정리

제1절 근저당 관련

1. 근저당권설정계약의 해지요건

근저당 부동산에 대하여 소유권을 취득한 제3자는 피담보채무가 확정된 이후에 그 확정된 피담보채무를 채권최고액의 범위 내에서 변제하고 근저당권의 소멸을 청구할 수 있다고 할 것인바, 피담보채무는 근저당권설정계약에서 근저당권의 존속기간을 정하거나 근저당권으로 담보되는 기본적인 거래계약에서 결산기를 정한 경우에는 원칙적으로 존속기간이나 결산기가 도래한 때에 확정되지만, 이 경우에도 근저당권에 의하여 담보되는 채권이 전부 소멸하고 채무자가 채권자로부터 새로이 금원을 차용하는 등 거래를 계속할 의사가 없는 경우에는, 그 존속기간 또는 결산기가 경과하기 전이라 하더라도 근저당권설정자는 계약을 해제하고 근저당권설정등기의 말소를 구할 수 있고, 존속기간이나 결산기의 정함이 없는 때에는 근저당권설정자가 근저당권자를 상대로 언제든지 해지의 의사표시를 함으로써 피담보채무를 확정시킬 수 있으며, 이러한 계약의 해제 또는 해지에 관한 권한은 근저당 부동산의 소유권을 취득한 제3자도 원용할 수 있다(대판 2001.11.9, 2001다47528).

2. (근)저당권 부동산의 제3취득자나 물상보증인

채무자의 채무가 더 많더라도 민법 제360조의 금액(저당권의 경우) 또는 채권최고액(근저당권의 경우)만을 변제하고 근저당권 말소를 청구할 수 있음(민법 제364조).

3. 채권자 아닌 제3자 명의로 설정된 저당권 또는 채권담보 목적의 가등기의 효력(=제한적 유효)

채권담보의 목적으로 채무자 소유의 부동산을 담보로 제공하여 저당권을 설정하는 경우에는 담보물권의 부종성의 법리에 비추어 원칙적으로 채권과 저당권이 그 주체를 달리할 수 없는 것이지만, 채권자 아닌 제3자의 명의로 저당권등기를 하는 데 대하여 채권자와 채무자 및 제3자 사이에 합의가 있었고, 나아가 제3자에게 그 채권이 실질적으로 귀속되었다고 볼 수 있는 특별한 사정이 있거나, 거래경위에 비추어 제3자의 저당권등기가 한낱 명목에 그치는 것이 아니라 그 제3자도 채무자로부터 유효하게 채권을 변제받을 수 있고 채무자도 채권자나 저당권 명의자인 제3자 중 누구에게든 채무를 유효하게 변제할 수 있는 관계, 즉 묵시적으로 채권자와 제3자가 불가분적 채권자의 관계에 있다고 볼 수 있는 경우에는, 그 제3자 명의의 저당권등기도 유효하다고 볼 것인바, 이러한 법리는 저당권의 경우뿐 아니라 채권담보를 목적으로 가등기를 하는 경우에도 마찬가지로 적용된다고 보아야 할 것이고, 이러한 법리가 부동산 실권리자명의 등기에 관한 법률에 규정된 명의신탁약정의 금지에 위반된다고 할 것은 아니다(대판 2000.12.12, 2000다49879).

사례 – 사법연수원 44기 2학기 자료

【공통사례】

◎ 원고는 2011.4.6. 피고와, 소외 장명부가 2011.4.6. 이후 피고에 대하여 부담하게 될 차용금채무 원리금 및 비용일체를 담보하기 위하여 이 사건 토지에 관하여 채권최고액 1억 원의 근저당계약을 체결하고 등기를 마침.

◎ 장명부는 이 사건 토지를 담보로 피고로부터, 2011.5.1. 5,000만 원, 이자 월 1%, 변제기 2011.12.31.로 정하여, 2012.2.1. 4,000만 원, 이자 월 1%, 변제기 2012.6.30.로 정하여 차용하였고(이하 "이 사건 차용").

◎ 피고가 2013.1.31. 서울동부지방법원 2013타경2345호로 이 사건 토지에 관하여 담보권 실행을 위한 경매신청을 하여 2013.2.4. 경매개시결정이 내려졌고, 피고는 위 경매신청비용으로 1,230,510원을 지출함.

◎ 장명부가 2013.2.28. 피고로부터 변제수령권한을 수여받은 이병한에게 채무의 변제를 위하여 95,730,510원(2013.2.28. 현재 원금과 이에 대한 이자 및 지연손해금 합계 94,500,000원 + 1,230,510원)을 지급함(이하 "이 사건 지급금").

◎ 2013.6.5. 이 사건 토지에 관하여 원고로부터 제3자에게 소유권이전등기가 마쳐짐.

(이에 원고는 이 사건 근저당권피담보채권은 위 경매신청으로 확정되었고, 위 변제로 모두 소멸하였으므로 피고는 원고에게 이 사건 근저당권설정등기에 대하여 위 변제를 원인으로 말소등기절차를 이행할 의무가 있다고 주장하고 있음), 이에 대하여,

1. 문제

피고는, 근저당권설정등기의 말소를 청구할 수 있는 자는 그 부동산의 소유자 또는 말소등기로 인하여 직접적인 법률상의 이해관계를 가지고 있는 등기부상의 이해관계인에 한정된다고 할 것인데, 원고는 이 사건 소송이 진행 중인 2013.6.5. 이 사건 토지의 소유권을 제3자에게 이전하여 주어 그 소유권을 상실하였을 뿐만 아니라 말소를 청구할 등기부상의 직접적인 이해관계를 가지고 있다고 보기 어려우므로 원고의 청구는 더 나아갈 필요 없이 이유 없다고 주장하는 경우 그 당부?

▶ 답안

그러나 근저당권이 설정된 후에 그 부동산의 소유권이 제3자에게 이전된 경우에는 현재의 소유자가 자신의 소유권에 기하여 피담보채권의 소멸을 원인으로 그 근저당권설정등기의 말소를 청구할 수 있음은 물론이지만, 근저당권설정자인 종전의 소유자도 근저당권설정계약의 당사자로서 근저당권 소멸에 따른 원상회복으로 근저당권자에게 근저당권설정등기의 말소를 구할 수 있는 계약상의 권리가 있으므로 이러한 계약상의 권리에 터잡아 근저당권자에게 피담보채무의 소멸을 이유로

하여 그 근저당권설정등기의 말소를 청구할 수 있다고 봄이 상당하고, 목적물의 소유권을 상실하였다는 이유만으로 그러한 권리를 행사할 수 없다고 볼 것은 아니므로 피고의 주장은 이유 없다.

2. 문제

피고는, 장명부가 피고에 대하여 이 사건 각 차용금채무 외에 연대보증채무금을 부담하고 있는데, 이 사건 지급금만으로는 위 채무 전부를 소멸하기에 부족하므로, 이 사건 지급금 중 44,000,000원은 법정변제충당의 순서에 따라 위 연대보증채무금 40,000,000원에 대한 2012.5.1.부터 그 지급일인 2013.2.28.까지의 지연손해금 400만 원 및 이 사건 각 차용금채무자와 변제이익이 동일하고 이행기가 먼저 도래한 위 연대보증금채무 원본 40,000,000원의 변제에 충당하였다고 항변하는 경우 이에 대한 판단?

▶ 답안

소외 한정호가 2010.12.1. 피고로부터 40,000,000원을 이자 월 1%(매월 말일 지급), 변제기 2011.2.28.로 정하여 차용하였는데, 장명부가 당시 피고에 대하여 한정호의 위 차용금채무를 연대보증한 사실(이하 "이 사건 연대보증금")을 인정할 수 있고, 피고는 한정호로부터 위 차용금 40,000,000원에 대한 위 차용일부터 2012.4.30.까지의 이자 또는 지연손해금을 변제받았는 바, 이 사건 지급금이 이 사건 각 차용금채무와 이 사건 연대보증금채무를 모두 소멸시키기에 부족하므로 이 사건 지급금은 특별한 사정이 없는 한 법정변제충당의 순서에 따라 충당되어야 할 것임.

이자 또는 지연손해금채무가 딸린 채무에 대한 법정변제충당의 경우에는 민법 제479조 제1항이 우선 적용되는 것이고, 한편 이 사건 각 차용금채무가 변제자인 장명부의 채무인 반면, 이 사건 연대보증금채무는 장명부가 한정호의 채무에 대한 연대보증인으로서 부담하는 채무이므로, 이 사건 각 차용금채무가 변제자인 장명부에게 변제이익이 더 많은 채무에 해당한다고 할 것임.

다음으로, 이 사건 차용금채무는 이율이 동일하여 변제이익이 동일하나 그중 위 2011.5.1.자 차용금채무의 이행기가 먼저 도래하였으므로 결국 이 사건 지급금은 민법 제479조, 제477조 제2호, 제3호에 따라 이 사건 각 차용금에 대한 비용, 이 사건 차용금에 대한 지연손해금채무와 이 사건 연대보증금에 대한 지연손해금채무의 각 변제에 먼저 충당되고 남은 잔액이 위 2011.5.1.자 차용금 원본채무, 2012.2.1.자 차용금 원본채무, 이 사건 연대보증금 원본채무의 순서로 각 그 변제에 충당되어야 할 것임.

그러므로 이 사건 지급금은 위 경매신청비용 1,230,510원, 이 사건 각 차용금 합계 9,000만 원에 대한 위 2012.10.1.부터 2013.2.28.까지 5개월 동안의 월 1% 약정이율에 의한 지연손해금 450만 원(9,000만 원×0.01×5개월), 이 사건 연대보증금 4,000만 원에 대한 위 2012.5.1.부터 2013.2.28.까지 10개월 동안의 월 1%의 약정이율에 의한 지연손해금 400만 원(4,000만 원×0.01×10개월)의 각 채무 변제에 충당됨.

그리고 나머지 86,000,000원이 이 사건 각 차용금채무 중 2011.5.1.자 차용금 50,000,000원의 원본 전액 및 2012.2.1.자 차용금 4,000만 원의 원본 중 36,000,000원의 변제에 충당된다고 할 것이므로 결국 피고의 항변은 위 인정범위 내에서 이유 있음.

따라서 이 사건 근저당권의 피담보채무인 이 사건 각 차용금채무는 위 변제충당에 의하여 2013.2.28.까지의 비용, 지연손해금 전액과 원본 중 86,000,000원의 범위 내에서 소멸하고 2012.2.1.자 차용금채무 원본 4,000,000원(40,000,000원 - 36,000,000원) 및 이에 대한 이 사건 지급금 지급일 다음 날인 2013.3.1.부터의 지연손해금이 남게 됨.

3. 문제

피고는 또한, 이 사건 근저당권에 기한 담보권 실행을 위한 경매신청을 하여 경매개시결정이 내려지기는 하였으나 피고가 2013.3.4. 경매신청을 취하하였으므로 경매신청으로 인한 피담보채무 확정의 효력이 소멸하였고, 그 후 장명부가 2013.4.1. 피고로부터 추가로 30,000,000원을 이자 월 1.5%, 변제기 2013.5.31.로 정하여 차용하였으므로, 위 추가 차용금 또한 이 사건 근저당권의 피담보채무 범위에 포함된다고 주장하는 경우 이에 대한 판단?

▶ 답안

근저당권자가 담보권 실행을 위한 경매신청을 하면 경매신청 시에 근저당권의 피담보채권이 확정되며(대판 1998.10.27, 97다26104 · 26111 등), 경매개시결정 이후 경매신청을 취하하더라도 피담보채권 확정의 효력에는 영향이 없으므로 피고의 주장은 이유 없다.

4. 소결론 및 미리 청구할 필요

그렇다면 위 피담보채무의 전액 변제로 인하여 이 사건 근저당권이 소멸하였다는 원고의 주장은 이유 없다. 그러나 원고는 만일에 피담보채무가 일부 남아 있다면 물상보증인으로서 그 잔존채무의 변제를 조건으로 이 사건 근저당권설정등기의 말소를 구한다는 취지의 의사표시를 하고 있으므로, 피고는 원고로부터 위 잔존채무 4,000,000원 및 이에 대한 위 2013.3.1.부터 다 갚는 날까지 월 1%의 약정이율로 계산한 지연손해금을 지급받은 다음 원고에게 이 사건 근저당권설정등기의 말소등기를 이행할 의무가 있고, 잔존채무의 범위에 관하여 피고가 다투고 있는 이상 장래 이행의 소로써 근저당권설정등기의 말소를 미리 청구할 필요가 있다.

PART 04

제2절 부동산 실권리자명의 등기에 관한 법률 문제

1. 단순등기명의 신탁의 경우(양자간 등기명의신탁)

신탁자는 신탁재산에 대한 소유자이므로 소유권에 기한 방해배제청구권을 행사하여 수탁자명의의 등기를 말소할 수 있다. 즉, 수탁자명의의 등기는 무효이므로 신탁자는 수탁자를 상대로 원인무효등기말소 청구를 통해서 등기를 회복할 수 있다.

2. 중간생략등기명의 신탁의 경우(3자간 등기명의신탁)

① 명의신탁약정에 따른 물권변동은 무효이므로, 해당 부동산의 소유권은 등기부상 전소유자인 매도인에게 귀속한다(신탁자는 자신 명의로 등기를 한 적이 없으므로 신탁자가 소유자가 아님).

② 이 경우 매도인과 신탁자 사이의 매매계약의 효력은 여전히 유효하므로 신탁자는 매도인이 수탁자에 대하여 갖는 소유권에 기한 이전등기말소청구권을 대위행사하여 원매도인의 명의로 회복한 후, 그 매도인을 상대로 매매계약에 기한 이전등기를 청구함으로써 자신 명의로 해당 부동산의 소유권을 회복할 수 있다.

3. 계약명의신탁의 경우

1) 상대방이 명의신탁약정이 있다는 사실을 알지 못한 경우

그 물권변동은 유효하므로 명의수탁자는 신탁재산에 대한 소유권을 취득한다. 다만, 이 경우 명의신탁자가 수탁자를 상대로 그 소유권을 부당이득으로 반환청구할 수 있는지에 대해서는 다툼이 있다.

판례는,

① 부동산실명법이 적용되기 이전에 계약명의신탁약정의 경우 명의수탁자는 명의신탁자에게 자신이 취득한 해당 부동산을 부당이득으로 반환할 의무가 있다.

② 그러나 계약명의신탁이 부동산실명법 시행 후에 있었던 경우에는 명의신탁자로부터 제공을 받은 매수자금을 부당이득한 것으로 보아야 한다.

2) 상대방이 명의신탁약정이 있다는 사실을 안 경우

① 상대방은 명의수탁자에게 소유권에 기하여 수탁자명의 등기의 말소나 진정명의회복을 위한 소유권이전등기를 청구할 수도 있으며, 반면 수탁자는 상대방에게 이미 지급한 매매대금의 반환을 청구할 수 있다.

② 신탁자는 수탁자에 대하여 부당이득반환청구권을 갖게 되는데, 수탁자에 대한 부당이득반환청구권을 피보전권리로 하여 수탁자를 대위하여 수탁자의 상대방에 대한 부당이득반환청구권을 행사할 수도 있다.

계약명의신탁 사례

사례 1

1. 명의신탁의 약정
원고는 별지목록 기재 각 부동산(이하 "이 사건 부동산"이라 한다)을 소외 현주엽으로부터 매수하되, 다만 그 매매계약 및 소유명의는 당시 원고의 장인이던 피고 명의로 하기로 피고와 약정하였습니다.

2. 매매대금의 지급과 등기
① 이에 원고는 피고를 매수인으로 내세워 2003.5.9. 원고와 피고 간의 명의신탁약정을 모르는 소외 현주엽으로부터 이 사건 각 부동산을 대금 9억 5천만 원에 매수하면서, 계약금 2억 원은 계약 당일, 중도금 3억 원은 2003.6.9. 잔금 4억 5천만 원은 2003.8.5.에 각 지급하되, 위 잔금 중 2억 원은 피고가 이 사건 각 부동산의 기존 임차인들에 대한 임대차보증금 반환채무를 인수하고, 금 1억 원은 피고가 현주엽의 신대방1동 새마을금고에 대한 근저당권채무(이자 포함)를 인수하는 것으로 그 지급에 갈음하여 약정하였습니다.
② 위와 같은 약정에 따라 위 계약금 2억 원과 중도금 3억 원은 원고가 직접 마련하여 지급하였고, 잔금 중 1억 5천만 원은 담보로 이 사건 각 부동산에 관하여 서울중앙지방법원 2003.8.5. 접수 제42375호로 채무자 피고, 근저당권자 주식회사 금호상호저축은행으로 하는 채권최고액 1억 9,500만 원의 근저당권설정등기를 마치고, 피고 명의로 금호은행으로부터 금 1억 5,000만 원을 대출받아 이를 현주엽에게 지급하였으며, 피고는 위 부동산의 기존 임차인들에 대한 임대차보증금 반환채무도 모두 인수하고, 신대방1동 새마을금고에 대한 위 근저당권채무(이자 포함)도 모두 인수를 하였습니다.
③ 그리고 이 사건 부동산에 관하여 서울중앙지방법원 2003.8.5. 접수 제42374호로 매매를 원인으로 한 피고 명의의 소유권이전등기를 마쳤습니다.

3. 부당이득반환의무
위와 같은 원고와 피고 사이의 명의신탁약정은 부동산 실권리자명의 등기에 관한 법률 제4조 제1항에 따라 무효이고, 동법 제4조 제2항 단서에 따라 피고는 이 사건 각 부동산의 소유권을 취득하였는바, 결국 피고는 아무런 원인 없이 원고가 위 약정에 따라 제공한 매수자금 상당액을 이득하고, 원고는 동액 상당의 손해를 입었다 할 것이므로, 피고는 원고에게 원고가 제공한 매수자금 5억 원(계약금 2억 원 + 중도금 3억 원)은 물론, 동인이 원고로부터 위 매수자금을 수령할 때 이미 법률상 원인 없이 이익을 얻는다는 사실을 알고 있었으므로, 계약금 2억 원에 대하여는 2003.5.9.부터, 중도금 3억 원에 대하여는 2003.6.9.부터 각 이 사건 소장부본 송달일까지는 연 5%의 비율에 의한 법정이자를, 그 다음 날부터 다 갚은 날까지는 소송촉진 등에 관한 특례법 소정의 연 12%의 각 비율에 의한 지연손해금을 반환할 의무가 있습니다.

사례 2

1. 명의신탁

① 원고는 장경근과 명의신탁약정을 맺고, 1994.6.15. 제주지방법원 93타경6510호 부동산임의경매에서, 원고가 경락대금 18억 원 등 경락에 소요되는 모든 비용을 부담하여, 별지목록 제1.기재 부동산을 장경근의 명의로 경락받아 두었습니다.

② 원고는 또한 위 장경근과 명의신탁약정을 맺고, 장경근 명의로 2002.3.2. 그 명의신탁약정 사실을 알지 못하던 소외 선경건설 주식회사로부터 당시 신축 중이던 별지목록 제2.기재 부동산을 대금 4억 5,000만 원에 분양받기로 약정한 다음, 원고가 2002.3.2. 그 계약금으로 9,000만 원, 2002.3.25. 중도금으로 9,000만 원, 2000.9.25. 잔금으로 2억 7,000만 원 등 분양대금 전액을 장경근 명의로 납부하고, 2002.9.25. 별지목록 제2.기재 부동산에 관하여 장경근 명의로 소유권이전등기를 마쳐 두었습니다(갑 제6호증).

2. 별지목록 제1.기재 부동산에 대한 부당이득

별지목록 제1.기재 부동산에 대한 명의신탁은 "부동산 실권리자명의 등기에 관한 법률"이 시행되기 이전에 이루어진 것으로서, 원고가 동법 소정의 유예기간 내에 그 별지목록 제1.기재 부동산에 대한 소유명의를 원고 명의로 전환하지 않아 장경근이 완전한 소유권을 취득하였다 하더라도, 장경근의 부당이득반환의무는 여전히 존재하고, 그 반환의 대상은 별지목록 제1.기재 부동산 자체라 할 것입니다.

3. 별지목록 제2.기재 부동산에 대한 부당이득

별지목록 제2.기재 부동산에 대한 명의신탁은 "부동산 실권리자명의 등기에 관한 법률"이 시행된 이후에 이루어진 것이므로, 원고와 장경근 사이의 명의신탁약정은 무효라고 할 것이나, 원고와 장경근 사이의 명의신탁약정 사실을 알지 못하던 소외 선경건설 주식회사가 장경근에게 마쳐준 소유권이전등기는 완전히 유효하므로, 장경근은 별지목록 제2.기재 부동산에 대한 완전한 소유권을 취득하였다 할 것이고, 별지목록 제2.기재 부동산의 매수자금은 장경근이 부당하게 이득을 취한 것이므로, 동인은 민법 제748조 제2항(악의의 수익자), 제749조 제1항에 따라, 이를 원고에게 반환할 의무가 있다 할 것입니다.

사례 3 부당이득의 범위

명의신탁자와 명의수탁자가 이른바 계약명의신탁약정을 맺고 명의수탁자가 당사자가 되어 명의신탁약정이 있다는 사실을 알지 못하는 소유자와의 사이에 부동산에 관한 매매계약을 체결한 후 그 매매계약에 따라 해당 부동산의 소유권이전등기를 수탁자 명의로 마친 경우에는 명의신탁자와 명의수탁자 사이의 명의신탁약정의 무효에도 불구하고 그 명의수탁자는 해당 부동산의 완전한 소유권을 취득하게 되고, 다만 명의수탁자는 명의신탁자에 대하여 부당이득반환의무를 부담하게 될 뿐이다.

이 경우 그 계약명의신탁약정이 '부동산 실권리자명의 등기에 관한 법률' 시행 후인 경우에는 명의신탁자는 애초부터 해당 부동산의 소유권을 취득할 수 없었으므로, 위 계약명의신탁약정의 무효로 인하여 명의신탁자가 입은 손해는 해당 부동산 자체가 아니라 명의수탁자에게 제공한 매수자금이고, 따라서 명의수탁자는 해당 부동산 자체가 아니라 명의신탁자로부터 제공받은 매수자금 상당액을 부당이득하였다고 할 것이다.

이때 명의수탁자가 소유권이전등기를 위하여 지출하여야 할 취득세, 등록세 등을 명의신탁자로부터 제공받았다면, 이러한 자금 역시 위 계약명의신탁약정에 따라 명의수탁자가 해당 부동산의 소유권을 취득하기 위하여 매매대금과 함께 지출된 것이므로, 해당 부동산의 매매대금 상당액 이외에 명의신탁자가 명의수탁자에게 지급한 취득세, 등록세 등의 취득비용도 특별한 사정이 없는 한 위 계약명의신탁약정의 무효로 인하여 명의신탁자가 입은 손해에 포함되어 명의수탁자는 이 역시 명의신탁자에게 부당이득으로 반환하여야 한다.

제3절 기타 주요 판례

1. 대법원 2018다40235(본소), 2018다40242(반소) 판결

◇ 전세권자의 사용수익을 배제하고 채권 담보만을 목적으로 설정한 전세권이 유효한지 여부(소극) ◇

민법 제185조는 "물권은 법률 또는 관습법에 의하는 외에는 임의로 창설하지 못한다."라고 정하여 물권법정주의를 선언하고 있다. 물권법의 강행법규성에 따라 법률과 관습법이 인정하지 않는 새로운 종류나 내용의 물권을 창설하는 것은 허용되지 않는다(대법원 2002.2.26. 2001다64165 참조).

전세권자는 전세금을 지급하고 타인의 부동산을 점유하여 그 부동산의 용도에 좇아 사용・수익하며, 그 부동산 전부에 대하여 후순위권리자 기타 채권자보다 전세금의 우선변제를 받을 권리가 있다(민법 제303조 제1항).

전세권설정계약의 당사자가 주로 채권 담보 목적으로 전세권을 설정하고 설정과 동시에 목적물을 인도하지 않는다고 하더라도 장차 전세권자가 목적물을 사용・수익하는 것을 배제하지 않는다면, 전세권의 효력을 부인할 수는 없다(대판 1995.2.10, 94다18508 참조). 그러나 전세권 설정의 동기와 경위, 전세권 설정으로 달성하려는 목적, 채권의 발생 원인과 목적물의 관계, 전세권자의 사용・수익 여부와 그 가능성, 당사자의 진정한 의사 등에 비추어 전세권설정계약의 당사자가 전세권의 핵심인 사용・수익 권능을 배제하고 채권 담보만을 위해 전세권을 설정하였다면, 법률이 정하지 않은 새로운 내용의 전세권을 창설하는 것으로서 물권법정주의에 반하여 허용되지 않고 이러한 전세권설정등기는 무효라고 보아야 한다.

☞ 이 사건 전세권은 피고 2가 갑의 A 식당에 관한 임대차보증금반환채권을 담보할 목적으로 A 식당이 아닌 이 사건 식당에 관하여 설정되었고, 이후 피고 1(반소원고)은 강제경매 절차에서 이 사건 식당을 매수하였으며, 피고 3은 식당을 위탁관리하는 회사임원고(반소피고)는 이 사건 전세권을 전전 양수한 후 이 사건 식당의 전세권자라 주장하며 피고들이 식당에서 퇴거하고 피고 1이 식당을 인도할 것을 청구하는 본소를 제기하였고, 피고 1은 원고를 상대로 이 사건 전세권설정등기가 무효라는 이유로 그 말소를 청구하는 반소를 제기함

☞ 대법원은, 위 법리에 기초하여 이 사건 전세권은 전세권자가 목적물인 이 사건 식당을 사용・수익하는 것을 배제하고 채권 담보만을 목적으로 설정된 것이므로 이 사건 전세권설정등기가 무효라고 판단한 원심을 수긍하고 상고를 기각함

2. 대법원 2020다257999 판결

가. 전세권이 용익물권적 성격과 담보물권적 성격을 모두 갖추고 있고, 목적물의 인도는 전세권의 성립요건이 아닌 점 등에 비추어 볼 때, 당사자가 주로 채권담보의 목적으로 전세권을 설정하였고, 그 설정과 동시에 목적물을 인도하지 않은 경우라 하더라도, 장차 전세권자가 목적물을 사용・수익하는 것을 완전히 배제하는 것이 아니라면 그 전세권의 효력을 부인할 수는 없다. 전세금의 지급은 전세권 성립의 요소가 되는 것이지만 그렇다고 하여 전세금의 지급이 반드시 현실적으로 수수되어야만 하는 것은 아니고 기존의 채권으로 전세금의 지급을 갈음할 수도 있다(대판 1995.2.10, 94다18508 등 참조).

임대차계약에 따른 임대차보증금반환채권을 담보할 목적으로 임차인과 임대인 사이의 합의에 따라 임차인 명의로 전세권설정등기를 마친 경우, 전세금의 지급은 임대차보증금반환채권으로 갈음한 것이고 장차 전세권자가 목적물을 사용・수익하는 것을 완전히 배제하는 것도 아니므로 전세권설정등기는 유효하다.

나. 임대차보증금은 임대차계약이 종료된 후 임차인이 목적물을 인도할 때까지 발생하는 차임과 그 밖의 채무를 담보한다(대판 2005.9.28, 2005다8323・8330 등 참조). 임대인과 임차인이 위와 같이 임대차보증금반환채권을 담보할 목적으로 전세권을 설정하기 위해 전세권설정계약을 체결하였다면, 임대차보증금에서 연체차임 등을 공제하고 남은 돈을 전세금으로 하는 것이 임대인과 임차인의 합치된 의사라고 볼 수 있다.

그러나 전세권설정계약은 외관상으로는 그 내용에 차임지급 약정이 존재하지 않고 이에 따라 전세금에서 연체차임이 공제되지 않는 등 임대인과 임차인의 진의와 일치하지 않는 부분이 존재한다. 따라서 전세권설정계약은 위와 같이 임대차계약과 양립할 수 없는 범위에서 통정허위표시에 해당하여 무효라고 봄이 타당하다. 다만 전세권설정계약에 따라 형성된 법률관계에 기초하여 새로이 법률상 이해관계를 가지게 된 제3자에 대해서는 그 제3자가 그와 같은 사정을 알고 있었던 경우에만 무효를 주장할 수 있다(대판 2008.3.13, 2006다29372・29389, 대판 2013.2.15, 2012다49292 등 참조). 따라서 임대차계약에 따른 임차보증금반환채권을 담보

할 목적으로 전세권설정등기를 마친 경우 임대차계약에 따른 연체차임 공제는 전세권설정계약과 양립할 수 없으므로, 전세권설정자는 선의의 제3자에 대해서는 연체차임 공제 주장으로 대항할 수 없다.

여기에서 선의의 제3자가 보호될 수 있는 법률상 이해관계는 전세권설정계약의 당사자를 상대로 하여 직접 법률상 이해관계를 가지는 경우 외에도 법률상 이해관계를 바탕으로 하여 다시 위 전세권설정계약에 의하여 형성된 법률관계와 새로이 법률상 이해관계를 가지게 되는 경우도 포함된다(대판 2013.2.15, 2012다49292 참조).

☞ 임대차보증금반환채권 담보 목적의 이 사건 전세권에 근저당권이 설정된 후 피고들이 조세채권에 기초하여 그 전세권근저당권부채권을 압류하였는데, 전세권설정자인 원고가 이 사건 전세금이 연체차임 공제로 모두 소멸하였다고 주장하면서 피고들에 대하여 전세권설정등기 말소에 대하여 승낙의 의사표시를 청구한 사건임

☞ 원심은 피고들이 이 사건 전세권설정등기가 임대차보증금반환채권 담보 목적임을 알고 있었음을 인정할 증거가 없으므로, 원고는 피고들에 대하여 연체차임 공제를 주장할 수 없다는 이유로 원고의 청구를 배척하였고, 대법원은 위와 같은 판시를 바탕으로 원심판결이 정당하다고 하였음

3. 대법원 2018다268538 판결

가) … 중략

나) 임대차계약에 따른 임대차보증금반환채권을 담보할 목적으로 임대인과 임차인 사이의 합의에 따라 임차인 명의로 전세권설정등기를 마친 경우, 그 전세금의 지급은 이미 지급한 임대차보증금으로 대신한 것이고, 장차 전세권자가 목적물을 사용·수익하는 것을 완전히 배제하는 것도 아니므로, 그 전세권설정등기는 유효하다. 이때 임대인과 임차인이 그와 같은 전세권설정등기를 마치기 위하여 전세권설정계약을 체결하여도, 임대차보증금은 임대차계약이 종료된 후 임차인이 목적물을 인도할 때까지 발생하는 차임 및 기타 임차인의 채무를 담보하는 것이므로(대판 2005.9.28, 2005다8323·8330 등 참조), 임대인과 임차인이 위와 같이 임대차보증금반환채권을 담보할 목적으로 전세권을 설정하기 위하여 전세권설정계약을 체결하였다면, 임대차보증금에서 연체차임 등을 공제하고 남은 돈을 전세금으로 하는 것이 임대인과 임차인의 합치된 의사라고 볼 수 있다.

그러나 그 전세권설정계약은 외관상으로는 그 내용에 차임지급 약정이 존재하지 않고 이에 따라 전세금이 연체차임으로 공제되지 않는 등 임대인과 임차인의 진의와 일치하지 않는 부분이 존재한다. 따라서 그러한 전세권설정계약은 위와 같이 임대차계약과 양립할 수 없는 범위에서 통정허위표시에 해당하여 무효라고 봄이 타당하다. 다만 그러한 전세권설정계약에 의하여 형성된 법률관계에 기초하여 새로이 법률상 이해관계를 가지게 된 제3자에 대하여는 그 제3자가 그와 같은 사정을 알고 있었던 경우에만 그 무효를 주장할 수 있다(대판 2008.3.13, 2006다29372·29389, 대판 2013.2.15, 2012다49292 등 참조).

다) 전세권을 목적으로 한 저당권이 설정된 경우, 전세권의 존속기간이 만료되면 전세권의 용익물권적 권능이 소멸하기 때문에 더 이상 전세권 자체에 대하여 저당권을 실행할 수 없게 되고, 저당권자는 저당권의 목적물인 전세권에 갈음하여 존속하는 것으로 볼 수 있는 전세금반환채권에 대하여 압류 및 추심명령 또는 전부명령을 받거나 제3자가 전세금반환채권에 대하여 실시한 강제집행절차에서 배당요구를 하는 등의 방법으로 물상대위권을 행사하여 전세금의 지급을 구하여야 한다(대판 2014.10.27, 2013다91672 참조). 전세권저당권자가 물상대위권을 행사하여 전세금반환채권에 대하여 압류 및 추심명령 또는 전부명령을 받고 이에 기하여 추심금 또는 전부금을 청구하는 경우 제3채무자인 전세권설정자는 일반적 채권집행의 법리에 따라 압류 및 추심명령 또는 전부명령이 송달된 때를 기준으로 하여 그 이전에 채무자와 사이에 발생한 모든 항변사유로 압류채권자에게 대항할 수 있다(대판 2004.6.25, 2003다46260 · 53879 참조). 다만 임대차계약에 따른 임대차보증금반환채권을 담보할 목적으로 유효한 전세권설정등기가 마쳐진 경우에는 전세권저당권자가 저당권 설정 당시 그 전세권설정등기가 임대차보증금반환채권을 담보할 목적으로 마쳐진 것임을 알고 있었다면, 제3채무자인 전세권설정자는 전세권저당권자에게 그 전세권설정계약이 임대차계약과 양립할 수 없는 범위에서 무효임을 주장할 수 있으므로, 그 임대차계약에 따른 연체차임 등의 공제 주장으로 대항할 수 있다.

☞ 임대차보증금반환채권 담보 목적의 이 사건 전세권에 근저당권이 설정된 사안에서, 전세권설정자인 원고가 전세권근저당권자인 피고에 대하여 이 사건 전세권설정등기 말소에 대한 승낙의 의사표시를 구하는 사건임

☞ 원심은 이 사건 전세권설정계약은 통정허위표시로서 무효이고, 피고는 이 사건 근저당권 설정 당시 그 사실을 알았으므로, 피고는 전세권설정등기 말소에 대하여 승낙을 할 의무가 있다는 이유로 원고의 청구를 인용함

☞ 대법원은 위와 같은 판시를 바탕으로, 이 사건 전세권설정계약은 임대차계약과 양립할 수 없는 범위에서 통정허위표시에 해당하여 무효이나, 이 사건 전세권설정등기는 이 사건 임대차계약에 따른 A의 임대차보증금반환채권을 담보할 목적으로 마쳐진 것으로서 유효하고, 피고가 이 사건 전세권설정등기가 임대차보증금반환채권 담보 목적임을 알고 있었으므로 원고는 피고에 대하여 이 사건 임대차계약에 따른 연체차임 등의 공제 주장으로 대항할 수 있을 뿐이며, 따라서 이 사건 전세권설정등기는 이 사건 임대차보증금 중 연체차임 등을 공제한 나머지를 담보하는 범위에서 여전히 유효하므로, 피고는 원고로부터 그 나머지 임대차보증금 상당액을 지급받을 때까지 이 사건 전세권설정등기의 말소를 저지할 이익이 있다는 이유로, 원심을 파기함

PART

05

사해행위 취소

chapter

01 총설

제1절 소장 작성례

소 장

소 가 금 20,000,000원
(사해행위 청구는 : 100×200,000원×50/100 = 10,000,000원 대여금청구 20,000,000원의 수단으로 보아 대여금청구가액만으로 소가 산정)
인지대 금 95,000원
20,000,000원×45/10,000 + 5,000원

원 고 김갑동
서울 강남구 도곡로 123(역삼동)
(전화번호 :)
피 고 1. 이을남
서울 강남구 도곡로 234(역삼동)
2. 박병호
서울 강남구 도곡로 345(역삼동)
3. 최정술
서울 강남구 도곡로 456(역삼동)

사해행위 취소 등 청구의 소

청 구 취 지

1. 피고 이을남 동 박병호는 연대하여 원고에게 20,000,000원 및 이에 대하여 1998.12.30.부터 다 갚는 날까지 월 1.5%의 비율로 계산한 돈을 지급하라.

2. 가. 피고 박병호와 피고 최정술 사이의 제주시 이도1동 123 대 100㎡에 관한 1999.10.8.자 매매계약을 취소한다.
   나. 피고 최정술은 피고 박병호에게 위 가항 기재 부동산에 관하여 제주지방법원 2000.5.1. 접수 제3456호로 마친 소유권이전등기의 말소등기절차를 이행하라.
3. 소송비용은 피고들이 부담한다.
4. 제1항은 가집행할 수 있다.

라는 판결을 구합니다.

청 구 원 인

1. 대여금 청구

원고는 1998.2.29. 피고 이을남에게 20,000,000원을 이자 월 1.5%, 변제기 1999.9.29.로 하여 빌려주었고, 피고 박병호는 같은 날 피고 이을남의 원고에 대한 위 대여금채무를 담보하기 위하여 연대보증을 한 바 있으나, 피고 이을남은 약정된 이자를 1998.12.29.까지만 지급하고 그 후는 운영하는 사업이 부진함을 이유로, 원고의 수차례에 걸친 독촉에도 불구하고 지급하지 않고 있으므로, 피고들은 연대하여 원고에게 위 대여금 20,000,000원 및 이에 대한 1998.12.30.부터 다 갚는 날까지 월 1.5%의 비율로 계산한 돈을 지급할 의무가 있습니다(갑 제1호증 차용증서).

2. 사해행위 취소청구

가. 그런데 피고 박병호는 원고에 대한 보증채무 이외에도 친구에게 2,000만 원의 채무도 있는 상태에서, 그의 유일한 재산인 제주시 이도1동 123 대 75.5㎡(이하 "이 사건 부동산")를 돈도 받지 않고 5촌 당숙인 피고 최정술에게 1999.10.8. 매매를 원인으로 한 소유권이전등기를 제주지방법원 2000.5.1. 접수 제3456호로 경료하여 주었습니다(갑 제2호증 등기부등본).

나. 그러나 위와 같이 원고에 대한 보증채무금 외에 친구에게도 20,000,000원의 채무를 부담하고 있던 피고 박병호가 그의 유일한 재산인 이 사건 부동산을 돈도 받지 않고 피고 최종술에게 매매한 것은 채권자의 공동담보가 될 재산을 처분하는 행위로서 채권자인 원고를 해하는 사해행위라 할 것이고, 피고 최정술은 피고 박병남의 5촌 당숙으로서 위와 같은 사정을 잘 알면서도 이 사건 부동산을 취득한 악의의 수익자입니다.

다. 그러므로 피고 박병호와 피고 최정술 사이의 이 사건 부동산에 관한 1999.10.8.자 매매계약은 사해행위로서 취소되어야 하고, 그 원상회복으로 피고 최정술은 피고 박병호에게 소유권이전등기의 말소등기절차를 이행할 의무가 있습니다.

3. 결언

이에 원고는 청구취지 기재와 같은 판결을 구하고자 이 사건 소송을 제기하기에 이르렀습니다.

증 명 방 법

1. 갑 제1호증　　　　　차용증서
2. 갑 제2호증　　　　　부동산등기사항증명서

첨 부 서 류

1. 위 증명방법　　　　　각 4통
2. 영수필확인서　　　　　1통
3. 토지대장등본　　　　　1통
4. 송달료납부서　　　　　1통
5. 서류작성 및 제출위임장　　　　　1통
6. 소장부본　　　　　3통

2000.7.1.

원고　김갑동　(인)

서울중앙지방법원　　귀중

제2절 소송목적의 값

1) 사해행위취소의 소에 있어서는 취소되는 법률행위의 목적의 가액을 한도로 한 원고의 채권액으로 한다.

2) 채무자에 대한 피보전채권의 지급을 구하는 소(예컨대, 대여금 또는 구상금 지급청구)와 수익자(또는 전득자)에 대한 사해행위취소의 소를 병합하여 제기하는 경우 사해행위취소의 소는 피보전채권을 보전하기 위한 수단에 불과하므로 그 가액은 소송목적의 값에 산입하지 아니하되, 사해행위취소의 소의 가액이 피보전채권 지급의 소의 가액보다 다액인 경우에는 그 다액을 소송목적의 값으로 한다.

제3절 사건의 표시

사건명은 간결하고 정확하게 표시하여야 하며, 수 개의 청구가 병합되어 있는 때에는 주된 청구 또는 대표적인 청구 한 개만을 골라 그것을 사건명으로 하여 “등”자를 붙이고 그 뒤에 “청구의 소”라고 기재한다(예 사해행위취소 등 청구의 소).

제4절 청구취지

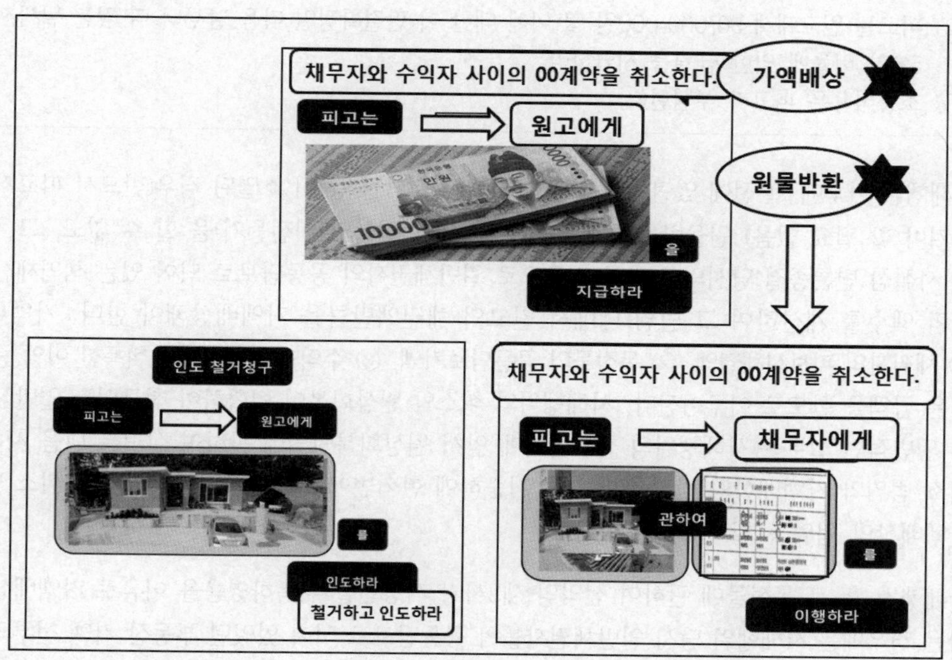

1. 가집행 가능 여부

사해행위취소소송에서 사해행위취소와 가액배상을 명하는 판결을 선고함에 있어서 사해행위취소 부분은 형성판결이므로 성질상 가집행선고가 허용되지 않으며, 금전의 지급을 명하는 가액배상 부분 역시 성질상 가집행이 허용되지 않는다.

2. 원물반환의 경우 – 청구취지 기재례

1. 피고(수익자)와 소외 갑(채무자) 사이에 별지목록 기재 부동산에 관하여 2015.10.1. 체결된 매매계약을 취소한다.
2. 피고(수익자)는 소외 갑(채무자)에게 위 부동산에 관하여 서울 동부지방법원 2015.10.1. 접수 제12345호로 마친 소유권이전등기의 말소등기절차를 이행하라.
3. 소송비용은 피고가 부담한다.

3. 가액배상의 경우 – 청구취지 기재례

1. 피고와 소외 갑 사이에 별지목록 기재 부동산에 관하여 1999.6.15. 체결된 매매계약을 50,000,000원의 한도 내에서 취소한다.
2. 피고는 원고에게 50,000,000원 및 이에 대한 이 판결확정일 다음 날부터 다 갚는 날까지 연 5%의 비율에 의한 금원을 지급하라.
3. 소송비용은 피고가 부담한다.

1) 사해행위 이후에 그 전에 있던 부동산상의 부담(근저당권 등)이 소멸된 경우(반드시 피고가 소멸시켜야 할 필요 없음) 원물반환(등기말소나 진정명의회복의 이전등기)을 할 수 없고, 그 부동산의 사실심 변론종결 당시의 시가를 기준으로 일반채권자의 공동담보로 되어 있는 책임재산의 부분의 액수를 계산하여 그 범위 내에서 원고의 채권액만큼을 가액배상해야 한다. 가액배상은 ① 채권자의 피보전채권액, ② 목적물의 공동담보가액, ③ 수익자・전득자가 취득한 이익 중 가장 적은 금액을 한도로 이루어진다. 사해행위의 취소와 원상회복이 병합하여 청구되는 일반적인 경우 일반적인 실무는 사해행위의 취소범위에 앞서 원상회복방법에 관하여 살펴본 다음 사해행위 취소 범위와 가액배상의 범위를 동일한 기준하에 한꺼번에 판단함으로써 사해행위취소 범위와 가액배상의 범위를 일치시키고 있다.

2) 사해행위 후 그 목적물에 관하여 선의의 제3자가 저당권을 취득하였음을 이유로 가액배상을 명하는 경우에는 사해행위 당시 일반채권자들의 공동담보로 되어 있었던 부동산 가액 전부의 배상을 명하여야 할 것이고, 그 가액에서 제3자가 취득한 저당권의 피담보채권액을 공제할 것은 아니고, 증여의 형식으로 이루어진 사해행위를 취소하고 원물반환에 갈음하여 그 목적물 가액의 배상을 명함에 있어서는 수익자에게 부과된 증여세액과 취득세액을 공제하여 가액배상액을 산정할 것도 아니다(대판 2003.12.12, 2003다40286).

3) 사해행위의 취소와 원상회복은 모든 채권자의 이익을 위하여 그 효력이 있으므로, 채권자취소권의 행사로 채무자에게 회복된 재산에 대하여 취소채권자가 우선변제권을 가지는 것이 아니라 다른 채권자도 총 채권액 중 자기의 채권에 해당하는 안분액을 변제받을 수 있는 것이지만, 이는 채권의 공동담보로 회복된 채무자의 책임재산으로부터 민사집행법 등의 법률상 절차를 거쳐 다

른 채권자도 안분액을 지급받을 수 있다는 것을 의미하는 것일 뿐, 다른 채권자가 이러한 법률상 절차를 거치지 아니하고 취소채권자를 상대로 하여 안분액의 지급을 직접 구할 수 있는 권리를 취득한다거나, 취소채권자에게 인도받은 재산 또는 가액배상금에 대한 분배의무가 인정된다고 볼 수는 없다[(가액배상금을 수령한 취소채권자가 이러한 분배의무를 부담하지 아니함으로 인하여 사실상 우선변제를 받는 불공평한 결과를 초래하는 경우가 생기더라도, 이러한 불공평은 채무자에 대한 파산절차 등 도산절차를 통하여 시정하거나 가액배상금의 분배절차에 관한 별도의 법률 규정을 마련하여 개선하는 것은 별론으로 하고, 현행 채권자취소 관련 규정의 해석상으로는 불가피하다(대판 2008.6.12, 2007다37837)].

4) 원상회복을 가액배상으로 하는 경우에 그 이행의 상대방은 채권자(원고)이어야 한다.

▶ 사해행위취소로 인한 가액배상의 지급의무는 그 전제가 되는 사해행위취소라는 형성판결이 확정될 때 비로소 발생하므로 판결이 확정되기 전에는 지체책임을 물을 수 없어, 판결확정일까지의 지연손해금은 인정되지 않는다.

▶ 소송촉진 등에 관한 법률 제3조 제1항의 단서의 적용을 받게 되므로 그 지연손해금의 비율은 법정이율에 의하여야 한다.

4. 사해행위 근저당이 말소되고 배당되었으나 이를 수령하지 않은 경우(배당이의를 하지 못해 배당표가 확정됨)

1. 피고 김피고와 소외 에이(123456-1234567, 주소 : 서울 강남구 개포동 한성아파트 1동 1087호) 사이에 별지목록 기재 부동산(X토지)에 관하여 2004.12.1. 체결된 근저당권설정계약을 취소한다.
2. 피고는,
   가. 소외 에이에게 별지목록 기재 배당금지급청구권의 양도의 의사표시를 하고,
   나. 소외 대한민국에게 위 배당금지급청구권 양도의 통지를 하라.

5. 배당이의소송과 사해행위소송을 병합하여 제기하는 경우 기재례 - 수익자가 근저당권자로서 배당을 받게되는 경우

1. 피고와 소외 갑 사이에 별지목록 기재 부동산에 관하여 2014.6.15. 체결된 근저당권설정계약을 취소한다.
2. 서울중앙지방법원 2014타경1234 부동산강제경매사건에 관하여 같은 법원이 2015.10.1. 작성한 배당표 중 피고에 대한 배당액 50,000,000원을 0원으로(또는 삭제하고), 원고에 대한 배당액 10,000,000원을 60,000,000(증액된 액수를 합한 금액)으로 각 경정한다.

Check Point

❖ 배당이의소송만 하는 경우 기재례

1. 서울중앙지방법원 2014타경1234 부동산강제경매사건에 관하여 같은 법원이 2015.10.1. 작성한 배당표 중 피고에 대한 배당액 50,000,000원을 금 0원으로(또는 삭제하고), 원고에 대한 배당액 10,000,000원을 60,000,000원(증액된 액수를 합한 금액)으로 각 경정한다.
2. 소송비용은 피고가 부담한다.

6. 채권자취소의 대상

채권자취소의 대상이 되는 사해행위는 채무자가 한 법률행위여야 하므로 채무자 이외의 자, 예컨대 수익자나 전득자가 한 법률행위는 채권자취소권의 대상이 되지 아니한다. 따라서 수익자와 전득자 사이의 법률행위의 취소를 구하는 소는 소의 이익이 없어 부적법하다.

*** 기재례

채무자(소외 갑)가 수익자(피고 을)에게 매매계약 및 이전등기를 하고, 다시 수익자(피고 을)가 전득자(피고 병)에게 매매 및 이에 기해 이전등기를 한 경우

1. 가. 소외 갑(채무자)과 피고을(수익자) 사이의×토지에 관하여 2004.7.1. 체결된 매매계약을 취소한다.
   나. 소외 갑(채무자)에게×토지에 관하여,
   1) 피고을(수익자)은 서울중앙지방법원 2004.7.1. 접수 제1234호로 마친 소유권이전등기의
   2) 피고 병(전득자)은 같은 법원 2004.10.1. 접수 제7891호로 마친 소유권이전등기의
   각 말소등기절차를 이행하라.

제5절 청구원인

1. 원물반환의 경우 – 청구원인 기재례

1. 피보전채권

원고는 2007.11.21. 소외 이을남에게 20,000,000원을 이자 월 2푼, 변제기 2009.10.29.로 하여 대여하여 주었으나 위 이을남은 약정된 이자를 2008.12.29.까지만 지급하였으므로 원고에게 위 차용금 20,000,000원 및 이에 대한 2008.12.30.부터 다 갚는 날까지 월 1.5%의 비율로 계산한 돈을 지급할 의무가 있습니다.

2. 사해행위

가. 그런데 이을남은 그의 소유이던 제주시 이도1동 123 대 75.5㎡(이하 "이 사건 부동산")에 관하여 언니인 피고에게 2009.10.8. 매매를 원인으로 한 소유권이전등기를 제주지방법원 2009.10.20. 접수 제3456호로 경료하여 주었습니다.

나. 그러나 당시 위 이을남은 원고에 대한 위 차용금채무 외에 친구에게도 20,000,000원의 채무를 부담하고 있던 반면 시가 5,000만 원 상당의 이 사건 부동산 외에 달리 소유하는 재산이 없었습니다. 따라서 위 이을남이 피고와 사이에 이 사건 부동산에 관하여 체결한 매매계약은 책임재산을 없앰으로써 원고로부터의 강제집행을 면탈하기 위한 사해행위라 할 것이고, 피고는 위 이을남의 언니로 위와 같은 사정을 잘 알면서도 이 사건 부동산을 취득한 악의의 수익자입니다.

다. 그러므로 이을남과 피고 사이의 이 사건 부동산에 관한 2009.10.8.자 매매계약은 사해행위로서 취소되어야 하고, 그 원상회복으로 피고는 위 이을남에게 소유권이전등기의 말소등기절차를 이행할 의무가 있으므로 원고는 위 사해행위취소 및 위 의무의 이행을 구하기 위하여 이 사건 청구에 이르렀습니다.

2. 가액배상의 경우 – 청구원인 기재례

1. 피보전채권

원고는 2007.11.21. 소외 이을남에게 20,000,000원을 이자 월 2푼, 변제기 2009.10.29.로 하여 대여하여 주었으나 위 이을남은 약정된 이자를 2008.12.29.까지만 지급하였으므로 원고에게 위 차용금 20,000,000원 및 이에 대한 2008.12.30.부터 다 갚는 날까지 월 1.5%의 비율로 계산한 돈을 지급할 의무가 있습니다.

2. 사해행위

가. 그런데 이을남은 그의 소유이던 제주시 이도1동 123 대 75.5㎡(이하 "이 사건 부동산")에 관하여 언니인 피고에게 2009.10.8. 매매를 원인으로 한 소유권이전등기를 제주지방법원 2008.10.20. 접수 제3456호로 경료하여 주었습니다.

나. 그러나 당시 위 이을남은 원고에 대한 위 차용금채무 외에 친구에게도 20,000,000원의 채무를 부담하고 있던 반면 시가 5,000만 원 상당의 이 사건 부동산 외에 달리 소유하는 재산이 없었습니다. 따라서 위 이을남이 피고와 사이에 이 사건 부동산에 관하여 체결한 매매계약은 책임재산을 없앰으로써 원고로부터의 강제집행을 면탈하기 위한 사해행위라 할 것이고, 피고는 위 이을남의 언니로 위와 같은 사정을 잘 알면서도 이 사건 부동산을 취득한 악의의 수익자입니다.

3. 취소의 범위 및 원상회복의 방법
다만, 이 사건 부동산에 관하여는 위 사해행위 당시에 이미 근저당이 설정되어 있어 그 피담보채무 잔액 3,000만 원만큼은 채권자들을 위한 책임재산에서 제외되어 있었던 것이므로, 이를 제외한 나머지 2,000만 원(=5,000만 원-3,000만 원)의 범위 내에서 위 사해행위를 취소하고 원상회복할 것이나, 피고가 이미 위 근저당권의 피담보채무금을 변제하고 2009.10.25. 위 근저당설정등기를 말소하여 원상회복을 할 수 없는 경우에 해당하므로 피고는 사해행위로 취소되는 부분에 해당하는 가액을 반환할 의무가 있다 할 것입니다.

4. 결론
따라서 피고가 위 이을남과 사이에 별지목록 기재 부동산에 관하여 2009.10.8. 체결한 매매계약은 2,000만 원 범위 내에서 취소되어야 하고, 피고는 원상회복으로 원고에게 2,000만 원 및 이에 대한 이 판결확정일 다음 날부터 다 갚는 날까지 민법이 정한 연 5%의 비율로 계산한 지연손해금을 지급할 의무가 있으므로 원고는 위 사해행위취소 및 위 의무의 이행을 구하기 위하여 이 사건 청구에 이르렀습니다.

제6절 증명방법

(부동산등기사건 참조)

제7절 첨부서류

(부동산등기사건 참조)

제8절 기타

(금전청구부분 참조)

chapter

02 소장작성 연습

1. 사례 – 제6회(2000년) 기출문제

아래 내용을 읽고 김갑동의 권리행사에 가장 유리한 소장을 작성하시오.

김갑동[서울특별시 강남구 도곡로 123(역삼동)]은 이을남[서울특별시 강남구 도곡로 234(역삼동)]에게 1998.9.29. 금 2,000만 원을 월 1.5%의 이자로 변제기 1999.9.29.로 하여 빌려주었다. 이러한 이을남의 김갑동에 대한 대여금채무를 담보하기 위하여 박병호[서울특별시 강남구 도곡로 345(역삼동)]는 같은 날 연대보증을 하였다.

그런데 이을남은 약정된 이자를 1998.12.29.까지만 지급하고 그 후는 운영하는 사업이 부진함에 의하여 김갑동의 수 차례에 걸친 독촉에도 불구하고 지급치 않고 있다.
한편, 박병호는 김갑동에 대한 보증채무 이외에도 친구에게 금 2,000만 원의 채무도 있는 상태에 있으며 이을남의 사정을 알고 있다.

그러면서 그는 유일한 재산인 제주시 이도1동 123번지 대 100㎡(㎡당 개별공시지가는 20만 원임)를 돈도 받지 않고 5촌 당숙인 최정술[서울특별시 강남구 도곡로 456(역삼동)]에게 1999.10.8. 매매를 원인으로 한 소유권이전등기를 제주지방법원 2000.5.1. 접수 제3456호로 경료하여 주었다. 이 당시 이을남에게는 이렇다 할 재산이 없었다.

김갑동은 소유권이전등기의 사실을 2000.7.1. 발견하고 법무사에게 차용증서, 토지대장, 등기부등본, 공시지가확인원 등을 가지고 찾아가 소장작성을 의뢰하였다.
응시자는 김갑동에게 유리한 소장을 작성하되, 소가 및 인지는 표지 상단 우측에 그 내역과 함께 표시하시오.

※ 날인이 필요한 부분은 (인)으로 표시할 것

» 답안례

소 장

소 가 금 20,000,000원
(사해행위 청구는 : 100×200,000원×50/100 = 10,000,000원
대여금 청구 20,000,000원의 수단으로 보아 대여금 청구가액
만으로 소가 산정)
인지대 금 95,000원
20,000,000원×45/10,000 + 5,000원

원 고 김갑동
서울 강남구 도곡로 123(역삼동)
(전화번호 :)
피 고 1. 이을남
서울 강남구 도곡로 234(역삼동)
2. 박병호
서울 강남구 도곡로 345(역삼동)
3. 최정술
서울 강남구 도곡로 456(역삼동)

사해행위 취소 등 청구의 소

청 구 취 지

1. 피고 이을남, 박병호는 연대하여 원고에게 20,000,000원 및 이에 대하여 1998.12.30.부터 다 갚는 날까지 월 1.5%의 비율로 계산한 돈을 지급하라.
2. 가. 피고 박병호와 피고 최정술 사이의 별지목록 기재 부동산에 관한 1999.10.8.자 매매계약을 취소한다.
   나. 피고 최정술은 피고 박병호에게 위 별지목록 기재 부동산에 관하여 제주지방법원 2000.5.1. 접수 제3456호로 마친 소유권이전등기의 말소등기절차를 이행하라.
3. 소송비용은 피고들이 부담한다.
4. 제1항은 가집행할 수 있다.

라는 판결을 구합니다.

청 구 원 인

1. 대여금 청구

원고는 1998.2.29. 피고 이을남에게 20,000,000원을 이자 월 1.5%, 변제기 1999.9.29.로 하여 빌려주었고, 피고 박병호는 같은 날 피고 이을남의 원고에 대한 위 대여금채무를 담보하기 위하여 연대보증을 한 바 있으나, 피고 이을남은 약정된 이자를 1998.12.29.까지만 지급하고 그 후는 지급하지 않고 있으므로, 피고들은 연대하여 원고에게 위 대여금 20,000,000원 및 이에 대한 1998.12.30.부터 다 갚는 날까지 월 1.5%의 비율로 계산한 돈을 지급할 의무가 있습니다.

2. 사해행위 취소청구

가. 피고 박병호는 그의 제주시 이도1동 123 대 75.5㎡(이하 "이 사건 부동산")를 피고 최정술에게 1999.10.8. 매매를 원인으로 한 소유권이전등기를 제주지방법원 2000.5.1. 접수 제3456호로 경료하여 주었습니다(갑 제2호증 등기부등본).

나. 그러나 피고 박병호가 위와 같이 원고에 대한 보증채무금 외에 친구에게도 20,000,000원의 채무를 부담하고 있던 상황에서 그의 유일한 재산인 이 사건 부동산을 돈도 받지 않고 피고 최정술에게 매매한 것은 채권자의 공동담보가 될 재산을 처분하는 행위로서 채권자인 원고를 해하는 사해행위라 할 것이고, 피고 최정술은 피고 박병남의 5촌 당숙으로서 위와 같은 사정을 잘 알면서도 이 사건 부동산을 취득한 악의의 수익자입니다.

다. 그러므로 피고 박병호와 피고 최정술 사이의 이 사건 부동산에 관한 1999.10.8.자 매매계약은 사해행위로서 취소되어야 하고, 그 원상회복으로 피고 최정술은 피고 박병호에게 소유권이전등기의 말소등기절차를 이행할 의무가 있습니다.

3. 결언

이에 원고는 청구취지 기재와 같은 판결을 구하고자 이 사건 소송을 제기하기에 이르렀습니다.

증 명 방 법

1. 갑 제1호증　　　　차용증서
2. 갑 제2호증　　　　부동산등기사항증명서

첨 부 서 류

1. 위 증명방법　　　　　　　각 4통
2. 영수필확인서　　　　　　　1통

3. 토지대장등본 1통
4. 송달료납부서 1통
5. 서류작성 및 제출위임장 1통
6. 소장부본 3통

2000.7.1.
원고 김갑동 (인)

서울중앙지방법원 귀중

목록

제주시 이도1동 123 대 100㎡. 끝.

2. 사례 – 제3회(1996년) 기출문제

다음의 설문으로 민사소장을 작성하시오. 김갑순은 다음과 같은 사실을 진술하고 있다. 이를 토대로 김갑순의 권리행사에 가장 유리한 내용으로 소장을 작성하시오.

---

1. 김갑순은 서울 강남구 도곡로 123(역삼동)에 살면서 서울 관악구 신림동 소재 신림시장에서 '멋쟁이'라는 상호로 옷가게를 하고 있고, 이을녀도 같은 시장에서 '보석당'이라는 금은방을 하고 있어서 1992년 3월경부터 서로 알게 되어 평소 친자매처럼 가깝게 지내왔다.
2. 그런데 이을녀가 1995년 1월 25일 남편 사업자금으로 급히 5천만 원 정도 필요하다고 2달만 쓰고 꼭 갚겠으니 빌려달라고 사정하여 그날 은행에 예금한 돈 4천만 원을 빌려주고, 별첨 차용증을 받았는데, 그때 함께 왔던 이을녀의 동생인 이을희가 여기에 보증인으로 서명날인하였다.
3. 그러나 이을녀는 2달이 지나도 원금은 고사하고 이자도 전혀 갚지 않고 차일피일하더니 1996년 4월 16일 도주해버려 현재 그 행방을 알 수 없고, 금은방에 있던 물건은 그 며칠 후 남편 강병섭이 와서 챙겨가 버려, 이을녀가 살고 있는 집이라도 가압류하려고 등기부등본을 떼어보니 벌써 1996년 3월 30일 자로 남편인 강병섭과 사이에 전세권설정계약을 체결하고, 서울중앙지방법원 1996.3.30. 접수 제0000호로 전세권설정등기가 경료되었다.
   그래서 위 집을 찾아가 그 곳에 살고 있는 강병섭에게 항의하였더니 강병섭은 자신과 이을녀는 이미 1996년 3월 28일 협의이혼하였다고 하면서 혼인관계증명서를 제시하여 살펴보니 사실이었다.

4. 그러나 두 사람은 이을녀가 도주할 때까지도 그 집에서 아이들과 함께 살고 있었고 전에 시장 사람들이 야유회를 갈 때도 함께 동행하여 부부로 행세하여 왔기 때문에 아무도 이혼한 사실을 모르고 있었다. 이을녀는 그동안 여러 사람한테 고리로 돈을 빌려 쓰고, 이를 감당할 수 없게 되자 재산을 빼돌리기 위하여 강병섭과 짜고 허위로 이혼신고를 하고 이처럼 전세권설정등기를 한 것으로 추측된다.
5. 이을녀는 현재 들리는 이야기로 수 억 원의 빚을 지고 있다고 하는데 재산이라고는 시가 8,000만 원 상당인 다세대주택 1채밖에 없어서 그 집을 강제집행해도 이미 은행에 근저당 설정한 것, 강병섭에게 전세권 설정한 것을 빼면 빌려준 돈을 받을 길이 막연하다고 한다.
6. 김갑순은 이와 같은 전후 사정을 이야기하면서 하루 빨리 소송을 해서 판결을 받아 위 집에 강제집행을 하는 방법으로라도 빌려준 돈을 되돌려 받고 싶다고 부탁을 하고 이와 아울러 차용증, 부동산등기사항증명서도 제시하였다.

〈별지〉

서울시 서초구 서초동 141-53번지 삼성빌라 101호
건평 000㎡. 끝.

차 용 증

김갑순 귀하

차용금 4,000만 원

위 돈을 정히 차용한다. 이자는 월 1.5%씩 준다.
1995.3.25.까지 갚기로 한다.

1995년 1월 25일

차용인 이을녀 (인)
서울시 강남구 도곡로 124(역삼동)

보증인 이을희 (인)
서울시 강남구 도곡로 234(역삼동)

» 답안례

소 장

*** 소가 및 인지계산은 생략
(사해행위 청구는 대여금 청구의 수단청구이므로
대여금 청구가액만으로 소가 산정)

원 고 김갑순
서울 관악구 신림 9동 101-21
(전화번호 :)

피 고 1. 이을녀
서울 서초구 서초동 141-53 삼성빌라 101호
2. 이을희
서울 서초구 서초동 590
3. 강병섭
서울 서초구 서초동 141-53 삼성빌라 101호

사해행위 취소 등 청구의 소

청 구 취 지

1. 피고 이을녀, 이을희는 연대하여 원고에게 금 40,000,000원 및 이에 대하여 1995.1.25.부터 다 갚는 날까지 월 1.5%의 비율로 계산한 돈을 지급하라.
2. 가. 피고 이을녀와 강병섭 사이에 별지목록 기재 부동산에 관하여 1996.3.30. 체결한 전세권설정계약은 이를 취소한다.
   나. 피고 강병섭은 피고 이을녀에게 별지목록 기재 부동산에 관하여 서울중앙지방법원 1996.3.30. 접수 제0000호로 마친 전세권설정등기의 말소등기절차를 이행하라.
3. 소송비용은 피고들이 부담한다.
4. 제1항은 가집행할 수 있다.

라는 판결을 구합니다.

청 구 원 인

1. 대여금 청구

원고는 서울 관악구 신림동 168 소재 신림시장에서 '멋쟁이'라는 상호로 옷가게를 하고 있는 상인으로서, 같은 시장에서 '보석당'이라는 금은방을 하고 있는 상인인 피고 이을녀에게 1995.1.25. 돈 4,000만 원을 이자 월 1.5%, 변제기 1995.3.25.로 하여 대여한 바 있으며, 여기에 피고 이을녀의 동생인 동 이을희가 보증인으로 서명날인하였습니다.

그러므로 피고 이을녀와 동 이을희는 연대하여(상법 제57조 제2항에 의하여 보증인인 피고 이을희는 주채무자인 피고 이을녀와 연대하여 변제할 책임이 있습니다) 원고에게 위 차용금 40,000,000원 및 이에 대하여 대여일인 1995.1.25.부터 다 갚는 날까지 약정이율인 월 2%의 비율로 계산한 돈을 지급할 의무가 있습니다.

2. 사해행위 취소청구

가. 피고 이을녀는 별지 기재 부동산에 관하여 피고 강병섭과 사이에 1996.3.30. 전세권설정계약을 체결하고 서울중앙지방법원 1996.3.30. 접수 제0000호로 강병철 명의의 전세권설정등기를 경료하였습니다.

나. 그러나 이는 피고 이을녀가 수억 원의 빚을 지고 있는 상태에서 유일한 재산인 시가 8,000만 원 상당인 별지 기재 부동산에 관하여 남편인 피고 강병섭과 사이에 허위로 협의이혼을 한 후 전세권을 설정한 것으로서 채권자인 원고를 해하는 사해행위이며 피고 강병섬은 피고 이을녀의 남편으로서 위와 같은 사정을 잘 알면서도 이 사건 전세권을 취득한 악의의 수익자에 해당합니다.

다. 그러므로 피고 이을녀와 피고 강병섭 사이에 별지 기재 부동산에 관하여 1996.3.30. 체결한 전세권설정계약은 사해행위로서 취소되어야 하고, 그 원상회복으로 피고 강병섭은 피고 이을녀에게 위 전세권설정등기의 말소등기절차를 이행할 의무가 있습니다.

3. 결언

이에 원고는 청구취지 기재와 같은 판결을 구하고자 이 사건 소송을 제기하기에 이르렀습니다.

증 명 방 법

1. 갑 제1호증　　차용증
2. 갑 제2호증　　부동산등기사항증명서
3. 갑 제3호증　　가족관계증명서

첨 부 서 류

1. 위 증명방법　　각 4통
2. 영수필확인서　　1통
3. 토지대장등본, 건축물대장등본　　1통
4. 송달료납부서　　각 1통

5. 서류작성 및 제출위임장　　　　　1통
6. 소장부본　　　　　　　　　　　3통

1996.8.5.
원고 김갑순 (인)

서울중앙지방법원　귀중

목록

서울 서초구 서초동 141-53 삼성빌라 101호
건평 000㎡. 끝.

3. 사례 - 13회(2007년 기출문제)

김갑남[주민등록번호 : 580808 - 1234890, 주소 : 서울 서초구 서래로 5길 33(반포동), 전화번호 : 555-5678, 전자우편 : kabnamkim@nanana.com]은 법무사 사무실에 찾아와서 다음과 같이 분쟁 내용을 진술하여 소장 작성을 의뢰하였다.

〈 다음 〉

○ "대한전기"라는 상호로 전기부품 도매업을 하는 김갑남은 "한강산업"이라는 상호로 전기부품 소매업을 하는 이정동(600909-1567567, 서울시 강남구 삼성로 81번길 23-10)에게 전기부품을 외상으로 공급하여 왔는데, 김갑남과 이정동은 2005.12.31. 현재 그 미수 외상대금을 금 1억 원으로 정산을 하였다. 당시 이정동은 2006.2.1.까지 김갑남에게 위 정산금을 지급하되, 그 지급을 연체할 경우에는 연체액에 대하여 다 갚는 날까지 월 1% 비율의 지연손해금을 가산하여 지급하기로 약정하였다.

○ 이정동은 2006.2.1. 위 정산금을 변제하지 아니한 채, 오히려 그 소유의 유일한 재산인 서울 종로구 평창동 456 대 60㎡(이하 "이 사건 토지")를 고향 후배인 박병서[주민등록번호 : 620707-

1234678, 주소 : 서울 관악구 심림로1길 30, 3동 105호(신림동, 건영아파트)]에게 시가보다 훨씬 저렴한 가격에 매도하고 2006.2.5. 소유권이전등기를 마쳐 주었는데, 당시 이 사건 토지에 관하여는 이미 ① 2004.2.2. 채권자 주식회사 신촌은행 명의의 근저당설정등기(채권최고액 5,000만 원), ② 2005.6.10. 채권자 민국은행 명의의 근저당권설정등기(채권최고액 금 9,000만 원) ③ 2005.11.30. 채권자 최고돈 명의의 가압류기입등기(채권액 금 2,500만 원)가 차례로 마쳐져 있었다.

○ 이후 박병서는 2006.2.28. 민국은행에게 위 ② 근저당권의 피담보채무액 전액인 금 8,000만 원을 변제하고 위 근저당권설정등기를 말소받았으며, 같은 날 이정동을 통하여 최고돈에게 위 ③ 가압류의 피보전채권액 중 금 1,500만 원을 변제하면서 나머지 채무를 면제받았고, 이에 따라 2006.3.9. 위 가압류기입등기도 말소되었다.

○ 이 사건 토지의 시가 및 위 ① 주식회사 신촌은행 명의 근저당권의 피담보채무액 변동내역은 아래와 같다.

기준일	2006.2.1.	2006.2.5.	2007.10.1.
이 사건 토지 시가	3억 2,000만 원	3억 1,000만 원	3억 원
① 근저당권의 피담보채무액	4,100만 원	4,110만 원	5,000만 원

○ 이 사건 토지의 개별공시지가는, 2006년에 1㎡당 42만 원이고, 2007년에 1㎡당 40만 원이다. 김갑남의 위 진술 내용을 모두 진실한 것으로 보고 그 의사를 존중하여 2007.10.1.자로 김갑남에게 가장 실효성 있고 적법하며 유리한 내용으로 서울중앙지방법원에 접수할 소장을 작성하시오(이정동에 대한 정산금청구소송과 아울러 그 정산금 확보를 위한 사해행위취소소송을 제기하되, 사해행위취소소송에서는 소장 작성일인 2007.10.1. 기준으로 하고, 민국은행 명의의 위 ② 근저당권의 피담보채무에 대한 위 변제 후부터의 이자 또는 지연손해금 등은 고려하지 말 것). 소장에는 당사자, 청구취지, 청구원인을 갖추어 기재하고, 청구원인은 필요하고도 충분한 요건사실 위주로 기재하되(금액 계산에 있어서는 그 계산근거를 정확하고 명확하게 작성할 것), 그 밖의 사실관계를 필요 이상으로 장황하게 기재하지 말고, 또한 소장의 오른쪽 윗부분에 소가와 첩부인지대를 기재하시오.

» 답안례

소 장

*** 소가 120,000,000원
*** 인지대 535,000원
내역) 120,000,000원 × 40/10000 + 55,000원

원 고 김갑남 (580808-1234890)
서울 서초구 서래로 5길 33(반포동)
전화번호 : 555-5678
전자우편 : kabnamkim@nanana.com

피 고 1. 이정동 (600909-1567567)
서울 강남구 삼성로 81번길 23-10
2. 박병서 (620707-1234678)
서울 관악구 심림로1길 30, 3동 105호(신림동, 건영아파트)

사해행위 취소 등 청구의 소

청 구 취 지

1. 피고 이정동은 원고에게 100,000,000원 및 이에 대하여 2006.2.2.부터 다 갚는 날까지 월 1%의 비율로 계산한 돈을 지급하라.
2. 가. 피고 이정동과 피고 박병서 사이에 서울 종로구 평창동 456 대 60㎡에 관하여 2006.2.1. 체결된 매매계약은 120,000,000원의 한도 내에서 취소한다.
   나. 피고 박병서는 원고에게 120,000,000원 및 이에 대한 이 사건 판결확정일 다음 날부터 다 갚는 날까지 연 5%의 비율로 계산한 돈을 지급하라.
3. 소송비용은 피고들이 부담한다.
4. 제1항은 가집행할 수 있다.

라는 판결을 구합니다.

청 구 원 인

1. 피고 이정동에 대한 청구

원고는 피고 이정동에게 전기부품을 외상으로 공급하여 오던 중 2005.12.31. 그 미수 외상대금을 금 1억 원으로 정산을 하였고, 피고 이정동은 2006.2.1.까지 원고에게 위 정산금을 지급하되 그 지급을 연체할 경우에는 연체액에 대하여 다 갚는 날까지 월 1% 비율의 지연손해금을 가산하여 지급하기로 약정하였습니다. 그러므로 피고 이정동은 원고에게 100,000,000원 및 이에 대하여 2006.2.2.부터 다 갚는 날까지 위 약정이율인 월 1%의 비율로 계산한 지연손해금을 지급할 의무가 있습니다.

2. 사해행위 청구

1) 피고 이정동은 2006.2.1. 그 소유의 유일한 재산인 서울 종로구 평창동 456 대 60㎡(이하 "이 사건 토지")를 고향 후배인 피고 박병서에게 매도하고 2006.2.5. 소유권이전등기를 마쳐 주었습니다.
2) 이는 피고 이정동이 원고에 대하여 위와 같은 물품대금채무를 부담하고 있는 상황에서 자신의 유일한 재산인 시가 3억 원의 이 사건 부동산을 고향 후배인 피고 박병서에게 시가보다 훨씬 저렴한 가격에 매각한 것으로서 채권자인 원고를 해하는 사해행위이며 피고 박병서는 피고 이정동의 후배로서 위와 같은 사정을 잘 알면서도 이 사건 부동산을 취득한 악의의 수익자에 해당합니다.

3. 취소의 범위 및 원상회복의 방법

1) 다만, 이 사건 부동산에 관하여는 위 사해행위 당시에 이미 ① 2004.2.2. 채권자 주식회사 신촌은행 명의의 근저당설정등기(채권최고액 5,000만 원), ② 2005.6.10. 채권자 민국은행 명의의 근저당권설정등기(채권최고액 9,000만 원)의 근저당권이 설정되어 있어 그 피담보채무액 130,000,000원(5,000만 원 + 8,000만 원)은 채권자들을 위한 책임재산에서 제외되어 있었던 것이므로 이를 제외한 나머지 금액 170,000,000원(= 3억 원 – 5,000만 원 – 8,000만 원)의 범위 내에서 위 사해행위를 취소하고 원상회복할 것이나, 피고가 2006.2.28. 이미 민국은행에게 위 근저당피담보채무액 8,000만 원을 근저당설정등기를 말소하여 원상회복을 할 수 없는 경우에 해당하므로 피고는 사해행위로 취소되는 부분에 해당하는 가액을 반환할 의무가 있다 할 것입니다.
2) 따라서 피고 벽병서가 피고 이정동과 사이에 별지목록 기재 부동산에 관하여 2006.2.1. 체결된 매매계약은 120,000,000원(원금 1억 원 + 이에 대하여 2006.2.2.부터 2017.10.1.까지 20개월 지연손해 2,000,000원)의 한도 내에서 취소되어야 하고, 피고는 원상회복으로 원고에게 120,000,000원 및 이에 대한 이 판결확정일 다음 날부터 다 갚는 날까지 민법이 정한 연 5%의 비율로 계산한 지연손해금을 지급할 의무가 있습니다.

4. 마치며

이상과 같은 이유로 원고는 청구취지 기재와 같은 판결을 구하기 위하여 이 사건 소를 제기하기에 이르렀습니다.

증 명 방 법

1. 갑 제1호증 정산서
2. 갑 제2호증 부동산등기사항증명서

첨 부 서 류

1. 위 증명방법	각 3통
2. 영수필확인서	1통
3. 송달료납부서	1통
4. 서류작성 및 제출위임장	1통
5. 소장부본	2통

2007.10.1.

원고 김갑남 (인)

서울중앙지방법원 귀중

☞ 사해행위 후 변제 등에 의하여 근저당권이 말소된 경우, 사해행위를 취소하여 그 부동산 자체의 회복을 명하는 것은 당초 일반채권자들의 공동담보로 되어 있지 아니하던 부분까지 회복시키는 것이 되어 공평에 반하는 결과가 되므로, 피고 박병서는 위 부동산의 현재의 가액에서 피담보채무를 변제하고 말소한 근저당권의 피담보채무액 및 우선변제권 있는 채권을 공제한 나머지 가액을 배상할 의무가 있다.

☞ 사해행위 당시 가압류집행을 해놓고 있던 가압류채권자의 채권액은 공제대상이 아니다.

4. 사례 - 사법연수원 38기 - 2007년 1학기 민사실무수습기록 변형

다음은 김승엽[서울특별시 강남구 양재대로55길 20(일원동), 주민등록번호 : 660723-1276328, 전화번호 : 02-525-4678]이 법무사 사무실에 찾아와 소장 작성을 의뢰하며 진술한 내용이다.

〈 다음 〉

1. 강경학[450125-1047325, 서울시 서초구 서운로 12, 가동 401호(서초동, 진아빌리지)]은 저와 고등학교 동창생으로서 같은 직장의 동료이기도 합니다. 그런 이유로 저와 강경학은 평소 부부동반으로 자주 만나 외식을 하거나 가족여행도 함께 가는 등 남달리 친하게 지내왔습니다. 그런데 강경학은 그의 처인 박순남(朴順南, 경기도 일산동구 장항1동 587-9)과 함께 2005.3.17. 저의 집으로 찾아와 "현재 살고 있는 아파트보다 좀 더 넓은 평수의 아파트로 옮기려고 하는데 잔금을 치를 현금이 좀 모자란다. 평소 은행에 불입해 오던 적금이 세달 후면 만기가 되는데 지금 해약하기는 너무 아깝다. 세달 후 그 돈을 찾아 갚을테니 돈 2억 원만 빌려달라"고 요청을 하였습니다. 당시 원고는 선친으로부터 상속받은 고향의 토지를 매각하여 생긴 금 3억 원 정도의 여윳돈을 일단 은행에 예금하여 놓고 마땅한 재테크 방법을 궁리 중이었는데, 강경학은 용케 그런 사정을 알고 찾아와서 월 1%의 이자를 주겠다고 하면서 위와 같이 2억 원을 빌려줄 것을 간청하므로, 저는 평소 친분관계상 이를 냉정하게 거절하기가 어려워 그 다음 날인 2005.3.18. 은행예금 중 금 2억 원을 인출하여 저의 집에서 강경학에게 전날 이야기된 조건으로 금 2억 원을 빌려주었습니다.
2. 그런데 강경학은 적금을 찾아서 갚겠다던 2005.6.17.이 도달하자 그때까지의 3달치 이자와 원금 5천만 원을 저에게 지급한 뒤 나머지 1억 5천만 원과 그 이후의 이자를 현재까지도 한푼도 지급하지 않으면서, 나중에 형편이 좋아지면 갚겠다고 미루기만 하고 있습니다.
3. 이에 강경학에 대한 법절차 진행을 위하여 알아보니, 강경학은 유일한 재산으로 소유하던 시가 3억 원짜리 별지목록 기재 아파트를 함께 동거하고 있던 그의 외조카인 이수용[(680108-1025429, 서울 성북구 종암로 17(종암동)]에게 매도하면서 위 아파트에 설정되어 있던 근저당 채무금 1억 원, 임대보증금 1억 5천만 원, 부동산가압류채무 3천만 원을 외조카 이수용이 인수하여 갈음하기로 약정을 하고, 2005.8.31. 매매를 원인으로 하여 같은 해 9.17. 이수용에게 소유권이전등기를 하여 주었습니다(서울 중앙지방법원 강남등기소 2005.9.17. 접수 제12357호).
   이 당시 강경학은 자신의 유일한 재산을 외조카인 이수용에게 매도 당시 저에 대한 위 대여금채무의 책임재산이 감소되는 것을 알고 있었고, 이수용 역시 강경학과 동거하고 있던 강경학의 친인척으로서 위와 같은 사정을 잘 알고 있었습니다.
4. 그리고 이수용은 위 아파트를 인수한 후, 현재 근저당 채무금 1억 원은 모두 변제하여 근저당이 말소된 상태이며, 부동산가압류채무금 3천만 원 역시 모두 변제하고 가압류 역시 해제된 상태입니다. 그리고 임차인의 보증금 1억 5천만 원은 2002.4.28. 주민등록 전입신고 및 확정일자를 받아 주택임대차보호법상 우선변제권이 있는 임차보증금입니다.

PART 05

김승엽의 위 진술 내용을 진실한 것으로 보고, 2007.10.7.자로 김승엽에게 가장 적절한 내용의 소장을 작성하시오.

소장에는 당사자, 청구취지, 청구원인을 갖추어 기재하고, 청구원인은 요건사실 위주로 기재하되 그 밖에 자연적 사실관계를 불필요하고 장황하게 기재하지 말며, 날인은 ㉑으로 표시하시오. 또한 소장의 오른쪽 윗부분에 소가와 첩부인지대 및 송달료를 기재하시오(소가와 인지를 계산한 내역도 기재할 것).

▶ 별지 기재 아파트는 실제로 작성은 하지 말고 별지 기재 아파트 내지 이 사건 아파트라고만 인용을 하시오.

▶ 별지 기재 아파트의 시가는 3억 원이고, 지방세법상 시가표준액은 1억 5천만 원이다.

≫ 답안례

소 장

*** 소 가 150,000,000원
*** 인지대 655,000원
내역) 150,000,000원×40/10,000 + 55,000원

원 고 김승엽 (660723-1276328)
서울 강남구 양재대로55길 20(일원동)
(전화번호 : 02-525-4678)

피 고 1. 강경학 (450125-1047325)
서울 서초구 서운로 12, 가동 401호(서초동, 진아빌리지)
2. 이수용 (680108-1025429)
서울 성북구 종암로 17(종암동)

사해행위취소 등 청구의 소

청 구 취 지

1. 피고 강경학은 원고에게 150,000,000원 및 이에 대한 2005.6.18.부터 다 갚는 날까지 월 1%의 비율로 계산한 돈을 지급하라.
2. 가. 피고 강경학과 피고 이수용 사이의 별지목록 기재 부동산에 관하여 2005.8.31. 체결된 매매계약을 50,000,000원의 한도 내에서 취소한다.
   나. 피고 이수용은 원고에게 50,000,000원 및 이에 대한 이 사건 판결확정일 다음 날부터 다 갚는 날까지 연 5%의 비율로 계산한 돈을 지급하라.
3. 소송비용은 피고들이 부담한다.
4. 제1항은 가집행할 수 있다.

라는 판결을 구합니다.

청 구 원 인

1. 피고 강경학에 대한 청구

원고는 2005.3.18. 피고 강경학에게 200,000,000원을 이자 월 1% 변제기 2005.6.17.로 정하여 대여하였으나, 그 후 피고 강경학은 2005.6.17. 위 대여금 중 50,000,000원과 위 대여금에 대한 그때까지의 약정이자만 변제하였습니다.
그러므로 피고 강경학은 원고에게 150,000,000원 및 이에 대하여 위 변제기 다음 날인 2005.6.18.부터 다 갚는 날까지 위 약정이율인 월 1%의 비율로 계산한 지연손해금을 지급할 의무가 있습니다.

2. 사해행위 청구

1) 피고 강경학은 2005.8.31. 피고 이수용에게 시가 3억 원짜리 별지목록 기재 아파트(이하 "이 사건 아파트")를 매매하고 같은 해 서울중앙지방법원 등기국 2005.9.17. 접수 제12357호로 소유권이전등기를 하여 주었습니다.
2) 이는 피고 강경학이 원고에 대하여 위와 같은 차용금채무를 부담하고 있는 상황에서 자신의 유일한 재산인 시가 3억 원의 이 사건 부동산을 피고 이수용에게 매각한 것으로서 채권자인 원고를 해하는 사해행위이며, 피고 이수용은 피고 강경학의 외조카로서 위와 같은 사정을 잘 알면서도 이 사건 부동산을 취득한 악의의 수익자에 해당합니다.

3. 취소의 범위 및 원상회복의 방법

1) 다만, 이 사건 부동산에 관하여는 위 사해행위 당시에 근저당채무금 1억 원과 주택임대차보증금 1억 5천만 원이 설정되어 있어 그 금액 2억 5천만 원(= 1억 원 + 1억 5천만 원)은 채권자들을 위한 책임재산에서 제외되어 있었던 것이므로 이를 제외한 나머지 금액 50,000,000원(= 3억 원 – 1억 원 – 1억 5천만)의 범위 내에서 위 사해행위를 취소하고 원상회복할 것이나, 피고가 그 후 위 근저

당권피담보채무액 1억 원을 변제하고 근저당권설정등기를 말소하여 원상회복을 할 수 없는 경우에 해당하므로 피고는 사해행위로 취소되는 부분에 해당하는 가액을 반환할 의무가 있다 할 것입니다.

2) 따라서 피고 강경학과 피고 이수용 사이에 별지목록 기재 부동산에 관하여 2005.8.31. 체결된 매매계약은 50,000,000원의 한도 내에서 취소되어야 하고, 피고 이수용은 원상회복으로 원고에게 50,000,000원 및 이에 대한 이 판결확정일 다음 날부터 다 갚는 날까지 민법이 정한 연 5%의 비율로 계산한 지연손해금을 지급할 의무가 있습니다.

4. 마치며

이상과 같은 이유로 원고는 청구취지 기재와 같은 판결을 구하기 위하여 이 사건 소를 제기하기에 이르렀습니다.

증 명 방 법

1. 갑 제1호증 차용증
2. 갑 제2호증 부동산등기사항증명서
3. 갑 제3호증 가족관계증명서

첨 부 서 류

1. 위 증명방법 각 3통
2. 영수필확인서 1통
3. 송달료납부서 1통
4. 서류작성 및 제출위임장 1통
5. 소장부본 2통

2007.10.7.

원고 김승엽 (인)

서울중앙지방법원 귀중

5. 사례 – 19회(2013년) 법무사 시험 기출문제

【문 1】 김갑춘(620909-1123765, 주소 : 서울 서초구 서초동 150 한강맨션 5동 303호, 전화번호 : 010-6780-2580, 전자우편 : kkchyun@hana.com)은 2013.9.2. 법무사 사무실을 찾아와 다음과 같이 분쟁 내용을 설명하고 별첨 서류들을 제시하면서 소장 작성을 의뢰하였다. 이에 적합한 소장을 작성하시오.

○ 김갑춘은 동대문시장에서 "갑춘상회"라는 상호로 의류 도매업을 하고 있고, 이을하(620325-1711360, 주소 : 서울 강남구 개포동 330-1 대모빌라 102호)는 강남역 지하쇼핑센터에서 "을하패션"이라는 상호로 여성의류를 판매하는 매장을 운영하였다. 김갑춘과 이을하는 고향친구로 평소 사업자금을 빌려주었다가 돌려받는 등 금전거래가 있었다.

○ 김갑춘은 2012.5.1. 이을하와 사이에, 여성용 반바지 2,000벌을 1벌당 50,000원씩 총 대금 100,000,000원에 공급하기로 하면서, 위 의류 2,000벌을 2012.5.15.까지 이을하의 영업장소에서 납품하고, 그 대금은 2012.5.31.까지 김갑춘의 한성은행 통장(123-78-105023)으로 지급받으며, 위 대금의 지급을 지체할 때에는 지급기일 다음 날부터 월 1%의 비율에 의한 지연손해금을 지급받기로 약정하였다.

김갑춘은 2012.5.15. 여성용 반바지 2,000벌을 이을하의 영업장소인 을하패션으로 배달해 주었다.

이을하는 2012.5.25. 김갑춘에게 전화를 걸어 거래처로부터 받은 어음이 지급거절되어 자금사정이 좋지 못하다면서 위 의류대금의 지급기일을 2달만 연기해 달라고 요청하였고, 이에 김갑춘은 이을하와 위 의류대금의 지급기일을 2012.5.31.에서 2012.7.31.로 연기하기로 합의하였다.

○ 또한, 김갑춘은 이을하로부터 운영자금으로 사용할 돈을 빌려 달라는 부탁을 받고, 2012.6.1. 이을하에게 150,000,000만 원을 변제기 2012.12.31. 이율 월 1.5%로 정하여 대여하였다.

○ 이을하는 위 의류대금과 지연손해금 및 위 대여원리금을 일체 변제하지 않고 있다가 2013.1.31. 김갑춘에게 90,000,000원을 변제하였는데, 그 당시 이을하나 김갑춘은 어느 채무를 지정하여 그 변제에 충당한다는 의사표시를 하거나 변제충당합의를 하지 않았다.

○ 이을하는 2013.5.경 채무초과 상태에서 위 여성의류 매장을 폐업하게 되자 김갑춘에 대한 위 각 채무를 면탈할 의도로 2013.7.10. 처남인 박병남(681020-1215661, 주소 : 서울 서초구 반포동 122 서래아파트 101동 205호)과 통정하여 허위로 박병남에게 자신 소유의 유일한 재산인 경기도 화성시 팔탄면 가재리 20-8 대 350㎡를 150,000,000원에 매도하는 내용의 매매계약을 체결하고, 2013.7.15. 박병남 명의로 소유권이전등기를 마쳐주었다. 위 토지의 시가는 150,000,000원이다.

○ 한편, 최정동은 2013.6.4. 이을하에 대한 물품대금채권 10,000,000원을 청구금액으로 하여 위 토지에 관하여 가압류를 신청하여 서울중앙지방법원 2013카단71477호로 위 토지에 대한 부동산가압류 결정을 받았고, 위 법원의 촉탁에 의하여 2013.6.5. 위 토지에 관하여 가압류등기가 마쳐졌다.

박병남은 2013.8.5. 최정동에게 위 가압류청구채권 10,000,000원을 변제하였고, 최정동이 위 가압류의 해제절차를 이행하여 2013.8.9. 위 가압류등기가 말소되었다.

○ 김갑춘은 이을하로부터 변제받지 못한 금원을 지연손해금까지 전부 지급받고 싶고, 위 토지를 원상으로 회복할 수 있다면 그러한 판결을 받기를 원한다.

〈 유의사항 〉

1. 김갑춘의 위 진술 내용을 모두 진실한 것으로 보고 그 의사를 존중하여 김갑춘에게 가장 유리하고 적법하며 승소가능성이 있는 내용으로 서울중앙지방법원에 접수할 소장을 작성하시기 바랍니다(소장 작성일은 2013.9.27.로 할 것).
2. 여러 명에 대하여 소를 제기할 필요가 있는 경우, 병합요건을 고려하지 말고 하나의 소장으로 작성하십시오.
3. 소장에는 당사자, 청구취지, 청구원인을 갖추어 기재하되, 청구원인은 요건사실 위주로 기재하고 불필요한 사실관계를 장황하게 기재하지 않도록 하며, 별첨 서류들을 참조하여 증명방법과 첨부서류도 소장에 함께 적시하시기 바랍니다.
4. 소장의 오른쪽 윗부분에 소가와 첩부인지대를 계산 내역과 함께 기재하십시오(다만, 위 가재리 20-8 토지의 2013년도 개별공시지가는 1㎡당 300,000원으로 볼 것).
5. 별첨 등기사항전부증명서는 시험용으로 만든 것이므로 실제와 다를 수 있습니다.

공급계약서

이도인　갑춘상회
　　　　대표 김갑춘
　　　　서울특별시 중구 을지로6가
이수인　을하패션
　　　　대표 이을하
　　　　서울 특별시 강남구 역삼동 821-1

갑춘상회(대표 김갑춘)는 을하패션(대표 이을하)에게 여성용 반바지 2,000벌을 1벌당 50,000원씩 합계 100,000,000원에 공급하기로 하고, 그 구체적 조건을 아래와 같이 정한다.

- 아래 -

1. 김갑춘은 2012.5.15.까지 여성용 반바지 2,000벌을 이을하의 영업장소인 서울 강남구 역삼동 821-1 강남역 지하쇼핑센터 을하패션으로 배달해 준다.
2. 이을하는 위 의류대금 100,000,000원을 2012.5.31.까지 김갑춘의 한성은행 통장(123-78-105023)으로 송금하여 지급한다.
3. 만일 이을하가 위 대금의 지급을 지체할 때에는 지급기일 다음 날부터 월 1%의 지연손해금을 가산하여 지급한다.

2012년 5월 1일

매 도 인　　김 갑 춘 ㊞

매 수 인　　이 을 하 ㊞

등기사항전부 증명서 (말소사항 포함) - 토지 [제출용]

[토지] 경기도 화성시 팔탄면 가재리 20-8 　　　　　　　　　　　　　　　　고유번호 1265-1997-201541

【 표제부 】		(토지의 표시)			
표시번호	접수	소 재 지 번	지목	면적	등기원인 및 기타사항
1 (전 2)	1997년 8월 28일	경기도 화성시 팔탄면 가재리 20-8	대	550㎡	부동산등기법 제177조의6 제1항의 규정에 의하여 1988년 3월 9일 전산이기

【 갑구 】		(소유권에 관한 사항)		
순위번호	등기목적	접수	등 기 원 인	권리자 및 기타사항
1 (전 8)	소유권 이전	1997년 7월 11일 제18425호	1997년 8월 18일 매매	소유자 이을하 620325-1711360 서울 강남구 개포동 880-1 대모빌라 102호 부동산등기범 제177조의6 제1항의 규정에 의하여 1999년 12월 21일 전산이기
2	~~가압류~~	~~2018년 8월 5일 제15798호~~	~~2013년 6월 4일 서울중앙지방법원의 가압류결정(2013가단71477)~~	~~청구금액 금 10,000,000원 채권자 최정동 서울 강남구 삼성동 188-84~~
3	소유권 이전	2015년 7월 15일 제18818호	2015년 7월 10일 매매	소유자 박병남 681020-1215661 서울 서초구 반포동 122 서래아파트 101동 205호
4	2번가압류 등기말소	2015년 5월 9일 제20217호	2015년 8월 5일 해제	

---- 이 하 여 백 ----

수수료 금 1,000원 영수함

관할등기소 수원지방법원 화성등기소/ 발행등기소 법원행정처 등기정보중앙관리소

이 증명서는 등기 기록의 내용과 틀림없이 증명합니다.

서기 2015년 9월 2일

법원행정처 등기정보중앙관리소 　　　　　　　　전산운영책임관

등 기 정 보
중 앙 관 리
소 전 산 운
영책임관인

* 실선으로 그어진 부분은 말소사항을 표시함. * 등기기록에 기록된 사항이 없는 갑구 또는 을구는 생략함. * 증명서는 컬러 또는 흑백으로 출력 가능함.

[인터넷 발급] 문서 하단의 바코드를 스캐너로 확인하거나, 인터넷등기소(http://www.ilo9.go.kr)의 발급확인 메뉴에서 발급확인번호를 입력하여 위·변조 여부를 확인할 수 있습니다. 발급확인번호를 통한 확인 발행일로부터 8개월까지 5회에 한하여 가능합니다.

발행번호 1288928475910266756671598405208801845 　1/1 발급확인번호 AADK-VPTP-0006 　발행일 2015/9/2

대 법 원

≫ 답안례

소 장

소 가 184,000,000원
인지대 791,000원
내 역) 184,000,000원×40/10,000원+55,000원

원 고 김갑춘 (620909-1123765)
서울 서초구 서초동 150 한강맨션 5동 303호
전화번호 : 010-6780-2580
전자우편 : kkchyun@hana.com
피 고 1. 이을하 (620325-1711360)
서울 강남구 개포동 330-1 대모빌라 201호
2. 박병남 (631020-1215661)
서울 서초구 반포동 122 서래아파트 101동 205호

물품대금 등 청구의 소

청 구 취 지

1. 피고 이을하는 원고에게 184,000,000원 및 그중 100,000,000원에 대하여는 2013.2.1.부터 다 갚는 날까지는 월 1%의 비율로 계산한 돈을, 84,000,000원에 대하여는 2013.2.1.부터 다 갚는 날까지 월 1.5%의 각 비율로 계산한 돈을 지급하라.
2. 가. 피고 이을하와 피고 박병남 사이에 화성시 팔탄면 가재리 20-8 대 350㎡에 관하여 2013.7.10. 체결한 매매계약을 취소한다.
나. 피고 박병남은 피고 이을하에게 위 가항 기재 부동산에 관하여 수원지방법원 화성등기소 2013.7.15. 접수 제18813호로 마친 소유권이전등기의 말소등기절차를 이행하라.
3. 소송비용은 피고들이 부담한다.
4. 제1항은 가집행할 수 있다.

라는 판결을 구합니다.

청 구 원 인

1. 피고 이을하에 대한 금전지급 청구

가. 원고는 2012.5.1. 피고 이을하와 사이에 여성용 반바지 2,000벌을 1벌당 50,000원씩 총 대금

100,000,000원(이하 "의류대금"이라 합니다)에 공급하기로 하면서, 위 의류 2,000벌을 2012.5.15.까지 피고에게 납품하고 그 대금은 2012.5.31.까지 지급받으며 위 대금의 지급을 지체할 때에는 지급기일 다음 날부터 월 1%의 비율에 의한 지연손해금을 지급받기로 약정한 후 2012.5.15. 여성용 반바지 2,000벌을 피고 이을하에게 배달해 주었습니다. 그 후 위 대금의 지급기일을 2012.5.31.에서 2012.7.31.로 연기하였습니다.

나. 한편 원고는 2012.6.1. 피고 이을하에게 150,000,000만 원(이하 "차용금"이라 합니다)을 변제기 2012.12.31. 이율 월 1.5%로 정하여 대여하여 주었습니다.

다. 그런데 피고 이을하는 2013.1.31. 원고에게 90,000,000원을 변제(이하 "변제금"이라 합니다)하였는 바, 이 변제금은 위 의류대금채무와 차용금채무를 모두 소멸시키기에 부족하고, 원고와 피고 이을하와 사이에는 지정충당이나 합의충당이 없었으므로, 위 변제금은 법정변제충당의 순서에 따라 충당되어야 할 것인데, 의류대금채무와 차용금채무의 이행기가 모두 도래한 사실은 명백하고 의류대금의 지연이자율이 월 1%인 반면 차용금채무의 이율이 월 2%이므로 차용금채무가 변제자인 피고 이을하에게 변제이익이 더 많은 채무에 해당하므로, 민법 제477조 제2호에 따라 위 변제금은 "차용금"채무의 변제에 우선 충당되어야 할 것입니다. 다만, 위와 같이 충당하는 경우에도 이자채무 등 부수적 채무가 딸린 복수의 채무의 법정충당의 경우, 변제충당에 관한 규정인 민법 제479조 제1항이 우선 적용되는 것이므로 위 변제금은 위 조항 및 민법 제477조 제3호, 제4호에 따라 의류대금 및 차용금의 이자 또는 지연손해금채무의 변제에 먼저 충당되고, 차용금의 원본채무, 의류대금채무의 원본채무의 순서로 각 그 변제에 충당되어야 할 것이므로, 피고 이을하의 위 변제금 90,000,000원은 의류대금채무 100,000,000원에 대한 2012.8.1.부터 2013.1.31.까지 6개월 동안의 지연손해금 6,000,000원(100,000,000원×0.01×6개월)과 차용금채무의 대여일인 2012.6.1.부터 지급일인 2013.1.31.까지 8개월 동안의 이자 및 지연손해금 18,000,000만 원(150,000,000원×0.15×8개월)의 각 채무변제에 먼저 충당되고, 나머지 66,000,000원[90,000,000 − (6,000,000원 + 18,000,000원)]은 차용금 원본채무의 변제에 충당된다 할 것입니다.

라. 그러므로 피고 이을하는 원고에게 184,000,000원[= 의류대금 100,000,000원 + 차용금 잔액 84,000,000원(= 150,000,000원 − 66,000,000원)] 및 그중 의류대금 100,000,000원에 대하여는 2013.2.1.부터 다 갚는 날까지 월 1%의 비율에 의한 약정 지연손해금을, 나머지 차용금 원본잔액 90,000,000원에 대하여는 2013.2.1.부터 다 갚는 날까지 월 1.5%의 각 비율로 계산한 약정 지연손해금을 각 지급할 의무가 있습니다.

2. 피고 박병남에 대한 사해행위 취소 청구

가. 피고 이을하는 2013.7.10.경 피고 박병남에게 자신 소유의 별지 기재 부동산에 관하여 매매계약을 체결하고, 수원지방법원 화성등기소 2013.7.15. 접수 제18813호로 피고 박병남 명의로 소유권이전등기를 마쳐 주었습니다.

나. 그러나 이는 피고 이을하가 원고에 대한 위 각 채무를 면탈할 의도로 처남인 피고 박병남과 통정하여 허위로 자신의 유일한 재산에 관하여 매매계약을 체결한 것이므로 사해행위이고, 피고 박병남은 위 이을남의 처남으로서 위와 같은 사정을 잘 알면서도 이 사건 부동산을 취득한 악의의 수익자입니다.

다. 그러므로 이을하와 피고 박병남 사이의 별지 기재 부동산에 관한 2013.7.10.자 매매계약은 사해행위로서 취소되어야 하고, 그 원상회복으로 피고 박병남은 피고 이을하에게 소유권이전등기의 말소등기절차를 이행할 의무가 있습니다.

3. 결언

이상과 같은 이유로 원고는 청구취지와 같은 판결을 구하기 위하여 본 소를 제기하기에 이르렀습니다.

증 명 방 법

1. 갑 제1호증　　공급계약서
2. 갑 제2호증　　등기사항전부증명서

첨 부 서 류

1. 위 증명방법　　각 3통
2. 영수필확인서　　1통
3. 토지대장등본　　1통
4. 송달료납부서　　1통
5. 서류작성 및 제출위임장　　1통
6. 소장부본　　2통

2013.9.27.

원고　김갑춘　(인)

서울중앙지방법원　귀중

☞ 사해행위 당시에 어느 부동산이 가압류되어 있다는 사정은 채권자평등의 원칙상 채권자의 공동담보로서 그 부동산의 가치에 아무런 영향을 미치지 아니하므로, 수익자 또는 전득자가 기존 가압류의 청구채권을 변제하거나 채권상당액을 해방공탁하여 가압류를 해제시키거나 그 집행을 취소시켰다 하더라도 그 원상회복방법은 원물반환이 원칙이다.

6. 사례 - 22회(2016년) 법무사 시험 기출문제

【문 1】 김해수[640201-1067293, 주소 : 서울 서초구 서초중앙로 123(서초동), 전화번호 : 010-123-4567, 전자우편 : haesoo@hmail.com]는 2016.9.9. 법무사 사무실을 찾아와 다음과 같이 분쟁 내용을 설명하고 자신이 가져온 별첨 서류를 제시하면서 소장 작성을 의뢰하였다. 이에 적합한 소장을 작성하시오. 30점

○ 저는 서울 남대문시장에서 '해수쥬얼리'라는 상호로 액세서리 도매업을 하고 있고, 고향 친구인 박형진의 소개로 알게 된 권성우[650302-1078234, 주소 : 서울 강남구 논현로 1길 12(역삼동)] 사장은 '키라키라'라는 상호로 액세서리를 판매하는 업종에 종사하고 있는 사람입니다.

○ 저는 2015.2.1. 권성우와 사이에, 담수진주 목걸이 총 3,000개, 14k 로즈골드 별 목걸이 총 3,000개, 패션 시계 총 4,000개를 합계 1억 4천만 원에 공급하기로 하면서, 위 물품을 모두 2015.4.30.까지 키라키라의 사무실로 공급하고 그 대금은 2015.5.31.까지 지급받기로 약정하였습니다.

○ 저는 약속대로 2015.4.30.까지 키라키라의 사무실로 물품공급을 마쳤습니다만, 권성우 사장은 약속을 지키지 않았습니다. 대금을 지급하기로 한 2015.5.31.을 1주일 앞두고 권성우 사장에게서 갑자기 전화가 와서 "경기가 좋지 않아 2015.5.31.까지 전액을 지급하는 것은 아무래도 어렵겠다."며 1억 4,000만 원 중 5,000만 원은 일단 지급하고, 나머지 9,000만 원은 판매가 완료되는 대로 주겠다고 하는 겁니다. 그래서 제가 권성우 사장에게 이랬습니다. "이런 식으로 약속을 어기는 법이 어디 있느냐, 박형진이 권성우 사장은 신용이 철저한 사람이라고 하여 그 말만 믿고 물품을 공급했는데 이럴 수가 있느냐, 그럼 추가로 보증인을 세워라"라고 강하게 요구하면서 화를 냈더니, 권성우 사장은 그런 조건은 충분히 가능하다고 하면서 자신의 여동생을 연대보증인으로 내세우겠다고 하였습니다.

○ 그래서 저는 2015.5.31. 권성우 사장과 권성우 사장의 여동생 권성미[660605-2011443, 주소: 서울 동대문구 무학로1길 22(용두동)]를 압구정동에 있는 한 커피숍에서 만났고, 당일 5,000만 원이 제 명의의 통장으로 입금된 것을 확인하였습니다. 그런데 막상 권성우 사장의 여동생 권성미가 자필 연대보증서 작성을 거부하여 한참 이를 두고 언쟁이 있었습니다. 3시간 동안 이야기한 끝에 권성미가 요구하는 일부 조건을 받아들여 첨부서류와 같이 연대보증서를 받게 되었습니다. 제가 이런 날이 올 줄 알고 연대보증서 원본을 잘 보관하고 있기는 했는데, 법무사님께서 문제되는 내용은 없는지 연대보증서 내용도 잘 살펴보시기 바랍니다. 또, 제 기억으로는 연대보증서 작성 후에도, 권성우 사장과 나머지 9,000만 원의 지급기일을 두고 1시간 정도 실랑이를 벌인 것 같습니다. 1년의 기한을 달라는 권성우 사장의 요구를 도저히 수용할 수가 없어, 결과적으로는 2번에 나누어 물품공급대금을 받는 것으로 구두상 합의하여 2015.7.31.까지 4,000만 원, 2015.8.31.까지 5,000만 원을 지급받는 것으로 대금지급기일을 연기하여 주었습니다.

○ 이때만 해도 저는 권성우 사장이 약속을 지킬 것이라고 철석 같이 믿고 있었는데, 약속은 또 지켜지지 않았고 그 후 권성우 사장이 부도 직전에 있다는 이야기가 들려오기 시작했습니다. 나중에 알게 된 사실이지만, 권성우 사장은 저랑 2015.5.31. 커피숍에서 만날 때도 다른 업체에 5억 원 상당의 빚이 있었던 상태로 빚 독촉에 시달리고 있었다고 합니다.

○ 그 후 2015.9.23. 친구인 박형진을 통해서 알게 된 사실은, 권성우 사장이 자신이 유일하게 가지고 있었던 시가 5억 원의 부동산(안산시 상록구 천부동 12 대 5,000㎡)을 빼돌릴 의향으로 자신의 장모인 이수미와 근저당권설정계약, 매매계약을 체결하였다는 것입니다. 제가 등기사항증명서를 발급받아 온 것이 있는데, 등기사항증명서에 근저당권설정등기나 가압류등기 등이 여러 건 있어서 어떤 상황인지 알기가 어렵습니다. 권성우 사장과 이수미 사이에서 이루어진 거래만 요약하여 말씀드리면, 권성우와 이수미가 2015.8.3. 근저당권설정계약을 체결하고 2015.8.7. 근저당권설정등기까지 마친 상태에서 2015.9.1. 매매계약을 체결합니다. 그 후 2015.9.14. 위 매매에 근거하여 소유권이전등기가 경료되고, 같은 날 위 근저당권설정등기가 말소되었습니다. 현재 안산시 상록구 천부동 12 대 5,000㎡는 이수미 명의로 소유권이전등기가 되어 있기는 합니다만, 2015.10.16. 제3자 명의의 가압류등기가 경료되어서 걱정입니다. 법무사님께서 이 등기사항증명서를 꼼꼼하게 보시고 사실관계를 잘 확인하여 주시기 바랍니다.

○ 여하튼 저는 미회수 물품공급대금을 모두 지급받기를 원합니다. 그동안 밀린 지연손해금이 있다면 그 지연손해금도 모두 다 지급받고 싶습니다. 권성우 사장이 몰래 장모에게 부동산을 넘긴 일은 법무사님이 잘 판단하셔서 저에게 가장 유리한 방법으로 해결해 주시기 바랍니다.

〈 유의사항 〉

1. 별첨 서류들(㊞ 표시는 명의자의 진정한 인영이 날인된 것으로 봄)과 김해수의 위 진술 내용을 모두 진실한 것으로 보고 그 의사를 존중하여 김해수에게 가장 유리하고 적법하며, 대법원 판례에 따를 때 원고가 전부 승소할 가능성 있는 내용으로 서울중앙지방법원에 접수할 소장을 작성하시기 바랍니다(소장 작성일은 2016.9.9.로 하고, 부동산의 시세는 변동이 없는 것으로 볼 것. 또한, 근저당권의 채권최고액과 피담보채무액은 일치하는 것으로 볼 것).
2. 소장의 간인은 생략합니다.
3. 여러 명에 대하여 소를 제기할 필요가 있는 경우, 병합요건을 고려하지 말고 하나의 소장으로 작성하십시오.
4. 소장에는 당사자, 청구취지, 청구원인을 갖추어 기재하되, 청구원인은 요건사실을 위주로 기재하고 불필요한 사실관계를 장황하게 기재하지 않도록 하며, 별첨 서류들을 참조하여 증명방법과 첨부서류도 소장에 함께 적시하시기 바랍니다.
5. 소장의 1면 오른쪽 윗부분에 소가와 첩부인지대를 계산내역과 함께 기재하십시오[다만, 안산시 상록구 천부동 12 대 5,000㎡의 2016년도 기준시가는 1㎡당 100,000원으로 볼 것, 전자소송이 아닌 일반 종이소송으로 접수하는 경우로 계산할 것].
6. 위 사례에 등장하는 사람 이름, 주민등록번호, 주소, 지번 등은 모두 가공의 것이고, 별첨 등기사항전부증명서는 시험용으로 만든 것이므로 실제와 다를 수 있으며, 을구 이하 기재 내용은 생략하였습니다.

물품공급계약서

매도인　해수쥬얼리
대표 : 김해수
서울 중구 을지로 10가 13
매수인　키라키라
대표 : 권성우
서울 강남구 논현로1길 12(역삼동)

이하 매도인을 '甲'이라고 하고, 매수인을 '乙'이라고 한다.
甲은 乙에게 담수진주 목걸이 총 3,000개, 14k 로즈골드 별 목걸이 총 3,000개, 패션 시계 총 4,000개를 합계 1억 4천만 원에 공급하기로 하면서, 구체적인 내용을 아래와 같이 정한다.

1. 甲은 위 물품을 모두 2015.4.30.까지 키라키라 사무실로 배달하여 준다.
2. 乙은 위 물품대금 1억 4천만 원을 2015.5.31.까지 김해수의 조양은행 통장(123-45-67778000)으로 송급하는 방법으로 지급한다.

2015.2.1.

매도인　김해수 ㊞
매수인　권성우 ㊞

연대보증서

주소　서울 동대문구 무학로1길 22(용두동)
이름　권성미

김해수(640201-1067293)와 권성우(650302-1078234)가 2015.2.1. 체결한 물품공급계약에 근거하여 권성우가 김해수에게 부담하는 물품공급대금채무에 관하여 본인은 금 100,000,000원(금 1억 원)을 한도로 채무자 권성우와 연대하여 변제할 것을 김해수 사장님께 약속드리며 이 증서를 작성합니다.

2015.5.31.

연대보증인 권성미 ㊞
주소 서울 동대문구 무학로1길 22(용두동)
주민등록번호 660605-2011443

등기사항전부증명서 (말소사항 포함) - 토지 [제출용]

[토지] 경기도 안산시 상록구 천부동 12 고유번호 1102-1996-110485

[표제부]	(토지의 표시)				
표시번호	접수	소재지번	지목	면적	등기원인 및 기타사항
1 ~~(전 1)~~	~~1992년 2월 5일~~	~~경기도 안산시 천부동 12~~	대	5,000㎡	부동산등기법 제177조의6 제1항의 규정에 의하여 2003년 8월 30일 전산이기
2		경기도 안산시 상록구 천부동 12	대	5,000㎡	2004년 10월 30일 행정구역 명칭변경으로 인하여 2004년 11월 2일 등기

[갑구]	(소유권에 관한 사항)			
순위번호	등기목적	접수	등기원인	권리자 및 기타사항
1 (전 3)	소유권이전	2001년 8월 21일 제1234호	2001년 8월 14일 매매	소유자 권성우 650302-1078234 서울 용산구 용산동 1230
2	소유권이전	2015년 9월 14일 제9345호	2015년 9월 1일 매매	소유자 이수미 420214-2053423 서울 마포구 도화동 23-12 거래가액 500,000,000원
3	가압류	2015년 10월 16일 제20211호	2015년 10월 7일 서울중앙지방법원의 가압류결정 (2015카단91124)	청구금액 금 50,000,000원 채권자 최수만 서울 강남구 서초동 244-12

[을구]	(소유권 이외의 권리에 관한 사항)			
순위번호	등기목적	접수	등기원인	권리자 및 기타사항
1	근저당권설정	2015년 1월 21일 제2234호	2015년 1월 19일 설정계약	채권최고액 금 450,000,000원 채무자 권성우 서울 용산구 용산동 1230 근저당권자 주식회사 신한은행 111333-5555222 서울 종로구 종로동 388(개인여신팀)
2	~~근저당권설정~~	~~2015년 8월 7일~~ ~~제7935호~~	~~2015년 8월 3일~~ ~~설정계약~~	~~채권최고액 금 80,000,000원~~ ~~채무자 권성우~~ ~~서울 용산구 용산동 1230~~ ~~근저당권자 이수미 420214-2053423~~ ~~서울 마포구 도화동 23-12~~
3	2번근저당권 설정등기말소	2015년 9월 14일 제9346호	2015년 9월 8일 해지	

---- 이 하 여 백 ----

» 답안례

소 장

** 소가 90,000,000원
(사해행위 청구는 수단청구로서 금전청구가액만 소가로 산정)
** 인지대 410,000원
(90,000,000원×45/10,000 + 5,000원)

원 고 김해수 (640201-1067293)
서울 서초구 서초중앙로 123(서초동)
전화번호 : 010-123-4567
전자우편 : haesoo@hmail.com

피 고 1. 권성우 (650302-1078234)
서울 강남구 논현로1길 12(역삼동)
2. 권성미 (660605-2011443)
서울 동대문구 무학로1길 22(용두동)
3. 이수미 (420214-2053423)
서울 마포구 도화동 23-12

사해행위 취소 등 청구의 소

청 구 취 지

1. 피고 권성우, 권성미는 연대하여 원고에게 90,000,000원 및 그중 40,000,000원에 대하여는 2015.8.1.부터, 50,000,000원에 대하여는 2015.9.1.부터 각 소장부본 송달일까지는 연 6%의, 그 다음 날부터 다 갚을 때까지는 연 12%의 각 비율로 계산한 돈을 지급하라.
2. 가. 피고 권성우와 피고 이수미 사이에 안산시 상록구 천부동 12 대 5,000㎡에 관하여 2016.8.3. 체결된 근저당설정계약 및 2015.9.1. 체결된 매매계약을 50,000,000원의 한도 내에서 취소한다.
   나. 피고 이수미는 원고에게 50,000,000원 및 이에 대한 이 판결확정일 다음 날로부터 다 갚는 날까지 연 5%의 비율로 계산한 돈을 지급하라.
3. 소송비용은 피고들이 부담한다.
4. 제1항은 가집행할 수 있다.

라는 판결을 구합니다.

청 구 원 인

1. 피고 권성우, 권성미에 대한 청구

1) 원고는 서울 남대문시장에서 '해수쥬얼리'라는 상호로 액세서리 도매업을 하고 있는 상인으로서 2015.2.1. '키라키라'라는 상호로 액세서리를 판매하는 상인인 피고 권성우와 사이에, 담수진주 목걸이 총 3,000개, 14k 로즈골드 별 목걸이 총 3,000개, 패션 시계 총 4,000개를 합계 1억 4천만 원에 공급하기로 하면서, 위 물품을 모두 2015.4.30.까지 키라키라의 사무실로 공급하고 그 대금은 2015.5.31.까지 지급받기로 약정하였습니다.

2) 원고는 약속대로 2015.4.30.까지 키라키라의 사무실로 물품 공급을 마쳐주었으나, 피고 권성우는 2015.5.31. 위 물품대금 1억 4,000만 원 중 5,000만 원만 지급을 하였고, 나머지 9,000만 원 중 4,000만 원은 2015.7.31.까지, 5,000만 원은 2015.8.31.까지 대금지급기일을 연기하여 주었습니다. 그리고 같은 날 피고 권성미가 피고 권성우의 원고에 대한 위 물품대금채무를 1억 원을 한도로 연대보증을 하였습니다.

3) 그러므로 피고 권성우, 권성미는 연대하여 원고에게 위 물품대금 잔금 90,000,000원 및 그중 40,000,000원에 대하여는 2015.8.1.부터, 50,000,000원에 대하여는 2015.9.1.부터 각 소장 부본 송달일까지는 상법 소정의 연 6%, 그 다음 날부터 다 갚는 날까지는 소송촉진 등에 관한 특례법 소정의 연 12%의 각 비율로 계산한 지연손해금을 지급할 의무가 있습니다.

2. 사해행위 청구

1) 피고 권성우는 2015.8.7. 피고 이수미와 2015.8.3. 채권최고액 8,000만 원의 근저당설정계약을 체결하고 2015.8.7. 근저당권설정등기까지 마친 상태에서 2015.9.1. 피고 이수미와 매매계약을 체결하고 2015.9.14. 위 매매에 근거하여 소유권이전등기를 경료하였습니다.

2) 이는 피고 권성우가 원고 외에도 다른 업체에 5억 원 상당의 빚이 있었던 상태로 빚 독촉에 시달리고 있던 상황에서, 자신의 유일한 시가 5억 원의 별지 기재 부동산을 빼돌릴 의향으로 자신의 장모인 피고 이수미와 근저당설정계약 및 매매계약을 체결한 것으로서 사해행위라 할 것이고, 피고 이수미는 피고 권성우의 장모로서 위와 같은 사정을 잘 알면서도 이 사건 부동산을 취득한 악의의 수익자입니다.

3. 취소의 범위 및 원상회복의 방법

1) 다만, 이 사건 부동산에 관하여는 위 사해행위 당시에 주식회사 신한은행의 근저당권이 설정되어 있으므로 그 금액 4억 5천만 원은 채권자들을 위한 책임재산에서 제외되어 있었던 것이므로 이를 제외한 나머지 금액 50,000,000원(= 5억 원 - 4억 5천만)의 범위 내에서 위 사해행위를 취소하고 원상회복할 것입니다. 당시 피고 이수미 역시 2016.8.3. 채권최고액 8,000만 원의 근저당설정계약을 체결하였다가 2015.9.14. 피고 권성우로부터 별지 기재 부동산을 인수한 후 위 근저당설정등기를 말소하였지만, 이 근저당권설정계약이 사해행위로서 취소되는지 여부에 따라 사해행위 여부 및 반환범위도 달라지므로 피고 이수미의 이 근저당설정계약의 취소 역시 권리보호의 이익이 있습니다.

2) 그런데 피고 이수미가 2015.9.14. 피고 권성우로부터 별지 기재 부동산을 인수한 후 2015.10.16. 별지 기재 부동산에 제3자 명의의 부동산가압류가 경료되어 원물반환이 곤란하므로, 사해행위목적물의 가액 상당을 배상하여야 합니다.

3) 그러므로 피고 권성우와 피고 이수미 사이에 별지 기재 부동산에 관하여 2016.8.3. 체결된 근저당설정계약 및 2015.9.1. 체결된 매매계약은 50,000,000원의 한도 내에서 각 취소되어야 하고, 피고 이수미는 원상회복으로 원고에게 50,000,000원 및 이에 대한 이 판결확정일 다음 날부터 다 갚는 날까지 민법이 정한 연 5%의 비율로 계산한 지연손해금을 지급할 의무가 있습니다.

4. 마치며

이상과 같은 이유로 원고는 청구취지 기재와 같은 판결을 구하기 위하여 이 사건 소를 제기하기에 이르렀습니다.

증 명 방 법

1. 갑 제1호증　　물품공급계약서
2. 갑 제2호증　　연대보증서
3. 갑 제3호증　　부동산등기사항증명서

첨 부 서 류

1. 위 증명방법　　각 4통
2. 영수필확인서　　1통
3. 송달료납부서　　1통
4. 서류작성 및 제출위임장　　1통
5. 소장부본　　3통

2016.9.9.

원고 김해수 (인)

서울중앙지방법원 귀중

◉ **보증한도액을 정한 근보증에 있어서 보증채무의 범위**

보증한도액을 정한 근보증에 있어 보증채무는 특별한 사정이 없는 한 보증한도의 범위 안에서 확정된 주채무 및 그 이자, 위약금, 손해배상 기타 주채무에 종속한 채무를 모두 포함한다(대판 2000.4.11, 99다12123).

◉ **보증채무 자체의 이행지체로 인한 지연손해금은 보증한도액과는 별도로 부담하는 것인지 여부(적극) 및 그 연체이율의 결정방법**

보증채무는 주채무와는 별개의 채무이기 때문에 보증채무 자체의 이행지체로 인한 지연손해금은 보증한도액과는 별도로 부담하고 이 경우 보증채무의 연체이율에 관하여 특별한 약정이 없는 경우라면 그 거래행위의 성질에 따라 상법 또는 민법에서 정한 법정이율에 따라야 하며, 주채무에 관하여 약정된 연체이율이 당연히 여기에 적용되는 것은 아니지만, 특별한 약정이 있다면 이에 따라야 한다(대판 2000.4.11, 99다12123).

◉ **대법원 2013.5.9, 2011다75232 판결**

채무자 소유 부동산에 담보권이 설정되어 있으면 그 피담보채무액을 공제한 나머지 부분만이 일반채권자들의 공동담보로 제공되는 책임재산이 되므로 기존 담보권의 피담보채무액이 해당 부동산의 가액을 이미 초과하고 있다면 그 상태에서 한 해당 부동산의 양도 등 처분행위는 사해행위에 해당한다고 할 수 없으나, 그 후행 처분행위 당시 존재하는 선순위담보권을 설정한 원인행위가 사해행위로 인정될 경우에는 그 담보권의 피담보채무는 후행 양도행위가 사해행위에 해당하는지 여부를 판단함에 있어 공제대상인 피담보채무 금액에 포함되어서는 아니 된다(대판 2007.7.26, 2007다23081 참조).

위와 같은 법리의 연장선에서 볼 때, 채무자가 선순위근저당권이 설정되어 있는 상태에서 그 부동산을 제3자에게 양도한 후 선순위 근저당권설정계약을 해지하고 근저당권설정등기를 말소한 경우에, 비록 근저당권설정계약이 이미 해지되었지만 그것이 사해행위에 해당하는지 여부에 따라 후행 양도계약 당시 해당 부동산의 잔존가치가 피담보채무액을 초과하는지 여부가 달라지게 되고 그 결과 후행 양도계약에 대한 사해취소청구가 받아들여지는지 여부 및 반환범위가 달라지게 되는 때에는 이미 해지된 근저당권설정계약이라 하더라도 그에 대한 사해행위취소청구를 할 수 있는 권리보호의 이익이 있다고 보아야 한다. 이는 근저당권설정계약이 양도계약보다 나중에 해지된 경우뿐 아니라 근저당권설정계약의 해지를 원인으로 한 근저당권설정등기의 말소등기와 양도계약을 원인으로 한 소유권이전등기가 같은 날 접수되어 함께 처리되고 그 원인일자가 동일한 경우에도 마찬가지라고 할 것이다.

chapter

03 보충 및 심화내용 정리

제1절 중요사항 심화정리

1. 사해행위 취소를 구함이 없이 원상회복만을 청구하는 경우

통상 사해행위취소소송은 사해행위취소라는 형성의 소와, 원상회복이라는 이행의 소가 병합된 상태로 제기되는데, 만일 취소를 청구함이 없이 원상회복만을 청구한 경우, 원상회복의 전제가 되는 사해행위의 취소가 없는 이상 원상회복청구권이 인정되지 아니하므로 기각하여야 할 것이다(청구기각설).

2. 소송요건

1) 채권자가 채권자취소권을 행사하려면 사해행위로 인하여 이익을 받은 자나 전득한 자를 상대로 그 법률행위의 취소를 청구하는 소송을 제기하여야 되는 것으로서 채무자를 상대로 그 소송을 제기할 수는 없다.

2) 채권자취소권은 채권자가 취소원인을 안 날로부터 1년, 법률행위가 있은 날로부터 5년 내에 행사하여야 하는데, "취소원인을 안 날"이라 함은 채권자가 채권자취소권의 요건을 안 날을 의미하는 바, 그 법률행위가 채권자를 해하는 행위라는 것, 즉 그에 의하여 채권의 공동담보에 부족이 생기거나 이미 부족상태에 있는 담보가 한층 더 부족하게 되어 채권을 완전하게 만족시킬 수 없게 되었으며 나아가 채무자에게 사해의 의사가 있었다는 사실까지 알 것을 요구한다(수익자나 전득자의 악의까지 알아야 하는 것은 아니다).

① 채권자가 사해행위취소소송 중에 피보전채권을 추가, 변경하는 것은 공격방어방법에 관한 주장을 변경하는 것일 뿐, 소송물 또는 청구 자체를 변경하는 소의 변경이 아니므로, 제척기간 완성 여부는 어디까지나 제소 당시를 기준으로 판단하여야 한다.

② 사해행위의 취소만을 청구한 다음 원상회복을 나중에 청구하는 경우에는 사해행위취소청구가 제척기간 내에 제기되었다면 원상회복청구는 그 기간이 지난 후에도 할 수 있다.

그러나, 채권자가 전득자를 상대로 민법 제406조 제1항에 의한 채권자취소권을 행사하기 위해서는, 소송상 공격방법의 주장이 아닌 법원에 소를 제기하는 방법으로 청구하여야 하는 것이고, 비록 채권자가 수익자를 상대로 사해행위의 취소를 구하는 소를 이미 제기하여 채무자와 수익자 사이의 법률행위를 취소하는 내용의 판결을 선고받아 확정되었더라도 그 판결의 효력은 그 소송의 피고가 아닌 전득자에게는 미칠 수 없는 것이므로, 채권자가 그 소송과는 별도로 전득자에 대하여 채권자취소권을 행사하여 원상회복을 구하기 위해서는 위에서 본 법리에 따라 민법 제406조 제2항에서 정한 기간 안에 전득자에 대한 관계에 있어서 채무자와 수익자 사이의 사해행위를 취소하는 청구를 하지 않으면 아니 되는 것이므로, 위 제소기간이 도과한 후에 제기한 전득자에 대한 청구는 부적법하게 된다.

☞ 사례연습

만일, 원고가 2014.8.11.에 피고 이을남과 최정술만을 상대로 사해행위취소 및 원상회복을 구하는 소를 제기하였다가 2015.10.20.에 비로소 전득자인 김병갑을 상대로 원상회복을 구하는 소유권이전등기 말소등기 청구소송을 제기하였다면 제척기간의 제한을 받는지? 그 결론과 이유를 기재하기 바랍니다.

▶ 답안

[결론]

제척기간의 제한을 받는다(김병갑에 대한 소는 제척기간의 도과를 이유로 부적법 각하되어야 한다).

[이유]

채권자가 수익자를 상대로 사해행위의 취소를 구하는 소를 이미 제기하여 채무자와 수익자 사이의 법률행위를 취소하는 내용의 판결을 선고받아 확정되었더라도 그 판결의 효력은 그 소송의 당사자가 아닌 전득자에게는 미치지 않는다.
그러므로 채권자가 그 소송과는 별도로 전득자에 대하여 채권자취소권을 행사하여 원상회복을 구하기 위해서는 제척기간 내에 전득자에 대한 관계에 있어서 채무자와 수익자 사이의 사해행위를 취소하는 청구를 하여야 한다. 따라서 원고가 제척기간 내에 전득자 김병갑에 대한 관계에 있어서 채무자 이을남과 수익자 최정술 사이의 사해행위를 취소하는 청구를 하지 않은 상태에서 전득자 김병갑을 상대로 제기한 위 원상회복의 청구는 제척기간의 도과를 이유로 부적법 각하되어야 한다. 한편, 원상회복청구의 전제로서 사해행위의 취소만을 분리하여 먼저 청구한 다음 별개의 소로 원상회복을 구할 수 있다. 채권자가 사해행위의 취소만을 먼저 청구한 다음 원상회복을 나중에 청구할 수 있으며, 사해행위 취소청구가 제척기간 내에 제기되었다면 원상회복청구는 그 기간이 지난 뒤에도 할 수 있다.

3) 채무자에게 이미 원상회복이 된 경우

김갑동의 사해행위취소소송 중 최정술과 김병갑이 각 매매계약을 해제하고 그들 명의의 소유권이전등기를 각 말소하여 주었다면, 최정술을 상대로 한 사해행위취소 및 원상회복을 구하는 소는 어떻게 되는가? 그 결론과 이유를 기재하기 바랍니다.

▶ 답안

[결론]
권리보호의 이익이 없어 각하되어야 한다.

[이유]
채권자가 채무자의 부동산에 관한 사해행위를 이유로 수익자를 상대로 그 사해행위의 취소 및 원상회복을 구하는 소송을 제기하여 그 소송계속 중 위 사해행위가 해제 또는 해지되고 채권자가 그 사해행위의 취소에 의해 복귀를 구하는 재산이 벌써 채무자에게 복귀한 경우에는, 특별한 사정이 없는 한, 그 채권자취소소송은 이미 그 목적이 실현되어 더 이상 그 소에 의해 확보할 권리보호의 이익이 없어지는 것이고, 이는 그 목적재산인 부동산의 복귀가 그 이전등기의 말소 형식이 아니라 소유권이전등기의 형식을 취하였다고 하여 달라지는 것은 아니다(대판 2008.3.27, 2007다85157).

3. 채권자 취소권의 청구원인(피보전채권 + 채무자의 사해행위 + 채무자의 사해의사)

가. 피보전채권

1) 사해행위취소소송에서의 피보전채권은 금전채권이나 종류채권임을 요하고, 소유권이전등기청구권과 같은 특정물채권을 피보전채권으로 삼을 수는 없다. 피보전채권이 존재하지 않는 경우나, 특정채권을 피보전채권으로 삼고 있는 경우에는 청구기각하여야 한다(청구기각설=판례).

☞ **사례연습**

김갑동이 이을남에게 대여금채권이 아닌 매매계약에 기한 소유권이전등기청구권을 갖고 있다고 가정할 경우, 원고는 자신의 이을남에 대한 소유권이전등기청구권을 보전하기 위하여 피고 이을남과 최종술 사이의 2013.10.8.자 매매계약을 사해행위라는 이유로 취소청구할 수 있는가? 그 결론과 이유(이유는 5줄 이내로)를 기재하기 바랍니다.

▶ 답안

[결론]
취소청구할 수 없다.

[이유]
채권자취소는 채무자의 책임재산을 보전하기 위한 것이므로 특정물에 대한 소유권이전등기청구권을 보전하기 위하여 채권자취소권을 행사하는 것은 허용되지 아니한다. 부동산 매수인은 자신의 소유권이전등기청구권을 보전하기 위하여 매도인과 제3자 사이에 이루어진 이중매매행위에 대하여 채권자취소권을 행사할 수 없다. 특정채권의 피보전권리로 삼은 경우 원고의 청구를 기각하여야 한다.

2) 채권자는 채권발생 당시의 채무자의 자력을 신용의 기초로 하는 것이고, 사해행위 당시에 아직 존재하지 않은 채권의 경우 그 행위로 인하여 침해된다고 볼 수 없으므로, 원칙적으로 채권자취소권에 의하여 보호될 수 있는 채권은 원칙적으로 사해행위라고 볼 수 있는 행위가 행하여지기 전에 발생된 것임을 요한다.

☞ **사례연습 1)**

감갑동이 사해행위 사실을 2014.1.1. 알았다는 것을 전제로, 1년 이내인 2014.11.15. 위 사해행위 소송을 제기하였는데, 그 후 위 대여사실의 입증이 곤란해지자 김갑동이 심리 도중인 2015.3.5.에 이르러 같은 날짜 준비서면에서 피보전채권을 위 '대여금채권 1억 원'에서 '2013.7.8. 체결한 매매계약이 2013.11.15. 해제되었음을 이유로 한 원고의 피고 甲에 대한 매매대금 반환채권 1억 원'으로 바꾸어 주장하였고, 그 주장이 매매대금 지급 및 매매계약이 적법하게 해제된 사실이 인정된다고 할 경우, 위와 같은 피보전채권의 교환적 변경을 제척기간의 제한을 받는가? 결론과 이유

▶ 답안

[결론]

제척기간의 제한을 받지 않는다(제척기간에 걸리지 않는다).

[이유]

채권자가 사해행위의 취소를 청구하면서 그 보전하고자 하는 채권을 추가하거나 교환하는 것은 그 사해행위 취소권을 이유 있게 하는 공격방법에 관한 주장을 변경하는 것일 뿐이지 소송물 또는 청구 자체를 변경하는 것이 아니므로 소의 변경이라 할 수 없다. 따라서 2014.1.1.부터 1년 이내인 2014.11.15.에 제기된 이 사건 피보전채권의 교환적 변경에도 불구하고 제척기간에 걸리지 아니한다.

☞ **사례연습 2)**

만일, 제척기간의 제한을 받지 않는다고 가정할 경우 원고의 청구는 인용될 수 있는가? 결론과 이유를 기재하기 바랍니다.

▶ 답안

[결론]

원고의 청구는 인용될 수 없다.

[이유]

채권자취소권에 의하여 보호될 수 있는 채권은 원칙적으로 사해행위라고 볼 수 있는 행위가 행하여지기 전에 발생된 것임을 요하고, 다만 예외적으로 ㉠ 그 사해행위 당시에 이미 채권 성립의

기초가 되는 법률관계가 발생되어 있고, ㉡ 가까운 장래에 그 법률관계에 기하여 채권이 성립되리라는 점에 대한 고도의 개연성이 있으며, ㉢ 실제로 가까운 장래에 그 개연성이 현실화되어 채권이 성립된 경우에는 그 채권도 채권자취소권의 피보전채권이 될 수 있다. 여기서 교환된 피보전채권인 매매대금 반환채권은 사해행위일인 2013.10.8. 이후인 2013.11.15.에 발생한 것이고, 사해행위 당시 이미 채권성립의 기초가 되는 법률관계가 발생되어 있던 것도 아니므로, 원고의 피보전채권이 인정되지 아니하여 원고의 청구는 기각되어야 한다.

3) 예외적으로, ⓐ 그 사해행위 당시에 이미 채권 성립의 기초가 되는 법률관계가 발생되어 있고, ⓑ 가까운 장래에 그 법률관계에 터 잡아 채권이 성립되리라는 점에 대한 고도의 개연성이 있으며, ⓒ 실제로 가까운 장래에 그 개연성이 현실화되어 채권이 성립된 경우에는, 그 채권도 채권자취소권의 피보전채권이 될 수 있으므로, 이에 관한 일련의 사정을 입증하여도 무방하다.

4) 한편, 채권자취소권은 일반채권의 책임재산의 보전을 목적으로 하는 것이고, 그 행사의 효과는 전 채권자에 대하여 효력이 있는 것이라는 점에 비추어, 채권자취소권에 의하여 보호될 수 있는 채권은 원칙적으로 채무자의 공동담보의 감소로 인하여 해를 입을 수 있는 채권이어야 하므로,

Ⓐ 채권자취소권을 행사하는 채권자의 채권에 대하여 물상담보권이 있는 경우

i) 채권자의 채권에 대해 근저당권 등이 설정되어 있고 그 부동산의 가액 및 채권최고액이 해당 채무액을 초과하여 채무 전액에 대하여 채권자에게 우선변제권이 확보되어 있다면 그 채권은 채권자취소권의 피보전채권이 될 수 없다. 이 경우 연대보증인이 비록 유일한 재산을 처분하는 법률행위를 하더라도 채권자에 대하여 사해행위가 성립되지 않는다.

ii) 해당 채무액이 담보부동산의 가액 및 채권최고액을 초과하는 경우 그 담보물로부터 우선변제받을 액을 공제한 나머지 채권액에 대하여만 채권자취소권이 인정된다.

Ⓑ 한편, 채권자취소권을 행사하는 채권자의 채권에는 물상담보가 없고 채무자 소유의 재산이 다른 채권자의 채권에 물상담보로 제공된 경우

채무자가 양도한 목적물에 담보권이 설정되어 있는 경우라면 그 목적물 중에서 일반채권자들의 공동담보에 공하여지는 책임재산은 피담보채권액을 공제한 나머지 부분만이라 할 것이므로, 저당권이 설정되어 있는 재산이 사해행위로 양도된 경우에 그 사해행위는 그 재산의 가액, 즉 시가에서 저당권의 피담보채권을 공제한 잔액의 범위 내에서 성립하며, 따라서 피담보채권액이 그 재산의 가액을 초과하는 때에는 해당 재산의 양도는 사해행위에 해당한다고 할 수 없다. 위와 같은 법리는 채권자들 중에 그 채무자에 대하여 임금채권 등 경매 등의 환가절차에서 저당권에 의하여 담보되는 채권보다 우선하여 배당을 받을 수 있는 채권자가 있는 경우에도 마찬가지라고 할 것이고, 피담보채권액이 그 재산의 가액을 초과하는 재산의 양도행위가 저당권의 피담보채권보다 우선하여 배당받을 수 있는 채권자에 대한 관계에 있어서만 사해행위가 된다고 할 수도 없다(대판 2006.4.13, 2005다70090).

나. 사해행위

1) 채무자의 재산처분행위가 사해행위가 되기 위해서는 그 행위로 말미암아 채무자의 총재산의 감소가 초래되어 채권의 공동담보에 부족이 생기게 되어야 하는 것, 즉 채무자의 소극재산이 적극재산보다 많아져야 하는 것인바,

① 채무자가 연속하여 수 개의 재산처분행위를 한 경우에는, 그 행위들을 하나의 행위로 보아야 할 특별한 사정이 없는 한, 일련의 행위를 일괄하여 그 전체의 사해성 여부를 판단할 것이 아니라 각 행위마다 그로 인하여 무자력이 초래되었는지 여부에 따라 사해성 여부를 판단하여야 한다.

② 또 채무자의 무자력 여부는 사해행위 당시를 기준으로 판단하여야 하는 것이므로 채무자의 적극재산에 포함되는 부동산이 사해행위가 있은 후에 경매절차에서 경락된 경우에 그 부동산의 평가는 경락된 가액을 기준으로 할 것이 아니라 사해행위 당시의 시가를 기준으로 하여야 할 것이며, 부동산에 대하여 정당한 절차에 따라 산출된 감정평가액은 특별한 사정이 없는 한 그 시가를 반영하는 것으로 보아도 좋을 것이다.

③ 그리고, 사해행위의 성립 여부를 판단하기 위해서는 취소채권자의 채권액이 파악되어야 하는데, 그 산정시기는 사해행위 당시이다.

④ 연대보증인의 법률행위가 사해행위에 해당하는지 여부를 판단함에 있어서 주채무에 관하여 주채무자 또는 제3자 소유의 부동산에 대하여 채권자 앞으로 근저당권이 설정되어 있는 등으로 채권자에게 우선변제권이 확보되어 있는 경우가 아닌 이상, 주채무자의 일반적인 자력은 고려할 요소가 아니다.

2) 채무자가 재산처분행위를 할 당시 그의 적극재산 중 부동산과 채권이 있어 그 재산의 합계가 채무액을 초과한다고 하더라도 그 적극재산을 산정함에 있어서는 다른 특별한 사정이 없는 한 실질적으로 재산적 가치가 없어 채권의 공동담보로서의 역할을 할 수 없는 재산은 이를 제외하여야 할 것이고, 그 재산이 채권인 경우에는 그것이 용이하게 변제를 받을 수 있는 확실성이 있는 것인지 여부를 합리적으로 판정하여 그것이 긍정되는 경우에 한하여 적극재산에 포함시켜야 할 것인 바,

① 부동산에 관하여 부동산 실권리자명의 등기에 관한 법률 제4조 제2항 본문이 적용되어 명의수탁자인 채무자 명의의 소유권이전등기가 무효인 경우에는 그 부동산은 채무자의 소유가 아니기 때문에 이를 채무자의 일반채권자들의 공동담보에 제공되는 책임재산이라고 볼 수 없고, 채무자가 위 부동산에 관하여 제3자와 매매계약을 체결하고 그에게 소유권이전등기를 마쳐주었다고 하더라도 그로써 채무자의 책임재산에 감소를 초래한 것이라고 할 수 없으므로 이를 들어 채무자의 일반 채권자들을 해하는 사해행위라고 할 수 없으며, 채무자에게 사해의 의사가 있다고 볼 수도 없다.

② 그러나 명의신탁자와 명의수탁자가 이른바 계약명의신탁약정을 맺고 명의수탁자가 당사자가 되어 명의신탁약정이 있다는 사실을 알지 못하는 소유자와 부동산에 관한 매매계약을 체결한

후 그 매매계약에 따라 해당 부동산의 소유권이전등기를 명의수탁자 명의로 마친 경우에는, 명의신탁자와 명의수탁자 사이의 명의신탁약정의 무효에도 불구하고 부동산 실권리자명의 등기에 관한 법률 제4조 제2항 단서에 의하여 그 명의수탁자는 해당 부동산의 완전한 소유권을 취득하게 되고, 다만 명의신탁자에 대하여 그로부터 제공받은 매수자금 상당액의 부당이득반환의무를 부담하게 되는바, 위와 같은 경우에 명의수탁자가 취득한 부동산은 채무자인 명의수탁자의 일반채권자들의 공동담보에 제공되는 책임재산이 되고, 명의신탁자는 명의수탁자에 대한 관계에서 금전채권자 중 한 명에 지나지 않으므로, 명의수탁자의 재산이 채무의 전부를 변제하기에 부족한 경우 명의수탁자가 위 부동산을 명의신탁자 또는 그가 지정하는 자에게 양도하는 행위는 특별한 사정이 없는 한 다른 채권자의 이익을 해하는 것으로서 다른 채권자들에 대한 관계에서 사해행위가 된다.

③ 한편, 압류금지재산은 공동담보가 될 수 없으므로 이를 적극재산에 포함시켜서는 아니 된다(예 퇴직금의 경우 1/2만 적극재산으로 산정 가능).

3) 구체적 법률행위에 따라 사해행위의 성립 여부를 살펴보면,

① 채무자가 자기의 유일한 재산인 부동산을 매각하여 소비하기 쉬운 금전으로 바꾸거나 타인에게 무상으로 이전하여 주는 행위는 특별한 사정이 없는 한 항상 채권자에 대하여 사해행위가 되며, 매각의 대상이 채무자의 유일한 재산인 부동산인 사실을 입증하면 매각대금의 적정성 여부와 관계없이 사해행위가 되며, 이 경우 채무자의 사해의 의사도 사실상 추정된다.

② 이미 채무초과 상태에 빠져 있는 채무자가 그의 유일한 재산인 부동산을 채권자 중 어느 한 사람에게 채권담보로 제공하는 행위는 다른 특별한 사정이 없는 한 다른 채권자들에 대한 관계에서 채권자취소권의 대상이 되는 사해행위가 된다. 이는 이미 채무초과상태에 빠져 있는 채무자가 그의 유일한 재산인 채권을 채권자 중의 어느 한 사람에게 채권담보로 제공하는 경우에도 마찬가지이다. 주택임대차보호법 제8조의 소액보증금 최우선변제권은 임차목적 주택에 대하여 저당권에 의하여 담보된 채권, 조세 등에 우선하여 변제받을 수 있는 일종의 법정담보물권을 부여한 것이므로, 채무자가 채무초과상태에서 채무자 소유의 유일한 주택에 대하여 위 법조 소정의 임차권을 설정해 준 행위는 채무초과상태에서의 담보제공행위로서 채무자의 총 재산의 감소를 초래하는 행위가 되는 것이고, 따라서 그 임차권설정행위는 사해행위취소의 대상이 된다.

③ 채무초과상태에서 유일한 재산인 부동산을 채권자들 가운데 한 사람에게 대물변제로 제공하는 행위는 다른 특별한 사정이 없는 한 다른 채권자에 대한 관계에서 사해행위가 된다. 그러나 채권자들의 공동담보가 되는 채무자의 총 재산에 대하여 다른 채권자에 우선하여 변제를 받을 수 있는 권리를 가지는 채권자는 처음부터 채무자의 재산에 대한 환가절차에서 다른 채권자에 우선하여 배당을 받을 수 있는 지위에 있으므로, 그와 같은 우선변제권이 있는 채권자에 대한 대물변제의 제공행위는 특별한 사정이 없는 한 다른 채권자들의 이익을 해한다고 볼 수 없어 사해행위가 되지 않는다.

④ 무자력상태의 채무자가 기존채무에 관한 특정의 채권자로 하여금 채무자가 가지는 채권에 대하여 압류 및 추심명령을 받음으로써 강제집행절차를 통하여 사실상 우선변제를 받게 할 목적으로 그 기존채무에 관하여 강제집행을 승낙하는 취지가 기재된 공정증서를 작성하여 주어 채권자가 채무자의 그 채권에 관하여 압류 및 추심명령을 얻은 경우에는 그와 같은 공정증서 작성의 원인이 된 채권자와 채무자의 합의는 기존채무의 이행에 관한 별도의 계약인 이른바 채무변제계약에 해당하는 것으로서 다른 일반채권자의 이익을 해하여 사해행위가 된다.

다. 채무자의 사해의사

채권자취소권의 주관적 요건인 채무자가 채권자를 해함을 안다는 이른바 채무자의 악의, 즉 사해의사는, 채무자의 재산처분행위에 의하여 채권의 공동담보에 부족이 생기거나 이미 부족상태에 있는 공동담보가 더욱 부족하게 됨으로써 채권자의 채권을 원전하게 만족시킬 수 없게 된다는 사실을 인식하는 것을 의미하며, 판단기준 시는 행위 당시이다.

4. 가능한 공격방어방법

1) 수익자, 전득자의 선의

수익자 또는 전득자의 악의에 대한 입증책임은 수익자 또는 전득자에게 있고, 그 주장은 피고 측의 항변사항(선의의 입증책임)에 해당한다.

2) 채무자의 자력회복

처분행위 당시에는 채권자를 해하는 것이었더라도 그 후 채무자가 자력을 회복하거나 채무가 감소하여 사실심 변론종결 시에는 채권자를 해하지 아니하게 된 때에는 채권자취소권이 소멸하므로, 이러한 사정변경사실은 유효한 항변사유가 된다.

3) 피보전채권의 시효소멸

소멸시효를 원용할 수 있는 사람은 권리의 소멸에 의하여 직접 이익을 받는 자에 한정되는바, 사해행위취소소송의 상대방이 된 사해행위의 수익자는, 사해행위가 취소되면 사해행위에 의하여 얻은 이익을 상실하고 사해행위취소권을 행사하는 채권자의 채권이 소멸하면 그와 같은 이익의 상실을 면하는 지위에 있으므로, 그 채권의 소멸에 의하여 직접 이익을 받는 자에 해당하고, 이를 유효한 항변사유로 주장할 수 있다.

5. 채권자취소권의 행사범위

1) 취소의 범위

취소의 범위는 책임재산의 보전을 위하여 필요하고도 충분한 범위 내로 한정되므로, 원칙적으로 취소채권자의 피보전채권액을 초과하여 취소권을 행사할 수 없다.

2) 피보전채권액의 산정시기

피보전채권액의 산정시기는 사해행위 당시를 기준으로 하므로, 사해행위 이후 새로 발생한 채권액은 포함되지 아니 하나, 사해행위 이후 변론종결 시까지 발생한 이자나 지연손해금은 원본채권에서 파생된 채권으로서 채권액에 포함된다. 한편, 다른 채권자가 배당요구할 것이 명백한 경우(가령, 원고들이 다른 채권자들과 함께 채권자단을 구성하고 있는 경우)에는 이에 관한 사실을 주장・입증하여, 다른 채권자의 채권액까지 포함하여 채권자취소권을 행사할 수 있다.

6. 원상회복

1) 원물반환의 원칙

가) 원물반환의 원칙

① 목적물 그 자체를 반환하는 것이 원칙이므로, 목적물이 부동산 또는 이에 준하는 권리인 경우에는 수익자 또는 전득자 명의로 이전된 등기 등의 말소를 구하여야 한다(소유권이전등기의 말소 대신에 채무자 앞으로 진정명의회복을 원인으로 한 소유권이전등기를 구하는 것도 가능하다). 목적물이 채권인 경우에는, 수익자가 취득한 채권의 채무자에의 양도와 그 양도 통지 형태가 될 것이다.

② 사해행위로 경료된 근저당권설정등기가 사해행위취소소송의 변론종결 시까지 존속하고 있는 경우 그 원상회복은 근저당권설정등기를 말소하는 방법에 의하여야 하고, 사해행위 이전에 설정된 별개의 근저당권이 사해행위 후에 말소되었다는 사정은 원상회복의 방법에 영향을 주지 아니하고, 소유권이전등기청구권 보전을 위한 가등기가 사해행위로 이루어진 경우에는 원상회복으로서의 가등기를 말소하면 족하고, 가등기 후 저당권이 말소되었거나 그 피담보채무가 일부 변제되었다는 점 또는 그 가등기가 사실상 담보가등기라는 점 등은 그와 같은 원상회복의 방법에 아무런 영향을 주지 않는다. 또 사해행위 당시에 어느 부동산이 가압류되어 있다는 사정은 채권자평등의 원칙상 채권자의 공동담보로서 그 부동산의 가치에 아무런 영향을 미치지 아니하므로, 수익자 또는 전득자가 기존 가압류의 청구채권을 변제하거나 채권상당액을 해방공탁하여 가압류를 해제시키거나 그 집행을 취소시켰다 하더라도 그 원상회복방법은 원물반환이 원칙이다.

③ 사해행위 후 그 목적물에 관하여 제3자가 저당권이나 지상권 등의 권리를 취득한 경우에는 수익자가 목적물을 저당권 등의 제한 없는 상태로 회복하여 이전하여 줄 수 있다는 등의 특별한 사정이 없는 한 채권자는 수익자를 상대로 원물 반환 대신 그 가액 상당의 배상을 구할 수도 있으나, 그렇다고 하여 채권자 스스로 위험이나 불이익을 감수하면서 원물반환을 구하는 것까지 허용되지 아니하는 것으로 볼 것은 아니고, 그 경우 채권자는 수익자 명의의 등기의 말소를 구하거나 수익자를 상대로 채무자 앞으로 직접 소유권이전등기절차의 이행을 구할 수 있다. 주의할 것은, 이 경우 원상회복청구권은 사실심 변론종결 당시의 채권자의 선택에 따라 원물반환과 가액배상 중 어느 하나로 확정되며, 채권자가 일단 사해행위 취소 및 원상회복으로서 원물반환 청구를 하여 승소판결이 확정되었다면, 그 후 어떠한 사유로 원물반환의 목적을 달

성할 수 없게 되었다고 하더라도 다시 원상회복청구권을 행사하여 가액배상을 청구할 수는 없으므로 그 청구는 권리보호의 이익이 없어 허용되지 않는다(소를 각하하여야 한다. 대판 2006.12.7, 2004다54978). 다만, 사해행위취소소송에서 원물반환으로 근저당권설정등기의 말소를 구하여 승소판결이 확정되었는데, 그 후 해당 부동산이 관련 경매사건에서 담보권 실행을 위한 경매절차를 통하여 제3자에게 매각되었고, 위와 같이 부동산이 담보권 실행을 위한 경매절차에 의하여 매각됨으로써 확정판결에 기한 근저당권설정등기 말소등기절차의무가 이행불능된 경우, 대상청구권 행사로서 말소될 근저당권설정등기에 기한 근저당권자로서 지급받은 배당금의 반환을 청구할 수 있다(대판 2012.6.28, 2010다71431).

2) 예외적 가액배상

가) 의의

① 만일 원상회복이 불가능하거나 현저히 곤란한 경우에는 원상회복의무의 이행으로서 사해행위 목적물의 가액 상당을 배상하여야 한다. 어느 부동산에 관한 법률행위가 사해행위에 해당하는 경우에는 원칙적으로 그 사해행위를 취소하고 소유권이전등기의 말소 등 부동산 자체의 회복을 명하여야 하는 것이나, 저당권이 설정되어 있는 부동산이 사해행위로 이전된 경우에 그 사해행위는 부동산의 가액에서 저당권의 피담보채권액을 공제한 잔액의 범위 내에서만 성립한다고 보아야 하고, 사해행위 후 변제 등에 의하여 저당권설정등기가 말소된 경우, 사해행위를 취소하여 그 부동산 자체의 회복을 명하는 것은 당초 일반채권자들의 공동담보로 되어 있지 아니하던 부분까지 회복을 명하는 것이 되어 공평에 반하는 결과가 되므로, 그 부동산의 가액에서 저당권의 피담보채무액을 공제한 잔액의 한도에서 사해행위를 취소하고 그 가액의 배상을 구할 수 있을 뿐이다.

② 가액배상의 지급의무는 그 전제가 되는 사해행위취소라는 형성판결이 확정될 때 비로소 발생하므로 판결이 확정되기 전에는 지체책임을 물을 수 없어 판결확정일까지의 지연손해금은 인정되지 않고, 가액배상청구는 장래의 이행을 구하는 것으로서 소촉법 제3조 제1항 단서의 적용을 받게 된다. 결과적으로 가액배상판결의 경우 판결확정일 다음 날부터 다 갚는 날까지 민법 소정의 연 5%의 비율에 의한 지연손해금을 인정한다. 그리고 사해행위취소소송에서 사해행위취소와 가액배상을 명하는 판결을 선고함에 있어서 사해행위취소 부분은 형성판결이므로 성질상 가집행선고가 허용되지 않으며, 금전의 지급을 명하는 가액배상 부분 역시 성질상 가집행이 허용되지 않는다. 그러나 이미 사해행위를 취소하는 판결이 선고되고 그 판결이 확정된 다음 가액배상을 구하는 청구를 하는 경우 이는 이행소송에 불과하므로 가집행을 선고할 수 있다.

③ 원고가 사해행위인 계약 전부의 취소와 부동산 자체의 반환을 구하는 청구취지 속에는 위와 같이 일부취소를 하여야 할 경우 그 일부취소와 가액배상을 구하는 취지도 포함되어 있다고 볼 수 있으므로 청구취지의 변경이 없더라도 바로 가액반환을 명할 수 있다.

④ 채권자취소권은 채무자의 사해행위를 채권자와 수익자 또는 전득자 사이에서 상대적으로 취소하고 채무자의 책임재산에서 일탈한 재산을 회복하여 채권자의 강제집행이 가능하도록 하는 것을 본질로 하는 권리이므로, 원상회복을 가액배상으로 하는 경우에 그 이행의 상대방은 채권자이어야 한다(대판 2008.4.24, 2007다84352).

나) 가액배상의 범위

가액배상은 ① 채권자의 피보전채권액, ② 목적물의 공동담보가액, ③ 수익자・전득자가 취득한 이익 중 가장 적은 금액을 한도로 이루어진다. 사해행위의 취소와 원상회복이 병합하여 청구되는 일반적인 경우 일반적인 실무는 사해행위의 취소범위에 앞서 원상회복방법에 관하여 살펴본 다음 사해행위 취소범위와 가액배상의 범위를 동일한 기준하에 한꺼번에 판단함으로써 사해행위 취소범위와 가액배상의 범위를 일치시키고 있다.

Ⓐ 채권자의 피보전채권액

이는 원칙적으로 채권자취소권의 행사범위와 동일하다. 피보전채권 일부에 대하여 우선변제권이 확보되어 있는 경우에는 그 부분만큼 공제되어야 하고, 이자나 지연손해금이 발생하는 경우에는 변론종결 시까지의 발생분은 포함되어야 한다.

Ⓑ 목적물의 공동담보가액

① 저당권이 설정되어 있는 부동산에 관하여 사해행위가 이루어진 경우에 그 사해행위는 부동산의 가액에서 저당권의 피담보채권액을 공제한 잔액의 범위 내, 즉 공동담보가액 범위 내에서만 성립한다고 보어야 하는데, 사해행위 후 변제 등에 의하여 저당권설정등기 등이 말소된 경우(피담보채권이 소멸한 이상 등기의 현실적인 말소 여부는 묻지 않는다), 사해행위를 취소하여 그 부동산 자체의 회복을 명하는 것은 당초 일반채권자들의 공동담보로 되어 있지 아니하던 부분까지 회복을 명하는 것이 되어 공평에 반하는 결과가 되므로, 그 부동산의 가액에서 저당권의 피담보채무액을 공제한 잔액의 한도에서 사해행위를 취소하고 그 가액의 배상을 구할 수 있을 뿐이고, 그와 같은 가액산정은 사실심 변론종결 시를 기준으로 하여야 한다. 이러한 법리는 그 부동산이 양도담보의 목적으로 이전된 경우에도 마찬가지이다.

② 채무자가 사해행위로써 양도한 부동산에 근저당권이 설정되어 있고 가액배상을 하여야 할 경우, 피담보채무액을 공제함에 있어 사실심 변론종결 당시의 피담보채무액이 사해행위 당시의 그것보다 현실적으로 증대되어 남아있는 경우에는 근저당권의 채권최고액의 범위 내에서 이를 모두 공제하여야 할 것이나, 그와 반대로 수익자에 의하여 피담보채무의 일부가 대위변제되어 사실심 변론종결 당시의 피담보채무액이 사해행위 당시의 그것보다 줄어들게 되었다면, 그러한 경우에도 사실심 변론종결 당시의 감소된 피담보채무액만을 공제하는 것은 사해행위 당시 채권자들의 공동담보로 제공되지 아니한 부분까지 회복시키는 결과가 되어 불공평하므로 사해행위 당시의 피담보채무액을 공제하는 방법에 의하여 가액반환의 범위를 확정하여야 한다. 다만, 채무자를 위하여 변제한 자는 변제자대위의 법리에 따라 채권최고액의 범위 내에서 채권자의 근저당권을 행사할 수 있는 것이어서 위와 같이 공제된 금액에서 대위변제된 금원을 또 다시 공제할 것은 아니다 (대판 2005.10.14, 2003다60891).

③ 공동저당권이 설정된 수 개의 부동산 전부의 매매계약이 사해행위에 해당하는 경우와 같이 사해행위의 목적부동산 전부가 하나의 계약으로 동일인에게 일괄 양도된 경우에는 사해행위로 되는 매매계약이 공동저당 부동산의 일부를 목적으로 할 때처럼 그 부동산 가액에서 공제하여야 할 피담보채권액의 산정이 문제되지 아니하므로 특별한 사정이 없는 한 그 취소에 따른 배상액의 산정은 목적부동산 전체의 가액에서 공동저당권의 피담보채권 총액을 공제하는 방식으로 함이 그 취소채권자의 의사에도 부합한다.

④ 가액배상에 있어서는 일반채권자들의 공동담보로 되어 있어 사해행위가 성립하는 범위 내의 가액배상을 명하여야 하는 것이므로, 그 부동산에 관하여 주택임대차보호법 제3조 제1항이 정한 대항력을 갖추고 임대차계약서에서 확정일자를 받아 임대차보증금 우선변제권을 가진 임차인은 또는 같은 법 제8조에 의하여 임대차보증금 중 일정액을 우선하여 변제받을 수 있는 소액임차인이 있는 때에는 수익자가 배상하여야 할 부동산 가액에서 그 우선변제권 있는 임차보증금 반환채권 금액을 공제하여야 한다. 그러나 위와 같이 우선변제권이 확보된 경우가 아닌 이상, 대항력을 갖추었으나 그 전에 이미 선순위 근저당권이 마쳐져 있어 부동산이 경락되는 경우 소멸할 운명에 놓인 임차권의 임차보증금 반환채권은, 임대차계약서에서 확정일자를 받아 우선변제권을 가지고 있다거나 주택임대차보호법상의 소액임차인에 해당한다는 등의 특별한 사정이 없는 한 수익자가 배상할 부동산의 가액에서 공제할 것은 아니다.

PART 05

참고판례

▶ 대법원 2018.9.13. 2018다215756 판결[사해행위취소]

1) 부동산에 관한 법률행위가 사해행위에 해당하는 경우에는 채무자의 책임재산을 보전하기 위하여 사해행위를 취소하고 원상회복을 명하여야 한다. 수익자는 채무자로부터 받은 재산을 반환하는 것이 원칙이지만, 그 반환이 불가능하거나 곤란한 사정이 있는 때에는 그 가액을 반환하여야 한다. 사해행위를 취소하여 부동산 자체의 회복을 명하게 되면 당초 일반 채권자들의 공동담보로 되어 있지 않던 부분까지 회복을 명하는 것이 되어 공평에 반하는 결과가 되는 경우에는 그 부동산의 가액에서 공동담보로 되어 있지 않던 부분의 가액을 뺀 나머지 금액 한도에서 가액반환을 명할 수 있다.

2) 저당권이 설정되어 있는 부동산에 관하여 사해행위 후 변제 등으로 저당권설정등기가 말소되어 사해행위취소와 함께 가액반환을 명하는 경우, 부동산 가액에서 저당권의 피담보채권액을 공제한 한도에서 가액반환을 하여야 한다. 그런데 그 부동산에 위와 같은 저당권 이외에 우선변제권 있는 임차인이 있는 경우에는 임대차계약의 체결시기 등에 따라 임차보증금 공제 여부가 달라질 수 있다. 가령 사해행위 이전에 임대차계약이 체결되었고 임차인에게 임차보증금에 대해 우선변제권이 있다면, 부동산 가액 중 임차보증금에 해당하는 부분이 일반 채권자의 공동담보에 제공되었다고 볼 수 없으므로 수익자가 반환할 부동산 가액에서 우선변제권 있는 임차보증금 반환채권액을 공제하여야 한다. 그러나 부동산에 관한 사해행위 이후에 비로소 채무자가 부동산을 임대한 경우에는 그 임차보증금을 가액반환의 범위에서 공제할 이유가 없다. 이러한 경우에는 부동산 가액 중 임차보증금에 해당하는 부분도 일반채권자의 공동담보에 제공되어 있음이 분명하기 때문이다.

▶ 대법원 2003다40286 판결

사해행위 후 그 목적물에 관하여 선의의 제3자가 저당권을 취득하였음을 이유로 가액배상을 명하는 경우에는 사해행위 당시 일반 채권자들의 공동담보로 되어 있었던 부동산 가액 전부의 배상을 명하여야 할 것이고, 그 가액에서 제3자가 취득한 저당권의 피담보채권액을 공제할 것은 아니고, 증여의 형식으로 이루어진 사해행위를 취소하고 원물반환에 갈음하여 그 목적물 가액의 배상을 명함에 있어서는 수익자에게 부과된 증여세액과 취득세액을 공제하여 가액배상액을 산정할 것도 아니다.

▶ 기타

유류를 공급받고 그 유류대금을 지급하지 않아 이를 담보하기 위하여 설정된 가등기에는 가등기담보 등에 관한 법률이 적용되지 않아 위 가등기로 담보되는 채권은 우선변제권이 없으므로 위 가등기의 피담보채무액은 이 사건 가액배상의 공제대상이 되지 아니한다.

ⓒ 수익자·전득자의 이익

수직자·전득자는 자신들이 받은 범위 내에서 반환할 의무가 있는데, 전득자가 목적물의 소유권을 이전받은 경우라면 목적물의 공동담보가액과 받은 이익이 일치하게 되고, 근저당권을 설정받은 경우라면 피담보채권액이 이익의 가액이 된다.

3) 경매절차에서의 배당 관련

근저당권설정계약을 사해행위로서 취소하는 경우 경매절차가 진행되어 타인이 소유권을 취득하고 근저당권설정등기가 말소되었다면 원물반환이 불가능하므로 가액배상의 방법으로 원상회복을 명할 것인바, 이미 배당이 종료되어 수익자가 배당금을 수령한 경우에는 수익자로 하여금 배당금을 반환하도록 명하여야 하고, 배당표가 확정되었으나 채권자의 배당금지급금지가처분으로 인하여 수익자가 배당금을 현실적으로 지급받지 못한 경우에는 배당금지급채권의 양도와 그 채권양도의 통지를 명할 것이나, 채권자가 배당기일에 출석하여 수익자의 배당부분에 대하여 이의를 하였다면 그 채권자는 사해행위취소의 소를 제기함과 아울러 그 원상회복으로서 배당이의의 소를 제기할 수 있고, 이 경우 법원으로서는 배당이의의 소를 제기한 해당 채권자 이외의 다른 채권자의 존재를 고려할 필요 없이 그 채권자의 채권이 만족을 받지 못한 한도에서만 근저당권설정계약을 취소하고 그 한도에서만 수익자의 배당액을 삭제하여 해당 채권자의 배당액으로 경정하여야 한다.

7. 취소 및 원상회복의 부수적 문제

1) 채권자가 어느 수익자(전득자 포함)에 대하여 사해행위취소 및 원상회복청구를 하여 승소판결을 받아 그 판결이 확정되었다 하더라도 그에 기하여 재산이나 가액의 회복을 마치지 아니한 이상 채권자는 자신의 피보전채권에 기하여 다른 수익자에 대하여 별도로 사해행위취소 및 원상회복청구를 할 수 있고, 채권자가 여러 수익자를 상대로 사해행위취소 및 원상회복청구의 소를 제기하여 여러 개의 소송이 계속 중인 경우에는 각 소송에서 채권자의 청구에 따라 사해행위의 취소 및 원상회복을 명하는 판결을 선고하여야 하며, 수익자가 가액배상을 하여야 할 경우에도 다른

소송의 결과를 참작할 필요 없이 수익자가 반환하여야 할 가액범위 내에서 채권자의 피보전채권 전액의 반환을 명하여야 한다.

2) 사해행위의 취소와 원상회복은 모든 채권자의 이익을 위하여 그 효력이 있으므로(민법 제407조), 채권자취소권의 행사로 채무자에게 회복된 재산에 대하여 취소채권자가 우선변제권을 가지는 것이 아니라 다른 채권자도 총채권액 중 자기의 채권에 해당하는 안분액을 변제받을 수 있는 것이지만, 이는 채권의 공동담보로 회복된 채무자의 책임재산으로부터 민사집행법 등의 법률상 절차를 거쳐 다른 채권자도 안분액을 지급받을 수 있다는 것을 의미하는 것일 뿐, 다른 채권자가 이러한 법률상 절차를 거치지 아니하고 취소채권자를 상대로 하여 안분액의 지급을 직접 구할 수 있는 권리를 취득한다거나, 취소채권자에게 인도받은 재산 또는 가액배상금에 대한 분배의무가 인정된다고 볼 수는 없다(가액배상금을 수령한 취소채권자가 이러한 분배의무를 부담하지 아니함으로 인하여 사실상 우선변제를 받는 불공평한 결과를 초래하는 경우가 생기더라도, 이러한 불공평은 채무자에 대한 파산절차 등 도산절차를 통하여 시정하거나 가액배상금의 분배절차에 관한 별도의 법률 규정을 마련하여 개선하는 것은 별론으로 하고, 현행 채권자취소 관련 규정의 해석상으로는 불가피하다(대판 2008.6.12, 2007다37837).

3) 사해행위 취소와 원상회복의 효력과 관련하여,

① 취소채권자는 특별한 사정이 없는 한 자신의 채권액 범위 내에서 채무자의 책임재산을 회복하기 위하여 채권자취소권을 행사할 수 있고 그 취소에 따른 효력을 주장할 수 있을 뿐이며, 채무자에 대한 채권 보전이 아니라 제3자에 대한 채권 만족을 위해서는 사해행위취소의 효력을 주장할 수 없다.

② 사해행위 이후에 채권을 취득한 채권자는 채권의 취득 당시에 사해행위취소에 의하여 회복되는 재산을 채권자의 공동담보로 파악하지 아니한 자로서 민법 제407조에 정한 사해행위취소와 원상회복의 효력을 받는 채권자에 포함되지 아니한다.

③ 근저당권자에게 배당하기로 한 배당금에 대하여 처분금지가처분결정이 있어 경매법원이 그 배당금을 공탁한 후에 그 근저당권설정계약이 사해행위로 취소된 경우, 그 공탁금은 그 경매절차에서 적법하게 배당요구하였던 다른 채권자들에게 추가배당함이 상당하다.

④ 채무자의 특정 채권자에 대한 담보권설정행위가 사해행위로 취소 확정된 경우에는 취소채권자 및 그 취소의 효력을 받는 다른 채권자에 대한 관계에서는 무효이므로 그 취소된 담보권자는 별도의 배당요구를 하여 배당요구채권자로서 배당받는 것은 별론으로 하고 '담보권자'로서는 배당받을 수 없다고 할 것이며, 이는 사해행위취소 및 원상회복의 판결이 확정되었으나 그 담보권 등기가 말소되지 않고 있다가 경매로 인한 매각으로 말소된 경우에도 마찬가지이다.

8. 상속에서의 사해행위

상속재산의 분할협의는 사해행위취소권 행사의 대상이 되나 상속포기는 사해행위취소의 대상이 되지 못한다.

PART 05

제2절 사해행위 종합사례 연습

【공통되는 사실관계】

◉ 원고는 장인이던 피고 한동만과 사이에, 원고가 이 사건 부동산의 매수자금 및 취득비용을 제공하고 피고 한동만은 그 자금으로 자신의 명의로 이 사건 부동산을 매수하기로 하는 계약명의 신탁(이하 "이 사건 명의신탁약정")을 체결하였음. 이에 따라 피고 한동만은 2008.6.1. 소외 조강현으로부터 이 사건 부동산을 10억 원에 매수하고(이하 "제1차 매매계약") 그 명의로 소유권이전등기를 마쳤음. 이와 관련하여 원고는 피고 한동만에 대하여 2011.10.27. 현재(사실심 변론종결 시) 금 576,636,986원의 부당이득금 청구채권을 가지고 있음.

◉ 원고에게 위와 같은 부당이득반환채무를 부담하고 있는 피고 한동만은 자기의 유일한 재산인 이 사건 부동산을 2011.5.23. 처남인 피고 이원기에게 9억 5천만 원에 매도하고(이하 '제2차 매매계약'), 2011.5.25. 이 사건 부동산에 관하여 피고 이원기 명의로 소유권이전등기를 마쳤음.

◉ 한편, 피고 한동만은 2008.7.14. 알뜰저축은행으로부터 3억 원을 대출받으면서 알뜰저축은행 앞으로 채권최고액 3억 9천만 원의 제1순위 근저당을 설정한 것이 있었는데, 피고 이원기는 피고 한동만으로부터 이 사건 부동산을 매수한 후인 2011.5.26. 알뜰저축은행에게 위 근저당권의 피담보채권원리금 전액인 310,000,000원을 대위변제하고 같은 날 위 근저당권설정등기를 말소하였음.

◉ 참고로 2011.10.27. 현재(사실심 변론종결 시) 이 사건 부동산의 가액은 13억 원임.

◉ 한편, 피고 한동만은 2008.8.21. 알뜰저축은행으로부터 5억 원을 이자 연 8%로 하여 대출받으면서 그의 동생인 소외 한동천 소유의 "세곡동 토지"와 함께 이 사건 부동산을 공동담보로 제공하여 같은 날 저축은행 앞으로 채권최고액 6억 5천만 원의 제2순위 근저당을 마쳤으며, 피고 이원기는 2011.5.26. 제2순위 근저당권의 대출채무를 면책적으로 인수하고 같은 날 위 채무인수를 원인으로 한 근저당권변경등기를 마쳤는데, 2011.10.27. 현재(사실심 변론종결 시) 위 제2순위 근저당권의 피담보채권액은 그동안 1억 원이 피고 이원기에 의하여 2011.7.6. 변제되어 4억 원이 남아 있게 되었음.

◉ 박덕주는 2008.3.2. 이 사건 부동산의 전소유자인 조강헌으로부터 이 사건 부동산 건물 중 3층 주택에 대하여 임대차보증금 3,000만 원, 월 차임 100만 원, 임차기간 2008.3.2.부터 2010.3.1.까지로 정하여 임차하였고, 2008.3.5.경 주민등록법상 전입신고를 마치고 같은 날 확정일자를 받은 후 그때부터 현재까지 위 주택에 거주하고 있으며, 피고 한동만이 이 사건 부동산을 매수한 이후인 2010.3.2. 피고 한동만으로부터 임대차기간을 2012.3.1.까지로 연장하여 같은 조건으로 임차하였음.

◉ 김상희는 이 사건 1층 건물 100평방미터에 대하여 임대차보증금 3억 원, 월차임 650만 원, 임차기간 2009.9.9.부터 2012.9.8.까지로 임차하고 그곳에서 커피전문점을 하고 있으며, 2009.9.9. 관할 세무서에 사업자등록을 마치고 임대차계약서에 확정일자를 받았음.

◉ 노장곤은 2009.2.15. 피고 한동만으로부터 이 사건 건물 2층 80평방미터를 임대차보증금 3억 원, 월 차임 620만 원, 임대차기간 2009.2.15.부터 2012.9.4.로 정하여 임차하고 그곳에서 미용실을 운영하면서 2009.2.15. 관할 세무서에 사업자등록을 마쳤음.

◉ 소외 박민준이 2011.4.21. 피고 한동만에 대한 2,000만 원의 대여금채권을 피보전권리로 하여 이 사건 부동산에 관하여 서울중앙지방법원 2011카단3888호로 가압류결정을 받았고, 이에 기하여 위 법원 강남등기소 2011.4.22. 접수 제53344호로 가압류기입등기가 마쳐졌는데, 피고 이원기가 2011.8.11. 박민준에게 가압류청구금액인 2,000만 원을 변제하고 같은 달 12. 위 가압류기입등기가 말소되도록 하였음.

◉ 피고 이원기는 2011.6.21. 피고 한동만에게 1억 원을 이자 없이 변제기는 같은 해 8.20.로 정하여 대여한 바 있음.

◉ 이 사례와 관련하여 원고는 다음과 같은 소송을 제기한 상태임.

〈 다음 〉

1. 피고 한동만은 원고에게 870,000,000원 및 이에 대한 이 사건 2011.7.29.자 청구취지 및 청구원인 변경신청서 부본 송달일 다음 날부터 다 갚는 날까지 연 12%의 비율에 의한 금원을 지급하라.
2. 피고들 사이에 이 사건 부동산에 관하여 2011.5.23. 체결된 매매계약을 665,000,000원의 한도 내에서 각 취소한다.
3. 피고 이원기는 원고에게 665,000,000원 및 이에 대한 이 사건 2011.10.27.자 청구취지 및 청구원인 변경신청서 부본 송달일 다음 날부터 다 갚는 날까지 연 20%의 비율에 의한 금원을 지급하라.

◉ 그런데 원고보다 먼저 피고 한동만의 다른 채권자인 소외 서상옥이 2011.6.10. 피고 이원기를 상대로 피고들(한동만, 이원기) 사이의 제2매매계약이 자신을 해하는 행위라고 주장하면서 서울중앙지방법원 2011가합26709호로 사해행위취소 및 원상회복청구의 소를 제기하여 그 소장부본이 2011.6.9. 피고 이원기에게 송달되어 이미 그 소송이 진행되고 있는 상태임.

1. 문제

원고가 피고 한동만에 대한 부당이득반환채권자로서 피고 한동만이 2011.5.23. 피고 이원기에게 이 사건 부동산을 매도한 행위가 원고를 해하는 행위라면서 피고 이원기에 대하여 위 매매계약의 취소 및 원상회복을 구함에 대하여, 피고 이원기는, 피고 한동만의 다른 채권자인 소외 서상옥이 이 사건 사해행위취소의 소 제기 전인 2011.6.20. 피고 이원기를 상대로 피고들 사이의 매매계약이 자신을 해하는 행위라고 주장하면서 서울중앙지방법원 2011가합26709호로 사해행위취소 및 원상회복청구의 소를 제기하여 그 소장부본이 2011.6.29. 피고 이원기에게 송달되었고, 위 소송이 이 사건 소송보다 먼저 판결이 선고될 것이 확실하므로, 원고의 피고 이원기에 대한 소는 중복된 소 제기 금지의 원칙에 위배되거나 권리보호의 이익이 없어 부적법하다고 항변하는 경우, 이에 대한 판단?

▶ 답안

채권자취소권의 요건을 갖춘 각 채권자는 고유의 권리로서 채무자의 재산처분행위를 취소하고 그 원상회복을 구할 수 있는 것이어서 여러 명의 채권자가 동시 또는 시기를 달리하여 사해행위취소 및 원상회복청구의 소를 제기하였다고 하더라도 중복된 소 제기 금지의 원칙을 위반한 것은 아니고, 또한 어느 한 채권자가 동일한 사해행위에 관하여 채권자취소 및 원상회복청구를 하여 승소판결을 받아 그 판결이 확정되었다 하더라도 그에 기하여 재산이나 가액의 회복을 마치지 않는 한 그 후에 제기된 다른 채권자의 동일한 소가 권리보호의 이익이 없게 되는 것은 아니므로, 피고 이원기의 항변은 이유 없다.

◈ 근저당권의 피담보채권액 공제기준

사해행위의 목적인 부동산에 수개의 저당권이 설정되어 있다가 사해행위 후 그중 일부 저당권만이 말소된 경우 공동담보가액은 사실심 변론종결 시를 기준으로 하여 그 부동산의 가액에서 말소된 저당권의 피담보채권액과 말소되지 아니한 저당권의 피담보채권액을 모두 공제하여야 하고, 피담보채무액을 공제함에 있어 사실심 변론종결 당시의 피담보채무액이 사해행위 당시의 그것보다 현실적으로 늘어난 경우에는 근저당권의 채권최고액의 범위 내에서 이를 모두 공제하여야 할 것이나, 그와 반대로 수익자에 의하여 피담보채무의 일부가 대위변제되어 사실심 변론종결 당시의 피담보채무액이 사해행위 당시의 그것보다 줄었다 하더라도 사해행위 당시의 피담보채무액을 공제하여 산정하여야 한다.

이 사건의 경우 공제할 피담보채권액에 관하여 살펴보면, 사해행위 후에 말소된 알뜰 저축은행의 제1순위 근저당권의 실제 피담보채권이 채권최고액 범위 내인 310,000,000원인 점은 앞에서 본 바와 같고, 피고 한동만은 2008.8.21. 알뜰저축은행으로부터 5억 원을 이자 연 8%로 하여 대출받으면서 그의 동생인 소외 한동천 소유의 "세곡동 토지"와 함께 이 사건 부동산을 공동담보로 제공하여 같은 날 저축은행 앞으로 채권최고액 6억 5천만 원의 제2순위 근저당을 마쳤으며, 피고 이원기는 2011.5.26. 제2순위 근저당권의 대출채무를 면책적으로 인수하고 같은 날 위 채무인수를 원인으로 한 근저당권변경등기를 마쳤는데, 2011.10.27. 현재(사실심 변론종결 시) 위 제1순위 근저당권의 피담보채권액은 그동안 1억 원이 피고 이원기에 의하여 2011.7.6. 변제되어 4억 원이 남아있게 되었으므로, 이 사건에 관한 공동담보가액 산정은 이 사건 부동산의 사실심 변론종결 당시 시가에서, 제1순위 근저당권의 경우 그 채권최고액 범위 내의 실제 피담보채권액 310,000,000원을, 공동저당권인 2순위 근저당권의 경우 매수 당시의 피담보채권액 500,000,000원 전액을 각 공제하여야 할 것이다.

2. 문제

그런데 이에 대하여 원고가, 이 사건 부동산의 가액에서 공제할 2순위 근저당권의 피담보채권액은 그 전액이 아닌 공동저당권의 목적으로 된 이 사건 부동산과 세곡동 토지의 각 가액에 비례하여 공동저당권의 피담보채권액을 안분하는 방법으로 산정된 금액에 한정되어야 한다고 주장하는 경우 그 주장의 당부?

▶ 답안

> 공동저당권이 설정되어 있는 수 개의 부동산 중 일부가 양도된 경우에 있어서의 그 피담보채권액은 특별한 사정이 없는 한 민법 제368조의 규정 취지에 비추어 공동저당권의 목적으로 된 각 부동산의 가액에 비례하여 공동저당권의 피담보채권액을 안분한 금액이라고 보아야 할 것이나, 이 사건에서와 같이 공동담보로 제공된 수개의 부동산 중 일부는 채무자 소유이고 일부는 물상보증인 소유인 경우에 물상보증인은 민법 제481조, 제482조의 규정에 의하여 채무자 소유의 부동산에 대하여 담보권을 행사할 수 있는 지위에 있는 점 등을 고려할 때, 채무자 소유의 부동산에 관한 피담보채권액은 공동저당권의 피담보채권액 전액으로 봄이 상당하므로, 원고의 위 주장은 이유 없다.

3. 임대차보증금의 공제 여부

1) 문제

박덕주의 주택임대차보증금은 공동담보가액 산정에 있어서 공제대상이 되는지?

▶ 답안

> 부동산에 대한 매매계약이 사해행위임을 이유로 이를 취소함과 아울러 원상회복으로 가액배상을 명하는 경우, 주택임대차보호법 제3조 제1항이 정한 대항력을 갖추고 임대차계약서에서 확정일자를 받은 임차인은 해당 경매절차에서 후순위 권리자 그 밖의 채권자보다 우선하여 보증금을 변제받을 권리가 있으므로 그 임대차보증금은 공동담보가액에서 공제되어야 하는 바, 사해행위인 제2 매매계약 이전에 주택임대차보호법상 대항력을 갖추고 확정일자를 받아 우선변제권을 가지는 박덕주의 위 임대차보증금 30,000,000원은 공동담보가액의 산정에 있어서 공제대상이 된다.

2) 문제

피고 이원기는 김상희, 노장곤의 각 임대차보증금도 공동담보가액에서 공제되어야 한다고 주장하는 경우 그 주장의 당부?

▶ 답안

피고 이원기의 주장에 의하더라도, 상가건물임대차보호법 제2조 제1항 단서에 정하여진 보증금액이 김상희의 경우 임대차보증금 3억 원에 위 법 제2조 제2항, 같은 법 시행령 제2조 제3항이 정한 환산비율 100/1에 따라 산정한 월 차임 650만 원에 대한 환산보증금 6억 5천만 원(= 650만 원 ×100/1)을 합하면 9억 5천만 원(3억 원 + 6억 5천만 원)에 이르고, 노장곤의 경우 임대차보증금 3억 원에 같은 방식에 따라 산정한 월 차임 620만 원에 대한 환산보증금 6억 2천만 원을 합하면 9억 2천만 원(3억 원 + 6억 2천만 원)에 이르게 되는 바, 위 법 제2조 제1항, 위 시행령 부칙 제2조의 규정에 따라 김상희, 노장곤의 위 각 보증금액은 그 임대차계약에 적용되는 상가건물임대차보호법 시행령 제2조 제1항 1호에서 정하고 있는 서울특별시 지역의 위 적용범위 한도액인 9억 원을 각 초과함으로써 위 법의 적용범위에서 제외되므로, 김상희, 노장곤의 각 임대차보증금에 관한 피고 이원기의 위 주장은 이유 없다.

4. 문제 – 가압류청구금 공제주장에 대한 판단

피고 이원기는, 소외 박민준이 2011.4.21. 피고 한동민에 대한 2,000만 원의 대여금채권을 피보전권리로 하여 이 사건 부동산에 관하여 서울중앙지방법원 2011카단3888호로 가압류결정을 받았고, 이에 기하여 위 법원 강남등기소 2011.4.22. 접수 제53344호로 가압류기입등기가 마쳐졌는데, 피고 이원기가 2011.8.11. 박민준에게 가압류청구금액인 2,000만 원을 변제하고 같은 달 12. 위 가압류기입등기가 말소되도록 하였으므로, 위 변제한 가압류청구금액 상당도 공동담보가액에서 공제되어야 한다고 주장하는 경우 그 주장의 당부?

▶ 답안

사해행위 당시 어느 부동산이 가압류되어 있다는 사정은 채권자평등의 원칙상 채권자의 공동담보로서 그 부동산의 가치에 아무런 영향을 미치지 아니하므로, 가압류가 된 여부나 그 청구채권액의 다과에 관계없이 그 부동산 전부에 대하여 사해행위가 성립하고, 따라서 피고 이원기의 주장과 같이 사해행위 후 수익자인 자신이 그 가압류청구채권을 변제하여 가압류기입등기를 말소시켰다 하더라도, 법원이 사해행위를 취소하면서 가액배상을 명하는 경우 그 변제액을 공제할 것은 아니라 할 것이므로, 피고 이원기의 위 주장은 이유 없다.

5. 문제

이에 대하여 피고 이원기는, 피고 한동만에 대하여 원고의 채권과 서상옥의 채권이 경합하고 원고와 서상옥은 모두 각 채권에 근거하여 사해행위취소 및 원상회복을 청구하고 있는데 이들의 총채권액이 수익자라고 할 수 있는 피고 이원기가 배상할 가액을 초과하는바, 이런 경우에는 수익자로 하여금 배상할 가액을 채권자들의 채무자에 대한 각 채권액의 비율에 따라 안분하여 지급하도록 함이 상당하다고 주장하는 경우 그 주장의 당부?

▶ 답안

> 그러한 경우라도 수익자가 반환하여야 할 가액을 채권자의 채권액에 비례하여 채권자별로 안분한 범위 내에서 반환을 명할 것이 아니라 수익자가 반환하여야 할 가액범위 내에서 각 채권자의 피보전채권액 전액의 반환을 명하여야 할 것이므로, 위 주장은 이유 없다.

6. 문제

피고 이원기는, 2011.6.21. 피고 한동만에게 1억 원을 이자 없이 변제기는 같은 해 8.20.로 정하여 대여하였으므로, 이 사건 답변서 부본의 송달로써 위 대여금채권과 이 사건 가액배상채권을 대등액에서 상계한다고 항변하는 경우 그 주장의 당부?

▶ 답안

> 사해행위취소권은 채권의 공동담보인 채무자의 책임재산을 보전하기 위하여 채무자와 수익자 사이의 사해행위를 취소하고 채무자의 일반재산으로부터 일탈된 재산을 모든 채권자를 위하여 수익자 또는 전득자로부터 환원시키는 제도로서, 수익자로 하여금 자기의 채무자에 대한 반대채권으로써 상계를 허용하는 것은 사해행위에 의하여 이익을 받은 수익자를 보호하고 다른 채권자의 이익을 무시하는 결과가 되어 위 제도의 취지에 반하는 것이어서, 수익자가 사해행위취소에 따른 원상회복으로서 가액배상을 할 때에 채무자에 대한 채권자라는 이유로 채무자에 대하여 가지는 자기의 채권과의 상계를 주장할 수 없으므로, 피고 이원기의 위 항변은 이유 없다.

7. 문제

그런데 위 결론에 대하여 원고가, 위 가액배상금에 대한 이 사건 2011.10.27.자 청구취지 및 청구원인 변경신청서 부본 송달 다음 날부터 다 갚는 날까지 소송촉진 등에 관한 특례법이 정한 연 12%의 비율에 의한 지연손해금을 지급할 의무가 있다고 주장하는 경우 그 당부?

▶ 답안

> 사해행위 취소로 인한 가액배상의무는 사해행위취소를 명하는 판결이 확정된 때에 비로소 발생하는 것이어서 그 가액배상금의 지급의무에 관하여는 그 판결이 확정된 다음 날부터 지체책임을 지게 된다고 할 것이므로, 위 특례법 제3조 제1항 단서에 의하여 같은 항 본문에 정한 이율은 적용되지 않는다고 할 것이니, 위 인정범위를 넘는 원고의 주장은 이유 없다.

PART

06

채권자 대위

chapter

01 이론정리

제1절 의의

채권자대위권(債權者代位權)이란 채권자가 자기의 채권을 보전하기 위하여 자기 채무자에게 속하는 권리를 대신 행사할 수 있는 권리이다(민법 제404조 제1항). 채권자취소권과 함께 책임재산의 보전을 위해 채권자가 행사할 수 있는 권리이다.

제2절 요건

1. 피보전채권에 관한 요건

1) 채권의 존재

① 채권자대위권에 의하여 보전될 채권자의 채무자에 대한 채권이 존재하여야 한다. 이 요건의 존부는 당사자적격(보다 정확하게는 원고적격 : 채권자 스스로 원고가 되어 채무자의 제3채무자에 대한 권리를 행사할 지위나 자격)의 문제라는 것이 확립된 판례의 입장이다. 따라서 채권자의 채무자에 대한 피보전권리의 존부는 법원이 직권으로 조사하여야 할 사항이고, 이 요건이 결여된 경우에 채권자대위소송은 부적법하여 각하된다.

② 그 피보전채권이 제3채무자에게 대항할 수 있는 채권이라는 사실까지 입증할 필요는 없으며, 따라서 채권자가 채무자를 상대로 하여 그 보전되는 청구권에 기한 이행청구의 소를 제기하여 승소판결이 확정되면 제3채무자는 그 청구권의 존재를 다툴 수 없다. 반면 채권자가 채무자를 상대로 소를 제기하였으나 패소의 확정판결을 받은 종전 소유권 이전등기절차이행소송의 청구원인이 채권자대위소송에서의 피보전권리의 권원과 동일하다면, 채권자로서는 위 종전 확정판결의 기판력으로 말미암아 더 이상 채무자에 대하여 위 확정판결과 동일한 청구원인으로는 다시 소유권이전등기청구를 할 수 없게 되었고, 채권자가 채권자대위소송에서 승소하여 제3자 명의의 소유권이전등기가 말소된다 하여도 채권자가 채무자에 대하여 동일한 청구원인으로 다시 소유권이전등기절차의 이행을 구할 수 있는 것도 아니므로, 채권자로서는 채무자의 제3자에 대한 권리를 대위행사함으로써 위 소유권이전등기청구권을 보전할 필요가 없게 되어서, 채권자의 채권자대위소송은 부적법한 것으로서 각하되어야 한다.

③ 한편 대판 2004.2.12. 2001다10151은 채권자가 채권자대위권을 행사하여 제3자에 대하여 하는 청구에서 제3채무자는 채무자가 채권자에 대하여 가지는 항변으로 대항할 수 없고, 채

권의 소멸시효가 완성된 경우에, 이를 원용할 수 있는 자는 원칙적으로 시효이익을 직접 받는 자뿐이고, 채권자대위소송의 제3채무자는 이를 행사할 수 없다고 한다. 다만 대판 2008.1.31, 2007다64471은 이 입장을 전제하면서도 "채권자가 채무자에 대한 채권을 보전하기 위하여 제3채무자를 상대로 채무자의 제3채무자에 대한 채권에 기한 이행청구의 소를 제기하는 한편, 채무자를 상대로 피보전채권에 기한 이행청구의 소를 제기한 경우, 채무자가 그 소송절차에서 소멸시효를 원용하는 항변을 하였고, 그러한 사유가 현출된 채권자대위소송에서 심리를 한 결과, 실제로 피보전채권의 소멸시효가 적법하게 완성된 것으로 판단되면, 채권자는 더 이상 채무자를 대위할 권한이 없게 된다"고 하였다.

2) 보전의 필요성

① 채권자대위권을 행사하기 위하여 채권보전의 필요성이 있어야 하며, 이 요건이 결여된 경우에도 채권자대위소송은 부적법하여 각하된다.

② 채권보전의 필요성과 관련하여, 금전채권의 경우에는 채무자의 무자력이 채권자대위권 행사의 요건이다. 판례[8]는 "채권자가 채무자를 대위함에 있어 대위에 의하여 보전될 채권자의 채무자에 대한 권리가 금전채권인 경우에는 그 보전의 필요성 즉, 채무자가 무자력인 때에만 채권자가 채무자를 대위하여 채무자의 제3채무자에 대한 권리를 행사할 수 있다"고 한다. 그러면서, "채권자대위의 요건으로서의 무자력이란 채무자의 변제자력이 없음을 뜻하고 특히 임의변제를 기대할 수 없는 경우에는 강제집행을 통한 변제가 고려되어야 하므로, 소극재산이든 적극재산이든 위와 같은 목적에 부합할 수 있는 재산인지 여부가 변제자력 유무 판단의 중요한 고려요소가 되어야 한다. 따라서 채무자의 적극재산인 부동산에 이미 제3자 명의로 소유권이전청구권 보전의 가등기가 마쳐져 있는 경우에는 강제집행을 통한 변제가 사실상 불가능하므로, 그 가등기가 가등기담보 등에 관한 법률에 정한 담보가등기로서 강제집행을 통한 매각이 가능하다는 등의 특별한 사정이 없는 한, 위 부동산은 실질적으로 재산적 가치가 없어 적극재산을 산정할 때 제외하여야 한다"고 하였다.

▶ 다만, 임차보증금반환채권의 양수인이 임대인을 대위하여 임차인에게 가옥인도를 구한 경우(대판 88다카4253・4260은 "임대차보증금반환채권을 양수한 채권자가 그 이행을 청구하기 위하여 임차인의 가옥명도가 선이행되어야 할 필요가 있어서 그 명도를 구하는 경우에는 그 채권의 보전과 채무자인 입대인의 자력유무는 관계가 없는 일이므로 무자력을 요건으로 한다고 할 수 없다"고 하였다)에 예외적으로 채무자의 무자력을 요하지 않는다고 하거나 무자력을 문제 삼지 않는다.

③ 채무자의 자력과 관계없는 特定債權의 보전을 위하여는 채무자의 자력 유무를 불문하고 대위권의 행사할 수 있다. 즉, 채권자가 채무자의 특정의 권리를 행사함으로써 특정채권을 보전할 수 있다면, 채무자가 무자력이 아니더라도 채권자대위권을 행사할 수 있다는 것이 확립된 판례의 이론이다.

---

8) 대법원 2009.2.26. 선고 2008다76556 판결

▶ 가령 A가 B에게, B는 다시 C에게 어떤 부동산을 순차 매도하였으나 아직 그 부동산 이 A 명의로 등기되어 있는 경우에, B는 A에 대하여 그리고 C는 B에 대하여 각 매매계약에 기한 등기청구권을 가지게 되는데, C가 B에 대한 등기청구권을 실행하기 위하여 먼저 B의 A에 대한 등기청구권이 실행되지 않으면 안 된다. 이러한 사안에서 판례는 B에 대한 등기청구권을 보전하기 위하여 필요하다는 이유로 C가 B의 A에 대한 등기청구권을 대위행사하는 것을 허용하며, B에게 충분한 자력이 있더라도 이를 문제 삼지 않는다. 즉 C는 B의 등기청구권을 대위행사하여 A로부터 B에게로 소유권이전등기를 경료한 후, 다시 자기의 B에 대한 등기청구권을 행사하여 B로부터 소유권이전등기를 받아오게 된다(이때 C가 등기명의를 대위수령할 수 없으므로 실제의 소송에서는 B를 대위한, A에 대한 청구와 B에 대한 청구가 병합되고, 양자의 관계는 단순병합이다).

▶ 법정지상권을 가진 건물소유자로부터 건물을 양수하면서 법정지상권까지 양도받기로 한 자는 채권자 대위의 법리에 따라 전 건물소유자 및 대지소유자에 대하여 차례로 지상권의 설정등기 및 이전등기절차이행을 구할 수 있다.

▶ 취득시효 완성 후 제3자 앞으로 경료된 소유권이전등기가 원인무효인 경우에, 취득시효 완성으로 인한 소유권이전등기청구권을 가진 자가 취득시효 완성당시의 소유자를 대위하여 제3자 명의 등기의 말소를 구할 수 있다.

▶ 사회질서에 반하는 이중매매에서의 등기말소청구권과 관련하여 매도인의 매수인에 대한 배임행위에 적극가담하여 증여를 받아 이를 원인으로 소유권이전등기를 경료한 수증자에 대하여 매수인은 매도인을 대위하여 위 등기의 말소를 청구할 수 있으나 직접 청구할 수는 없다는 것은 형식주의 아래서 등기청구권의 성질에 비추어 당연하다고 하였다.

3) 이행기의 도래

채권자는 그 채권의 기한이 도래하기 전에는 법원의 허가 없이 전항의 권리를 행사하지 못한다. 그러나 보전행위는 그러하지 아니하다(민법 제404조 제2항)

2. 대위의 객체에 관한 요건

1) 재산권은 원칙적으로 대위행사의 목적인 권리에 해당하는 반면, 비재산권은 대위의 대상이 되지 못한다.

2) 문제되는 것은 소송상의 행위(소의 제기)를 대위할 수 있는지 여부인데, 채권자의 대위행사가 소송을 통하여 이루어질 수 있음은 당연하지만, 이미 채무자와 제3자 사이에 소송이 계속된 후에 소송수행상의 개개의 행위를 대위하는 것은 허용되지 않는다는 것이 다수설 판례의 입장이다. 판례도 "같은 취지에서 볼 때 상소의 제기와 마찬가지로 종전 재심대상판결에 대하여 불복하여 종전 소송절차의 재개, 속행 및 재심판을 구하는 재심의 소제기는 채권자대위권의 목적이 될 수 없다"고 하였다(대판 2012.12.27, 2012다75239).

※ 대법원 2020.5.21. 선고 2018다879 전원합의체 판결

[1] 채권자는 자기의 채권을 보전하기 위하여, 일신에 전속한 권리가 아닌 한 채무자의 권리를 행사할 수 있다(민법 제404조 제1항). 공유물분할청구권은 공유관계에서 수반되는 형성권으로서 공유자의 일반재산을 구성하는 재산권의 일종이다. 공유물분할청구권의 행사가 오로지 공유자의 자유로운 의사에 맡겨져 있어 공유자 본인만 행사할 수 있는 권리라고 볼 수는 없다. 따라서 공유물분할청구권도 채권자대위권의 목적이 될 수 있다.

[2] 권리의 행사 여부는 그 권리자가 자유로운 의사에 따라 결정하는 것이 원칙이다. 채무자가 스스로 권리를 행사하지 않는데도 채권자가 채무자를 대위하여 채무자의 권리를 행사할 수 있으려면 그러한 채무자의 권리를 행사함으로써 채권자의 권리를 보전해야 할 필요성이 있어야 한다. 여기에서 보전의 필요성은 채권자가 보전하려는 권리의 내용, 채권자가 보전하려는 권리가 금전채권인 경우 채무자의 자력 유무, 채권자가 보전하려는 권리와 대위하여 행사하려는 권리의 관련성 등을 종합적으로 고려하여 채권자가 채무자의 권리를 대위하여 행사하지 않으면 자기 채권의 완전한 만족을 얻을 수 없게 될 위험이 있어 채무자의 권리를 대위하여 행사하는 것이 자기 채권의 현실적 이행을 유효·적절하게 확보하기 위하여 필요한지 여부를 기준으로 판단하여야 하고, 채권자대위권의 행사가 채무자의 자유로운 재산관리행위에 대한 부당한 간섭이 되는 등 특별한 사정이 있는 경우에는 보전의 필요성을 인정할 수 없다.

[3] [다수의견] 채권자가 자신의 금전채권을 보전하기 위하여 채무자를 대위하여 부동산에 관한 공유물분할청구권을 행사하는 것은, 책임재산의 보전과 직접적인 관련이 없어 채권의 현실적 이행을 유효·적절하게 확보하기 위하여 필요하다고 보기 어렵고 채무자의 자유로운 재산관리행위에 대한 부당한 간섭이 되므로 보전의 필요성을 인정할 수 없다. 또한 특정 분할 방법을 전제하고 있지 않은 공유물분할청구권의 성격 등에 비추어 볼 때 그 대위행사를 허용하면 여러 법적 문제들이 발생한다. 따라서 극히 예외적인 경우가 아니라면 금전채권자는 부동산에 관한 공유물분할청구권을 대위행사할 수 없다고 보아야 한다. 이는 채무자의 공유지분이 다른 공유자들의 공유지분과 함께 근저당권을 공동으로 담보하고 있고, 근저당권의 피담보채권이 채무자의 공유지분 가치를 초과하여 채무자의 공유지분만을 경매하면 남을 가망이 없어 민사집행법 제102조에 따라 경매절차가 취소될 수밖에 없는 반면, 공유물분할의 방법으로 공유부동산 전부를 경매하면 민법 제368조 제1항에 따라 각 공유지분의 경매대가에 비례해서 공동근저당권의 피담보채권을 분담하게 되어 채무자의 공유지분 경매대가에서 근저당권의 피담보채권 분담액을 변제하고 남을 가망이 있는 경우에도 마찬가지이다.

3. 채무자가 스스로 자기의 권리를 행사하지 않을 것

채무자가 자기권리의 한 이상(단지 소를 제기한 것만으로도 족하다), 그 행사가 부적절하거나 결과적으로 채권자에게 불리하더라도, 다시 말하면 그 행사의 방법이나 결과 여하를 불문하고 채권자는 대위권을 행사할 수 없다. 나아가 채무자가 자기의 권리를 재판상 행사하여 패소판결이 확정된 경우에 채권자가 채무자를 대위할 수 없음은 당연하다.

제3절 행사

1. 행사의 방법

이상의 요건이 갖추어지면 채권자는 자기의 이름으로 그러나 채무자의 입장에서 채무자의 권리를 행사할 수 있다. 그리고 채권자대위권은 재판상 또는 재판 외에서 행사될 수 있다.

2. 통지와 처분권의 제한

1) 채권자가 보존행위 외의 채무자의 권리를 대위행사하는 경우에, 이를 채무자에게 통지하여야 한다(민법 제405조 제1항). 그러나 대위권 행사에 채무자의 동의를 받아야 하는 것은 아니며, 채무자가 그 행사에 반대하더라도 대위권의 행사가 가능하다.

2) 채권자로부터 대위권 행사의 통지를 받은 후에는 채무자가 대위행사된 권리를 처분하더라도 그 처분으로 채권자에게 대항할 수 없다(처분권의 제한 : 민법 제405조 제2항). 대위권 행사의 통지가 없었더라도 채무자가 대위권 행사의 사실을 알고 있었다면 통지가 있었던 경우에서와 마찬가지의 효과가 생긴다.

▶ 통지에 의하여 제한되는 처분행위로 가령 무효인 매매계약에 기하여 경료된 소유권이전등기의 말소등기청구권을 대위행사함에도 불구하고 무효인 매매를 추인하는 것과 같이 채무자의 제3자에 대한 권리를 소멸시키는 행위나 제3자에 대한 채권을 양도하는 행위를 들 수 있다. 반면 변제수령은 처분행위가 아닐 뿐만 아니라 채권자대위권을 행사한다고 하여 채권압류의 효력이 발생하지는 않으므로, 통지 후에도 제3채무자의 변제가 금지되지 않는다.

※ 처분권제한에 관한 판례

1) 대판 1991.4.12. 90다9407은 채무자가 그 명의로 소유권이전등기를 경료하는 것 역시 처분행위라 할 수 없으므로, 소유권이전등기청구권의 대위행사 후에도 채무자는 그 명의로 소유권이전등기를 경료하는 데 아무런 지장이 없다고 하였고, 나아가 채권자대위권을 행사하는 채권자가 채무자에 대한 등기청구권을 보전하기 위하여 채무자를 대위하여 처분금지가처분을 신청하여 제3채무자 소유의 부동산에 가처분등기가 경료된 경우에, 채무자가 제3채무자의 채무이행으로 넘겨받은 소유권이전등기는 가처분의 효력에 위배되지 않아서 유효라고 하였다.

2) 해제와 관련하여 대판 1996.4.12. 95다54167은 채권자가 채무자를 대위하여 제3채무자의 부동산에 대한 처분금지가처분을 신청하여 처분금지가처분결정을 받은 경우에, 이는 그 부동산에 관한 소유권이전등기청구권을 보전하기 위한 것이므로 피보전권리인 소유권이전등기청구권을 행사한 것과 같이 볼 수 있어, 채무자가 그러한 채권자대위권의 행사사실을 알게 된 이후에 그 부동산에 대한 매매계약을 합의해제함으로써 채권자대위권의 객체인 그 부동산의 소유권이전등기청구권을 소멸시켰다 하더라도 이로써 채권자에게 대항할 수 없다고 하였다.

3) 채권자대위권행사 통지 후에 채무자의 채무불이행을 이유로 통지 전 체결된 약정에 따라 계약이 자동 해제되거나 제3채무자가 계약을 해제한 경우, 제3채무자가 계약해제로써 채권자에게 대항할 수 있는지 여부(원칙적 적극) – 채무자가 자신의 채무불이행을 이유로 매매계약이 해제되도록 한 것을 두고 민법 제405조 제2항에서 말하는 '처분'에 해당한다고 할 수 없다. 따라서 채무자가 채권자대위권행사의 통지를 받은 후에 채무를 불이행함으로써 통지 전에 체결된 약정에 따라 매매계약이 자동적으로 해제되거나, 채권자대위권행사의 통지를 받은 후에 채무자의 채무불이행을 이유로 제3채무자가 매매계약을 해제한 경우 제3채무자는 계약해제로써 대위권을 행사하는 채권자에게 대항할 수 있다(대판(전) 2012.5.17, 2011다87235).

3. 제3자의 항변권 등

대위권 행사의 통지가 있기 전에 대위의 상대방은 채무자에 대한 항변사유를 대위행사하는 채권자에 대해서도 주장할 수 있다. 대위권 행사로 인하여 제3자의 지위가 열악하게 될 수는 없기 때문이다. 다만 통지 후에는 채무자의 "처분권"이 제한되므로, 가령 제3채무자가 채무자로부터 면제받았더라도 채무의 소멸을 주장할 수 없다.

제4절 행사의 효과

1. 효과의 귀속주체

1) 채권자대위권 행사의 효과는 〈직접 채무자에게 귀속〉한다. 결국 특정 채권자가 채권자대위권을 행사한 경우 그 특정채권자가 우선변제권을 가지는 것은 아니며 모든 채권자를 위한 공동담보가 되는 것이다

2) 다만, 금전의 지급 또는 기타 물건의 인도를 목적으로 하는 채권과 같이 변제의 수령을 요하는 경우에는 원고는 채무자가 아닌 원고 자신에게 직접 이행할 것을 청구할 수 있다.

2. 비용상환의 문제

채권자가 채권자대위권 행사를 위하여 비용을 지출하였다면 채무자에게 그 비용의 상환을 청구할 수 있다(민법 제688조).

3. 소송상 대위의 경우

1) 채권자대위소송과 중복제소 문제

(1) 채무자의 권리행사가 선행하는 경우

① 채무자 자신의 소송계속 중에 채권자대위소송이 제기된 경우에 종전 판례는 중복송에 해당한다고 하고 통설도 그러하다. 그러나 근자의 판례는 이 경우에 채권자의 당사자 적격의 상실로 부적법이라고 한다(채권자대위권은 채무자가 제3채무자에 대한 권리를 행사하지 아니하는 경우에 한하여 채권자가 자기의 채권의 보전을 보전하기 위하여 행사할 수 있는 것이므로, 채권자가 대위권을 행사할 당시 이미 채무자가 그 권리를 재판상 행사하였을 때에는 설사 패소확정판결을 받았더라도 채권자는 채무자를 대위하여 권리를 행사할 당사자적격이 없다고 하였다(대판 1992.11.10, 92다30016, 대판 1993.3.26, 92다32876).

② 그러나 채권자대위소송을 법정소송담당이 아니라고 보는 독자적대위권설의 입장에서는 채권자의 대위권 행사의 요건불비라고 하여 청구기각을 하여야 한다고 한다(이러한 경우는 채무자가 이미 자기 채권을 행사하고 있으므로 민법 제404조 제1항의 해석상 요구되는 '채무자가 채권을 행사하지 않을 것'이라는 대위권 행사요건이 불비되었다고 보아야 하고, 따라서 중복제소로 처리할 것이 아니라, 후소인 채권자대위소송을 청구기각하여야 한다는 비판이 있다고 한다.

(2) 채권자의 대위권행사가 선행하는 경우

① 채권자대위소송이 제기된 뒤에 채무자가 동일한 내용의 후소를 제기한 경우에 있어서 채권자대위소송을 법정소송담당이라고 해석하는 통설에서는 채무자의 후소는 중복된 소제기에 해당하여 부적법 각하된다. 판례도 통설과 마찬가지로 비록 당사자는 다르다 할지라도 실질상으로는 동일 소송이라고 할 것이므로 중복제소금지 규정에 저촉된다고 판시하였다.
다만, 이렇게 중복 제소로 금지된다고 보면, 채권자대위소송의 기판력이 채무자가 대위소송의

제기 여부를 알았을 경우에 한하여 기판력이 미친다고 한 대법원 1975.5.13. 선고 74다1664 전원합의체 판결과 논리의 모순이 있다는 지적을 하고, 그리하여 위 전원합의체 판결과의 일관성을 고려하여 무조건 중복제소로 부적법 각하할 것이 아니라 채무자에게 채권자 대위소송이 계속 중임을 알려 참가의 기회를 제공하고 부적법 각하함이 타당하다는 견해도 있다. 이에 대하여 채권자의 대위소송의 판결효가 채무자에게 미치는지 여부는 기판력의 문제이고, 소극적 소송요건인 중복제소의 경우와 동일시할 필요는 없는 것으로 기판력의 저촉 충돌 가능성을 방지하려는 중복제소금지의 취지에 비추어 오히려 채무자가 채권자대위소송의 제기여부를 아느냐에 관계없이 일률적으로 이를 금지하는 것이 타당하다고 반박하는 견해도 있다.

② 한편, 채권자대위소송을 법정소송담당이 아니라고 보는 독자적대위권설의 입장에서는 위 경우에 각각 소송물도 다르고 당사자도 달라서 중복제소가 아니라고 본다.

(3) 채권자의 대위소송이 중복된 경우

① 대위소송의 경합의 경우에 판례는 시간적으로 나중에 계속하게 된 소송은 중복된 소제기라고 보았다, 이에 대하여 기판력에 관한 문제와 일관하려면 채무자가 채권자대위소송이 있는 것을 알았을 때에 다시 다른 채권자가 제기한 대위소송이 중복된 소제기가 된다고 볼 것이라는 견해가 있다.

② 한편 채권자대위소송을 법정소송담당이 아니라고 보는 독자적대위권설의 입장에서는, 채권자대위소송의 소송물은 채권자의 대위권 행사라고 보는 것이 타당하므로 이 경우는 각기 다른 대위권의 행사로 소송물이 다르므로 중복된 소 제기가 되지 않는다고 한다. 이러한 경우는 중복제소로 각하하는 것보다 오히려 변론을 병합하여 유사필수적공동소송으로 처리하는 것(대판 1991.12.27, 91다23486 참조)이 논리에 맞고 소송경제에도 부합한다고 한다,

(4) 채무자 자신의 소송계속 중 압류채권자의 추심금청구소송

판례에 의하면 채무자가 제3채무자를 상대로 먼저 제기한 이행의 소가 법원에 계속되어 있는 상태에서, 압류 및 추심명령을 받은 압류채권자가 제3채무자를 상대로 나중에 제기한 추심의 소는 중복된 소제기에 해당하지 않는다고 한다.

압류채권자는 채무자가 제3채무자를 상대로 제기한 이행의 소에 소송참가할 수도 있으나, 채무자의 이행의 소가 상고심에 계속 중인 경우에는 승계인의 소송참가가 허용되지 아니하므로 압류채권자의 소송참가가 언제나 가능하지는 않으며, 압류채권자가 채무자가 제기한 이행의 소에 참가할 의무가 있는 것도 아니고, 추심의 소의 본안에 관하여 심리・판단한다고 하여, 제3채무자에게 불합리하게 과도한 이중응소의 부담을 지우고 본안심리가 중복되어 당사자와 법원의 소송경제에 반한다거나 판결의 모순 저촉의 위험이 크다고 볼 수 없다 등이 그 논거이다.

(5) 여러 명의 채권자취소소송

① 여러 명의 채권자가 제기한 사해행위취소 및 원상회복청구의 소는 중복된 소제기에 해당하지 않는다. 채권자취소권의 요건을 갖춘 각 채권자는 고유한 권리로 채무자의 재산처분행위를 취소・원상회복을 구할 수 있기 때문이다.

② 한편, 동일한 채권자가 보전하고자 하는 채권을 달리하여 동일한 법률행위의 취소 및 원상회복을 구하는 채권자취소의 소를 이중으로 제기하는 경우에 전소와 후소는 소송물이 동일하다고 보아야 한다. 그렇다면 중복된 소제기에 해당한다.

2) 기판력의 문제

(1) 채권자대위권을 소송상 행사한 경우 채권자와 제3채무자는 채권자대위소송의 당사자이기 때문에 그 판결의 효력이 그들에게 미침은 당연하다.

(2) 채권자대위소송의 판결의 효력이 채무자에게 미치는지

채권자대위소송의 당사자(원고 또는 피고)가 아닌 채무자에게도 그 판결의 효력이 미치는지가 문제되는 바, 채무자가 채권자대위소송에 보조참가한 경우나, 채무자에게 소송고지된 경우 기타 어떠한 사유로 인하여든 채무자가 대위소송이 제기된 사실을 알게 된 경우에는 대위소송판결의 효력이 채무자에게 미친다는 것이 판례이다.

(3) 채권자대위소송의 판결의 효력이 다른 채권자에게 미치는지 여부

판례는 어떠한 사유로든 채무자가 채권자대위소송이 제기된 사실을 알았을 경우에 한하여 그 판결의 효력이 채무자에게 미치므로, 그 후 다른 채권자가 동일한 소송물에 대하여 채권자대위권에 기한 소를 제기하면 전소의 기판력을 받게 된다고 한다.

chapter 02

소작작성 실무 정리

제1절 소장 작성례

소 장

*** 소가 70,000,000원(대위 청구하는 건물인도가액은 양수금 청구의 수단청구이므로 소가에 산입하지 않음)

*** 인지대 320,000원
내역) 70,000,000원×45/10,000 + 5,000원

원 고 최명수 (690201-1898098)
서울 서초구 신반포로 28, 109동 807호(반포동, 한양아파트)
전화번호 : 010-1234-5678
전자우편 : cms@hanmail.com

피 고 1. 주진무 (681212-1298654)
서울 강남구 역삼로 7길 17(역삼동)
전화번호 : 010-0101-4545
2. 김혜순 (530505-2010301)
서울 강남구 언주로 146길 18(개포동)
전화번호 : 011-4567-8901

양수금 등 청구의 소

청 구 취 지

1. 가. 피고 주진무는 피고 김혜순에게 서울 강서구 신정동 19 새로빌라 201호 75㎡를 인도하고,
나. 피고 김혜순은 피고 주진무로부터 위 제가항 건물을 인도받음과 동시에 원고에게 70,000,000

원에서 2010.8.1.부터 위 건물의 인도완료일까지 월 500,000원의 비율로 계산한 금액을 공제한 나머지 돈을 지급하라.
2. 소송비용은 피고들이 부담한다.
3. 제1항은 가집행할 수 있다.
라는 판결을 구합니다.

청 구 원 인

1. 피고 주진무의 지위

피고 주진무는 2008.12.5. 피고 김혜순으로부터 청구취지 1항기재 건물을 임대차보증금 70,000,000원, 차임 월 50만 원, 기간 2009.1.1.부터 2010.12.31.까지로 정하여 임차한 후 위 임차보증금을 전액 지불하고 위 건물을 인도받아 점유하고 있는데, 현재 임대차기간이 만료되었으나 2010.8.1. 이후 월 차임을 납부하지 않고 있습니다.

2. 피고 주진무의 임차보증금 반환채권양도 및 통지

원고는 2010.8.9. 피고 주진무로부터 피고 김혜순에 대한 위 임차보증금을 양도받고, 채권양도인인 피고 주진무가 피고 김혜순에게 위 채권양도통지를 하여 2010.8.11. 도달하였습니다.

3. 양수금 청구

그리고 위 임대차는 2010.12.31.로 기간만료로 종료되었으므로 피고 주진무는 피고 김혜순에게 위 건물을 인도할 의무가 있고, 피고 김혜순은 피고 주진무로부터 위 건물을 인도받음과 동시에 원고에게 금 70,000,000원에서 2010.8.1.부터 위 건물의 인도완료일까지 월 500,000원의 비율로 계산한 금액을 공제한 나머지 돈을 지급할 의무가 있습니다.

4. 대위인도 청구

그런데 피고 김혜순이 피고 주진무에 대한 위 건물의 인도청구권을 행사하지 않고 있으므로, 원고는 피고 김혜순에 대한 위 양수금채권을 보전하기 위하여 피고 김혜순을 대위하여 피고 주진무에 대하여 위 건물의 인도를 청구하는 바입니다.

이에 대해 피고 김혜순은 위 임대차 기간종료일까지 피고 주진무나 피고 김혜순 누구도 임대차계약을 끝내자는 말을 하지 않아 자동으로 계약이 2년 연장되었다고 주장하나, 위 임대차계약이 묵시적으로 갱신되었다고 할 수 있는 시점이 위 임차보증금 양도의 효력발생일인 2010.8.11.보다 후이므로 그러한 갱신은 위 임대차보증금 반환채권을 양수받은 원고에 대하여 효력이 없으므로 피고 김혜순의 주장은 이유없습니다.

5. 결언

이상과 같은 이유로 원고는 청구취지와 같은 판결을 구하기 위하여 본 소를 제기하기에 이르렀습니다.

증 명 방 법

1. 갑 제1호증 부동산등기사항증명서
2. 갑 제2호증 임대차계약서
3. 갑 제3호증의 1-3 양도양수계약서, 채권양도통지서, 우편물배달증명서

첨 부 서 류

1. 증거설명서 및 위 증명방법	각 3통
2. 영수필확인서	1통
3. 토지대장등본	1통
4. 건축물대장	1통
5. 송달료납부서	1통
6. 서류작성 및 제출위임장	1통
7. 소장부본	2통

2012.9.17.

원고 최명수 (인)

서울중앙지방법원 귀중

제2절 소송목적의 값

채권자대위소송의 경우 소송목적의 값은 대위행사되는 채무자의 권리의 가액에 의하되, 보전되는 원고의 채권액을 한도로 한다(결국 두개의 소송목적의 값 중 적은 쪽이 소송목적의 값으로 된다).

제3절 청구취지

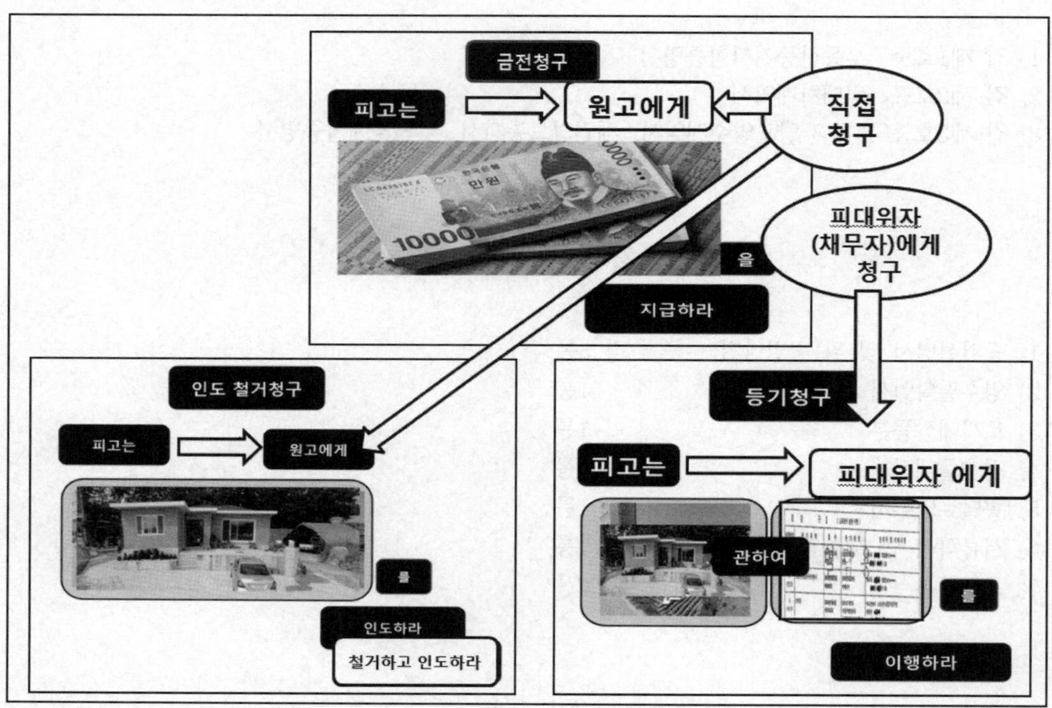

1. 기재례 – 대위에 의한 소유권이전등기(예 갑소유의 부동산이 을, 병을 거쳐 원고에게 순차 매도되었으나 등기명의는 아직 갑에게 남아 있는 경우)

1. 별지목록 기재 부동산에 관하여,
   가. 피고 갑은 피고 을에게 2014.3.31. 매매를 원인으로 한,
   나. 피고 을은 피고 병에게 2015.4.4. 매매를 원인으로 한,
   다. 피고 병은 원고에게 2015.11.15. 매매를 원인으로 한,
   각 소유권이전등기절차를 이행하라.

2. 기재례 – 피대위자인 채무자가 피고로 되지 아니한 경우

1. 피고는 소외 을(561027-1690211, 서울 성북구 삼선동 2가 251)에게 별지목록 기재 부동산에 관하여 2002.11.15. 매매를 원인으로 한 소유권이전등기절차를 이행하라.

▶ 피대위자인 채무자가 피고로 되지 아니한 경우에는 그의 주소와 주민등록번호 등을 표시해 주어야 한다. 피고(제3채무자)로 하여금 채무자에게 이행할 것을 청구하여야 하고, 직접 원고에게 이행할 것을 청구하지 못하는 것이 원칙이다.

☞ **사례**

◎ 손혜진(630306-2093527, 주소 : 서울 강남구 대치동 500-1)은 2003.10.20. 엄재원으로부터 엄재원 소유의 성남시 분당구 서현동 321-1 임야 220㎡를 3억 5천만 원에 매수하면서, 계약 당일 계약금 3천만 원, 같은 해 11.20. 중도금 1억 2천만 원, 2004.2.20. 소유권이전등기 관계서류를 교부받음과 동시에 상환으로 잔금 2억 원을 지급하되, 중도금이나 잔금을 지체할 경우 월 1.5%의 지연손해금을 가산하여 지급하기로 약정하고, 계약 당일 계약금 3천만 원을 지급하였다. 그런데 손혜진은 자금 사정이 어려워져 중도금의 지급을 지체하던 중 2003.12.10. 친구인 한가연에게 위 임야를 3억 5천만 원에 전매하고 그 대금 중 5천만 원을 지급받았다. 손혜진과 한가연은 잔금지급기일인 2004.2.20. 엄재원을 만나 위 전매사실을 고지하면서 위 한가연이 손혜진을 대신해서 중도금과 잔금을 지급할테니 한가연에게 직접 소유권이전등기절차를 이행하여 주도록 요청하였으나 엄재원은 이를 거절하였다. 현재 엄재원은 중도금 및 잔금 및 이에 대한 지연손해금을 요구하고 있다.

◎ 손혜진은 한가연에게 언제든 협조하는 입장이나 엄재원과 사이에서는 직접 나서지를 않고 있고 나서기도 싫어하고 있으므로 한가연이 나서서라도 문제를 해결하고 싶다.

▶ 답안

1. 피고는 소외 손혜진(630306-2093527, 주소 : 서울 강남구 대치동 500-1)으로부터 325,400,000원을 지급받음과 동시에 위 손혜진에게 성남시 분당구 서현동 321-1 임야 220㎡에 관하여 2003.10.10. 매매를 원인으로 한 소유권이전등기절차를 이행하라.
2. 소송비용은 피고가 부담한다.

3. 채권자인 원고에게 직접 이행할 것을 구하는 경우

1. 피고는 원고에게 10,000,000원 및 이에 대한 2003.10.1.부터 이 사건 소장부본 송달일까지는 연 5%의, 그 다음 날부터 다 갚는 날까지는 연 12%의 각 비율로 계산한 돈을 지급하라.

▶ 금전의 지급 또는 기타 물건의 인도를 목적으로 하는 채권과 같이 변제의 수령을 요하는 경우에는 원고는 채무자가 아닌 원고 자신에게 직접 이행할 것을 청구할 수 있다.

4. 대위에 의한 등기의 말소 - 사법연수원교재(민사실무II, 2014년, 97-98면)

① 원고가 피고 갑으로부터 부동산을 매수하여 소유권이전등기청구권을 가지고 있는데 등기를 마치지 않고 있는 사이에 피고 을이 정당한 원인 없이(등기서류 위조 또는 갑의 이중매매행위에 적극 가담하여 매매계약 체결) 피고 을 앞으로 등기를 마친 후 피고 병, 피고 정에게 순차 등기이전된 경우 청구취지 기재례는 다음과 같다.

> 1. 별지목록 기재 부동산에 관하여,
> 가. 피고 갑에게,
> 1) 피고 을은 수원지방법원 2013.8.9. 접수 제4875호로 마친 소유권이전등기의,
> 2) 피고 병은 같은 법원................................마친 소유권이전등기의,
> 3) 피고 정은 같은 법원................................마친 소유권이전등기의,
> 각 말소등기절차를 이행하고,
> 나. 피고 갑은 원고에게 2015.4.5. 매매를 원인으로 한 소유권이전등기절차를 이행하라.

② 다만, 부동산 매수인이 그 소유권이전등기를 하지 아니하고 있던 중에 제3자가 매도인을 상대로 소를 제기하여 얻은 확정판결에 기하여 소유권이전등기를 마친 경우에는, 그 판결이 당연무효라거나 재심에 의하여 취소되었다는 등의 사유가 없는 한 매수인이 매도인을 대위하여 제3자 명의의 소유권이전등기의 말소를 청구할 수 없다. 기판력에 저촉되기 때문이다.

☞ **사례**

◎ 이순신은 2003.3.6. 미등기로 되어 있는 경기도 동두천시 탑동동 100의 1 소재 대지 239㎡를 국가로부터 매수하였으나 미처 소유권이전등기를 마치지 못하고 있던 중 2007.2.17. 안중근에게 이를 매도하였다(이순신, 안중근은 모두 매매대금을 완납하였다).

◎ 그 사이에 갑과 을은 공모하여 위조한 관계서류를 사용하여 위 토지에 관하여(의정부지방법원 동두천등기소 2006.5.8. 접수 제7562호로 을 명의의 소유권보존등기)를 마친 다음, 2007.1.11. 위 토지를 병에게 매도하고 위 등기소 2007.2.9. 접수 제4143호로 소유권이전등기를 마쳐 주었고, 병은 2007.2.13 정으로부터 2,000만 원을 차용하면서 그 담보로 위 등기소 2007.2.13. 접수 제4244호로 근저당권자 정, 채권최고액 3,000만 원, 채무자 병으로 된 근저당권설정등기를 마쳐주었으며, 한편 정은 2007.3.4. 자신의 채권자인 무에게 위 근저당권의 확정된 피담보채권을 양도하면서 위 등기소 2007.3.14. 접수 제6350호로 근저당권이전의 부기등기까지 마쳤다.

◎ 병에 대하여 2,000만 원의 대여금채권을 가지고 있던 기는 이를 피보전권리로 하여 의정부지방법원에 위 토지에 대한 부동산가압류신청을 하여 위 등기소 2007.3.12. 접수 제6141호로 가압류기입등기를 마쳤다.

◎ 한편 병은 위 토지 위에 벽돌조 기와지붕 단층 음식점 138㎡를 신축하여 동두천등기소 2007.6.4. 접수 제9784호로 소유권보존등기를 마친 다음 이를 A에게 임대차보증금을 2,000만 원

으로 하고 월 차임을 100만 원으로 정하여 임대함에 따라 A가 위 건물에서 음식점을 직접 경영하고 있고, A는 2007.8.4.부터 B를 종업원으로 채용하여 근무시키고 있다.

◎ 그 후 병이 사망하였고, 그 후 망인의 상속인들인 처 병1, 병2, 출가한 딸 병3이 있다.

▶ 답안

1. 동두천시 탑동동 100-1 대 239㎡에 관하여,
   가. 피고 대한민국에게,
      1) 가) 피고 을은 의정부지방법원 동두천등기소 2006.5.8. 접수 제7562호로 마친 소유권 보존등기의,
         나) 피고 병1은 3/7 지분에 관하여, 피고 병2, 병3은 각 2/7 지분에 관하여 각 같은 등기소 2007.2.9. 접수 제4143호로 마친 소유권이전 등기의,
         다) 피고 무는 같은 등기소 2007.2.13. 접수 제4244호로 마친 근저당권설정등기의, 각 말소등기절차를 이행하고,
      2) 피고 기는 1)의 나)항 기재 소유권이전등기의 말소등기에 대하여 승낙의 의사를 표시하고,
   나. 1) 피고 대한민국은 피고 이순신에게 2003.3.6. 매매를 원인으로 한,
      2) 피고 이순신은 원고에게 2007.2.17. 매매를 원인으로 한
      각 소유권이전등기절차를 이행하라.
2. 피고 대한민국에게,
   가. 피고 병1은 3/7 지분에 관하여, 피고 병2, 병3는 각 2/7 지분에 관하여, 각 제1항 기재 토지상 벽돌조 기와지붕 단층 음식점 138㎡를 철거하고, 각 위 토지를 인도하고,
   나. 피고 A는 위 가항 기재 건물에서 퇴거하라.
3. 소송비용은 피고들이 부담한다.
4. 제2항은 가집행할 수 있다.

5. 기타

원고는 강길수에 대하여 매매로 인한 이전등기청구권을 가지고 있고, 강길수는 이경재에게 이전등기청구권을 가지고 있는데 이 강길수의 이전등기청구권에 대하여 가압류가 들어온 경우에 대위청구(장래조건부)함과 동시에, 별도로 지정화에게 착오를 이유로 한 매매취소에 따른 매매대금 반환을 (이전등기 말소와 동시에) 구하는 청구를 병합제기한 사례

1. 별지목록 제1항 기재 토지에 관하여,
   가. 피고 이경재는 일산실업 주식회사와 피고 강길수 사이의 서울중앙지방법원 2007.1.9.자 2007카단1625 소유권이전등기청구권 가압류결정에 의한 집행이 해제되면 피고 강길수에게 2006.9.5. 매매를 원인으로 한 소유권이전등기절차를 이행하고,
   나. 피고 강길수는 원고에게 2007.2.12. 양도담보를 원인으로 한 소유권이전등기절차를 이행하라.
2. 피고 지정화는 원고로부터 별지목록 제2항, 제3항 기재 부동산에 관하여 서울동부지방법원 강동등기소 2004.4.27. 접수 제28471호로 마친 각 소유권이전등기의 말소등기절차를 이행받음과 동시에 원고에게 400,000,000원을 지급하라.

제4절 청구원인(요건사실)

1. 특정물(부동산등기청구권 등)에 관한 권리보전

① 갑이 피고로부터 부동산 등을 매수한 사실
② 그 후 원고가 갑으로부터 그 부동산 등을 매수한 사실

2. 금전채권 보전

① 원고가 갑에게 금전을 대여한 사실
② 갑이 피고에게 부동산을 얼마에 매도한 사실
③ 갑은 위 매매대금채권 이외에는 원고의 대여금채권을 위한 책임재산이 없는 사실(무자력한 사실)
④ 갑이 자신의 권리를 행사하지 않은 사실(대위요건)
⑤ 원고의 갑에 대한 채권이 이행기에 도래한 사실(대위요건) - 도래하지 않아도 법원의 허가를 받으면 가능함(민법 제404조 제2항)

제5절 증명방법

부동산등기사건부분 참조

제6절 첨부서류

부동산등기사건부분 참조

제7절 기타

금전청구부분 참조

chapter

03 소장작성 연습

1. 사례 – 2004년(제10회) 법무사 시험 기출문제

다음은 이기자[(681218-2014567), 주소 : 서울 서초구 신반포로 28, 109동 807호(반포동, 한양아파트), 전화번호 : 678-4342, 전자우편 : kgu@gdskk.com)]가 법무사 사무실에 찾아와 소장 작성을 의뢰하며 진술한 내용이다.

"저는 한시명과 결혼하여 혼인신고까지 마쳤으나 슬하에 자식을 두지는 못하였습니다. 그런데 제 남편 한시명은 2004.1.15. 23:00경 차행진[(주소 : 서울 서초구 반포로대로 155(잠원동), 전화번호 : 1234-9876, 주민등록번호 : 711215-1357924)]이 운전하던 승용차에 치여 현장에서 사망하였습니다. 저는 2004.2.15. 차행진과 위 교통사고로 인한 손해배상과 관련하여 보험금과는 별도로 위자료조로 7,000만 원을 받기로 합의를 하였습니다. 저는 차행진으로부터 합의 당일 1,000만 원을 받았으며, 나머지 6,000만 원은 2004.5.31. 받기로 하였습니다. 차행진은 위 금액의 지급을 담보하기 위하여 합의 당일 저에게 액면 금 6,000만 원, 지급기일 2004.5.31.로 된 약속어음을 발행하여 줌과 동시에 공증인가 여의도합동법률사무소 증서 2004년 제1234호로 차행진이 위 어음금 지급을 지체할 때에는 즉시 강제집행을 받을 것을 인낙하는 취지가 기재된 약속어음공정증서를 작성하여 주었습니다.

한편, 차행진은 신태양[(주소 : 서울 종로구 삼청로9길 26(삼청동), 전화번호 : 5678-4321, 주민등록번호 : 620117-1987654)] 소유의 서울특별시 용산구 이태원동 22의 2번지 지하 장미상가 마열 8호 점포 20평(2004년도 시가표준액 1억 원)을 신태양으로부터 임차보증금 6,000만 원에 임차(임대차기간 2002.9.1.부터 2004.8.31.까지)하여 그곳에서 한일상사라는 상호로 보일러 대리점 영업을 하고 있었습니다. 저는 차행진에 대한 위 약속어음금채권을 확보하기 위하여 2004.2.19. 서울중앙지방법원 2004카단757호로 차행진이 신태양에 대하여 가지는 위 임차보증금 반환채권에 대하여 가압류결정을 받아 두었습니다(위 결정 정본은 2004.2.22. 신태양에게 송달되었습니다).

그러나, 차행진은 위 지급기일인 2004.5.31.까지 위 약속어음금을 지급하지 아니하여, 저는 위 돈을 받기 위하여 위 약속어음공정증서에 기하여 2004.7.10. 서울중앙지방법원 2004타기19706·19707호로 차행진이 신태양에 대하여 가지는 위 임차보증금 6,000만 원의 반환청구권에 대하여 채권압류 및 전부명령 신청을 하여 2004.7.15. 채권압류 및 전부명령을 받았고 그 결정 정본은 2004.7.18. 신태양에게 송달되었습니다.

저는 신태양에게 수차에 걸쳐 위 전부금을 지급하여 달라고 요구하였으나, 신태양은 위 점포에 대한 임대차계약이 아직도 존속 중일 뿐만 아니라, 현재 차행진이 점포를 비워 주지 않고 있고, 가사 임차보증금을 반환하게 되더라도 미납 월세 등을 공제한 나머지만 반환해야 하는데 그 액수를 확정할 수 없다는 등의 핑계를 대면서 그 지급을 거절하고 있습니다. 그러나 차행진이 미납한 월세 등은 없는 것으로 알고 있고, 위 임대차계약은 갱신되지 아니한 채 기간만료로 종료된 상태임에도 불구하고 신태양은 저에게 위 전부금을 주기 싫어서인지 차행진에 대하여 위 점포를 인도하여 달라고 요구하지도 않고 있습니다. 저는 소송을 통하여 조속히 위 전부금 6,000만 원을 지급받기를 원합니다.

이기자의 위 진술 내용을 근거로 2004.10.3.자로 현 단계에서 이기자에게 가장 실효성 있고 유리한 내용의 소장을 작성하시오.
소장에는 위 전부금을 받기 위하여 필요하고도 충분한 당사자, 청구취지, 청구원인을 갖추어 기재하여야 하며, 청구원인은 요건사실 위주로 기재하되 그 밖에 자연적 사실관계를 불필요하고 장황하게 기재하지 않도록 하고, 날인은 (인)으로 표시하시오.
소가와 첩부인지대는 소장의 오른쪽 윗부분에 기재하시오(소가와 인지를 계산한 내역도 기재할 것).

» 답안례

소 장

*** 소 가 60,000,000원
산정내역) 전부금청구 : 60,000,000원
(점포인도 청구가액인 100,000,000원×50/100×1/2(인도)
= 25,000,000원은 수단청구로서 불산입
*** 인지대 275,000원
60,000,000원×45/10,000 + 5,000원

원 고 이기자 (681218-2014567)
서울 서초구 신반포로 28, 109동 807호(반포동, 한양아파트)
전화번호 : 678-4342
전자우편 : kgu@gdskk.com

피 고 1. 차행진 (711215-1357924)
서울 서초구 반포로대로 155(잠원동)
전화번호 : 1234-9876

2. 신태양 (620117-1987654)
서울 종로구 삼청로9길 26(삼청동)
전화번호 : 5678-4321

전부금 등 청구의 소

청 구 취 지

1. 가. 피고 차행진은 피고 신태양에게 서울 용산구 이태원동 22-2 지하 장미상가 마열 8호 점포 20평을 인도하고,
   나. 피고 신태양은 피고 차행진으로부터 위 가항 기재 건물을 인도받음과 동시에 원고에게 60,000,000원을 지급하라.
2. 소송비용은 피고들이 부담한다.
3. 제1항은 가집행할 수 있다.

라는 판결을 구합니다.

청 구 원 인

1. 원고는 피고 차행진에게 액면 금 6,000만 원, 지급기일 2004.5.31.로 된 약속어음공정증서(공증인가 여의도합동법률사무소 증서 2004년 제1234호)를 가지고 있으며, 위 약속어음금 청구권의 보전을 위하여 피고 차행진은 피고 신태양에 대하여 가지는 피고 신태양 소유의 서울 용산구 이태원동 22-2 지하 장미상가 마열 8호 점포 20평(이하 "이 사건 점포")의 임차보증금 6,000만 원에 대하여 2004.2.19. 서울중앙지방법원 2004카단757호로 차행진이 신태양에 대하여 가지는 위 임차보증금 반환채권에 대하여 가압류를 하여 위 가압류결정 정본이 2004.2.22. 신태양에게 송달되었습니다. 그 후 원고는 2004.7.10. 서울중앙지방법원 2004타채19706・19707호로 위 차행진의 임차보증금 6,000만 원의 반환청구권에 대하여 채권압류 및 전부명령 신청을 하여 2004.7.15. 채권압류 및 전부명령을 받았고 그 결정 정본은 2004.7.18. 신태양에게 송달되었고, 그 후 위 전부명령을 확정되었습니다. 그러므로 이 사건 점포의 임대차가 종료되는 2004.8.31. 위 전부명령의 효력이 확정적으로 발생하여, 당시 존재하는 피고 차행진의 위 임차보증금 6,000만 원의 반환청구채권은 원고에게 전부되었습니다.
2. 한편, 차행진과 신태양의 임대차관계는 2004.8.31. 임차기간이 만료되었으며, 원고의 위 채권가압류와 채권압류 및 전부명령으로 인하여 묵시의 갱신으로 원고에게 대항할 수 없는 상태이고, 차행진이 미납한 월세 등은 없습니다. 그러므로 신태양은, 차행진으로부터 위 임차건물의 인도를 받음과 동시에, 원고에게 60,000,000원의 전부금을 지급할 의무가 있습니다.
3. 그런데 피고 신태양이 피고 차행진에 대한 이 사건 점포의 인도청구권을 행사하지 않고 있으므로, 원고는 피고 신태양에 대한 위 전부금채권을 보전하기 위하여 피고 신태양을 대위하여 차행진에 대하여 이 사건 점포의 인도를 청구하는 바입니다.

4. 이상과 같은 이유로 원고는 청구취지와 같은 판결을 구하기 위하여 본 소를 제기하기에 이르렀습니다.

증 명 방 법

1. 갑 제1호증의 1, 2 채권가압류결정문 및 송달증명원
2. 갑 제2호증의 1-3 채권압류 및 전부명령과 송달/확정증명

첨 부 서 류

1. 증거설명서 및 위 증명방법 각 3통
2. 영수필확인서 1통
3. 토지대장등본 1통
4. 건축물대장 1통
5. 송달료납부서 1통
6. 서류작성 및 제출위임장 1통
7. 소장부본 2통

2004.10.3.
원고 이기자 (인)

서울중앙지방법원 귀중

▶ 참고로 임차보증금 반환채권의 양수인이 임대인의 임차인에 대한 가옥인도청구권을 대위행사하는 경우에는 임대인의 무자력을 요건으로 하지 않는다는 것이 판례인 바 임차보증금 반환채권에 대한 전부채권자의 경우도 동일하다고 할 것이며, 또한 이 사건 원고의 전부금채권은 변제기가 도래한 상태이므로 대위권을 행사함에 있어서 법원의 허가를 요하지 않는다(민법 제404조 제1항 및 제2항 본문 참조).

2. 사례 - 2012년(제18회) 법무사 시험 기출문제

【문 1】 최명수[(주민등록번호 : 690201-1898098, 주소 서울 서초구 신반포로 28, 109동 807호(반포동, 한양아파트), 전화 010-1234-56787, 전자우편 cms@hanmail.com)]는 2012.9.14. 법무사 사무실에 찾아와 다음과 같이 분쟁 내용을 설명하고 별첨 서류들을 제시하면서 소장 작성을 의뢰하였다. 이에 적합한 소장을 작성하시오. 30점

"저는 2009.11.10. 먼 친척인 주진무[(주민등록번호 : 681212-1298654, 주소 서울 강남구 역삼로 7길 17(역삼동), 전화 010-0101-4545)]에게 6,000만 원을 변제기 2009.12.9. 이자 월 2%로 정하여 대여하였습니다. 이때 주진무는 자신이 새로빌라 201호(실제는 "서울 강서구 신정동 19 새로빌라 201호 75㎡"에 대한 부동산등기사항전부증명서가 주어짐)에 임대차보증금 70,000,000원, 월세 50만 원에 세들어 살고 있는데, 만약에 자신이 돈을 갚지 못하면 위 임대차보증금 반환청구권을 제게 양도해 주겠다고 약속하였고, 그 임대차계약서 원본을 저에게 맡겼습니다.

그런데 주진무는 약속한 변제기에 원금 및 이자를 변제하지 않았고, 제가 몇 차례 독촉했음에도 불구하고 차일피일 변제를 미루었습니다. 이에 저는 약속대로 임대차보증금 반환청구권을 양도해 달라고 요구하여 2010.8.9. 주진무로부터 위 채권을 양도받았고, 주진무로 하여금 임대인인 김혜순[(주민등록번호 : 530505-2010301, 주소 서울 강남구 언주로 146길 18(개포동), 전화 011-4567-8901)]에게 채권양도 통지도 하도록 하였습니다.

위 임대차 계약기간이 2010.12.31.로 끝나 2011년 초에 김혜순에게 임대차보증금을 달라고 하였더니, 김혜순은 위 임대차기간 종료일까지 주진무나 김혜순 누구도 임대차계약을 끝내자는 말을 하지 않아 자동으로 계약이 2년 연장되었고, 혹시 연장이 안 되었다 하더라도 주진무가 위 빌라에서 나갈 때까지는 임대차보증금을 돌려줄 의무가 없으며, 혹시 돈을 돌려주어야 하더라도 주진무가 2010.8.1.분부터 월세(월 50만 원)를 연체하고 있으므로 이를 공제한 나머지만 돌려줄 수 있다고 대답하였습니다. 저는 주진무에게도 임대차보증금을 회수할 수 있도록 빨리 나가 달라고 요구하였으나, 주진무는 당장 갈 곳이 없다며 차일피일 미루어 왔습니다.

주진무가 아직도 그 빌라에 살고 있는 건 사실이니 주진무를 내보내야 돈을 받을 수 있는 건 맞는 것 같고, 주진무에게 물어보니 월세를 2010.7.31.분까지만 내고 제게 채권양도한 후부터는 월세를 안 내고 있는 것도 맞다고 합니다. 그렇지만 이미 채권양도가 되었는데 그 후에 자기네들끼리 계약을 자동연장할 수 있다는 것도 이상하고, 채권양도 후에 월세를 연체하였다고 하여 이미 양도된 임대차보증금에서 그 돈을 공제할 수 있다는 것도 선뜻 이해가 안 갑니다.

그래도 법대로 받을 수 있는 이상으로 더 받고 싶은 생각은 없고, 무리한 주장을 할 생각도 없으니, 법무사님이 법에 따라 청구를 잘 정리하셔서 패소하는 부분 없이 깔끔하게 주진무를 내보내고 김혜순으로부터 돈을 받을 수 있도록 해 주십시오. 그리고 주진무는 위 임대차보증금 말고는 다른 재산이 없으니 별도로 주진무에게 대여금청구를 할 생각은 없습니다."

〈유의사항〉

1. 별첨 서류들('印' 표시는 명의자의 진정한 인영이 날인된 것으로 봄) 및 최명수의 위 진술 내용을 모두 진실한 것으로 보고 그 의사를 존중하여 최명수에게 가장 유리하고 적법하며 승소가능성이 있는 내용으로 서울중앙지방법원에 접수할 소장을 작성하시기 바랍니다(소장 작성일은 2012.9.17.로 할 것).
2. 여러 명에 대하여 소를 제기할 필요가 있는 경우, 병합요건을 고려하지 말고 하나의 소장으로 작성하십시오.
3. 소장에는 당사자, 청구취지, 청구원인을 갖추어 기재하되, 청구원인은 요건사실 위주로 기재하고 불필요한 사실관계를 장황하게 기재하지 않도록 하며, 별첨 서류들을 참조하여 증명방법과 첨부서류도 소장에 함께 적시하시기 바랍니다.
4. 소장의 오른쪽 윗부분에 소가와 첩부인지대를 계산 내역과 함께 기재하십시오(위 서울 강서구 신정동 19 새로빌라 201호의 2012.1.1. 기준 공동주택가격은 150,000,000원인 것으로 가정함).
5. 위 사례에 등장하는 사람 이름, 주민등록번호, 주소, 지번 등은 모두 가공의 것이며, 등기사항증명서는 시험용으로 만든 것이기 때문에 실제와 다를 수 있습니다.

※ 참고로, 실제 시험장에서는 차용증, 청구취지 기재 건물에 대한 등기사항전부증명서, 부동산임대차계약서, 채권양도양수계약서, 채권양도통지서, 우편물배달증명서가 제시되었으나 본 교재에서는 편의상 이들 서류는 생략하였습니다.

» 답안례

소 장

*** 소가 70,000,000원(대위청구하는 건물인도가액은 양수금 청구의 수단청구이므로 소가에 산입하지 않음)

*** 인지대 320,000원
내역) 70,000,000원×45/10,000＋5,000원

원 고 최명수 (690201-1898098)
서울 서초구 신반포로 28, 109동 807호(반포동, 한양아파트)
전화번호 : 010-1234-5678
전자우편 : cms@hanmail.com

피 고 1. 주진무 (681212-1298654)
서울 강남구 역삼로 7길 17(역삼동)
전화번호 : 010-0101-4545

2. 김혜순 (530505-2010301)
서울 강남구 언주로 146길 18(개포동)
전화번호 : 011-4567-8901

양수금 등 청구의 소

청 구 취 지

1. 가. 피고 주진무는 피고 김혜순에게 서울 강서구 신정동 19 새로빌라 201호 75㎡를 인도하고,
   나. 피고 김혜순은 피고 주진무로부터 위 가항 건물을 인도받음과 동시에 원고에게 70,000,000원에서 2010.8.1.부터 위 건물의 인도완료일까지 월 500,000원의 비율로 계산한 금액을 공제한 나머지 돈을 지급하라.
2. 소송비용은 피고들이 부담한다.
3. 제1항은 가집행할 수 있다.

라는 판결을 구합니다.

청 구 원 인

1. 피고 주진무의 지위

피고 주진무는 2008.12.5. 피고 김혜순으로부터 청구취지 1항 기재 건물을 임대차보증금 70,000,000원, 차임 월 50만 원, 기간 2009.1.1.부터 2010.12.31.까지로 정하여 임차한 후 위 임차보증금을 전액 지불하고 위 건물을 인도받아 점유하고 있는데, 현재 임대차기간이 만료되었으나 2010.8.1. 이후 월 차임을 납부하지 않고 있습니다.

2. 피고 주진무의 임차보증금 반환채권양도 및 통지

원고는 2010.8.9. 피고 주진무로부터 피고 김혜순에 대한 위 임차보증금을 양도받고, 채권양도인인 피고 주진무가 피고 김혜순에게 위 채권양도통지를 하여 2010.8.11. 도달하였습니다.

3. 양수금 청구

그리고 위 임대차는 2010.12.31.로 기간만료로 종료되었으므로 피고 주진무는 피고 김혜순에게 위 건물을 인도할 의무가 있고, 피고 김혜순은 피고 주진무로부터 위 건물을 인도받음과 동시에 원고에게 금 70,000,000원에서 2010.8.1.부터 위 건물의 인도완료일까지 월 500,000원의 비율로 계산한 금액을 공제한 나머지 돈을 지급할 의무가 있습니다.

4. 대위인도 청구

그런데 피고 김혜순이 피고 주진무에 대한 위 건물의 인도청구권을 행사하지 않고 있으므로, 원고는 피고 김혜순에 대한 위 양수금채권을 보전하기 위하여 피고 김혜순을 대위하여 피고 주진무에 대하여 위 건물의 인도를 청구하는 바입니다.

이에 대해 피고 김혜순은 위 임대차기간 종료일까지 피고 주진무나 피고 김혜순 누구도 임대차계약을 끝내자는 말을 하지 않아 자동으로 계약이 2년 연장되었다고 주장하나, 위 임대차계약이 묵시적으로 갱신되었다고 할 수 있는 시점이 위 임차보증금 양도의 효력발생일인 2010.8.11.보다 후이므로 그러한 갱신은 위 임대차보증금 반환채권을 양수받은 원고에 대하여 효력이 없으므로 피고 김혜순의 주장은 이유 없습니다.

5. 결언

이상과 같은 이유로 원고는 청구취지와 같은 판결을 구하기 위하여 본 소를 제기하기에 이르렀습니다.

증 명 방 법

1. 갑 제1호증 부동산등기사항증명서
2. 갑 제2호증 임대차계약서
3. 갑 제3호증의 1-3 양도양수계약서, 채권양도통지서, 우편물배달증명서

첨 부 서 류

1. 증거설명서 및 위 증명방법 각 3통
2. 영수필확인서 1통
3. 토지대장등본 1통
4. 건축물대장 1통
5. 송달료납부서 1통
6. 서류작성 및 제출위임장 1통
7. 소장부본 2통

2012.9.17.

원고 최명수 (인)

서울중앙지방법원 귀중

3. 사례 - 2017년(제23회) 법무사 시험 기출문제

김갑동[주민등록번호: 680529-1325114, 주소 : 서울 서초구 서초대로 50, 103동 104호(방배동, 한빛아파트), 전화번호 : 010-1234-4119, 전자우편 : kkd68@hmail.net]은 2017.9.5. 법무사 사무실에 찾아와 다음과 같은 분쟁 내용을 설명하고 자신이 가져온 별첨 서류를 제시하면서 소장 작성을 의뢰하였다. 이에 적합한 소장을 작성하시오. 30점

〈 다음 〉

○ 저는 '대한공업'이라는 상호로 자전거 부품 도매업을 하고 있으며, 이을남(650210-1017542)은 '새한자전거'라는 상호로 자전거를 조립하여 판매하였습니다. 저는 2010년부터 이을남에게 자전거 부품을 계속적으로 공급하였는데, 외상 미수금이 늘어나자 2014.8.1. 7,000만 원으로 정산하면서 이을남이 2014.12.31.까지 위 정산금을 지급하되, 연체할 경우 다 갚는 날까지 월 1% 비율의 지연손해금을 가산하여 지급하기로 약정하였습니다.

○ 그런데 이을남은 정산금을 변제하지 아니한 채 잠적하였고, 수소문해 보니 2015.4.3. 처인 김동미(690421-2618324)와 협의이혼한 후 자녀 이하응(950324-1043211), 이하민(021110-3065862)을 남기고 2016.12.3. 사망한 사실을 확인하였습니다[김동미, 이하응, 이하민의 주소는 모두 '서울 종로구 새문안로 13'임].

○ 저는 김동미와 그 자녀들에게 정산금 채권의 사실을 알리고 그 지급을 구하였으나, 김동미는 이미 이혼하였으므로 지급할 의무가 없고, 자녀들은 2017.2.6. 한정승인 신고를 하여 2017.3.2. 수리되었으므로 채무 자체가 소멸되었다는 주장을 하고 있습니다. 이을남의 상속인은 더 이상 발견되지 않는데, 저는 어쨌든 정산금을 지급받고 싶습니다.

○ 한편 저와 절친한 고등학교 동창인 박병정[주민등록번호 : 680320-1038645, 주소 : 서울 강남구 개포로 339, 4동 507호(개포동, 소망아파트), 전화번호 : 010-4567-8102]은 2015.9.경 저를 찾아와 사업자금을 빌려 달라는 부탁을 하였습니다. 당시 박병정은 담보로 제공할 것은 없지만, 자신이 거주하고 있는 서울 강남구 개포로 339, 4동 507호(이하 '이 사건 아파트'라 한다)의 임대차보증금을 빼서라도 줄테니 걱정하지 말라고 하며 임대차계약서를 보여주었습니다. 박병정이 제시한 임대차계약서에 의하면 박병정은 2015.6.15. 정양무[주민등록번호 : 650302-1047123, 주소: 서울 강남구 논현로2길 12 (역삼동), 전화번호 : 010-5678-9123]로부터 이 사건 아파트를 임대차보증금 8,000만 원, 차임 월 100만 원, 임대차기간 2015.7.1.부터 2017.6.30.로 정하여 임차한 것으로 되어 있었습니다. 박병정은 2015.7.10. 전입신고를 한 후 그 무렵부터 이 사건 아파트에 거주하고 있다는 말을 덧붙였습니다.

○ 이에 저는 박병정을 믿고 2015.10.1. 박병정에게 9,000만 원을 변제기 2015.12.31. 이자 월 2%로 정하여 대여하였습니다. 그런데 박병정이 약속한 변제기에 원금을 변제하지 않은 채 차일피일 변제를 미루자, 위 대여금 채권을 보전하기 위해 2016.1.20. 서울중앙지방법원 2016카단1098호로 박병정의 정양무에 대한 이 사건 아파트에 관한 임대차보증금 반환채권 가압류를 신청하여 2016.1.26. 정양무가 박병정에게 임대차보증금의 지급을 금지하는 내용의 채권가압류결정(이하 '이 사건 가압

류'라 한다)을 받았고, 이 사건 가압류결정이 정양무에게 송달되었습니다. 그 후 저는 서울중앙지방법원 2016가단374527호로 박병정을 상대로 대여금 청구의 소를 제기하여 2016.7.20. 위 법원으로부터 9,000만 원과 이에 대한 지연손해금의 지급을 명하는 판결을 받았고, 위 판결은 그 무렵 확정되었습니다.

○ 그런데 정양무는 2016.12.15. 김춘자[주민등록번호 : 700608-2654758, 주소 : 서울 서초구 반포로4길 15 (반포동), 전화번호: 010-6547-8548]에게 이 사건 아파트를 매도한 후 2017.2.15. 소유권이전등기를 마쳐주었습니다. 이 사실을 알게 된 저는 급히 2017.4.4. 위 확정판결을 집행권원으로 삼아 서울중앙지방법원 2017타채1705호로 박병정의 김춘자에 대한 임대차보증금 반환채권에 관하여 이 사건 가압류를 본압류로 이전하는 채권압류 및 전부명령 신청을 하였습니다. 다행히 저는 김춘자가 주택임대인 지위를 승계하였음을 소명하여 2017.4.20. 법원으로부터 채권압류 및 전부명령을 받았고, 그 결정 정본이 김춘자에게 송달되었습니다.

○ 저는 김춘자에게 수차례에 걸쳐 전부금 지급을 요청하였으나, 김춘자는 이 사건 아파트를 양수하여 임대인 지위를 승계한 것은 맞지만, 이 사건 가압류의 효력이 자신에게 미치지 않아 압류 및 전부명령이 무효이므로 이를 지급할 수 없고, 설령 돈을 줘야 하더라도 임대차기간 종료 후에도 박병정이 계속 거주하고 있는 이상 박병정이 나가야 줄 수 있으며, 박병정이 2017.5.1.부터 차임을 연체하고 있으므로 이를 공제한 나머지만 돌려줄 수 있다고 말하고 있습니다. 정양무에게도 이야기해 보았으나, 자신은 이 사건 아파트를 양도한 이상 더 이상 상관 없는 일이라고 하고 있습니다. 박병정은 김춘자의 말이 맞다고 하면서 임대차보증금 외에는 다른 재산이 없는 상태라고 하면서 미안하다고 합니다. 저는 전부금의 형태이든 어떻게 해서라도 돈을 받고 싶습니다.

〈유의사항〉

1. 별첨 서류들과 김갑동의 진술 내용은 모두 진실한 것으로 보고, 그 의사를 존중하여 김갑동에게 가장 유리하고, 적법하며, 전부 승소 가능성이 있는 내용으로 소장을 작성하시기 바랍니다(소장 작성일은 2017년 9월 15일로 할 것).
2. 김갑동이 언급한 사항 외에 다른 쟁점은 없는 것으로 보고 소장을 작성하십시오.
3. 여러 명에 대하여 소를 제기할 필요가 있는 경우, 병합요건을 고려하지 말고 하나의 소장으로 작성하십시오.
4. 소장에는 당사자, 청구취지, 청구원인을 갖추어 기재하되, 청구원인은 요건사실 위주로 기재하고, 불필요한 사실관계를 장황하게 기재하지 않도록 하며, 별첨 서류들을 참조하여 증명방법과 첨부서류도 소장에 함께 적시하시기 바랍니다.
5. 소장의 오른쪽 윗부분에 '소가'와 납부할 '인지대'를 그 각 계산 내역과 함께 기재하십시오(서울 강남구 개포로 339, 4동 507호의 2017.1.1. 기준 공동주택가격은 5억 원인 것으로 가정함).
6. 사례에 등장하는 사람, 이름, 주민등록번호, 주소, 지번 등은 모두 가공의 것이고, 별첨 서류들은 모두 시험용으로 만든 것이므로 실제와 다를 수 있습니다(계약서 등에 날인이 필요한 부분은 모두 명의자의 진정한 인영이 날인된 것으로 봄).

※ 첨부증거자료 : 정산서, 가족관계증명서 등 3통, 한정승인심판서, 차용증, 부동산임대차계약서, 채권가압류결정문 등, 가압류에서 본압류로 이전하는 채권압류 및 전부명령, 부동산등기사항증명서 등은 지면관계상 생략하였습니다(존재한다고 가정하여 작성연습).

» 답안례

소 장

*** 소가 150,000,000원
내역) 1) 물품대금 청구 70,000,000원
2) 전부금 청구 80,000,000원
(대위청구하는 건물인도가액은 전부금 청구의 수단 청구이므로 전부금 청구소가에 흡수)
*** 인지대 655,000 원
내역) 150,000,000원×40/10,000＋55,000원

원 고 김갑동 (680529-1325114)
서울 서초구 서초대로 50, 103동 104호(방배동, 한빛아파트)
전화번호 : 010-1234-4119
전자우편 : kkd68@hanmail.net

피 고 1. 이하응 (950324-1043211)
2. 이하민 (021110-3065862)
피고 이하민은 미성년자이므로 법정대리인 친권자 모 김동미
피고1, 2의 주소 : 서울 종로구 새문안로 13
3. 박병정 (680320-1038645)
서울 강남구 개포로 339, 4동 507호(개포동, 소망아파트)
전화번호 : 010-4567-8102
4. 김춘자(700608-2654758)
서울 서초구 반포로4길 15(반포동)
전화번호 : 010-6547-8548

물품대금 등 청구의 소

PART 06

청 구 취 지

1. 피고 이하응, 이하민은 망 소외 이을남(650210-1017542)으로부터 각 상속받은 재산의 범위 내에서 원고에게 각 35,000,000원 및 이에 대하여 2015.1.1.부터 다 갚는 날까지 월 1%의 비율로 계산한 돈을 지급하라.
2. 가. 피고 박병정은 피고 김춘자에게 서울 강남구 개포로 339, 4동 507호 80㎡를 인도하고,
   나. 피고 김춘자는 피고 박병정으로부터 위 가항 기재 건물을 인도받음과 동시에 원고에게 80,000,000원에서 2017.5.1.부터 위 건물의 인도완료일까지 월 1,000,000원의 비율로 계산한 금액을 공제한 나머지 돈을 지급하라.
3. 소송비용은 피고들이 부담한다.
4. 제1, 2항은 가집행할 수 있다.

라는 판결을 구합니다.

청 구 원 인

1. 피고 이하응과 이하민에 대한 청구

1) 2014.8.1. 원고는 망 이을남과 사이에 그간의 자전거 부품외상 미수금을 70,000,000원으로 정산하면서, 이을남이 2014.12.31.까지 위 정산금을 지급하되, 연체할 경우 다 갚는 날까지 월 1% 비율의 지연손해금을 가산하여 지급하기로 약정하였습니다.
2) 그 후 위 이을남이 2016.12.23. 사망하여 상속인으로 직계비속인 피고 이하응과 이하민이 있으나 이들이 2017.2.6. 서울가정법원 2017드단1001호로 상속한정승인 심판을 신고하여 2017.3.2. 수리한다는 심판을 받았으므로, 피고 이하응과 이하민은 망 이을남으로부터 각 상속받은 재산범위 내에서 원고에게 각 35,000,000원 및 이에 대하여 2015.1.1.부터 다 갚는 날까지 월 1%의 약정이율로 계산한 지연손해금을 지급할 의무가 있습니다.

2. 피고 박병정과 김춘자에 대한 청구

1) 피고 박병정는 2015.6.15. 소외 정양무로부터 서울 강남구 개포로 339, 4동 507호 80㎡(이하 "이 사건 아파트"라 칭합니다)를 임차보증금 80,000,000원, 차임 월 100만 원, 임차기가 2015.7.1.부터 2017.6.30.까지로 하는 임대차계약을 체결하고, 2015.7.10. 전입신고를 한 후 그 무렵부터 지금까지 거주하고 있는 대항력 있는 주택임차인입니다.
2) 원고는 2015.10.1. 피고 박병정에게 90,000,000원을 변제기 2015.12.31. 이자 월 2%로 대여한 후, 위 대여금 채권보전을 위해 피고 박병정이 소외 정양무에 대하여 가지는 이 사건 아파트에 대한 위 임차보증금에 대하여 2016.1.20. 서울중앙지방법원 2016카단1098호로 채권가압류를 하였고, 이 결정문이 2016.2.1. 정양무에게 송달되었습니다. 그 후 원고는 피고 박병정을 상대로 위 법원 2016가단374527호로 대여금 청구 위 소를 제기하여 2016.7.20. 위 법원으로부

터 90,000,000원과 이에 대한 지연손해금의 지급을 명하는 판결을 받았고, 위 판결은 그 무렵 확정되었습니다.

3) 그런데, 그 후 2016.12.15. 위 정양무가 피고 김춘자에게 이 사건 아파트를 매도한 후 2017.2.15. 이전등기를 마침으로서 이 사건 아파트에 대한 임대인의 지위를 피고 김춘자가 승계하였는바, 주택임대차보호법 제3조 제3항 및 같은 조 제1항이 정한 대항요건을 갖춘 주택임차인의 임대차보증금반환채권이 가압류된 상태에서 임대주택이 양도되면 양수인이 채권가압류의 제3채무자의 지위도 승계하고, 가압류권자 또한 임대주택의 양도인이 아니라 양수인에 대하여만 위 가압류의 효력을 주장할 수 있다고 보아야 한다는 것이 판례이므로, 원고는 위 판결을 집행권원으로 삼아 이러한 사실을 소명하고 2017.4.20. 위 채권가압류를 본압류로 이전하는 채권압류 및 전부명령(위 법원 2017타채1705, 청구금액 90,000,000원)을 받아, 그 결정정본이 2017.4.26. 피고 김춘자에게 송달되고 2017.5.18. 확정되었습니다. 그러므로 이 사건 아파트의 임대차가 종료되는 2017.6.30. 위 전부명령의 효력이 확정적으로 발생하여, 당시 존재하는 피고 박병정의 위 임차보증금 80,000,000원의 반환청구채권은 원고에게 전부되었습니다.

4) 그런데 피고 박병정은 이미 임대차가 종료되었음에도 불구하고 피고 김춘자에게 이 사건 아파트를 인도하지 않은 채 2017.5.1.부터 차임을 연체하고 있고, 피고 김춘자는 피고 박병정에게 건물인도청구권을 행사하지 않고 있으므로, 원고는 위 전부금채권을 보전하기 위하여 피고 김춘자를 대위하여 피고 박병정에게 이 사건 아파트의 인도를 구하고, 동시에 피고 김춘자에게는 피고 박병정으로부터 이 사건 아파트를 인도받음과 동시에 원고에게 80,000,000원에서 2017.5.1.부터 위 건물의 인도완료일까지 월 1,000,000원의 비율로 계산한 금액을 공제한 나머지 돈의 지급을 구하는 바입니다.

3. 결언

이상과 같은 이유로 원고는 청구취지와 같은 판결을 구하기 위하여 본 소를 제기하기에 이르렀습니다.

증 명 방 법

1. 갑 제1호증 정산서
2. 갑 제2호증의 1 내지 3 가족관계증명서 등
3. 갑 제3호증 한정승인심판서
4. 갑 제4호증 차용증
5. 갑 제5호증 부동산임대차계약서
6. 갑 제6호증의 1, 2 채권가압류결정문 등
7. 갑 제7호증의 1 내지 3 가압류에서 본압류로 이전하는 채권압류 및 전부명령 등
8. 갑 제8호증 부동산등기사항증명서

첨 부 서 류

1. 증거설명서 및 위 증명방법 각 5통
2. 영수필확인서 1통
3. 토지대장등본 1통
4. 건축물대장 1통
5. 송달료납부서 1통
6. 서류작성 및 제출위임장 1통
7. 소장부본 4통

2017.9.16.

원고 김갑동 (인)

서울중앙지방법원 귀중

4. 사례 – 2009년(제15회) 법무사 시험 기출문제

【문】 김춘기[580808-1234567, 주소 : 서울 강남구 도곡로 123(역삼동), 전화번호 : 567-9876, 전자우편 : kck@bmbmbm.com]는 법무사 사무실에 찾아와 다음과 같이 분쟁 내용을 설명하면서 소장 작성을 의뢰하였다.

〈 다음 〉

○ 대기업 임원인 김춘기는 고향친구인 이하유[590202-1230909, 주소 : 서울 서초구 서래로5길 33(반포동), 전화번호 543-2109)]로부터 사업자금을 대여해 달라는 부탁을 받았다. 이하유는 동대문평화상가에서 의류도매상을 운영하고 있다. 김춘기는 친구의 부탁을 거절할 수 없어 이하유에게 2008.7.1. 사업운영자금으로 2억 원을 빌려 주었다. 그때 이자율은 연 18%로 하였고, 갚는 날은 2009.6.30.로 정하였다. 이하유는 2008.12.31.까지의 이자만을 갚았을 뿐 나머지는 전혀 갚지 않고 있다. 김춘기가 이하유에게 위 돈을 갚으라고 독촉하자, 이하유는 김춘기의 채권자인 안해진(610324-1567890, 주소 : 서울 강남구 청담동 67, 전화번호 555-6789)이 위 대여금 중 원금 4천만 원에 대하여 채권가압류결정(서울중앙지방법원 2009.8.6.자 2009카단54545 채권가압류결정)을 받았고, 그 결정이 이하유에게 2009.8.10. 송달되었으므로 위 4천만 원에 대하여는 지급할 수 없고, 나머지도 현재 돈이 없어 지급할 수 없다고 말하였다. 김춘기는 실제 안해진에 대하여 4천만 원의 채무를 지고 있다.

○ 주유소를 운영하는 박추병(581201-1231234, 주소 서울 강남구 압구정동 444, 전화번호 345-6789)은 2008.3.1. 이하유로부터 의류도매업을 위한 운영자금으로 사용할 돈을 빌려달라는 부탁

을 받고, 5천만 원을 갚는 날은 2008.4.30.로 정하여 빌려 주었다. 그런데 이하유는 박추병에게 그 돈을 전혀 갚지 않고 있다.

○ 김춘기는 2008.5.15. 박추병에게 5천만 원을 이자율은 월 1%로, 갚는 날은 2008.11.30.로 정하여 빌려 주었는데, 박추병은 사업이 갑자기 어려워져 그 돈을 갚지 못하게 되었다. 이에 박추병은 2009.9.9. 김춘기에 대한 위 돈 5천만 원(2008.5.15.자 대여금)의 원리금 변제조로 자신이 이하유로부터 받을 위 돈 5천만 원(2008.3.1.자 대여금)과 그에 대한 지연손해금 전부를 김춘기에게 넘겨주기로 하되, 김춘기는 박추병에게 위 2008.5.15.자 대여금과 관련한 어떠한 청구도 하지 않기로 약정하였다.
박추병은 2009.9.9. 이하유에게 자신이 이하유로부터 받아야 할 위 5천만 원과 지연손해금 전부를 김춘기에게 양도하였다는 내용이 담긴 내용증명 우편을 발송하여 이하유가 그 우편을 2009.9.11. 받아 보았다.

○ 이하유는 2008.12.12. 최동정(650505-1567890, 주소 서울 동작구 상도동 555, 전화 432-1098)에게 의류 3천만 원을 납품하고 그 대금을 같은 해 12.20. 받기로 하였는데 최동정은 이를 갚지 않았다. 이에 이하유는 2009.3.3. 최동정을 상대로 물품대금 3천만 원의 지급을 구하는 소를 제기하였는데, 그 소송에서 납품사실을 증명하는 영수증 등 필요한 증거서류를 제대로 제출하지 못하여 결국 패소판결을 선고받았고 그 판결은 2009.6.8. 확정되었다. 그 후 이하유는 사무실 정리를 하다가 최동정이 의류 3천만 원을 납품받았다는 최동정 자필서명의 영수증을 찾아서 현재 이를 보관하고 있다.

○ 이하유는 위에서 본 바와 같이 김춘기로부터 2억 원을 빌려서 사업자금으로 사용하려다가 부동산중개사 사무소로부터 청계산 밑에 좋은 토지가 매물로 나왔는데 이것을 사 두면 큰 이익이 날 것이라는 말을 듣고 2008.8.1. 정무갑[440404-1403030, 주소 서울 송파구 오금로 110(송파동), 전화 577-8888]으로부터 서울 서초구 원지동 246 전 77를 1억 원에 매수하고 그 무렵 매매대금을 모두 지급하였으나 여러 사정으로 아직 소유권이전등기를 하지 못하고 있다.

○ 이하유는 의류도매업이 잘 되지 않아 위에서 본 바와 같이 김춘기, 박추병으로부터 빌린 돈 이외에도 여러 명에게 10억 원 이상의 빚을 지고 있으나 별다른 재산은 없다.

2. 소장 작성 시 유의할 사항

○ 김춘기의 위 진술 내용은 모두 진실한 것으로 보고 그 의사를 존중하여 2009.9.27.자로 김춘기에게 가장 유리하고 적법하며 승소가능성이 있는 내용으로 서울중앙지방법원에 접수할 소장을 작성하시오.

○ 여러 명에 대하여 소를 제기할 필요가 있는 경우에는 병합요건을 고려하지 말고 하나의 소장으로 작성하시오.

○ 소장에는 당사자, 청구취지, 청구원인을 갖추어 기재하되, 청구원인은 요건사실 위주로 기재하고 불필요한 사실관계를 장황하게 기재하지 않도록 하시오.

○ 소장의 오른쪽 윗부분에 소가와 첩부인지대를 계산 내역과 함께 기재하시오.
(위 원지동 246 토지의 2009년도 개별공시지가는 1㎡당 140만 원인 것으로 가정함)

» 답안례

소 장

* 소가 250,000,000원
내역) 1) 대여금 200,000,000원
2) 양수금 50,000,000원
(대위에 의한 소유권이전등기청구 소가는 수단청구이므로 소가 불산입)
* 인지대 1,055,000원
(250,000,000원×40/10,000 + 55,000원)

원 고 김춘기 (580808-1234567)
서울 강남구 도곡로 123(역삼동)
전화번호 : 567-9876
전자우편 : kck@bmbmbm.com

피 고 1. 이하유 (590202-1230909)
서울 서초구 서래로5길 33(반포동)
전화번호 543-2109
2. 정무갑 (440404-1403030)
서울 송파구 오금로 110(송파동)
전화 577-8888

대여금 등 청구의 소

청 구 취 지

1. 피고 이하유는 원고에게 250,000,000원 및 이 중 200,000,000원에 대하여는 2009.1.1.부터 다 갚는 날까지 연 18%의, 50,000,000원에 대하여는 2008.5.1.부터 이 사건 소장부본 송달일까지는 연 6%, 그 다음 날부터 다 갚는 날까지는 연 12%의 각 비율로 계산한 돈을 지급하라.
2. 피고 정무갑은 피고 이하유에게 서울 서초구 원지동 246 전 77㎡에 관하여 2008.8.1. 매매를 원인으로 한 소유권이전등기절차를 이행하라.
3. 소송비용은 피고들이 부담한다.
4. 제1항은 가집행할 수 있다.

라는 판결을 구합니다.

청 구 원 인

1. 피고 이하유에 대한 청구

가. 대여금 청구

1) 원고는 피고 이하유에게 2008.7.1. 2억 원을 이자율은 연 18%, 변제기 2009.6.30.로 정하여 대여하였으나, 피고 이하유는 2008.12.31.까지의 이자만을 갚았을 뿐 나머지는 전혀 갚지 않고 있습니다. 그러므로 피고 이하유는 원고에게 위 차용금 2억 원 및 이에 대하여 2009.1.1.부터 다 갚는 날까지 연 18%의 약정이율에 의한 이자 및 지연손해금을 변제할 채무가 있습니다.

2) 원고가 피고 이하유에게 위 돈을 갚으라고 독촉하자, 피고 이하유는 원고의 채권자인 소외 안해진이 위 대여금 중 원금 4천만 원에 대하여 채권가압류결정을 받았고, 그 결정이 피고 이하유에게 2009.8.10. 송달되었으므로 위 4천만 원에 대하여는 지급할 수 없고, 나머지도 현재 돈이 없어 지급할 수 없다고 하고 있는데, 채권가압류집행이 있다 하여도 이는 가압류채무자가 제3채무자로부터 현실로 급부를 추심하는 것만을 금지하므로 원고는 피고를 상대로 그 이행을 구하는 소를 제기할 수 있으며, 또한 현재 돈이 없어 지급할 수 없다는 것도 정당한 사유가 되지 못합니다.

나. 양수금 청구

주유소를 운영하는 소외 박추병은 2008.3.1. 동대문 평화상가에서 의류도매상을 운영하는 피고 이하유에게, 5천만 원을 변제기 2008.4.30.로 정하여 빌려 준 적이 있고, 원고는 2008.5.15. 위 박추병에게 5천만 원을 이자율은 월 1%로, 변제기는 2008.11.30.로 정하여 빌려 주었는데 위 박추병은 그 돈을 갚지 못하게 되자 2009.9.9. 원고에 대한 위 돈 5천만 원(2008.5.15.자 대여금)의 원리금 변제조로 자신이 피고 이하유로부터 받을 위 돈 5천만 원(2008.3.1.자 대여금)과 그에 대한 지연손해금 전부를 원고에게 넘겨주기로 하고 피고 이하유에게 자신이 이하유로부터 받아야 할 위 5천만 원과 지연손해금 전부를 원고에게 양도하였다는 내용이 담긴 내용증명 우편을 발송하여 피고 이하유는 그 우편을 2009.9.11. 받아 보았습니다.

그러므로 피고 이하유는 원고에게 양수금 50,000,000원 및 이에 대하여 2008.5.1.부터 이 사건 소장부본 송달일까지는 상법 소정의 연 6%, 그 다음 날부터 다 갚는 날까지는 소송촉진 등에 관한 특례법 소정 연 12%의 각 비율에 의한 지연손해금을 지급할 의무가 있습니다.

2. 피고 정무갑에 대한 소유권이전등기 청구

피고 이하유는 원고로부터 2억 원을 빌려서 2008.8.1. 피고 정무갑으로부터 서울 서초구 원지동 246 전 77㎡를 1억 원에 매수하고 그 무렵 매매대금을 모두 지급하였으나 아직 소유권이전등기를 하지 못하고 있습니다.

그런데 피고 이하유는 의류도매업이 잘 되지 않아 위에서 본 바와 같이 원고, 위 박추병으로부터 빌린 돈 이외에도 여러 명에게 10억 원 이상의 빚을 지고 있으나 별다른 재산이 없는 무자력자이므로, 원고는 위 채권을 보전하기 의하여 피고 이하유를 대위하여 피고 정무갑에게, 위 부동산에 대하여 피고 이하유에게 소유권이전등기를 해줄 것을 청구할 권리가 있습니다.

3. 결언

이상과 같은 이유로 원고는 청구취지와 같은 판결을 구하기 위하여 본 소 제기에 이르렀습니다.

증 명 방 법

1. 갑 제1호증 차용증
2. 갑 제2호증 차용증
3. 갑 제3호증 내용증명우편
4. 갑 제4호증 부동산등기사항증명서

첨 부 서 류

1. 위 증명방법 각 3통
2. 영수필확인서 1통
3. 송달료납부서 1통
4. 서류작성 및 제출위임장 1통
5. 소장부본 2통

2008.9.27.

원고 김춘기 (인)

서울중앙지방법원 귀중

5. 사례 – 2006년(제12회) 법무사 시험 기출문제

정종철[주소 : 서울특별시 서초구 신반포로 28, 109동 807호(반포동, 한양아파트), 주민등록번호 : 640624-1936425, 전화번호 : 02-536-3306, 전자우편 : jcjung@hanmail.net]은 법무사 사무실에 찾아와서 다음과 같은 분쟁 내용을 설명하면서 소장 작성을 의뢰하였다.

○ 건축업을 하는 정종철은 서울 서초구 서초2동 1322-1에 있는 '코오롱스프렉스' 헬스클럽에 다니면서 우연히 수입가구 판매업을 하는 김민자를 알게 되었는데, 김민자는 당시 남편과 성격차이 등으로 가정불화가 생겨 몇 달 전부터 별거 중이라고 하였다.

○ 정종철이 김민자에게 서울 강남에 적당한 땅을 물색하여 원룸형 다세대주택을 신축한 후 분양하려고 한다는 사업계획을 설명하자, 김민자가 마침 나대지로 방치해 둔 자기 소유의 좋은 땅이 있다고 하면서 매수할 것을 제의하였다.

○ 정종철은 김민자 소유인 서울 강남구 세곡동 289-3 대 130㎡(이하 '이 사건 토지'라고 한다)를 직접 둘러보고 나서 입지조건이 좋다고 판단하고 김민자와 매매조건을 절충한 끝에, 2006.2.9. 별첨 매매계약서와 같은 조건으로 위 토지를 대금 3억 원에 매수하기로 하는 매매계약을 체결하고, 계약금 3,000만 원은 계약 당일, 중도금 7,000만 원은 2006.3.15. 지급하였다.

○ 그런데 김민자의 남편인 박형준이 2006.4.3. 보관하고 있던 김민자의 인감도장을 이용하여 인감증명서를 발급받은 다음, 김민자 명의의 매매계약서, 위임장 등 관련 서류를 위조하여 2006.4.5. 이 사건 토지에 관하여 박형준 앞으로 별첨 등기부등본의 기재와 같이 소유권이전등기를 마쳤다. 박형준은 2006.4.7. 고등학교 동창인 신정수로부터 1억 원을 차용하면서 이에 대한 담보로 별첨 등기부등본 기재와 같이 채권최고액 1억 3,000만 원, 근저당권자 신정수로 하는 근저당권설정등기를 해주었다. 그 후 신정수는 2006.7.31. 최필원에게 박형준에 대한 위 대여금채권을 양도한 다음, 같은 날 박형준에게 위 양도사실을 통지하고, 2006.8.2. 위 근저당권에 관하여 별첨 등기부등본의 기재와 같이 이전의 부기등기를 마쳤다.

○ 이와 별도로 박형준은 2006.4.25. 이상용[서울 종로구 안국로 34, 703호(안국동)]에게 보증금 5,000만 원, 월 차임 100만 원, 임대차기간 2007.4.25.까지로 정해 이 사건 토지를 임대하였는데, 이상용은 그 지상에 철근콘크리트조 슬래브지붕 단층 음식점 80㎡(이하 '이 사건 건물'이라 한다)를 짓고 '장어맛 자랑'이라는 상호로 식당 영업을 하고 있다.

○ 한편, 정종철은 당초 매매계약에서 정한 잔금지급기일인 2006.5.25. 잔금 2억 원(신한은행 발행 1,000만 원짜리 자기앞수표 20장)을 준비하여 약속장소인 서울 강남구 역삼동 737 스타박스 커피숍에 나갔으나 김민자는 나타나지 않았으며, 나중에 이상한 생각이 들어 등기부등본을 발급받아 보고 나서 이 사건 토지에 관하여 위와 같이 박형준 등 명의로 소유권이전등기 등이 마쳐진 사실을 알게 되었다.

○ 정종철이 2006.6.경 김민자에게 전화하여 항의하자, 김민자는 계약 후 땅값이 대폭 상승하였다고 주장하면서 남편과의 사이에 원만히 문제를 해결하여 아무런 이상 없이 소유권이전등기를 넘겨줄 테니 매매대금을 5,000만 원 올려달라고 하였다.

○ 정종철은 이 사건 토지상에 건물을 신축하는 데 지장이 없도록 계약 당시와 같이 나대지 상태로 아무런 제한이 없는 완전한 소유권을 취득하여 하루빨리 주택 건축에 착수하기를 원하고 있다.

위와 같은 정종철의 설명이 모두 사실인 것을 전제로, 별첨 토지매매계약서와 토지등기부등본을 참조하여 정종철이 이 사건 토지에 관한 완전한 소유권을 취득·행사하는 데 필요한 가장 실효성 있고, 적법하며, 유리한 내용의 소장을 작성(소장 작성일 2006.10.10.)하기 바랍니다. 소장에는 당사자, 청구취지, 청구원인을 갖추어 기재하고, 청구원인은 요건사실 위주로 기재하되 그 밖에 분쟁의 경위나 주변사실을 필요 이상으로 장황하게 기재하지 말기 바랍니다. 또한, 이 사건 토지의 2006년도 개별공시지가가 1㎡당 200만 원이고, 이 사건 건물의 2006년도 과세시가표준액이 1㎡당 50만 원인 것으로 가정하여 소장의 오른쪽 윗부분에 소가와 첩부인지대를 기재하기 바랍니다.

☞ **참고사항**

위 사례에 등장하는 사람 이름, 주민등록번호, 주소, 지번 등은 모두 가공의 것이며, 등기부등본 양식은 시험용으로 만든 것이기 때문에 실제와 다를 수 있음.

토지매매계약서

매도인 '김민자'와 매수인 '정종철'은 아래 토지에 관하여 다음과 같이 합의하여 매매계약을 체결한다.

1. 부동산의 표시

소 재 지	서울특별시 강남구 세곡동 289-3			
토 지	지 목	대 지	면 적	130 m²(평)
건 물	구조 : 용도		면 적	m²(평)

2. 계약 내용

제1조(매매대금) 위 부동산매매에 있어 매수인은 매매대금을 아래와 같이 지불키로 함.

매 매 대 금	금 3億 원정 ₩ 300,000,000
계 약 금	30,000,000 원정은 계약시 지불하고
중 도 금	70,000,000 원정은 2005년 3월 15일 지불하며
잔 금	200,000,000 원정은 2005년 5월 25일 지불함.

제2조 (동시이행의무) 매도인은 매수인으로부터 매매 잔금을 수령함과 동시에, 매수인에게 소유권 이전등기에 필요한 모든 서류를 교부하고 이전등기신청에 협력하여야 하며, 또한 위 부동산을 인도하여야 한다.

제3조 (해제권 등) 매수인이 매도인에게 중도금을 지급할 때까지는, 매도인은 계약금의 배액을 상환하고 이 계약을 해제할 수 있으며, 매수인은 계약금을 포기하고 이 계약을 해제할 수 있다.

※ 특약사항 : 중도금의 지급을 지체한 때에는 월 2%의 이자를 지급하기로 한다.

2006년 2월 9일

매도인	성명	김 민 자 ㊞	주민등록번호 680528-2541523
	서울특별시 서초구 반포대로 155(잠원동)		전화
매수인	성명	정 종 철 ㊞	주민등록번호 640624-1936425
	서울 서초구 신반포로 28, 109동 807호 (반포동, 한양아파트)		전화

등기부 등본 (말소사항 포함) - 토지

서울시 강남구 세곡동 284-3　　　　고유번호 1102-3654-814567

【표제부】	(토지의 표시)				
표시번호	접수	소재지번	지목	면적	등기인원 및 기타사항
1 (전 2)	1973년 2월 16일	서울특별시 강남구 세곡동 284-3	대	130㎡	분할로 인하여 등기 제308호에서 이기 부동산등기법 시행규칙 부칙 제3조 제1항의 규정에 의하여 2000년 9월 1일 전산이기

【갑구】	(소유권에 관한 사항)			
순위번호	등기목적	접수	등기원인	권리자 및 기타사항
1 (전 2)	소유권이전	1981년 3월 12일 제7521호	1981년 3월 10일 매매	소유자 이정민 531217-1356719 서울 서초구 우면동 325-6 부동산등기법 시행규칙 부칙 제3조 제1항의 규정에 의하여 2000년 9월 1일 전산이기
2	소유권이전	2000년 11월 15일 제57385호	2000년 11월 14일 매매	소유자 김민자 680528-2541523 서울특별시 서초구 반포대로 155 (잠원동)
3	소유권이전	2006년 4월 5일 제21337호	2006년 4월 3일 매매	소유자 박준형 631217-1356719 서울 서초구 반포대로 155(잠원동)

*실선으로 그어진 부분은 말소사항을 표시함.
*등기부에 기록된 사항이 없는 갑구 또는 을구는 생략함.

발행번호 11020011002194052011905LBO114944WOG17502151112120
발급확인번호 ALTQ-OOHX-8756　　　　발행일 2006/9/22

1/2

【을구】	(소유권 이외의 권리에 관한 사항)			
순위번호	등기목적	접 수	등기원인	권리자 및 기타사항
1	근저당권 설정	2006년 4월 7일 제21529호	2006년 4월 7일 설정계약	채권최고액 금 130,000,000원 채무자 박형준 서울특별시 서초구 반포대로 155(잠원동) ~~근저당권자 신정수~~ ~~640125-1288551~~ ~~서울시 종로구 원남동 16~~
1-1	1번 근저당권 이전	2006년 8월 2일 제42051호	2006년 7월 31일 채권양도	근저당권자 최필원 (491111-1590861) 서울특별시 강남구 도록로 21 번지길 152, 205호(도곡동)

---- 이 하 여 백 ----

수수료 1,200원 영수함 　　　　관할등기소 서울중앙지방법원 강남등기국

이 증명서는 부동산 등기기록의 내용과 틀림없음을 증명합니다.

서기 2005년 9월 22일

서울중앙지방법원 강남등기국 　　　등기관 　김 을 수

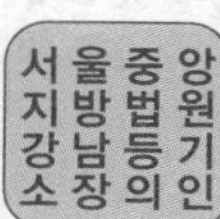

* 실선으로 그어진 부분은 말소사항을 표시함.
* 동기기록에 기록된 사항이 없는 갑구 또는 을구는 생략함.
* 대법원 등기인터넷서비스 홈페이지(http://www.iros.go.kr)에 접속하여 등기부발급확인메뉴를 통해 발급확인번호로 내용의 진위 여부를 확인하실 수 있습니다.
발행번호 11020011002194052011190SLBO114944WOG17502151112120

발급확인번호 ALTQ-OOHX-8756 　　　발행일 2006/9/22

2/2

» 답안례

소 장

*** 소가 130,000,000원
토지소유권이전청구 : 토지 130×2,000,000×50/100
130,000,000원
내역) 130,000,000원×40/10,000원 + 55,000원 = 575,000원

원 고 정종철 (640624-1936425)
서울 서초구 신반포로 28, 109동 807호(반포동, 한양아파트)
전화번호 : 02-536-3306, 전자우편 : jcjung@hanmail.net

피 고 1. 김민자 (680528-2541523)
서울 서초구 반포대로 155(잠원동)
2. 박형준 (631217-1356719)
서울 서초구 반포대로 155(잠원동)
3. 최필원 (491111-1590861)
서울 강남구 도곡로 21번길 152, 205호(도곡동)
4. 이상용
서울 종로구 안국로 34, 703호(안국동)

소유권이전등기 등 청구의 소

청 구 취 지

1. 피고 김민자에게,
   가. 피고 박형준은 서울 강남구 세곡동 289-3 대 130㎡에 관하여 서울중앙지방법원 강남등기소 2006.4.5. 접수 제21337호로 경료한 소유권이전등기의 말소등기절차를 이행하고,
   나. 피고 최필원은 위 가항 기재 말소등기절차에 대하여 승낙의 의사를 표시하고,
   (또는 피고 최필원은 위 가항 기재 토지에 관하여 같은 등기소 2006.4.7. 접수 제21529호로 경료한 근저당권설정등기의 말소등기절차를 이행하고,)
   다. 피고 이상용은 위 가항 기재 토지상의 철근콘크리트조 슬래브지붕 단층 음식점 80㎡를 철거하고 위 토지 130㎡를 인도하라.
2. 피고 김민자는 원고로부터 금 200,000,000원을 지급받음과 동시에 원고에게 위 가항 기재 토지에 관하여 2006.2.9. 매매를 원인으로 한 소유권이전등기절차를 이행하라.
3. 소송비용은 피고들이 부담한다.

4. 제1의 다항은 가집행할 수 있다.
라는 판결을 구합니다.

청 구 원 인

1. 피고 김민자에 대한 소유권이전등기 청구

원고는 피고 김민자 소유인 서울 강남구 세곡동 289-3 대 130㎡(이하 '이 사건 토지'라고 한다)에 대하여 2006.2.9. 매매대금 3억 원으로 하는 매매계약을 체결하고, 계약금 3,000만 원은 계약 당일, 중도금 7,000만 원은 2006.3.15. 지급하였으므로, 피고 김민자는 원고로부터 금 200,000,000 원을 수령함과 동시에 원고에게 위 토지에 대하여 2006.2.9. 매매를 원인으로 한 소유권이전등기절차를 이행할 의무가 있습니다.

2. 피고 박형준의 원인무효 등기

그런데 피고 김민자의 남편인 피고 박형준이 2006.4.3. 보관하고 있던 위 김민자의 인감도장을 이용하여 인감증명서를 발급받은 다음, 김민자 명의의 매매계약서, 위임장 등 관련 서류를 위조하여 이 사건 토지에 관하여 서울중앙지방법원 강남등기소 2006.4.5. 접수 제21337호로 소유권이전등기를 마쳤는 바, 위 소유권이전등기는 원인무효의 등기이므로 말소되어야 할 것입니다.

3. 무효에 터잡은 피고 최필원의 근저당권설정등기

그리고 위 박형준은 2006.4.7. 소외 신정수로부터 1억 원을 차용하면서 이에 대한 담보로 같은 등기소 2006.4.7. 접수 제21529호로 채권최고액 1억 3,000만 원 근저당권자 신정수로 하는 근저당권설정등기를 경료하였고, 그 후 신정수는 2006.7.31. 피고 최필원에게 박형준에 대한 위 대여금채권을 양도한 다음, 같은 날 박형준에게 위 양도사실을 통지하고, 2006.8.2. 위 근저당권에 관하여 별첨 등기부등본의 기재와 같이 이전의 부기등기를 마쳤는 바, 위 최필원 위 근저당권설정등기 역시 위 원인무효의 등기에 터잡은 것이므로 원인무효의 등기로서 말소되어야 할 것입니다(따라서 피고 최필원은 위 청구취지 가항 기재 말소등기절차에 승낙의 의사를 표시할 의무가 있다 할 것입니다 - 승낙의 의사표시를 구하는 경우).

4. 피고 이상용에 대한 건물철거 및 토지인도 청구

이와 별도로 피고 박형준은 2006.4.25. 피고 이상용으로부터 이 사건 토지를 임대하고 그 지상에 철근콘크리트조 슬래브지붕 단층 음식점 80㎡(이하 '이 사건 건물'이라 한다)를 짓고 '장어맛 자랑'이라는 상호로 식당 영업을 하고 있습니다. 그러나 이러한 피고 이상용의 임차권 역시 위 박형준의 무효의 소유권에 터잡은 것이므로 역시 무효이므로 피고 김민자에 대하여 이 사건 건물을 철거하여 이 사건 토지를 인도하여야 할 의무가 있습니다.

5. 결언 - 대위청구 등

이에 원고는 피고 김민자에 대하여는 이 사건 토지에 관한 청구취지 제2항 기재의 소유권이전등기를, 그리고 위 김민자에 대한 소유권이전등기청구권의 보전을 위하여 위 김민자를 대위하여 다른 피고들로부터 각 청구취지 1항 기재의 판결을 구하고자 이 사건 소를 제기하기에 이르렀습니다.

증 명 방 법

1. 갑 제1호증 토지매매계약서
2. 갑 제2호증 부동산등기사항증명서(토지)

첨 부 서 류

1. 위 증명방법 각 5통
2. 영수필확인서 1통
3. 토지대장등본 1통
4. 송달료납부서 1통
5. 서류작성 및 제출위임장 1통
6. 소장부본 4통

2005.10.10.

원고 정종철 (인)

서울중앙지방법원 귀중

chapter

04 보충 및 심화내용 정리

제1절 전부금 등과 대위인도 등 사례

【공통되는 사실관계】

◉ 피고 전설향은 2009.2.25. 피고 백무사로부터 이 사건 점포를 임대차보증금 5억 원, 차임 월 200만 원, 기간 2009.2.25부터 2011.2.24.까지로 정하여 임차하기로 하고, 같은 날 이 사건 점포를 인도받으면서 피고 백무사에게 위 임대차보증금을 지급한 바 있음.

◉ 그 후 원고가 2010.6.4. 공증인가 정의합동법률사무소 증서 2010년 제8417호로 작성된 집행력 있는 약속어음공정증서 정본에 기초하여 2010.10.14. 서울중앙지방법원 2010타채37250호로 피고 전설향의 피고 백무사에 대한 위 임대차보증금 반환채권 중 4억 원에 대하여 채권압류 및 전부명령을 받고, 위 압류 및 전부명령이 2010.10.18. 피고 백무사에게 송달된 후 2010.10.20. 확정되었음.

◉ 그 후 원고가 피고 전설향의 피고 백무사에 대한 임대차보증금 반환채권을 전부받았다고 주장하면서 위 채권을 보전하기 위해 피고 백무사를 대위하여 피고 전설향에게 임대차목적물인 이 사건 점포의 인도를 구하고 피고 백무사를 상대로는 전부금 청구를 함.

1. 본안 전 항변과 판단

원고의 대위인도 청구에 대하여, 피고 전설향은 피고 백무사는 무자력이 아니므로 채권자대위권을 행사할 보전의 필요성이 없어 부적법하다고 항변하는 경우 이에 대한 판단?

▶ 판단

전부채권자가 피전부채권인 임대차보증금 반환채권을 보전하기 위하여 임차인의 임대차목적물 인도가 이행되어야 할 필요가 있어서 임대인을 대위하여 임차인에게 그 인도를 구하는 경우에는 임대차보증금 반환채권의 보전과 채무자인 임대인의 자력 유무는 관계가 없어 임대인의 무자력을 그 요건으로 한다고 할 수 없으므로 피고 전설향의 항변은 이유 없다(대판 1989.4.25, 88다카4253・4260. 이 판결은 임대차보증금 반환채권의 양수인이 인도소송을 제기한 사안에 대한 것이나 임대차보증금 반환채권이 전부된 경우에도 법리는 마찬가지임).

2. 임차보증금채권 반환청구와 지연이자 사례와 판단(점포 인도를 하지 않은 상태인 경우)

원고가 피고 백무사를 상대로 위와 같이 전부된 임대차보증금에 대한 임대차 종료 다음 날인 2011.2.25.부터 이 사건 소장부본 송달일까지는 연 5%의, 그 다음 날부터 다 갚는 날까지는 소송촉진 등에 관한 특례법이 정한 연 12%의 각 비율에 의한 지연손해금도 지급할 의무가 있다고 주장하는 경우 이에 대한 판단?

▶ 판단

피고 백무사의 임대차보증금 반환의무는 피고 전설향의 이 사건 점포인도의무와 동시이행관계에 있으므로, 피고 전설향이 이 사건 점포를 인도하였다거나 그 이행의 제공을 하였다는 점에 대한 증명이 없는 한 피고 백무사는 이행지체의 책임을 지지 아니하므로 원고의 주장은 이유 없다.

3. 집행채권 소멸로 인한 전부명령 무효 주장사례와 판단

피고 백무사는, 피고 전설향이 2010.9.경 원고에게 위 약속어음공정증서에 따른 채무를 모두 변제하여 원고의 집행채권이 소멸하였으므로 그 후에 발하여진 위 전부명령은 무효라고 주장하는 경우 이에 대한 판단?

▶ 판단

집행력 있는 집행권원에 기하여 채권압류 및 전부명령이 적법하게 이루어진 이상 피압류채권은 집행채권의 범위 내에서 당연히 집행채권자에게 이전한다 할 것이어서 위 주장과 같이 그 집행채권이 이미 소멸하였다고 하더라도 그 채권압류 및 전부명령에는 아무런 영향이 없으므로, 피고 백무사의 위 주장은 이유 없다.

참고사항

1) 어음행위에 민법 제108조가 적용됨을 전제로, 실제로 어음상의 권리를 취득하게 할 의사는 없이 단지 채권자들에 의한 채권의 추심이나 강제집행을 피하기 위한 약속어음의 발행행위는 통정허위표시로서 무효라는 것이 판례이다.
2) 전부명령이 확정된 후 그 집행권원인 집행증서의 기초가 된 법률행위 중 전부 또는 일부에 무효사유가 있는 것으로 판명된 경우에는 그 무효부분에 관하여는 집행채권자가 부당이득을 한 셈이 되므로, 그 집행채권자는 집행채무자에게, 위 전부명령에 따라 전부받은 채권 중 실제로 추심한 금전부분에 관하여는 그 상당액을 반환하여야 하고, 추심하지 아니한 나머지 부분에 관하여는 그 채권 자체를 양도하는 방법에 의하여 반환하여야 한다.

3) 집행채무자의 채권자가 그 집행채권자를 상대로 부당이득금 반환채권을 대위행사하는 경우 집행채무자에게 그 반환의무를 이행하도록 청구할 수도 있지만, 직접 대위채권자에게 이행하도록 청구할 수도 있다고 보아야 하는데, 이와 같이 채권자대위권을 행사하는 채권자에게 변제수령의 권한을 인정하더라도 그것이 채권자평등의 원칙에 어긋난다거나 제3채무자를 이중변제의 위험에 빠뜨리게 하는 것이라고 할 수 없다.

4. 압류 등 경합으로 인한 전부명령 무효 주장사례와 판단

피고 백무사는, 소외 호세돈이 2010.10.20. 위 법원 2010카단23호로 위 임대차보증금 중 2억 원의 반환채권에 대한 가압류결정을 받았고, 그 결정 정본이 원고의 전부명령이 송달된 이후이긴 하나 확정되기 전인 2010.10.22. 피고 백무사에게 송달되었으므로, 원고의 위 전부명령은 위 가압류 및 압류가 경합되어 무효라고 주장하는 경우 이에 대한 판단?

▶ 판단

전부명령의 효력에 영향을 미치는 피압류채권에 대한 압류의 경합이 있는지 여부는 전부명령이 제3채무자에게 송달된 때를 기준으로 판단하여야 하므로, 가압류 또는 압류가 그 후에 이루어졌다면 전부명령이 확정되기 전에 집행되었다고 하더라도 전부명령의 효력에는 영향을 미칠 수 없고, 따라서 피고 백무사의 위 주장은 이유 없다.

5. 임대차계약의 묵시적 갱신주장 사례와 판단

피고 백무사는, 피고 전설향이 위 임대차계약의 임대차기간이 만료한 2011.2.24. 이후에도 이 사건 점포를 계속 사용・수익하였고, 피고 백무사가 이에 대하여 아무런 이의를 제기하지 아니함으로써 위 임대차계약은 묵시적으로 갱신되어 아직 유효하게 존속하고 있으므로, 위 임대차계약이 종료되었음을 전제로 한 원고의 청구에 응할 수 없다고 주장하는 경우 이에 대한 판단?

▶ 판단

피고들 사이에 위 주장과 같이 위 임대차계약이 묵시적으로 갱신되었다고 하더라도, 임대차보증금 반환채권이 전부된 이 사건에서 위 임대차계약이 묵시적으로 갱신되었다고 할 수 있는 시점이 위 임대차보증금 반환채권에 대한 원고의 전부명령의 효력발생일인 2010.10.18.보다 후임이 명백한 이상, 그러한 갱신은 위 임대차보증금 반환채권을 전부받은 원고에 대하여 효력이 없으므로, 피고 백무사의 주장은 이유 없다.

참고사항

만일 임대인이 임차인과 사이에 전부명령 송달 전에 이미 임대차기간을 연장하거나 임대차계약을 갱신하기로 명시적 또는 묵시적 합의를 하였다면 이러한 사유도 전부채권자에게 대항할 수 있는 항변사유가 된다. 다만, 임차인에게 전부명령이 송달된 후에 한 갱신합의는 전부채권자에게 대항할 수 없다. 이는 임대차기간 만료 후에는 임대차보증금 반환채권을 현실적으로 행사할 수 있으리라는 양수인의 기대를 보호할 필요가 있다는 점에 기초한 것임을 고려하면, 위 갱신에는 당사자의 합의에 의한 것뿐만 아니라 민법 제639조 제1항의 묵시적 갱신도 포함하는 것이라고 보아야 한다.

6. 상계항변 관련 사례와 판단

피고 백무사는 2010.5.25. 피고 전설향에게 1억 원을 이자 이율 월 1.5%(매월 24일 지급), 변제기 2010.8.24.로 정하여 대여하고 그 후 피고들이 2010.8.24. 위 대여금의 변제기를 2010.12.24.로 연기하였으며, 피고 백무사는 피고 전설향으로부터 위 대여금에 대하여 2010.9.24. 까지의 이자를 수령한 사실이 있을 경우, 피고 백무사가 피고 전설향에 대한 대여금 1억 원 및 이에 대한 2010.9.25.부터 상계적상일인 2011.2.24.까지 이율 월 1.5%의 비율에 의한 이자 또는 지연손해금채권으로 임차보증금 반환채권과의 상계를 주장하는 경우 그 당부?

▶ 판단

채권압류명령을 송달받은 제3채무자가 압류채무자에 대한 반대채권을 가지고 있고, 압류명령의 송달 당시 피압류채권과 반대채권이 상계적상에 있거나 반대채권의 변제기가 피압류채권의 변제기와 동시에 또는 그보다 먼저 도래하는 경우, 제3채무자는 반대채권에 의한 상계로 압류채권자에게 대항할 수 있으며, 피압류채권이 전부된 경우에는 제3채무자는 전부채권자에 대하여 직접 상계의 의사표시를 할 수 있다고 할 것이므로, 원고가 전부받은 위 임대차보증금 반환채권과 피고 백무사의 위 대여원리금 등 채권은 2011.2.24. 모두 변제기가 도래하여 상계적상에 있었다 할 것인데, 위 대여원리금 등 채권은 원고의 위 채권압류 및 전부명령 송달일인 2010.10.18. 당시의 임대차보증금 반환채권과 상계적상에 있지는 않으나, 그 변제기가 위 임대차보증금 반환채권의 위 임대차보증금 반환채권의 변제기와 동시에 또는 그보다 먼저 도래하는 경우에 해당하므로 이를 반대채권으로 한 상계로 원고에게 대항할 수 있다. 원고가 전부받은 위 임대차보증금 반환채권은 상계적상일인 2011.2.24.에 소급하여 피고 백무사의 대여금채권의 상계적상일까지의 원리금 등 합계 110,000,000원(1억 원×(1 + 0.02×5개월)과 대등액의 범위 내에서 소멸하였으니, 피고 백무사의 항변은 이유 있다.

참고사항

원고의 위 임대차보증금 반환채권의 이행기까지 그 각 이행기가 도래한 피고 백무사의 위 대여금에 대한 원리금 반환채권은 임대차보증금 반환채권과 상계적상에 있었다 할 것이어서 이를 반대채권으로 한 상계로 원고에게 대항할 수 있지만, 그때까지 대여금채권의 이행기가 아직 도래하지 않았다면 대여금 및 이에 대한 임대차보증금 반환채권의 이행기 이후의 이자 또는 지연손해금채권은 이를 반대채권으로 하는 상계로 원고에게 대항할 수 없다.

7. 임차보증금과 차임 등 공제

임대차보증금은 성질상 임대차 종료 후 목적물을 인도할 때까지 임대차와 관련하여 발생하는 차임, 부당이득 등 임차인의 모든 채무를 담보하는 것이므로, 임대차보증금 반환채권에 대한 전부명령의 유무 및 그 송달시기와 차임 또는 부당이득 등 발생시기 사이의 선후를 불문하고 임대인은 임차보증금에서 위 차임, 부당이득 등의 금액을 공제한 잔액만을 반환할 의무가 있는 것이다(임대차가 종료된 후에도 이 사건 점포를 점유하면서 임대차 당시와 같이 점포로 점유·사용하였다면 그 사용기간 동안 사용이익 상당의 이익을 얻고 이로 인하여 임대인에게 같은 금액 상당의 손해를 가하였다고 할 것이므로 그 차임 상당의 부당이득액을 공제할 것이나, 임대차가 종료된 후 이 사건 점포를 사용·수익하지 않았다면 차임 상당의 부당이득은 성립하지 않음 – 통상 부동산의 점유·사용으로 인한 이득액은 그 부동산의 차임 상당액임).

【변형 사례】

이 사건에서 아래와 같이 일부 사실관계가 변경되는 경우(거론이 없는 경우는 위 공통사안과 같다) 다음 질문에 답하시오.

가. 이 사건 임대차보증금은 5억 원인데, ① 원고가 그 반환채권 중 3억 원에 관하여 압류 및 전부명령을 받고 ② 주식회사 에브리론도 그 반환채권 중 1억 원에 관하여 압류 및 전부명령을 받았고, ③ 오달자가 그 반환채권 중 2억 원을 피고 전설향으로부터 양도받았다. 위 각 압류 및 전부명령, 그리고 확정일자 있는 위 채권양도 통지는 모두 같은 날인 2010.10.18. 피고 백무사에게 송달되었다. 이러한 경우 원고의 전부명령은 이 사건 임대차보증금 반환채권에 관하여 압류 및 채권양도가 경합되어 무효인지 여부

▶ **답) 원고의 전부명령은 무효가 아니다.**

동일한 채권에 대하여 여러 개의 채권압류가 경합된 상태를 압류의 경합(이때의 압류에는 가압류도 포함된다)이라고 하는데, 각 압류의 합계액이 압류의 대상인 채권액보다 많지 않다면 압류의 경합이 아니다. 압류가 경합되면 압류효가 확장되고, 채권자평등의 원칙에 의하여 각 압류채권자나 배당요구권자는 목적채권으로부터 집행채권의 비율에 따라 안분배당을 받게 되므로, 채권자

평등의 원칙에 대한 예외적인 제도인 전부명령이 제3채무자에게 송달될 때까지 압류의 경합이 발생하면 전부명령은 그 효력이 없게 된다. 위 사안에서 위 채권양도 통지가 원고의 채권압류 및 전부명령보다 먼저 피고 백무사에게 송달되었다는 입증이 없는 한, 이들은 모두 동시에 도달한 것으로 추정되어 위 채권양수인과 전부채권자들 상호 간에 우열이 없다. 이 경우 채권의 양도는 채권에 대한 압류명령과는 그 성질이 다르므로 해당 전부명령이 채권의 압류가 경합된 상태에서 발령된 것으로서 무효인지의 여부를 판단함에 있어 압류액에 채권양도의 대상이 된 금액을 합산하여 피압류채권액과 비교하거나 피압류채권액에서 채권양도의 대상이 된 금액부분을 공제하고 나머지 부분만을 압류액의 합계와 비교할 것은 아니고, 동일한 채권에 대하여 두 개 이상의 채권압류 및 전부명령이 발령되어 제3채무자에게 동시에 송달된 경우 해당 전부명령이 채권의 압류가 경합된 상태에서 발령된 것으로서 무효인지의 여부는 각 채권압류명령의 압류액을 합한 금액이 피압류채권액을 초과하는 지를 기준으로 판단하여야 하므로, 전자가 후자를 초과하지 않는 경우에는 채권의 압류가 경합된 경우에 해당하지 아니하여 해당 전부명령은 모두 유효하게 된다고 할 것이며, 그때 동일한 채권에 관하여 확정일자 있는 채권양도 통지가 그 각 채권압류 및 전부명령 정본과 함께 제3채무자에게 동시에 송달되어 채권양수인과 전부채권자들 상호 간에 우열이 없게 된 경우에도 마찬가지라고 할 것이다(대판 2002.7.26, 2001다68839). 따라서 관련 문제의 사안에서, 원고의 전부명령이 피고 백무사에게 송달된 때인 2010.10.18. 당시를 기준으로 하여 원고의 압류액 3억 원과 주식회사 에브리론의 압류액 1억 원의 합계액인 4억 원이 임대차보증금 5억 원을 초과하는지 여부를 고려하면 되는 것이지 양도된 채권액 2억 원까지 합산해서는 아니되고, 이 경우 압류의 경합이 아니어서 원고의 전부명령은 무효가 아니다.

나. 피고 백무사가 원고의 전부금 청구에 대하여 위 ①, ②, ③ 합계액에서 차지하는 율에 따라 안분한 금액의 범위 내에서 인용되어야 한다고 주장한다면, 그 주장의 당부(이 사건 피전부채권의 이전범위 주장)

▶ **답) 피고 백무사의 주장은 부당하다.**

채권양도 통지, 가압류 또는 압류명령 등이 제3채무자에 동시에 송달되어 그들 상호 간에 우열이 없는 경우에도 그 채권양수인, 가압류 또는 압류채권자는 모두 제3채무자에 대하여 완전한 대항력을 갖추었다고 할 것이므로, 그 전액에 대하여 채권양수금, 압류전부금 또는 추심금의 이행청구를 하고 적법하게 이를 변제받을 수 있고, 제3채무자로서는 이들 중 누구에게라도 그 채무전액을 변제하면 다른 채권자에 대한 관계에서도 유효하게 면책되는 것이고, 다만 채권자들의 채권액 합계가 피압류채권액을 초과할 때에는 그들 상호간에는 법률상의 지위가 대등하므로 공평의 원칙상 각 채권액에 안분하여 이를 내부적으로 다시 정산할 의무가 있다(대판(전) 1994.4.26, 93다24223).

원고의 이 사건 전부명령과 위 채권양도 통지 및 주식회사 에브리론의 위 전부명령이 피고 백무사에게 같은 날 도달하여 동시에 도달된 것으로 추정됨은 앞에서 본 바와 같으므로, 원고는 자신의 전부금 전액을 청구할 수 있다. 따라서 피고 백무사의 주장은 부당하다.

다. 만일, 피고 백무사는 피고 전설향과 임대차계약 체결 당시 위 임대차보증금 반환채권의 양도를 금지한다는 특약을 하였고, 원고 역시 이러한 사실을 알고 있었으므로 원고의 위 전부명령은 이러한 특약에 위배된 것으로 무효라고 주장한다면, 그 주장의 당부(피고 박무사의 양도금지 특약으로 인한 전부명령 무효 주장)?

▶ 답) 피고 백무사의 주장은 부당하다.

피전부채권이 양도금지의 특약이 있는 채권이라도 전부명령에 의하여 전부되는 데에는 지장이 없고 집행채권자가 양도금지 특약이 있는 사실을 알았다고 하더라도 전부명령의 효력에는 영향이 없다.

라. 지고은이 2010.8.16. 서울중앙지방법원 2001카단38510호로 이 사건 임대차보증금 반환채권 중 2억 원 부분에 대한 가압류결정을 받아 그 결정이 2010.8.19. 피고 백무사에게 송달되었다. 그런데 지고은은 그 후 2010.10.14. 위 가압류신청을 취하하였고, 그 취하통지서가 원고의 위 전부명령 송달 후인 2010.10.20. 피고 백무사에게 송달되었다고 가정할 경우, 원고의 이 사건 전부명령이 압류가 경합된 상태에서 발령된 것으로서 무효인지 여부?

▶ 답) 무효이다.

전부명령이 제3채무자에게 송달되기 전에 채권가압류가 이루어져 가압류와 압류가 경합된 상태에서 그 채권가압류신청이 취하된 경우에는 채권가압류결정은 그 취하로써 효력이 소멸되지만, 채권가압류결정 정본이 제3채무자에게 이미 송달되어 채권가압류결정이 집행되었다면 그 취하통지서가 제3채무자에게 송달되었을 때에 비로소 그 가압류집행의 효력이 장래를 향하여 소멸되므로, 그 취하통지서가 제3채무자에게 송달된 시점이 전부명령이 송달된 시점 후라면 가압류신청의 취하에도 불구하고 그 전부명령은 가압류와 압류가 경합된 상태에서 발령된 것으로서 무효이며, 한 번 무효로 된 전부명령은 그 후 채권가압류의 집행해제로 경합상태를 벗어났다고 하여 되살아나는 것은 아니다. 지고은의 채권가압류결정이 2010.8.19. 피고 백무사에게 송달된 이상 그 집행의 효력은 가압류신청의 취하통지서가 피고 백무사에게 송달된 2010.10.20.에야 비로소 장래를 향하여 소멸하므로, 그보다 앞서 송달된 원고의 위 전부명령은 압류가 경합된 상태에서 발령된 것으로서 무효이다.

【전부금 관련 보충사례】

피고 강부자는, 이 사건 전부명령(6,000만 원)의 실체적 효력은 위 임대차계약이 종료한 후 위 임대차보증금 80,000,000원에서 피고 배용준이 연체한 2003년 3월분 이후의 차임 및 차임 상당의 부당이득 등의 채무를 공제하여 확정된 임대차보증금 반환채권액을 기준으로 하여 발생한다고 할 것인데, 소외 이철수가 2003.9.12. 이 사건 임대차보증금 반환채권 중 금 20,000,000원에 관하여 가압류결정을 받아, 그 결정 정본이 위 전부명령이 확정되기 전인 2003.9.15. 피고 강부자에게 송달되었으므로, 위 전부명령은 가압류 내지 압류가 경합되어 무효라는 취지로 주장한다. 이 주장의 당부?

▶ 판단

전부명령이 확정되면 피압류채권은 제3채무자에게 송달된 때에 소급하여 집행채권의 범위 안에서 당연히 전부채권자에게 이전하고 동시에 집행채권 소멸의 효력이 발생하는 것이므로, 장래의 불확정채권에 대하여 압류가 중복된 상태에서 전부명령이 있는 경우 그 압류의 경합으로 인하여 전부명령이 무효가 되는지의 여부는 나중에 확정된 피압류채권액을 기준으로 판단할 것이 아니라 전부명령에 제3채무자에게 송달된 당시의 계약상의 피압류채권액을 기준으로 판단하여야 할 것인바, 피고 강부자의 주장과 같이 이 사건 전부명령이 피고 강부자에게 송달되기 전에 이미 소외 이철수가 위 임대차보증금 반환채권 중 금 20,000,000원에 관하여 가압류결정을 받아 그 결정 정본이 피고 강부자에게 송달되었고 또 그 가압류채권액과 위 전부금액의 합계인 금 80,000,000원(20,000,000원 + 60,000,000원)이 그 후 최종적으로 확정된 위 임대차보증금 반환채권액을 초과한다고 하더라도, 이 사건 전부명령 효력발생 당시의 위 임대차계약상의 임대차보증금인 금 80,000,000원을 초과하지 아니함은 계산상 명백하고, 따라서 이를 기준으로 하면 위 전부명령은 가압류 내지 압류가 경합된 상태에서 발령된 것으로 볼 수 없으므로, 피고 강부자의 위 주장은 이유 없다.

제2절 실명제와 각종 대위소송 사례 병합청구취지 기재례

1. 피고 장갑수, 장을수, 장병수, 김정숙에 대한 청구

가. 명의신탁

1) 원고는 장경근과 명의신탁약정을 맺고, 1994.6.15. 제주지방법원 93타경6510호 부동산임의경매에서, 원고가 경락대금 18억 원 등 경락에 소요되는 모든 비용을 부담하여, 별지목록 제1.기재 부동산을 장경근의 명의로 낙찰받아 두었습니다.

2) 원고는 또한 위 장경근과 명의신탁약정을 맺고, 장경근 명의로 2002.3.2. 그 명의신탁약정 사실을 알지 못하던 소외 선경건설 주식회사로부터 당시 신축 중이던 별지목록 제2.기재 부동산을 대금 4억 5,000만 원에 분양받기로 약정한 다음 원고가 2002.3.2. 그 계약금으로 9,000만 원, 2002.3.25. 중도금으로 9,000만 원, 2000.9.25. 잔금으로 2억 7,000만 원 등 분양대금 전액을 장경근 명의로 납부하고, 2002.9.25. 별지목록 제2.기재 부동산에 관하여 장경근 명의로 소유권이전등기를 마쳐 두었습니다.

3) 위 장경근은 2007.12.28. 사망하고, 동인의 재산은 아들들인 피고 장갑수, 장을수, 장병수가 각 9분의 2, 처인 피고 김정숙이 9분의 3을 각 상속하였습니다.

나. 별지목록 제1.기재 부동산에 대한 부당이득

1) 원고는, 2005.5.12. 위 장경근에게 별지목록 제1.기재 부동산에 대한 명의신탁계약을 해지한다는 의사표시를 하고, 같은 부동산에 대한 소유권을 원고에게 이전해 달라고 요구하였으

며, 장경근도 위 부동산에 대한 원고의 명의신탁사실을 인정하고, 원고의 소유권이전등기청구권을 승인하였습니다. 다만, 당시 장경근 자신이 병중에 있던 관계로 추후에 소유권이전등기를 해주겠다고 하여 원고는 이를 믿고 기다렸으나, 장경근이 2007.12.28. 사망하자 동인의 상속인들인 피고 장갑수, 장을수, 장병수, 김정숙은 사실상으로는 원고와 망 장경근 사이의 명의신탁사실을 시인하면서도, 1995.7.1.부터 시행된 법률 제4944호 "부동산 실권리자명의 등기에 관한 법률"의 규정을 들어 원고에게 소유권이전등기를 해주기를 거절하고 있습니다.

2) 그러나 별지목록 제1.기재 부동산에 대한 명의신탁은 "부동산 실권리자명의 등기에 관한 법률"이 시행되기 이전에 이루어진 것으로서, 원고가 동법 소정의 유예기간 내에 그 별지목록 제1.기재 부동산에 대한 소유명의를 원고 명의로 전환하지 않아 장경근이 완전한 소유권을 취득하였다 하더라도, 장경근의 부당이득반환의무는 여전히 존재하고, 그 반환의 대상은 별지목록 제1.기재 부동산 자체라 할 것이므로, 장경근의 상속인들 중 피고 장갑수, 장을수, 장병수는 위 부동산 중 각 9분의 2 지분에 관하여, 피고 김정숙은 동 부동산 중 9분의 3 지분에 관하여 원고에게 각 부당이득반환을 원인으로 한 소유권이전등기절차를 이행할 의무가 있습니다.

다. 별지목록 제2.기재 부동산에 대한 부당이득

1) 별지목록 제2.기재 부동산에 대한 명의신탁은 "부동산 실권리자명의 등기에 관한 법률"이 시행된 이후에 이루어진 것이므로, 원고와 장경근 사이의 명의신탁약정은 무효라고 할 것이나, 원고와 장경근 사이의 명의신탁약정 사실을 알지 못하던 소외 선경건설 주식회사가 장경근에게 마쳐준 소유권이전등기는 완전히 유효하므로, 장경근은 별지목록 제2.기재 부동산에 대한 완전한 소유권을 취득하였다 할 것이고, 별지목록 제2.기재 부동산의 매수자금은 장경근이 부당하게 이득을 취한 것이므로, 동인은 민법 제748조 제2항, 제749조 제1항에 따라, 이를 원고에게 반환할 의무가 있다 할 것입니다.

2) 그러므로 원고에게, 피고 장갑수, 장을수, 장병수는 각 1억 원(4억 5,000만 원×2/9) 및 그중 각 2,000만 원(계약금 9,000만 원×2/9)에 대하여는 2002.3.2.부터, 각 2,000만 원(중도금 9,000만 원×2/9)에 대하여는 2002.3.25.부터, 각 6,000만 원(잔금 2억 7,000만 원×2/9)에 대하여는 2002.9.25.부터 각 이 사건 소장부본 송달일까지는 민법이 정한 연 5%의, 그 다음 날부터 다 갚는 날까지는 소송촉진 등에 관한 특례법이 정한 연 12%의 각 비율로 계산한 지연손해금을, 피고 김정숙은 1억 5,000만 원 및 그중 3,000만 원(계약금 9,000만 원×3/9)에 대하여는 2002.3.2.부터, 3,000만 원(중도금 9,000만 원×3/9)에 대하여는 2002.3.25.부터, 9,000만 원(잔금 2억 7,000만 원×3/9)에 대하여는 2002.9.25.부터 각 이 사건 소장부본 송달일까지는 민법이 정한 연 5%의, 그 다음 날부터 다 갚는 날까지는 소송촉진 등에 관한 특례법이 정한 연 12%의 각 비율로 계산한 지연손해금을 지급할 의무가 있습니다.

2. 피고 주식회사 대림통상에 대한 청구

가. 피고 장갑수는 경남 창원시에서 동인 명의로 건설업체를 운영하면서, 경남 창원시에서 발주한 신현장평지구 하수관거 정비공사를 시행하고, 창원시에 대하여 그 공사대금청구채권 9,000만

원이 있었습니다. 피고 주식회사 대림통상은 피고 장갑수의 처 신형원의 오빠인 신형인이 실질적인 사주로서 대표이사로 재직하고 있는 회사입니다. 피고 장갑수는 2006.12.24. 피고 주식회사 대림통상에게 어음상의 권리를 취득하게 할 의사는 전혀 없이 형식상으로만 액면금액 2억 원인 약속어음 한 장을 발행하고, 그 강제집행을 인낙하는 취지의 공증을 받아 이를 수취인인 피고 주식회사 대림통상에게 교부하여 주었습니다. 피고 주식회사 대림통상은 위 약속어음공정증서에 기하여 서울중앙지방법원 2007타기19707호로 채권압류 및 전부명령 결정을 받아 피고 장갑수가 창원시에 대하여 가지는 신현장평지구 하수관거 정비공사대금채권 9,000만 원을 전부받았으며, 그 전부받은 채권 중 6,000만 원의 채권은 2008.3.12. 변제받고, 나머지 3,000만 원은 2008.10.31. 변제받을 예정으로 있습니다.

나. 피고 장갑수의 위와 같은 약속어음 발행행위는 피고 주식회사 대림통상과 통모하여 한 행위로서 민법 제108조에 의하여 무효라 할 것이고, 이와 같이 무효인 약속어음 발행행위에 의하여 작성된 집행증서에 터 잡아 피고 장갑수의 위 공사대금청구채권에 관하여 채권압류 및 전부명령을 받아 그것이 적법하게 확정됨으로써, 피고 주식회사 대림통상은 법률상 원인 없이 피고 장갑수의 위 공사대금청구채권을 취득하였으므로 이를 장갑수에게 반환하여야 할 것입니다.

다. 원고는 위 1.항에서 본 바와 같이 피고 장갑수에 대하여 1억 원의 채권이 있고, 현재 피고 장갑수는 무자력이므로, 피고 주식회사 대림통상에 대하여 아무런 권리행사를 하지 않고 있는 피고 장갑수를 대위하여 피고 주식회사 대림통상에게, 동 회사가 창원시로부터 이미 지급받은 6,000만 원에 대해서는 직접 지급을 구하고, 아직 지급받지 않은 3,000만 원에 대해서는 그 지급청구권을 피고 장갑수에게 양도한다는 의사표시 및 창원시에 그 의사표시의 통지를 하여달라는 청구를 할 권리가 있습니다.

그러므로 피고 주식회사 대림통상은 원고에게 6,000만 원 및 이에 대한 2008.3.12.부터 이 사건 소장부본 송달일까지는 민법이 정한 연 5%의, 그 다음 날부터 다 갚는 날까지는 소송촉진 등에 관한 특례법이 정한 연 12%의 각 비율로 계산한 지연손해금을 지급할 의무가 있고, 아직 남아있는 창원시에 대한 3,000만 원의 위 채권에 관해서는 채권양도의 의사표시를 하고, 소외 창원시에게 그 취지의 통지를 할 의무가 있습니다.

3. 피고 최병열에 대한 청구

가. 피고 최병열은 서울중앙지방법원 2007차2975 지급명령에 기하여 별지목록 제1.기재 부동산에 대하여 2007.10.18. 제주지방법원 2007타경8288로 부동산강제경매개시결정을 받아 현재경매가 진행 중입니다.

나. 그러나 피고 최병열은, 피고 장을수가 2006.1.17.경 서울 서초구 반포동 230번지에서 속칭 '아도사끼'라는 도박을 하다가 크게 돈을 잃고, 다시 한번 만회할 기회를 얻기 위하여 장경근이 연대보증인으로 기재되고 장경근의 인장이 날인되어 있는 차용증서를 가지고 와 제시하면서 돈을 빌려달라고 하자, 피고 장을수가 다시 도박을 하는 데에 사용할 것이라는 정을 잘 알면서 돈을 빌려주었는데(갑 제14호증의1, 2), 피고 장을수는 장경근의 허락을 받지도 않고, 장경근 몰래 위 차용증서에 장경근을 연대보증인으로 기재하고, 장경근의 도장을 날인하였습니다. 피고 최병열은 그 이후 장을수가 돈을 변제하지 않자, 당시 병중에 있어 아무 사실도 모르고 있던 장경근을 상대로 위와 같은 지급명령을 받았습니다. 피고 최병열의 피고

장을수에 대한 위 대여행위는 민법 제103조의 사회질서에 반하는 행위로서 무효일 뿐만 아니라, 장경근이 이를 연대보증한 바도 없으므로, 위 지급명령상의 채권채무관계는 존재하지 않고, 위 장경근의 상속인들인 피고 장갑수, 장을수, 장병수, 김정숙은 최병열에 대하여 청구이의의 소를 제기할 수 있습니다.

다. 그러나 위 장갑수, 장을수, 장병수, 김정숙은 청구이의를 소를 제기하지 않고 있으므로, 원고는 피고 장갑수, 장을수, 장병수, 김정숙에 대한 별지목록 제1.기재 부동산에 관한 소유권이전등기청구권자로서, 동 청구권을 보전하기 위하여 위 피고들을 대위하여, 피고 최병열의 위 지급명령의 집행력의 배제를 구하는 바입니다.

◈ 청구취지

1. 원고에게,
   가. 1) 별지목록 제1.기재 부동산 중, 피고 장갑수, 장을수, 장병수는 각 9분의 2 지분, 피고 김정숙은 9분의 3 지분에 관하여 각 부당이득반환을 원인으로 한 소유권이전등기절차를 이행하고,
   2) 피고 장갑수, 장을수, 장병수는 각 100,000,000원 및 그중 각 20,000,000원에 대하여는 2002.3.2.부터, 각 2,000만 원에 대하여는 2002.3.25.부터, 각 60,000,000원에 대하여는 2002.9.25.부터 각 이 사건 소장부본 송달일까지는 연 5%의, 그 다음 날부터 다 갚는 날까지는 연 12%의 각 비율로 계산한 돈을 각 지급하고,
   3) 피고 김정숙은 150,000,000원 및 그중 30,000,000원에 대하여는 2002.3.2.부터, 30,000,000원에 대하여는 2002.3.25.부터, 9,000만 원에 대하여는 2002.9.25.부터 각 이 사건 소장부본 송달일까지는 연 5%의, 그 다음 날부터 다 갚는 날까지는 연 12%의 각 비율로 계산한 돈을 지급하고,
   나. 피고 주식회사 대림통상은 60,000,000원 및 이에 대한 2008.3.12.부터 이 사건 소장부본 송달일까지는 연 5%의, 그 다음 날부터 다 갚는 날까지는 연 12%의 각 비율로 계산한 돈을 지급하라.
2. 피고 주식회사 대림통상은 피고 장갑수에게, 서울중앙지방법원 2007타기19707 채권압류 및 전부명령에 의하여 전부받은 피고 장갑수의 창원시에 대한 신현장평지구 하수관거 정비공사대금채권 90,000,000원 중 30,000,000원의 채권에 관하여 채권양도의 의사표시를 하고, 소외 창원시에 그 취지의 통지를 하라.
3. 피고 최병열의 피고 장갑수, 장을수, 장병수, 김정숙에 대한 서울중앙지방법원 2007차2975 지급명령에 기한 강제집행을 불허한다.
4. 소송비용은 피고들이 부담한다.
5. 제1의 가의 2)항 및 3)항과 나항은 가집행할 수 있다.

제3절 사례 및 청구취지 기재례

1. 금전지급청구

가. 원고의 금전대출과 피고 송영수의 불법행위

① 피고 대한민국은 그 산하에 목포대학교를 설립・운영하고 있는데, 위 대학교 총무과 후생계장인 피고 송영수는 2006.3.12. 원고 조합의 지배인인 박창선에게 기숙사 수선비로 사용한다며 위 대학교 명의로 상호종합통장 대출(일명 마이너스 통장 대출) 신청을 하였습니다.

② 이에 원고 조합을 대리한 위 박창선은 그 당일 위 대학교 총장 김대영의 대리인으로 행세한 피고 송영수와, 원리금 변제기는 2008.3.11. 이율은 연 12%, 지연배상금률은 연 24%로 하되, 대출금은 2억 원의 한도 내에서 인출신청에 따라 지급하기로 하는 대출계약(소비대차계약)을 체결하였고, 피고 송영수가 즉시 위 대학교 총장 명의로 2억 원을 인출신청하므로 원고 조합은 이를 지급하였습니다.

③ 그러나 피고 송영수는 위 대출계약에 관하여 위 대학교 총장으로부터 대리권을 수여받은 바 없음에도, 박창선을 기망하여 이 사건 대출계약을 체결하고 대출금 상당을 인출・사용하는 불법행위를 한 것입니다(피고 송영수는 이에 따라 사기, 사문서위조로 수사를 받고 불구속 기소되어, 2008.4.30. 광주지방법원 목포지원에서 징역 10월의 형을 선고받고 현재 항소심절차가 진행 중입니다). 원고는 이로 인해 대출금 및 그 법정지연손해금 상당액의 손해를 입었는 바, 피고 대한민국과 송영수는 이에 따른 손해배상책임을 면할 수 없습니다. 즉, 피고 송영수는 피고 대한민국 소속의 공무원으로서 위와 같이 목포대학교 총무과 후생계장이자, 2003.3.2.경부터 위 대학교 소비조합의 지출관 및 기숙사운영위원회의 간사로 지명되어 평소 위 대학교 총장과 소비조합의 이사장(교무과장 최종철), 기숙사운영위원회 위원장(학생지도과장 박영민)의 지휘・감독하에 소비조합의 수익금 및 기숙사 운영자금을 위 대학교 명의로 입출금처리하였는바, 이는 피고 송영수의 직무에 해당합니다. 그리고 피고 송영수가 이 사건 대출금약정에 관하여 위 대학교 총장의 대리인으로 행세하면서 기숙사수선비로 사용한다며 위 대학교 명의로 이 사건 대출을 받은 것은 외형상 객관적으로 직무행위에 해당하거나 직무행위와 밀접한 관계가 있는 행위에 해당합니다. 그러므로 피고 대한민국은 피고 송영수가 위와 같이 그 직무를 집행함에 있어 고의로 법령에 위반하여 원고 조합에게 손해를 가한 데에 대하여 국가배상법 제2조 제1항 본문 및 민법 제756조 제1항에 따른 손해배상책임이 있고, 피고 송영수는 고의의 불법행위자로서 피고 대한민국과 함께 손해배상책임이 있습니다.

나. 채권 일부의 대물변제

원고 조합은 2007.9.11. 피고 송영수로부터 그 소유이던 별지목록 기재 아파트를 위 대출금채무의 일부로 대물변제받되 이를 원금 8,000만 원의 변제에 충당하기로 합의하였고, 이에 따라 그 당일 원고 앞으로 소유권이전등기를 마쳤습니다.

다. 상계

① 피고 송영수는 2006.1.12. 위 대학교 총장을 대리하여 원고에게 위 소비조합의 수익금 및

기숙사 운영자금 8,000만 원을 위 대학교의 명의로 정기예금하였는데, 이율은 월 0.5%, 만기는 2008.1.11.로 하고, 만기 후에도 실제 반환 시까지 월 0.5%의 이자를 가산하여 지급하기로 약정하였습니다.

② 이에 원고는 2008.4.12. 위 대출과 관련된 채권(손해배상채권)을 자동채권으로 하고 위 예금채권을 수동채권으로 하여 상계의사가 담긴 통지서를 발송하였고 그 통지서는 2008.4.13. 목포대학교에 도달하였습니다.

따라서 상계적상일(위 정기예금채권의 만기)인 2008.1.11. 위 손해배상채권과 예금채권은 대등액에서 소멸하였는 바, 2008.1.11. 현재 손해배상채권액은 대출원금 잔액 1억 2,000만 원 및 당초의 원금 2억 원에 대한 2006.3.12.부터 2007.8.11.까지 민법상 지연손해금 1,500만 원(2억 원×0.05×1,5년)과 위 1억 2,000만 원에 대한 2007.9.12.부터 2008.1.11.까지의 지연손해금 200만 원(1억 2천만 원×0.05×4/12년)을 합한 1억 3,700만 원이고, 위 예금채권액은 원금 8,000만 원 및 이자 960만 원(8,000만 원×0.005×24월)을 합한 8,960만 원으로서, 자동채권인 손해배상채권액이 수동채권인 예금채권액을 초과하므로 민법 제499조, 제479조 제1항에 따라 자동채권 및 수동채권의 각 이자, 원본의 순서로 변제충당하면, 자동채권의 지연손해금 1,700만 원 및 원본 중 7,260만 원의 합계액 8,960만 원과 수동채권의 이자, 원본의 합계액 8,960만 원이 각각 소멸하여, 자동채권인 위 손해배상채권은 결국 원금잔액 4,700만 원(1억 2,000만 원 − 7,260만 원) 및 이에 대한 위 상계적상일 다음 날인 2008.1.12.부터 이 사건 소장부본 송달일까지는 민법상 연 5%의 그 다음 날부터 다 갚는 날까지는 소송촉진 등에 관한 특례법상 연 12%의 각 비율로 계산한 지연손해금이 남는다 할 것입니다.

라. 소결론

따라서 피고 대한민국, 피고 송영수는 공동하여 원고에게 47,400,000원 및 이에 대한 2008.1.12.부터 이 사건 소장부본 송달일까지는 연 5%의, 그 다음 날부터 다 갚는 날까지는 연 12%의 각 비율로 계산한 돈을 지급할 의무가 있습니다.

2. 전세권설정등기의 말소청구

가. 전세권의 설정과 해지

피고 송영수는 별지목록 기재 아파트에 관하여 2004.5.5. 피고 권성일과 전세권설정계약을 체결하고 2004.5.6. 청구취지 제2의 가항 기재와 같이 피고 권성일 앞으로 전세권설정등기를 마쳐 주었습니다. 한편, 피고 권성일과 피고 송영수는 2005.3.20. 위 전세권설정계약을 합의해지하였고, 피고 송영수는 전세금을 반환하였습니다.

나. 가압류 등

피고 임은호는 2005.11.5. 서울중앙지방법원 2005카단7129호로 위 전세권에 대한 가압류결정을 받았고, 이에 따라 수원지방법원 2005.11.7. 접수 제19350호로 그 가압류등기가 마쳐졌습니다. 원고는 그 이후 위와 같이 위 아파트를 피고 송영수로부터 대물변제받아 2007.9.11. 소유권이전등기를 마쳤습니다.

다. 소결론

그러므로 피고 권성일 명의의 위 전세권설정등기는 그 등기원인이 소멸하여 말소되어야 하고,

피고 임은호의 위 가압류는 그 목적인 전세권 및 전세금반환청구권이 이미 소멸한 뒤에 이루어진 것이어서 실체법상 무효입니다. 따라서 원고는 소유권에 기한 방해배제청구권에 기하여 피고 권성일에 대하여는 위 전세권설정등기의 말소등기절차의 이행을, 피고 임은호에 대하여는 위 말소등기에 대한 승낙의 의사표시를 구합니다.

3. 소유권확인 청구

가. 이 사건 토지의 소유관계

① 수원시 단원구 신길동 245 답 800㎡(이하 "이 사건 토지"라 합니다)는 소외 송철민이 일정시대에 그 명의로 사정(査定)을 받아 원시적으로 소유권을 취득하였으나, 송철민은 소유권보존등기를 하지 않았습니다.

② 그런데 한국전쟁의 와중에 토지대장이 멸실되었고, 이에 수원시장은 1960.6.경 이를 복구하였으나 그 소유자란에 단순히 "송철민"이라는 성명만을 기재하였습니다. 그리하여 위 송철민은 이 사건 토지에 대한 소유권보존등기를 하기 위하여 2005.5.1. 수원시장에게 토지대장에 동인의 주소, 주민등록번호를 기입하여 달라고 신청하였으나, 수원시장은 위 송철민이 송영수의 부친인 송철민과 동일인인지 알 수 없다는 이유로 그 요청을 거부하였습니다.

③ 한편 위 송철민은 2007.4.15. 사망하였고, 그 아들인 피고 송영수가 그 재산을 단독 상속함으로써 이 사건 토지는 피고 송영수의 소유가 되었습니다. 그러므로 피고 송영수는 피고 대한민국에 대하여 이 사건 토지가 그 소유임의 확인을 구할 이익이 있습니다.

나. 원고의 대위행사

원고는 위와 같이 피고 송영수에 대하여 손해배상채권이 있습니다. 그런데 피고 송영수는 현재 이 사건 토지를 제외하고는 원고에 대한 위 채무를 변제할 자력(책임재산)이 없음에도, 원고의 강제집행을 우려하여 피고 대한민국을 상대로 이 사건 토지에 대한 소유권확인청구권을 행사하지 않고 있으므로, 원고는 피고 송영수를 대위하여 피고 대한민국에게 청구취지 제3항 기재와 같은 확인을 구합니다.

◈ 청구취지

1. 피고 대한민국, 피고 송영수는 공동하여 원고에게 47,400,000원 및 이에 대한 2008.1.12.부터 이 사건 소장부본 송달일까지는 연 5%의, 그 다음 날부터 다 갚는 날까지는 연 12%의 각 비율로 계산한 돈을 지급하라.
2. 원고에게,
   가. 피고 권성일은 별지목록 기재 아파트에 관하여 수원지방법원 2004.5.6. 접수 제35570호로 마친 전세권설정등기에 대하여 2005.3.20. 해지를 원인으로 한 말소등기절차를 이행하고,
   나. 피고 임은호는 위 전세권설정등기의 말소등기에 대하여 승낙의 의사를 표시하라.
3. 원고와 피고 대한민국 사이에서 수원시 단원구 신길동 245 답 800㎡가 피고 송영수의 소유임을 확인한다.
4. 소송비용은 피고들이 부담한다.
5. 제1항은 가집행할 수 있다.

제4절 집행 관련 채권자대위 사례 및 청구취지 기재례

1. 청구이의

1) 원고는 소외 이자성에게서 2007.6.20. 서울 강서구 방화동 532-9 대 120㎡를 대금 1억 2,000만 원에 매수하였습니다.
2) 그런데 위 피고는 위 이자성에게 공증인가 법무법인 고양종합법률사무소 2007.7.14. 작성증서 2007년 제914호의 집행증서에 의한 금 5,000만 원의 약속어음금채권이 있다며, 위 집행증서를 집행권원으로 삼아 위 토지에 대하여 귀 법원 2007타경50393호로 강제경매를 신청하였습니다.
3) 그러나 위 약속어음의 발행 및 공정증서의 작성 촉탁은 무권대리인에 의한 것으로서 무효입니다. 즉, 위 이자성의 아들인 소외 이자춘은 이자성에게서 아무런 위임을 받은 바 없음에도 이자성의 주민등록증, 인감도장을 훔치고 이자성의 인감증명서를 발급받은 다음, 이자성이 자신에게 금 5,000만 원의 차용 및 그와 관련한 공정증서 작성의 촉탁 등을 위임한다는 내용의 위임장을 위조하였습니다. 그런 후 이자춘은 위 이자성의 대리인인 양 행세하여, 장사성에게서 2007.14.경 금 4,000만 원을 차용하고 그 담보로 액면금 5,000만 원, 발행일 2007.14, 지급기일 2007.8.14.로 된 약속어음 1장을 위 이자성의 명의로 발행·교부한 다음, 위 어음금의 지급을 지체한 때에는 즉시 강제집행을 받더라도 이의가 없음을 인낙하는 취지의 공정증서 작성을 촉탁하였습니다.
4) 따라서 위 이자성은 위 피고에 대하여 위 어음금을 지급할 채무가 없으며, 위 집행증서는 정당한 대리권이 없는 자의 촉탁에 의한 것으로서 위 이자성에 대한 관계에서 아무런 효력이 없다 할 것인바, 원고는 위 이자성에 대한 소유권이전등기청구권을 가진 채권자로서 이를 보전하기 위해 이자성을 대위하여 위 집행증서에 기한 강제집행의 불허를 구합니다.

2. 제3자이의

1) 원고는 2006.3.13. 소외 서달에게 금 5,000만 원을 대여하고, 그 담보로 서달이 서울 강서구 개화동 산 57 소재 "서수 양돈장"에서 사육 중이던 돼지 1,200두를 점유개정의 방법으로 양도받았습니다.
2) 그런데 위 피고는 의정부지법 고양지원 2007카합30123호로 별지목록 기재 돼지에 대한 가압류를 신청하여 2007.9.26. 가압류결정(청구금액 8,000만 원)을 받은 뒤 2007.9.29. 가압류집행을 하였습니다.
3) 그러나 위와 같이 서달은 위 피고에 앞서 원고에게 위 양돈장 내 돼지 전부를 담보의 목적으로 양도하고 점유개정의 방법으로 인도함으로써, 대외적인 관계에서 원고가 그 소유권을 취득하고 위 서달은 소유권을 상실하여 무권리자가 되었습니다(위 피고는 자신이 갑 제7호증의 4와 같이 2006.10.25. 위 서달에게 금 1억 5,000만 원을 대여하고 그 당시 위 양돈장에서 사육 중이던 돼지를 점유개정의 방법으로 양도담보받았다고 주장할지 모르나, 원고가 양도담보를 받은 후에 위 피고가 서달과 양도담보계약을 체결하였더라도 선의취득이 인정되지 않는 한, 위 피고는 무권리자인 위 서달과의 양도담보약정에 기하여 양도담보권을 유효하게 취득할 수가 없는 바, 위 피고는 현실의 인도가 아닌 점유개정의 방법으로 돼지를 인도받았으므로 선의취득이 성립할 여지는

전혀 없습니다). (한편 위와 같이 돈사에서 사육되는 돼지를 이른바 유동집합물로서 양도담보의 목적물로 삼은 경우에는 번식, 사망, 판매, 구입(신규입식) 등에 따른 증감변동에도 불구하고 별도의 양도담보설정계약이나 점유개정이 없더라도 양도담보권은 그 증감변동된 돼지 전부에 대하여 미친다고 할 것입니다).

4) 따라서 원고는 별지목록 기재 돼지에 대한 적법한 양도담보권자로서 그 소유권에 기하여, 그에 대한 2007.9.29.자 위 가압류집행의 불허를 구할 권리가 있습니다.

◈ 청구취지

1. 피고의
   가. 소외 이자성에 대한 공증인가 법무법인 고양종합법률사무소 2007.7.14. 작성 증서 2007년 제914호 공정증서에 기한 강제집행,
   나. 소외 서달에 대한 의정부지방법원 고양지원 2007카합 30123 유체동산가압류결정에 기하여 2007.9.29. 별지목록 기재 돼지에 대하여 한 가압류집행을

   각 불허한다.
2. 소송비용은 피고가 부담한다.

제5절 양도담보와 대위 사례

【공통되는 사실관계】

1) 피고 강길수는 2004.2.4. 소외 장상진으로부터 1억 원을 이자 월 2%, 변제기 2005.2.3.로 정하여 차용하였는데, 당시 원고는 위 차용금채무를 연대보증하였습니다.
2) 한편 피고 강길수는 2006.9.5. 피고 이경재로부터 별지목록 제1항 기재토지(이하 "이 사건 임야"라 합니다)를 대금 9,500만 원에 매수하였습니다.
3) 그런데 피고 강길수는 위 장상진에게 2005.8.3.까지의 이자와 지연손해금만을 지급하였을 뿐 채무를 이행하지 아니하였고, 이에 위 장상진은 원고를 상대로 서울중앙지방법원 2005가단375694호로 보증채무금청구의 소를 제기하여 2005.12.22. 장상진의 승소판결이 선고되었고 그 판결은 그대로 확정되었습니다. 그 후 위 장상진은 위 확정판결에 기하여 원고 소유의 부동산에 대하여 강제경매신청을 하였고, 원고는 그 경매절차가 진행 중이던 2006.8.3. 장상진에게 위 판결에 따른 차용원리금 1억 2,400만 원을 지급하고 위 경매를 취하시켰습니다.
4) 그래서 원고와 피고 강길수는 2007.2.12. 위 연대보증으로 입은 원고의 손해를 배상하기 위한 방편으로 원고에게 위 임야를 양도하기로 하여, 위 임야에 관하여 피고 강길수 명의로 소유권이전등기를 마치는 즉시 원고에게 다시 소유권이전등기를 하여 주기로 하되, 그 등기일로부터 2개월 안에 위

1억 2,400만 원 및 이에 대하여 원고가 장상진에게 위 금원을 지급한 2006.8.3.부터 연 5%의 비율에 의한 이자를 갚는 경우에는 원고가 이 사건 임야에 관한 소유권이전등기의 명의를 되돌려 주기로 약정하였습니다. 그리고 원고는 위 강길수를 믿기 어려워 위 2007.2.12.자 약정에 기하여 위 강길수를 대위하여 위 이경재를 상대로 위 임야에 관한 부동산처분금지가처분신청을 하여 2007.2.16. 서울중앙지방법원 2007카단14323호로 처분금지가처분결정을 받았는데, 같은 달 20. 그 가처분기입등기가 마쳐졌고, 같은 달 23. 위 결정문이 위 이경재에게 송달되었습니다.

5) 한편 소외 일산실업 주식회사는 피고 강길수에 대한 15,000,000원의 대여금채권을 보전하기 의하여 2007.1.9. 강길수의 이경재에 대한 위 소유권이전등기청구권을 가압류하여 이를 송달받은 상태입니다.

1) 문제

위 사례를 전제로 이 경우 원고가 청구해야 하는 내용을 기재하시오.

▶ 답안

원고와 피고 강길수 사이의 위 2007.2.12.자 약정은 위 피고의 원고에 대한 구상금채무를 담보하기 위한 양도담보약정이라 할 것이므로, 이 사건 임야에 관하여 위 피고는 원고에게 위 양도담보를 원인으로 한 소유권이전등기절차를 이행할 의무가 있으므로 피고 강길수에 대하여는 그 이전등기절차를 이행할 것을 청구하고, 위 소유권이전등기청구권을 보전하기 위하여, 피고 이경재에 대하여는 피고 강길수를 대위하여, 피고 강길수에게 위 일산실업 주식회사와 피고 강길수 사이의 서울중앙지방법원 2007.1.9.자 2007카단1625 소유권이전등기청구권 가압류결정에 의한 집행이 해제되면 2006.9.5. 매매를 원인으로 한 소유권이전등기절차를 이행할 것을 청구하는 바입니다.

2) 문제 – 합의해제의 주장의 당부

위와 같은 원고의 소유권이전등기 청구에 대하여 피고 이경재가 2008.6.10. 강길수와 위 매매계약을 해제하기로 합의하였으므로 피고 이경재는 피고 강길수에게 위 임야의 이전등기를 해줄 의무가 없다고 주장하는 경우 이에 대한 반박 내용은?

▶ 답안

채권자가 채권자대위권에 기하여 채무자의 권리를 행사하고 있는 경우 그 사실을 채무자에게 통지하거나 채무자가 그 사실을 알고 있었던 때에는, 채무자가 그 권리를 처분하여도 이로써 채권자에게 대항하지 못하는 것인 바, 원고가 피고 강길수에 대한 소유권이전등기청구권을 보전하기 위하여 피고 강길수를 대위하여 피고 이경재를 상대로 이 사건 임야에 관하여 부동산처분금지가처분신청을 하여 2007.2.16. 서울중앙지방법원 2007카단14323호로 처분금지가처분결정을 받았는데, 같은 달 20. 그 가처분기입등기가 마쳐졌고, 같은 달 23. 위 결정문이 위 이경재에게 송달되었으며, 수일 후 위 이경재로부터 소식을 전해받아 위 강길수도 이러한 사실을 알게 되었으므로, 위 강길수가 원고의 이러한 채권자대위권 행사 사실을 알게 된 이후에는 위 매매계약을 합의해제함으로써 채권자대위권의 객체인 이 사건 임야에 관한 소유권이전등기청구권을 소멸시켰다고 하더라도 이로써 원고에게 대항할 수 없고 그 결과 피고 이경제 또한 그 합의해제로써 원고에게 대항할 수 없다 할 것입니다.

참고판례

대법원 2011다87235(전원합의체 판결)
채권자대위권 행사 통지 후에 채무자의 채무불이행을 이유로 통지 전 체결된 약정에 따라 계약이 자동해제되거나 제3채무자가 계약을 해제한 경우, 제3채무자가 계약해제로써 채권자에게 대항할 수 있는지 여부(원칙적 적극) – 채무자가 자신의 채무불이행을 이유로 매매계약이 해제되도록 한 것을 두고 민법 제405조 제2항에서 말하는 '처분'에 해당한다고 할 수 없다. 따라서 채무자가 채권자대위권 행사의 통지를 받은 후에 채무를 불이행함으로써 통지 전에 체결된 약정에 따라 매매계약이 자동적으로 해제되거나, 채권자대위권 행사의 통지를 받은 후에 채무자의 채무불이행을 이유로 제3채무자가 매매계약을 해제한 경우 제3채무자는 계약해제로써 대위권을 행사하는 채권자에게 대항할 수 있다.

3) 문제

만일 위 사례가 다음과 같이 일부 변경되어 원고가 피고 강길수에 대한 소유권이전등기청구권을 보전하기 위하여 피고 강길수를 대위하여 피고 이경재를 상대로 (가처분을 한 것이 아니라) 2007.2.16. 이 사건 임야에 대하여 위 매매를 원인으로 한 소유권이전등기절차를 이행할 것을 구하는 소송을 제기하여 그 소장부본이 같은 달 23. 위 이경재에게 송달되었으며, 수일 후 위 이경재로부터 소식을 전해 받아 위 강길수도 이러한 사실을 알게 되었다면?

▶ 답안

그렇다 해도 역시 위 강길수가 원고의 이러한 채권자대위권 행사 사실을 알게 된 이후에는 위 매매계약을 합의해제함으로써 채권자대위권의 객체인 이 사건 임야에 관한 소유권이전등기청구권을 소멸시켰다고 하더라도 이로써 원고에게 대항할 수 없고 그 결과 피고 이경제 또한 그 합의해제로써 원고에게 대항할 수 없다 할 것이다.

4) 문제 – 이행불능 주장의 당부?

원고가 피고 강길수에 대한 소유권이전등기청구권을 보전하기 위하여 피고 강길수를 대위하여 2007.2.16. 서울중앙지방법원 2007카단14323호로 처분금지가처분결정을 받아 그 가처분등기가 2007.2.20 마쳐진 후, 2007.5.10. 피고 이경재로부터 임채효 앞으로 이 사건 임야의 소유권이전등기가 마쳐졌고, 이를 이유로 피고 이경재의 피고 강길수에 대한 이 사건 임야에 관한 소유권이전등기의무가 이행불능이 되었다고 피고 이경재가 주장하는 경우 이에 대한 반박은?

▶ 답안

임채효 명의의 소유권이전등기는 위 가처분결정의 집행으로 인한 효력이 발생한 후에 그 가처분의 피보전채권자인 피고 강길수 이외의 제3자 앞으로 경료된 것으로, 임채효 명의로의 등기 이전에 대하여 피고 강길수가 동의하였는지 여부와 상관 없이 위 가처분에 위배되는 것이므로 원고에 대한 관계에서는 효력이 없습니다. 따라서 피고 이경재의 피고 강길수에 대한 소유권이전등기의무가 이행불능상태에 있다고 볼 수 없으므로 결국 피고 이경재의 위 항변은 이유 없다.

5) 문제

한편, 원고가 피고 강길수에 대한 소유권이전등기청구권을 보전하기 위하여 피고 강길수를 대위하여 2007.2.16. 서울중앙지방법원 2007카단14323호로 처분금지가처분결정을 받아 그 가처분등기가 2007.2.20. 마쳐지기 이전에, 먼저 이미 제3자인 소외 홍수정에게 위자료 등의 채무에 관한 담보로 이 사건 임야에 관하여 대물변제예약을 하였고 홍수정이 이에 기한 소유권이전청구권 보전을 위하여 이 사건 임야에 관하여 처분금지가처분을 신청하여 그 결정을 받고 이에 기하여 2006.9.22. 그 가처분기입등기가 경료되었는 바, 위 피고 이경재가 위 위자료채무를 변제할 자력이 없어 결국 이 사건 임야의 소유권이 홍수정에게 귀속될 수밖에 없으므로, 위 피고 이경재의 피고 강길수에 대한 소유권이전등기의무는 이행불능이 되었다고 항변하는 경우 그 항변의 당부(내지는 반박)?

▶ 답안

특별한 사정이 없는 한 매매목적물에 대하여 채권자의 가처분집행이 되어 있다고 하여 매매에 따른 소유권이전등기가 불가능한 것은 아니므로 위 항변은 더 나아가 살펴볼 필요도 없이 이유 없다.

참고판례

☞ 채무의 이행이 불능이라는 것은, 단순히 절대적, 물리적으로 불능인 경우가 아니라 사회생활에 있어서의 경험법칙 또는 거래상의 관념에 비추어 볼 때 채권자가 채무자의 이행의 실현을 기대할 수 없는 경우를 말하는 것인바, 매매목적물에 대하여 가압류 또는 가처분집행이 되어 있다고 하여 매매에 따른 소유권이전등기가 불가능한 것은 아니다(대판 1995.4.14, 94다6529).

☞ 매수인은 매매목적물에 대하여 가압류집행이 되었다고 하여 매매에 따른 소유권이전등기가 불가능한 것도 아니므로, 이러한 경우 매수인으로서는 신의칙 등에 의해 대금지급채무의 이행을 거절할 수 있음은 별론으로 하고, 매매목적물이 가압류되었다는 사유만으로 매도인의 계약 위반을 이유로 매매계약을 해제할 수는 없다(대판 1999.6.11, 99다11045).

【별도사례 추가】

한편 원고는 나이도 들고 아파트 생활이 싫어져서 단독주택에서 생활할 목적으로 2004.3.3. 피고 지정화와 사이에 '이 사건 대지' 및 그 지상 '이 사건 건물'을 매매대금 4억 원에 매수하는 계약을 체결하고, 계약 당일에 계약금 8천만 원, 같은 달 31. 중도금 1억 2천만 원, 같은 해 4.27. 잔금 2억 원을 각 지급하고, 잔금을 지급한 2004.4.27. 이 사건 대지 및 건물에 관하여 서울동부지방법원 강동등기소 2004.4.27. 접수 제28471호로 원고 명의로 소유권이전등기를 마쳤습니다.
그런데 나중에 알고 보니 "이 사건 건물"의 동쪽 30.6㎡ 부분이 인접한 대한민국 소유의 서울 강동구 성내동 19-4 도로 205㎡를 침범한 상태로 건축되어 있었습니다. 그리고 이를 알게 된 서울특별시 강동구청장이 2005.5.24.부터 수회 소유자인 원고에게 위 건물 중 도로를 침범한 부분의 자진철거명령을 하였으나 원고가 이에 응하지 않자, 2007.2.21. 원고에 대하여 같은 해 3.22.까지 제2차 자진시정 요구 및 행정대집행계고처분을 하였습니다.
이에 원고가 서울특별시 강동구청장을 상대로 한 서울행정법원 2007구합3945호로 위 행정대집행계고처분의 취소를 구하는 행정소송을 제기하였으나 2007.4.18. 원고 패소판결이, 항소심에서도 같은 해 8.16. 항소기각판결이 각 선고되었습니다.

1) 문제

위 사례를 전제로 이 경우 원고가 청구해야 하는 내용을 기재하시오.

▶ 답안

결국 이 사건 침범부분은 철거될 운명에 있고 그 경우 나머지 부분만으로는 거주목적을 달성하기 어렵게 됨에도 불구하고 원고는 그러한 사정을 알지 못한 채 이 사건 건물을 매수한 것이었고, 이러한 것은 위 매매계약과 관련한 동기의 착오에 해당하지만 위 동기는 원고가 피고 지정화에게 표시함으로써 위 매매계약의 내용으로 되었으며, 원고뿐만 아니라 일반인이면 누구라도 위와 같은 사정을 알고서 이 사건 대지 및 건물을 매수하지 않았으리라고 여겨지므로, 원고는 위 매매계약을 체결함에 있어 그 내용의 중요부분에 관한 착오가 있었다 할 것이므로 원고는 이 사건 소장부본 송달을 통하여 위 피고와의 위 매매계약을 취소하는 바입니다. 그러므로 피고 지정화는 원고로부터 별지목록 제2항, 제3항 기재 부동산에 관하여 서울동부지방법원 강동등기소 2004.4.27. 접수 제28471호로 마친 각 소유권이전등기의 말소등기절차를 이행받음과 동시에 원고에게 400,000,000원을 반환할 의무가 있습니다.

2) 문제 – 중요부분의 착오가 아니라거나 중대한 과실이 있었다는 주장에 대한 반박

이에 대하여 피고 서정화는 위 매매계약은 중요부분에 착오가 있다고 보기 어렵고, 설사 위 매매계약 내용의 중요부분에 착오가 있더라도 매매계약체결 10여일 후인 2004.3. 중순경 지정화가 김영조에게 이 사건 건물 중 일부가 인접 도로를 침범하여 건립되어 있는 사실을 알리고 매매계약 해제 여부를 의논하였음에도 불구하고 김영조가 이 사건 침범부분이 철거될지 여부를 제대로 확인

하지 않은 채 매매계약을 그대로 이행한 이상 중대한 과실이 있으므로 착오를 이유로 위 매매계약을 취소할 수 없다고 주장하는 경우 이에 대한 반박은?

▶ 답안

위 매매계약이 중요부분에 착오에 해당하는 점은 위에서 밝힌 바와 같고, 또한 착오에 의한 의사표시에서 취소할 수 없는 표의자의 중대한 과실이라 함은 그 의사표시를 할 당시 표의자의 직업, 행위의 종류, 목적 등에 비추어 보통 요구되는 주의를 현저히 결여하는 것을 의미하는데, 피고 지정화가 주장하는 사유는 모두 위 매매계약체결 후의 사정으로서 매매계약 당시 원고에게 중대한 과실이 있었다고 인정할 사유가 되지 못하므로 위 피고의 주장은 더 이상 살펴볼 필요도 없이 이유 없다.

3) 문제 – 법정추인 주장에 대한 반박

또한 피고 지정화는 원고가 중도금지급기일 이전에 이 사건 침범부분이 철거될 것이라는 점을 알았음에도 지정화에게 매매중도금과 잔금을 지급함으로써 법정추인의 효과가 발생하였다고 주장하는 경우 이에 대한 반박은?

▶ 답안

위 중도금과 잔금지급 당시 원고가 이 사건 침범부분이 철거되리라는 점을 앎으로써 착오상태를 벗어났던 것이 아니었으므로 위 피고의 주장은 역시 이유 없다.

4) 종합결론 – 위 사례에 대한 청구취지 종합정리

1. 별지목록 제1항 기재 토지에 관하여,
   가. 피고 이경재는 일산실업 주식회사와 피고 강길수 사이의 서울중앙지방법원 2007.1.9.자 2007카단1625 소유권이전등기청구권 가압류결정에 의한 집행이 해제되면 피고 강길수에게 2006.9.5. 매매를 원인으로 한 소유권이전등기절차를 이행하고,
   나. 피고 강길수는 원고에게 2007.2.12. 양도담보를 원인으로 한 소유권이전등기절차를 이행하라.
2. 피고 지정화는 원고로부터 별지목록 제2항, 제3항 기재 부동산에 관하여 서울동부지방법원 강동등기소 2004.4.27. 접수 제28471호로 마친 각 소유권이전등기의 말소등기절차를 이행받음과 동시에 원고에게 400,000,000원을 지급하라.
3. 소송비용은 피고들이 부담한다.
4. 제2항은 가집행할 수 있다.

PART

07

기타 사례

chapter

01 기타 청구취지 사례

제1절 기타 소송목적의 값

1. 확인의 소에 있어서는 물건에 대한 권리의 종류에 따른 권리의 값에 의한다.
2. 민사집행법에 규정된 다음의 소의 소가는 아래의 기준에 의한다.
   - ▶ 청구이의의 소에 있어서는 집행력 배제의 대상인 집행권원에서 인정된 권리의 가액
   - ▶ 제3자이의의 소에 있어서는 집행권원에서 인정된 권리의 가액을 한도로 한 원고의 권리의 가액
   - ▶ 배당이의의 소에 있어서는 배당증가액

제2절 기타 청구취지 사례

1. 채권양도에 관한 의사의 진술 청구

채권양도에 관하여 의사의 진술을 구하는 것은 양수인이 양도인을 상대로 양도의 대항요건은 통지를 채무자에게 하도록 청구하는 경우가 보통이다.

> 1. 피고는 소외 갑[(701020-1690212, 주소 : 서울 송파구 송이로 36길 35(문정동)]에게, 별지 목록 기재 채권을 2015.3.23. 원고에게 양도하였다는 취지의 통지를 하라.

2. 민사집행절차 관련 소송

1) 청구이의의 소

집행권원의 집행력 배제를 구하는 것이므로 청구취지에서는 그 대상인 집행권원의 내용을 명확히 하여야 한다. 청구이의의 소는 집행권원의 집행력 자체의 배제를 구하는 것이므로 이미 집행된 개개의 집행행위의 불허를 구하는 것은 부적법하다(대판 1971.12.28, 71다1008).

*** 기재례 1) – 판결의 경우

> 1. 피고의 원고에 대한 부산지방법원 2015.3.15, 2005가합39 판결에 기한 강제집행은 이를 불허한다.

*** 기재례 2) – 집행증서의 경우

> 1. 피고의 원고에 대한 법무법인 공증인가 00합동법률사무소(또는 서울중앙지방검찰청 소속 공증인 갑)가 2015.5.2. 작성한 2006년 증 제1258호 금전소비대차계약 공정증서에 기한 강제집행을 불허한다.

2) 제3자이의의 소

> 1. 피고가 소외 갑에 대한 부산지방법원 2015.11.15, 2015가합2793 판결의 집행력 있는 정본에 기하여 2006.1.16. 별지목록 기재 물건에 대하여 한 강제집행을 불허한다.

3) 배당이의의 소

> 1. 서울중앙지방법원 2015타경1234 부동산강제경매사건에 관하여 같은 법원이 2015.10.1. 작성한 배당표 중 피고에 대한 배당액 1,000,000원을 금 0원으로, 원고에 대한 배당액 1,000,000원을 2,000,000원으로 각 경정한다.

3. 예비적 청구와 청구취지 기재례

> **청 구 취 지**
>
> **주위적으로,**
>
> 1. 원고에게 피고 박갑순은 별지목록 기재 자동차에 관하여 서울 자동차관리사업소 2015.1.10. 접수 제56003391호로서 마친 저당권설정등록의, 피고 최영진은 같은 사업소 2015.3.17. 접수 제5604623호로서 마친 저당권설정등록의 각 말소등록절차를 이행하라.
> 2. 소송비용은 피고들이 부담한다.
>
> **예비적으로,**
>
> 1. 피고들은 원고로부터 각 1,000,000원 및 이에 대한 2015.8.18.부터 다 갚을 때까지 연 20%의 비율로 계산한 돈을 지급받음과 동시에 원고에게 위 자동차에 관하여 위 각 저당권설정등록의 말소등록절차를 이행하라.
> 2. 소송비용은 피고들이 부담한다.

4. 반소장 기재례

반 소 장

사 건 2005가합1233 건물철거 등

피 고(반소원고) 심봉석 (630314-1258112)
서울 서초구 반포로대로 155(잠원동)
전화 988-1234

원 고(반소피고) 오근남 (381201-2235467)
서울 강남구 역삼로 7길 17(역삼동)

위 사건에 관하여 피고(반소원고)는 다음과 같이 반소를 제기합니다.

소유권이전등기 청구의 소

반 소 청 구 취 지

1. 원고(반소피고)는 피고(반소원고)에게 서울 도봉구 수유동 68-3 대 184㎡에 관하여 진정명의회복을 원인으로 하는 소유권이전등기절차를 이행하라.
2. 반소비용은 원고(반소피고)가 부담한다.

라는 판결을 구합니다.

반 소 청 구 원 인

1. 서울 도봉구 수유동 68-3 대 184㎡는 원래 피고(반소원고, 이하 피고라고 약칭합니다)가 매수하여 1999.4.4. 서울지방법원 북부지원 접수 제15746호로서 소유권이전등기를 경료하였던 피고 소유의 부동산입니다.
2. 그런데 소외 김정주는 피고의 인감도장 등을 절취하여 이 사건 부동산의 소유권이전등기에 필요한 제반 서류를 위조 행사하여 소외 권필동 명의로 2000.2.13. 같은 지원 접수 제1874호로 같은 달 12. 매매를 원인으로 한 소유권이전등기를 경료하였다가, 이를 뒤늦게 발견한 피고로부터 사문서위조, 동행사죄 등으로 고소를 당하여 같은 해 6.7. 서울지방법원에서 징역 10월의 실형을 선고받고 위 판결은 그대로 확정되었습니다.
3. 위 권필동은 위 부동산에 관하여 2000.6.17. 위 김정주에 대하여 유죄 판결이 선고되던 날 위 지원 접수 제10811호로 소외 최영우에게 소유권이전등기를 경료하고, 위 최영우는 위 법원 같은 해

12.12 접수 제48016호로 원고(반소 피고, 이하 원고라고 약칭합니다.)에게 소유권이전등기를 경료하였습니다.

4. 그렇다면 위 권필동 명의의 소유권이전등기는 원인 없이 경료된 무효의 등기이고 이에 터잡아 이루어진 원고 명의의 소유권이전등기 역시 모두 원인무효로 각 말소되어야 할 것이므로, 원고는 위 부동산의 소유권자인 피고에게 위 부동산 중 각 상속지분에 관하여 원상회복으로 진정명의회복을 원인으로 한 소유권이전등기절차를 이행할 의무가 있다 할 것입니다.

증 명 방 법

1. 을 제1호증 (폐쇄등기부등본)
2. 을 제2호증 (판결문)
3. 을 제3호증 (확정증명원)

첨 부 서 류

1. 위 증명방법	각 2통
2. 영수필확인서	1통
3. 송달료납부서	1통
4. 서류작성 및 제출위임장	1통
5. 소장부본	1통

2015.3.2.

피고 심봉석 (인)

서울중앙지방법원 귀중

chapter

02 기타 사례

제1절 사례

경기도(도지사 : 선학규) 내의 공립학교인 경기도 파주시 소재 교하초등학교(주소 : 파주시 교하읍 교하리 317, 교장 : 민영도(501225-1548339)) 4학년 1반에 재학 중이던 김초롱(여, 1994년 생)은 2004.3.15. 3층에 있는 4학년 1반 교실에서 뜨거운 물이 담긴 커피 포트를 들고 교사 회의실로 가다가 계단의 돌출부위에 걸려 넘어져 얼굴, 팔 등에 화상을 입은 사실- 당시 김초롱은 담임교사인 최성실이 심부름을 시켰기 때문임. 김초롱과 그 부모는 최성실 및 교육당국(김성욱이 교육장으로 있는 파주시 교육청의 주소는 파주시 금촌동 783이고, 최동규가 교육감으로 있는 경기도교육청은 수원시 장안구 월드컵길 15임)을 상대로 소를 제기하려고 함. 최성실 외 누구를 피고로 하여 소장에 당사자 표시를 어떻게 기재하여야 하는가(학교장은 제외)?

*** 답안

피고 경기도 대표자 교육감 최동규

제2절 사례 - 1차 보증 후 보증기간 연장과 보증인의 책임사례

… 프라다가 서울보증으로부터 2006.4.26.로 종기가 도래한 신용보증약정의 보증기간을 2007.5.26.로 연기를 받을 때, 윤영철은 그와 같이 연장된다는 사실을 전혀 모르고 있었고, 이는 프라다의 당시 대표이사이던 피고 정민수가 단독으로 서울보증으로부터 연장받은 것이었습니다. 프라다는 이와 같이 윤영철 모르게 보증기간이 연장된 서울보증과의 신용보증약정에 기하여 2006.4.29. 서울보증으로부터 신용보증서를 별도로 발급받아 위와 같이 신한은행으로부터 제2차 대출을 받았습니다.

… 그러하다면 채권자와 주채무자 사이에서는 주계약상의 거래기간이 연장되었으나, 채권자와 보증인 사이에서는 보증기간이 연장되지 아니한 경우, 보증기간 이후의 채무는 보증계약 종료 후의 채무이므로, 보증인은 이에 대해서는 보증책임을 지지 않는다고 할 것입니다. 그러므로 원고는 제1차 대출에 따른 구상채무에 관하여만 보증책임을 진다고 할 것입니다. 그럼에도 불구하고, 피고 서울보증은 원고가 위 제1, 2차 대출금 전액에 대하여 책임이 있음을 전제로 원고의 소외 000에 대한 임차보증금 반환청구채권을 가압류하였으므로 원고는 지급할 의무가 없는 부분에 대하여 그 부존재 확인을 구할 필요가 있습니다.

제3절 사례 - 사정변경에 의한 보증계약 해지사례

회사의 임원이나 직원의 지위에 있기 때문에 회사의 요구로 부득이 회사와 제3자 사이의 계속적 거래로 인한 회사의 채무에 대하여 보증인이 된 자가, 그 후 회사로부터 퇴사하여 임원이나 직원의 지위를 떠난 때에는 보증계약성립 당시의 사정에 현저한 변경이 생긴 경우에 해당하므로 사정변경을 이유로 보증계약을 해지할 수 있다고 보아야 하며, 위 계속적 보증계약에서 보증기간을 정하였다고 하더라도 그것이 특히 퇴사 후에도 보증채무를 부담키로 특약한 취지라고 인정되지 않는 한 위와 같은 해지권의 발생에 영향이 없다.

박문각 법무사

이천교 민사서류작성

2차 | 종합정리

제6판 인쇄 2024. 9. 25. | **제6판 발행** 2024. 9. 30. | **편저자** 이천교
발행인 박 용 | **발행처** (주)박문각출판 | **등록** 2019년 4월 29일 제2015-000137호
주소 06654 서울시 서초구 효령로 283 서경 B/D 4층 | **팩스** (02)584-2927
전화 교재 문의 (02)6466-7202

저자와의 협의하에 인지생략

정가 38,000원
ISBN 979-11-7262-226-8